Les règles de conflit de lois
confrontées au marché intérieur

Logiques Juridiques

Fondée par Gérard Marcou

Dirigée par Jean-Claude Némery et Thomas Perroud

Le droit n'est pas seulement un savoir, il est d'abord un ensemble de rapports et pratiques que l'on rencontre dans presque toutes les formes de sociétés. C'est pourquoi il a toujours donné lieu à la fois à une littérature de juristes professionnels, produisant le savoir juridique, et à une littérature sur le droit, produite par des philosophes, des sociologues ou des économistes notamment.

Parce que le domaine du droit s'étend sans cesse et rend de plus en plus souvent nécessaire le recours au savoir juridique spécialisé, même dans des matières où il n'avait jadis qu'une importance secondaire, les ouvrages juridiques à caractère professionnel ou pédagogique dominent l'édition, et ils tendent à réduire la recherche en droit à sa seule dimension positive. À l'inverse de cette tendance, la collection « Logiques juridiques » des éditions L'Harmattan est ouverte à toutes les approches du droit. Tout en publiant aussi des ouvrages à vocation professionnelle ou pédagogique, elle se fixe avant tout pour but de contribuer à la publication et à la diffusion des recherches en droit, ainsi qu'au dialogue scientifique sur le droit. Comme son nom l'indique, elle se veut plurielle.

Dernieres parutions

Alex ATANASOV, *La machine judiciaire. Analyse économique et comparative du fonctionnement du système judiciaire*, 2023.
Mohamed KETATA, *Droit du marché financier et droit des contrats. Contribution à l'étude de l'opération de marché en droits tunisien et français*, 2023.
Van Anh LY, *La codification du droit international privé vietnamien à la lumière de la codification québécoise*, 2023.
Ruben AKONO MINLO, *Introduction au droit minier applicable au Cameroun. Une vue synoptique des aspects juridiques de l'exploitation minière*, 2023.
Yao AGBETSE, *La supervision de la mise en œuvre des droits de l'homme à l'épreuve de la volonté politique des États africains. La Commission africaine des droits de l'homme et des peuples dans tous ses états*, 2023.
Golnaz KARIMZADEH MEIBODI, *La subrogation réelle en droit patrimonial de la famille*, 2023.

Marcel Zernikow

Les règles de conflit de lois confrontées au marché intérieur

Étude en droit international privé européen du travail

Préface d'Étienne Pataut

L'Harmattan

Du même auteur :

Eduardo von Adamovich, Marcel Zernikow (dir.), *Philosophical and Sociological Reflections on Labour Law in Times of Crisis*, Cambridge Scholars Publishing, 2022

5-7, rue de l'École-Polytechnique – 75005 Paris
www.editions-harmattan.fr

ISBN : 978-2-336-42872-7
EAN : 9782336428727

PRÉFACE

L'européanisation du droit international privé est sans aucun doute l'un des débats théoriques les plus stimulants de ce premier tiers du 21e siècle. Depuis qu'a été insérée dans les traités fondateurs une compétence en matière de droit international privé, désormais logée à l'article 81 du Traité sur le fonctionnement de l'Union européenne (TFUE), la discussion sur l'ampleur des bouleversements résultant de ce transfert au moins partiel de compétence n'a pas cessé.

La première manifestation — la plus éclatante — de ce changement, est bien évidemment l'abondance de textes européens, essentiellement des règlements, de droit international privé. Les vénérables conventions de Bruxelles (1968) et de Rome (1980) ont été transformées en règlements et complétées par d'autres encore dans les matières les plus diverses : délits, responsabilité parentale, divorces, régimes matrimoniaux, successions, obligations alimentaires, procédure... La question se pose désormais d'une véritable codification du droit international privé européen.

Mais à côté de cette abondante production législative, se déploie un second mouvement, visant à confronter le droit international privé au droit substantiel de l'Union européenne. Cette question a donné lieu à de stimulants débats, visant à s'interroger sur l'éventuelle influence qu'aurait le droit de l'Union sur la nature même des règles de conflit, donnant en particulier naissance à une vigoureuse controverse européenne sur l'existence d'une éventuelle règle de conflit « cachée » qui se dissimulerait derrière les règles organisant les libertés de circulation économiques. Au-delà de cette seule question, la confrontation entre règle de conflit de lois et règles du marché intérieur a fait naître une multitude de questions nouvelles, en particulier sur le champ d'application dans l'espace, l'impérativité internationale ou encore les intérêts substantiels que pourraient ou devraient désormais véhiculer les règles de conflit de lois.

C'est à ce second mouvement que se rattache l'ouvrage de M. Zernikow, issu d'une thèse de doctorat soutenue à la Sorbonne en 2019. Pour mener la confrontation entre conflit de lois et marché intérieur, l'auteur a choisi de se concentrer sur le droit international privé du travail. Ce choix est extrêmement judicieux. Les difficultés d'articulation entre liberté de circulation des travailleurs, liberté de circulation des services et protection substantielle des travailleurs en situation de mobilité sont en effet extrêmement nombreuses, et ont donné lieu à d'importantes controverses politiques et juridiques. On se souvient en particulier de la nauséabonde figure du « plombier polonais », aux forts relents xénophobes, qui avait pollué la campagne pour la ratification du traité constitutionnel en 2005. Plus techniquement, le détachement de travailleurs salariés met en pleine lumière de nombreuses difficultés et paradoxes de la construction européenne. La libre circulation des travailleurs et des services incite en effet à la mobilité la plus fluide possible de la force de travail d'un État à l'autre, mais dans le même temps, les différences persistantes entre les droits du travail des différents États membres conduisent à des difficultés d'articulation législative et de continuité des régimes juridiques des travailleurs d'autant plus aiguës qu'il s'agit là de règles fondamentales et donc le plus souvent internationalement impératives. Trouver un juste équilibre en la matière est donc d'une extrême difficulté et il fallait une plume subtile et une belle ambition pour s'y atteler. Telles sont les qualités de M. Zernikow, auxquelles il faut ajouter un regard comparatif d'autant plus précieux que l'auteur parle parfaitement de nombreuses langues de l'Union.

Procédant classiquement en deux temps, M. Zernikow commence par confronter règle de conflit de lois et règles du marché intérieur. Au fil d'une démonstration serrée, il en tire la nécessité de créer un droit international privé propre à l'Union européenne qui intègrerait les exigences du droit du marché intérieur. Cette démonstration le conduit à reprendre la discussion à son fondement même, en s'interrogeant à la fois sur l'étendue de la compétence de l'Union et l'impact particulier des règles de liberté de circulation sur le conflit de lois.

Surtout, cette démonstration est nourrie par l'exemple du droit du travail, dont l'auteur analyse avec minutie les conflits de lois qu'il peut faire naître. Une grande partie de la démonstration, bien entendu, est consacrée au cas particulier mais emblématique du détachement de travailleurs salariés. Les arrêts bien connus de la Cour de justice des années 1990, de *Rush Portuguesa* (1990) à *Arblade* (1999) ont tenté de réaliser un équilibre entre la nécessité affirmée dans l'État d'accueil d'appliquer impérativement ses lois aux travailleurs détachés et la volonté des employeurs de l'État d'origine de profiter à plein d'une liberté de prestation de services que cette application viendrait entraver. On connaît la réponse de la Cour de justice, qui a considéré qu'il y avait bien là une entrave, mais que, à la double réserve de la proportionnalité et de la non-discrimination, celle-ci était susceptible d'être justifiée par une raison impérieuse d'intérêt général : la protection des travailleurs. Cet équilibre, maintes fois critiqué, a été repris par le législateur européen qui, dans la directive détachement (1996, modifiée en 2018) a tenté à son tour une manière d'équilibre en donnant la liste des matières dans lesquelles l'État d'accueil pouvait imposer l'application de ses propres règles. En toute hypothèse, comme le montre très bien l'auteur, l'intrusion du droit de l'Union européenne a fondamentalement modifié l'analyse classique de l'impérativité internationale et, en particulier, transformé le fonctionnement des lois de police.

Après avoir confronté règle de conflit et marché intérieur, M. Zernikow se tourne, dans une seconde partie sur la façon dont la protection substantielle du travailleur pourrait être intégrée dans le droit de l'Union européenne. Pour ce faire, l'auteur interroge tant le droit de l'Union que les droits nationaux. Les fondements sociaux de l'Union sont ainsi analysés avec minutie, de même que les réalisations en matière d'harmonisation sociale. À cet égard, la particularité de la démonstration de l'auteur est de montrer que le droit international privé a son rôle à jouer, à côté du droit du travail lui-même, pour assurer la protection du travailleur dans l'Union européenne. C'est ainsi qu'il est progressivement amené à la conclusion principale de sa thèse, selon laquelle la règle de conflit de lois serait régulatrice, protectrice et intégrative. Régulatrice en ce qu'elle participe aussi de l'organisation du marché intérieur, protectrice en ce qu'elle assure effectivement la protection du travailleur et intégrative en ce qu'elle désigne la loi du pays auquel le travailleur est lié par son intégration, organisationnelle et sociale, celui du lieu du travail.

L'ouvrage de M. Zernikow apporte ainsi sa pierre à une construction encore aujourd'hui en cours. Mêlant droit national, droit européen et droit international privé, il permet de tisser des liens entre les différentes disciplines et surtout, au rebours de la traditionnelle « neutralité » du conflit de lois, de montrer combien le droit international privé participe pleinement à la réalisation des objectifs propres à l'Union européenne.

À cet égard, il s'inscrit donc bien dans un mouvement de renouvellement profond de la discipline et permet d'espérer de l'auteur la brillante carrière académique que ce premier ouvrage a ouverte avec éclat.

Étienne PATAUT
Professeur à l'École de droit de la Sorbonne (Université Paris 1)

REMERCIEMENTS

Je souhaite adresser mes remerciements les plus sincères :

À Étienne PATAUT qui m'a accompagné durant ce travail et m'a permis de bénéficier de ses conseils précieux ainsi que de sa disponibilité tout en m'accordant sa confiance.

Aux membres du jury qui ont décidé de consacrer leur temps et leur intérêt à la lecture ainsi qu'à l'évaluation de mon travail.

À l'Université Paris I Panthéon-Sorbonne qui a accueilli ce doctorat et m'a permis de bénéficier de diverses opportunités, dont les manifestations scientifiques, plus particulièrement, les séminaires sur les *« frontières de l'Europe sociale »* et sur la *« territorialité du droit social »* étaient d'un intérêt certain pour la rédaction de cette thèse.

À l'Université Paris X Nanterre que j'ai pu rejoindre en tant qu'attaché temporaire d'enseignement et de recherche.

À l'*Institute of European and Comparative Law (IECL)* de l'Université d'Oxford ainsi qu'aux chercheurs de cette même université, de la Maison française et de l'*University College of London (UCL)* qui ont accepté de m'accueillir durant mon séjour de recherche.

À l'Institut Max Planck pour le droit international privé et le droit comparé d'Hambourg où j'ai pu élargir mon horizon grâce à la littérature variée et dont les chercheurs étaient toujours à l'écoute.

Aux diverses institutions que je fréquentais durant la rédaction de cette thèse, dont particulièrement la bibliothèque Cujas, qui dispose d'un fonds documentaire extraordinaire qu'elle accepte d'agrandir.

Aux enseignants-chercheurs et collègues impliqués dans les séminaires, conférences, colloques et ateliers doctoraux auxquels je pouvais assister ou participer durant ce doctorat lesquels ont éveillé mon intérêt pour l'étude dans un milieu international.

Aux enseignants en charge des cours, à mes collègues membres d'équipes pédagogiques et à mes étudiants qui m'ont permis de trouver du plaisir dans la pédagogie et encouragé à poursuivre dans cette voie.

Au tribunal de grande instance de Toulouse, à la cour d'appel de Paris ainsi qu'à la Cour de cassation qui m'ont successivement recruté en tant qu'assistant de justice et dont les magistrats et auxiliaires m'ont permis de bénéficier d'un enseignement par la pratique.

À mes collègues et amis qui m'ont accompagné durant cette étape en partageant leur savoir, leur espace ou leur bonne humeur pour m'accorder un cadre agréable durant le doctorat.

À mes parents qui m'ont permis de bénéficier de ces études.

TABLE DES PRINCIPALES ABRÉVIATIONS

§	paragraphe
ADMO	Annuaire de droit maritime et océanique
ADUE	Annuaire du droit de l'Union européenne
aff.	affaire
AJ CCD	Actualité juridique – Contrats d'affaires, concurrence, distribution
AJDA	Actualité juridique droit administratif
AJ Pénal	Actualité juridique droit pénal
al.	*alius*, autre
Am. J. Comp. L	American Journal of Comparative Law
art.	article
AuR	Arbeit und Recht
BAG	Bundesarbeitsgericht
BB	Betriebs-Berater
BetrVG	Betriebsverfassungsgesetz
BGB	Bürgerliches Gesetzbuch
BJED	Bulletin Joly entreprises en difficulté
BJS	Bulletin Joly Sociétés
BJT	Bulletin Joly Travail
BMIS	Bulletin mensuel d'information des sociétés Joly
BVerfG	Bundesverfassungsgericht
c.	contre
CA	Cour d'appel
Cardozo J. Int. & Comp. L	Cardozo Journal of International and Comparative Law
Cass. civ.	Cour de cassation, chambre civile
Cass. 1ère civ.	Cour de cassation, première chambre civile
Cass. 2e civ.	Cour de cassation, deuxième chambre civile
Cass. com.	Cour de cassation, chambre commerciale, financière et économique
Cass. crim.	Cour de cassation, chambre criminelle
Cass. soc.	Cour de cassation, chambre sociale
CCC	Contrats Concurrence Consommation
CCE	Communication commerce électronique
CDEur	Cahiers de droit européen
CDFUE	Charte des droits fondamentaux de l'Union européenne
CE	Communauté européenne
CEE	Communauté économique européenne

CESE	Conseil économique, social et environnemental
cf.	*confer*
ch. corr.	chambre correctionnelle
chron.	chronique
CILE	Center for International Legal Education (Pitt Law)
CJCE	Cour de justice des Communautés européennes
CJEG	Cahiers juridiques de l'électricité et du gaz
CJUE	Cour de justice de l'Union européenne
CLLPJ	Comparative Labor Law and Policy Journal
CMLR	Common Market Law Review
comp.	comparer
Concl.	conclusions
coord.	coordinateur
CSBP	Cahiers sociaux du barreau de Paris
CUP	Cambridge University Press
CYEL	Cambridge Yearbook of European Law
D.	Recueil Dalloz
D. IP/IT	Droit de la propriété intellectuelle et du numérique
D. sociétés	Droit des sociétés
Dfam	Droit de la famille
dir.	direction
DO	Droit ouvrier
doctr.	doctrine
Dr. pénal	Droit pénal
DRdA	Das Recht der Arbeit
DSOC	Droit social
Duke J. Comp. & Int. L	Duke Journal of Comparative & International Law
ECLR	European Competition Law Review
éd.	édition
Edingburgh L. Rev.	Edinburgh Law Review
EJIR	European Journal of Industrial Relations
ELJ	European Law Journal
ELLJ	European Labour Law Journal
ELR	European Law Reporter
ELSJ	Espace de liberté, de sécurité et de justice
Erasmus LR	Erasmus Law Review
ERCL	European Review of Contract Law
ERPL	European Review of Private Law
ETUI	European Trade Union Institute

EUI	European University Institute (Institut universitaire européen)
EuLF	European Legal Forum
EuR	Europarecht
EURES	European Employment Services
Eur J Leg Stud	European Journal of Legal Studies
Eur J Migr L	European Journal of Migration Law
EuZA	Europäische Zeitschrift für Arbeitsrecht
GEDIP	Groupe européen de droit international privé
GP	Gazette du Palais
Harv Law Rev	Harvard Law Review
HUP	Harvard University Press
ibid.	*ibidem*
ICLQ	International & Comparative Law Quarterly
IGAS	Inspection générale des affaires sociales
ILJ	Industrial Law Journal
IPRax	Praxis des Internationalen Privat- und Verfahrensrechts
IPRspr	Die deutsche Rechtsprechung auf dem Gebiete des Internationalen Privatrechts
JC Belgique	Jurisprudence commerciale de Belgique
JCMS	Journal of Common Market Studies
JCP A	Semaine juridique, édition administrations et collectivités territoriales
JCP E	Semaine juridique, édition entreprise et affaires
JCP G	Semaine juridique, édition générale
JCP S	Semaine juridique, édition sociale
JDE	Journal du droit européen
JDI	Journal du droit international (Clunet)
JEDH	Journal européen des droits de l'homme
JOCE	Journal officiel des Communautés européennes
JORF	Journal officiel de la République française
JOUE	Journal officiel de l'Union européenne
Jour. Trib.	Journal des tribunaux
JPIL	Journal of Private International Law
JSL	Jurisprudence sociale Lamy
JTDE	Journal trimestriel de droit européen
J.T.T.	Journal des tribunaux du travail
Jurisp.	jurisprudence
LDA	Lamy droit des affaires
LGDJ	Librairie générale de droit et de jurisprudence
LTr	Legislação do Trabalho

MJIL	Michigan Journal of International Law
MLR	Modern Law Review
n°	numéro
NIPR	Nederlands Internationaal Privaatrecht
NZA	Neue Zeitschrift für Arbeitsrecht
OIT	Organisation internationale du travail
OUP	Oxford University Press
p.	page
pan.	panorama
ph.	phrase
préc.	précité
pt.	point
PUAM	Presses universitaires d'Aix-Marseille
PUF	Presses universitaires de France
PUL	Presses de l'Université Laval
RabelsZ	Rabels Zeitschrift für ausländisches und internationales Privatrecht
RAE	Revue des affaires européennes
RCADI	Recueil des cours de l'Académie de Droit international de La Haye
RCDIP	Revue critique de droit international privé
RCLJ	Revue critique de législation et de jurisprudence
RdA	Recht der Arbeit
RDC	Revue des contrats
RDT	Revue de droit du travail
RDTr	Revue de droit des transports
RDUE	Revue du droit de l'Union européenne
RDSS	Revue de droit sanitaire et social
Rev. soc.	Revue des sociétés
RevUE	Revue de l'Union européenne
RFAP	Revue française d'administration publique
RG	Registre général
RIDC	Revue internationale de droit comparé
RIDE	Revue internationale de droit économique
RIW	Recht der internationalen Wirtschaft
RJC	Revue de jurisprudence commerciale
RJPF	Revue juridique – Personnes et famille
RJS	Revue de jurisprudence sociale
RLDA	Revue Lamy Droit des affaires
RLDC	Revue Lamy Droit civil
RLDI	Revue Lamy Droit de l'immatériel
RMC	Revue du marché commun
RMU	Revue du marché unique européen

RMESS	Revista del Ministerio de Empleo y Seguridad Social
RPC	Revue des procédures collectives
RTD Civ	Revue trimestrielle de droit civil
RTD Com	Revue trimestrielle de droit commercial et de droit économique
RTD Eur	Revue trimestrielle de droit européen
RTDH	Revue trimestrielle des droits de l'homme
s.	suivant(es)
S	Social
somm.	sommaire
spéc.	spécialement
SSL	Semaine sociale Lamy
Sté.	Société
TCFDIP	Travaux du Comité français de droit international privé
TFUE	Traité sur le fonctionnement de l'Union européenne
trad.	traduction
TUE	Traité sur l'Union européenne
Tul. L. Rev.	Tulane Law Review
TVG	Tarifvertragsgesetz
UE	Union européenne
UMP	University of Michigan Press
U. Pa. J. Int. L.	University of Pennsylvania Journal of International Law
v.	voir
vol.	volume
vs.	*versus*
YaleLJ	Yale Law Journal
YEL	Yearbook of European Law
YPIL	Yearbook of Private International Law
ZEuP	Zeitschrift für Europäisches Privatrecht
ZGR	Zeitschrift für Unternehmens- und Gesellschaftsrecht

SOMMAIRE

INTRODUCTION

Les travailleurs émigrent, de tout temps, d'un pays à l'autre,
et leur protection pose de nombreuses questions :
celle, tout d'abord, des migrations elles-mêmes,
puis celle des conditions de vie et de travail dans le pays d'immigration.
Nicolas VALTICOS[1]

1. Migrations. Les migrations ne cessent de croître dans notre monde globalisé. Cette évolution renforce notre intérêt pour la « mobilité spatiale humaine »[2]. Beaucoup analysée par les spécialistes d'études sur les migrations (ou *Migration Studies*), la mobilité prend différentes facettes et vise « des mouvements transfrontières de courte ou longue durée, […] notamment les visites touristiques, les flux de main-d'œuvre saisonnières, les déplacements liés à l'éducation ou encore l'installation permanente »[3]. Il y a naturellement un intérêt à lui consacrer une analyse dans la discipline juridique. À l'instar de Valticos, notre étude prend pour point de départ la migration internationale de la main-d'œuvre et a, plus particulièrement, pour objectif d'inscrire cette dernière dans le contexte de la mondialisation[4]. Les raisons de la mobilité transfrontière de la main-d'œuvre sont multiples[5] ; celle-ci peut être « due à des changements démographiques tels que le vieillissement de la population et la contraction de la population active dans de nombreux pays de destination »[6]. La mobilité des travailleurs donnant lieu au franchissement des

---

[1] N. VALTICOS, *Droit international du travail,* tome VIII, Dalloz, 1983, n° 153.

[2] R. BEDFORD, « Tendances contemporaines de la migration internationale », B. OPESKIN, R. PERRUCHOUD, J. REDPATH-CROSS (dir.), *Le droit international de la migration*, Schulthess, 2014, p. 21, spéc. p. 24.

[3] *Ibid.*, spéc. p. 26, qui renvoie, pour la typologie des mouvements de personnes, à R. SKELDON, *Migration and Development : A Global Perspective*, Addison Wesley Longman, 1997 ; W. ZELINSKY, « The Hypothesis of the Mobility Transition », *Geographical Review* 1971, vol. 61, n° 2, p. 219.

[4] *Cf.* Déclaration de l'OIT sur la justice sociale pour une mondialisation équitable, Conférence internationale du travail, 90e session, Genève, 10 juin 2008, considérant n° 1 : « le contexte actuel de la mondialisation, caractérisé par […] l'accroissement […] de la circulation des personnes, notamment des travailleuses et des travailleurs, transforme profondément le monde du travail ».

[5] J. DE QUADROS PESSOA CAVALCANTE, M. A. CÉSAR VILLATORE, T. A. TAYANO AFONSO, *Direito Internacional do Trabalho e a Organisação Internacional do Trabalho*, LTr, 2018.

[6] R. CHOLEWINSKI, « Migration internationale de main-d'œuvre », B. OPESKIN, R. PERRUCHOUD, J. REDPATH-CROSS (dir.), préc., p. 339, spéc. p. 343.

frontières, elle mérite d'être introduite à partir des textes initiaux relatifs à la migration internationale.

2. Histoire de la migration des travailleurs. Les traités bilatéraux sont les premiers textes à fournir une réglementation internationale de ce phénomène. Leur objectif assigné est celui « de régler, entre les pays contractants, l'admission et les conditions d'emploi, dans chacun de ces pays, de travailleurs ressortissants de l'autre »[7]. L'adoption du traité franco-italien du 15 avril 1904 est interprétée comme le début du droit international du travail. Elle s'inscrit dans un contexte de migration croissante où l'on compte quelque 200 000 travailleurs italiens en France, et environ 2 000 travailleurs français en Italie[8]. L'évolution visée est celle où « la main-d'œuvre italienne en France travaill[e] dans des conditions plus défavorables que les travailleurs français »[9]. Les dispositions prévoient « le transfert des épargnes, l'admission des ressortissants des deux pays à la constitution de retraites de vieillesse et le transfert partiel de pensions de retraite dans le pays d'origine »[10]. Le traité assure aussi une égalité de traitement en matière d'indemnisation des accidents du travail. Enfin, il comporte l'engagement de l'Italie à mettre en place une inspection du travail. Du point de vue français, cet engagement bilatéral est interprété comme étant motivé par le souci d' « obtenir que la concurrence italienne ne s'exerce pas au moyen de conditions de travail trop basses »[11]. S'y ajoute l'objectif d'exporter la législation française portant interdiction du travail de nuit, aussi pour empêcher que la France ne subisse « une régression sous la pression d'intérêts économiques »[12]. D'autres conventions bilatérales s'en inspirent[13]. Ces développements reflètent les enjeux sociaux et économiques sous-jacents à la création d'un droit international du travail.

3. Droit international du travail. Dans un contexte de mobilité croissante des travailleurs se pose la question de leur protection par le droit. Les textes fondateurs du droit international du travail visent essentiellement à accorder une protection au travailleur émigré. Raynaud définit le droit international ouvrier dès 1906 comme « cette partie du droit international qui règle la situation juridique des ouvriers étrangers du point de vue des questions du travail »[14]. À la suite de la création de l'Organisation internationale du travail,

---

[7] N. VALTICOS, *Droit international du travail,* préc., n° 217.

[8] *Ibid.*

[9] *Ibid.,* n° 219.

[10] *Ibid.*

[11] *Ibid.*

[12] *Ibid.*

[13] Pour les traités bilatéraux de la France, par exemple, les conventions avec la Belgique du 21 février 1906, avec le Luxembourg du 27 juin 1906 et avec la Grande-Bretagne du 3 juillet 1909.

[14] B. RAYNAUD, *Droit international ouvrier*, Paris, 1933, p. 13.

le droit international du travail est entendu comme celui qui régit les relations entre les États à cet effet[15]. Il n'en demeure pas moins que l'objectif est toujours celui de protéger les travailleurs étrangers[16]. Précisément, ce droit international du travail vise à « prévoir des mesures spéciales de protection des travailleurs au cours des migrations, [à] établir des règles de fond visant spécialement les travailleurs étrangers afin qu'ils soient traités à divers égards sur le même pied que les travailleurs nationaux ou des règles générales, applicables à tous les travailleurs, nationaux et étrangers, [à] préciser les dérogations autorisées pour les travailleurs étrangers »[17]. De nos jours, les revendications consistant à vouloir instaurer un droit international du travail partent du constat que « [l]a circulation est mondialisée mais [que] la redistribution reste au niveau national, quelquefois régional. Qu'il s'agisse des droits sociaux, du droit du travail, de la sécurité sociale, de la lutte contre la pauvreté et le chômage, l'essentiel relève du niveau national »[18]. Y est sous-jacente l'observation d'une asynchronie avec le droit du commerce qui, lui, serait devenu global[19]. Il convient toutefois de nuancer qu'à côté du droit des organisations régionales d'intégration économique et de celui dit « spontané »[20] regroupant des pratiques, usages et règles émanant des commerçants, le droit étatique continue également, dans le droit du commerce international, d'occuper une place importante[21].

4. Droit du travail international. L'internationalisation des rapports de travail est identifiée comme étant l'une des transformations contemporaines marquantes en droit du travail[22]. En prenant appui sur notre constat de départ selon lequel cette étude doit s'intéresser à la protection des droits sociaux des travailleurs en mobilité, la démarche consiste à déterminer « une approche normative commune de la migration de main-d'œuvre en provenance d'États tiers »[23]. Cette recherche devra nécessairement passer par une étude de la loi

---

[15] Constitution de l'OIT, 1919.

[16] N. VALTICOS, *Droit international du travail,* préc., n° 153.

[17] *Ibid.*, qui se réfère à « l'application des conventions internationales du travail aux travailleurs étrangers ».

[18] M. DELMAS-MARTY, *Le travail à l'heure de la mondialisation,* Bayard, 2013, p. 36. Le terme de redistribution semble ici avoir une signification large. Comp. notre démonstration, *infra*, n° 437, 461, 498.

[19] *Ibid.,* p. 37.

[20] *Cf.* P. DEUMIER, *Le droit spontané*, Economica, 2002.

[21] O. CACHARD, *Droit du commerce international,* LGDJ, 2018, n° 8 et s., qui insiste, par ailleurs, sur le pluralisme des sources dans ce domaine. Voir aussi J.-M. JACQUET, P. DELEBECQUE, L. USUNIER, *Droit du commerce international,* Dalloz, 2021, n° 20 et s.

[22] X. BLANC-JOUVAN, « L'internationalisation des rapports de travail », *Les transformations du droit du travail, Études offertes à G. Lyon-Caen*, Dalloz, 1989, p. 67.

[23] R. CHOLEWINSKI, art. cité (note 6), spéc. p. 364.

applicable aux relations de travail pourvues d'un élément d'extranéité. À l'instar de Gamillscheg, nous envisagerons les réponses du droit du travail international (*Internationales Arbeitsrecht*)[24]. La particularité de cette étude consiste ainsi à s'intéresser aux exigences de justice sociale internationale[25] telles qu'elles résultent des textes fondateurs de la matière et à les intégrer dans les relations privées internationales. Cet angle d'approche s'impose à une époque où nous assistons à « [l]a privatisation de l'État providence »[26]. L'étude du droit international privé du travail permet, par ailleurs, de jeter un nouveau regard sur la branche de discipline dont il ressort et qui était parfois accusée d'être née pour « forge[r] le droit applicable aux *happy few*, à la faveur de considérables investissements financiers »[27]. En effet, le droit international privé du travail contemporain fait écho à « la régulation de marchés de masse »[28], tout en plaçant le curseur sur le travailleur mobile.

5. Europe. La particularité de l'objet de la présente recherche est que celle-ci se concentre sur le droit d'un espace intégré qui est celui de l'Union européenne. Sur ce territoire, l'on assiste à un rapprochement des droits des États membres, de sorte que l'on distingue le droit qui s'applique dans les relations juridiques réparties sur plusieurs États membres, d'une part, et celui dans les rapports impliquant un État situé en dehors de son territoire, d'autre part. En conséquence de cette dissociation, l'on réserve progressivement la notion d'État tiers aux relations dans lesquelles est concerné un État extérieur à son territoire, malgré les divergences de droits qui peuvent subsister entre les États membres. En effet, la construction de l'Union européenne rapproche les États membres en tenant compte de leur passé commun. L'Union européenne constitue l'exemple d'une société qui émerge au-delà des frontières nationales. Né de l'affirmation qu' « une paix durable ne peut être établie que sur la base de la justice sociale »[29], le droit international du travail poursuit un objectif similaire de celui qui était sous-jacent à la fondation des Communautés européennes. Même si le contexte de la globalisation permettrait l'étude du droit du travail international dans un cadre plus large[30],

[24] F. GAMILLSCHEG, « Les principes du droit du travail international », *RCDIP* 1961, p. 265.

[25] *Cf.* A. SUPIOT, *L'Esprit de Philadelphie. La justice sociale face au marché total*, Seuil, 2010.

[26] *Ibid.*, p. 45.

[27] D. BUREAU, H. MUIR WATT, *Droit international privé*, tome 1, PUF, 2017, n° 10.

[28] *Ibid.*

[29] Constitution de l'OIT, 1919, préambule.

[30] La globalisation peut être entendue en tant qu'une intégration économique, financière, écologique et culturelle au niveau du globe. L'une de ses conséquences est la disparition des frontières nationales au sens qu'elles posent des limites à la gouvernance, laquelle est transmise aux entreprises multinationales (R. DE

nous arrêtons notre étude sur l'Union européenne en tant qu' « union régionale [qui] est sans conteste la plus avancée en termes d'intégration économique, mais surtout en termes d'intégration juridique »[31]. La justification de ce périmètre d'analyse se trouve dans la mise en place d'un espace de libre circulation des travailleurs sur le territoire de l'Union européenne.

6. Marché intérieur et libre circulation. Consubstantielle à la mise en place du marché intérieur[32], la libre circulation des travailleurs[33] favorise la mise en place d'un marché du travail européen qui se traduit institutionnellement par la création du Portail européen sur la mobilité de l'emploi (EURES) et l'Autorité européenne du travail[34]. Dès le Traité de Rome, il est affirmé que les travailleurs sont les bénéficiaires d'intention du marché intérieur[35]. Le marché intérieur est ici visé dans sa dimension individuelle qui concerne la protection des personnes. Le modèle social européen sera prolongé – au-delà du marché intérieur – par la proclamation dans le Traité de Lisbonne de l' « économie sociale de marché »[36] comme une finalité de l'Union européenne. La communication de la Commission intitulée « [u]ne stratégie pour une croissance intelligente, durable et inclusive » inscrit la mobilité professionnelle au sein de l'Union européenne dans ses objectifs

---

QUENAUDON, « Responsabilité sociale des entreprises », A. LYON-CAEN (dir.), *Répertoire de droit du travail,* Dalloz, octobre 2017, n° 10). Observons seulement, à ce stade, que le terme « mondialisation » est parfois utilisé en tant qu'un synonyme. En voulant décrire l'impact de la globalisation sur les ordres juridiques et des institutions, l'on vise nécessairement la création d'un droit du travail international (A. SUPIOT, « Lectures étrangères sur le devenir du droit social », *DSOC* 2005, p. 1001, renvoyant vers P. ALSTON, « 'Core Labour Standards' and the Transformation of the International Labour Rights Regime », *The European Journal of International Law,* 2004, vol. 15, n° 3, p. 457), alors que d'autres invoquent la transnationalisation de la réglementation du travail, p. ex. J. MURRAY, *Transnational Labour Regulation : The ILO and EC compared*, Kluwer, 2002 ; A. OJEDA AVILES, *Derecho transnacional del trabajo*, Tirant Lo Blanch, 2013.

[31] H. GAUDEMET-TALLON, « Le droit international privé des contrats dans un ensemble régional : l'exemple du droit communautaire, T. EINHORN, K. SIEHR (dir.), *International Cooperation Through Private International Law : Essays in Honour of Peter E. Nygh,* T. M. C. Asser, 2004, p. 117, spéc. p. 122.

[32] Article 21 du Traité sur le fonctionnement de l'Union européenne (ci-après TFUE).

[33] Article 45 TFUE.

[34] *Cf.* C. BLUMANN, « L'autorité européenne du travail ou l'émergence d'un nouvel acteur dans le paysage social européen », *Mélanges en l'honneur du Professeur Bernard Teyssié*, Lexis Nexis, 2019, p. 625.

[35] Article 117 du Traité de Rome, devenu l'article 151 TFUE.

[36] Article 3, § 3 du Traité sur l'Union européenne (ci-après TUE).

pour l' « Europe 2020 »[37]. Les chiffres démontrent que l'Union européenne est aujourd'hui synonyme d'un espace de permutation des personnes. En 2019, 13 millions de citoyens européens en âge de travailler (20-64 ans) effectuent une mobilité à long terme au sein de l'Union européenne[38]. Ils représentent 4,3 % de la population en âge de travailler de l'Union européenne. Au cours de la même période, ont été recensés 3,06 millions de travailleurs détachés et 1,5 million de travailleurs frontaliers. Ne sont pas compris dans ces chiffres les cas de télétravail et de prestations de services transfrontaliers lesquels n'impliquent aucun déplacement. La mobilité au sein de l'Union européenne étant favorisée par les libertés de circulation, elle ne s'en heurte pas moins aux difficultés résultant des différences entre les réglementations du travail des États membres. Comparée au niveau international, la difficulté apparaît certes moindre[39], grâce à la mise en place d'un droit du travail de l'Union européenne. Il n'en demeure pas moins que l'achèvement de ce dernier reste encore à attendre.

7. Droit du travail de l'Union européenne. Initialement conçu comme le résultat de la construction du marché commun, le droit harmonisé de la Communauté économique européenne s'est également enrichi d'importantes dispositions en matière de droit du travail. Ce droit doit contribuer à la naissance d'un marché du travail européen au sein même de l'espace délimité par les frontières extérieures de l'Union européenne. Sauf exception, l'application de ce droit du travail restera limitée à ce territoire : « la mobilité n'est une liberté que dans un champ d'application limité. Dans sa dimension spatiale, d'abord, la libre circulation est européenne et non, à proprement parler, internationale : elle se cantonne à l'espace interne de l'Union, si on excepte les quelques rares cas de mobilité extra-européenne qui relèvent du droit de l'Union »[40]. Le contenu de ce droit du travail spécifique à l'Union européenne sera au cœur de la présente étude qui développera, pour l'essentiel, le principe de protection du travailleur. Son existence peut d'ores et déjà être mesurée à partir des transformations des droits du travail des États

---

[37] Commission européenne, *Europe 2020. Une stratégie pour une croissance intelligente, durable et inclusive*, COM(2010) 2020, Bruxelles, 3 mars 2010, p. 19.

[38] Commission européenne, *Regard sur la mobilité de la main-d'œuvre au sein de l'Union européenne Principales conclusions du rapport annuel 2020 sur la mobilité de la main-d'œuvre au sein de l'Union européenne*, Office des publications de l'Union européenne, 2020, https://ec.europa.eu/social/BlobServlet?docId=23294&langId=fr (consulté le 2 septembre 2023).

[39] R. BEDFORD, art. cité (note 2), spéc. p. 24 : « [l]a distinction entre migration interne et migration internationale n'a pas grand sens dans certaines situations, comme dans le cas de la circulation des ressortissants de l'Union européenne au sein de celle-ci ». Pour cette raison, nous préférons l'utilisation du terme « mobilité » dans le contexte de l'Union européenne.

[40] S. ROBIN-OLIVIER, « La mobilité internationale des salariés », *DSOC* 2011, p. 897.

membres qu'il opère[41]. Or, le droit du travail de l'Union européenne comprend évidemment aussi des règles de droit international privé régissant spécialement le cas du travailleur franchissant les frontières au sein même de cet espace. Par ailleurs, il n'est évidemment pas exclu, *a priori*, que ces règles aient un impact sur les mobilités au-delà des frontières extérieures de cet espace[42]. Alors qu'il y a quelques décennies, l'un des rares cas de mobilité imaginable était celui des « représentants de commerce français embauchés en France par une société française pour exécuter un travail à l'étranger »[43], le besoin d'une règle de conflit de lois spécifique à la mobilité des travailleurs s'affirme plus que jamais. Ainsi, la Cour de cassation française élabore le lien de rattachement du lieu d'exécution du travail[44]. Face à la mobilité accrue, les inconvénients de ce que chaque État applique sa règle de conflit de lois sont évidents, tellement la diversité des législations au niveau de l'Union européenne est grande.

8. Conflit de juridictions et conflit de lois. La règle de conflit de lois est, dit d'une manière neutre, celle qui « a pour fonction de déterminer, du point de vue de l'organe saisi, la règle de décision applicable à une question de droit issue de faits liés à plusieurs pays »[45]. Il convient, à cet endroit, de se rappeler que le conflit de lois ne peut être étudié sans être mis en perspective avec le conflit de juridictions. Dit autrement, la compétence des juges de l'ordre juridique d'un État membre doit être préalablement établie. Dans la mesure où les règles de conflit de lois européennes, en tant que droit dérivé de l'Union européenne, ne lient que les États membres, l'on doit vérifier qu'un juge d'un État membre puisse effectivement être compétent pour trancher un litige. Ceci explique la difficulté à appliquer le droit d'un État membre, par le biais des règles de conflit de lois qui doivent l'avoir désigné, dès lors que les règlements de l'Union européenne ne donnent pas compétence aux juges d'un État

---

[41] *Cf.* pour l'affirmation générale des transformations des droits nationaux par l'Union européenne, *cf.* T. HERZOG, *A Short History of European Law : The Last Two and a Half Millennia*, HUP, 2018, p. 236, dans la version originale : « [w]hat is particularly striking about these developments is the degree to which they transformed the law. The initial treaties that founded European institutions were intended to institute some measure of economic collaboration, yet the way they were interpreted greatly transformed them ».

[42] *Cf.* S. BARBOU DES PLACES, É. PATAUT, P. RODIÈRE (dir.), *Les frontières de l'Europe sociale*, Pedone, 2017.

[43] P. LAGARDE, « Sur le contrat de travail international – Analyse rétrospective d'une évolution mal maîtrisée », *Les transformations du droit du travail : études offertes à Gérard Lyon-Caen*, Dalloz, 1989, p. 83, spéc. p. 84.

[44] Cass. com., 9 novembre 1959, *Sté Lautier c. Carton*, *RCDIP* 1960, p. 566, note M. SIMON-DEPITRE, *JDI* 1960, 1064, note G. LYON-CAEN.

[45] D. BUREAU, H. MUIR WATT, *Droit international privé*, tome 1, PUF, 2021, n° 329.

membre. Le règlement pertinent est ledit règlement Bruxelles I*bis*[46] aux termes duquel la compétence du juge d'un État membre peut être établie, pour une action intentée par un travailleur, dès lors que l'employeur a son domicile dans un État membre (article 21 du règlement Bruxelles I*bis*). Or, le règlement adopte une lecture large aux fins d'établir le domicile de l'employeur dans un État membre et admet également la présence d'une succursale, d'une agence ou de tout autre établissement dans un État membre (article 20, § 1 du même texte). Sont compétentes les juridictions de l'État membre du domicile de l'employeur, de celui où ou depuis lequel le travailleur accomplit habituellement son travail ou, subsidiairement, de l'établissement d'embauche (article 21 du même règlement). À l'inverse, l'employeur ne peut introduire une action dans un État membre que si le travailleur y a son domicile (article 22 du même règlement). Ainsi, l'on imagine, par hypothèse, des difficultés à déterminer la compétence du juge d'un État membre, dès lors que le salarié exerce son activité professionnelle dans un État tiers, auquel cas l'on peut en déduire que l'employeur, lui aussi, a le plus souvent son domicile dans cet État. À partir des liens entre différentes entités, dans un groupe de sociétés, a toutefois été imaginée la possibilité d'outrepasser les règles de conflit de juridictions citées, en présence d'un déni de justice[47]. Ces solutions font refleurir des réflexions sur un *forum necessitatis* européen lequel consisterait à donner compétence aux juges d'un État membre dès lors qu'aucun autre juge n'était compétent, sous conditions[48]. Pour l'heure, il nous est possible d'observer que les juridictions nationales[49] et la Cour de justice[50] ont réussi à déterminer la compétence du juge d'un État membre, au détour de l'article 6 du règlement Bruxelles I*bis*[51].

---

[46] Règlement (UE) n° 1215/2012 du Parlement européen et du Conseil du 12 décembre 2012 concernant la compétence judiciaire, la reconnaissance et l'exécution des décisions en matière civile et commerciale (dit Bruxelles I*bis*).

[47] Cass. soc., 14 septembre 2017, pourvois n° 15-26.737 et 15-26.738, *D.* 2018, 966, chron. S. CLAVEL et F. JAULT-SESEKE ; *RCDIP* 2018, p. 267, note É. PATAUT ; *Procédures* 2017, n° 11, p. 25, note A. BUGADA ; *JCP S* 2017, n° 46, p. 37, note L. D'AVOUT ; *Rev. soc.* 2018, n° 7, p. 467, note O. BOSKOVIC.

[48] Un projet de code de droit international privé européen, en cours d'élaboration, y fait référence. *Cf.* sur les propositions évoquées dans le passé, O. BOSKOVIC, « Les aspects de droit international privé du devoir de diligence et de la responsabilité des entreprises : bilan d'étape », *D.* 2022, p. 185.

[49] Cass. 1ère civ., 29 juin 2022, pourvois n° 21-11.722 et 21-10.106, *D.* 2022, p. 1773, chron. L. D'AVOUT, S. BOLLEE, É. FARNOUX ET A. GRIDEL ; *RCDIP* 2023, p. 168, note H. GAUDEMET-TALLON ; *JDI* 2023, p. 136, note C. BRIÈRE ; *JCP G* 2022, n° 28, p. 1402, note C. GUILLARD, n° 36, p. 1642, note G. BOURDEAUX, M. MENJUCQ, C. NOURISSAT.

[50] CJUE, 20 octobre 2022, C-604/20, *ROI Land Investments Ltd.*

[51] F. JAULT-SESEKE, « Extranéité de l'employeur et compétence juridictionnelle : CJUE et Cour de cassation au diapason », *RDT* 2022, p 667.

9. Diversité et entraves. Les règles de conflit de lois constituent, à côté des règles substantielles, l'une des deux voies de l'intégration juridique en droit du travail. Elles s'inscrivent dans une lecture essentiellement économique, celle des libertés de circulation. Comme cela a été relevé concernant le niveau global, l'intégration européenne est, elle aussi, accusée de s'adresser essentiellement aux opérateurs économiques. Mme Robin-Olivier observe que « l'encadrement des activités économiques, sur le plan national, afin d'assurer la protection des salariés, représente, avant tout, un obstacle aux libertés de circulation des opérateurs économiques »[52]. Se présentant initialement sous l'habillage d'une entrave aux libertés de circulation, le principe de protection du travailleur en tant qu'un principe plus largement admis en droit de l'Union européenne doit interroger. Nous partons du constat que ce n'est pas l'existence de droits du travail nationaux qui pose des obstacles à l'intégration européenne, mais l'éventuelle divergence de ceux-ci. Dit autrement, les confrontations aux libertés de circulation naissent du fait que l'un des droits du travail des États membres protège davantage le travailleur ou, dit autrement, que les autres États membres ne le protègent pas assez[53]. En effet, la diversité des législations se présente comme un obstacle *a priori* à l'harmonisation du droit matériel des États membres, d'une part. Et, d'autre part, elle constitue une raison pour l'harmonisation des réglementations des États membres, dans la mesure où l'application d'une réglementation plutôt qu'une autre crée des obstacles aux libertés de circulation. Notons à ce stade que l'objectif du droit du marché intérieur est de combattre les obstacles aux libertés de circulation. Ce contexte de l'encouragement de la mobilité par le biais des libertés de circulation ne se retrouve pas à l'échelle globale. Or, le traitement de la mobilité des travailleurs, par les libertés de circulation, n'est pas sans ambiguïté. Alors que la libre circulation des travailleurs fait partie du droit primaire et donc des objectifs du droit de l'Union européenne, la libre prestation de services, elle aussi inscrite dans les traités, permet aux prestataires de services de se déplacer avec leurs travailleurs au-delà des frontières et reconnaît l'application de la réglementation du travail du pays d'accueil comme un obstacle à la libre prestation de services[54].

---

[52] S. ROBIN-OLIVIER, *Manuel de droit européen du travail*, Bruylant, 2016, p. 31.

[53] *Infra*, n° 162, 164.

[54] U. GRUSIC, « European Labour Market : Posted Workers Directive and the Social Implications of the Movement of Labour », H. MUIR WATT, L. BIZIKOVÁ, A. BRANDÃO DE OLIVEIRA, D. P. FERNANDEZ ARROYO (dir.), *Global Private International Law : Adjudication without Frontiers,* Elgar Publishing, 2019, p. 473, spéc. p. 475, dans la version originale : « [t]he factors that gave rise to Laval and Viking do not exist on the global plane. Primary EU law guarantees the freedom of establishment and to provide services. It has long been established that the freedom

10. Détachement de travailleurs. Le cas visé dans le cadre d'une prestation de services est celui du détachement de travailleurs. Dans la pratique des ressources humaines, l'on a souvent tendance à distinguer la figure du travailleur expatrié[55] de celle du travailleur détaché. Il convient de souligner que le travailleur détaché est une figure caractéristique du droit du travail de l'Union européenne. Le recours au détachement peut être justifié par différentes raisons. D'une manière générale, il est affirmé que « le détachement des travailleurs répond en théorie au besoin de travailleurs spécialisés en vue d'effectuer une tâche de nature complexe dans un autre État membre confronté à un manque de main-d'œuvre dans ce domaine précis »[56]. Lorsqu'une entreprise commande une prestation de services, l'entreprise prestataire engagée fait le plus souvent appel à son propre personnel. En cas de besoin, elle peut toutefois sous-traiter tout ou partie de la prestation à une entreprise[57]. Contrairement à la supposition que le détachement s'exerce principalement dans les zones limitrophes des frontières, le détachement vers la France concerne principalement les travailleurs originaires de pays non limitrophes tels que la Bulgarie, la Pologne, le Portugal et la Roumanie[58]. Qui plus est, de nombreuses pratiques illégales ont été observées. On cite, parmi d'autres, le détachement par le biais d'entreprises boîtes aux lettres, l'établissement de fausses déclarations de détachement, les détachements de longue durée ou les remplacements successifs de travailleurs détachés, la fausse indépendance, l'absence de contribution à la sécurité sociale dans le pays d'envoi, le non-respect du salaire minimum dans le pays d'accueil, le non-respect des périodes de repos, des durées de travail et des conditions de travail, l'absence de compensation des frais liés au détachement, le montage de chaînes de sous-contractants rendant difficile le contrôle ainsi que les

---

to provide services entails the right of a service provider established in one Member State to move freely with all its workers whom it lawfully employs in that country to other Member States for the purpose of providing services there and that the imposition of the host Member State employment standards, which represents a burden on out-of-state service providers, is a restriction of the free movement of services ».

[55] A. et G. LYON-CAEN, *Droit social international et européen*, Dalloz, 1993, n° 12 : « il n'en existe pas de définition juridique. Les tribunaux caractérisent plutôt le personnel expatrié par opposition au personnel sédentaire ou de recrutement local ».

[56] E. BOCQUET, « Le travailleur détaché : un salarié low cost ? Les normes européennes en matière de détachement des travailleurs », *Rapport d'information,* n° 527 (2012-2013), 18 avril 2013, p. 18.

[57] *Cf.* F. PELLETIER, K. BEZILLE, *Mise à disposition, prestation de service et sous-traitance*, Éditions Liaisons, 2014, p. 89 et s.

[58] E. BOCQUET, rapport cité (note 56).

constructions par des entreprises inexistantes[59]. Du point de vue juridique, le travailleur qui est détaché de façon régulière relève de la libre prestation de services ce qui a été réaffirmé dans le contexte de l'augmentation des cas de recours à cette forme de mobilité, à la suite des élargissements successifs de l'Union européenne. Or, l'existence de règles de conflit de lois européennes qui s'adressent indistinctement aux différentes mobilités des travailleurs, nous incitera à les regrouper et à les étudier ensemble.

11. Règles de conflit de lois européennes. Les règles de conflit de lois sont nées du contexte de diversité des droits du travail et interviennent pour arbitrer entre les réglementations applicables. Les premières règles de coordination concernent le droit de la sécurité sociale[60]. Compte tenu de la technique particulière de ladite matière, qui justifie les études spécifiques qui y sont consacrées[61], nous l'exclurons de notre champ d'étude[62]. Ce n'est qu'en 1980 que la convention de Rome[63], qui sera plus tard transformée en droit dérivé par le règlement dit Rome I[64], donne lieu à une règle de conflit de lois spécifique au contrat individuel de travail[65]. Le règlement dit Rome II[66] contient également une règle de conflit de lois en matière de grève. En ce qui concerne spécifiquement le détachement de travailleurs, il est relevé que la

---

[59] H. VERSCHUEREN, « The Territorial Application of Labour Law in the EU Internal Market », J. BUELENS, M. RIGAUX (dir.), *From Social Competition to Social Dumping,* Intersentia, 2016, p. 74.

[60] Règlement n° 3 du Conseil concernant la sécurité sociale des travailleurs migrants, JO n° 30 du 16 décembre 1958.

[61] Pour une sélection, *cf.* I. OMARJEE, *Droit européen de la protection sociale,* Bruylant, 2018 ; É. PATAUT, « Territorialité et coordination en droit international privé. L'exemple de la sécurité sociale », V. HEUZÉ, R. LIBCHABER, P. DE VAREILLES-SOMMIÈRES (dir.), *Mélanges en l'honneur du Professeur Pierre Mayer,* LGDJ, 2015, p. 663.

[62] En effet, le droit social vise généralement les « problèmes que pose le travail salarié : emploi, travail, salaires, Sécurité sociale mais la dimension collective (syndicats, négociation) ne saurait évidemment être méconnue » (A. et G. LYON-CAEN, *Droit social international et européen*, préc., n° 5). Nous préférons la dénomination de « droit du travail international » et en excluons le droit de la Sécurité sociale.

[63] Convention de Rome de 1980 sur la loi applicable aux obligations contractuelles.

[64] Règlement (CE) n° 593/2008 du Parlement européen et du Conseil du 17 juin 2008 sur la loi applicable aux obligations contractuelles (ci-après règlement dit Rome I).

[65] Pour simplifier, nous désignerons ci-après, les règles de conflit de lois issues de ces deux textes sous le terme de « système Rome I ».

[66] Règlement (CE) n° 864/2007 du Parlement européen et du Conseil du 11 juillet 2007 sur la loi applicable aux obligations non contractuelles (ci-après règlement dit Rome II).

solution du conflit de lois doit compléter les dispositions de la liberté de circulation[67]. Ainsi, la directive dite détachement[68] est adoptée pour ancrer une solution contenue dans la jurisprudence de la Cour de justice des Communautés européennes. Elle est suivie de la directive dite d'exécution[69] qui doit préciser certaines notions face à la menace du *dumping social*[70]. Enfin, la directive dite modificatrice[71] vise à répondre aux reproches d'inégalité en matière de rémunérations. Que le droit international privé européen doive répondre aux exigences des libertés de circulation est désormais reconnu. Ce fait caractérise, par ailleurs, la communautarisation[72] - voire l'européanisation – du droit international privé.

12. Autonomie des acteurs au niveau international. L'enjeu qui anime la recherche d'une réponse du point de vue du conflit de lois, par le droit du travail de l'Union européenne, est celui de l'autonomie dont bénéficient les entreprises dans l'espace du marché intérieur. Cette autonomie étant renforcée par les libertés de circulation des opérateurs économiques au niveau de l'Union européenne, elle peut également être constatée à l'échelle globale. D'une manière générale, il est observé que l'impact de la liberté des entreprises est plus grand à l'échelle internationale qu'au niveau national, les parties pouvant opter pour le système juridique qui contient des dispositions

---

[67] U. GRUSIC, art. cité (note 54), spéc. p. 480.

[68] Directive 96/71/CE du Parlement européen et du Conseil du 16 décembre 1996 concernant le détachement de travailleurs effectué dans le cadre d'une prestation de services (ci-après directive dite détachement).

[69] Directive 2014/67/UE du Parlement européen et du Conseil du 15 mai 2014 relative à l'exécution de la directive 96/71/CE concernant le détachement de travailleurs effectué dans le cadre d'une prestation de services (ci-après directive dite d'exécution).

[70] *Cf.* pour des références implicites à la notion, dans la directive dite détachement, considérant n° 5 : « une telle promotion de la prestation de services dans un cadre transnational nécessite une concurrence loyale et des mesures garantissant le respect des droits des travailleurs ». Pour l'utilisation de la notion, *cf.* A. DEFOSSEZ, *Le dumping social dans l'Union européenne. Étude à l'aune du droit primaire et de la directive détachement,* Larcier, 2014, p. 21 et s., 539 : il reproche à la notion son défaut de définition, tout en admettant que le *dumping social* est parfois associé aux divergences entre les États membres dans le développement de leur droit social. Il ajoute que, selon une acception différente, ce terme peut décrire le comportement des employeurs qui cherchent à faire travailler leur personnel à faible coût, en se déplaçant à travers les frontières.

[71] Directive 2018/957/UE du Parlement européen et du Conseil du 28 juin 2018 modifiant la directive 96/71/CE concernant le détachement de travailleurs effectué dans le cadre d'une prestation de services (ci-après directive dite modificatrice).

[72] Sur ce terme, *cf.* B. VON HOFFMANN, *European Private International Law*, Ars Aequi Libri, 1998, chapitre 1.

qui leur sont favorables[73]. Il faut ajouter que le travailleur en tant que partie faible ne dispose pas de la même autonomie que l'entreprise qui jouit d'une facilité à situer dans un État déterminé tous les indices en vue de la détermination de l'élément de rattachement, en déplaçant son siège[74]. Dans le contexte du droit du travail, il peut s'avérer que l'employeur choisisse la réglementation du travail applicable au contrat individuel de travail, à la participation des travailleurs dans l'entreprise ou à la manière de réglementer la relation de travail[75].

13. Droit international privé du travail. Ce constat contribue certainement à la création de la matière du droit du travail international. Les professeurs Lyon-Caen observent que « l'essor sans précédent d'importants groupes de capitaux, opérant à travers le monde et employant un personnel mobile ou tout au moins situé dans des pays divers, a donné une importance nouvelle à une discipline dérivée du droit international privé, le droit des rapports de travail dans les groupes internationaux »[76]. Cette prise de conscience, d'un point de vue juridique, donne lieu à la naissance, au sein même du droit du travail international – tel qu'il a été baptisé par Gamillscheg – de la branche du droit international privé du travail[77]. Notons à cet endroit que notre démonstration nous oblige également à questionner le « statut social du travailleur migrant »[78], en étudiant les influences qu'y exerce le droit

---

[73] H. MUIR WATT, L. RADICATI DI BROZOLO, « Party Autonomy and Mandatory Rules in a Global World », *Global Jurist Advances* 2004, article 2, dans la version originale : « it is clear that extended recourse to party choice is in itself a side-effect of globalization, simply because private parties are now able to side-step mandatory rules when a given legal system decides to impose inefficient constraints on competition ».

[74] *Cf.* M. BONNECHÈRE, « Mondialisation, multinationales et droit du travail : éléments de réflexion », *DO* 2019, p. 58.

[75] Sur la négociation des conventions collectives dans chaque État dans lequel l'entreprise multinationale a son siège, et l'exemple des compagnie aériennes, A. JUNKER, « Kollektives Arbeitsrecht in Europa – Überblick über das Arbeitskampfrecht und das Tarifsystem der Mitgliedstaaten », *RdA Beilage* 2009, p. 4.

[76] A. et G. LYON-CAEN, *Droit social international et européen*, préc., n° 3.

[77] *Ibid.*

[78] *Cf.* A. LYON-CAEN, *Le statut social du travailleur migrant et le droit international privé*, Faculté de droit et de science politique de Clermont-Ferrand, 1978, qui observe que longtemps, « [l]e statut social du travailleur étranger [a été conçu] comme un aspect de la théorie générale de la condition des étrangers. […] Cette théorie, dont l'existence postule que les étrangers n'ont pas la même vocation que les Français à la jouissance des droits en France, forme une sorte de 'préface naturelle' à la théorie des conflits de lois : il faut d'abord savoir si l'étranger est admis à la jouissance d'un droit avant de préciser selon quelle loi il peut l'exercer en France ».

international privé. D'emblée, nous remarquons que la notion de statut social est empruntée de la condition des étrangers, alors que la distinction entre celle-ci et le droit international privé est devenue instable. Cette instabilité peut être liée à l'émergence d'un nouvel ordre global[79], caractérisé par les besoins d' « autonomie […] de 'secteurs sociaux' transversaux, tels la culture, la santé, les transports…, chacun exprimant des rationalités différentes, de sorte que le paradigme normatif que nous avons connu jusqu'ici, fondé sur la primauté du droit, de la politique ou de la morale, viendrait à être dépassé par un paradigme cognitif fait de science, d'économie et de technologie »[80]. Mais également d'un point de vue normatif, le droit de l'Union européenne contribue à l' « assimilation »[81] des travailleurs en provenance d'autres États membres à ceux de l'État d'accueil, pour ce qui concerne les règles de fond qui les régissent, c'est-à-dire la caractéristique de la condition des étrangers. À l'heure de la citoyenneté européenne, « le statut d'intégration du citoyen européen semble de nature, à nouveau, à bouleverser la donne, en rendant difficile la distinction entre le conflit de lois et l'octroi de droits et de libertés »[82]. Compte tenu de la finalité des libertés de circulation, l'évocation d'un statut des étrangers ne devrait plus avoir lieu. Ce constat de départ façonnera notre lecture du droit international privé européen du travail qui, inspiré des libertés de circulation, devra procéder à l'intégration des travailleurs.

14. Droit international privé européen du travail. « Rééquilibrer les désordres en passant par l'Europe est la première voie »[83], a-t-il été proposé. C'est cette voie que nous empruntons en étudiant les bouleversements du droit du travail, opérés par les libertés de circulation, en l'absence d'un cadre réglementaire permettant la protection des travailleurs. Au sein du droit du travail de l'Union européenne, nous considérerons les possibilités d'utiliser la règle de conflit de lois pour y remédier[84]. L'Union européenne étant en devenir, le contexte de diversité des réglementations commande que la règle de conflit de lois contribue à la recherche d'une solution adaptée à la libre

---

[79] *Cf.* G. TEUBNER, *Global Law without a State*, Dartmouth Publishing, 1997.

[80] D. BUREAU, H. MUIR WATT, *Droit international privé,* tome 1, préc., n° 13.

[81] H. BATIFFOL, P. LAGARDE, *Traité de droit international privé,* tome 1, LGDJ, 1993, n° 189, qui utilisent ce terme au moment où la jurisprudence sur les libertés de circulation était peu abondante.

[82] D. BUREAU, H. MUIR WATT, *Droit international privé*, tome 1, préc., n° 12.

[83] M. DELMAS-MARTY, *Le travail à l'heure de la mondialisation,* préc., p. 49.

[84] Sur les interactions entre le droit du travail et le droit des migrations, *cf.* M. FREEDLAND, C. COSTELLO, « Migrants at Work and the Division of Labour Law », C. COSTELLO, M. FREEDLAND (dir.), *Migrants at Work and the Division of Labour Law*, OUP, 2014, p. 1 : « this book has its origins in our perception that there is a highly significant and still somewhat under-considered intersection and interaction between migration law and labour law » (version originale).

circulation des travailleurs. C'est le contexte du droit de l'Union européenne qui influence également la méthode du conflit de lois. Alors que le « phénomène de la frontière »[85] caractérisait longtemps le droit international privé, cela ne semble plus être le cas, « puisque la même règle (la convention de Rome : règle de droit international privé) s'applique à un contrat interne, à un contrat régional qui s'épanouit dans l''espace sans frontières' que doit constituer l'UE, et à un contrat international au sens traditionnel du terme »[86]. Il nous semble ainsi indispensable de redécouvrir les caractéristiques de la règle de conflit de lois émise par l'Union européenne, laquelle intervient principalement pour le marché intérieur. En acceptant que la règle de conflit de lois agit au service du marché intérieur, nous devons nécessairement nous interroger sur sa fonction. La source européenne de la règle de conflit de lois étant connue, elle n'est pas moins ignorée lors de l'application de la règle de conflit de lois. Ceci commande une remise en cause de la fonction européenne de la règle de conflit de lois étudiée, une règle de conflit de lois qui semble s'être parfois tout simplement substituée aux règles de conflit de lois de source nationale dont on continue d'emprunter les mécanismes. Cette émergence de règles de conflit de lois supranationales devra influencer la compréhension du concept d'ordre juridique.

15. Coordination des systèmes juridiques. Batiffol a rappelé que la coordination des systèmes juridiques « sembl[ait] aujourd'hui devoir apparaître comme la raison d'être du droit international privé »[87]. Or, il conçoit encore « [l]a coordination [comme] l'œuvre, dans la situation actuelle du monde, de l'initiative individuelle des États »[88]. Est sous-jacent à cette conception que « la loi étrangère [...] est appliquée sur l'ordre du législateur local, énoncé dans ses règles de conflits de lois, mais [qu'elle] reste hétérogène à cet ordre »[89]. D'ores et déjà en 1927, Kelsen avait insisté sur ce que toutes les règles de droit devaient pouvoir être rapportées à une norme fondamentale commune[90]. L'auteur a ainsi théorisé le conflit de lois comme un conflit de systèmes normatifs[91] : « l'ordre juridique, ou ce qui est, pour l'auteur, synonyme, l'ordre 'étatique' apparaît comme une série de degrés juridiques, une hiérarchie dont les différents étages sont reliés les uns aux autres par le

---

[85] *Cf.* J.-P. NIBOYET, *Cours de droit international privé,* Sirey, 1946, p. 22 : « c'est-à-dire l'opposition des législations dans deux milieux juridiques, qui se juxtaposent ».

[86] H. GAUDEMET-TALLON, art. cité (note 31), spéc. p. 120.

[87] H. BATIFFOL, *Aspects philosophiques du droit international privé,* Dalloz, 2002, n° 12.

[88] *Ibid.,* avant n° 46.

[89] *Ibid.,* n° 50.

[90] H. KELSEN, « Théorie générale du droit international public », *RCADI,* vol. 42, Brill, 1932, p. 117, spéc. p. 264.

[91] *Ibid.*, spéc. p. 267.

principe de délégation : tout le droit de l'État est, en quelque sorte, suspendu à la Constitution »[92]. Santi Romano déconnecte d'une manière novatrice l'ordre juridique de l'État[93]. Francescakis semble partager ce scepticisme à l'égard de la conception qui « fait coïncider [l'] objet [du droit international privé] avec le partage de l'empire des lois de droit privé dans l'espace »[94]. À partir de cette critique, l'on peut construire un questionnement de la conception qui souhaite réduire le conflit de lois à la recherche de l'applicabilité de la loi dans l'espace. Dans l'introduction à l'édition française de cet ouvrage emblématique « [l]'ordre juridique », Francescakis résume que Santi Romano nous permet de concevoir qu'« [i]mputer à l'État la totalité du phénomène juridique et même plus spécialement l'ensemble des normes juridiques n'est en substance qu'une fiction, qu'une clôture délibérée du champ d'observation »[95]. Cette vision nous permet notamment de comprendre le droit international privé européen naissant comme ayant pour vocation d'arbitrer entre les réglementations nationales aux fins de désignation de la loi la plus appropriée.

16. Différences entre les cultures. Partant de ce constat, il est possible de concevoir la règle de conflit de lois européenne comme « un instrument de gestion de la diversité des droits »[96]. Le droit international privé européen émergent s'inscrit ainsi dans un contexte qui est proche de celui de l'octroi d'un droit international privé à un État fédéral[97]. En affirmant la fonction européenne du droit international privé, nous reconnaissons la vocation de la règle de conflit de lois à remédier aux différences entre les cultures. L'affirmation de Monnet (« Si c'était à refaire, je commencerais par la culture »[98]), nous sensibilise à l'un des plus grands obstacles *a priori* à la construction européenne : celui de la diversité des cultures[99]. Adaptées au contexte juridique, les divergences entre les spécificités des réglementations des États membres conditionnent l'intégration européenne. En droit du travail,

---

[92] J. MAURY, « Observations sur les idées du Professeur H. Kelsen », *RCLJ* 1929, p. 537, spéc. p. 541.

[93] *Cf.* S. ROMANO, *L'ordre juridique,* Dalloz, 2002.

[94] P. FRANCESCAKIS, *La théorie du renvoi et les conflits de systèmes en droit international privé,* Sirey, 1958, n° 5.

[95] P. FRANCESCAKIS, « Introduction », S. ROMANO, *L'ordre juridique,* Dalloz, 2002, p. VIII.

[96] D. BUREAU, H. MUIR WATT, *Droit international privé*, tome 1, préc., n° 14.

[97] A. MILLS, « Federalism in the European Union and the United States: Subsidiarity, Private Law, and the Conflict of Laws », *U. Pa. J. Int. L.* 2010, p. 369.

[98] J. MONNET, cité par T. JUDT, *Postwar,* Heinemann, 2005, p. 701.

[99] *Cf.* E. JAYME, « Identité culturelle et intégration : le droit international privé postmoderne », *RCADI*, vol. 251, Brill, 1995, p. 9.

les arrêts aussi remarqués que *Viking*[100] et *Laval*[101] en sont la preuve. L'enjeu de ces affaires est l'existence de l'autonomie collective pour réglementer les relations de travail, celle-ci reflétant également la diversité des droits du travail. En l'occurrence, le fondement du droit du travail sur l'autonomie collective a rendu difficile l'application du droit de l'Union européenne dans ce système juridique.

17. Autonomie collective. Dès lors que l'on s'intéresse à la qualification des normes en droit du travail, il est important de s'interroger sur les modalités selon lesquelles les États membres mettent en place leur réglementation du travail. Alors que le terme d'autonomie collective en lui-même peut apparaître ambigu, il est, dans certains systèmes juridiques, la modalité principale d'adoption de la réglementation du travail. En France, l'autonomie collective

---

[100] CJCE, 11 décembre 2007, C-438/05, *Viking Line, RAE* 2007, n° 2, p. 341, note A. DONETTE ; *RDUE* 2008, p. 181, note S. THOMAS et 2009, p. 55, note M. COLUCCI ; *RTD Eur* 2008, p. 47, note P. RODIÈRE, 2009, p. 137, chron. L. GRARD, 2009, p. 511, chron. A.-L. SIBONY, A. DEFOSSEZ et 2010, p. 823, note S. ROBIN-OLIVIER ; *JDI* 2008, p. 590, chron. F. CHALTIEL, C. J. BERR, S. FRANCQ, C. PRIETO ; *SSL* 2008, n° 1335, p. 8, note S. LAULOM et *SSL supplément,* n° 1338, p. 37, note S. LAULOM ; *JDE* 2008, n° 148, p. 126, chron. O. DE SCHUTTER et n° 152, p. 246, chron. L. DEFALQUE ; *Europe* 2008, n° 2, p. 18, note D. SIMON ; *JCP S* 2008, n° 6, p. 35, note J. CAVALLINI ; *AJDA* 2008, n° 5, p. 242, chron. E. BROUSSY, F. DONNAT, C. LAMBERT ; *RJC* 2008, p. 125, note A. RAYNOUARD ; *RJS* 2008, n° 3, p. 179, chron. J.-P. LHERNOULD, C. KOUCHNER, E. LAFUMA et al. ; *RDTr* 2008, n° 3, p. 11, note L. GRARD ; *JCP G* 2008, n° 13, p. 31, note C. VIGNEAU ; *RTD Com* 2008, p. 445, chron. G. JAZOTTES ; *RCDIP* 2008, p. 356, note H. MUIR WATT ; *RTDH* 2008, p. 1191, note C. NIVARD ; *D.* 2008, p. 2560, chron. L. D'AVOUT, S. BOLLÉE, p. 3038, pan. F. MULLER, M. SCHMITT et 2009, p. 1547, pan. B. EDELMAN ; *DSOC* 2010, p. 1216, note N. MOIZARD.

[101] CJCE, 18 décembre 2007, C-341/05, *Laval, ADMO* 2007, n° 25, p. 103, note M. BJÖRKHOLM ; *RAE* 2007, n° 2, p. 341, note A. DONETTE ; *RDUE* 2008, p. 181, note S. THOMAS et 2009, p. 55, note M. COLUCCI ; *RTD Eur* 2008, p. 47, note P. RODIÈRE, 2009, p. 511, chron. A.-L. SIBONY, A. DEFOSSEZ et 2010, p. 823, note S. ROBIN-OLIVIER ; *JDI* 2008, p. 590, chron. F. CHALTIEL, C. J. BERR, S. FRANCQ, C. PRIETO ; *SSL* 2008, n° 1335, p. 8, note S. LAULOM et *SSL supplément,* n° 1338, p. 37, note S. LAULOM ; *DSOC* 2008, p. 210, note P. CHAUMETTE et 2010, p. 1216, note N. MOIZARD ; *Europe* 2008, n° 2, p. 18, note D. SIMON ; *DO* 2008, p. 90, note M. BONNECHÈRE ; *JCP S* 2008, n° 6, p. 38, note J. CAVALLINI ; *AJDA* 2008, n° 5, p. 242, chron. E. BROUSSY, F. DONNAT, C. LAMBERT ; *JSL* 2008, n° 228, p. 4, note J.-P. LHERNOULD ; *RJS* 2008, n° 3, p. 179, chron. J.-P. LHERNOULD, C. KOUCHNER, E. LAFUMA et al. ; *JDE* 2008, n° 148, p. 126, chron. O. DE SCHUTTER et n° 152, p. 246, chron. L. DEFALQUE ; *RCDIP* 2008, p. 356, note H. MUIR WATT ; *RTD Com* 2008, p. 445, chron. G. JAZOTTES ; *RTDH* 2008, p. 1191, note C. NIVARD ; *D.* 2008, p. 3038, pan. F. MULLER, M. SCHMITT et 2009, p. 1547, pan. B. EDELMAN.

est souvent définie comme étant « la capacité laissée par le législateur aux partenaires sociaux d'élaborer eux-mêmes des règles normatives »[102]. Cela représente la définition atténuée de l'autonomie collective. Il est toutefois possible de concevoir que l'autonomie collective se développe spontanément et souverainement, de manière indépendante du droit étatique. Notre regard comparatif porte sur quelques auteurs allemands tels que ceux qui évoquent le constitutionnalisme social (*gesellschaftlicher Konstitutionalismus*), pendant au constitutionnalisme étatique, en droit privé[103]. Sinzheimer[104], qui théorisait l'autonomie collective, a fait reposer sa construction sur les concepts d'autodétermination sociale (*soziale Selbstbestimmung*) et d'autonomie du droit du travail (*autonomes Arbeitsrecht*)[105]. Les auteurs qui s'inscrivent dans cette lignée conçoivent « la capacité originaire des acteurs professionnels de produire des normes juridiques qui engagent les travailleurs »[106]. Il est possible de considérer que l'autonomie collective donne lieu à une partie des normes du droit social, tel que cela a été défendu par Sinzheimer, tandis que d'autres auteurs utilisent le terme d'autonomie collective pour décrire, d'une manière globale, la spécificité des mécanismes visant à établir les normes du droit social. Ces derniers avancent que l'autonomie collective fait naître le droit social, par opposition au droit étatique qui se construit d'une autre manière. Côté français, quelques voix dans la littérature mettent toutefois en garde contre les difficultés à défendre que l'ordre socioprofessionnel constitue un système normatif autosuffisant[107]. M. Aliprantis revient sur cette notion et décrit la délégation du pouvoir normatif, en affirmant que celle-ci implique une légitimation des partenaires sociaux à réglementer, laquelle doit émaner d'une norme étatique[108]. Qu'on l'inscrive dans l'autodétermination ou dans la

---

[102] A. MAZEAUD, « Sur l'autonomie collective des partenaires sociaux, depuis la Position commune du 16 juillet 2001 », *DSOC* 2003, p. 361.

[103] G. TEUBNER, « Auf Umwegen : Zum Privatrecht als Gesellschaftsverfassung », *ZEuP* 2022, p. 648, spéc. p. 654.

[104] *Cf.* H. SINZHEIMER, *Ein Arbeitstarifgesetz. Die Idee der sozialen Selbstbestimmung im Recht,* Duncker & Humblot, 1917.

[105] M. COUTU, « Autonomie collective et pluralisme juridique : Georges Gurvitch, Hugo Sinzheimer et le droit du travail », D. ROUX (dir.), *Autonomie collective et droit du travail. Mélanges en l'honneur du professeur Pierre Verge*, PUL, 2014, p. 73, spéc. p. 74.

[106] S. YANNAKOUROU, *L'Etat, l'autonomie collective et le travailleur. Etude comparée du droit italien et du droit français de la représentativité syndicale*, LGDJ, 1995, p. 3. *Cf.* aussi G. LYON-CAEN, « Anomie, autonomie et hétéronomie en droit du travail », *En hommage à Paul Horion*, Faculté de Droit de Liège, 1972, p. 178.

[107] C. VIGNEAU, « Etude sur l'autonomie collective au niveau communautaire », *RTD Eur* 2002, p. 653, spéc. p. 658 et s.

[108] Cette norme étatique peut prendre la forme d'une loi, telle la loi française de 1919 sur les conventions collectives (N. ALIPRANTIS, *La place de la convention collective dans la hiérarchie des normes*, LGDJ, 1980, p. 32 et s.) ou d'une disposition

thèse plus atténuée, il est possible de concevoir que l'autonomie collective donne lieu à des normes du droit du travail. Il semble important d'inscrire l'autonomie collective dans un système normatif qui lui permette de fonder son caractère impératif. En dehors des thèses qui étudient la vocation de l'autonomie collective à réglementer la relation de travail, d'autres définitions mettent en avant que l'autonomie collective reflète surtout la régulation du marché du travail[109]. Or, limiter l'autonomie collective aux normes réglementant le marché, n'est-ce pas déconnecter l'autonomie de la manière d'établir des normes ? L'Organisation internationale du travail conçoit l'autonomie collective, sans la nommer : il s'agit de procédures de négociation volontaire de conventions collectives entre les employeurs et les organisations d'employeurs d'une part, et les organisations de travailleurs d'autre part, en vue de régler par ce moyen les conditions d'emploi[110]. Du point de vue européen, il convient, en toute hypothèse, de considérer l'autonomie collective comme un mécanisme qui vise à mettre en place la réglementation du travail[111]. À ce stade, nous retenons que l'autonomie collective occupe une place différente par rapport à la législation, dans les différents États membres. S'entendre sur ce que nous désignons par une norme est indispensable du point de vue de la règle de conflit de lois.

18. Droit comparé. Dans le contexte de diversité des droits du travail nationaux, nous préférons l'emploi du terme de « réglementation » pour désigner les différentes normes du droit du travail. Quelles sont les normes que la règle de conflit de lois est susceptible de désigner ? Alors que les relations entre le droit comparé et le droit international privé ont été discutées[112], le premier est ici conçu en tant qu'il sert le second. Précisément,

---

constitutionnelle, tel l'article 9 alinéa 3 de la Loi fondamentale allemande ou l'alinéa 8 de la Constitution française (M.-L. MORIN, *Le droit des salariés à la négociation collective. Principe général du droit*, LGDJ, 1994, p. 18). *Cf.* aussi C. FOURCADE, *L'autonomie collective des partenaires sociaux : essai sur les rapports entre démocratie politique et démocratie,* LGDJ, 2006, n° 8 ; P. RODIÈRE, *La convention collective de travail en droit international. Contribution à l'étude des normes juridiques de source professionnelle,* Litec, 1987, p. 229.

[109] P. VERGE, G. VALLÉE, *Un Droit du travail ? Essai sur la spécificité du droit du travail,* Yvon Blais, 1997.

[110] Convention n° 98 de l'Organisation internationale du travail sur le droit d'organisation et de négociation collective, 1949, article 4.

[111] M. SCHMITT, *Autonomie collective des partenaires sociaux et principe de subsidiarité dans l'ordre juridique communautaire,* LGDJ, 2009, p. 34.

[112] *Cf.* B. FAUVARQUE-COSSON, « Droit international privé et droit comparé : brève histoire d'un couple à l'heure de l'Europe », *Vers de nouveaux équilibres entre ordres juridiques. Liber amicorum Hélène Gaudemet-Tallon*, Dalloz, 2008, p. 43 ; G. A. BERMANN, « Le droit comparé et le droit international : alliés ou ennemis », *RIDC* 2003, p. 519 ; E. BALOGH, « Le rôle du droit comparé dans le droit international privé », *RCADI*, vol. 57, Brill, 1936, p. 571.

l'une de nos difficultés est celle de décider si les diverses réglementations peuvent produire un effet normatif. Pour y répondre, il s'agit de comparer les droits nationaux entre eux en vue d'y adapter notre réponse du droit international privé. Cet enjeu a été souligné : « [l]a comparaison du droit national, international et européen implique, en effet, une potentielle mise à plat de l'ensemble des méthodes et solutions susceptibles d'être sollicitées au stade du traitement d'un cas ou d'une situation juridique. Elle commande une recherche sur la manière dont le droit peut être appliqué dans un environnement national, international et européen »[113]. L'exploitation du droit comparé du travail est davantage sollicitée dans un contexte d'internationalisation du droit. Le recours au droit comparé est particulièrement nécessaire en raison de la diversité entre les systèmes juridiques à l'horizon de l'Union européenne. Dans le résultat, il peut contribuer au développement du droit de l'Union européenne[114]. « La méthode comparative est notamment utilisée par la Cour de justice. Pour assurer le respect du droit, dans l'application des traités, la Cour de justice utilise la méthode comparative, consistant à s'inspirer des règles reconnues par les législations, la doctrine et la jurisprudence des pays membres »[115]. L'emploi de la méthode comparative exige une connaissance, non seulement du droit étranger, mais aussi de son contexte social et politique[116]. Kahn-Freund met en garde sur le fait que le droit comparé ne doive pas être inspiré par un esprit légaliste, qui ignorerait ce contexte[117]. M. Weiss ajoute qu'il convient de comparer les fonctions et les institutions des droits du travail ; il faut comparer tous les éléments d'un système juridique spécifique[118]. Notre comparaison des

---

[113] J.-S. BERGÉ, « Droit international privé et approche contextualisée des cas de pluralisme juridique mondial », L. D'AVOUT, D. BUREAU, H. MUIR WATT (dir.), *Mélanges en l'honneur du Professeur Bernard Audit. Les relations privées internationales*, LGDJ, 2014, p. 59.

[114] Institut suisse de droit comparé (dir.), *Le rôle du droit comparé dans l'avènement du droit européen*, Schulthess, 2000.

[115] K. LENAERTS, « La Cour de justice de l'Union européenne et la méthode comparative », B. FAUVARQUE-COSSON (dir.), *Le droit comparé au XXIe siècle*, Société de législation comparée, 2015, p. 35.

[116] O. KAHN-FREUND, « On Uses and Misuses of Comparative Law », *MLR* 1974, p. 27, dans la version originale : « [t]he use of the comparative method requires a knowledge, not only of the foreign law, but also of its social, and above all its political context. The use of comparative law for practical purposes becomes an abuse only if it is informed by a legalistic spirit, which ignores this context of the law ».

[117] *Ibid.*

[118] M. WEISS, « The Future of Comparative Labor Law as an Academic Discipline and as a Practical Tool », *CLLPJ* 2003, p. 169, dans la version originale : « [f]unctions and not institutions are to be compared. This is only possible if the

différentes réglementations nationales vise ainsi l'objectif de déterminer si elles produisent un effet normatif et si elles peuvent être désignées par la règle de conflit de lois. Il s'agit de rechercher des traits communs des droits du travail à partir d'une lecture comparatiste internationaliste.

19. Norme. Nous recentrerons notre démonstration sur la question : qu'est-ce qu'une norme qui est susceptible d'être désignée au moyen de la règle de conflit de lois ? Originaire de l'Antiquité, le terme « norme » désigne au sens général « une mesure ou un standard par rapport auquel on qualifie la conformité d'un objet ou d'une action »[119]. Dans la discipline juridique, le terme est « synonyme de règle de droit, de règle juridique, obligatoire, générale et impersonnelle »[120]. Kelsen est l'un des auteurs à avoir théorisé la norme. Suivant cet auteur, la règle de droit est une norme parce qu'elle « a été posée par une autorité, monarque ou parlement » et qu' « un ordre de ce monarque, une décision de ce parlement, [lui] confère le caractère juridique »[121]. La particularité de la théorie de Kelsen consiste à faire reposer la norme « sur la norme première qu'est la Constitution, norme dont toutes les autres dérivent non pas logiquement, par interprétation, mais dynamiquement, par successives délégations »[122]. L'inconvénient de cette théorie consiste à placer la norme nécessairement au sein d'un ordre juridique et de concevoir en même temps que l'ordre juridique soit étatique. Par ailleurs, la théorie a pour conséquence de limiter la norme, dans certains ordres juridiques dans lesquels la Constitution désigne le seul droit législatif comme source du droit privé, et d'exclure le droit coutumier ou le droit jurisprudentiel de cette qualification[123]. Il n'en demeure pas moins que nous mettons l'accent sur le caractère impératif de la norme qui ressort de cette définition. En droit du travail, le terme de norme est entendu au sens large et présente l'avantage de pouvoir englober également la convention collective[124]. En droit international privé, certains auteurs décident de la nature de norme en l'attribuant à un ordre juridique[125]. De ce point de vue, il est en toute hypothèse nécessaire de définir les normes qui sont susceptibles d'être désignées. Cette interrogation reflète « la pensée fonctionnaliste néostatutaire […] » qui s'intéresse à savoir ce

---

analysis is focusing on the interaction of all the elements of a specific system and if goes beyond terminology and traditional categories ».

[119] D. ALLAND, S. RIALS (dir.), *Dictionnaire de la culture juridique*, PUF, 2003, p. 1079.

[120] S. GUINCHARD, T. DEBARD (dir.), *Lexique des termes juridiques 2018-2019*, Dalloz, 2018, p. 722.

[121] H. KELSEN, cours cité (note 90), spéc. p. 256.

[122] J. MAURY, art. cité (note 92), spéc. p. 541.

[123] *Ibid.,* spéc. p. 558 et s.

[124] *Cf.* F. LARONZE, *Les conflits de normes dans les relations de travail. Contribution à l'étude des organisations*, *PUAM*, 2012. *Infra,* n° 115 et s.

[125] P. MAYER, « préface », S. Romano, *L'ordre juridique,* Dalloz, 2002.

qu'est une norme « perçue comme comportant une délimitation intrinsèque de son propre champ d'application »[126]. Qu'il soit, par ailleurs, observé que l'origine étatique des normes n'est plus exigée. Cette conception, qui est développée au sein du droit international privé, s'oppose aussi à la lecture traditionnelle de la norme par les théoriciens du droit. Quelles règles du droit du travail sont susceptibles d'être désignées au moyen de la règle de conflit de lois ? On est conduit à s'interroger sur la norme d'un point de vue fonctionnel.

20. Fonction. La démarche comparatiste devra permettre de dégager la fonction du droit international privé européen. Alors que les États membres de l'Union européenne sont désormais quasiment tous tenus d'appliquer les règles de conflit de lois du système Rome I[127], les règles de conflit de lois ont un impact au-delà du territoire de l'Union européenne, compte tenu de leur application universelle[128]. Lors de l'identification de la fonction du droit international privé proprement européen, il convient précisément de tenir compte de ce que le droit international privé est à la fois propre à l'espace de l'Union européenne et extensible au-delà de cet espace. Dans ce contexte, sa fonction doit être clairement définie, afin de permettre de déterminer les méthodes qu'il doit emprunter dans un contexte intérieur à l'Union européenne mais également vis-à-vis de l'extérieur. Par comparaison au droit international privé strictement étatique qui lui précédait, le droit international privé européen répond aux exigences de coordination de la construction européenne : il doit nécessairement s'imprégner du marché intérieur mais aussi d'autres concepts tels que l'espace de liberté, de sécurité et de justice. Dans des recherches sectorielles sur le droit international privé, l'émergence d'un droit international privé européen est aussi liée au développement de la citoyenneté européenne[129]. Notre étude portant sur le contrat de travail, il convient de s'interroger sur les aspects qui concernent le travailleur, à partir du concept de marché intérieur, et de constater qu'ils sont susceptibles d'influencer les règles de conflit de lois étudiées[130]. Cette vérification peut être

---

[126] D. BUREAU, H. MUIR WATT, *Droit international privé*, tome 1, préc., n° 24.

[127] Notons d'emblée, en ce qui concerne le Royaume-Uni, l'Irlande et le Danemark, les positions de ces pays font l'objet de dispositions spécifiques jusqu'au 17 décembre 2009, *cf.* art. 69 du traité CE, désormais les Protocoles n° 21 et 22 TFUE. Désormais, le Royaume-Uni et l'Irlande ont utilisé l' « opt-in », alors que le Danemark ne relève pas du champ d'application du règlement Rome I, considérant n° 46.

[128] P. LAGARDE, A. TENENBAUM, « De la convention de Rome au règlement Rome I », *RCDIP* 2008, p. 727.

[129] *Cf.*, par exemple, L. RASS-MASSON, *Les fondements du droit international privé européen de la famille*, thèse, Université Paris-Panthéon-Assas, 2015.

[130] Comp. C. CAMUS, *La distinction du droit public et du droit privé et le conflit de lois*, LGDJ, 2015, n° 209.

menée à partir d'une confrontation des règles de conflit de lois et de la solution qui en résulte aux libertés de circulation. Dans le cadre de l'Union européenne, l'approche régulatrice[131] – au sens de la régulation du marché intérieur – du droit international privé nous semble pertinente. C'est en recherchant la fonction de la règle de conflit de lois que nous parviendrons à connaître la nature même du droit international privé de l'Union européenne dont celle-ci fait partie. Cette connaissance sera acquise par l'étude des libertés de circulation et des principes qui en résultent pour le droit du travail de l'Union européenne.

21. Principe de protection du travailleur. Issu du droit des libertés de circulation, le principe de protection du travailleur doit recevoir une lecture régulatrice comme étant inscrit dans le marché intérieur[132]. La découverte d'une nouvelle fonction européenne du droit international privé commande aussi certaines adaptations de celui-ci. Comment le droit international privé européen peut-il tenir compte des spécificités de la libre circulation des travailleurs et, partant, du droit du travail de l'Union européenne ? Les systèmes nationaux de droit international privé consacraient traditionnellement le principe de protection de la partie dite faible. Or, cette « notion cadre » est parfois jugée « sans définition précise y compris en droit interne »[133]. Ceci n'empêche pas certains auteurs de la théoriser pour en tirer des leçons générales pour le conflit de lois : « la partie est considérée comme étant faible, dans une relation contractuelle par exemple, puisque les deux personnes se trouvent dans des positions économiques ou sociales déséquilibrées »[134]. Notre objectif consiste à nous intéresser spécifiquement à l'objectif de protection du travailleur en tant qu'il entre dans le conflit de lois. Il conviendra de restituer le principe de protection du travailleur du droit de l'Union européenne tel qu'il doit également façonner le droit international privé[135].

22. Les libertés de circulation et le travailleur. Le défi consistera à délimiter les contours du principe de protection du travailleur résultant du

---

[131] *Infra*, n° 594, 609.

[132] H. COLLINS, *Regulating Contracts*, OUP, 2003.

[133] O. BOSKOVIC, « La protection de la partie faible dans le règlement Rome I », *D.* 2008, p. 2175, renvoyant vers M. FONTAINE, « Rapport de synthèse », J. GHESTIN, M. FONTAINE (dir.), *La protection de la partie faible dans les rapports contractuels. Comparaisons franco-belges*, LGDJ, 1996, p. 616.

[134] F. POCAR, « La protection de la partie faible en droit international privé », *RCADI,* vol. 188, Brill, 1984, p. 341, spéc. p. 350 et s.

[135] En droit national, le principe de protection du travailleur est ancré avec la nécessité constitutionnelle exigeant la mise en place d'un droit du travail. En droit allemand, elle résulte de l'article 12, alinéa 1 de la Loi fondamentale (*Grundgesetz*), lu en combinaison avec les articles 20, alinéa 1 et 28, alinéa 1. En droit français, nous citons principalement les alinéas 6 et 8 du préambule de la Constitution du 27 octobre 1946.

droit des libertés de circulation. Nous n'envisagerons pas ici les droits sociaux européens qui concernent les travailleurs dans leur entièreté[136], mais les étudierons au détour du concept de marché intérieur. Dit autrement, les acquis de l'intégration européenne qui débouchaient sur l'adoption de la Charte des droits fondamentaux de l'Union européenne, exercent désormais une influence sur le droit du travail de l'Union européenne, qui lui-même est fondé sur les libertés de circulation. Parmi les libertés de circulation, nous nous intéresserons particulièrement à la libre circulation des travailleurs ainsi qu'à la libre prestation de services. Nous noterons que la libre circulation des travailleurs connaît une référence forte au lien d'intégration du travailleur dans le marché du travail. Cette notion marquera notre démonstration[137]. C'est aussi en utilisant les notions issues du contexte des libertés de circulation que nous nous rendrons compte de leur spécificité et de leur différence par rapport aux notions des systèmes juridiques nationaux. À commencer par la notion même de travailleur, nous notons sa pertinence en droit de l'Union européenne. Elle a été beaucoup discutée. M. Rodière exprime sa préférence pour la notion de salarié, en mettant en avant le critère du lien de subordination[138], alors que d'autres auteurs visent à porter davantage d'intérêt à la relation de travail dans une acception plus large[139]. À l'heure actuelle, la notion européenne semble être celle de travailleur.

23. Plan. Le droit international privé européen du travail émergent est confronté à un défi majeur qui consiste à articuler les différents droits du travail des États membres pour répondre aux exigences de l'espace de libre circulation qu'est l'Union européenne. La diversité des réglementations du travail, mélangeant des systèmes caractérisés par une autonomie collective plus ou moins forte, est susceptible de se heurter aux libertés de circulation qui concernent le travailleur. Cette collision se présente dès lors que la règle de conflit de lois est censée désigner la réglementation du travail d'un État

---

[136] Pour d'autres tableaux de la fondamentalisation des droits sociaux des travailleurs tels qu'ils résultent du modèle social européen, *cf.* A. FABRE, « La 'fondamentalisation' des droits sociaux en droit de l'Union européenne », R. TINIÈRE, C. VIAL (dir.), *La protection des droits fondamentaux dans l'Union européenne. Entre évolution et permanence*, Bruylant, 2015, p. 165 ; D. ROMAN, « Les droits sociaux, 'droits des pauvres' ou droits de l'Homme », D. ROMAN (dir.), *Les droits sociaux, entre droits de l'Homme et politiques sociales. Quels titulaires pour quels droits ?*, LGDJ, 2012, p. 1.

[137] Sur l'accès à la relation juridique en tant qu'une expression de l'accès au marché du travail, *cf.* E. MUIR, *EU Regulation of Access to Labour Markets : A Case Study of EU Constraints on Member State Competences*, Wolters Kluwer, 2012.

[138] P. RODIÈRE, « Conflits de lois en droit du travail : étude comparative », *DSOC* 1986, p. 118, spéc. p. 119.

[139] *Cf.* pour une sélection, M. FREEDLAND, N. KOUNTOURIS, *The Legal Construction of Personal Work Relations*, OUP, 2012, p. 310 et s. ; E. PESKINE, *Réseaux d'entreprises et droit du travail,* LGDJ, 2008.

membre plutôt que celle d'un autre. Les règles de conflit de lois s'inspirant de celles que les États membres connaissaient auparavant, leur européanisation n'est pas acquise dès le départ. Plus encore, le recours au mécanisme des lois de police, à la place de la règle de conflit de lois multilatérale, est susceptible d'entraîner des répercussions sur les libertés de circulation. Une prise de conscience de ce fait conduit à la création d'un lien entre la compétence de l'Union européenne pour adopter des règles de conflit de lois, d'une part, et l'objectif visant à l'instauration d'un marché intérieur, d'autre part. La nécessité de répondre aux exigences des libertés de circulation n'est pas moins présente en ce qui concerne les règles de conflit de lois relatives à la relation de travail. De ce point de vue, les règles de conflit de lois relatives à la relation de travail rencontrent nécessairement les exigences du marché intérieur (partie 1).

24. Ceci nous conduira à nous intéresser d'une manière plus approfondie au concept de marché intérieur, et plus précisément, à sa composante sociale. De quelle manière celui-ci ainsi que les libertés de circulation consubstantielles ancrent-ils un principe de protection du travailleur qui pourra influencer la lecture des règles de conflit de lois ? L'influence du concept de marché intérieur se traduit nécessairement dans la méthode du conflit de lois. En affirmant l'émergence d'un droit international privé européen, nous serons témoins d'une émancipation de la fonction de la règle de conflit de lois. Notre attention devant être portée sur la protection du travailleur qui émerge du concept de marché intérieur, nous chercherons à proposer une règle de conflit de lois qui y répondra (partie 2).

PREMIÈRE PARTIE
LES RÈGLES DE CONFLIT DE LOIS RELATIVES À LA RELATION DE TRAVAIL ET LES EXIGENCES DU MARCHÉ INTÉRIEUR

25. Travailleur. L'Union européenne ayant instauré un marché intérieur, elle encourage la libre circulation des travailleurs sur son territoire (article 45 TFUE). Le champ d'application personnel de cette liberté vise le travailleur au sens large. L'arrêt *Lawrie-Blum*[140] nous apprend que la caractéristique essentielle de la relation de travail est la circonstance pour une personne d'accomplir, pendant un certain temps, en faveur d'une autre et sous la direction de celle-ci, des prestations en contrepartie desquelles elle touche une rémunération. Néanmoins, quelques doutes subsistent en ce qui concerne la souplesse du « lien juridique qui lie le travailleur à l'employeur »[141]. Le caractère général de la notion européenne de travailleur semble laisser la porte ouverte aux interprétations. M. Teyssié observe « un glissement de la subordination juridique à la dépendance économique »[142]. Observons, à ce stade, que la définition visée peut être plus large que celle employée dans les systèmes juridiques des États membres. Ceci condamne *a priori* le recours aux notions étroites, utilisées dans le contexte du droit du travail des États membres. Or, à défaut d'une harmonisation complète du droit du travail, la notion européenne ne s'impose pas systématiquement. Il convient, par ailleurs, de se référer à une description large des aspects concernant le travailleur dans le contexte d'hétérogénéité qui caractérise les réglementations du travail des États membres.

26. Libre circulation. L'effectivité du droit des libertés de circulation dépend de l'étendue de la notion. En effet, le travailleur européen ne pourra faire l'objet d'une discrimination du fait de l'exercice de l'activité dans un autre État membre que celui d'origine. L'article 45, § 2 TFUE impose l'abolition de toute discrimination, fondée sur la nationalité, entre les travailleurs des États membres, en ce qui concerne l'emploi, la rémunération et les autres conditions de travail. Par ailleurs, la libre circulation des travailleurs ne devra être entravée par d'autres obstacles. Toutefois, l'utilisation variée des règles de conflit de lois selon le système juridique dans lequel l'on se trouve et, partant, l'application de la réglementation du travail

---

140 CJCE, 3 juillet 1986, aff. 66/85, *Lawrie-Blum*, pt. 17, *JDI* 1987, p. 433, note M.-C. BOUTARD-LABARDE ; *D.* 1986, somm. p. 452, note L. CARTOU ; *ELR* 1987, p. 147, note R. WHITE et 1988, p. 223, note J. HANDOLL.

141 CJCE, 31 mai 1989, aff. 344/87, *Bettray*.

142 B. TEYSSIÉ, *Droit européen du travail*, Lexis Nexis, 2019, n° 376.

d'un État membre plutôt que celle d'un autre, peut constituer une violation aux libertés de circulation. Notons enfin que la tâche d'anticiper la conformité des règles de conflit de lois aux libertés de circulation a été complexifiée par le recours à la libre prestation de services pour viser le détachement de travailleurs.

27. Européanisation. La confrontation de la solution du conflit de lois aux libertés de circulation s'étant manifestée d'une manière négative, l'Union européenne préfère désormais adopter ses propres règles de conflit de lois. Celles-ci intègrent une réponse aux exigences des libertés de circulation. Selon la règle de conflit de lois que l'on examine, la prise en compte de la logique des libertés de circulation est encore variable. D'application universelle, les règles de conflit de lois de source européenne viennent remplacer une multitude de règles de conflit de lois étatiques, pour les affaires relevant du for d'un État membre. Ceci sous-entend également que les règles de conflit de lois européennes ont vocation à s'appliquer aux situations présentant des liens avec un État tiers dans lesquelles elles conduisent à l'application de la loi d'un État tiers. Le rayonnement des règles de conflit de lois européennes étant important, la question de leur harmonisation représente un défi. Ce dernier consiste à trouver un compromis entre le droit international privé traditionnel des États membres et les exigences – voire les limites – du marché intérieur. La naissance d'un droit international privé européen est programmée et ses contours doivent être relevés à partir des exigences du droit primaire de l'Union européenne.

28. Plan. L'impact des libertés de circulation étant affirmé, nous opposerons, dans un premier temps, les règles de conflit de lois relatives à la relation de travail aux exigences du marché intérieur (titre 1). Cette rencontre permettra d'intégrer, dans un second temps, les règles de conflit de lois dans le marché intérieur (titre 2).

TITRE 1
LES RÈGLES DE CONFLIT DE LOIS RELATIVES À LA RELATION DE TRAVAIL IGNORANT LES EXIGENCES DU MARCHÉ INTÉRIEUR

29. Relation de travail. Une règle de conflit de lois vise à déterminer la réglementation applicable à une situation comportant un élément d'extranéité. Notre cadre d'analyse est constitué par les règles de conflit de lois concernant la relation de travail. La relation de travail se compose de plusieurs aspects, individuels et collectifs, qui sont plus ou moins distingués, selon le système juridique dans lequel l'on se place. Alors que la relation de travail concerne, en premier lieu, le contrat individuel de travail, cela n'exclut pas que les travailleurs fassent valoir leurs droits d'une manière collective, par le recours à la négociation collective ou à la grève. Par ailleurs, il convient de noter que la réglementation applicable à la relation de travail peut résulter soit des lois et règlements en vigueur, soit des conventions collectives ou d'autres sources professionnelles. Une harmonisation complète du droit du travail au niveau de l'Union faisant défaut, les aspects de la relation de travail que l'on vise dépendent du système juridique dans lequel l'on s'inscrit. Aux fins d'adopter un langage unifié permettant de rendre compte de la diversité des réglementations du travail entre les États membres, nous adoptons ici le terme de relation de travail.

30. Règles de conflit de lois. Les règlements et directives européens visent à répondre à l'hétérogénéité des relations de travail au niveau de l'Union européenne. C'est ainsi que nous identifions plusieurs règles de conflit de lois qui concernent la relation de travail : l'article 8 du règlement Rome I concernant la loi applicable au contrat individuel de travail, l'article 9 du règlement Rome II relatif à la loi applicable à la responsabilité du fait de grève ou de *lock out* ainsi que les articles 9 du règlement Rome I et 16 du règlement Rome II concernant les lois de police. Ajoutons l'article 3 de la directive dite détachement prévoyant les domaines des lois de police. Or, face à cette multitude de règles de conflit de lois, nous sommes conduits à constater que leurs champs d'application ne sont pas clairement délimités. Pour l'heure, une notion unique décrivant le champ d'application matériel de la règle de conflit de lois qui serait susceptible d'englober tous les aspects de la relation de travail fait défaut.

31. Marché intérieur. « L'harmonisation réalisée dans le domaine des conflits de lois n'est pas sans rapport, loin s'en faut, avec les libertés de circulation que consacre le droit du marché intérieur »[143], a-t-il été affirmé. Avançons une exigence qui s'impose aux règles de conflit de lois : il s'agit de s'assurer que la désignation de la loi d'un État, membre de l'Union ou non, ne heurte pas le marché intérieur. Ceci nous conduit à confronter la règle de conflit de lois aux dispositions du droit du marché intérieur interdisant les violations des libertés de circulation. L'enjeu consiste ici à se placer du point de vue de l'Union européenne, entendue comme le territoire sur lequel s'applique le droit du marché intérieur (articles 355 TFUE, 52 TUE). Compte tenu de la diversité des réglementations du travail des États membres qui la composent, il a été difficile d'édicter une voire plusieurs règles de conflit de lois européennes qui couvrent tous les aspects de la relation de travail. Cette difficulté n'est pas moins renforcée par les acceptions divergentes des aspects de la relation de travail en fonction du système juridique dans lequel l'on se place.

32. Impérativités. L'impuissance de la règle de conflit de lois à englober tous les aspects de la relation de travail favorise le recours aux impérativités au sein des systèmes juridiques lesquelles visent à faire prévaloir certaines dispositions du for. Cela est particulièrement évident en matière de détachement de travailleurs où la pratique vise à faire régir au moins certains aspects de la relation de travail par la réglementation de l'État membre du for. Or, ces dispositions impératives sont susceptibles d'être confrontées au droit du marché intérieur. Plus précisément, nous notons que les considérations du marché du travail national motivant le recours à ces impérativités peuvent s'avérer contraires à l'idée de construire un marché du travail européen[144].

33. Plan. Dans un premier temps, nous découvrons la règle de conflit de lois relative au contrat individuel de travail. Développée à partir de l'unique règle de conflit de lois pour la relation de travail dans les systèmes juridiques fondés sur le modèle du contrat individuel de travail, cette règle de conflit de lois connaît des défauts. Dans un contexte de diversité des réglementations au niveau de l'Union européenne, il apparaît que son champ d'application est limité puisqu'il ne couvre pas tous les aspects de la relation de travail (chapitre 1). Considérées comme attentatoires au marché intérieur, les règles de conflit de lois ont souvent été contrôlées au regard des principes de celui-ci. Annoncée par le contrôle de l'intervention des lois de police pour entrave aux libertés de circulation, la confrontation des règles de conflit de lois au marché intérieur semble incontournable (chapitre 2).

---

[143] P. LOKIEC, S. ROBIN-OLIVIER, F. JAULT-SESEKE, P. ALFREDO, « Les rapports de travail internationaux saisis par le droit européen », *RDT* 2008, p. 619.

[144] Pour approfondir cette notion, *infra*, n° 444.

CHAPITRE 1
LES RÈGLES DE CONFLIT DE LOIS DANS UN CONTEXTE DE DIVERSITÉ DES RÉGLEMENTATIONS DU TRAVAIL

34. Héritage bilatéral. Les règles de conflit de lois européennes sont construites à partir d'une conception bilatérale qui domine encore le conflit de lois. Ainsi, elles visent à répondre à une concurrence abstraite des ordres juridiques. La méthode bilatérale repose sur la recherche de la localisation abstraite du rapport de droit, au sein d'une communauté juridique. Compte tenu de cet héritage, nous avançons que les règles de conflit de lois contemporaines, de source européenne, répondent aux caractéristiques des règles de conflit de lois nationales. Cela peut s'avérer compliqué du point de vue de l'intégration du marché intérieur laquelle commande, dans un contexte de diversité de systèmes de droit international privé, l'emploi d'une méthode conciliante.

35. Diversité en droit du travail. Cette inadaptation de la règle de conflit de lois aux besoins de l'intégration européenne est illustrée à partir des spécificités du droit du travail. Notre démonstration débute par l'étude de la règle de conflit de lois spécifique au contrat individuel de travail de l'article 8 du règlement Rome I. Inspirée à partir des aspects individuels de la relation de travail, elle reflète une lecture réduite de ce dernier rapport qui tient davantage compte des systèmes juridiques dans lesquels l'autonomie collective est peu marquée. D'un champ d'application étroit, cette règle de conflit de lois répond-elle aux objectifs du conflit de lois dont celui de consacrer la protection du travailleur ? À partir d'une étude de la relation de travail dans son ensemble, il apparaît que les règles de conflit de lois ne couvrent pas tous les aspects de la relation de travail. Ceci est particulièrement avéré dès lors que l'on étudie les systèmes juridiques donnant une importance forte à l'autonomie collective. Ainsi, les niveaux de protection du travailleur divergent dans un contexte de diversité des réglementations au niveau de l'Union européenne, lequel veut que la règle de conflit de lois embrasse certains aspects seulement.

36. Plan. Il s'agira d'emblée d'étudier la règle de conflit de lois dont le champ d'application reste limité au contrat individuel de travail (section 1). Son caractère limitatif apparaîtra dès lors que l'on s'intéressera aux aspects multiples de la relation de travail lesquels seront évoqués dans le cadre d'une étude comparative des réglementations de travail de certains États membres (section 2).

Section 1
L'octroi d'une règle de conflit de lois au contrat individuel de travail

37. Octroi d'une règle de conflit. Nous postulons que le droit du travail s'est vu octroyer une règle de conflit de lois visant le contrat individuel de travail, plutôt que de recevoir une règle de conflit de lois taillée sur mesure. Un auteur qui confirme que « le droit du travail engendre un particularisme de ses rattachements »[145] nous incite à nous interroger sur la solution que fournit la règle de conflit de lois européenne à cet égard. L'inadaptation de la règle de conflit de lois devient flagrante, dès lors que l'on s'attarde sur la règle de conflit de lois européenne. Résumons que le processus d'harmonisation des règles de conflit de lois au niveau de l'Union européenne visait à consacrer une règle de conflit de lois spécifique au contrat de travail. Cette évolution a eu lieu au moment où une lecture européenne de la relation de travail faisait encore défaut. L'introduction d'une règle de conflit de lois visant tous les aspects de la relation de travail s'avérait ainsi impossible. Compte tenu des doutes sur le champ d'application du droit du travail de l'Union, il n'est pas exclu que la notion visée soit celle de relation de travail. Cette dernière permettrait d'intégrer les aspects de la relation de travail tels qu'ils sont conçus dans les différents systèmes juridiques de l'Union européenne. Notre présentation portant sur la règle de conflit de lois relative au contrat individuel de travail, nous constatons qu'une règle de conflit de lois a été octroyée aux seuls aspects du contrat individuel de travail. L'adoption de cette règle de conflit de lois est balisée par les principes du conflit de lois de la convention de Rome et du règlement Rome I, lesquels nous désignons sous les termes de système dit Rome I.

38. Plan. Visant à illustrer ce postulat, cette section opérera une confrontation de la règle de conflit de lois aux principes qui la fondent. Dans un premier temps, il s'agira de découvrir de quelle manière s'articulent les principes régissant le conflit de lois en général, d'une part, et ceux permettant un traitement spécifique du conflit de lois en matière de contrat individuel de travail, d'autre part (sous-section 1). Dans un second temps, le mécanisme du conflit de lois fera l'objet de notre étude. Il conviendra de s'interroger la manière dont celui-ci reflète la protection du travailleur (sous-section 2).

Sous-section 1. La place du travailleur au sein des règles de conflit de lois du système Rome I

39. Savigny. La pensée de Savigny a influencé le développement de la

---

[145] P. RODIÈRE, art. cité (note 138), spéc. p. 119.

règle de conflit de lois bilatérale[146]. Rappelons que « le lien qui unit, chez Savigny, le classement d'un rapport de droit dans une catégorie et la détermination de l'élément de rattachement qui sert à le localiser dans un ressort législatif donné, est d'ordre fonctionnel »[147]. Dit autrement, la détermination de la loi applicable doit s'effectuer au regard d'une analyse des intérêts. Le principal défaut de cette méthode apparaît à l'heure de la globalisation : elle est limitée à la communauté de droit. Conservant le « lien fonctionnel entre la catégorie de rattachement et le système juridique où devait être puisée la loi applicable au litige »[148], les règles de conflit de lois contemporaines intègrent désormais des considérations relatives à la solution des litiges privés. Ce changement mène à « la relativité intrinsèque de la méthode bilatéraliste »[149] et à la prise en compte de considérations de proximité.

40. Principes européens. Les règles européennes de droit international privé reflètent cette évolution d'une manière concrète. Il convient ainsi de rechercher les principes qui caractérisent les règles de conflit de lois de source européenne, à partir de leur lien fonctionnel. Ceci permettra d'abord de distinguer leur interprétation de celle opérée à propos des règles de conflit de lois traditionnelles, d'héritage savignien. Une telle distinction des principes d'interprétation sera également nécessaire en vue de la solidification de la règle de conflit de lois européenne.

41. Plan. Les Communautés européennes ayant développé leurs propres principes du conflit de lois, il conviendra d'en découvrir la teneur (paragraphe 1). Parmi ces principes, nous apercevrons des références à la protection du travailleur (paragraphe 2).

Paragraphe 1. Les principes du conflit de lois du système Rome I

42. Petite sœur. Adoptée sur le fondement de l'ex-article 220 du traité CEE, la convention de Bruxelles était le premier texte à prévoir des règles de conflit de juridictions au niveau européen. En tant qu'instrument négocié qui vise la simplification de la procédure de reconnaissance mutuelle des décisions judiciaires, cette convention précédait la convention de Rome de 1980 – parfois appelée « [p]etite sœur »[150] - qui ne relevait pas non plus du

---

[146] H. BATIFFOL, P. LAGARDE, *Traité de droit international privé*, tome 1, préc., n° 46.

[147] D. BUREAU, H. MUIR WATT, *Droit international privé*, tome 1, PUF, 2017, n° 350.

[148] *Ibid.*, n° 351.

[149] *Ibid.*

[150] P. LAGARDE, « Vers une révision de la convention de Rome sur la loi applicable aux obligations contractuelles ? », *Aspects actuels du droit des affaires. Mélanges en l'honneur de Yves Guyon*, Dalloz, 2003, p. 571.

corpus du droit communautaire. En raison de cette parenté, les principes qui guident l'interprétation du premier texte ont clairement influencé ceux du second.

43. Principes d'interprétation. Partant de ce constat, nous tentons de développer les principes qui doivent guider l'interprétation des règles de conflit de lois de la convention de Rome, et plus tard, du règlement Rome I. M. Lagarde a conçu une présentation des principes gouvernant l'élaboration des mêmes règles de conflit de lois[151]. Néanmoins, notre analyse se concentre, à ce stade, aux principes reconnus par le règlement comme dictant une certaine interprétation des règles de conflit de lois. Concernant la convention de Rome, il a déjà été affirmé qu'il convenait de recourir aux travaux préparatoires aux fins de son interprétation[152]. Ainsi, l'étude ne peut ignorer ni le rapport explicatif Giuliano et Lagarde concernant la convention de Rome, ni la proposition de 2005[153] ou le livre vert de 2002 de la Commission[154]. L'affirmation de principes devant guider l'élaboration des règles de conflit de lois sera, pour l'essentiel, réservée à un stade ultérieur[155].

44. Plan. Nous nommerons ici les principes d'interprétation des règles de conflit de lois. S'inscrivant dans un processus d'européanisation, les règles de conflit de juridictions et de lois s'appuient sur quelques principes communs (a). Ceux-ci doivent être distingués des principes propres aux règles de conflit de lois (b).

---

[151] *Cf.* P. LAGARDE, « Le principe de proximité dans le droit international privé contemporain », *RCADI*, vol. 196, Brill, 1986, p. 9.

[152] *Cf.* S. LEMAIRE, « Interrogations sur la portée juridique du préambule du règlement Rome I », *D.* 2008, p. 2157.

[153] Proposition de règlement du Parlement européen et du Conseil sur la loi applicable aux obligations contractuelles (Rome I), COM(2005) 650 final.

[154] Commission européenne, *Livre vert sur la transformation de la convention de Rome de 1980 sur la loi applicable aux obligations contractuelles en instrument communautaire ainsi que sur sa modernisation*, COM(2002) 654 final, Bruxelles, 14 janvier 2003.

[155] Nous entendons par *« principes d'élaboration »* ceux qui conduisent le législateur à adopter une règle de conflit plutôt qu'une autre. En ce sens, les développements au sujet de la prévisibilité ante-normative, B. REMY, « Des notions de prévisibilité en matière de conflit de lois. Qui de l'oeuf ? Qui de la poule ? », V. HEUZÉ, R. LIBCHABER, P. DE VAREILLES-SOMMIÈRES (dir.), *Mélanges en l'honneur du Professeur Pierre Mayer,* LGDJ, 2015, p. 791, spéc. p. 802.

a. L'émergence de principes d'interprétation européens communs aux conflits de juridictions et de lois

The highest ideal of procedural justice in civil matters is that, insofar as possible, each party should be treated equally.
A. T. VON MEHREN[156]

45. Cohérence. La nécessité d'adopter des règles de conflit de lois communautaires s'est vite fait sentir, après la prise de conscience que les règles de conflit de juridictions isolément permettaient le *forum shopping*[157]. En effet, les options de compétence de la convention de Bruxelles étaient accusées, à défaut d'unification des règles de conflit de lois, de créer des options législatives. Partant de l'objectif de rapprocher le conflit de lois au conflit de juridictions, notre démonstration vise à développer les principes communs des deux domaines du droit international privé. Ce rapprochement des principes trouve sa consécration dans la mention expresse d'un principe de cohérence[158]. Dans la lecture des dispositions de la convention de Rome, et plus tard du règlement Rome I, l'on ne peut ignorer le système dit de Bruxelles établi. En effet, il résulte du préambule de la convention de Rome que celle-ci a été conclue afin de poursuivre, dans le domaine du droit international privé, l'œuvre d'unification juridique amorcée par l'adoption de la convention de Bruxelles[159]. Le considérant n° 7 du règlement Rome I énonce que non

---

[156] A. T. VON MEHREN, « Theory and practice of adjudicatory authority in private international law : a comparative study of the doctrine, policies and practices of common- and civil-law systems », *RCADI,* vol. 295, Brill, 2002, p. 1, spéc. p. 196 et s., traduit : « le plus grand idéal de justice processuelle est, dans la mesure du possible, que chaque partie soit traitée d'une manière égale ».

[157] P. LAGARDE, « Le nouveau droit international privé des contrats après l'entrée en vigueur de la convention de Rome du 19 juin 1980 », *RCDIP* 1991, p. 287.

[158] Règlement dit Rome I, considérant n° 7. Sous l'égide de la convention de Rome, la Cour de justice adopte déjà que l'interprétation autonome « ne doit pas faire abstraction de celle relative aux critères prévus à l'article 5, point 1, de la convention de Bruxelles lorsqu'ils fixent les règles de détermination de la compétence juridictionnelle pour les mêmes matières et édictent des notions similaires » (CJUE, 15 mars 2011, C-29/10, *Koelzsch*, pt. 33, *RTD Eur* 2011, p. 465, chron. M. DOUCHY-OUDOT, E. GUINCHARD ; *JCP S* 2011, n° 20, p. 27, note E. JEANSEN ; *RJS* 2011, p. 441, chron. J.-P. LHERNOULD, F. KESSLER, D. JONIN et al.; *RLDA* 2011, n° 61, p. 56, note C. NOURISSAT ; *DSOC* 2011, p. 849, note É. GRASS ; *JCP G* 2011, n° 40, p. 1774, chron. J. BÉGUIN, M. MENJUCQ, C. NOURISSAT ; *D.* 2011, p. 2434, pan. L. D'AVOUT, S. BOLLÉE et 2012, p. 1228, pan. H. GAUDEMET-TALLON, F. JAULT-SESEKE ; *SSL supplément* 2012, n° 1531, p. 51, note S. LAULOM ; *JDI* 2012, p. 597, doctr. V. PARISOT).

[159] CJCE, 6 octobre 2009, C-133/08, *ICF*, pt. 22, *RDTr* 2009, n° 11, p. 15, note L. GRARD ; *Europe* 2009, n° 12, p. 36, note L. IDOT ; *Droit et Patrimoine* 2009,

seulement « [l]e champ d'application matériel [mais aussi] les dispositions du présent règlement devraient être cohérents par rapport au règlement [dit Bruxelles I] et au règlement [dit Rome II] ». Cette cohérence vise l'applicabilité du règlement ainsi que son application.

46. Principe d'interprétation. Nous y reconnaissons un principe d'interprétation des règles de conflit au sens large. La cohérence est recherchée au regard tant des règles de conflit de juridictions que des règles de conflit de lois des différents règlements. En effet, les règlements sont complémentaires et forment une unité systémique[160]. C'est ainsi que M. Garcimartín-Alférez rappelle que le considérant n° 7 s'inscrit dans un cercle herméneutique du droit international privé européen dans le cadre duquel le règlement doit être lu[161]. Dit autrement, un concept juridique utilisé par l'un des instruments serait présumé en principe avoir la même signification dans tous les autres[162].

47. Uniformité. Le principe d'interprétation cohérente n'est que le reflet de la recherche de l'uniformité des règles de conflit. L'uniformité doit être entendue comme commandant l'adoption de règles de conflit au sein d'un même ordre juridique. Elle se justifie dans la mesure où les règles de conflit européennes s'imposent en vertu du principe de primauté ; l'uniformité semble s'y imposer[163]. Au niveau de l'Union européenne, cette uniformité est recherchée par le biais de l'adoption de règles de conflit de juridictions et de lois de source européenne. Compte tenu de l'état lacunaire des règles de conflit, l'uniformité n'y est toutefois pas acquise et devient en elle-même un objectif d'interprétation. Ceci peut expliquer certaines avancées fournies par

n° 187, p. 109, chron. M.-É. ANCEL ; *JCP G* 2009, n° 50, p. 36, note L. D'AVOUT, L. PERREAU-SAUSSINE ; *JDI* 2010, p. 183, note C. LEGROS ; *D.* 2010, p. 236, note F. JAULT-SESEKE, p. 1585, chron. P. COURBE, F. JAULT-SESEKE et p. 2323, chron. L. D'AVOUT, S. BOLLÉE ; *RTD Com* 2010, p. 453, chron. A. MARMISSE D'ABBADIE D'ARRAST et p. 455, note P. DELEBECQUE ; *RTD Eur* 2010, p. 421, chron. M. DOUCHY-OUDOT, E. GUINCHARD ; *GP* 2010, n° 188-189, p. 24, chron. M. NICOLELLA.

160 F. GARCIMARTIN ALFÉREZ, « Rome Convention ; Rome I Regulation (Contractual Obligations) », J. BASEDOW, G. RÜHL, F. FERRARI, P. DE MIGUEL ASENSIO (dir.), *Encyclopedia of Private International Law,* Elgar Publishing, 2017, p. 1553, spéc. p. 1554.

161 *Ibid.*

162 *Ibid.*, renvoyant vers F. GARCIMARTÍN ALFÉREZ, « Hermeneutic Dialogue between Rome I and Rome II: General Principles and Argumentative Rules », *A Commitment to Private International Law. Essays in Honour of Hans Van Loon*, Intersentia, 2013, p. 169.

163 *Cf.* P. SCHLOSSER, « Rapport sur la convention du 9 octobre 1978 relative à l'adhésion du royaume de Danemark, de l'Irlande et du Royaume-Uni de Grande-Bretagne et d'Irlande du Nord à la convention concernant la compétence judiciaire et l'exécution des décisions en matière civile et commerciale », *JOCE*, n° C 59/71, 5 mars 1979.

la Cour de justice qui œuvre en faveur de l'élargissement du panel des règles de conflit[164]. L'uniformité est au service d'autres principes qui doivent mener l'application des règles de conflit de lois européennes.

48. Interprétation conforme. Les contours des principes d'interprétation propres au droit international privé européen peuvent être découverts à partir de l'interprétation conforme. La compétence de la Cour de justice pour interpréter les règles de conflit en est la preuve. D'emblée, une déclaration commune annexée à la convention de Bruxelles prévoyait que les États envisageaient d'attribuer des compétences d'interprétation à la Cour de justice. Par ailleurs, un protocole signé à Luxembourg le 3 juin 1971 et entré en vigueur le 1er septembre 1975, confiait l'interprétation de la convention à la Cour de justice. Lorsque se pose une question d'interprétation du texte, la procédure est proche de celle du recours préjudiciel en interprétation de l'article 267 TFUE[165]. Par ailleurs, l'interprétation donnée par la Cour de justice s'impose aux juridictions nationales. La jurisprudence sur la convention de Bruxelles reste, par ailleurs, pertinente, tant pour le règlement Bruxelles I[166] que pour le règlement Bruxelles I*bis*. La transformation de la convention de Bruxelles en règlement s'est accompagnée de la création d'une compétence de la Cour de justice pour connaître de l'interprétation préjudicielle des règlements. L'interprétation était désormais régie par l'article 68 du traité CE[167]. La possibilité de formuler une question préjudicielle concerne seulement les « juridictions nationales 'dont les décisions ne sont plus susceptibles d'un recours juridictionnel de droit interne' »[168]. De la même manière, les dispositions de la convention de Rome peuvent faire l'objet d'une interprétation dès lors que l'État auteur de la question en interprétation a ratifié les protocoles du 19 décembre 1988 relatifs à l'interprétation de la convention de Rome par la Cour de justice. Précisons qu'un État partie à la convention de Rome reste, en toute hypothèse, tenu par le principe d'interprétation conforme (article 18 de la convention de Rome).

49. Méthodes d'interprétation. Quelles sont les méthodes

---

164 Ce fait est acquis depuis l'adoption, par la Cour de justice, d'une règle de conflit de juridictions en matière de contrat de travail (CJCE, 26 mai 1982, aff. 133/81, *Ivenel*, *RCDIP* 1983, p. 120, note H. GAUDEMET-TALLON ; *JDI* 1982, p. 948, note J.-M. BISCHOFF et A. HUET).

165 H. GAUDEMET-TALLON, M.-É. ANCEL, *Compétence et exécution des jugements en Europe*, LGDJ, 2018, n° 6.

166 Règlement (CE) n° 44/2001 du Conseil du 22 décembre 2000 concernant la compétence judiciaire, la reconnaissance et l'exécution des décisions en matière civile et commerciale (dit Bruxelles I), considérant n° 19.

167 *Cf.* P. GIRERD, « Un renvoi préjudiciel d'interprétation et d'application incertaine », *RTD Eur* 1999, p. 139 ; C. CHENEVIÈRE, « L'art. 68 TCE. Rapide survol d'un renvoi préjudiciel mal compris », *CDEur* 2004, p. 567.

168 H. GAUDEMET-TALLON, M.-É. ANCEL, *Compétence et exécution des jugements en Europe*, préc., n° 35.

d'interprétation employées par la Cour ? Mme Gaudemet-Tallon rappelle l'importance de l' « interprétation téléologique du texte : il s'agit d'atteindre les objectifs de la convention et l'interprétation donnée doit assurer 'l'effet utile' de la convention' »[169]. À partir de là, il est possible de découvrir les principes qui guident l'interprétation du règlement : « [o]utre l'objectif général de 'bonne administration de la justice', il faut d'une part assurer la 'protection juridique' des personnes établies dans la Communauté (ce qui implique une interprétation soucieuse de la sécurité juridique, de la protection des parties faibles et du respect des droits de la défense) et, d'autre part, faciliter la 'libre circulation des jugements' en interprétant libéralement les mécanismes de reconnaissance et d'exécution mis en place par le texte »[170]. Alors que la compétence pour le droit international privé de l'Union européenne est initialement fondée sur la nécessité de garantir la libre circulation des décisions, d'autres principes viennent s'ajouter avec l'élargissement de cette compétence.

50. Autres principes. Parmi les principes d'interprétation, nous excluons d'emblée les considérations propres au conflit de juridictions, parmi lesquelles l'on cite souvent, « les notions de bonne administration de la justice, de proximité, et de rassemblement des preuves »[171]. À l'inverse, un bon nombre de considérations se retrouvent tant dans le conflit de juridictions que dans le conflit de lois, telles que « l'intérêt des personnes privées, et son corollaire la prévisibilité »[172]. Le règlement Bruxelles I[173] exige un haut degré de prévisibilité[174]. Ce principe obtient même une lecture différente sous l'influence du principe de confiance mutuelle. Dans le domaine du « conflit de lois, le respect des prévisions des parties commandera l'admission du principe d'autonomie »[175]. Celui-ci trouve son expression dans le règlement

---

[169] H. GAUDEMET-TALLON, M.-É. ANCEL, *Compétence et exécution des jugements en Europe*, préc., n° 7.

[170] *Ibid.*

[171] B. HAFTEL, *La notion de matière contractuelle en droit international privé : étude dans le domaine de conflit de lois*, thèse université Paris II, 2008, n° 44.

[172] *Ibid.*, n° 43.

[173] Sur les principes du règlement Bruxelles I, *cf.* J.-P. BÉRAUDO, « Le règlement (CE) du Conseil du 22 déc. 2000 concernant la compétence judiciaire, la reconnaissance et l'exécution des décisions en matière civile et commerciale », *JDI* 2001, p. 1033 ; G. DROZ et H. GAUDEMET-TALLON, « La transformation de la Convention de Bruxelles du 27 sept. 1968 en règlement du Conseil concernant la compétence judiciaire, la reconnaissance et l'exécution des décisions en matière civile et commerciale », *RCDIP* 2001, p. 601.

[174] Règlement Bruxelles I, considérant n° 11.

[175] B. HAFTEL, *La notion de matière contractuelle en droit international privé : étude dans le domaine de conflit de lois*, préc., n° 43.

Bruxelles I, sous la forme du principe de sécurité juridique[176]. En vertu du dernier principe, la loi applicable ne saurait plus dépendre de la juridiction compétente puisque la règle de conflit de lois sera la même, peu importe l'État membre dans lequel sera menée l'affaire[177].

51. Principes européens. Traditionnellement, le droit international privé était caractérisé par sa neutralité. Désormais, se développent des principes européens du droit international privé. Il a été observé que les principes de confiance mutuelle et de sécurité juridique ont irrigué la marche européenne vers des règles de droit international privé communes[178]. Le principe de sécurité juridique a déjà été évoqué comme un principe sous-jacent aux règles de conflit traditionnelles. Or, dans le cadre de l'européanisation, il a progressivement été exigé de prendre en compte les valeurs et objectifs importants exprimés par les droits substantiels des États membres et de l'Union européenne lors de l'élaboration des règles de droit international privé[179]. De nombreuses études démontrent cette prise en compte[180].

52. Principes autonomes. C'est dans ce contexte que la Cour de justice élabore ses techniques d'interprétation. Citons d'emblée « la technique des 'notions autonomes' [par le biais de laquelle elle] est à même d'assurer une véritable uniformité d'interprétation »[181]. Affirmée dans l'arrêt *Eurocontrol*[182], cette technique est censée faire face aux problèmes d'utilisation de notions ayant des significations diverses dans les droits internes. À côté, il existe l'interprétation conformément à la loi du juge saisi[183]. La Cour de justice décide, selon les dispositions qu'elle interprète, laquelle des deux techniques

---

[176] P. RAIMBAULT, J. M. SOULAS DE RUSSEL, « Nature et Racines du principe de sécurité juridique : une mise au point », *RIDC* 2003, n° 1, p. 85, spéc. p. 92.

[177] J.-J. KUIPERS, « Bridging the gap. The impact of the EU on the law applicable to contractual obligations », *RabelsZ* 2012, p. 562, spéc. p. 570.

[178] S. FRANCQ, « Le droit international privé européen, entre confiance mutuelle et sécurité juridique. Les limites de l'imaginaire européen », *TCFDIP,* 2016-2018, Pedone, 2019, p. 153.

[179] U. GRUSIC, *The European Private International Law of Employment*, CUP, 2015, p. 26.

[180] *Cf.* M. GIULIANO, P. LAGARDE, « Rapport concernant la convention sur la loi applicable aux obligations contractuelles », *JOCE*, C-282/1, 1980.

[181] H. GAUDEMET-TALLON, M.-É. ANCEL, *Compétence et exécution des jugements en Europe*, préc., n° 8.

[182] CJCE, 14 octobre 1976, aff. 29/76, *Eurocontrol, RCDIP* 1977, p. 772, note G. A. L. DROZ ; *JDI* 1977, p. 707, note A. HUET ; B. ANCEL, Y. LEQUETTE, *Les grands arrêts de la jurisprudence française de droit international privé*, Dalloz, 2006, n° 79, § 11.

[183] CJCE, 6 octobre 1976, aff. 12/76, *Tessili, JDI* 1977, p. 705, note J. M. BISCHOFF, A. HUET ; *RCDIP* 1977, p. 751, note P. GOTHOT, D. HOLLEAUX *; D.* 1977, p. 616, note L. DROZ.

doit guider l'interprétation. Dans ses premières décisions, la Cour ne cesse de rappeler qu' « aucune de ces deux options ne s'impose à l'exclusion de l'autre, le choix approprié ne pouvant être dégagé qu'à propos de chacune des dispositions de la convention, de façon toutefois à assurer à celle-ci sa pleine efficacité dans la perspective des objectifs de l'article 220 du traité CEE »[184]. Avec le temps, les exemples de l'interprétation autonome se sont multipliés. En effet, l'harmonisation des règles de conflit de lois au niveau de l'Union européenne commande une application similaire des règles de conflit dans les États membres. Par conséquent, l'interprétation autonome des règles de conflit de lois, et notamment des éléments de rattachement, devenait indispensable[185]. Nombre de dispositions de la convention de Bruxelles ont été interprétées de façon autonome[186]. Interpréter d'une manière autonome signifie : « dans le sens que le contenu et la portée de cette règle de renvoi ne peuvent pas être déterminés sur la base du droit du juge saisi, mais doivent être établis selon des critères uniformes et autonomes pour assurer à la convention de Rome sa pleine efficacité dans la perspective des objectifs qu'elle poursuit »[187]. En conclusion, l'interprétation autonome s'exerçant dans le respect de la conformité au droit européen, les principes du droit européen ont une influence sur l'interprétation des règles de conflit. Les principes traditionnels du droit international privé adoptent de nouveaux contours.

b. Les principes propres au conflit de lois

53. Principes propres. À côté des principes communs, certains principes d'interprétation sont propres au conflit de lois. La réservation de ces principes au domaine du conflit de lois s'explique principalement par l' « agencement fonctionnel »[188] du conflit de lois. Il convient de souligner particulièrement

---

[184] CJCE, 8 décembre 1987, aff. 144/86, *Gubisch.*

[185] *Cf.* M. AUDIT, « L'interprétation autonome du droit international privé communautaire », *JDI* 2004, p. 789.

[186] Sur le principe d'interprétation autonome dans la convention de Bruxelles, CJCE, 21 juin 1978, aff. 150/77, *Bertrand*, pts. 14 à 16 ; CJCE, 19 janvier 1993, C-89/91, *Shearson Lehman Hutton,* pt. 13 ; CJCE, 3 juillet 1997, C-269/95, *Benincasa*, pt. 12 ; CJCE, 11 juillet 2002, C-96/00, *Gabriel*, pt. 37 ; CJCE, 20 janvier 2005, C-27/02, *Engler,* pt. 33. Sur le principe d'interprétation autonome dans le règlement Bruxelles I : CJCE, 13 juillet 2006, C- 103/05, *Reisch Montage*, pt. 29 ; CJCE, 2 octobre 2008, C-372/07, *Hassett et Doherty*, pt. 17 ; CJCE, 23 avril 2009, C-167/08, *Draka NK Cables*, pt. 19.

[187] CJUE, 15 mars 2011, C-29/10, *Koelzsch*, pt. 32 ; dans le cadre du conflit de juridictions, CJCE, 13 juillet 1993, C-125/92, *Mulox*, pts. 10 et 16, *RCDIP* 1994, p. 569, note P. LAGARDE, *JDI* 1994, p. 539, note A. HUET.

[188] B. HAFTEL, *La notion de matière contractuelle en droit international privé : étude dans le domaine de conflit de lois*, préc., n° 46.

que « la réglementation substantielle de la situation »[189] reste réservée au conflit de lois. L'interprétation des règles de conflit de lois européennes a été évoquée par divers auteurs[190]. Ils reprochent notamment au règlement Rome I de ne pas constituer un progrès par rapport au texte antérieur, en développant que les propositions ont été reléguées en considérants[191] ou que le texte finalement adopté livre une solution inachevée[192].

54. Harmonie internationale des décisions. Reconnaissons que la distinction des principes propres au conflit de lois peut poser des difficultés. Il existe une frontière ténue entre les principes qui déterminent les règles de conflit de lois et ceux qui s'orientent vers le conflit de juridictions. Tendant vers un traitement indifférencié des décisions rendues dans le for et celles rendues dans un for étranger, le principe d'harmonie internationale des décisions est historiquement important pour le droit international privé[193]. Il est justifié au nom de la garantie des bonnes relations entre les États d'une communauté internationale. Or, il a également été proposé d'utiliser ce principe dans le contexte européen[194]. Avant de procéder à une étude plus approfondie, il convient de se rappeler que plusieurs principes d'interprétation du conflit de lois, tels que ceux de sécurité juridique et de prévisibilité, ont été rattachés à ce premier principe[195].

55. Sécurité juridique. Le principe de sécurité juridique est notamment nommé dans le rapport Giuliano et Lagarde, qui explique que la convention de Rome est adoptée dans le but d'écarter les difficultés qui naissent en raison

---

[189] B. HAFTEL, *La notion de matière contractuelle en droit international privé : étude dans le domaine de conflit de lois*, préc., n° 47.

[190] Pour une sélection des premiers travaux, *cf.* P. LAGARDE, art. cité (note 157) ; R. M. MOURA RAMOS, « Le droit international privé communautaire des obligations contractuelles », *RAE* 2002, p. 415 ; A. FUCHS, H. MUIR WATT, É. PATAUT (dir.), *Les conflits de lois et le système juridique communautaire*, Dalloz, 2004 ; R. PLENDER, M. WILDERSPIN, *The European Private International Law of Obligations,* Sweet & Maxwell, 2009, p. 433.

[191] O. BOSKOVIC, art. cité (note 133), spéc. p. 2176.

[192] R. MAUER, S. SADTLER, « Die Vereinheitlichung des internationalen Arbeitsrechts durch die EG-Verordnung Rom I », *RIW* 2008, p. 544, spéc. p. 546.

[193] Sur ce principe, *cf.* F. C. VON SAVIGNY, *System des heutigen römischen Rechts, VIII*, Berlin, 1849, n° 27, dans la version originale : « [d]enn diese Gleichheit muß in vollständiger Ausbildung dahin führen, daß nicht bloß in jedem einzelnen Staate der Fremde gegen den Einheimischen nicht zurückgesetzt werde (worin die gleiche Behandlung der Personen besteht), sondern daß auch die Rechtsverhältnisse, in Fällen einer Collision der Gesetze, dieselbe Beurtheilung zu erwarten haben, ohne Unterschied, ob in diesem oder in jenem Staate das Urtheil gesprochen werde ».

[194] *Cf.* S. NIETNER, *Internationaler Entscheidungseinklang im europäischen Kollisionsrecht*, Mohr Siebeck, 2016.

[195] J. VON HEIN, « Einleitung zum Internationalen Privatrecht », J. VON HEIN (dir.), *Münchener Kommentar zum BGB, Internationales Privatrecht I*, tome 11, Beck, 2018, n° 5.

des différences entre les règles de conflit étatiques et celui d'accroître la sécurité juridique ainsi que la protection des droits acquis en droit privé[196]. Expressément visé au considérant n° 6 du règlement Rome I[197], le principe de sécurité juridique est ainsi ancré comme un principe d'interprétation des règles de conflit de lois : « [l]e bon fonctionnement du marché intérieur exige, afin de favoriser la prévisibilité des litiges, la sécurité quant au droit applicable et la libre circulation des jugements, que les règles de conflit de lois en vigueur dans les États membres désignent la même loi nationale quel que soit le pays dans lequel l'action est introduite ». Cet objectif général relatif à la sécurité juridique commande que les effets découlant du contrat soient raisonnablement certains, que les parties aient ou non opéré un choix de loi[198]. Les finalités du principe de sécurité juridique, au sein du règlement Rome I, ont été résumées de la manière suivante : il s'agit de « préserver l'efficacité de l'éventuel choix de loi ; promouvoir la prévisibilité et la cohérence des solutions, lesquelles s'opposent à de trop grandes divisions du droit applicable (qu'il soit d'ailleurs librement choisi ou bien objectivement déterminé) »[199]. À cette fin, les règles de conflit de lois prétendent à un certain degré de précision, tout en laissant une marge de manœuvre aux juges qui sont chargés « de déterminer la loi qui présente les liens les plus étroits avec la situation »[200]. Nous nous devons de remarquer positivement que le terme de sécurité juridique a connu sa reconnaissance parmi les principes européens. Sa nécessité s'est fait sentir avec l'apparition du risque de *forum shopping* conservé sous l'égide de la convention de Bruxelles ce qui a pu favoriser sa mise en avant. On découvre ici une vision européenne du principe de sécurité juridique.

56. Prévisibilité. Néanmoins, la prise en compte du principe de sécurité juridique n'est pas nouvelle, puisqu'elle intervient au service de la prévisibilité. Dit autrement, le principe de prévisibilité est étroitement lié au principe de sécurité juridique. Ce lien n'est pas occulté par la communautarisation, et plus tard l'européanisation, des règles de conflit de lois. Ainsi, il résultait d'ores et déjà de la proposition de règlement Rome I que celui-ci devait avoir pour objectif d'uniformiser les règles sur la loi applicable aux contrats en vue de rendre l'issue des litiges plus prévisible[201]. Nous entendons par la prévisibilité

---

[196] *Cf.* M. GIULIANO, P. LAGARDE, rapport cité (note 180).

[197] Le même principe d'interprétation se retrouve au considérant n° 6 du règlement Rome II.

[198] R. PLENDER, M. WILDERSPIN, *The European Private International Law of Obligations,* préc., p. 36, n° 1- 094.

[199] L. D'AVOUT, « Le sort des règles impératives dans le règlement Rome I », *D.* 2008, p. 2165.

[200] Règlement dit Rome I, considérant n° 16.

[201] Proposition de règlement du Parlement européen et du Conseil sur la loi applicable aux obligations contractuelles (Rome I), préc.

celle du résultat des litiges en nous plaçant du point de vue des parties. M. Lagarde explique l'importance de ce principe en matière contractuelle : « [l]e besoin de prévisibilité est prioritaire dans tous les cas où les sujets de droit doivent faire une anticipation sur l'avenir avant de prendre des dispositions qui produiront ou continueront à produire leurs effets dans une période de temps éloignée. Les sujets de droit ont un besoin absolu de savoir à l'avance le droit qui régira ces dispositions, surtout lorsque leur situation est plurilocalisée et que les raisons de douter sont particulièrement grandes. Il en est ainsi en matière de contrats »[202]. M. Remy évoque également le principe de prévisibilité en tant qu'un principe au service de l'interprétation des règles de conflit de lois[203].

57. Deux acceptions. La prévisibilité peut-elle également être satisfaite au moment de l'élaboration de la règle de conflit ? Ceci nous mène vers le débat sur les deux acceptions du principe de prévisibilité. M. Remy souligne qu'il convient de distinguer la prévisibilité ante-normative qui guide l'élaboration de la règle de conflit de lois, de la prévisibilité post-normative qui doit être prise en compte lors de l'application de la règle de conflit de lois. Selon cet auteur, c'est la prévisibilité ante-normative qui importe. Il explique la portée de la prévisibilité en matière de conflit de lois : « [c]'est donc l'aptitude des justiciables à élaborer des prévisions sur la loi applicable indépendamment de toute règle de conflit de lois qu'il suffit d'établir pour démontrer qu'il est possible de prendre en considération la prévisibilité ante-normative lors de l'élaboration d'une règle de conflit de lois »[204]. S'assurer du respect de la prévisibilité consiste pour cet auteur à garantir que « l'un quelconque des cocontractants qui tenterait de prendre connaissance de la règle de conflit de lois en matière contractuelle pourrait facilement déterminer la loi applicable. Il est, en revanche, douteux qu'une telle règle de conflit de lois permette de désigner la loi dont les parties contractantes pouvaient raisonnablement prévoir l'application lorsqu'elles ont contracté »[205]. En effet, selon cet auteur, il importe de reconnaître que « du point de vue des justiciables, les ordres juridiques et leur droit sont des phénomènes comparables. Il n'y a donc aucune raison pour qu'un critère permettant de désigner un ordre juridique ne soit pas également pertinent pour en désigner un autre »[206]. En conséquence, « il faut constater que l'intérêt d'un État donné à maintenir l'autorité de son droit n'est pas directement lié à l'application de ce droit mais dépend en raison du point de vue du justiciable qu'il doit adopter, de l'application du droit – le sien ou celui d'un autre État – que les justiciables auraient pu raisonnablement

[202] P. LAGARDE, cours cité (note 151), spéc. p. 116 et s.
[203] B. REMY, art. cité (note 155), spéc. p. 792.
[204] *Ibid.*, spéc. p. 796.
[205] *Ibid.*, spéc. p. 793.
[206] *Ibid.*, spéc. p. 802.

prévoir »[207]. La prévisibilité post-normative semble s'incliner derrière la prévisibilité ante-normative pour des raisons évidentes. En revanche, la prévisibilité ante-normative ne va pas jusqu'à reconnaître, au nom de l'autorité du droit, la prérogative de « corriger [l]es solutions en fonction des prévisions effectivement élaborées par les parties »[208]. En déplaçant le débat sur le terrain du principe de prévisibilité, l'on a tendance à oublier que « [l]e principe dominant, en plein essor, est le principe de proximité »[209].

58. Proximité. Le conflit de lois est aussi marqué par une montée en puissance du principe de proximité. Également présent dans le domaine du conflit de juridictions, le principe de proximité connaît une autre acception dans le domaine du conflit de lois[210]. Revenant sur cette distinction, M. Haftel précise que « la proximité dans le domaine de le compétence internationale signifie généralement la proximité géographique, et cela de manière extrêmement concrète »[211]. L'idée de proximité peut apparaître consubstantielle à la méthode de la règle de conflit. En effet, l'ordre juridique désigné par la règle de conflit est « celui avec lequel la situation présente les liens les plus étroits »[212]. À tout le moins, « [l]'identification de la proximité aide à clarifier les objectifs du droit international privé »[213]. L'argument de la proximité était sous-jacent à tous les travaux de droit international privé. Savigny évoquait le siège du rapport de droit, alors que von Gierke voulait en rechercher le centre de gravité. Porté par d'éminents auteurs tels que Cavers[214], Morris[215] et M. Lagarde[216], le principe de proximité guide désormais l'interprétation des règles de conflit de lois, notamment du règlement Rome I[217].

59. L'intervention de la proximité. Néanmoins, l'intervention du principe de proximité dans les règles de conflit de lois ne fait pas l'unanimité. C'est à propos du principe de proximité que M. Remy note les deux différentes acceptions du principe de prévisibilité. Rappelons que M. Lagarde déduit le principe de proximité du besoin de prévisibilité. La clause d'exception en est

---

[207] *Ibid.*

[208] B. REMY, art. cité (note 155), spéc. p. 804.

[209] G. de GEOUFFRE DE LA PRADELLE, M.-L. NIBOYET, *Droit international privé,* LGDJ, 2020, n° 246.

[210] *Cf.* P. LAGARDE, cours cité (note 151).

[211] B. HAFTEL, *La notion de matière contractuelle en droit international privé : étude dans le domaine de conflit de lois*, préc., n° 44.

[212] B. AUDIT, L. D'AVOUT, *Droit international privé,* LGDJ, 2018, n° 171.

[213] M. FALLON, « Le principe de proximité dans le droit de l'Union européenne », *Mélanges en l'honneur de Paul Lagarde. Le droit international privé : esprit et méthodes*, Dalloz, 2005, p. 241.

[214] *Cf.* D. CAVERS, *The Choice of Law Process,* UMP, 1965.

[215] *Cf.* J. H. C. MORRIS, « The proper law of a tort », *Harv Law Rev* 1951, p. 882.

[216] *Cf.* P. LAGARDE, cours cité (note 151).

[217] D. BUREAU, H. MUIR WATT, *Droit international privé*, tome 1, préc., n° 351.

l'illustration parfaite. Il note que « la clause d'exception qui sacrifie la certitude à la proximité n'est acceptable que si elle trouve sa contrepartie dans la possibilité pour les sujets de droit de rétablir la certitude par un choix de la loi applicable, lui-même à l'abri de toute correction »[218]. C'est dans cette explication que nous reconnaissons son auteur qui explique la nécessité de respecter une prévisibilité pour les parties. Pour cette raison certainement aussi, les prévisibilités ante-normative et post-normative ont été révélées à partir du principe de proximité. En prônant le principe de prévisibilité, quelques auteurs ont étudié la loi objectivement applicable en matière contractuelle pour mettre en garde contre la clause d'exception. De la même manière, MM. Audit et d'Avout évoquent qu' « une clause d'exception porte atteinte à la prévisibilité que procure normalement celle-ci »[219]. Paradoxalement, M. Lagarde est capable de citer le même principe de prévisibilité, pour conclure que la clause d'exception intervient au service de celui-ci[220]. Or, les explications qui précèdent éclaircissent l'utilisation différente du principe de prévisibilité selon les auteurs. La flexibilité semble ainsi passer à l'arrière-plan, sans pourtant être supprimée. Les principes évoqués nous serviront à souligner le caractère européen des règles de conflit de lois. À côté des principes généraux, le principe relatif à la protection du travailleur, sous-jacent à la règle de conflit de lois spécifique en matière de contrat de travail, attirera notre attention.

Paragraphe 2. Les références au travailleur dans les principes du système Rome I

60. Conflit de juridictions et conflit de lois. Le droit international privé connaît des compétences spéciales en raison de la qualité des parties, orientées vers la protection de la partie faible[221]. De la même manière, les règles de conflit de lois européennes sont animées par un principe spécifique de protection du travailleur. Tout comme les principes généraux régissant le conflit de lois, ce dernier s'est également développé comme un reflet de l'européanisation du droit international privé. Le principe de protection du travailleur est ainsi conçu comme un principe commun au conflit de juridictions et au conflit de lois. Le principe étant reconnu dans les deux domaines du droit international privé, il doit néanmoins s'articuler avec les principes propres, soit au conflit de juridictions, soit au conflit de lois. En matière de conflit de juridictions, la consécration de règles de conflit spéciales est fondée sur des considérations de justice procédurale suivent lesquelles il

---

[218] P. LAGARDE, cours cité (note 151), spéc. p. 116 et s.
[219] B. AUDIT, L. D'AVOUT, *Droit international privé,* préc., n° 174.
[220] P. LAGARDE, cours cité (note 151), spéc. p. 118 et s.
[221] *Cf.* D. BUREAU, H. MUIR WATT, *Droit international privé*, tome 2, PUF, 2017, avant n° 924.

faut protéger la partie faible, dès lors que les parties n'ont pas les mêmes capacités d'ester en justice[222]. Similairement, le conflit de lois tient compte du caractère inapproprié de la loi d'un for donné en présence d'une partie faible[223].

61. Partie protégée. Cette prise en compte, entamée au niveau national et reprise au niveau européen[224], « s'est faite en corrélation avec l'affirmation de la nécessité de garantir au travailleur une protection que ne pouvait lui apporter la règle de conflit de droit commun »[225]. Ainsi, les règles de conflit de lois européennes conçoivent le travailleur comme l'une des parties protégées ou faibles[226], aussi visées sous le terme de « certaines catégories de personnes »[227]. Avec la reconnaissance du travailleur en tant qu'une partie protégée, nous observons ainsi une « différenciation progressive »[228] des règles de droit international privé en matière de contrat de travail par rapport à celles de droit commun.

62. Cohérence rétablie. Après avoir constaté que les règles de conflit de juridictions et de lois connaissaient le principe commun de protection du travailleur, il nous appartient de nous interroger sur la teneur de ce principe : il est nécessaire de connaître la manière dont le principe s'exprime. Ce n'est qu'ensuite que nous pourrons transcrire ce principe dans les contextes du conflit de juridictions et du conflit de lois respectivement. En vue de l'étude de ce principe, ce qui importe *a priori* est la complémentarité des règles de conflit de juridictions et de lois en matière de contrat de travail[229]. En effet, les règles de conflit de juridictions visent à faire coïncider le pays dont les

---

[222] *Cf.* R. MICHAELS, « Two Paradigms of Jurisdiction », *MJIL* 2006, n° 27, p. 1017.

[223] D'une manière générale, S. BADDOUR BOUKARAM, *La protection des 'parties faibles' dans le Règlement 'Rome I'*, thèse Aix Marseille Université, 2015 ; P. MAYER, « La protection de la partie faible en droit international privé », J. GHESTIN, M. FONTAINE (dir.), *La protection de la partie faible dans les rapports contractuels. Comparaisons franco-belges*, LGDJ, 1996, p. 513 ; A. SINAY-CYTERMANN, « La protection de la partie faible en droit international privé », *Mélanges en l'honneur de Paul Lagarde. Le droit international privé : esprit et méthodes*, Dalloz, 2005, p. 737 ; F. POCAR, cours cité (note 134), spéc. p. 339 ; P. RODIÈRE, « Le projet européen de règlement uniforme des conflits de lois en matière de relations de travail », *RTD Eur* 1973, p. 3 ; F. LECLERC, *La protection de la partie faible dans les contrats internationaux*, Bruylant, 1995.

[224] A. SINAY-CYTERMANN, art. cité (note 223), spéc. p. 738, qui observe que le droit commun français a consacré la protection du travailleur par les règles de conflit avant que les règles de conflit communautaires n'en aient tenu compte.

[225] P. LAGARDE, art. cité (note 43).

[226] A. SINAY-CYTERMANN, art. cité (note 223), spéc. p. 740.

[227] P. LAGARDE, art. cité (note 150), spéc. p. 576.

[228] P. LAGARDE, art. cité (note 43), spéc. p. 83.

[229] U. GRUSIC, « Recognition and enforcement of judgments in employment matters in EU private international law », *JPIL* 2016, p. 521, spec. p. 527.

juridictions connaissent de l'affaire avec celui dont la loi est applicable.

63. *Ivenel.* Ce souci est évoqué, par l'affirmation du principe de cohérence, dans la motivation de l'arrêt *Ivenel*[230]. Rappelons que, dans cette affaire, la Cour de justice doit combler l'imprécision du rattachement aux juridictions du pays de l'obligation caractéristique, édicté par la convention de Bruxelles. Aux yeux des rédacteurs de la convention de Bruxelles, l'assuré, l'acheteur ou l'emprunteur à tempérament était considéré comme une partie faible. Ce n'est qu'avec la convention d'adhésion de 1978, que les contrats conclus par les consommateurs ont été visés d'une manière générale par les règles de conflit de juridictions spéciales. En effet, l'élément de rattachement de la convention de Bruxelles, dans sa version d'origine, ne fournit *a priori* pas de réponse spécifique pour les contrats de travail et d'autres contrats concernant le travail indépendant[231]. Or, la Cour de justice reconnaît que ces contrats « présentent certaines particularités en ce qu'ils créent un lien durable qui insère le travailleur dans le cadre d'une certaine organisation des affaires de l'entreprise ou de l'employeur et en ce qu'ils se localisent au lieu de l'exercice des activités, lequel détermine l'application des dispositions de droit impératif et des conventions collectives »[232]. Ceci la conduit à faire dériver une règle de compétence spécifique au contrat de travail de cette disposition. La convention de Rome ayant été adoptée entre-temps, la cohérence de l'interprétation avec les principes établis en matière de conflit de lois est flagrante. La Cour de justice découvre, dans le domaine du conflit de juridictions, des « motifs [...] de portée générale : souci de protéger le travailleur, partie faible, et souhait de faire coïncider aussi souvent que possible compétence judiciaire et compétence législative, l'article 6 de la convention de Rome donnant largement compétence à la loi du lieu d'exécution du travail »[233]. Nous assistons ainsi à la redécouverte d'un motif connu dans le cadre du système du conflit de lois. Toutefois, la Cour de justice procède ici à la solidification de ce principe au sein du conflit de juridictions. Cette interprétation « favorable »[234] de l'option de compétence est ensuite intégrée dans la convention de Saint-Sébastien[235]. Visant désormais les contrats de travail, de consommation et d'assurance, le règlement Bruxelles I énonce qu' « il est opportun de protéger la partie la plus faible au moyen de

---

[230] CJCE, 26 mai 1982, aff. 133/81, *Ivenel*, pt. 16.

[231] CJCE, 26 mai 1982, aff. 133/81, *Ivenel*, pt. 16.

[232] CJCE, 26 mai 1982, aff. 133/81, *Ivenel*, pt. 16.

[233] H. GAUDEMET-TALLON, M.-É. ANCEL, *Compétence et exécution des jugements en Europe*, préc., n° 316.

[234] D. BUREAU, H. MUIR WATT, *Droit international privé*, tome 2, préc., n° 938, p. 468, note n° 5. Observons que le règlement Bruxelles I, considérant n° 13, et le règlement Bruxelles I*bis*, considérant n° 18, emploient le terme *« favorable »*.

[235] G. A.-L. DROZ, « La Convention de San Sebastian alignant la Convention de Bruxelles sur la Convention de Lugano », *RCDIP* 1990, p. 1 ; « La Convention de Lugano parallèle à la Convention de Bruxelles », *RCDIP* 1989, p. 1.

règles de compétence plus favorables à ses intérêts que ne le sont les règles générales »[236]. Cette considération a été reprise à l'identique dans le préambule du règlement Bruxelles I*bis*[237].

64. Justification en matière de conflit de juridictions. On peut s'interroger sur la justification de ce motif de protection. L'avocat général Saugmandsgaard Øe justifie le « souci d'assurer une protection adéquate » au travailleur par sa faiblesse « du point de vue social »[238]. Alors que la Cour de justice raisonne souvent à partir du principe de protection de la partie faible en général[239], l'on préfère se concentrer sur le principe de protection du travailleur dans le cadre des règles de conflit de juridictions du règlement Bruxelles I[240]. Cette protection juridictionnelle du travailleur aurait gagné en utilité avec le règlement Bruxelles I*bis*[241] . Les fondements théoriques du principe, pour la matière du conflit de juridictions, ont été développés par M. Grusic : il s'agit de s'assurer que la partie protégée soit bien placée par rapport au *forum*. Ceci dépendrait de divers facteurs, parmi lesquels figureraient notamment la proximité géographique, la neutralité d'un for, la tradition culturelle et juridique, l'existence de juridictions spécialisées en droit du travail, l'existence de procédures spécifiques au droit du travail, les frais de

---

236 Règlement Bruxelles I, considérant n° 13.

237 Règlement Bruxelles I*bis*, considérant n° 18.

238 Conclusions de l'avocat général dans l'affaire CJUE, 14 septembre 2017, C-168/16 et C-169/16, *Ryanair*, pt. 56, *JCP S* 2017, n° 43, p. 22, note J.-P. TRICOIT ; *Procédures* 2017, n° 11, p. 17, note C. NOURISSAT ; *Europe* 2017, n° 11, p. 53, note L. IDOT ; *RJC* 2017, n° 6, p. 573, note G. DEHARO ; *DSOC* 2017, p. 1085, note V. LACOSTE-MARY ; *RTD Eur* 2018, p. 163, chron. L. GRARD ; *D.* 2018, p. 107, note P. DUPONT ; *RDC* 2018, p. 114, chron. A. TENENBAUM ; *RTD Com* 2018, n° 2, p. 515, chron. A. MARMISSE D'ABBADIE D'ARRAST ; *RCDIP* 2018, p. 279, note F. JAULT-SESEKE ; *JDI* 2018, p. 585, note L. PAILLER et p. 1398, chron. S. SÁNCHEZ LORENZO ; *RDT* 2017, p. 816, note N. MIHMAN.

239 CJCE, 22 mai 2008, C-462/06, *Glaxosmithkline,* pt. 17, *RDT* 2008, p. 767, note É. PATAUT ; *RCDIP* 2008, p. 847, note F. JAULT-SESEKE ; CJUE, 19 juillet 2012, C-154/11, *Mahamdia,* pts. 44 à 46 et 60, *JCP G* 2012, n° 40, p. 1789, chron. J. BÉGUIN, M. MENJUCQ, C. NOURISSAT ; *RDT* 2012, p. 588, note F. JAULT-SESEKE ; *Procédures* 2012, n° 10, p. 17, note C. NOURISSAT ; *JDI* 2013, p. 487, note F. DOPAGNE ; *D.* 2013, p. 1503, pan. F. JAULT-SESEKE ; CJUE, 10 septembre 2015, C-47/14, *Holterman,* pt. 43, *Procédures* 2015, n° 11, p. 23, note C. NOURISSAT ; *Europe* 2015, n° 11, p. 45, note L. IDOT ; *RJC* 2015, p. 568, note P. BERLIOZ ; *BMIS* 2016, p. 132, note S. MESSAÏ-BAHRI ; *D.* 2016, p. 1045, pan. H. GAUDEMET-TALLON ; *JDI* 2016, p. 1451, note L. D'AVOUT ; auparavant, sur le Convention de Bruxelles, CJCE, 13 juillet 1993, C- 125/92, *Mulox,* pts. 18 à 20 ; 27 février 2002, C-37/00, *Weber,* pt. 40 ; 10 avril 2003, C-437/00, *Pugliese,* pt. 18, *RTD Eur* 2003, p. 535, chron. P. RODIÈRE.

240 U. GRUSIC, art. cité (note 229).

241 *Ibid.,* spéc. p. 521 ; N. NORD, « Refonte du règlement 'Bruxelles I' et protection du travailleur », *JCP S* 2014, n° 1488.

procédure, la possibilité d'obtenir une aide juridique, et l'application de règles de conflit de lois[242]. Le caractère favorable pour le travailleur consiste à lui garantir plus de fors qu'à un demandeur normal et plus de fors qu'à l'employeur auquel l'on restreint par ailleurs l'accès à certains fors, sinon ouverts aux autres demandeurs[243]. Enfin, le choix du for est strictement encadré et ne saurait intervenir à l'encontre de l'intérêt du travailleur. Nous pouvons conclure que c'est la modification des fors qui caractérise le principe de protection du travailleur en matière de conflit de juridictions[244]. Certains auteurs soulignent qu'évince de cela un réel intérêt étatique en la particularité des litiges impliquant une dimension personnelle et symbolique forte en les comparant, par exemple, aux litiges commerciaux[245].

65. Émancipation dans le conflit de lois. La précision du principe de protection adéquate dans le règlement Rome I a été interprétée comme traduisant « une mise en cohérence d'un droit international privé communautaire de plus en plus complet »[246]. En l'absence de contentieux sur la matière, son émancipation s'était fait attendre. Le principe de protection en matière de conflit de lois a finalement été précisé par référence aux affaires en matière de conflit de juridictions. Ce n'est qu'au moment de l'affaire *Koelzsch* que le parallélisme ressort dans l'opinion de l'avocat général Trstenjak qui le mobilise au service de son interprétation des règles de conflits de lois[247]. Tantôt affirmée, tantôt oubliée, la cohérence entre les règles de conflit de juridictions et de lois semble également influer sur le développement d'un principe de protection du travailleur. En effet, la convention de Rome, avec l'adoption d'une règle de conflit de lois spécifique au contrat individuel de travail, a consacré un principe de protection. Ce principe constituait une nouveauté non seulement pour le droit international privé communautaire

---

242 U. GRUSIC, art. cité (note 229), spéc. p. 525.

243 *Ibid.*

244 Sur ce point, particulièrement sur l'élargissement des choix de for à la disposition du travailleur, en tant qu'une expression de la protection du travailleur, H. GAUDEMET-TALLON, M.-É. ANCEL, *Compétence et exécution des jugements en Europe*, préc., n° 317. La modification des règles de compétence et son apport pour l'objectif de protection du travailleur ont été discutés par U. GRUSIC, *The European Private International Law of Employment*, préc., chapitre 4.

245 G. CUNIBERTI, « Some Remarks on the Efficiency of Exequatur », H. KRONKE, K. THORN et al. (dir.), *Grenzen überwinden – Prinzipien bewahren : Festschrift für Bernd von Hoffmann zum 70. Geburtstag*, Gieseking Verlag, 2011, p. 568, spéc. p. 572.

246 P. LAGARDE, A. TENENBAUM, art. cité (note 128).

247 Conclusions de l'avocat général Trstenjak du 16 décembre 2010, C-29/10, *Koelzsch*, pt. 80.

mais aussi pour celui des États membres[248]. Rappelons que la convention de Rome contient des règles de conflit de lois spécifiques pour le travailleur et le consommateur. Du parallélisme de la protection de ces deux parties[249] a été déduit un principe général de protection de la partie faible en droit international privé[250]. Même en regardant au-delà du système juridique européen, l'on peut considérer qu'il est devenu consubstantiel à notre branche de discipline[251]. Le considérant n° 23 du règlement Rome I confirme cette idée, en ce qu'il fait référence à la protection des parties considérées comme plus faibles, d'une manière générale[252]. *A priori*, nous constatons une évolution inverse à celle observée en matière de conflit de juridictions : le principe de protection du travailleur en matière de conflit de lois a d'abord été affirmé et ensuite été formulé en un principe commun de la protection de la partie faible.

66. Teneur spécifique. L'existence du principe étant affirmée, notre étude devra identifier la teneur spécifique de celui-ci. Des motifs spécifiques apparaissent désormais aux considérants n° 34 à n° 36 du règlement Rome I. Il en ressort que le travailleur doit être protégé par le biais des dispositions impératives auxquelles il ne pourra pas être dérogé par accord[253]. Par ailleurs, il ressort de la lecture du considérant n° 35 du règlement Rome I que le choix de la loi en présence d'un contrat de travail est dérogatoire par rapport à la règle générale. Enfin, les considérants précisent la définition des éléments de rattachement retenus[254]. Nous pouvons observer que toutes les décisions de la Cour de justice relatives aux règles de conflit de lois en matière de contrat individuel de travail font référence à l'objectif de protection adéquate du

---

[248] P. RODIÈRE, *Droit social de l'Union européenne,* LGDJ, 2022, n° 543 et s., insistant sur le bouleversement des règles de conflit de lois de la jurisprudence française. Pour une analyse de droit comparé, P. RODIÈRE, art. cité (note 138).

[249] S. KREBBER, « Individualarbeitsrecht als Arbeitsmarktrecht und Anknüpfung des Arbeitsverhältnisstatuts », H. KONZEN, S. KREBBER, T. RAAB, B. VEIT, B. WAAS (dir.), *Festschrift für Rolf Birk zum siebzigsten Geburtstag,* Mohr Siebeck, 2008, p. 481, spéc. p. 490.

[250] *Ibid.*, évoquant un principe général du conflit de lois visant la protection de la partie faible (« allgemeines kollisionsrechtliches Konzept zum Schutz des Schwächeren »).

[251] J. GANGSTED, G. VAN CALSTER, « Protected Parties in European and American Conflict of Laws: A Comparative Analysis of Individual Employment Contracts », *YPIL* 2017, p. 83.

[252] Notons que les considérants n° 34 à 36 dudit règlement font certes référence au contrat individuel de travail mais se concentrent sur l'articulation de ce dernier dans le cas spécifique du détachement de travailleurs.

[253] Règlement dit Rome I, considérant n° 35.

[254] Règlement dit Rome I, considérant n° 36.

travailleur[255]. La directive dite détachement, pour sa part, renvoie plutôt au « respect des droits des travailleurs »[256], tout en l'articulant avec la libre prestation de services. Pour cette raison, nous laissons ce dernier texte de côté dans la présente analyse, puisqu'il nous semble déconnecté de la logique protectrice. Nous nous intéressons plutôt à la protection du travailleur telle qu'elle résulte de la convention de Rome et du règlement dit Rome I. De nombreux auteurs y ont découvert une règle « de conflit à finalité protectrice »[257].

67. Portée limitée. L'existence d'un principe de protection étant affirmée, celui-ci a pu être qualifié de partiel. Selon Mme Moreau, « [m]ême dans le respect le plus strict de la Convention, il n'est pas inutile d'analyser les quelques aspects des conflits de lois en droit social partiellement traités par le texte européen car son laconisme en ce domaine est grand »[258]. La finalité du principe de protection est résumé dans le rapport d'interprétation de la convention de Rome, qui met en avant le rôle particulier qui incombe à la règle de conflit de lois en droit du travail : l'article 6 de la convention de Rome a été conçu pour «donner une réglementation plus appropriée dans des matières où les intérêts d'un des contractants ne se posent pas sur le même plan que ceux de l'autre et [pour] assurer [ainsi] une protection adéquate à la partie qui est à considérer, d'un point de vue socio-économique, comme la plus faible dans la relation contractuelle »[259]. Cette vision a également été partagée par l'avocat général Wahl dans ses conclusions sur l'affaire *Schlecker*[260] : « [c]'est, à mon sens, par [l'article 6] que s'exprime tout spécialement

---

[255] CJUE, 12 septembre 2013, C-64/12, *Schlecker*, pts. 33 et s., CJUE, 12 septembre 2013, C-64/12, *Schlecker*, *D.* 2013, p. 2225 ; *RDT* 2013, p. 785, note F. JAULT-SESEKE et P. RÉMY ; *Europe* 2013, note 495, note L. IDOT ; *ADUE* 2013, p. 459, note L. D'AVOUT ; *RJS* 2013, p. 705, chron. J.-P. LHERNOULD, J.-C. FILLON, N. JEAN-MARIE, M. SCHMITT ; *JCP S* 2014, n° 5, p. 22, note J.-P. TRICOIT ; *JDI* 2014, note 4, note C. BRIÈRE ; *D.* 2014, p. 1059, H. GAUDEMET-TALLON, F. JAULT-SESEKE ; *RCDIP* 2014, p. 159, note É. PATAUT ; 15 décembre 2011, C-384/10, *Navimer*, pt. 35, *D.* 2012, p. 1228, note H. GAUDEMET-TALLON et F. JAULT-SESEKE et p. 1439, note H. KENFACK ; *DSOC* 2012, p. 315, note P. CHAUMETTE ; *RDT* 2012, p. 115, note F. JAULT-SESEKE ; *RCDIP* 2012, p. 648, note É. PATAUT ; *RevUE* 2012, p. 336, chron. A. CUDENNEC et al. ; *Europe* 2012, n° 114, note L. IDOT ; 19 juillet 2012, C-154/11, *Mahamdia*, pts. 44, 46, 64 ; 15 mars 2011, C-29/10, *Koelzsch*, pts. 40 à 42, 46.

[256] Considérant n° 5 de la directive dite détachement.

[257] P. LAGARDE, art. cité (note 150), spéc. p. 580.

[258] E. MOREAU, *Lois de police et contrat international du travail,* préc., p. 24, n° 30.

[259] M. GIULIANO, P. LAGARDE, rapport cité (note 180), p. 1.

[260] CJUE, 12 septembre 2013, aff. C-64/12, *Schlecker.*

l'objectif, poursuivi par les auteurs de la convention Rome, de protection du travailleur, considéré traditionnellement comme étant la partie la plus faible d'un point de vue socio-économique. En effet, compte tenu du lien de subordination qui caractérise la relation de travail, le salarié encourt le risque de se voir imposer par l'employeur l'application d'une loi d'un pays qui est sans rapport objectif avec la réalité de la relation contractuelle qui les lie »[261]. On peut ainsi affirmer que l'objectif de l'article 6 de la convention de Rome est celui d'assurer une protection adéquate au travailleur[262]. Il doit trouver sa consécration dans la règle de conflit de lois spécifique au contrat de travail.

Sous-section 2. La spécificité de la règle de conflit de lois relative au contrat individuel de travail

68. Spécificité. « C'est un fait que la règle de conflit en matière de contrat de travail s'est peu à peu détachée de la règle de conflit de droit commun en matière de contrat »[263]. Cette observation, qui porte d'abord sur les règles de conflit nationales, vaut également à l'égard des règles européennes. Alors qu'il apparaît parfois que les règles de conflit spécifiques au contrat individuel de travail sont le produit d'une influence forte de l'ordre public social[264], il convient de reconnaître qu'elles sont surtout l'expression d'un compromis. Elles ont pour prétention de refléter à la fois les principes généraux du conflit de lois et les principes spécifiques relatifs au travailleur. Ainsi, nous recherchons si les règles de conflit de lois spécifiques au contrat individuel de travail reflètent précisément l'objectif de protection du travailleur. Face aux critiques de certains qui conçoivent que le contrat de travail est perçu par les règles de conflit de lois comme un contrat de droit commun[265], il peut être intéressant de s'interroger pour savoir en quoi consiste cette spécificité des règles de conflit de lois en matière de contrat de travail. La spécificité de la règle de conflit de lois relative au contrat individuel de travail peut être rencontrée dans les mécanismes qu'elle emploie. Malgré le maintien de la loi d'autonomie qui innerve les règles de conflit de lois, l'intervention de celle-ci est réduite aux cas dans lesquels elle conduit à l'application d'une réglementation au moins aussi protectrice pour le travailleur que la loi objectivement applicable. L'article 6 de la convention de Rome ou l'article 8

---

[261] Conclusions de l'avocat général Wahl du 16 avril 2013, C-64/12, *Schlecker*, pt. 25.

[262] CJUE, 15 mars 2011, C-29/10, *Koelzsch*, pt. 42.

[263] P. LAGARDE, art. cité (note 43), spéc. p. 83.

[264] J.-F. CESARO, « Les ordres publics en droit du travail : de l'international au supranational », *JCP S* 2017, n° 16, p. 1129.

[265] S. KREBBER, art. cité (note 249), spéc. p. 490, dans la version originale : « [i]n den Art. 3 Abs. 1, 6 Abs. 1, 7 EVÜ wird das Arbeitsverhältnis demgegenüber grundsätzlich wie ein Schuldvertrag behandelt ».

du règlement Rome I est ainsi *lex specialis* par rapport à l'article 4 des mêmes textes.

69. Plan. Initiant l'analyse de la spécificité des mécanismes de la règle de conflit de lois relative au contrat individuel de travail (paragraphe 1), nous situerons ensuite les directives en matière de détachement de travailleurs par rapport à celle-ci et relèverons qu'elle instaure une présomption du lieu d'exécution habituel du travail (paragraphe 2).

Paragraphe 1. La spécificité des mécanismes de la règle de conflit de lois

70. Loi d'autonomie encadrée. Dans la hiérarchisation des éléments de rattachement, la convention de Rome a conféré une place prédominante à la loi d'autonomie, qui est reprise en tant que « pierre angulaire »[266] du règlement Rome I. Nous entendons par « loi d'autonomie » (ou « party autonomy »[267]), la liberté des parties à un contrat international de choisir la loi applicable[268]. La loi d'autonomie, en tant qu'un principe largement répandu à travers l'Europe, doit être distinguée de l'autonomie de la volonté[269] (*freedom of contract*). Cette possibilité de choix vise à promouvoir les principes qui guident l'application du même règlement : elle favorise la sécurité juridique et la prévisibilité[270]. Plus encore, selon Mme Muir Watt, la loi d'autonomie est liée au concept de contrat, et s'imbrique dans une logique de justice privée, de sorte que l'on suppose le commerce international autorégulé[271]. Alors que l'article 6 de la convention de Rome ou l'article 8 du règlement Rome I admet la possibilité de choisir la loi applicable en matière de contrat individuel de travail, la loi d'autonomie est restrictivement encadrée sur le fond. Comme en matière de contrat de consommation, la raison de la limitation de la loi d'autonomie se trouve dans l'objectif de protection de la partie faible[272], plus précisément du travailleur[273]. Mme Muir Watt explique « que pour certains

---

[266] Règlement dit Rome I, considérant n° 11.

[267] *Cf.* P. NYGH, *Autonomy in International Contracts*, Clarendon Press, 1999 ; A. MILLS, *Party Autonomy in Private International Law,* CUP, 2018.

[268] En ce sens, H. MUIR WATT, « 'Party Autonomy' in international contracts : from the makings of a myth to the requirements of a global governance », *ERCL* 2010, p. 250, spéc. p. 251, qui cible son analyse sur les « international business contracts ».

[269] Sur ce terme, J.-P. NIBOYET, « La théorie de l'autonomie de la volonté », *RCADI,* vol. 16, Brill, 1927, p. 1.

[270] F. GARCIMARTIN ALFÉREZ, art. cité (note 160), spéc. p. 1556.

[271] H. MUIR WATT, art. cité (note 268), spéc. p. 254, dans la version originale : « a largely auto-poetic, parallel, world of private justice, supposedly secreted by a self-regulating transnational merchant community ».

[272] J.-J. KUIPERS, art. cité (note 177), spéc. p. 567.

[273] J. DEPREZ, « Evolutions récentes des solutions de conflits de lois en matière de contrat de travail international », *Mélanges en l'honneur d'Henri Blaise,* Economica, 1995, p. 165.

contrats internationaux, la faculté de choix de la loi applicable présente trop de dangers (principalement celui de subvertir la protection des parties faibles) et on lui préfère donc un rattachement objectif, de sorte que le seul champ ouvert à la volonté est le champ de l'indérogeable interne »[274]. Ainsi, en vertu de l'article 6, § 1 de la convention de Rome, « le choix par les parties de la loi applicable ne peut avoir pour résultat de priver le travailleur de la protection que lui assurent les dispositions impératives de la loi qui serait applicable, à défaut de choix, en vertu du paragraphe 2 du présent article ». L'article 8, § 1 du règlement Rome I contient ce même principe en ce qu'il fait référence aux « dispositions auxquelles il ne peut être dérogé par accord en vertu de la loi » objectivement applicable.

71. Principe de faveur. La disposition garantit l'application des normes impératives du droit objectivement applicable. Plus précisément, l'article 8, § 1 du règlement Rome I conduit à ce que la loi d'autonomie n'intervient que pour assurer la protection du travailleur. En revanche, il est moins certain que l'on puisse y lire un principe de faveur. Certains auteurs ont pourtant su y découvrir le principe de la loi la plus favorable (*Günstigkeitsprinzip*)[275]. Par ailleurs, la jurisprudence française, qui connaît le principe de faveur, semble parfois faire une confusion entre celui-ci et la règle décrite. Dans l'affaire *Briant*, la Cour de cassation retient qu'une salariée sous contrat de travail autrichien doit bénéficier de l'indemnité réparant le licenciement sans cause réelle et sérieuse en vertu de la disposition impérative du droit français, en plus des indemnités de préavis et de rupture conformes au droit autrichien[276]. Plutôt que de considérer l'indemnisation résultant de la loi autrichienne comme globalement plus favorable à la salariée[277], la Cour de cassation estime que chaque règle indemnitaire doit faire partie de la comparaison.

72. Critiques. Mme Sinay-Cytermann estime que « [c]ette solution est très protectrice du salarié »[278]. Plusieurs auteurs se montrent sceptiques à l'égard de cette interprétation, en la jugeant excessivement protectrice[279]. Mme Muir Watt et M. Bureau qualifient cette démarche également de « comparaison analytique, très favorable au salarié, qui revient à faire bénéficier celui-ci de toute disposition indemnitaire prévue par l'une des lois en présence et qui ne

---

[274] H. MUIR WATT, « Les limites du choix : dispositions impératives et internationalité du contrat », S. CORNELOUP, N. JOUBERT (dir.), *Le règlement communautaire « Rome I » et le choix de loi dans les contrats internationaux*, Lexis Nexis Litec, 2011, p. 341, spéc. p. 346.

[275] En ce sens, F. GARCIMARTIN ALFEREZ, art. cité (note 160), spéc. p. 1560.

[276] Cass. soc., 12 novembre 2002, pourvois n° 99-45.821 et n° 99-45.888, *Briant*, *RCDIP* 2003, p. 446, note F. JAULT ; *DSOC* 2003, p. 339, note M.-A. MOREAU ; *JDI* 2004, p. 131, note S. DION ; *D*. 2004, p. 661, note J.- G. MAHINGA.

[277] Ceci correspond à la solution retenue par la cour d'appel.

[278] A. SINAY-CYTERMANN, art. cité (note 223), spéc. p. 741.

[279] F. JAULT, « Application de la loi française à un contrat de travail international », *RCDIP* 2003, p. 446, spéc. p. 460.

trouve pas son équivalent dans l'autre loi, au prix d'un dépeçage fonctionnel de la loi applicable »[280]. Ces critiques sont certainement justifiées par la crainte de voir la comparaison se travestir en un principe de faveur. Elles peuvent être appuyées par la fonction même du droit international privé. Considérant que le conflit de lois vise à déterminer la loi adéquate à une situation donnée, il s'agit de déterminer la loi qui doit régir celle-ci dans son ensemble, parce qu'elle en est le plus proche. Or, la solution de faveur adoptée est soumise au risque de conduire à un morcellement des lois applicables, en vue d'améliorer la situation point par point des contrats de travail comportant un élément d'extranéité. La difficulté peut apparaître moins frappante dès lors que l'on imagine l'application de ce mécanisme en tant qu'une règle de conflit de lois nationale.

73. Un principe du droit national. En France, le principe de faveur a été évoqué comme un « principe fondamental du droit du travail, selon lequel il est toujours possible de déroger à une règle hiérarchiquement supérieure, pourvu que ce soit dans un sens favorable au travailleur »[281]. M. Aliprantis évoquait « l'application de la norme la plus favorable aux salariés » en tant qu'un « principe à portée générale en droit français »[282]. M. Lyon-Caen et Mme Keller parlaient du principe de la *lex favoris*[283]. Plus généralement, le principe de faveur a été présenté comme le « principe selon lequel le droit du travail est un droit de protection des salariés »[284]. Or, comme le fait observer M. Jeammaud, l'appellation « principe de faveur » en droit français est une création des chercheurs[285]. Elle décrit, selon cet auteur, le fait que les clauses d'une convention ou d'un accord collectif de travail ne s'appliquent qu'à condition d'être plus favorables que le contrat de travail[286]. Rappelant que les

---

[280] D. BUREAU, H. MUIR WATT, *Droit international privé*, tome 2, préc., n° 942, commentant l'arrêt Cass. soc., 12 novembre 2002, pourvois n° 99-45.821 et n° 99-45.888, *Briant,* comp. Cass. soc., 9 juillet 2015, pourvoi n° 14-13.497, *JDI* 2016, p. 912, note J. HEYMANN ; Cass. soc. 28 octobre 2015, *JDI* 2016, p. 919, note S. SANA-CHAILLÉ DE NÉRÉ.

[281] P.-D. OLLIER, *Le droit du travail*, A. Colin, 1972, p. 46.

[282] N. ALIPRANTIS, *La place de la convention collective dans la hiérarchie des normes,* préc., p. 52.

[283] G. LYON-CAEN, M. KELLER, « Sources du droit du travail », A. LYON-CAEN (dir.), *Répertoire de droit du travail,* Dalloz, janvier 1996 (mise à jour : janvier 2016), n° 76.

[284] M. DESPAX, *Négociations, conventions et accords collectifs*, tome VII, Dalloz, 1989, n° 58.

[285] A. JEAMMAUD, « Le principe de faveur : enquête sur une règle émergente », *DSOC* 1999, p. 115.

[286] Ceci fait référence à la règle juridique visée à l'article L. 135-2 du code du travail, devenu l'article L. 2254-1 du code du travail recodifié.

juges français préfèrent le terme d' « ordre public social »[287], M. Jeammaud clarifient que les deux notions visent « une seule et même règle »[288].

74. Travestissement. Partant de cette comparaison avec le droit interne, l'utilisation du principe de faveur en droit international privé semble l'éloigner de son emploi originaire en droit du travail. En effet, la règle de conflit de lois décrite ci-dessus exige une comparaison entre le contenu de la loi choisie par les parties, d'une part, et les règles d'ordre public international de la loi objectivement applicable à défaut de choix, d'autre part[289]. La particularité de la règle de conflit décrite consiste ainsi en la référence aux seules dispositions déclarées internationalement impératives. Concluons que la règle décrite écarte, dans certaines hypothèses, la règle matériellement applicable, mais ne prévient pas que les parties s'engagent sur certains aspects qui relèvent ou non du supplétif, en fonction de la législation applicable. Contrairement au principe de faveur, la règle de conflit de lois décrite ne procède pas en fonction du contenu du contrat. En réalité, nous devrions y lire le principe de la loi la plus protectrice.

75. Conclusions sur l'encadrement de la loi d'autonomie. Il convient *a priori* de noter une relative inefficacité de ce mécanisme conflictuel pour encadrer la loi d'autonomie. Il n'en demeure pas moins que M. Rodière initie la réflexion sur le principe de faveur en vue d'encadrer le choix de lois : « [s]on objectif général est d'empêcher que la liberté de choix du droit applicable, principe qui domine la détermination de la loi applicable aux obligations contractuelles, puisse conduire à priver le travailleur salarié, partie contractuelle plus faible, d'une protection minimale qui lui est objectivement due »[290]. Il semble important d'en tenir compte, aux fins de garantir un encadrement large de la loi d'autonomie, lequel est seul à même d'éviter le morcellement de la loi applicable au contrat de travail. À cet égard, l'imprécision actuelle de l'article 8, § 1 du règlement Rome I fait que la portée du choix de lois reste incertaine, dès lors que l'on compare les différentes décisions des juridictions[291].

76. Loi objectivement applicable. L'intervention du lien de rattachement objectif à l'encontre de la loi d'autonomie exprime une faveur faite à celle-ci dans le cadre du conflit de lois en matière de contrat de travail. Le lien de rattachement objectif n'intervient qu'à défaut de choix de loi. Parmi les rattachements objectifs, le lieu d'exécution habituel du travail constitue le critère de rattachement prédominant en vue de la détermination de la loi

---

[287] Cass. soc., 17 juillet 1996, pourvoi n° 95-41.313, *CJEG* 1997, n° 530, p. 97, note D. POUYAUD ; et pourvoi n° 95-41.745, aussi depuis CE, avis du 22 mars 1973.

[288] A. JEAMMAUD, art. cité (note 285).

[289] F. GARCIMARTIN ALFÉREZ, art. cité (note 160), spéc. p. 1560.

[290] P. RODIÈRE, *Droit social de l'Union européenne,* LGDJ, 2014, n° 539.

[291] D. SINDRES, « Choix de la loi applicable au contrat de travail et dispositions impératives protectrices du salarié », *RCDIP* 2017, p. 409.

applicable au contrat individuel de travail (articles 6, § 2, de la convention de Rome et 8, § 2, du règlement Rome I). Le principe de la loi du lieu d'exécution habituel du travail, aussi connu sous l'appellation de la *lex loci laboris,* constituait le lien de rattachement traditionnel dans le droit international privé de plusieurs pays, bien avant l'adoption des textes de droit international privé européen[292]. Il en était ainsi de la Hongrie et de l'Autriche notamment[293]. La jurisprudence française adopte également ce critère[294]. D'autres pays excluaient, par ailleurs, toute modification de ce lien de rattachement par le choix de loi, dont la Pologne, la République démocratique allemande et la Suède[295]. Par le passé, ce lien de rattachement a notamment été favorisé en ce qu'il consacrait le principe de non-discrimination entre les travailleurs nationaux et les étrangers[296].

77. Lieu d'exécution habituel. La convention de Rome dispose que « le contrat de travail est régi a) par la loi du pays où le travailleur, en exécution du contrat, accomplit habituellement son travail »[297]. Compte tenu de l'entrée en vigueur tardive du protocole habilitant la Cour de justice à interpréter la convention de Rome[298], la définition autonome de ce critère émane principalement de la jurisprudence relative au conflit de juridictions : il peut être défini comme le lieu à partir duquel le travailleur s'acquitte principalement de ses obligations envers son employeur[299], le lieu dans lequel il a établi le centre effectif de ses activités professionnelles[300] ou, en l'absence de bureau, le lieu où il accomplit la majeure partie de son travail[301]. Notons enfin que, depuis l'arrêt *Mulox*, il est acquis que la notion-même de lieu d'exécution du travail doit être interprétée en considérant l'objectif de protection de la partie faible[302].

78. *Koelzsch.* L'interprétation autonome du lien de rattachement est transcrite dans le contexte de la convention de Rome, par l'affaire *Koelzsch*[303].

---

292 F. GAMILLSCHEG, « Rules of Public Order in Private International Labour Law », *RCADI,* vol. 181, Brill, 1983, p. 285, spéc. p. 309.

293 *Ibid.*

294 Cass. com., 9 novembre 1959, *Sté Lautier c. Carton.*

295 F. GAMILLSCHEG, cours cité (note 292), spéc. p. 309.

296 *Ibid.*, spéc. p. 295.

297 Convention de Rome, article 6, § 2, a).

298 Protocole du 19 décembre 1988 concernant l'interprétation par la Cour de justice des Communautés européennes de la convention sur la loi applicable aux obligations contractuelles.

299 CJCE, 13 juillet 1993, C-125/92, *Mulox,* pts. 21 à 23.

300 CJCE, 9 janvier 1997, C-383/95, *Rutten,* pt. 23, *RCDIP* 1997, p. 336, note H. GAUDEMET-TALLON, *JDI* 1997, p. 635, note J.-M. BISCHOFF.

301 CJCE, 27 février 2002, C-37/00, *Weber,* pt. 42, *RTD Eur* 2003, p. 533, chron. P. RODIÈRE.

302 CJCE, 13 juillet 1993, C-125/92, *Mulox.*

303 CJUE, 15 mars 2011, C-29/10, *Koelzsch.*

S'agissant d'un chauffeur international de poids lourds, domicilié à Osnabrück (Allemagne) et embauché par la société luxembourgeoise Gasa, il s'agit de savoir où se situe son lieu d'accomplissement habituel du travail. La Cour se décide pour l'interprétation large de ce lien de rattachement, en s'appuyant sur l'objectif de protection du travailleur[304]. En conséquence, le lieu d'exécution habituel du travail s'entend du « lieu dans lequel ou à partir duquel le travailleur exerce effectivement ses activités professionnelles et, en l'absence de centre d'affaires, [du] lieu où celui-ci accomplit la majeure partie de ses activités »[305]. Cette interprétation vaut dans l'hypothèse « où le travailleur exerce ses activités dans plus d'un État contractant, lorsqu'il est possible, pour la juridiction saisie, de déterminer l'État avec lequel le travail présente un rattachement significatif »[306]. La solution ne saurait guère surprendre, dans la mesure où l'élargissement du critère de rattachement au « pays [...] à partir duquel le travailleur [...] accomplit habituellement son travail » était déjà inscrit au règlement Rome I, encore inapplicable au moment des faits[307]. Ceci lui a valu l'appellation de « critère dédoublé »[308].

79. Travailleur mobile. L'ajout, par le règlement Rome I, de la possibilité de désigner le rattachement à la loi du lieu « à partir duquel » le travailleur exerce son activité, constitue une réponse au souci grandissant de trouver un lien de rattachement adapté aux travailleurs sans lieu de travail fixe[309]. Mme Boskovic souligne que cette évolution « permettra par exemple de régler le sort des personnels navigants rattachés à une base fixe [et] réduira encore davantage le domaine de la règle résiduelle donnant compétence à la loi du lieu d'établissement d'embauche »[310]. Ainsi, ce n'est pas nécessairement la base d'affectation des travailleurs qui constitue le critère déterminant, mais il convient de détecter les liens du travailleur avec ce pays. Les indices d'interprétation de l'arrêt *Koelzsch*, à destination des juridictions nationales, laissent entendre qu'il convient de désigner « le lieu à partir duquel le

---

[304] CJUE, 15 mars 2011, C-29/10, *Koelzsch*, pt. 43.

[305] CJUE, 15 mars 2011, C-29/10, *Koelzsch*, pt. 45. La Cour de cassation française rappelle qu'il est nécessaire de vérifier « le lieu de travail habituel où le salarié avait accompli la majeure partie de son temps de travail pour le compte de son employeur en tenant compte de l'intégralité de la période d'activité du travailleur » en ce qui concerne une succession de contrats à durée déterminée (Cass. soc., 28 septembre 2016, pourvoi n° 15-17.288, *JCP S* 2016, 1408, note A. BUGADA ; *DSOC* 2016, p. 1068, note V. LACOSTE-MARY).

[306] CJUE, 15 mars 2011, C-29/10, *Koelzsch*, pt. 44.

[307] Règlement dit Rome I, article 8, § 2, a).

[308] P. RODIÈRE, *Droit social de l'Union européenne,* LGDJ, 2022, n° 548.

[309] *Cf.* P. LOKIEC, S. ROBIN-OLIVIER, F. JAULT-SESEKE, P. ALFREDO, art. cité (note 143), qui relèvent l'objectif du règlement dit Rome I d'éviter « un montage contractuel, au demeurant assez simple, de priver le salarié mobile de la protection de la loi de son contrat d'origine ».

[310] O. BOSKOVIC, art. cité (note 133).

travailleur effectue ses missions de transport, celui où il rentre après ses missions, reçoit les instructions sur ses missions et organise son travail, ainsi que le lieu où se trouvent les outils de travail »[311]. La récente affaire Ryanair[312] l'affirme, en confirmant l'emploi du critère de rattachement pour le personnel navigant. Aux fins de déterminer leur lieu d'exécution habituel du travail, il s'agit de tenir compte « du lieu où sont stationnés les aéronefs à bord desquels le travail est habituellement accompli »[313]. Ici, la Cour de justice nie expressément que ce rattachement corresponde à la base d'affectation. Alors que l'on souhaite parfois une interprétation homogène entre différents blocs du droit européen, la Cour de justice reconnaît la base d'affectation simplement comme un indice significatif[314].

80. Lieu d'embauche. Malgré la vocation du lien de rattachement du lieu d'exécution habituel du travail, en tant qu'une « localisation naturelle du contrat »[315], la convention de Rome et le règlement Rome I prévoient des rattachements subsidiaires. Comme il a été souligné par Gamillscheg, il s'agit de prévoir des liens de rattachement « alternatifs », pour le cas où il n'y aurait pas de lieu de travail permanent[316]. L'appellation de rattachements dits alternatifs utilisée par Gamillscheg ne vaut réellement qu'à l'égard du lieu d'embauche. La convention de Rome dispose que « si le travailleur n'accomplit pas habituellement son travail dans un même pays », il convient de lui appliquer la loi du pays où se trouve l'établissement qui l'a embauché[317]. Un peu plus schématique[318], la formulation du règlement Rome I met en avant le caractère secondaire de ce lien de rattachement : « [s]i la loi applicable ne peut être déterminée sur la base du paragraphe 2, le contrat est régi par la loi du pays dans lequel est situé l'établissement qui a embauché le travailleur ». Pour résumer, ce rattachement secondaire intervient pour le cas où le lieu d'exécution habituel du travail s'avérerait impossible à établir.

81. Caractère restrictif. Nous rencontrons une nouvelle fois le souci sous-jacent de trouver une règle de rattachement adaptée aux travailleurs exerçant depuis des lieux de travail multiples, sans que soit clair lequel des critères de rattachement régit cette hypothèse. C'est ainsi que le critère du lieu

---

[311] CJUE, 15 mars 2011, C-29/10, *Koelzsch,* pt. 49 ; 14 septembre 2017, C-168/16 et C-169/16, *Ryanair,* pt. 63, reprenant ces indices à propos du conflit de juridictions.

[312] CJUE, 14 septembre 2017, C-168/16 et C-169/16, *Ryanair.*

[313] CJUE, 14 septembre 2017, C-168/16 et C-169/16, *Ryanair,* pt. 64.

[314] CJUE, 14 septembre 2017, C-168/16 et C-169/16, *Ryanair,* pt. 69, alors que le règlement (CEE) n° 3922/91 du Conseil du 16 décembre 1991 relatif à l'harmonisation de règles techniques et de procédures administratives dans le domaine de l'aviation civile, annexe III, retient la *« base d'affectation ».*

[315] P. LAGARDE, art. cité (note 150), spéc. p. 574.

[316] F. GAMILLSCHEG, cours cité (note 292), spéc. p. 305.

[317] Convention de Rome, article 6, § 2, b).

[318] CJCE, 15 décembre 2011, C-384/10, *Navimer,* pt. 47, qui emploie précisément le terme *« schématique ».*

d'embauche a été invoqué – pour ensuite être rejeté par la Cour – dans l'affaire *Koelzsch*. Aux yeux de la Cour de justice, pour avoir recours à ce critère, il convient d'assurer que l'on est dans l'impossibilité de localiser la relation de travail dans un État membre[319]. La place accordée au lien de rattachement du lieu d'embauche semble non seulement subsidiaire mais aussi très restrictive. Cette réduction du rôle du critère semble répondre « au risque de délocalisations frauduleuses liés »[320] à l'incertitude sur sa détermination[321].

82. *Navimer.* La Cour de justice a eu l'occasion d'interpréter la notion-même de lieu d'embauche dans sa décision *Navimer*[322]. Elle y est interrogée sur la question de savoir si l'établissement d'embauche s'entend de l'établissement qui conclut le contrat de travail ou de l'établissement de l'entreprise à laquelle le travailleur est lié dans son occupation effective et, dans cette hypothèse, si ce lien peut ressortir de la circonstance que le travailleur doit se présenter régulièrement et doit recevoir des instructions auprès de cette dernière entreprise. Suivant la Cour de justice, c'est la seconde hypothèse : la détermination de l'établissement d'embauche s'effectue à partir de l'existence d'éléments réels caractérisant la situation, et en particulier, en considérant le transfert ou l'absence de transfert du pouvoir de direction de l'employeur. Ainsi, lorsque le travailleur doit toujours se présenter au même endroit où il reçoit les instructions, la Cour considère qu'il s'agit du lieu d'exécution habituel du travail. Elle explique que « le lieu où le travailleur reçoit les instructions ou celui où il doit se présenter avant d'accomplir ses missions, ont une incidence pour la détermination de la loi applicable à cette relation de travail en ce sens que, lorsque ces lieux sont situés dans le même pays, [...] la situation relève »[323] du rattachement au lieu d'exécution habituel du travail. En conséquence, aux fins de déterminer le lieu de l'établissement d'embauche, il s'agit de tenir compte uniquement d'éléments « relatifs à la procédure de conclusion du contrat, tels que l'établissement qui a publié l'avis de recrutement et celui qui a mené l'entretien d'embauche et elle doit s'attacher à déterminer la localisation réelle de cet établissement »[324]. De cette manière, la Cour de justice poursuit son interprétation restrictive du lieu d'embauche. Ce raisonnement a été justifié par le caractère subsidiaire du lien de rattachement : « seule une interprétation stricte du critère résiduel peut assurer la pleine prévisibilité quant à la loi qui est applicable au contrat de

---

[319] CJCE, 15 décembre 2011, C-384/10, *Navimer,* pt. 47.

[320] S. BADDOUR BOUKARAM, *La protection des 'parties faibles' dans le Règlement 'Rome I'*, préc., p. 65.

[321] F. JAULT-SESEKE, « L'office du juge dans l'application de la règle de conflit de lois en matière de contrat de travail », *RCDIP* 2005, p. 253, spéc. p. 267, qui estime que le critère est incertain.

[322] CJCE, 15 décembre 2011, C-384/10, *Navimer.*

[323] CJCE, 15 décembre 2011, C-384/10, *Navimer,* pt. 40.

[324] CJCE, 15 décembre 2011, C-384/10, *Navimer,* pt. 50.

travail »[325]. En fin de compte, certains auteurs ont jugé ce lien de rattachement « inutile »[326].

83. Clause d'exception. La convention de Rome réserve les deux premiers liens de rattachement « à moins qu'il ne résulte de l'ensemble des circonstances que le contrat de travail présente des liens plus étroits avec un autre pays ». Calqué sur la règle générale de l'article 4, § 5 de la convention de Rome ou de l'article 4, § 3 du règlement Rome I, ce lien de rattachement est reproduit de façon identique pour le contrat de travail. C'est l'article 8, § 4 du règlement Rome I qui contient la règle spécifique pour le contrat de travail. Dans son affaire *Schlecker*[327], la Cour de justice se prononce sur la possibilité d'écarter le critère du lieu d'exécution habituel du travail pour faire application d'une autre loi qui présenterait des liens plus étroits. Suivant la solution adoptée, il s'agit de déterminer d'abord le lieu d'exécution habituel[328]. Toutefois, « lorsqu'il résulte de l'ensemble des circonstances que le contrat de travail présente des liens plus étroits avec un autre pays, il appartient au juge national d'écarter les critères de rattachement visés à l'article 6, § 2, sous a) et b), de la convention de Rome et d'appliquer la loi de cet autre pays »[329]. En conséquence, les liens les plus étroits peuvent déterminer une autre loi que l'on fait primer sur celle désignée au moyen du lieu d'exécution habituel du travail. Nous ajoutons que cette solution s'inscrit dans la continuité de l'arrêt *ICF*[330] concernant la règle de conflit générale de l'article 4. Or, en adoptant, dans ce contexte spécifique, les principes conflictuels généraux, la Cour de justice n'omet-elle pas de porter une attention particulière aux principes régissant le conflit de lois en matière de contrat de travail ?[331]. À cet endroit, il convient de se rappeler l'interprétation par la Commission européenne qui défend que la clause d'exception ne doive jouer que lorsque le rattachement rigide se révèle fortuit et n'a pas de valeur localisatrice réelle pour le contrat en cause[332]. Une interprétation différente ignorerait, par ailleurs, l'argument structurel selon lequel l'article 6 de la convention de Rome « érige en principe l'application de la loi du lieu d'exécution habituel

---

[325] CJCE, 15 décembre 2011, C-384/10, *Navimer,* pt. 47.

[326] P. LOKIEC, S. ROBIN-OLIVIER, F. JAULT-SESEKE, P. ALFREDO, art. cité (note 143).

[327] CJUE, 12 septembre 2013, C-64/12, *Schlecker.*

[328] CJUE, 12 septembre 2013, C-64/12, *Schlecker,* pt. 35.

[329] CJUE, 12 septembre 2013, C-64/12, *Schlecker,* pt. 36.

[330] CJCE, 6 octobre 2009, C-133/08, *ICF.*

[331] En ce sens É. PATAUT, « La clause d'exception dans la convention de Rome du 19 juin 1980 », *RCDIP* 2014, p. 159, affirmant d'une manière plus générale que la disposition est « imprégnée de considérations de la partie faible ».

[332] Conclusions de l'avocat général dans l'affaire CJUE, 12 septembre 2013, C-64/12, *Schlecker*, pts. 40 et 66 de l'arrêt.

du travail. Le caractère exceptionnel du recours à la loi qui présente les liens les plus étroits est ainsi marqué »[333].

84. Conclusion sur les principes. Alors que les règles de conflit de lois contiennent une référence au principe de protection du travailleur, la jurisprudence n'en tient pas compte d'une manière homogène. Certaines interprétations sont dues à la reprise à l'identique des solutions adoptées sur les règles de conflit de lois générales. Cette transcription des solutions entraîne le risque d'intégrer insuffisamment le principe de protection du travailleur sous-jacent. D'autres solutions sont inspirées d'une manière cohérente de celles adoptées en matière de conflit de juridictions. Il n'en demeure pas moins que les principes propres au conflit de lois peuvent dicter des nuances dans l'interprétation[334]. Ainsi, dans l'affaire *Schlecker,* l'interprétation développée par la Cour de justice intervient en faveur de la proximité, mais ne reflète pas nécessairement l'élément de rattachement le plus protecteur du travailleur[335]. Nous citons l'affaire *Koelzsch* comme un exemple, qui nous fait comprendre que la règle de conflit de lois a pour objectif de déterminer « l'État avec lequel le travail présente un rattachement significatif »[336].

Paragraphe 2. L'emprunt des mécanismes : la présomption du rattachement en matière de détachement

85. La détermination du lien de rattachement au moyen de la règle de conflit de lois spécifique au contrat de travail dépend d'une appréciation factuelle permettant de localiser le travailleur. Ceci ne va pas sans difficulté en présence d'une relation de travail complexe, telle que celle du détachement. En effet, la spécificité du détachement consiste à envoyer le travailleur temporairement chez un autre employeur, alors qu'il reste engagé chez son employeur d'origine. Les règles de conflit de lois instaurent une présomption du lien de rattachement au pays du lieu d'exécution habituel du travail (a). Compte tenu de la multitude de liens, il convient d'emblée d'identifier le protagoniste aux fins de déceler les véritables liens de rattachement du travailleur (b).

---

[333] F. JAULT-SESEKE, P. REMY, « A propos », *RDT,* 2013, p. 785.

[334] É. PATAUT, « De la loi applicable au licenciement d'un marin », *RCDIP* 2012, p. 648.

[335] O. BOSKOVIC, art. cité (note 133).

[336] CJUE, 15 mars 2011, C-29/10, *Koelzsch*, pt. 44. En ce sens, Cass. soc., 11 avril 2012, n°11-17.096, *RDT* 2012, p. 388, note F. JAULT-SESEKE ; *CSBP* 2012, p. 197, note F.-J. PANSIER ; *GP* 2012, n° 165-166, p. 5, jurisp. S. PRIEUR ; *JSP S* 2012, n° 31, p. 42, note J.-P. TRICOIT ; *D.* 2013, p. 1503, pan. F. JAULT-SESEKE.

a. La présomption du lieu d'exécution habituel du travail

86. Présomption du lieu d'exécution habituel du travail. Les auteurs de la convention de Rome ont anticipé la difficulté de caractériser le lien de rattachement et prévu une mention particulière du détachement au sein des règles de conflit de lois spécifiques au contrat individuel de travail. Ainsi, l'article 6, § 2, a) dispose que la loi objectivement applicable est celle « du pays où le travailleur, en exécution du contrat, accomplit habituellement son travail, même s'il est détaché à titre temporaire dans un autre pays ». La terminologie était pourtant imprécise et ne renvoyait à aucun cas de détachement particulier. Il n'en demeure pas moins que cette disposition contenait une présomption du lieu d'exécution habituel du travail pour le travailleur détaché au pays d'origine. Sa portée a été résumée de la manière suivante : « la loi du pays d'origine continue à régir le contrat »[337]. L'article 8, § 2, du règlement Rome I reprend cette énonciation, sans référence expresse au travailleur détaché : « [l]e pays dans lequel le travail est habituellement accompli n'est pas réputé changer lorsque le travailleur accomplit son travail de façon temporaire dans un autre pays ».

87. Caractère temporaire. L'utilisation de cette présomption est largement admise en ce qu'elle repose sur le constat d'une activité dans un pays seulement. En effet, le règlement précise, au considérant n° 36, que l'accomplissement du travail est temporaire « lorsque le travailleur est censé reprendre son travail dans le pays d'origine après l'accomplissement de ses tâches à l'étranger. La conclusion d'un nouveau contrat de travail avec l'employeur d'origine ou avec un employeur appartenant au même groupe de sociétés que l'employeur d'origine ne devrait pas empêcher de considérer que le travailleur accomplit son travail dans un autre pays de façon temporaire ». Interprété ainsi, le travail exercé à titre temporaire inclut également le détachement de travailleurs, mais peut potentiellement englober d'autres catégories de travailleurs mobiles. Pour parvenir à cette conclusion, nous évoquons enfin la directive dite détachement. En lisant le règlement Rome I dans le sillage de celle-ci, il va de soi que la mention de l'exécution temporaire doit englober le travail temporaire. Nous constatons que la présomption du lieu d'exécution habituel pour le travailleur détaché est maintenue par le règlement Rome I, dont les règles de conflits de lois sont appuyées par la directive dite détachement.

88. Fixation de la loi applicable. Procédant ainsi, la directive dite détachement vise à fixer la loi régissant les conditions de travail. Elle part du constat « que la transnationalisation de la relation de travail soulève des problèmes quant au droit applicable à cette relation de travail et qu'il convient, dans l'intérêt des parties, de prévoir les conditions de travail et d'emploi

---

[337] A. et G. LYON-CAEN, *Droit social international et européen,* préc., n° 32.

applicables à la relation de travail envisagée »[338]. Cette stabilité de la loi applicable semble indispensable pour la rendre cohérente par rapport à la convention de Rome[339] ou au règlement Rome I. Contrairement à la mention plus large du règlement Rome I, la directive dite détachement part de l'hypothèse que le lieu d'exécution habituel du travail se situe au pays d'accueil pour les cas visés par son champ d'application. C'est ce qui ressort de l'article 2, § 1 de la directive : « on entend par travailleur détaché, tout travailleur qui, pendant une période limitée, exécute son travail sur le territoire d'un État membre autre que l'État sur le territoire duquel il travaille habituellement ». À la lecture de la définition autonome du « détaché », il apparaît que l'examen de la loi applicable est un préalable à l'identification d'un cas de détachement puisque le détachement ne peut avoir lieu qu'au cas où il y a une divergence entre le pays du lieu d'exécution habituel du travail et celui du lieu de présence du travailleur. Toutefois, la volonté du législateur de la directive est toute autre : elle consiste à renvoyer à la loi du pays d'origine en présence d'un détachement.

89. Perturbation du mécanisme conflictuel. Cette logique perturbe le mécanisme conflictuel. Afin de déterminer la loi applicable au contrat de travail, il s'agit en premier lieu de qualifier le contrat individuel de travail. Or, la directive dite détachement ne contenant pas de définition autonome de ce dernier, la qualification du travailleur, préalable à l'application de la directive, dépendrait du règlement Rome I. Il n'en demeure pas moins que l'article 2, § 2 de la directive dite détachement dispose que « la notion de travailleur est celle qui est d'application dans le droit de l'État membre sur le territoire duquel le travailleur est détaché ». On peut y apercevoir une volonté de rendre cette qualification indépendante de celle du règlement Rome I.

90. Rattachement de l'employeur. Le critère de rattachement auquel la directive fait référence est également en contradiction avec celui retenu par la convention de Rome ou le règlement Rome I. Si la directive présume le rattachement du travailleur à la réglementation du pays dans lequel le travailleur détaché exerce habituellement son travail, elle ne fonde pas ce rattachement. En effet, la directive se contente de fixer le travailleur à un pays par l'intermédiaire du rattachement de l'employeur. Les directives en matière de détachement localisent le travailleur détaché à partir de l'employeur. La référence au lieu de l'employeur apparaît à travers une lecture des autres textes en matière de détachement. En effet, les règlements en matière de sécurité sociale visaient initialement à identifier le véritable employeur à partir d'un lien entre celui-ci et son État d'établissement. Ainsi, le règlement 884/2004 exige en son article 12 que l'employeur exerce normalement son activité dans un État membre. Ce critère a été précisé en 2009 par le règlement d'application disposant que la société doit exercer une activité réelle par opposition à une

---

[338] Directive dite détachement, considérant n° 6.

[339] Directive dite détachement, considérant n° 8.

simple boîte aux lettres. S'inscrivant dans cette lignée, le considérant n° 7 de la directive 2014/67/UE précise qu'elle vise directement les entreprises, « pour prévenir, éviter et combattre toute violation et tout contournement des règles applicables par les entreprises tirant indûment ou frauduleusement parti de la libre prestation de services ». La directive 2014/67/UE devait permettre de mieux cibler géographiquement les véritables employeurs en matière de détachement. Se limitant à un compromis ne devant pas dépasser la mise en œuvre, l'application ainsi que l'exécution de la directive de 96/71/CE, elle contient toutefois un nouveau critère en vue d'identifier l'employeur[340]. L'article 4 de la directive d'exécution, qui s'adresse aux autorités compétentes qui contrôlent le caractère véritable du détachement, ajoute le critère de l'activité substantielle de l'entreprise détachante. Suivant son paragraphe 2, il incombe aux autorités de déterminer si une entreprise exerce réellement des activités substantielles, autres que celles relevant uniquement de la gestion interne ou administrative. À cette fin, il leur est donné un catalogue d'éléments de fait permettant une évaluation globale, portant sur une période prolongée, des activités exercées par une entreprise dans l'État membre dans lequel elle est établie et, au besoin, dans l'État membre d'accueil. Pour résumer, il s'agit d' « une série de critères non exhaustifs et non cumulatifs relatifs à l'implantation administrative, commerciale et salariale »[341]. Il n'en demeure pas moins que cette définition est jugée insuffisante en ce qu'elle peut difficilement inclure le détachement intra-groupe[342]. En fin de compte, ces précisions ignorent la détermination du véritable rattachement du travailleur.

91. Émancipation par rapport à la règle de conflit de lois. Nous revenons à notre conclusion selon laquelle la précision relative au lieu d'exécution habituel du travail fait défaut dans la directive dite d'exécution[343]. L'article 4, § 3 du même texte, qui vise à éviter les contournements, précise uniquement le lien d'intégration du travailleur à l'égard de son pays d'accueil. La définition du détachement à partir de la localisation de l'employeur a des répercussions sur le droit international privé. On observe une émancipation du lien de rattachement de la directive par rapport à celui de la règle de conflit de lois spécifique au contrat de travail. Cette orientation est confirmée par le considérant n° 11 de la directive dite d'exécution : « [l]orsqu'il n'y a pas véritable détachement et que se produit un conflit de lois, il y a lieu de tenir dûment compte des dispositions du règlement [dit Rome I] qui visent à garantir que les travailleurs ne soient pas privés de la protection que leur assurent les dispositions auxquelles il ne peut être dérogé par accord ou auxquelles il ne peut être dérogé qu'à leur bénéfice ». De cette manière, le

---

[340] J. ICARD, « La notion de détachement après la directive n° 2014/67/UE », *Rev UE* 2016, p. 81.

[341] *Ibid.*

[342] *Ibid.*

[343] Directive dite d'exécution.

règlement Rome I n'intervient qu'en dernier recours. Dans ces circonstances, le rattachement du travailleur n'est pas censé changer en présence d'un détachement. Il n'en demeure pas moins que le lien de rattachement du lieu d'exécution habituel du travail, tel qu'il est entendu par la directive, ne correspond plus au lien d'intégration du travailleur. Ainsi, il convient de se demander si la catégorie du travailleur détaché utilisée par la directive est suffisamment précise pour permettre un traitement spécifique du travailleur détaché par le conflit de lois.

b. L'absence de définition du travailleur détaché et la vérification du rattachement

92. Contrairement à la directive dite détachement qui prend le rattachement du travailleur détaché à l'égard de son Etat d'origine pour acquis, le système du règlement Rome I impose une autre lecture, du point de vue du rattachement du travailleur. En étudiant la définition du travailleur détaché (i), nous constatons qu'elle opère une distinction par rapport aux travailleurs, sans pour autant instaurer une réponse sur le lien de rattachement. Le rattachement semble simplement résulter de la règle de conflit de lois en matière de contrat de travail (ii).

i. La recherche d'une définition du travailleur détaché

93. Recherche d'une catégorie particulière. Afin de déterminer le rattachement du travailleur détaché, il peut *a priori* apparaître utile de rechercher si l'on fait face à une catégorie particulière, distincte de celle du contrat de travail, et qui nécessite une règle de rattachement spécifique. Nous devons partir de la définition posée par la directive dite détachement. Alors que son article 2, § 1 pose que le travailleur détaché est celui qui exerce temporairement son travail dans un pays autre que celui du lieu d'exécution habituel, le texte ne contient pas de définition du travailleur. Au contraire, l'article 2, § 2 laisse expressément l'appréciation de la qualité de travailleur aux juridictions de l'État d'accueil, qui appliquent les conceptions du for. La directive dite d'exécution ajoute que les éléments qualifiant le véritable détachement dans l'État d'accueil peuvent être pris en compte. Il s'agit d'une annonce programmatique qui va jusqu'à consacrer une liste facultative d'éléments à prendre en considération : « [l]es États membres devraient s'appuyer notamment sur les faits relatifs à la prestation de travail, à la subordination et à la rémunération du travailleur, quelle que soit la qualification de la relation dans tout accord, qu'il soit contractuel ou non, ayant pu être conclu entre les parties »[344].

---

[344] Article 4, § 5 de la directive dite d'exécution.

94. Une précision limitée à la durée. L'apport de la directive modificatrice consiste seulement à préciser le caractère temporaire du détachement. Longtemps recherchée, cette définition du caractère temporaire a auparavant fait débat, et parfois été calquée sur celle des règlements dits coordination en matière de sécurité sociale[345]. La directive modificatrice apporte davantage de clarté en insérant un article 3, § 1*bis* dans le texte originel. D'emblée, elle précise que le détachement peut être d'une durée de douze mois. L'alinéa trois permet ensuite que le détachement dure dix-huit mois, « [l]orsque le prestataire de services soumet une notification motivée ». Enfin, précisons que cette durée se mesure en additionnant les durées de détachement de tous les travailleurs effectuant « la même tâche au même endroit ». Cela vise à mettre fin aux pratiques de remplacement « en cascade » de travailleurs détachés. L'insertion de cette définition ne poursuit pas autant la finalité de circonscrire l'opération de détachement. L'article 3, § 1*bis* a uniquement pour objet de déterminer à partir de quelle durée le travailleur détaché bénéficie d'une égalité de traitement à l'égard des travailleurs de l'État d'accueil en termes de conditions de travail et d'emploi. La disposition conduit, en conséquence, à la création de deux situations de détachement. En fonction de la durée, le travailleur détaché se voit appliquer soit le noyau dur des conditions de travail et d'emploi, soit le principe d'égalité de traitement avec les travailleurs locaux[346]. Il en résulte qu'un travailleur peut être détaché de longue durée, ce qui n'est pas contraire à la définition-même du détachement. Nous assistons à l'instauration d'une binarité de la notion de détachement. Seuls les droits dont bénéficie le travailleur détaché varient en fonction de la durée de son détachement.

95. Conclusion sur l'absence de catégorie. Il fut un temps où l'on pouvait croire que la directive dite détachement visait à distinguer le détachement des

---

[345] Suivant l'article 12, § 1 du règlement (CE) n° 883/2004 du Parlement européen et du Conseil du 29 avril 2004 sur la coordination des systèmes de sécurité sociale, et de sa version modifiée, le règlement (UE) n° 465/2012 du Parlement européen et du Conseil du 22 mai 2012, le détachement est limité à une durée de 24 mois. Sur l'inapplication de la disposition au travailleur détaché, envoyé par un autre employeur, en remplacement d'un autre travailleur, CJUE, 6 septembre 2018, C-527/16, *Alpenrind, DSOC* 2018, p. 851, note J.-P. LHERNOULD, *JCP S* 2018, n° 40, p. 29, note P. COURSIER ; *Europe* 2018, n° 11, p. 24, note L. DRIGUEZ ; *JDE* 2019, p. 166, chron. J.-Y. CARLIER, G. RENAUDIÈRE.

[346] Notons toutefois que certains droits sont exclus du champ de l'égalité de traitement, et le travailleur détaché ne peut pas en bénéficier. Suivant l'article 3, § 1*bis*, alinéa 2, l'égalité de traitement ne concerne pas « a) les procédures, formalités et conditions régissant la conclusion et la fin du contrat de travail, y compris les clauses de non-concurrence ; b) les régimes complémentaires de retraite professionnels ».

déplacements de longue durée[347], et qu'elle avait ainsi pour objet d'apporter une solution au conflit de lois. Ces doutes sont réfutés, la directive n'ayant clairement pas pour objet d'instaurer une catégorie particulière de travailleurs, au sens du droit international privé. En effet, la récente précision de la notion de détachement semble uniquement déterminer les droits attachés à la qualité de travailleur détaché.

ii. L'absence d'une catégorie suffisamment définie et la recherche d'un rattachement

96. Maintien de la présomption. Qu'apprenons-nous de cette solution pour le conflit de lois ? La directive modifiée ne semble pas vouloir rompre avec la présomption du rattachement au pays d'origine. Une telle affirmation peut être déduite de la formulation de l'article 3, § 1*bis*, alinéa premier, qui impose l'égalité de traitement, « quelle que soit la loi applicable » au reste du contrat de travail. La directive modifiée restant muette sur la loi applicable, elle laisse entendre que le détachement ne constitue pas une catégorie particulière, différente de celle de contrat de travail. Précisément, elle n'exclut pas que la règle de conflit de lois relative au contrat de travail tranche sur la loi applicable. Ainsi, la détermination de la loi applicable et l'identification du travailleur détaché sont déconnectées. L'existence de directives spécifiques en matière de détachement de travailleurs illustre simplement, du point de vue du droit de l'Union européenne, un besoin de combattre le *dumping social*[348]. C'est ainsi que certains ont demandé de justifier, du point de vue des libertés de circulation, que la différence de catégorie soit démontrée pour pouvoir fonder par des éléments objectifs la différence de régimes, dit autrement, l'inégalité de traitement[349].

97. Inadaptation du lien de rattachement. En nous arrêtant au droit international privé, la recherche d'une solution au rattachement des travailleurs dépend du règlement Rome I et de l'interprétation qui en est faite. À ce titre, il s'agit de combattre la supposition que le lieu d'exécution habituel du travail se situe nécessairement dans le pays d'origine. Pour ce faire, il serait aisé de déterminer une règle de conflit de lois rattachant le travailleur au pays qui lui est le plus proche. Cette démarche correspondrait à celle du règlement Rome I, qui consiste principalement à ancrer une protection du travailleur. En partant de la solution du règlement Rome I, il faudrait définir le lieu d'exécution habituel du travail pour le travailleur détaché et rappeler, dans la

---

[347] Sur la genèse du régime du détachement de travailleurs dans le cadre de la libre prestation de services, i*nfra,* n° 216 et s.

[348] J. ICARD, « Le détachement des travailleurs, symbole des débats sur l'avenir de l'Union européenne », *D.* 2019, p. 546, avec d'autres références.

[349] Cf. M. LLOBERA VILA, *El desplazamiento transnacional de trabajadores,* Tirant lo Blanch, 2014.

directive, la nécessité de le vérifier. Enfin, pour parvenir à déterminer clairement le lien de rattachement, il faut également adopter une notion autonome de la catégorie juridique concernée : le travailleur. La catégorie juridique doit être clairement définie pour la conséquence juridique qui lui est attachée. Malgré les récentes précisions de l'opération de détachement, la catégorie du travailleur reste toujours obscure.

98. Adaptations de la définition du travailleur. Il convient d'adapter cette définition du travailleur à la spécificité du travailleur détaché, pour l'y inclure. Pour définir l'opération spécifique du détachement, la directive dite détachement recourt à la définition à partir de l'activité de l'employeur[350]. Elle définit le travailleur négativement, en l'opposant au faux indépendant. Pour le reste, la directive laisse la définition du travailleur au juge de l'État de détachement : il aura à statuer sur l'affaire et appréciera *lege fori*. Le fait que la directive dite d'exécution cherche à expliciter les critères pouvant indiquer si une entreprise de détachement exerce réellement des activités substantielles dans l'État d'établissement est l'illustration de la définition négative[351]. Qu'est-ce qu'un travailleur au sens des règles de conflit de lois ? En attendant une définition autonome, nous craignons que le vide législatif risque d'inciter les juges à retenir le rattachement au pays d'origine alors que – très souvent – le travailleur n'y avait été qu'embauché pour être directement détaché. Cette démarche vise, en conséquence, à ancrer réellement le rattachement du pays d'embauche plutôt que celui du pays d'exécution habituelle du travail. Cela est problématique du point de vue de la protection du travailleur, puisque la solution actuelle favorise la prévisibilité à la proximité et est ainsi favorable aux intérêts de l'employeur. La directive dite d'exécution semble faire un premier pas vers la précision. Son article 4, § 5 renvoie, pour la détermination de la qualité de travailleur, aux indices qu'il indique pour la détermination de l'exercice d'une activité temporaire dans le pays d'accueil. Cette voie de recherche d'une notion autonome doit être poursuivie. Elle servira certainement, au-delà du détachement, à localiser d'autres nouvelles formes d'exercice du travail.

---

[350] Article 2, § 1, de la directive dite détachement ; considérant n° 10 de la directive dite d'exécution.

[351] Article 4, § 2, de la directive dite d'exécution.

Conclusion de section

99. Résultat d'un compromis entre plusieurs principes guidant le conflit de lois au niveau européen, la règle de conflit de lois relative au contrat individuel de travail en vigueur reflète la place qui est accordée au principe de protection du travailleur. Ancré dans la convention de Rome et le règlement Rome I, le principe de protection du travailleur n'est pas suffisamment assuré par les règles de conflit de lois en vigueur. Alors que les textes affirment l'existence de la loi d'autonomie, celle-ci est encadrée au moyen du retour à la loi objectivement applicable. C'est cette dernière loi qui est réputée consacrer la protection du travailleur. Alors que l'existence d'un principe de protection adéquate du travailleur est affirmée, sa teneur même mérite d'être développée. Par ailleurs, la coexistence de liens de rattachement, dans la règle de conflit de lois étudiée, suscite des interrogations sur leur articulation.

100. Le premier lien de rattachement de la loi du lieu d'exécution habituel s'affronte à la difficulté de déterminer la loi applicable aux relations de travail exécutées dans plusieurs pays. C'est dans ces situations que sa délimitation devient difficile par rapport au lien de rattachement secondaire désignant la loi du lieu d'embauche. Les incohérences dans l'interprétation des liens de rattachement sont certainement liées à une prise en compte insuffisante du principe de protection du travailleur, qui elle-même est due à la reprise aveugle d'interprétations acquises dans le contexte du conflit de juridictions. Plus généralement, les rattachements sont considérés comme étant inadaptés dans la mesure où ils ne visent pas à désigner une loi unique à la relation de travail. À titre d'illustration, la directive dite détachement, qui constitue un instrument spécifique en matière de conflit de lois, ne fait qu'instaurer une présomption de l'application de la loi du pays d'origine, en renvoyant à la loi objectivement applicable. Ces observations nous permettent de démontrer les incohérences dans l'application de la règle de conflit de lois en matière de contrat de travail.

Section 2
L'objet de la règle de conflit de lois sous l'angle de la diversité des réglementations du travail

101. Aspects de la relation de travail. Nos démonstrations précédentes visaient à expliquer quels aspects de la relation de travail étaient compris dans le champ d'application de la règle de conflit de lois. En effet, la relation entre un travailleur et un employeur ne se limite pas à l'unique contrat individuel de travail mais implique des aspects multiples. Aux fins de notre étude, nous analysons les différents aspects concernant la relation de travail, qu'ils soient fondés sur le contrat individuel ou le concernent simplement. La relation de travail peut viser des aspects tant individuels que collectifs et concerner tant la catégorie contractuelle que la qualification délictuelle. D'une manière cohérente, la règle de conflit de lois ne saurait pas se limiter au contrat individuel de travail. Ainsi, nous cherchons à démontrer en quoi la notion de contrat individuel de travail se distingue de celle de relation de travail.

102. Limitation du principe de protection. Paradoxalement, la convention de Rome et le règlement Rome I font référence au principe de protection du travailleur lequel ne saurait pas se limiter à certaines catégories de travailleurs. S'il a été affirmé que la règle de conflit de lois devait prendre en compte l'objectif de protection du travailleur, l'article 6 de la convention de Rome et l'article 8 du règlement Rome I nous laissent dans le doute sur leur portée. Ces articles semblent limitatifs parce qu'ils ne concernent que le contrat individuel de travail, d'une part, et qu'ils ne précisent pas les aspects de la relation de travail couverts, d'autre part.

103. Plan. Ils ne visent pas ainsi la relation de travail dans son ensemble. La limitation de leur champ d'application commande qu'elles soient complétées par d'autres règles de conflit de lois régissant les divers aspects de la relation de travail (sous-section 1). Les défauts d'inclusion des règles de conflit de lois se manifestent dans un contexte de diversité des réglementations du travail à l'horizon européen. Cette diversité tient à la fois aux sources différentes des réglementations du travail et aux champs d'application divergents du droit du travail dans les États membres (sous-section 2).

Sous-section 1. Les applications sélectives et éclatées des règles de conflit de lois aux relations de travail

104. Sélectivité et éclatement. L'application de la règle de conflit de lois spécifique est soumise à l'exigence d'un contrat individuel de travail. Compte tenu de son champ d'application restreint, la règle de conflit de lois ne propose pas de solution globale pour tous les conflits de lois concernant les relations de travail. Cette difficulté est d'autant plus apparente dans un contexte d'hétérogénéité des droits du travail nationaux. Soulignons qu'un contrat de travail peut être qualifié comme tel dans le système juridique d'un État membre, alors qu'une relation similaire n'obtiendrait pas la même qualification dans un autre État membre. De surcroît, nous observons une distinction nette entre les aspects individuels de la relation de travail, qui sont visés par la règle de conflit de lois de l'article 6 de la convention de Rome ou de l'article 8 du règlement Rome I, et les aspects collectifs qui se trouvent répartis sur plusieurs règles de conflit de lois spécifiques.

105. Plan. L'absence de notion autonome de travailleur apparaît ainsi comme un obstacle à la prise en compte de la relation de travail dans son ensemble (paragraphe 1). Par ailleurs, nombre d'aspects de la relation de travail sont soumis à des règles de conflit de lois particulières. En permettant l'application de différentes règles de conflit de lois à une même relation de travail, le législateur européen contribue à un émiettement des lois applicables à la relation de travail (paragraphe 2).

Paragraphe 1. La sélectivité de la règle de conflit de lois : le contrat individuel de travail

106. Rome. Dès l'origine, la règle de conflit de lois spécifique limitait son champ d'application au contrat individuel de travail. Concernant précisément la convention de Rome, le titre au-dessus de l'article 6 vise le « contrat individuel de travail ». Se pose ainsi la question de l'interprétation de la notion[352] : « [i]l y a [...] lieu de se demander quels sont les éléments de la relation de travail qui relèvent d'une notion contractuelle et sont, par conséquent soumis à l'application de la règle de conflit de lois relative au contrat intéressé »[353]. La difficulté est frappante si l'on essaye d'y intégrer la relation de travail dans son ensemble. En l'absence d'une définition de la notion visée, il était longtemps acquis que la qualification devait s'effectuer selon la loi du for.

107. Réflexions sur la *lex causae*. Quelques réserves peuvent être présentées à cet égard. Partant du contexte historique, nous notons que la convention de Rome est développée à partir de l'ébauche d'un règlement de conflit de lois en matière de contrat de travail de la Commission de 1972[354]. Il est souligné dans le rapport Giuliano et Lagarde que cette dernière proposition faisait référence à la libre circulation des travailleurs et contenait un article 8 selon lequel tant la qualification que l'application des termes du texte devaient

---

[352] P. RODIÈRE, *Droit social de l'Union européenne,* préc., n° 562 et s.

[353] *Ibid.*, n° 563.

[354] Proposition de règlement (CEE) du Conseil relatif aux dispositions concernant les conflits de loi en matière de relations de travail à l'intérieur de la Communauté, JOCE n° C 49 du 18 mai 1972.

être guidées par la *lex causae*[355]. Le domaine de la *lex causae* est désormais précisé à l'article 10 de la convention de Rome et à l'article 12 du règlement Rome I : celle-ci régit notamment l'interprétation du contrat. En soulignant l'importance du processus de qualification au regard de l'application du règlement Rome I, Mme Ziegler précise que cet article ne vise certainement pas la qualification du contrat de travail, à défaut d'avoir été mentionnée à l'article en question[356]. Suivant une interprétation téléologique, il serait absurde de recourir au droit national aux fins de définir le contrat de travail.

108. Qualification autonome. Concernant d'autres notions, aucune disposition ne décide de la source – *lex fori* ou *lex causae* – de leur définition. Ainsi, la Cour de justice est conduite à se prononcer sur leur définition. Ces notions sont définies autonomement[357]. Rappelons que la nécessité d'une qualification autonome du contrat, dans le cadre des instruments de droit international privé, a été débattue à partir de la jurisprudence *Jakob Handte*[358]. La qualification autonome devait se limiter originairement au domaine du conflit de juridictions[359]. Afin d'assurer une interprétation cohérente des règles de conflit de lois par rapport au système dit Bruxelles I, l'interprétation autonome du contrat vaut également dans le cadre de la convention de Rome et du règlement Rome I. En revanche, les différents contrats visés par les règles de conflit de juridictions et de lois n'ont pas fait l'objet d'une définition[360]. C'est ainsi qu'il n'existe pour l'heure pas de notion autonome du contrat de travail dans le contexte des règles de conflit de juridictions ou de lois.

109. Domaine de la règle de conflit de lois. Le débat concerne non seulement l'opportunité d'une qualification autonome mais porte également sur le domaine de la règle de conflit de lois. Ainsi, l'on s'interroge sur la possibilité d'exclure du domaine de la règle de conflit de lois des éléments

---

[355] K. ZIEGLER, *Arbeitnehmerbegriffe im Europäischen Arbeitsrecht*, Nomos, 2011, p. 387.

[356] *Ibid.*, p. 388.

[357] Ces définitions sont contenues dans le texte du règlement, aux considérants n° 17, 22, 24, 30 et 39 ainsi qu'aux articles 1er, § 4, 6, § 1, 9, § 1, 14, § 1 et § 3 du règlement dit Rome I.

[358] CJCE, 17 juin 1992, C-26/91, *Jakob Handte*, *JCP* 1992, II, 21927, note LARROUNET ; *RTD Eur* 1992, p. 709, note P. DE VAREILLES-SOMMIÈRES ; *RCDIP* 1992, p. 726, note H. GAUDEMET-TALLON ; *JDI* 1993, p. 469, note J. M. BISCHOFF ; *RTD Civ* 1993, p. 131, note P. JOURDAIN ; *D.* 1993, somm. 214, note M. KULLMANN. *Cf.* J. S. QUÉGUINER, *Qualification et détermination de la compétence spéciale – L'exemple de la matière contractuelle*, thèse université Lyon III, 2012.

[359] *Cf.* A. HENRY, *Qualifications et conflits de juridictions*, thèse université de Reims, 2005.

[360] K. ZIEGLER, *Arbeitnehmerbegriffe im Europäischen Arbeitsrecht*, préc., p. 384.

ayant pour objet les conditions d'exécution du travail, par opposition aux droits conférés aux salariés par un accord de volontés individuel[361]. Alors que l'énoncé de la règle de conflit de lois pourrait suggérer une telle interprétation, M. Rodière emploie une lecture plus large et systémique. Il observe que « [l]es articles 6 de la convention de Rome et 8 du règlement Rome I ne concernent que le contrat individuel de travail. La convention ou l'accord collectif de travail en sont exclus. Ce qui ne signifie pas leur exclusion du champ d'application de la convention de Rome ou du règlement Rome I. En tant qu'il constitue un acte générateur d'obligations contractuelles, un accord collectif devrait relever des dispositions générales, applicables à l'ensemble des obligations contractuelles, sauf dispositions spéciales ou exclusions »[362]. L'exigence d'un domaine large de la règle de conflit de lois apparaît lorsque l'on regarde la diversité des réglementations des États. La convention de Rome et le règlement Rome I visent le contrat individuel du travail. Si cette notion reste encore à découvrir, nous pouvons d'ores et déjà constater que le domaine de la règle de conflit de lois reste ambigu en raison des divergences entre les droits du travail nationaux. En conséquence, la règle de conflit de lois se limite à certains aspects – contractuels – de la relation de travail, alors qu'elle en exclut d'autres. Par opposition au contrat individuel de travail, les relations collectives sont difficilement rattachables à la règle de conflit de lois.

110. Absence de notion autonome. La recherche d'une notion autonome du contrat de travail était longtemps ignorée. Ni les travaux préparatoires du règlement Rome I, ni le rapport Giuliano et Lagarde guidant l'interprétation de la convention de Rome, n'évoquaient la discussion sur une notion autonome du contrat de travail. L'ébauche de règlement élaborée par la Commission en 1972 laissait précisément aux États membres la prérogative de définir la « relation de travail ». En même temps, elle s'inscrivait dans le contexte de l'article du traité relatif à la libre circulation de travailleurs[363]. Curieusement, les propositions du Groupe européen de droit international privé (GEDIP), s'intéressent aux notions de travail accompli temporairement dans un autre pays, d'une part, et de succession de contrats de travail au sein d'un groupe de sociétés, d'autre part[364]. Ces propositions étaient finalement reléguées au préambule[365], « par souci d'allègement du texte, semble-t-il, et

---

[361] P. RODIÈRE, *Droit social de l'Union européenne,* LGDJ, 2014, n° 554-2.

[362] *Ibid.*, n° 555.

[363] K. ZIEGLER, *Arbeitnehmerbegriffe im Europäischen Arbeitsrecht*, préc., p. 387.

[364] GEDIP, « Troisième commentaire consolidé des propositions de modification des articles 1er, 3, 4, 5, 6, 7, 9, 10bis, 12 et 13 de la convention de Rome du 19 juin 1980 sur la loi applicable aux obligations contractuelles (Rome I), et de l'article 15 du règlement 44/2001/CE (Bruxelles I). Dixième, onzième, douzième et treizième réunions, Rome, 2000, Lund, 2001, Paris, 2002, Vienne, 2003 », https://www/gedip-egpil.eu/documents/gedip-documents-13cc.html (consulté le 13 septembre 2019).

[365] Règlement dit Rome I, considérant n° 36.

non en raison d'un manque de consensus sur le fond »[366]. Ces propositions ne font pas moins allusion, par exemple, à la distinction du travailleur et du travailleur détaché. De nombreuses voix de la doctrine regrettent précisément cette absence de précision de la définition du détachement[367]. Enfin, les difficultés touchent également à la distinction par rapport aux travailleurs indépendants.

111. Inconvénients. D'une manière générale, la plupart des chercheurs revendiquent une notion autonome du contrat de travail dans les règlements Bruxelles I et Rome I[368]. M. Rodière regrette le *statut quo* qui consiste à laisser émerger des qualifications nationales différentes du contrat de travail[369]. Il expose : « [l]aisser s'exprimer les qualifications retenues par les droits nationaux, en abandonnant la qualification à chaque for national, conduirait à des disparités considérables des solutions. Certains pays ont une conception restrictive du contrat de travail et permettraient donc largement à la volonté contractuelle de s'exprimer librement suivant les règles de l'article 3 de la convention de Rome, et non dans les conditions restrictives et protectrices du salarié imposées par l'article 6 »[370]. Les inconvénients de la qualification *lege fori* pour décider de l'application ou non des règles de conflit de lois spécifiques au travailleur deviennent évidents si l'on se souvient des divergences entre les droits du travail des différents États membres. Plusieurs auteurs avancent qu'il faudrait une qualification large et inclusive de la notion du contrat de travail. Mme Ziegler souligne que l'application effective du droit du travail par une qualification excessive ne va pas à l'encontre de l'esprit du règlement qui vise à éviter la détérioration de la situation juridique du travailleur[371]. Or, cette qualification ne pourrait-elle avoir des effets négatifs en ce qu'elle priverait l'intéressé, par exemple, de l'application du statut des indépendants ? M. Grusic évoque également le souci que nombre de législations du travail sont insuffisamment inclusives (« underinclusive »[372]) en ce qu'elles ne couvrent pas toutes les catégories de travailleurs qui nécessitent une protection. Enfin, l'adoption d'une notion autonome large pourrait être bénéfique pour la qualification des catégories relevant des

---

[366] P. LAGARDE, A. TENENBAUM, art. cité (note 128).

[367] O. BOSKOVIC, art. cité (note 133) ; sur les interrogations sur la portée juridique du préambule du règlement Rome I, par S. LEMAIRE, art. cité (note 152), qui insiste sur l'incertitude de la portée juridique des considérants.

[368] U. GRUSIC, *The European Private International Law of Employment*, préc., p. 56.

[369] P. RODIÈRE, *Droit social de l'Union européenne,* LGDJ, 2022, n° 563.

[370] *Ibid.*

[371] K. ZIEGLER, *Arbeitnehmerbegriffe im Europäischen Arbeitsrecht*, préc., p. 390.

[372] U. GRUSIC, *The European Private International Law of Employment*, préc., p. 89.

dispositions protectrices du règlement et permettrait au droit international privé d'accomplir sa fonction régulatrice[373].

112. Interprétation autonome. La nécessité d'une qualification autonome peut également apparaître cohérente, après le constat de la pratique de l'interprétation autonome des éléments de rattachement du règlement Rome I. Nous avons d'ores et déjà constaté l'interprétation autonome des éléments de rattachement[374]. En vue de mieux assurer la réalisation des objectifs du conflit de lois ne convient-il pas d'assurer une qualification autonome du champ d'application de la règle de conflit ? Nous arguons qu'il faut identifier le contrat individuel de travail pour que la règle de conflit de loi soit applicable et qu'elle puisse être distinguée des autres règles de conflit protectrices du travailleur.

Paragraphe 2. L'émiettement des règles de conflit de lois spéciales

113. À l'étude des différents aspects de la relation de travail, il apparaît que la règle de conflit de lois est très restrictive en ce qui concerne son champ d'application. En se limitant au contrat individuel de travail, elle semble notamment exclure les rapports collectifs[375]. M. Laborde décrit le droit des rapports collectifs comme étant caractérisé par « la reconnaissance d'intérêts et de droits collectifs des travailleurs »[376]. Ceci renvoie à la question de la nature des normes du droit du travail. Les règles de conflit de lois sont de nos jours réparties sur différents règlements et adressent différents aspects de la relation de travail. Pour cette raison, l'on observe la coexistence de règles de conflit de lois employant des liens de rattachement différents. Nous nous intéressons à trois aspects de la relation de travail auxquels l'on cherche à trouver la règle de conflit de lois applicable : les conventions collectives (a), le conflit collectif (b), l'insolvabilité de l'employeur (c).

a. Les conventions collectives

114. Pénurie de décisions. Les conventions collectives constituent un aspect important de la relation de travail. Tout comme cela a été évoqué pour

---

[373] U. GRUSIC, *The European Private International Law of Employment*, préc., p. 89.

[374] *Supra*, n° 52.

[375] Pour les difficultés d'application des règles de droit international en matière de conflit de juridictions, *cf.* A. VAN HOEK, « Collective labour law in the Brussels Ibis Regulation », P. MANKOWSKI (dir.), *Research Handbook on the Brussels Ibis Regulation*, Elgar Publishing, 2020, p. 172.

[376] J.-P. LABORDE, « Les rapports collectifs de travail en droit international privé », *TCFDIP,* 1995-1998, Pedone, 2000, p. 153, spéc. p. 154.

les usages[377] ou les engagements unilatéraux, la première question est celle de savoir si la désignation de la loi d'un for emporte également l'application des conventions collectives du for désigné. Dit autrement, « [f]aut-il lier le sort des accords collectifs à la législation qui les a vus naître et d'où ils tirent leur force obligatoire ? »[378]. En l'absence de règles de conflit de lois spécifiques visant les conventions collectives, « la pénurie de décisions de droit international privé relatives aux conventions collectives de travail »[379] a souvent été déplorée.

115. Question d'applicabilité. Ainsi formulée, la question vise l'applicabilité de la convention collective. Elle s'apparente à l'interrogation sur les dispositions à intégrer dans le champ de la loi applicable. Si l'on souhaitait y répondre par l'affirmative, l'on devrait tenir pour acquis qu'une convention collective est une norme et qu'il faut trouver une règle de conflit de lois qui l'inclue dans son champ d'application. Or, l'on insiste souvent sur le dualisme des conventions collectives pour désigner leur caractère à la fois réglementaire et contractuel[380]. Dit autrement, « [l]'originalité profonde de la convention collective [...] c'est de se présenter tout à la fois comme une norme, se subordonnant les contrats individuels, mais aussi comme un contrat, à ce titre soumis à l'autorité de la loi »[381]. Se pose ainsi la question suivante : peut-on décider de l'applicabilité d'une convention collective au moyen des règles de conflit de lois ? Il faudrait partir de l'hypothèse qu'il s'agit d'une norme. Or, en scrutant les règles de conflit de lois pertinentes, l'on peut douter qu'elles visent à désigner aussi les conventions collectives. La question de l'applicabilité ici traitée méritera ensuite d'être distinguée de celle de l'application des conventions collectives[382].

116. Territorialité en droit français interne. La réponse à la question de l'applicabilité des conventions collectives est longtemps justifiée au moyen de la territorialité des conventions collectives[383]. La jurisprudence française

---

[377] Cass. soc., 6 novembre 1985, pourvoi n° 83-42.317, *RCDIP* 1986, p. 501, note P. LAGARDE ; Cass. soc., 12 novembre 2002, pourvois n° 99-45.821 et n° 99-45.888, *Briant.*

[378] F. JAULT-SESEKE, « La détermination des accords collectifs applicables aux relations de travail internationales », *Mélanges en l'honneur de Paul Lagarde. Le droit international privé : esprit et méthodes*, Dalloz, 2005, p. 455, spéc. p. 456.

[379] M. SIMON-DEPITRE, note sous Cass. soc., 22 novembre 1972, *RCDIP* 1975, p. 630, spéc. p. 631. Observons que l'auteur commente en ce sens que l'arrêt ne vise pas un véritable problème de droit international privé.

[380] F. JAULT-SESEKE, art. cité (note 378), spéc. p. 458.

[381] J.-P. LABORDE, art. cité (note 376), spéc. p. 158.

[382] Sur cette distinction, *cf. ibid ; infra, n°* 114 et s.

[383] Cass. soc., 29 mai 1963, *Jacquin c. SARL « Verrerie et Cristallerie d'Arques »*, *JCP* 1964, II, 13523, note M. SIMON-DEPITRE ; *JDI* 1964, p. 258 et p. 301, note G. LYON-CAEN ; P. RODIÈRE, *La convention collective de travail en droit*

consacre la territorialité par l'arrêt *Jacquin c. SARL Verrerie et Cristallerie d'Arques*[384]. En l'espèce, un ancien salarié de la verrerie française, dont le domicile et le travail se trouvent en Italie, veut invoquer l'applicabilité de la convention collective française dans la mesure où il se déplace occasionnellement en France pour l'exercice de son travail. La Cour de cassation répond par la négative, en insistant sur le champ d'application territorial – national – de la convention collective. Par la suite, un arrêt *Société commerciale de l'Ouest africain c. Frey*[385] semble ouvrir le débat « entre autonomie et territorialité »[386]. En l'espèce, un salarié employé en Afrique occidentale, ensuite muté auprès de la direction générale à Paris et exécutant des déplacements réguliers en Afrique, se prévaut de son contrat de travail initial qui a désigné de manière expresse la convention collective *A.O.F.* de droit colonial. Insistant sur la conclusion de « conventions spéciales nouvelles », depuis le contrat de travail initial, la Cour de cassation considère que la cour d'appel n'aurait pas dû maintenir l'application de la convention collective. Alors que la Cour de cassation met en avant le non-respect par la cour d'appel de la volonté des parties, sa décision peut également être vue comme une réaffirmation du principe de territorialité : « la Cour de cassation suscite donc qu'une autre raison préside tout autant à la solution : la donnée objective fournie par l'emplacement du lieu de travail et non plus, donnée subjective, la volonté des parties »[387]. D'un point de vue français, la prise en compte de la territorialité des conventions collectives paraît longtemps logique, dans la mesure où le droit national insiste sur le champ d'application territorial des conventions collectives. En effet, la territorialité, « [s]ous son aspect positif, […] signifie l'application obligatoire de la convention collective dans son aire territoriale ; sous son aspect négatif, que la convention collective ne couvre d'autre travail que celui qui s'exécute dans son aire territoriale »[388]. Cette solution est extrapolée par la jurisprudence française à la question d'applicabilité à l'international des conventions collectives. En d'autres termes, il est retenu que la convention collective s'applique sur le territoire français, non pas sur le territoire étranger[389].

117. Pénétration par le droit public. À l'appui de cette solution est avancée « une certaine pénétration des conventions collectives par le droit

---

international privé, préc., n° 178 ; art. cité (note 138) ; J.-P. LABORDE, art cité (note 376), spéc. p. 158.

384 Cass. soc., 29 mai 1963, *Jacquin c. SARL « Verrerie et Cristallerie d'Arques »*.

385 Cass. soc., 22 novembre 1972, *JCP* 1973, II, 17704, note G. LYON-CAEN ; *RCDIP* 1975, p. 630, note M. SIMON-DEPITRE.

386 P. RODIÈRE, *La convention collective de travail en droit international privé*, préc., p. 130, n° 179.

387 *Ibid.*, p. 130, n° 179.

388 *Ibid.*, p. 134, n° 187.

389 J.-P. LABORDE, art. cité (note 376), spéc. p. 160.

public, lui-même d'application territoriale »[390]. Par ailleurs, le code du travail français fait référence au champ d'application territorial propre à chaque convention collective (article L. 2222-1, alinéa 1er). Dans ce contexte, la possibilité d'extension des conventions collectives est un indicateur important. Nous résumons que les défenseurs de la territorialité des conventions collectives considèrent que les règles de conflit de lois désignent, certes, la convention collective si elle fait partie de la loi du for[391]. À l'inverse, la territorialité exclut l'application de la convention collective si elle fait partie d'un for étranger.

118. Infléchissement. Notons tout de même l'infléchissement selon lequel la possibilité d'exporter la convention collective est admise, justifiée par des clauses dites personnelles, susceptibles d'individualisation, qui suivent le salarié détaché ou expatrié à l'étranger[392]. Les auteurs du Précis de droit social international et européen ont mis en avant la spécificité de ces clauses par rapport à celles dites réelles, liées à l'organisation de la collectivité de travail et donc rivées au territoire français[393]. À titre de comparaison, il convient d'observer, à propos du droit allemand, que l'ensemble des conventions collectives dites *Tarifverträge* ont pu être qualifiées de lois de police dans un contexte international[394]. En revanche, l'on reconnaît progressivement que l'argument de la territorialité semble être dépassé.

119. Dépassement. Les auteurs construisent les fondements de ce dépassement. Mettant en avant la volonté des partenaires sociaux, M. Rodière justifie la mise à l'écart de la thèse de la territorialité. À partir de l'exemple du détachement, il argue que « [l]es conventions collectives prévoiront parfois leur propre application aux salariés détachés à l'étranger. L'objectif des partenaires sociaux est d'aller au-delà du rayonnement naturel de la convention collective (comme de l'ensemble du droit du travail) sur les déplacements épisodiques à l'étranger pour lui permettre de couvrir des détachements [...]. C'est alors l'appartenance à l'entreprise qui commande l'application de la convention collective sans que s'y ajoute d'exigence relative à la localisation du travail effectué pour cette entreprise »[395]. Dans le même sens, l'on peut invoquer la volonté individuelle des parties pour une applicabilité des conventions collectives au-delà des frontières. M. Rodière développe cette hypothèse : « [a]lors même que les partenaires sociaux ne l'ont pas prévu dans la convention collective, celle-ci pourra être rendue

---

[390] J.-P. LABORDE, art. cité (note 376), spéc. p. 160.

[391] *Ibid.*

[392] *Ibid.*

[393] A. et G. LYON-CAEN, *Droit social international et européen*, préc., n° 16.

[394] En ce sens, O. DEINERT, *Internationales Arbeitsrecht*, Mohr Siebeck, 2013, § 15, n° 36 ; comp. P. RODIÈRE, *La convention collective de travail en droit international privé*, préc., p. 133.

[395] P. RODIÈRE, art. cité (note 138), spéc. p. 130.

applicable à un travail s'effectuant à l'étranger si les parties au contrat individuel s'entendent à cet effet. On peut choisir la convention collective applicable comme on peut choisir la loi applicable. En pratique le salarié obtiendra ainsi la protection de sa convention collective d'origine pendant sa période de détachement à l'étranger »[396]. En pratique, il s'agirait ainsi pour les parties de convenir de l'application extraterritoriale de la convention collective[397].

120. *Masson.* Cette construction argumentaire vise à justifier que les conventions collectives doivent s'appliquer à titre de norme du système juridique dont le droit est désigné. La jurisprudence française retient, dans son arrêt *Masson,* que la règle de conflit de lois désigne toutes les normes d'un ordre juridique qui sont applicables au contrat de travail, normes conventionnelles comprises : « l'application du droit français emporte celle des conventions collectives qui en font partie »[398]. En l'occurrence, une convention collective nigérienne doit s'appliquer parce que les parties ont valablement choisi le droit nigérien pour régir le contrat. Cette solution serait, par ailleurs, cohérente au regard des dispositions du code du travail. Ainsi, M. Laborde invoque l'ancien article L. 341-5 du code du travail relatif au détachement[399] : cet article soumet aux lois, règlements et conventions collectives français, les travailleurs détachés temporairement en France.

121. Application. L'applicabilité précédemment évoquée n'empêche pas la vérification d'éventuelles conditions d'application de la convention collective, comme dans un contexte interne. Afin d'imaginer l'application des conventions collectives aux relations privées internationales, il faut notamment imaginer leur « application extra-territoriale »[400], pour le dire avec les mots de M. Laborde. D'une manière générale, il convient ainsi de vérifier si leur champ d'application concerne la relation de travail visée. La question de l'application des conventions collectives est précisée après l'arrêt *Masson* précédemment évoqué selon lequel il convient de vérifier que la convention collective permette son applicabilité aux activités exercées à l'étranger. Il faut ainsi se poser la question des conditions d'application des conventions collectives lesquelles doivent prévoir des champs d'application territorial et professionnel pertinents.

---

[396] P. RODIÈRE, art. cité (note 138), spéc. p. 130.

[397] *Ibid.*

[398] Cass. 1ère civ., 5 novembre 1991, pourvoi n° 90-40.163, *Masson*, *JDI* 1992, p. 357, note M.-A. MOREAU ; *RCDIP* 1992, p. 314, note H. MUIR WATT ; B. ANCEL, Y. LEQUETTE, *Les grands arrêts…*, préc., n° 82-83, § 4. La même solution avait déjà été adoptée pour le droit étranger, Cass. soc., 31 mai 1972, pourvoi n° 71-40.424, *RCDIP* 1973, p. 683, note P. LAGARDE, *JCP G* 1973, II, 17316, note G. LYON-CAEN ; Cass. 1ère civ., 29 janvier 1975, pourvoi n° 73-14.294, *RCDIP* 1976, p. 338, note H. BATIFFOL.

[399] J.-P. LABORDE, art. cité (note 376), spéc. p. 159.

[400] *Ibid.*, spéc. p. 161.

122. Loi régissant la validité. À cet effet, l'on doit connaître la loi qui régit la validité de la convention collective, laquelle est cette fois-ci considérée comme relevant de la nature contractuelle. Pour défendre la qualification au moins aussi contractuelle, il est avancé que la convention collective détermine elle-même son champ d'application territorial et professionnel[401]. Il existe même des doutes qu'une convention collective puisse constituer une norme[402]. Si l'on prend en compte la double nature de la convention collective, l'on doit également affirmer sa nature contractuelle (« auch schuldrechtlicher Vertrag »[403]). Des auteurs allemands, par exemple, ont construit une argumentation favorable à l'application de la règle de conflit de lois européennes aux conventions collectives[404], en mettant en avant les mêmes arguments qui justifiaient l'application de l'ancien article 27 EGBGB aux conventions collectives[405]. Cet argument supposerait, selon M. Deinert, la qualification de la convention collective en tant qu'un contrat *(Schuldverhältnis)*[406].

123. Fonction. Certains auteurs arguent encore de la fonction de la convention collective. La convention collective vise à combattre l'infériorité structurelle du travailleur par une norme négociée d'une manière collective[407]. En se plaçant dans le système allemand, l'on découvre que cela correspond à la fonction de l'autonomie collective[408]. D'une manière générale, cette argumentation n'est pas inconciliable avec les raisonnements sur la nature de la convention collective. Mais elle revient à dire que c'est la fonction contractuelle qui favorise l'application du règlement Rome I aux conventions collectives. Il est certainement nécessaire de réfléchir à la fonction de la convention collective pour mieux la situer par rapport à la règle de conflit de lois.

124. Rome I. En l'absence de précisions par la règle de conflit de lois européenne de l'article 6 de la convention de Rome, devenu l'article 8 du règlement Rome I, il est utile de s'interroger sur la conformité de ces

---

[401] F. JAULT-SESEKE, art. cité (note 378), spéc. p. 462.

[402] J. VON HEIN, « Artikel 8 Rom I-VO », Rauscher (dir.), *Europäisches Zivilprozess- und Kollisionsrecht. Band III. Rom I-VO, Rom II-VO*, Otto Schmidt, 2016, n° 6, O. DEINERT, *Internationales Arbeitsrecht*, préc., § 15, n° 38.

[403] O. DEINERT, *Internationales Arbeitsrecht*, préc., § 15, n° 38 ; *cf.* aussi M. SCHLACHTER, art. cité (note 404), n° 30.

[404] M. SCHLACHTER, « Art. 8 Rom I-VO », *Erfurter Kommentar zum Arbeitsrecht*, Beck, 2012, n° 30.

[405] En ce sens, F. GAMILLSCHEG, « Dimskal Shipping Co. S. A. vs. International Transport Workers Federation », *Arbeit und Recht, Festschrift für Albert Gnade*, Bund-Verlag, 1997, p. 755, spéc. p. 758.

[406] O. DEINERT, *Internationales Arbeitsrecht*, préc., § 15, n° 38.

[407] P. RODIÈRE, *La convention collective de travail en droit international privé*, préc., p. 325.

[408] Sur cette notion, *infra*, n° 143.

raisonnements aux règles de conflit de lois. Ces règles de conflit de lois ne réservent pas les conventions collectives de leur champ d'application. Invoquant l'exigence d'une interprétation cohérente[409] des champs d'application des règlements, M. Deinert compare la solution à celle adoptée dans le cadre du règlement Rome II, qui inclut également les dommages résultant d'un conflit collectif dans son champ d'application et, partant, n'exclut pas les relations collectives de travail[410]. Au même endroit, il indique que les alinéas 2 et 3 de l'article 1er du règlement Rome I n'excluent pas eux-mêmes les relations collectives de leur champ d'application.

125. Jurisprudence. Faisant partie des aspects collectifs de la relation de travail, la convention collective est longtemps réservée du champ d'application de la règle de conflit de lois en matière de contrat individuel de travail. Ce traitement à part est quelque peu remis en cause dans une récente décision relative à un accord de participation et d'intéressement. En se distanciant de l'applicabilité « territoriale »[411] des conventions collectives, la Cour de cassation fait bénéficier ces accords aux salariés détachés et expatriés depuis la France[412]. On peut y découvrir la volonté de faire relever ces droits du lieu d'exécution habituel du travail. Pour être cohérent avec le lieu d'exécution habituel, il faudrait en exclure l'application dès lors qu'il s'agirait d'une expatriation, c'est-à-dire d'une mutation à l'étranger durant laquelle le travailleur est intégré complètement dans son entreprise d'accueil.

b. Le conflit collectif

126. Diversité des règles de conflit de lois. Les conflits collectifs sont également visés par des règles de conflit de lois spécifiques[413]. En amont, il

---

[409] Règlement dit Rome I, considérant n° 7.

[410] O. DEINERT, *Internationales Arbeitsrecht*, préc., § 15, n° 38.

[411] F. JAULT-SESEKE, « Application dans l'espace des accords d'intéressement et de participation », *RDT* 2018, p. 871.

[412] Cass. soc., 6 juin 2018, pourvoi n° 17-14.372 à 17-14.375, *JSL* 2018, n° 457, p. 8, note J. JACOTOT, Q. FRISONI ; *GP* 2018, n° 31, p. 50, chron. V. ROCHE ; *RDT* 2018, p. 871, note F. JAULT-SESEKE ; *LPA* 2018, n° 257, p. 12, note V. ROULET ; Cass. soc., 20 septembre 2018, n° 16-19.680.

[413] O. KNÖFEL, « Internationales Arbeitskampfrecht nach der Rom II-Verordnung », *EuZA* 2008, p. 228 ; C. W. HERGENRÖDER, « Internationales Arbeitskampfrecht », H. KONZEN, S. KREBBER, T. RAAB, B. VEIT, B. WAAS (dir.), *Festschrift für Rolf Birk zum siebzigsten Geburtstag,* Mohr Siebeck, 2008, p. 197 ; G. PALAO MORENO, « The Law Applicable to a Non-Contractual Obligation with respect of an Industrial Action », *YPIL* 2007, n° 9, p. 117; R. MORSE, « Industrial Action in the Conflict of Laws », G. VENTURINI, S. BARIATTI (dir.), *Diritti individuali e giustizia internazionale. Liber Amicorum Fausto Pocar,* Giuffrè Editore, 2009, p. 723; S. EVJU, « Grenzüberschreitender Arbeitskampf auf Schiffen

s'agit de qualifier les différents aspects du conflit collectif. C'est une tâche qui ne s'avère pas simple compte tenu de l'hétérogénéité des législations. Les différences entre les législations ont été relevées[414]. Ces différences sont reconnues par le législateur européen qui n'entend pas intervenir[415]. Tout en donnant les exemples de la grève et du *lock-out*, les auteurs du règlement Rome II laissent relever la définition du conflit collectif de la *lex fori* de l'État membre en question[416]. Il n'y a pas de définition autonome[417]. Or, la définition légale de la grève fait défaut ou est insuffisante dans nombre de systèmes juridiques, tels que celui de l'Autriche, de la Finlande, de l'Allemagne, de la Hongrie, de l'Italie et de l'Espagne[418]. Par ailleurs, le conflit collectif peut prendre différents contours et impliquer, au-delà de la relation avec l'employeur à l'égard duquel il opère refus d'exécution du travail, d'autres relations[419]. Partant de ces difficultés, nous constatons que le règlement Rome II prévoit une règle de conflit de lois spécifique tout en laissant dépendre la qualification du système juridique interne.

127. Légalité de l'action collective. Nous rencontrons généralement trois questions : dans un premier temps, il convient d'envisager la légalité de l'action collective. Celle-ci n'est pas spécialement visée par la règle de conflit de lois. Il est tout de même considéré qu'elle relève de la matière délictuelle et obéit à ce titre de la loi du lieu de survenance du dommage au sens de l'article 5 du règlement Rome II. Ce lieu correspond en général au lieu où l'action collective est exécutée[420]. Cette solution apporte l'unification des appréciations de la légalité, étant observé que la doctrine a distingué entre

---

und Rechtswahl », *RIW* 2007, p. 898 ; C. LAURICHESSE, *La grève en droit international privé,* thèse université de Dijon, 2014.

[414] J.-P. LABORDE, art. cité (note 376), spéc. p. 157.

[415] A. DICKINSON, « Rome II Regulation (non-contractual obligations) », J. BASEDOW, G. RÜHL, F. FERRARI, P. DE MIGUEL ASENSIO (dir.), *Encyclopedia of Private International Law,* Elgar Publishing, 2017, p. 1562, spéc. p. 1570.

[416] Règlement dit Rome II, considérant n° 27.

[417] Règlement dit Rome II, considérant n° 27 ; A. DICKINSON, art. cité (note 415), spéc. p. 1570.

[418] B. WAAS, « Chapter 1. The Right to Strike: A Comparative View », B. WAAS (dir.), *The Right to Strike: A Comparative View*, Wolters Kluwer, 2014, p. 4.

[419] *Ibid,* p. 3.

[420] É. PATAUT, « French Private International Law Report », F. DORSSEMONT, T. JASPERS, A. A. H. VAN HOEK (dir.), *Cross-border Collective Actions in Europe a legal challenge (a Study of the Legal Aspects of Transnational Collective Actions from a Labour Law and Private International Law Perspective)*, Intersentia, 2007, p. 289, spéc. p. 302.

celle-ci et celle qui consiste à voir la législation relative à la grève comme une loi de police[421].

128. Réparation des dommages. Dans un deuxième temps, il peut s'agir de déterminer la loi applicable à la réparation des dommages causés par le conflit collectif. Ces dommages relèvent de la qualification délictuelle au sens du règlement Rome II. L'article 9 précise que c'est la loi du lieu où la grève a lieu, donc généralement la loi du for ayant déjà servi à la qualification de la grève, qui décide de la réparation des dommages résultant du conflit collectif[422]. Lue ensemble avec les considérants n° 27 et n° 28, la disposition vise les obligations non-contractuelles relatives à la responsabilité d'une personne, que ce soit le travailleur ou l'employeur ou l'organisation professionnelle à laquelle il appartient, pour réparer les dommages résultant d'une grève en cours ou passée[423]. On peut en déduire que cette loi doit s'appliquer non seulement aux actions en réparation du dommage mais également aux injonctions de cesser ou aux autres réparations non monétaires[424]. Ces questions doivent tout de même être distinguées de celles relatives aux conditions d'exercice de l'action collective et au statut des syndicats, relevant elles-mêmes de la *lex fori*[425].

129. Contrat de travail. Dans un troisième temps, le conflit collectif peut avoir un impact sur le contrat de travail, puisque la participation du travailleur à celui-ci peut être reprochée au salarié comme un fait fautif. Cette problématique soulève deux questions : la première est relative à la validité de l'action collective en elle-même et qui se détermine selon la loi du pays où l'action a été prise ; la seconde concerne la validité du licenciement qui s'analyse selon la loi applicable au contrat de travail[426]. Or, il est signalé qu'il existe des difficultés à séparer les aspects individuels et collectifs du licenciement prononcé dans le cadre d'une grève[427]. Celles-ci entraînent le risque que la jurisprudence soumette les deux aspects à la même loi.

130. Morcellement. Pour synthétiser, c'est le morcellement des différents aspects au regard du conflit de lois qui est critiqué. Alors que la licéité relève de la loi du lieu du mouvement, les conséquences du mouvement sont soumises à la loi du contrat de travail. Cela peut conduire à des incohérences

---

[421] Alors que le droit international privé français considérait auparavant qu'il s'agissait de définir le lieu où l'action collective a eu lieu pour déterminer la loi applicable (Cass. soc., 17 juin 1982, Bull. Civ. V, 1982, n° 401), la littérature revendique son caractère de loi de police (G. et A. LYON-CAEN, *Droit social international et européen*, préc., n° 72).

[422] A. DICKINSON, art. cité (note 415), spéc. p. 1570.

[423] *Ibid.*

[424] *Ibid.*

[425] Règlement dit Rome II, considérant n° 28.

[426] É. PATAUT, art. cité (note 420), p. 305.

[427] A. LYON-CAEN, « La grève en droit international privé », *RCDIP* 1977, p. 271, spéc. p. 277.

dans les interprétations. M. Moura Ramos explique la genèse de la règle de conflit de lois spécifique à la grève par l'exclusion des obligations extracontractuelles du domaine du projet de 1978 ayant conduit à la convention de Rome[428]. M. Evju considère que la règle de conflit de lois spécifique est conçue sur le modèle de la règle de conflit de juridictions[429]. À cet effet, il s'appuie sur le cas *Tor Caledonia* pour démontrer l'insuffisance de la règle de conflit de lois décrite[430]. Les difficultés qui surgissent lors de l'adoption de la règle de conflit de lois conduisent finalement à son placement parmi les règles de conflit de lois relatives aux obligations extracontractuelles. Mettant en garde contre l'insuffisance de la règle de conflit de lois spécifique, M. Evju résume que le législateur européen se contente d'entériner une vision nationaliste du conflit collectif, au risque d'empêcher l'application homogène du règlement Rome II, compte tenu des conceptions diverses du conflit collectif dans les États membres[431].

c. L'insolvabilité de l'employeur

131. ***Lex fori concursus.*** Un autre aspect qui est réservé de la règle de conflit de lois relative au contrat individuel de travail est celui de l'insolvabilité de l'employeur[432]. Une règle de conflit de lois se trouve dans le

---

[428] R. M. MOURA RAMOS, art. cité (note 190), spéc. p. 417 : « la partie de l'avant-projet [de la convention de Rome] dédiée aux obligations extracontractuelles a été critiquée à la suite de l'entrée du Royaume-Uni au marché commun, du fait que ce texte n'avait pas retenu la règle classique du droit anglais qui assoie la *lex fori* et *la lex loci delicti commissi*. Suite à cette opposition et aux discussions qui se sont manifestées à cet égard, le domaine des obligations extracontractuelles a donc été exclu du projet de 1978 qui a été à l'origine de la convention de Rome telle que nous la connaissons aujourd'hui ».

[429] S. EVJU, art. cité (note 413), spéc. p. 907.

[430] *Ibid.* Comp. U. LIUKKUNEN, « The Right to Strike in the International and European Context – *Viking, Laval* and Beyond », J. BASEDOW, C. SU, M. FORNASIER, U. LIUKKUNEN (dir.), *Employee Participation and Collective Bargaining in Europe and China,* Mohr Siebeck, 2016, p. 129.

[431] S. EVJU, art. cité (note 413), spéc. p. 908, dans la version originale : « [l]etztendlich war somit ein Ergebnis erreicht, das besser mit der vorherrschenden Auffassung zum nationalstaatlichen Vorrang im Arbeitskampfrecht zu vereinbaren ist. Eine völlige Harmonisierung des Rechtswahlrechts in diesem Gebiet ist aber noch nicht erreicht. Ganz abgesehen davon, dass das Arbeitskampfrecht in den verschiedenen Staaten sehr unterschiedlich ausgestalten ist, wird die neue 'Rom II'-Verordnung nicht in sämtlichen EG-Staaten gelten ».

[432] Pour un traitement de l'ensemble de la question, *cf.* E. FABRIES-LECEA, *Le règlement « insolvabilité ». Apport à la construction de l'ordre juridique de l'Union européenne*, Bruylant, 2012, n° 104 et s. ; F. JAULT-SESEKE, « Les droits des salariés », F. JAULT-SESEKE, D. ROBINE (dir.), *Le nouveau règlement insolvabilité : quelles évolutions ?,* Lextenso, 2015, p. 163.

règlement n° 1346/2000 du 29 mai 2000 relatif aux procédures d'insolvabilité, lequel est refondu dans le règlement n° 2015/848 du 25 mai 2015. Ces règlements successifs prévoient que la procédure collective est régie par la loi du for ouvrant la procédure collective ; ils consacrent le principe de la *lex fori concursus*. L'existence d'une règle de conflit de lois spécifique semble pouvoir s'expliquer dans la mesure où un droit européen des insolvabilités fait défaut. Il s'agit ainsi d'envisager particulièrement « le sort des contrats de travail conclus avec le débiteur »[433] du point de vue du conflit de lois. En présence d'une insolvabilité de l'employeur, il convient de distinguer la loi applicable à celle-ci et la loi applicable à la relation de travail. Cela revient le plus souvent à réserver la question de la rupture du contrat de travail qui est due à l'insolvabilité. L'article 10 de l'ancien texte, intitulé « [c]ontrat de travail » dispose : « [l]es effets de la procédure d'insolvabilité sur un contrat de travail et sur le rapport de travail sont régis exclusivement par la loi de l'État membre applicable au contrat de travail ». Le principe consiste à renvoyer vers la solution du conflit de lois prévue par le règlement Rome I.

132. Contrats et relations de travail. Le règlement semble fournir une solution à toutes les relations de travail, peu importe leur divergence, qui peut être due aux différences des droits du travail des États membres. Cette impression est renforcée par un léger changement de rédaction du texte, à l'article 13 du règlement refondu : il s'intitule « [c]ontrats de travail » et dispose que « [l]es effets de la procédure d'insolvabilité sur les contrats de travail et sur les relations de travail sont régis exclusivement par la loi de l'État membre applicable au contrat de travail ». Nous assistons à une ouverture de la formulation laquelle vise désormais l'ensemble de la relation de travail. Cette extension peut, par exemple, être comparée à l'énoncé plus étroit concernant la loi applicable au contrat individuel de travail, de l'article 8 du règlement Rome I. Il convient d'ajouter que le règlement s'oppose à d'éventuelles pratiques par les autorités administratives des États dans lesquels la procédure collective est ouverte, qui consisteraient à imposer la loi du for à la procédure de licenciement, par exemple. En effet, l'article 13, § 2, alinéa 2 précise que « [l]e premier alinéa s'applique également à une autorité compétente en vertu du droit national pour approuver la résiliation ou la modification des contrats visés au présent article ». À cet égard, le règlement vise à tenir compte des différences entre les réglementations du travail des États membres.

133. Procédure d'insolvabilité. Le regard doit être porté sur la séparation exacte entre la loi régissant l'insolvabilité et celle relative au contrat ou à la relation de travail. La question porte sur l'étendue de la loi de la procédure d'insolvabilité. À propos de la convention de Bruxelles, la Cour de justice a retenu que les décisions qui dérivaient directement de la procédure

---

433 P. DUPRAT, « Contrats de travail », Transeurope Experts (dir.), *Règlement (UE) n° 2015/848,* Paris, 2015, p. 121.

d'insolvabilité et celles qui s'y inséraient étroitement ne relevaient pas du champ d'application de celle-ci[434]. Les juridictions françaises se sont interrogées sur la portée de cette réserve. Plus particulièrement, la question consiste à savoir si « l'action du salarié, dont l'employeur a fait l'objet d'une procédure d'insolvabilité ouverte dans un État membre de l'Union européenne, qui tend à l'admission à cette procédure et au paiement de diverses créances relatives à l'exécution et à la rupture de son contrat de travail, dérive directement de la faillite et s'insère étroitement dans le cadre de la procédure collective »[435]. Cela concerne tant le conflit de lois que le conflit de juridictions. Dans le contexte de ce dernier, la Cour de cassation répond par la négative. Dit autrement, le litige relatif à la rupture du contrat de travail du salarié et aux créances salariales nées durant la relation de travail ne relevait pas de la procédure d'insolvabilité[436]. Cette décision de 2015 fait certainement écho à une autre de 2013, qui retenait d'ores et déjà une mise à l'écart implicite du règlement dit d'insolvabilité[437]. D'autres questions de délimitation concernent l'hypothèse où le contrat de travail viendrait à être transféré, dont l'objet est précisément la poursuite des contrats de travail. Ici aussi, l'action du salarié ne dérive pas directement d'une procédure d'insolvabilité[438]. Pour transposer ces leçons au conflit de lois, la réserve de

---

[434] CJCE, 22 février 1979, aff. 133/78, *Gourdain.*

[435] Cass. soc., 28 octobre 2015, pourvoi n° 14-21.319, *JCP S* 2015, n° 52, p. 41, note L. FIN-LANGER ; *RPC* 2016, n° 2, p. 47, note L. FIN-LANGER ; *RCDIP* 2016, p. 534, note F. JAULT-SESEKE ; *D.* 2016, p. 1045, pan. H. GAUDEMET-TALLON et p. 2025, pan. L. D'AVOUT, S. BOLLÉE ; *RPC* 2016, n° 6, p. 42, note M. MENJUCQ.

[436] Pour des développements, *cf.* F. JAULT-SESEKE, « Le règlement insolvabilité évincé par Bruxelles I sur les suites du contrat de travail », *RCDIP* 2016, p. 534.

[437] Cass. soc., 27 novembre 2013, pourvoi n° 12-20.426, *RPC* 2014, n° 1, p. 8, note F. PETIT ; *JSL* 2014, n° 359, p. 18, note J.-E. TOURREIL ; *JCP S* 2014, n° 15, p. 37, note A. PIACITELLI-GUEDJ ; *RCDIP* 2014, p. 858, note J.-M. JUDE. C'est en ce sens que raisonne Mme Jault-Seseke qui évoque des décisions même antérieures, en dehors du domaine du droit du travail, laissant penser à une articulation en ce sens (Cass. com., 5 mai 2004, pourvoi n° 01-02.041, 18 décembre 2007, pourvoi n° 06-17.610 et 22 janvier 2013, pourvoi n° 11-17.968, *NOB*, *Rev. soc.* 2013, n° 3, p. 183, note. L. C. HENRY, p. 573, note N. MORELLI et p. 2293, pan. L. D'AVOUT, S. BOLLEE ; *RPC* 2013, n° 2, p. 26, note T. MASTRULLO ; *D.* 2013, p. 755, note R. DAMMANN, A. RAPP ; *BMIS* 2013, p. 263, note J.-L. VALLENS ; *D. sociétés* 2013, n° 4, p. 37, note J.-P. LEGROS ; *JCP E* 2013, n° 16, p. 25, note P. LEMAY et n° 42, p. 41, note M. MENJUCQ ; *JCP G* 2013, n° 23, p. 1134, note P. PÉTEL et n° 38, p. 1710, chron. J. BEGUIN, G. BOURDEAUX, M. MENJUCQ, C. NOURISSAT ; *D.* 2013, p. 1503, pan. F. JAULT-SESEKE ; *RCDIP* 2014, p. 404, note F. JAULT-SESEKE, D. ROBINE).

[438] Cass. soc., 8 décembre 2021, pourvoi n° 20-13.905, *D.* 2022, p. 1773, chron. L. d'AVOUT, S. BOLLÉE, É. FARNOUX, A. GRIDEL ; *DSOC* 2022, p. 347, note D. BONDAT ; *BJT* 2022, n° 1, p. 25, note S. RANC ; *Lexbase Social* 2022,

la loi du contrat de travail ou de la relation de travail signifie que l'on exclut du champ d'application de cette règle de conflit de lois, la loi applicable à la rupture du contrat de travail et aux obligations nées durant l'exécution de ce dernier. On peut y ajouter les demandes relatives à la poursuite du contrat de travail en cas de transfert de contrat. Ceci a une incidence importante en pratique : la loi qui détermine l'existence des créances est une et celle qui concerne le paiement des dernières est une autre. Suivant l'esprit du règlement dit insolvabilité, la loi du contrat de travail ne s'applique pas lorsqu'il s'agit d' « organiser l'insertion des créances salariales dans la procédure »[439]. En vertu du texte, la déclaration et l'admission des créances salariales restent régies par la *lex fori concursus*[440]. Par ailleurs, c'est cette solution que la Cour de cassation française est conduite à adopter en 2015, en application de la convention franco-monégasque[441]. Or, la dissociation des lois applicables n'est pas sans créer d'inconvénients pour le travailleur qui, dans cette hypothèse, ne se voit pas appliquer la loi du contrat de travail laquelle était pourtant motivée par le principe de protection du travailleur[442]. On perçoit une nouvelle fois l'incohérence au regard du principe de protection du travailleur, résultant de l'émiettement des règles de conflit de lois à travers divers règlements.

134. Garantie des créances salariales. La garantie des créances salariales en cas d'insolvabilité relève aussi de directives spécifiques. La directive 80/987/CE du Conseil du 20 octobre 1980 invite les États membres à mettre en place des institutions de garantie assurant aux salariés le paiement des salaires en cas d'insolvabilité de l'employeur. Ce texte est modifié par la directive 2002/74/CE, et codifié par la directive 2008/94/CE du 22 octobre 2008 relative à la protection des travailleurs salariés en cas d'insolvabilité de l'employeur. Le dernier texte maintient, à son article 3, le principe selon lequel « [l]es États membres prennent les mesures nécessaires afin que les institutions de garantie assurent, sous réserve de l'article 4, le paiement des créances impayées des travailleurs salariés résultant de contrats de travail ou

---

n° 892, note N. MIHMAN ; *BMIS* 2022, n° 2, p. 41, note F. JAULT-SESEKE, D. ROBINE ; *RPC* 2022, n° 2, p. 46, note D. JACOTOT, n° 5, p. 14, note T. MASTRULLO ; *JCP E* 2022, n° 16, p. 19, note A. TEHRANI ; *RJDA* 2022, n° 5, p. 351, note J.-L. VALLENS ; *RCDIP* 2023, p. 103, note É. FARNOUX ; *GP* 2022, n° 13, p. 47, note G. C. GIORGINI.

[439] F. JAULT-SESEKE, art. cité (note 436), qui renvoie vers F. JAULT-SESEKE, art. cité (note 432), spéc. p. 168 et s.

[440] Article 4 du règlement n° 1346/2000 du 29 mai 2000 relatif aux procédures d'insolvabilité, et article 7 du règlement n° 2015/848 du 25 mai 2015.

[441] Cass. soc., 14 octobre 2015, pourvoi n° 14-17.622, *JCP S* 2015, n° 49, p. 23, note L. FIN-LANGER ; *RPC* 2016, n° 2, p. 48, note L. FIN-LANGER et n° 6, p. 45, note T. MASTRULLO ; *D.* 2016, p. 1045, pan. H. GAUDEMET-TALLON et p. 2025, pan. L. D'AVOUT, S. BOLLEE.

[442] Sur ce point, F. JAULT-SESEKE, art. cité (note 436), spéc. p. 168 et s.

de relations de travail y compris, lorsque le droit national le prévoit, des dédommagements pour cessation de la relation de travail ». Est d'une importance particulière pour notre étude l'article 9 du même texte, qui concerne la désignation de l'État des institutions compétentes. Il dispose qu'il s'agit des institutions du pays dans lequel le travailleur a habituellement exercé son travail. La directive concernant les cas où « une entreprise [a] des activités sur le territoire d'au moins deux États membres », elle instaure le principe de la compétence de l'institution du pays où le travailleur exerce son activité. Plus précisément, la Cour de justice décide que l'obligation de garantir les créances salariales incombe à l'institution du pays du lieu où le travailleur exerce son activité salariale[443]. Nous rencontrons, dans ce contexte, un certain parallélisme avec la règle de conflit de lois en matière de contrat de travail.

135. *Stroumpoulis*. Malgré ce parallélisme félicité[444], les directives font l'objet du reproche qu'elles manquent de précision sur leur champ d'application. Pour cette raison, la Cour de justice est saisie dans l'affaire *Stroumpoulis*[445], par des marins grecs, recrutés en juillet 1994, pour embarquer sur un navire battant pavillon maltais, par une société établie à Malte. Il convient d'ajouter que la société employeur avait son siège effectif en Grèce et que le droit choisi était le droit maltais. Les difficultés dans l'affaire portent sur les critères déterminant le champ d'application de la directive 80/987/CE.

---

[443] CJCE, 16 décembre 1999, C-198/98, *Everson, Droit et Patrimoine* 2000, n° 81, p. 120, note N. FONTAINE, C. FONTAINE ; *LPA* 2000, n° 99, p. 13, chron. O. LESOBRE, X. LATOUR, H. HÉLIO ; *DSOC* 2002, p. 1004, note C. RADÉ ; insistant sur le lieu de cotisation, CJUE, 10 mars 2011, C-477/09, *Defossez, GP* 2011, n° 91-92, p. 41, chron. C. GAILHBAUD ; *Europe* 2011, n° 5, p. 41, note L. DRIGUEZ ; *JCP S* 2011, n° 22, p. 37, note E. JEANSEN ; *RJS* 2011, p. 441, chron. J.-P. LHERNOULD, F. KESSLER, D. JONIN et al. ; *RPC* 2011, n° 6, p. 40, note M. MENJUCQ ; *SSL supplément* 2012, n° 1531, p. 18, note S. LAULOM ; suivi par Cass. soc., 21 septembre 2011, pourvoi n° 08-41.512, *JCP E* 2011, n°1, p. 30, note P. PÉTEL ; *Lexbase Hebdo S* 2011, n° 457, note J.-P. LABORDE ; *RPC* 2011, n° 6, p. 40, note M. MENJUCQ et n° 6, p. 72, note F. TAQUET ; *JCP S* 2011, n° 51, p. 36, note L. FIN-LANGER ; *BJED* 2012, n° 1, p. 29, note A. DONNETTE ; insistant sur le caractère plus favorable, Cass. soc., 11 avril 2012, pourvoi n° 09-68.553, *RDT* 2012, p. 422, note L. DRIGUEZ ; *JCP S* 2012, n° 28, p. 31, note G. VACHET ; *RPC* 2012, n° 6, p. 51, note M. MENJUCQ ; *RCDIP* 2013, p. 210, note J.- M. JUDE.

[444] Pour une critique du risque de *dumping social*, cf. L. C. HENRY, « La réforme oubliée, la protection des salariés face à l'insolvabilité de l'employeur », *D.* 2013, p. 2410.

[445] CJUE, 25 février 2016, C-292/14, *Stroumpoulis, SSL supplément* 2016, n° 1750, p. 29, note S. LAULOM ; *Droit maritime français* 2016, n° 786, p. 1049, note M. MORIN ; *RTD Eur* 2016, p. 842, note S. ROBIN- OLIVIER ; *Europe* 2016, n° 4, p. 30, note A. RIGAUX ; *DO* 2016, p. 532, note A. CHARBONNEAU.

Notons d'emblée que la Cour de justice précise que la notion de travailleur salarié s'apprécie certes *lege fori*, mais qu'elle doit être interprétée à la lumière de la finalité sociale de la directive. Le critère qui interroge davantage est celui de l'état d'insolvabilité. En l'espèce, répond la Cour de justice, il suffit que la « société [ait] été déclarée en faillite par une juridiction de l'État membre concerné selon le droit de ce dernier »[446] pour pouvoir bénéficier de la protection de la directive en matière de créances salariales impayées. D'autres avancées récentes témoignent de la recherche de notions autonomes pour la directive. Ainsi, un récent arrêt vient préciser la notion de « dédommagements pour cessation de la relation de travail » relevant du champ de la directive. Au sens de cet arrêt, celle-ci comprend notamment les indemnités légales dues pour cessation du contrat de travail par la volonté du travailleur en raison du transfert du lieu de travail par l'employeur, obligeant le travailleur à changer de lieu de résidence[447]. Retenons pour notre démonstration de l'émiettement des liens de rattachement que les conséquences de l'insolvabilité sur le contrat de travail sont régies par différents textes dont seule la directive dite garantie des créances salariales assure une cohérence des liens de rattachement avec la règle de conflit de lois relative au contrat individuel de travail.

Sous-section 2. La diversité des réglementations nationales du travail : un obstacle à l'application inclusive des règles de conflit de lois

136. Diversité des réglementations. Partant du constat que « [l]e droit international privé est un instrument de gestion de la diversité des droits »[448], nous essayons de démontrer en quoi consiste la diversité des réglementations nationales du travail. Pour les besoins de notre étude, qui vise à confronter les règles de conflit de lois aux exigences du marché intérieur, notre présentation se concentrera sur la diversité des réglementations au niveau de l'Union européenne. L'utilisation de la règle de conflit de lois classique qui vise à déterminer la loi applicable au contrat de travail semble se heurter à la diversité des droits du travail au niveau de l'Union européenne. Cette diversité devient manifeste lorsque l'on désigne, au moyen d'une règle de conflit de lois, la réglementation d'un État membre donné plutôt que celle d'un autre. Nous employons ici le terme de réglementation, pour insister sur les différentes sources du droit du travail, selon l'ordre juridique dans lequel l'on se place.

137. Plan. Le premier volet de la diversité des réglementations que nous souhaitons démontrer est celui du champ d'application personnel du droit du

---

[446] CJUE, 25 février 2016, C-292/14, *Stroumpoulis*, pt. 71.

[447] CJUE, 28 juin 2018, C-57/17, *Eva Soraya*, *Europe* 2018, n° 8, p. 40, note L. DRIGUEZ.

[448] D. BUREAU, H. MUIR WATT, *Droit international privé*, tome 1, préc., n° 14.

travail[449]. En effet, le droit du travail peut se révéler plus ou moins inclusif quant aux catégories selon l'ordre juridique concerné (paragraphe 1). Par ailleurs, la relation de travail est régie par des réglementations de différentes sources selon l'ordre juridique dans lequel l'on se place (paragraphe 2).

Paragraphe 1. Le champ d'application variable des droits du travail

138. France. Le champ d'application de l'article 8 du règlement Rome I vise le contrat individuel de travail. Or, un contrat de travail n'est pas nécessairement appréhendé comme tel dans tous les systèmes juridiques des États membres. Ainsi, la diversité des réglementations du travail nationales peut constituer un obstacle dans la recherche de la catégorie de droit international privé adaptée. L'applicabilité du droit du travail doit être décidée à partir de la définition du contrat de travail. Le contrat de travail fait l'objet d'une définition jurisprudentielle en droit français. Est considéré comme un salarié celui qui se place dans un lien de subordination vis-à-vis de l'employeur, pour effectuer une prestation de travail, moyennant une rémunération. Le critère distinctif est celui du lien de subordination juridique[450]. Néanmoins, la prestation de travail fait également l'objet de débats jurisprudentiels importants ces dernières années[451]. Les récentes discussions concernent la possibilité d'inclure les travailleurs des plateformes[452] dans la catégorie des salariés : la décision *Take Eat Easy* requalifie la relation contractuelle des livreurs à vélo en un contrat de

[449] À ce stade, nous laissons de côté le droit dérivé européen qui adresse la relation de travail, dans la mesure où nous cherchons à démontrer les réglementations nationales désignées par les règles de conflit de lois.

[450] Cass. civ., 6 juillet 1931, *D.* 1931, p. 121, note P. PIC ; Cass. soc., 13 novembre 1996, pourvoi n° 94-13.187, *Société générale*, *D.* 1996, p. 268 ; *DSOC* 1996, p. 1067, note J.-J. DUPEYROUX ; *RDSS* 1997, p. 847, note J.- C. DOSDAT, *JCP E* 1997, n° 5, p. 21, note J. BARTHÉLÉMY.

[451] Cass. soc., 3 juin 2009, pourvois n° 08-40.981 à 08-40.983 et 08-41.712 à 08-41.714, *Ile de la tentation* ; Cass. soc., 4 avril 2012, pourvoi n° 10-28.818 ; Cass. soc., 25 juin 2013, pourvoi n° 12-13.968.

[452] Sur ce terme, *cf.* A. FABRE, « Les travailleurs des plateformes sont-ils des salariés ? », *RDT* 2018, p. 547, qui emploie la notion utilisée dans certains rapports, dont N. AMAR et L.-C. VIOSSAT, « Les plateformes collaboratives, l'emploi et la protection sociale », *IGAS*, mai 2016, p. 52 (« les plateformes d'opérateurs de services organisés ») ; CE, « Puissance publique et plateformes numériques : accompagner l' « ubérisation », étude annuelle, juillet 2017 (« plateformes-activités »). Nous visons par « plateforme », les intermédiaires créant le lien entre les consommateurs, les prestataires de services et éventuellement une troisième partie.

travail[453]. La requalification a ensuite été retenue dans l'arrêt *Uber France*[454] concernant un conducteur d'une voiture de transport avec chauffeur, ayant conclu un contrat avec une plateforme numérique qui portait sur la mise à disposition d'une application électronique de mise en relation avec des clients potentiels en échange du versement de frais de service. Ceci ne signifie pas que la jurisprudence requalifie systématiquement toute relation contractuelle concernant un travailleur d'une plateforme numérique. L'évolution législative a confirmé qu'en dépit de certains cas de requalification, les travailleurs des plateformes ne devaient bénéficier que de certains pans du droit du travail[455]. Ces discussions rouvrent également le débat sur la dichotomie entre le salarié et l'indépendant en droit français[456]. Il est notamment évoqué d'instaurer des

---

[453] Cass. soc., 28 novembre 2018, pourvoi n° 17-20.079, *Take Eat Easy*, *RDT* 2018, p. 812, note C. COURCOL- BOUCHARD ; *JCP S* 2018, n° 49, p. 25, note G. LOISEAU, C. COURCOL-BOUCHARD ; *SSL* 2018, n° 1841, p. 6, chron. B. GOMES, n° 1841, p. 10, chron. P. LOKIEC et n° 1842, p. 3, entretien J.- G. HUGLO ; *Lexbase Hebdo S* 2018, n° 766, note P. ADAM ; *D.* 2019, p. 177, note M.- C. ESCANDE- VARNIOL ; *BJT* 2019, p. 15, note J. ICARD ; *DO* 2019, p. 31, note C. COURCOL- BOUCHARD ; *D. IP/IT* 2019, p. 186, note J. SÉNÉCHAL.

[454] Cass. soc., 4 mars 2020, pourvoi n° 19-13.316, *Lexbase Social* 2020, n° 817, note C. RADÉ ; *JCP S* 2020, n° 12, p. 18, note G. LOISEAU ; *DSOC* 2020, p. 374, note P.-H. ANTONMATTÉI ; *DO* 2020, p. 181, note A. JEAMMAUD ; *BJT* 2020, n° 4, p. 16, note J. ICARD, G. DUCHANGE ; *RDT* 2020, p. 328, note L. WILLOCX ; *AJ CCD* 2020, n° 5, p. 227, note T. PASQUIER ; *DSOC* 2020, p. 550, note R. SALOMON, p. 736, chron. S. TOURNAUX, L. BENTO DE CARVALHO, 2021, p. 964, note A. FABRE, J.-G. HUGLO ; *D.* 2020, p. 1136, chron. Y. FERKANE, S. VERNAC ; *JSL* 2020, n° 500, p. 13, note C. RADÉ ; *JCP G* 2020, n° 29, p. 1373, note B. BOSSU ; *GP* 2020, n° 18, p. 20, note G. DUCHANGE ; *JCP E* 2020, n° 28, p. 45, note D. MAINGUY, B. SIAU, M. DEPINCÉ, n° 40, p. 39, note J.-F. CESARO ; *RDLF* 2020, n° 62, note P. PRÉPIN.

[455] La loi n° 2016-1088 du 8 août 2016 relative au travail, à la modernisation du dialogue social et à la sécurisation des parcours professionnels a introduit dans le code du travail un titre à ce sujet dans le Livre VII. Les réformes les plus récentes résultent de la loi n° 2019-1428 du 24 décembre 2019 d'orientation des mobilités, de l'ordonnance n° 2021-484 du 21 avril 2021 relative aux modalités de représentation des travailleurs indépendants recourant pour leur activité aux plateformes et aux conditions d'exercice de cette représentation et de l'ordonnance n° 2022-492 du 6 avril 2022 renforçant l'autonomie des travailleurs indépendants des plateformes de mobilité, portant organisation du dialogue social de secteur et complétant les missions de l'Autorité des relations sociales des plateformes d'emploi.

[456] *Cf.*, en faveur de la création d'un triptyque en droit français, P.-H. ANTONMATTÉI, J.-C. SCIBERRAS, « Le travailleur économiquement dépendant, quelle protection ? », rapport au Ministre du travail, novembre 2008 ; *contra*, J. MOULY, « Quand l'autoentreprise sert de masque au salariat », *DSOC* 2016, p. 859, *contra,* I. DESBARATS, « Quel statut pour les travailleurs des plateformes numériques ? La RSE en renfort de la loi », *DSOC* 2017, p. 971.

catégories intermédiaires, tout en garantissant le bénéfice du droit à la sécurité sociale pour toutes[457].

139. Royaume-Uni. Les différences entre les définitions du contrat de travail sont manifestes. À titre d'exemple, au Royaume-Uni, la section 230 de l'*Employment Rights Act* définit le travailleur *(employee*). Des réflexions y sont également menées sur le statut de travailleur. Elles portent sur la question du type d'engagement contractuel qu'un travailleur doit avoir pour pouvoir être qualifié comme relevant du droit du travail[458]. Notons qu'au Royaume-Uni, l'on connaît trois catégories concernées par le statut de travailleur : contractants indépendants, *workers, employees*[459]. Néanmoins, il est regretté que cette division tripartite arrive à ses limites, dès lors que l'on s'intéresse aux relations juridiques pouvant relever de plusieurs catégories, tels que les travailleurs des plateformes[460]. Des débats concluaient que la définition de travailleur méritait d'être clarifiée. Il était discuté que l'on tende vers trois critères génériques pour déterminer ce qu'est un travailleur : des obligations réciproques, une prestation de travail personnelle et un pouvoir de contrôle. Les juridictions qualifient les travailleurs de la plateforme *Uber* de *workers*[461], leur accordant ainsi le bénéfice de certaines dispositions protectrices de *l'Employment Rights Act.* En voulant approfondir le champ d'application personnel du droit du travail, l'on trouve des critiques sur l'orientation excessivement individuelle des catégories lesquelles ne tiendraient pas suffisamment compte de la dimension collective des relations de travail[462].

140. Allemagne. La définition du travailleur (*Arbeitnehmer*) est traditionnellement jurisprudentielle en droit allemand. Certains auteurs déplorent que peu de décisions concernent la définition du travailleur au cours de la dernière quinzaine d'années[463]. Il est observé que la plupart des décisions visent la qualification du travailleur dans le secteur public, mais qu'il existe un besoin de qualifier certaines activités dans le secteur des services de droit

---

[457] *Cf.* A. SUPIOT, « Las tres dimensiones de la justicia social », F. CAPARRÓS *et al.* (coord.*), El derecho del trabajo en tiempo de cambios. En honor de Adrián Gold*in, EDIAR, 2017, p. 157.

[458] H. COLLINS, « A Missed Opportunity of a Unified test for Employment Status », uklabourlawblog.com, consulté le 13 septembre 2019.

[459] *Ibid.* ; M. BÖTTCHER, « Der Employment Status im englischen Recht », *EuZA* 2017, p. 370.

[460] M. TAYLOR, « Good work : The Taylor review of modern working practices », rapport indépendent au Gouvernement du Royaume-Uni, 11 juillet 2017.

[461] Cour suprême du Royaume-Uni, 19 février 2021, [2021] UKSC 5, qui confirme la décision de la cour d'appel de Londres, 19 décembre 2018, [2018] EWCA Civ 2748, *Uber B.V. c. Aslan et al.*

[462] M. FREEDLAND, N. KOUNTOURIS, « Some reflections on the 'personal scope' of collective labour law », *ILJ* 2017, n° 46 (1), p. 52.

[463] G. REINECKE, « Neues zum Arbeitnehmerbegriff? », *AuR* 2019, p. 56.

privé[464]. Une récente loi, entrée en vigueur le 1er avril 2017 vient ajouter une définition légale du salarié au § 611a du code civil allemand *(Bürgerliches Gesetzbuch,* ci-après *BGB).* Cet article reprend désormais la définition posée par les juges en faisant référence au pouvoir de direction de l'employeur (*Weisungsrecht*). Il dispose que le salarié s'engage à travailler au service de l'employeur, se soumet au pouvoir de direction et se retrouve dans un état de dépendance personnelle. Cette réforme a également pour objet de préciser la notion du prêt de main-d'œuvre licite (*Arbeitnehmerüberlassung*) : les critères significatifs sont désormais ceux de l'intégration dans le service du prestataire et de la soumission à son pouvoir de direction[465]. M. Henssler approuve cette loi dans la mesure où elle rend plus accessibles les critères posés par la jurisprudence[466]. Or, le critère relatif au pouvoir de direction est qualifié de démodé par certains auteurs, puisqu'il ne représente plus la manière dont s'exerce l'activité, dans un contexte de développement de nouvelles formes de travail[467]. À cet égard, une récente décision de la Cour fédérale du travail (*Bundesarbeitsgericht*) peut être qualifiée de novatrice, en ce qu'elle retient que l'exécution en continu d'un grand nombre de petites commandes par les utilisateurs d'une plateforme en ligne (*crowdworker*) sur la base d'un accord général conclu avec l'opérateur (*crowdsourcer*) peut, dans le cadre de l'appréciation générale exigée par le § 611a, al. 1, ph. 1 *BGB*, être qualifiée de contrat de travail[468]. Cette appréciation est soumise à diverses conditions. On voit ici une évolution qui concerne, elle aussi, la notion de salarié.

141. Tendances européennes. Selon le pays concerné, nous relevons des catégories de salariés plus ou moins larges. Ceci crée l'enjeu que l'on décide différemment de l'application du droit du travail. Comme il est souligné par M. Waas dans le contexte de l'européanisation du droit du travail, la notion de travailleur ou d'employeur décide du champ d'application du droit du travail[469]. La catégorie de salarié s'oppose régulièrement à celle d'indépendant. Il n'est pourtant pas exclu qu'il y ait une troisième catégorie intermédiaire. Ceci permet à Mme Mazuyer de résumer des tendances communes aux droits du travail des États membres de l'Union européenne : « [l]a division entre travail salarié et travail indépendant existe dans tous les États européens avec, de manière récurrente, la même « zone grise » (qui

---

464 G. REINECKE, art. cité (note 461).

465 § 1, alinéa 1, ph. 2 *Arbeitnehmerüberlassungsgesetz (AÜG).*

466 M. HENSSLER, « Fremdpersonaleinsatz durch On-Site-Werkverträge und Arbeitnehmerüberlassung – offene Fragen und Anwendungsprobleme des neuen Rechts », *RdA* 2017, p. 83.

467 O. DEINERT, « Neuregelung des Fremdpersonaleinsatzes im Betrieb », *RdA* 2017, p. 65.

468 BAG, 1er décembre 2020, 9 AZR 102/20.

469 B. WAAS, G. H. van VOSS (dir.), *Restatement of Labour Law in Europe. Vol 1 : The Concept of Employee*, Hart Publishing, 2017.

recouvre deux catégories de difficultés : les faux indépendants et les personnes dont la situation se situe entre les deux régimes. Il convient d'ajouter également dans certains États, le régime du travail 'parasubordonné' ou autonome qui entend clarifier cette zone grise) »[470]. Ainsi, la comparaison du « statut juridique des travailleurs économiquement dépendants »[471] prend tout son sens. Ce statut intermédiaire a très tôt été envisagé dans certains pays[472] en vue d'accorder des droits aux indépendants, qui ne se trouvent pas dans un lien de subordination juridique, mais qui sont économiquement dépendants[473]. Il a toutefois été remis en cause par la suite en fonction des évolutions législatives. La détermination des frontières de la catégorie des salariés semble d'une grande actualité, au moment où sont rendues les décisions et adoptées différents textes législatifs sur la qualification des travailleurs des plateformes, et est en train de se refléter dans la récente proposition de directive[474]. Nous observons que les nouveaux défis ont pour conséquence de provoquer la création d'une nouvelle catégorie. Enfin, nous ajoutons que certaines formes d'exercice du travail sont désignées comme visant particulièrement les travailleurs migrants[475].

Paragraphe 2. La diversité des sources du droit du travail

142. Hétérogénéité des sources. L'utilisation d'une règle de conflit de lois classique qui vise à déterminer la loi applicable au contrat de travail semble également se heurter à la diversité des sources du droit du travail au niveau de

---

[470] E. MAZUYER, « Les mutations de la figure du 'travailleur' dans le droit de l'Union européenne », *SSL* 2011, n° 1494.

[471] B. GOMES, « Le statut juridique des travailleurs économiquement dépendants. Etude comparée en droit allemand, espagnol, français, italien et anglais », *Rapport remis à l'OIT*, décembre 2017.

[472] P. ex., la loi espagnole 6/2017 du 24 octobre 2017, *« Reformas Urgentes del Trabajo Autónomo »*.

[473] *Cf.* B. DEL MAR LÒPEZ INSUA, « Chapter Eight. Fronteras entre el trabajo asalariado y en autónomo : el trabajdor económicamente dependiente », N. CEREJEIRA NAMORA *et al.* (dir.), *The Balance between Worker Protection and Employer Powers : Insights from around the World*, Cambridge Scholars Publishing, 2018, p. 251.

[474] Proposition de directive du Parlement européen et du Conseil relative à l'amélioration des conditions de travail dans le cadre du travail via une plateforme (COM/2021/762 final) ; dans le contexte du droit des transports, CJUE, 20 décembre 2017, C-434/15, *Elite Taxi c. Uber Systems Spain*, *D.* 2018, p. 934, note N. BALAT et p. 1412, note H. KENFACK ; *AJDA* 2018, p. 329, chron. P. BONNEVILLE, E. BROUSSY, H. CASSAGNABÈRE and C. GÄNSER ; *RTD Eur* 2018, p. 147, note L. GRARD, et p. 273, étude V. HATZOPOULOS.

[475] *Cf.* A. BOGG, T. NOVITZ, « Links between Individual Employment Law and Collective Labour Law. Their Implications for Migrant Workers », C. COSTELLO, M. FREEDLAND (dir.), *Migrants at Work*, OUP, 2014, p. 361.

l'Union européenne. Mme Jault-Seseke notant que « la diversité des sources du droit du travail est difficilement appréhendée par la relative simplicité de la règle de conflit de lois »[476], elle nous conduit à étudier les obstacles résultant des différences entre les réglementations du travail nationales. Ceux-ci posent des difficultés à l'appréhension de la relation de travail par les règles de conflit de lois. Alors que le règlement Rome I s'adresse à la question de déterminer la « loi » applicable, nous comprenons rapidement qu'en raison de l'hétérogénéité des sources du droit du travail, une lecture restrictive des normes applicables peut conduire à l'ineffectivité du droit du travail, en présence d'un élément d'extranéité. Il convient ainsi de donner une importance particulière à la nature des réglementations du travail des différents États membres. À cet égard, l'on sera particulièrement conduit à s'intéresser à la notion d'autonomie collective.

143. Autonomie collective. Pour entamer cette illustration, la place qu'occupe l'autonomie collective, par opposition à la loi, dans la réglementation des relations de travail est à souligner. Une clarification des domaines et modalités d'intervention de l'autonomie collective contribue à expliquer que les relations de travail sont régies par des sources autres que la loi ou le règlement. L'autonomie collective est ainsi entendue comme la réglementation autonome de la relation de travail, par l'activité des institutions collectives. Ce terme est habituellement utilisé pour désigner les systèmes de réglementation des rapports de travail des pays scandinaves[477] et de l'Allemagne[478], par exemple. Dans son acception étroite, l'autonomie collective désigne tous les mécanismes d'intervention des acteurs collectifs conduisant à la création de sources de droit objectif[479].

144. Sources professionnelles. La réglementation des relations de travail par l'autonomie collective est plus ou moins présente selon l'État membre dans lequel l'on se situe. En droit français, nous désignons les différentes sources émanant des relations professionnelles, qui ont pour vocation de réglementer la relation de travail, par le terme de sources professionnelles. Ce terme peut regrouper la convention collective, mais vise également l'engagement unilatéral de l'employeur et l'usage d'entreprise, « qui, en droit français, s'ajoutent aux conventions et accords collectifs du travail pour composer le statut collectif du travail »[480]. Dans l'affaire *Briant c. Institut*

---

[476] F. JAULT-SESEKE, art. cité (note 378), spéc. p. 455.

[477] *Cf.* E. SINANDER, *Internationell kollektivavtalsreglering*, thèse Stockholm, 2017.

[478] En droit allemand, l'on a tendance à utiliser le terme d'autonomie tarifaire (*Tarifautonomie*), cf. sur les récents bouleversements en raison de l'introduction d'un salaire minimum légal, M. HENSSLER, « Mindestlohn und Tarifrecht », *RdA* 2015, p. 43.

[479] C. VIGNEAU, art. cité (note 107).

[480] P. RODIÈRE, *Droit social de l'Union européenne,* LGDJ, 2014, n° 549-2.

culturel autrichien, une cour d'appel a refusé de retenir la qualification de norme à l'égard de l'usage professionnel. Rejetant le pourvoi, la Cour de cassation a certes entériné que l'usage professionnel n'a pas de caractère impératif, tout en laissant la porte ouverte à l'interprétation de l'usage professionnel en tant qu'une norme[481]. Aux fins de notre étude, il est toutefois nécessaire de souligner que la classification de l'usage professionnel dans la catégorie des sources professionnelles peut ne pas être transposable dans d'autres systèmes juridiques qui sont caractérisés par leurs spécificités : le droit allemand retient une « lecture contractuelle »[482] de l'usage d'entreprise, alors que le droit français le place dans les sources professionnelles, c'est-à-dire le statut collectif[483].

145. Législation. Le cas le plus simple est le cas où il s'agit de désigner la loi d'un État membre qui connaît un droit du travail composé de normes de source législative. Ceci n'est pas valable pour les États membres qui connaissent une multitude de sources en droit du travail. L'Allemagne ne dispose ni d'un code du travail, ni d'une loi régissant le contrat de travail d'une manière exhaustive ; son droit du travail se compose d'un assemblage de différentes dispositions issues de la loi fondamentale, du *BGB* et de nombreuses lois spécifiques, dont notamment la loi sur la convention collective (*Tarifvertragsgesetz,* ci-après *TVG*) [484]. Il s'ensuit que la relation de travail, en Allemagne, est réglementée par les dispositions législatives ou constitutionnelles, les conventions collectives et le contrat individuel de travail. Au Royaume-Uni[485], le bénéfice des lois ou *statutes* est réservé aux seuls travailleurs titulaires d'un contrat de travail. Non seulement nous y lisons

---

[481] Cette interprétation, *ibid.* ; Cass. soc., 12 novembre 2002, pourvois n° 99-45.821 et n° 99-45.888, *Briant.*

[482] P. REMY, « Quelles convergences dans le champ du droit du travail (observations sur les droits français et allemand dans le contexte communautaire) ? », S. ROBIN-OLIVIER, D. FASQUELLE (dir.), *Les échanges entre les droits, l'expérience communautaire*, Bruylant, 2008, p. 343, spéc. p. 347, qui renvoie à R. WALTERMANN, « Die betriebliche Übung », *RdA* 2006, p. 257.

[483] Cass. soc., 3 décembre 1996, pourvoi n° 94-19.466, *DSOC* 1997, p. 102, note P. WAQUET.

[484] M. FORNASIER, « Collective Bargaining in Germany and its Interaction with State Legislation and Individual Employment Contracts », J. BASEDOW, C. SU, M. FORNASIER, U. LIUKKUNEN (dir.), *Employee Participation and Collective Bargaining in Europe and China,* Mohr Siebeck, 2016, p. 29, spéc. p. 29.

[485] Malgré la sortie du Royaume-Uni de l'Union européenne, nous nous permettons d'illustrer l'exemple de ce pays, qui reflète des différences notables par rapport au système législatif français, ce qui a également été source de contentieux devant la Cour de justice (CJCE, 12 novembre 1996, C-84/94, *Royaume-Uni c. Conseil, CMLR* 1997, p. 1049, note E. ELLIS ; *CDEur* 1998, n° 3-4, p. 389, chron. C.-F. DURAND, S. VAN RAEPENBUSCH ; *RMU* 1998, n° 423, p. 645, note J.-L. SAURON).

une importance forte accordée au contrat individuel de travail comme source de réglementation de la relation de travail[486], mais nous soulignons également la distinction qui est faite entre personnels, en fonction de l'engagement dont ils bénéficient. Seuls bénéficient d'un contrat de travail les salariés ou *employees*. Les autres travailleurs qui ont conclu des engagements divers sont considérés comme ne pouvant pas invoquer la protection qui résulte des lois de protection du travailleur, tels que l'*Employment Rights Act* de 1996. Celui-ci contient notamment la protection contre le licenciement. D'une manière générale, il est observé qu'au Royaume-Uni, la réglementation du contrat de travail par la loi est en recul[487]. Si les droits du travail des États membres sont parfois accusés d'aller dans le sens de la réduction des droits, la législation devient en même temps plus complexe[488]. À titre d'exemple, en France, la loi et les règlements occupent traditionnellement une place forte[489]. Il n'en demeure pas moins que des réformes visant à accorder une place plus importante à la négociation collective ont eu lieu[490].

146. Négociation collective. Il est important, avant de conclure sur la possibilité de considérer la convention collective comme une source du droit du travail, d'étudier la place qu'occupe la négociation collective dans chaque système des États membres. Le Royaume-Uni connaît une évolution en faveur de la négociation collective, qui doit pallier le recul des compétences législatives en droit du travail[491]. La négociation collective y est parfois interprétée comme instaurant une démocratie industrielle plutôt qu'un moyen de fixer le prix sur le marché[492]. Les pays scandinaves connaissent eux aussi une négociation collective d'ampleur. M. Evju présente le système juridique

---

486 Sur ce point, H. COLLINS, « Contractual Autonomy », C. COSTELLO, J. PRASSL, A. BOGG (dir.), *The Autonomy of Labour Law*, Hart Publishing, 2015, p. 45, spéc. p. 59.

487 H. COLLINS, « Against Abstentionism in Labour Law », J. EEKELAAR, J. BELL (dir.), *Oxford Essays in Jurisprudence*, OUP, 1987, p. 79.

488 Comp. E. DOCKÈS et al., *Proposition de code du travail,* Dalloz, 2017.

489 P. LOKIEC, *Droit du travail*, PUF, 2022, n° 773, qui évoque « le fort interventionnisme étatique que connaît le droit français ».

490 La loi n° 2008-67 du 21 janvier 2008 – art. 3, codifié à l'article L. 1 du code du travail français visait l'objectif de renforcer l'importance de la négociation collective nationale et interprofessionnelle. Traditionnellement, la négociation collective a particulièrement lieu au niveau de la branche. L'ordonnance n° 2017-1385 du 22 septembre 2017 relative au renforcement de la négociation collective favorise le niveau de l'entreprise.

491 H. COLLINS, art. cité (note 487).

492 *Ibid.*, spéc. p. 81, dans la version originale : « [i]ndustrial pluralists regard collective bargaining as more than a market mechanism to set the price of labour. It is a form of industrial democracy, because it provides employees with a say in how the enterprise should be run ».

norvégien comme étant « multi-facettes »[493], par quoi il vise le contrat de travail, les relations professionnelles au niveau de l'entreprise et les interactions entre partenaires sociaux, régies tant par les actes législatifs que par les conventions collectives. Une étude de l'*European Trade Union Institute* révèle les principales différences entre les systèmes de négociation collective[494]. Outre les variations d'ampleur de la négociation collective entre les États membres, il en ressort que la négociation collective diverge au sein même des systèmes juridiques, selon les secteurs[495]. La négociation collective est, par exemple, souvent absente dans les secteurs à faible salaire, tels que ceux de la construction et des services. À défaut de convention collective, la réglementation de la relation de travail y peut ainsi être reléguée au contrat de travail.

147. Droit allemand. La négociation collective est également bien ancrée dans le droit du travail allemand où il lui revient la fonction de compenser « l'inégalité du contrat individuel sur le marché du travail »[496]. Pour cette raison certainement, la loi y est considérée comme subsidiaire par rapport à la convention collective, ou plus précisément au contrat tarifaire *(Tarifvertrag)*. À l'inverse, la fonction de « tempérer »[497] le pouvoir de direction revient en Allemagne au conseil d'établissement (*Betriebsrat*) : il est composé de représentants élus ayant compétence sur les sujets intéressant le personnel de l'établissement[498]. Dit autrement, il lui incombe la codétermination[499]. L'existence de la codétermination fait que, par exemple, le conseil

---

[493] S. EVJU, « Imperative law, derogation and collective agreements », H. KONZEN, S. KREBBER, T. RAAB, B. VEIT, B. WAAS (dir.), *Festschrift für Rolf Birk zum siebzigsten Geburtstag,* Mohr Siebeck, 2008, p. 61, spéc. p. 63, dans la version originale : « [l]abour legislation is a many-faceted phenomenon. It covers many aspects of working life, both at the level of the employment contract, at the local or enterprise level, and as regards the actions and interactions of social partners (trade unions, employers, and employers' associations). Further, labour legislation takes many different forms, from minutely detailed regulation to general or framework rules. Industrial relations factors may also play a role, such as the role and strength of social partners, the effective coverage of different forms of regulation (legislation, collective agreements), etc. »

[494] *Cf.* V. GLASSNER, P. POCHET, « Why trade unions seek to coordinate wages and collective bargaining in the Eurozone: past developments and future prospects », *ETUI*, Working Paper 2011.03.

[495] *Ibid.,* p. 19.

[496] P. REMY, *Effet normatif des accords collectifs et représentation des salariés : à la lumière d'une comparaison des droits français et allemand,* thèse université Paris X, 1998, n° 245.

[497] *Ibid.*

[498] *Ibid.*

[499] *Cf.* P. REMY, « 'Le droit à la participation' en droit allemand : codécision, codétermination, cogestion, autonomie collective… ? », *DSOC* 2015, p. 974.

d'établissement est impliqué dans la procédure de licenciement individuel[500]. Des aspects qui peuvent être qualifiés d'individuels en France, ont ainsi une nature collective en Allemagne. En résumé, l'autonomie tarifaire et la constitution d'établissement sont souvent évoquées ensemble pour désigner la façon collective de régir les relations de travail en Allemagne[501].

148. France. La nature de la convention a été beaucoup discutée[502]. En droit français, « [l]es dispositions légales et réglementaires sont complétées par les règles de droit conventionnel sans que les raisons d'être de celui-ci soient différentes. Les conventions collectives ajoutent de nouvelles règles au droit étatique et diversifient la réglementation, et ainsi garantissent de manière complémentaire les droits des travailleurs et organisent leur travail dans des groupes plus restreints »[503]. M. Rodière part des objectifs du droit du travail qui consistent à « assurer des droits au travailleur et [à] organiser le travail »[504] pour rapprocher les normes collectives des autres sources régissant la relation de travail. D'un point de vue fonctionnel, la convention collective contribue à donner au travailleur des moyens à l'encontre de l'employeur : elle a traditionnellement pour vocation d'améliorer la situation du travailleur[505]. Pour la suite de nos développements, l'on s'inscrira dans une lecture qui visera à considérer la convention collective comme une norme.

149. Aptitude à la négociation. En pratique, les conventions collectives peuvent tout de même faire défaut dans certains secteurs. Cette absence de conventions collectives est liée aux écueils posés à la conclusion de celles-ci. Pour répondre à la condition relative à l'aptitude à la négociation *(Tariffähigkeit)* en Allemagne, il est exigé du syndicat de prouver qu'il soit suffisamment puissant socialement par rapport à la partie patronale. Au Royaume-Uni, le syndicat doit être reconnu légalement pour pouvoir négocier[506]. En France, la possibilité de pouvoir négocier et conclure des conventions collectives est soumise à la représentativité des organisations

---

[500] P. REMY, *Effet normatif des accords collectifs et représentation des salariés : à la lumière d'une comparaison des droits français et allemand,* préc., n° 248.

[501] M. FORNASIER, art. cité (note 484), spéc. p. 31.

[502] P. DURAND, « Le dualisme de la convention collective de travail », *RTD Civ.* 1939, p. 353 ; P. LOUIS-LUCAS, « Les conventions collectives de travail », *RTD Civ.* 1919, p. 65.

[503] P. RODIÈRE, *La convention collective de travail en droit international privé*, préc., p. 133, n° 185.

[504] *Ibid.*

[505] P. REMY, *Effet normatif des accords collectifs et représentation des salariés : à la lumière d'une comparaison des droits français et allemand,* préc., n° 246.

[506] A. JUNKER, art. cité (note 75).

syndicales[507], et désormais également patronales[508]. La condition relative à l'aptitude de négocier est ainsi parfois critiquée. Plus précisément, elle est accusée de faire dépendre la possibilité pour les travailleurs de bénéficier d'une convention collective, de l'impératif de se mobiliser et de créer des conditions permettant de négocier. Ces conditions reflètent la nécessité pour le législateur de créer un cadre à la négociation collective, dans l'acception étroite de l'autonomie collective. À cet égard, les auteurs à travers les frontières convergent. Évoquant la fonction de la négociation collective pour le droit du travail, Mme Blackett souligne l'importance pour le législateur de mettre en place des conditions permettant aux travailleurs de bénéficier de la négociation collective et, partant, de l'autonomie collective[509].

150. Niveau de négociation. D'importantes différences concernent les niveaux auxquels s'exerce la négociation collective. Ces différences peuvent également avoir un impact sur la possible qualification d'une convention collective en tant qu'une « loi de la profession »[510]. L'Allemagne, par exemple, donne une place importante au niveau de l'entreprise. Le système français est traditionnellement caractérisé par une négociation au niveau de la branche[511]. Le Portugal, l'Espagne et la Grèce avaient longtemps un système de négociation collective centralisé. Il n'en demeure pas moins que les récentes évolutions européennes semblent favoriser la négociation au niveau de l'entreprise et pousser les législateurs nationaux à décentraliser leur droit de la négociation collective. Ces réformes sont parfois intervenues dans un contexte de crise économique[512].

---

507 Pour les critères, art. L. 2122-1 du code du travail issu de la loi n° 2008-789 du 20 août 2008.

508 Loi n° 2014-288 du 5 mars 2014 relative à la formation professionnelle, à l'emploi et à la démocratie sociale, consacrant la représentativité des organisations patronales.

509 A. BLACKETT, « Transnational labour law and collective autonomy for marginalized workers : Reflections on decent work for domestic workers », A. BLACKETT, A. TREBILCOCK (dir.), *Research Handbook on Transnational Labour Law,* 2015, p. 230, spéc. p. 236. Cette étude s'intéresse à la possibilité pour les travailleurs marginalisés de conclure des conventions collectives.

510 P. RODIÈRE, *La convention collective de travail en droit international privé*, préc., n° 331, qui utilise ce terme.

511 Sur les évolutions récentes, cf. J. PORTA, « La branche professionnelle : déconstruction et restructuration », *DO* 2018, n° 842, p. 1.

512 A. JACOBS, « Decentralisation of Labour Law Standard Setting and the Financial Crisis », N. BRUUN (dir.), *The Economic and Financial Crisis and Collective Labour Law in Europe*, p. 171, spéc. p. 186, dans la version originale : « [t]he southern EU member states (Italy, Spain, Portugal and Greece) kept their comparatively high level of bargaining centralization and high bargaining coverage until very recently. More than the northern member states they now see themselves confronted with a dismantling of existing wage-setting arrangements and a de-collectivisation of labour relations ».

151. Thèmes et effectivité de négociation. D'autres différences peuvent être notées du point de vue de l'effectivité de la négociation collective. Elles conduisent à ce que les thèmes de la négociation collective divergent entre les pays. Ceci rend la comparaison de la qualification des conventions collectives difficile selon les pays. Il est notamment observé, au sujet de certains pays du nord, que la négociation collective y est très exhaustive et comprend, par exemple, les retraites, l'équilibre entre la vie privée et le travail[513]. L'effectivité de la négociation semble varier entre les différents pays selon que le système connaît une négociation avec le seul employeur ou les organisations patronales[514]. Ces données peuvent également servir d'indicateur de la place qu'occupe la négociation collective parmi les normes régissant la relation de travail.

152. Effet normatif. Dans le contexte de multitude des sources du droit du travail, les efforts des juristes visent à attribuer un effet normatif à chacune des sources. En Allemagne, les sources conventionnelles bénéficient d'effets contraignants variables. Concernant le *Tarifvertrag*, il ne lie que les organisations signataires (§ 3, al. 1 *TVG*), étant toutefois précisé que les employeurs ont tendance à appliquer les mêmes droits à tous leurs salariés, qu'ils soient syndiqués ou non. Concernant leur effet contraignant, les dispositions d'une convention collective ont un effet direct et obligatoire sur le contrat individuel de travail, ce qui les rapproche des dispositions législatives (§ 4, alinéa 1 *TVG*). Au contraire, la *Betriebsvereinbarung* est négociée au niveau de l'entreprise ou de l'établissement. Ne relevant pas de la loi sur les conventions collectives (*TVG*), elle est signée par le conseil d'entreprise d'un côté, et l'employeur, de l'autre (§ 77 *Betriebsverfassungsgesetz,* ci-après *BetrVG*). Alors que la *Betriebsvereinbarung* bénéficie également d'un effet direct et obligatoire, elle couvre tous les salariés de l'entreprise ou de l'établissement. En fin de compte, la *Betriebsvereinbarung* a une force juridique inférieure au *Tarifvertrag*, dans la hiérarchie des normes. En ce qui concerne la hiérarchie des normes, un contrat de travail ne saurait déroger aux termes d'une convention collective que dans un sens plus favorable. Par ailleurs, toutes les normes collectives, qu'il s'agisse du *Tarifvertrag* ou de la *Betriebsvereinbarung*, peuvent également déroger dans un sens plus favorable aux dispositions légales. Dit autrement, seul le *Tarifvertrag* s'impose, même s'il est moins favorable pour le salarié. Ceci permet à M. Remy d'admettre « une 'qualité normative' supérieure au contrat tarifaire par rapport à la convention d'établissement »[515]. En résumé, nous rencontrons une importance des normes conventionnelles en

---

[513] V. GLASSNER, P. POCHET, art. cité (note 494), p. 20.

[514] *Ibid.*

[515] P. REMY, *Effet normatif des accords collectifs et représentation des salariés : à la lumière d'une comparaison des droits français et allemand,* préc., n° 487.

droit du travail allemand[516]. Les débats sur l'effet normatif résonnent dans les discussions sur l'applicabilité des conventions collectives dans certains pays scandinaves, laquelle dépend souvent de l'adhésion des travailleurs au syndicat signataire. Par ailleurs, il apparaît que les droits scandinaves accordent un rôle important aux syndicats dans la revendication des droits des travailleurs. Comme il ressort du cas *Tor Caledonia*, en droit danois, une convention collective conclue par un syndicat suédois ne peut régir les travailleurs danois sur un navire, à moins que les travailleurs danois ne soient membres du syndicat suédois[517]. De surcroît, la validité des actions collectives de soutien dépend, en droit danois, de l'adhésion des travailleurs danois au syndicat, en l'occurrence suédois[518].

153. Conventions collectives généralisées. Les divergences des sources concernant la relation de travail sont devenues apparentes dans le contentieux sur la rémunération des travailleurs détachés. Dans les pays où la réglementation des conditions de travail relève particulièrement de l'autonomie collective, il est parfois discuté si les sources professionnelles peuvent être désignées au moyen de la règle de conflit de lois. La possibilité de désigner une convention collective au moyen de la règle de conflit de lois est particulièrement débattue lorsqu'il s'agit d'une convention collective qui n'est pas impérative, comme cela peut se rencontrer en droit anglais. D'autres interrogations concernent les pays où l'application des conventions collectives est soumise à l'adhésion des travailleurs à un syndicat, et où l'applicabilité générale des conventions collectives est peu répandue. À titre d'exemple, l'article 3, § 1 de la directive dite détachement exige, pour faire valoir une disposition impérative du pays d'accueil, qu'elle soit contenue soit dans une disposition législative ou réglementaire, soit dans une convention collective d'application générale. Cette dernière possibilité ressemble au mécanisme français d'extension des conventions collectives, permettant de rendre ces dernières applicables à toute la profession[519]. Or, une telle procédure n'a pas eu lieu au moment des faits de l'affaire *Laval*[520] en Suède, ou de l'affaire

---

[516] *Cf.* R. KRAUSE, « § 1 Grundlagen des Tarifvertragsrechts », M. JACOBS, R. KRAUSE, H. OETKER, C. SCHUBERT (dir.), *Tarifvertragsrecht,* Beck, 2013, p. 1.

[517] *Cf.* S. EVJU, art. cité (note 413).

[518] *Ibid.*, spéc. p. 908, qui explique que, selon le droit suédois, la convention collective est valable dans le cas Tor Caledonia et les actions collectives valables. Grèves de sympathie en Scandinavie pas permises, si le conflit principal ou la grève dans le cadre du conflit principal ne sont pas valables.

[519] *Cf.* pour une qualification des conventions collectives étendues ou élargies en droit du travail français, C. HABLOT, *De la norme privée à la norme publique en droit du travail,* thèse université Paris II, 2012.

[520] CJCE, 18 décembre 2007, C-341/05, *Laval,* sur ce jugement, cf. N. BRUUN, C.-M. JONSSON, « Nordic countries », A. BÜCKER, W. WARNECK (dir.), *Viking – Laval – Rüffert : Consequences and policy perspectives*, ETUI, 2010, p. 13, spéc.

Rüffert[521] en Allemagne. Des difficultés d'adaptation des droits de la négociation collective sont visibles[522]. Ainsi, il peut apparaître difficile de partir de l'hypothèse de l'existence d'une « loi de la profession » dans tous les pays.

154. ***Nikiforidis.*** D'autres difficultés d'adaptation des règles de conflit de lois aux spécificités des droits du travail nationaux concernent la qualification des modifications du contrat de travail. Cette problématique est apparue dans l'affaire *Nikiforidis*[523]. M. Nikiforidis ayant pris ses fonctions en 1996, son contrat d'engagement a toutefois fait l'objet de plusieurs modifications. Ceci soulève la question de la date de conclusion du contrat de travail. Il est à noter que cette date décide de l'applicabilité soit de la convention de Rome soit du règlement Rome I. Toute la difficulté porte sur la question de savoir si l'une des modifications du contrat peut être assimilée à la conclusion d'un nouveau contrat au sens de l'article 28. Cette question peut se révéler ardue compte tenu des spécificités allemandes de la modification du contrat de travail[524] . D'aucuns persistent à déduire de l'absence de jurisprudence de la Cour de

---

p. 18, dans la version originale : « [t]he origin of the Laval dispute is to be found within the Swedish industrial relations system ».

[521] CJCE, 3 avril 2008, C-346/06, *Rüffert*, en l'espèce, les dispositions en cause étaient la loi « marchés publics » du *Land* Basse-Saxe qui ne prévoyait pas de salaire minimum et la convention collective qui n'avait pas été déclarée d'application générale.

[522] Notons que des réformes législatives ont eu lieu, *cf.* É. PATAUT, « The Aftermath of the Laval Affair : Swedish Lex Laval Before the European Committee of Social Rights », H. MUIR WATT, L. BIZIKOVÁ, A. BRANDÃO DE OLIVEIRA, D. P. FERNANDEZ ARROYO (dir.), *Global Private International Law : Adjudication without Frontiers,* Elgar Publishing, 2019, p. 484.

[523] CJUE, 18 octobre 2016, C-135/15, *Nikiforidis*, *EuZA* 2016, p. 1, note A. JUNKER et p. 116, note C. THOMALE ; *EuZW* 2016, p. 940, note K. DUDEN ; *LMK* 2016, 382315, note T. PFEIFFER ; Europe, 2016, n° 12, note 492, note L. IDOT ; *JDI* 2017, p. 5, note E. FOHRER-DEDEURWAERDER et p. 1483, note P. KINSCH ; *RCDIP* 2017, p. 238, note H. MUIR WATT, D. BUREAU ; *DSOC* 2017, p. 196, note L. PAILLER ; *JCP G* 2017, n° 5, 124, note S. LEMAIRE, L. PERREAU-SAUSSINE ; *ZEuP* 2018, p. 214, chron. C. KOHLER, S. SEYR, J.-C. PUFFER-MARIETTE ; *YPIL* 2018, p. 53, note M. LEHMANN, J. UNGERER.

[524] L. PAILLER, « Le règlement 'Rome I' et l'effet à donner aux lois de police étrangères », *DSOC* 2017, p. 196. Il convient de rappeler qu'en droit français, la question de la modification du contrat de travail a donné lieu à des débats jurisprudentiels et doctrinaux. Depuis un arrêt *Le Berre* (Cass. soc., 10 juillet 1996, Bull. civ. V, n° 278), il est admis que la modification du contrat de travail, qui suppose le commun accord des parties, doit être distinguée du simple changement des conditions de travail relevant du pouvoir de direction de l'employeur.

justice sur ce sujet que la conclusion du contrat était à qualifier *lege causae*[525]. C'est aussi le point de vue de l'avocat général Szpunar[526]. Il soutient que l'utilisation de la *lex causae* à ce stade pourrait éviter toute contradiction postérieure, sur l'existence d'un contrat. Or, la Cour de justice opère une qualification autonome de la qualification du moment de conclusion du contrat de travail pour prévenir ces difficultés.

155. Brouillage des frontières entre les sources. Ainsi, il s'agit d'adapter la règle de conflit de lois à l'hétérogénéité des sources du droit du travail. Les débats judiciaires et doctrinaux expriment la difficulté d'englober les différentes sources de réglementation des rapports de travail dans la même règle de conflit de lois. La Cour de cassation française retient que la convention collective peut être désignée au moyen de la règle de conflit de lois[527]. Parmi les auteurs allemands, par exemple, certains refusent la désignation de la convention collective par la règle de conflit de lois en arguant que celle-ci constituerait un contrat[528], tandis que d'autres proposent de juger du caractère contraignant de la convention collective à partir de la *lex causae*[529]. Ces discussions s'inscrivent dans une remise en cause plus générale des frontières traditionnellement posées entre les sources du droit, qui s'annonce progressivement en droit international privé. Soulignons qu'il a longtemps été défendu que le droit international privé visait uniquement « les rapports transfrontières de droit privé »[530]. En conséquence, il apparaissait « cohérent de caractériser le champ du droit international privé par référence [...] à la nature de droit privé des normes dont il avait pour objet de déterminer le champ d'application »[531]. Néanmoins, il est désormais acquis que « la distinction entre les sphères publique et privée a largement perdu sa clarté en droit interne »[532]. L'émergence, au niveau transnational[533], « du phénomène des normativités d'origine non étatique, qu'il est difficile de qualifier de

---

[525] D. MARTINY, « VO (EG) Nr. 593/2008, Art. 9 », J. VON HEIN (dir.), *Münchener Kommentar zum BGB, Internationales Privatrecht I*, tome 11, Beck, 2015, n° 3.

[526] CJUE, *Nikiforidis*, C-135/15, conclusions de l'avocat général Maciej Szpunar, pts. 36, 45, 52

[527] Cass. soc., 14 février 2007, pourvoi n° 04-45.806, *Royal Air Maroc* : « la loi française et la convention collective nationale du personnel au sol des entreprises du transport aérien devaient être appliquées au salarié ».

[528] O. DEINERT, *Internationales Arbeitsrecht*, préc., § 15, n° 21.

[529] R. KRAUSE, « International Framework Agreements as Instrument for the Legal Enforcement of Freedom of Association and Collective Bargaining? The German Case », *CLLPJ* 2012, p. 749, spéc. p. 762.

[530] D. BUREAU, H. MUIR WATT, *Droit international privé*, tome 1, préc., n° 6.

[531] *Ibid.*

[532] *Ibid.*

[533] Sur ce terme, *cf.* G. LHUILLIER, *Le droit transnational,* LGDJ, 2016.

publiques ou de privées »[534], semble valoir dans le sens d'un brouillage des frontières entre les réglementations de différentes natures que les règles de conflit de lois sont censées désigner. Une diversité des sources peut être constatée en comparant les normes des différents systèmes juridiques des États membres.

[534] D. BUREAU, H. MUIR WATT, *Droit international privé*, tome 1, préc., n° 6.

Conclusion de section

156. La coexistence de règles de conflit de lois spécifiques à certains aspects de la relation de travail démontre la difficulté d'englober toute la relation de travail dans le champ d'application de l'article 8 du règlement Rome I. Alors que l'on assiste à la création de règles de conflit de lois spécifiques, ces dernières ne répondent certainement pas aux défis posés par la pratique[535]. Pour l'heure, la recherche d'une notion précise caractérisant le champ d'application d'une règle de conflit de lois inclusive, qui ferait l'unanimité au niveau de l'Union européenne, s'avère difficile. Ceci est lié au contexte de diversité des réglementations du travail, puisque « les différents États membres n'ont pas nécessairement la même conception des relations de travail »[536]. Par ailleurs, il convient de remarquer que certains États membres entendent traditionnellement donner une applicabilité territoriale à certains aspects de la réglementation du travail. Le traitement unitaire de la solution du conflit de lois devient ainsi difficile. L'utilisation de la règle de conflit de lois européenne est d'autant plus compliquée que les droits du travail des États membres sont composés de différentes sources. La question de la norme qui peut être désignée au moyen de la règle de conflit de lois se pose dans un contexte de diversité des sources du droit du travail, reposant d'une manière variable sur l'autonomie collective.

---

[535] Pour la difficulté liée à la détermination de la loi applicable aux relations de travail en présence d'un transfert d'entreprise, *cf.* S. LINGEMANN, E. M. SCHWEITZER, « Anwendbares Recht bei Betriebsübergang mit Ortswechsel ins Ausland », *Global Wisdom on Business Transactions, International Law and Dispute Resolution. Festschrift für Gerhard Wegen zum 65. Geburtstag,* Beck, 2015, p. 463.

[536] P. LOKIEC, S. ROBIN-OLIVIER, F. JAULT-SESEKE, P. ALFREDO, art. cité (note 143).

CONCLUSION DE CHAPITRE

157. Les règles de conflit de juridictions et de lois sont motivées par différents principes, qui peuvent être découverts à partir de l'énonciation des principes d'interprétation des règlements en vigueur. Compte tenu de l'influence du principe traditionnellement dominant de sécurité juridique, l'on parvient à des règles de conflit de lois européennes encore peu flexibles et qui ne visent pas la proximité à l'égard des protagonistes. Héritées des systèmes de droit international privé des États membres, les règles de conflit de lois européennes se font influencer par d'autres principes propres à l'Union européenne qu'il convenait de démontrer. Nous avons concentré notre regard sur les principes propres au conflit de lois qui contribuent à la protection du travailleur. L'objectif de protection du travailleur peut être consacré de différentes manières dans le cadre du conflit de lois. Nous résumons que ce principe n'est tout de même pas réalisé d'une manière suffisante par les éléments de rattachement. Plus particulièrement, en matière de détachement de travailleurs, nous constatons une présomption de rattachement qui donne l'indication de faire usage de la règle de conflit de lois spécifique au contrat individuel de travail, sans l'adapter aux spécificités du détachement.

158. Partant du constat général des difficultés d'adaptation des règles de conflit de lois au contexte européen, notre démarche a consisté à démontrer les faiblesses des règles de conflit de lois dans un contexte de diversité des réglementations des États membres en droit du travail. En tenant compte d'aspects de droit comparé, nous observons que la règle de conflit de lois traduit une vision individualiste de l'objectif de protection du travailleur[537]. Plus précisément, la règle de conflit de lois en matière de contrat individuel de travail n'est pas capable de viser la loi applicable à tous les aspects de la relation de travail. Pour remédier à cette difficulté, la coexistence de règles de conflit de lois spécifiques, visant à déterminer notamment la loi applicable aux conventions collectives, aux conflits collectifs ainsi qu'à l'insolvabilité de l'employeur. Cet émiettement empêche non seulement un traitement unitaire du conflit de lois, mais s'avère également inadapté aux différences entre les réglementations du travail des États membres, du point de vue de la diversité de nature des réglementations, d'une part, du champ d'application personnel du droit du travail, d'autre part. Ces différences nous permettent de conclure que les règles de conflit de lois multiples sont insuffisantes pour que l'on puisse embrasser l'ensemble de la relation de travail.

---

[537] U. GRUSIC, *The European Private International Law of Employment*, préc., p. 26.

CHAPITRE 2
LES IMPÉRATIVITÉS RÉGISSANT CERTAINS ASPECTS DE LA RELATION DE TRAVAIL : LA RENCONTRE DU MARCHÉ INTÉRIEUR

Agis de telle sorte que la maxime de ta volonté
puisse toujours valoir en même temps
comme principe d'une législation universelle.
Immanuel KANT[538]

159. Impérativité. La loi applicable au contrat de travail résulte normalement de la règle de rattachement. Or, le conflit de lois connaît d'autres mécanismes qui consacrent ce que nous désignons sous le terme d' « impérativité »[539] en droit international privé. Notons au préalable que la notion d'impérativité a fait l'objet de différents emplois en droit. Les trois principales notions ayant trait à l'impérativité sont résumées par M. Boden[540] : il peut ainsi s'agir de la prédominance hiérarchique d'une norme supérieure sur une norme inférieure, du caractère obligatoire d'une norme, par opposition aux normes qui interdisent ou qui permettent, et du caractère contraignant d'une norme, entendu comme la disposition de son auteur à exercer une pression sur son destinataire, parfois uniquement utilisé pour les lois de police, intervenant *a priori*[541]. Nous cherchons à regrouper sous le terme d'impérativité, les mécanismes qui visent à imposer un intérêt étatique. À l'image des systèmes de droit international privé étatique, le droit international privé européen s'est muni de mécanismes garantissant aux États de faire valoir leur ordre public interne. Les mécanismes visés ont en commun d'échapper au fonctionnement habituel de la règle de conflit de lois : nous regroupons, sous le terme d'impérativité, les lois de police.

---

[538] E. KANT, *Critique de la raison pratique*, PUF, 2012, trad. F. PICAVET, p. 30.

[539] Pour l'utilisation du terme dans le contexte des lois de police, cf. B. AUDIT, L. D'AVOUT, *Droit international privé,* préc., n° 186 : « c'est l'impérativité prêtée à la loi du for qui seule entraîne son application » ; H. MUIR WATT, « Discours sur les méthodes du droit international privé (Des formes juridiques de l'inter-altérité) », *RCADI,* vol. 389, Brill, 2018, n° 126.

[540] D. BODEN, *L'ordre public : limite et condition de la tolérance : recherches sur le pluralisme juridique*, thèse université Paris I, 2002, p. 96 et s., n° 79.

[541] En ce sens, D. BUREAU, H. MUIR WATT, *Droit international privé,* tome 1, préc., n° 469 : « en tant qu'exception à l'application d'une norme étrangère, intervenant au terme d'une confrontation des effets de celle-ci aux valeurs protégées par l'ordre juridique du for dont il dessine le seuil de tolérance dans chaque cas, l'ordre public s'oppose conceptuellement à l'impérativité (et à l'illicéité), qui emprunte un raisonnement exclusif et a-prioristique ».

160. Lois de police et ordre public. Les lois de police représentent l'un des mécanismes du conflit de lois. Elles font parfois l'objet d'une présentation commune avec l'ordre public[542]. M. Remy rapproche les lois de police du mécanisme de l'exception d'ordre public, pour conclure sur leur caractère dérogatoire au conflit de lois, en partant de leur fondement[543]. Néanmoins, il finit par opposer l'un à l'autre, en fonction du contenu de l'intérêt qu'ils visent. L'exception d'ordre public exprimerait le « seul intérêt des parties à ne pas voir leur système axiologique heurté »[544] et leur élément de référence serait constitué par les valeurs[545]. À l'inverse, la loi de police servirait « les seuls intérêts étatiques à la réalisation d'une politique législative donnée »[546] et son élément de référence serait constitué par les objectifs sociétaux[547]. En les opposant, M. Rémy constate que l'exception d'ordre public vise la défense de valeurs appréhendées à travers le prisme de l'intérêt privé alors que la loi de police correspond à la poursuite d'objectifs à caractère étatique. Dans cette présentation, les intérêts sous-jacents aux deux mécanismes semblent proches. Néanmoins, l'intérêt étatique n'imprègne que les lois de police. Cet intérêt étatique éveille notre intérêt, dans la mesure où il impose l'échappement au fonctionnement de la règle de conflit bilatérale. Plutôt que d'affiner la distinction en fonction des intérêts, nous nous intéressons au mécanisme des lois de police en lui-même, en raison de son « [i]rréductibilité au procédé de la règle de conflit »[548].

161. Territorialité des lois de police. Les lois de police doivent ici été évoquées en utilisant le concept de territorialité[549]. Relevons que la notion

---

[542] *Cf.* R. CALLSEN, *Eingriffsnormen und Ordre-public-Vorbehalt im Internationalen Arbeitsrecht: Ein deutsch-französischer Vergleich,* thèse université Paris X, 2013 ; N. NORD, *Ordre public et lois de police en droit international privé*, thèse université Strasbourg III, 2003.

[543] B. REMY, *Exception d'ordre public et mécanisme des lois de police en droit international privé*, LGDJ, 2008, n° 826.

[544] *Ibid.*

[545] *Ibid.*, n° 830.

[546] *Ibid.*

[547] *Ibid.*, n° 831.

[548] B. AUDIT, L. D'AVOUT, *Droit international privé,* préc., n° 186.

[549] Pour les enjeux modernes de la territorialité (et ses acceptions), *cf.* H. MUIR WATT, « La portée territoriale du droit au déréférencement : un exercice de proportionnalité dans l'espace », *RCDIP* 2020, p. 334 ; B. VANBRABANT, P. WAUTELET, « Territorialité et droit international privé », J. CABAY, V. DELFORGE, V. FOSSOUL, M. LAMBRECHT (dir.), *20 ans de nouveau droit d'auteur*, Anthemis, p 327.

d'ordre public[550] s'oppose clairement à celle de loi de police[551] par sa méthode. M. Bucher a entrepris une étude des deux mécanismes – de l'exception d'ordre public et de la loi de police – en les opposant à partir de leurs modes de fonctionnement. Selon cet auteur, les lois de police se distingueraient de l'ordre public parce qu'elles seraient marquées d'une territorialité spéciale caractérisant la méthode unilatéraliste. L'ordre public, en droit international privé, désigne « une clause d'exception assortissant implicitement les différentes règles de conflit »[552]. Les lois de police, elles, sont souvent dites « d'application territoriale »[553], leur application étant assurée par les autorités de l'État dont elles émanent. La particularité qui est l'unilatéralisme mérite notre attention. Celui-ci semble exprimer le souci que certaines lois du for nécessitent une application directe, sans que l'on passe par la règle de conflit de lois bilatérale. C'est ainsi que Mme Muir Watt accuse un certain nombre de mécanismes de droit international privé d'être « lex foristes »[554], en ce qu'ils « correspond[ent] à une esthétique géométrique ou 'grillagée' »[555]. Ils sont « [r]epérables dans la jurisprudence [et] peuvent consister […] en une approche unilatéraliste-statutiste destinée à déterminer le champ d'application de la loi selon des principes qui n'admettraient aucun flou (la territorialité, par exemple) »[556]. Nous nous appuyons ici sur le constat selon lequel la méthode unilatéraliste est l'expression d'une territorialité en ce qu'elle favorise l'application de la loi du for. Cette affirmation devra être illustrée à partir d'exemples de lois et de décisions qui emploient des mécanismes territorialistes. Nous chercherons à déterminer les lois de police en droit du travail qui expriment l'application territoriale des dispositions de la matière.

162. Marché intérieur. Par la suite, il conviendra de se demander si ces exemples peuvent s'articuler avec un contexte d'intensification des échanges économiques et sociaux, à l'heure de la globalisation. Plus précisément, nous confrontons les impérativités au marché intérieur de l'Union européenne. L'Union européenne vise à construire une « 'communauté de lois' en exerçant

---

550 Sur la notion, *cf.* J. GUILLAUMÉ, « Ordre public international - Notion d'ordre public », *Jurisclasseur Droit international*, n° 534-10, 2 mai 2018.

551 Pour une récente étude de la théorie, *cf.* V. HEUZÉ, « Un avatar du pragmatisme juridique : la théorie des lois de police », *RCDIP* 2020, p. 31.

552 *Ibid.*, n° 386.

553 *Ibid.*, n° 188.

554 H. MUIR WATT, cours cité (note 539), après n° 136.

555 *Ibid.*

556 *Ibid.* Mme Muir Watt semble viser le mécanisme des lois de police parmi d'autres, tels que ceux de « la lecture littérale (ou originaliste) des textes, ou [la] pratique quasi scolastique des catégories juridiques (fond/procédure ; droit/fait ; recevabilité/fond...) ». Tous ces mécanismes seraient l'expression d'une hostilité à l'égard de la loi étrangère.

d'emblée une contrainte réglementaire sur le marché »[557]. Son objectif – initialement économique – serait de tendre vers une levée progressive des barrières posées aux échanges, par les États membres. Dans de nombreux domaines, l'ouverture du marché a été tellement rapide qu'il n'a pas été possible de l'encadrer par des mesures tendant à réduire les divergences entre les réglementations des États membres[558]. Un comportement unilatéral des États membres, « appliquant leur législation nationale, sans tenir compte de l'existence au sein de l'espace européen de divergences significatives avec les législations des autres États membres »[559], peut être observé. Or, les intérêts étatiques exprimés par les impérativités sont des manifestations de souveraineté des États membres. Paradoxalement, certaines lois de police en droit du travail ont surgi dans le contexte des élargissements de l'Union européenne. Il faut ainsi s'interroger sur la conformité de ces dispositions au marché intérieur. Les libertés de circulation, plus précisément, la libre circulation des travailleurs et la libre prestation de services, constituent notre grille d'analyse : elles favorisent le franchissement des frontières, sans discrimination ni entrave. C'est ainsi qu'est apparue, à travers la jurisprudence de la Cour de justice, la confrontation des impérativités aux libertés de circulation.

163. Plan. Il s'agira de s'interroger sur la raison d'être des impérativités dans le contexte des libertés de circulation. Du repérage des impérativités en droit du travail (section 1) nous passerons à l'examen des impérativités au regard du droit du marché intérieur (section 2).

---

[557] J.-S. BERGÉ, « Le droit européen face à la fragmentation du droit applicable aux relations internationales », J.-M. THOUVENIN *et al.* (dir.), *La fragmentation du droit applicable aux relations internationales. Regards croisés d'internationalistes privatistes et publicistes*, Pedone, 2011, p. 111.

[558] *Ibid.*

[559] CJCE, 20 février 1979, aff. 120/78, *Rewe-Zentral, JDI* 1981, p. 106, note R. KOVAR ; *RTD Eur* 1980, p. 611, note J. C. MASCLET ; *RMC* 1980, p. 505, note A. MATTERA ; *EurR* 1979, p. 420, note E. MILLARG ; *ELR* 1980, p. 213 et 1981, p. 185, note D. WYATT.

Section 1
Les impérativités caractérisant la territorialité du droit du travail

164. Lois de police en droit du travail. La méthode savignienne de la règle de conflit de lois bilatérale est caractérisée par sa prétention de neutralité. Au sein de cette doctrine même, il est possible de tenir compte « des répercussions que les lois de droit matériel, ou certaines d'entre elles, produisent au niveau de la réglementation des relations internationales de droit privé »[560], mais uniquement par les mécanismes dérogatoires tels que celui des lois de police. Cette méthode « neutre » a fait l'objet de critiques par la doctrine aux États-Unis qui lui a adressé des reproches « de dogmatisme et de mécanicité »[561]. Or, même en Europe, l'abandon de la vision du conflit de juridictions sous l'angle du conflit des souverainetés, a conduit à la prise de conscience que les valeurs véhiculées par la règle de conflit de lois étaient aussi relatives. Ceci a créé un terrain fertile pour les lois de police. Sous cet angle, l'on pourrait soutenir que, même en Europe, le conflit de lois est désormais mué en un conflit « des politiques législatives »[562]. Et, en droit du travail, nous rencontrons traditionnellement un nombre important de lois de police. Ce constat n'est pas moins lié au fait que « [l]e droit social représente des choix fondamentaux de société »[563].

165. Régulation étatique et concurrence normative. L'objectif des lois de police peut également être vu comme étant celui de mener une régulation étatique. L'utilisation des lois de police à cette fin répond à la conception neutre de la règle de conflit bilatérale : les lois de police permettent seules d'accueillir des considérations régulatrices. Alors que l'on considérait traditionnellement que le droit était mis en place par les régulateurs, tels que les juges, la théorie de « regulatory competition »[564] s'est peu à peu imposée dans le droit privé. Celle-ci vise à démontrer que le droit est de plus en plus un produit qui naît et est façonné par les forces du marché[565]. Dans la mesure

---

560 A. BUCHER, « L'ordre public et le but social des lois en droit international privé », *RCADI*, vol. 239, Brill, 1993, p. 65.

561 H. MUIR WATT, cours cité (note 539), n° 31.

562 *Ibid.*, n° 32, se référant aux travaux de B. Currie.

563 É. PATAUT, « Relire 'Compagnie des Wagons-lits'. La représentation collective des salariés dans l'espace international », *Liber amicorum en hommage à Pierre Rodière,* LGDJ, 2019, p. 387.

564 G. RÜHL, « Regulatory competition », J. BASEDOW, G. RÜHL, F. FERRARI, P. DE MIGUEL ASENSIO (dir.), *Encyclopedia of Private International Law,* Elgar Publishing, 2017, p. 1515.

565 *Ibid.* Comp. sur la concurrence normative, L. USUNIER, « La concurrence normative, un mode de représentation des rapports entre les systèmes juridiques en vogue », R. SEFTON-GREEN, L. USUNIER (dir.), *La concurrence normative. Mythes et réalités,* Société de législation comparée, 2013, p. 15.

où l'on applique cette théorie au droit privé, il peut être intéressant d'entreprendre une lecture du droit international privé sous cette lumière[566], afin de comprendre les dernières évolutions qui bouleversent cette matière et y apporter une réponse législative. Alors que certains courants conçoivent le droit international privé comme facilitant la concurrence normative[567], il convient plutôt de s'interroger quelle réponse le droit international privé doit apporter à cette évolution. Ainsi, la lecture qui doit emporter la conviction est celle qui vise précisément à prendre en compte les inconvénients d'une concurrence des législations[568]. D'un point de vue méthodologique, s'impose ici l'adaptation des outils de cette branche de discipline pour conduire la régulation souhaitée. À l'heure actuelle, seul le mécanisme dérogatoire des lois de police semble constituer un réceptacle efficace à une lecture régulatrice du conflit de lois. Historiquement, l'apparition des lois de police régulatrices marque l'avènement de la conception régulatrice du conflit de lois en Europe. Y réapparaît le statutisme[569]. Cette évolution rappelle le « neo-statutisme » des États-Unis qui doit être entendu comme visant « la confrontation politique de règles précises poursuivant chacune une finalité propre »[570]. Désormais, il est reconnu qu'il est possible d'adresser la problématique de « la régulation des externalités (législatives) transfrontières », parmi lesquelles est notamment cité l'enjeu du *dumping social*[571], au moyen du conflit de lois. Pour l'heure, nous nous interrogeons sur la place des considérations régulatrices dans les lois de police. Nous constatons *a priori* que l'utilisation des lois de police laisse coïncider des considérations régulatrices avec la délimitation du droit du travail au territoire. On peut néanmoins s'interroger si cette régulation étatique, menée au moyen des lois de police, est souhaitable dans un contexte d'européanisation du droit international privé. De prime abord, il apparaît que l'article 7 de la convention de Rome et l'article 9 du règlement Rome I admettent l'existence de lois de police étatiques.

166. Territorialité du droit du travail. Nous nous rappelons que le droit international privé avait longtemps une empreinte territorialiste. Au milieu du XXe siècle, Francescakis s'interroge néanmoins : « [d]éterminer le champ d'application de chaque loi cela ne paraît-il pas être la même chose que de déterminer la loi applicable à chaque relation humaine ? »[572] Cette question

---

[566] Comp. pour notre interprétation de la fonction régulatrice de la règle de conflit de lois, *infra,* n° 435 et s., 591 et s.

[567] *Ibid.*, spéc. p. 1516.

[568] *Cf.* M.-A. MOREAU, *Normes sociales, droit du travail et mondialisation*, Dalloz, 2006.

[569] *Cf.* H. MUIR WATT, cours cité (note 539), n° 32.

[570] *Ibid.*, n° 158.

[571] *Ibid.*, n° 34.

[572] P. FRANCESCAKIS, *La théorie du renvoi et les conflits de systèmes en droit international privé*, préc., n° 5.

remet en cause la référence traditionnelle au territoire, dans la règle de conflit de lois. Il n'en demeure pas moins que le mécanisme des lois de police semble encore laisser la possibilité de faire valoir la réglementation du travail du for, alors que l'application de la règle de conflit de lois conduirait à la désignation d'une autre loi. Nous employons, avec M. Bucher, le terme de territorialité pour décrire la caractéristique de la méthode unilatérale dans laquelle s'inscrivent les lois de police[573]. M. d'Avout identifie également la tendance à « l'applicabilité immédiate d'une législation, sur le territoire de leur auteur, aux situations juridiques considérées comme y étant localisées en tout ou pour partie », qu'il décrit par les termes de « territorialité substantielle ou normative »[574]. À partir de ces observations, nous nous interrogerons sur la conséquence de cette doctrine localisatrice, à savoir la territorialité du droit du travail, qui méritera d'être remise en cause, à l'heure à laquelle l'Union européenne est en train de construire une régulation européenne des rapports de travail[575].

167. Plan. Après avoir constaté que l'utilisation des impérativités en droit international privé du travail était une pratique ancienne (sous-section 1), nous découvrirons les impérativités sous un nouveau jour : celui de l'affirmation d'une régulation étatique du droit du travail, à l'heure de la création d'une régulation européenne (sous-section 2).

Sous-section 1. L'impérativité traditionnelle de certains aspects du droit du travail

168. Systématisation des impérativités. Certaines dispositions du droit du travail français, qui portent notamment sur la représentation collective des travailleurs, ont traditionnellement été qualifiées de lois de police. Ce constat nous oblige à opérer un effort de systématisation des cas de recours aux impérativités par les juges nationaux. D'autres systèmes juridiques connaissent des évolutions similaires. Nous constatons *a priori* un recours fréquent aux lois de police pour assurer la protection du salarié, partie faible. Cette hypothèse a été développée par divers auteurs mais reste débattue[576]. Les

---

[573] A. BUCHER, cours cité (note 560), p. 56.

[574] L. D'AVOUT, « L'entreprise et les conflits internationaux de lois », *RCADI,* vol. 397, Brill, 2019, p. 9, spéc. p. 99.

[575] Comp. L. LEBON, *La territorialité et l'Union européenne. Approches de droit public*, Bruylant, 2015, n° 993, qui s'interroge sur le sens de la notion de territorialité dans le contexte du droit public marqué d'une territorialité forte, pour conclure que, « malgré un mouvement de déterritorialisation certain des matières publiques à l'aune de l'Union européenne, des résistances à l'effacement de la territorialité émergent, résistances parfois cautionnées par l'Union ».

[576] E. MOREAU, *Lois de police et contrat international du travail,* préc., 1993, p. 39, n° 48 ; P. MAYER, « Les lois de police étrangères », *JDI* 1981, p. 277, spéc. p. 291 : « [a]u sein des rapports contractuels, les lois qui entendent protéger une partie,

critiques formulées nous conduisent à nous interroger sur la justification du recours aux impérativités, du point de vue de la méthode du conflit de lois. Cette analyse s'impose d'autant plus que la pratique des juridictions, qui vise à soumettre certains aspects du droit du travail à la loi du for, a été accusée pour sa tendance territorialiste.

169. Méthode des lois de police. Alors que les méthodes du conflit de lois sont en permanente évolution[577], la place qui incombe aux lois de police semble également évoluer. Ces dernières dispositions s'inscrivent dans la méthode unilatérale qui semble en recul. En mettant l'accent sur la méthode, nous aurions pu employer le terme de « loi d'application immédiate »[578]. Or, notre analyse du point de vue du droit de l'Union européenne justifie notre affinité pour le terme de loi de police[579]. Le recours aux lois de police n'étant pas exclu, il semble toutefois que l'européanisation commande qu'on les situe parmi les méthodes du conflit de lois.

170. Plan. Après avoir inscrit les lois de police dans les méthodes du conflit de lois (paragraphe 1), nous relèverons les cas de recours à ce mécanisme (paragraphe 2).

Paragraphe 1. Les méthodes des lois de police

171. Unilatéralisme. Savigny considérait la loi de police comme une dérogation à la méthode conflictuelle[580]. Fondant la méthode conflictuelle sur la communauté de droit, il devait admettre l'existence de certaines lois qui ne faisaient pas partie de cette méthode, et lesquelles il convenait d'attribuer à une autre, à savoir la méthode unilatérale. Francescakis, en rappelant ce caractère dérogatoire des lois de police, note qu' « il exist[e] des lois françaises applicables immédiatement, en ce sens qu'elles se passent de

---

réputée faible, contre une autre, dominante, doivent s'appliquer selon un critère objectif pour que la volonté des contractants ne puisse les éluder. Ce sont donc des lois de police » ; V. MARKOVSKA, « Zwingende Bestimmungen als Schranken der Rechtswahl im Arbeitskollisionsrecht », *RdA* 2007, p. 352, spéc. p. 357 et s. ; réservée, M.-E. ANCEL, « De la loi applicable à l'action en paiement du sous-traitant contre le maître de l'ouvrage », *RCDIP* 2009, p. 736.

[577] Sur les méthodes du conflit de lois, *infra*, n° 413 et s.

[578] P. FRANCESCAKIS, « Quelques précisions sur les lois d'application immédiate et sur leurs rapports avec les règles des conflits de lois », *RCDIP* 1966, p. 1, qui invente le terme pour signaler la spécificité méthodologique des lois de police.

[579] Article 7 de la convention de Rome, article 9 du règlement dit Rome I : c'est la même terminologie que celle utilisée à l'article 3 du code civil français qu'emprunte la Cour de cassation.

[580] F. C. VON SAVIGNY, *System des heutigen römischen Rechts,* VIII, préc., p. 38.

l'intermédiaire du procédé des conflits de lois »[581]. À l'inverse du mécanisme conflictuel, il s'agirait de « commencer par retenir une loi pour se demander à quelles relations humaines elle s'applique »[582]. Ces lois d'application immédiate regrouperaient tant les lois de police et de sûreté que les lois d'ordre public[583].

172. Distinction. La distinction entre les lois de police et la méthode bilatérale est défendue de différentes manières. Rappelons que la règle de conflit de lois bilatérale au sens savignien se démarque par la prise en considération de la relation juridique. Le point de départ en matière de loi de police est différent. MM. Audit et d'Avout précisent que la loi de police est applicable en fonction de ce que le juge estime être son but et sa volonté d'application[584]. À partir de là, ils concluent que les lois de police « tendent à montrer que cette forme de raisonnement s'impose, car elle satisfait le principe kantien qui veut que la maxime de son action puisse être érigée en loi universelle »[585]. Dit autrement, l'impérativité induirait la volonté d'application de la loi de police. En conséquence, « l'application 'immédiate' d'une disposition impérative est rendue nécessaire parce que le rattachement prévu par la règle de conflit bilatérale pour la catégorie dont la situation relève ne permet pas d'en assurer une application conforme à son but »[586].

173. Champ d'application. Cette vision des lois de police consiste à considérer qu'elles déterminent leur propre champ d'application dans l'espace. En cela, elles contribuent à définir le champ d'application de l'ordre juridique. C'est la version unilatéraliste. L'unilatéralisme s'est développé à une époque où l'on voyait le conflit de lois sous le prisme du conflit de souverainetés. La règle de conflit de lois bilatérale était accusée de délimiter le champ d'application des lois étrangères et, partant, de porter atteinte aux souverainetés. Suivant les défenseurs de cette doctrine, il était difficilement concevable qu'une norme de rattachement pût désigner l'applicabilité d'une norme d'un ordre juridique autre que celui auquel elle appartenait. Ces développements s'inscrivaient dans une époque de renforcement des États nationaux, ce qui explique l'angle d'approche du conflit des souverainetés. Résumons qu'aux yeux de ces chercheurs, une loi de police « est d'inspiration unilatéraliste (avant la lettre) car elle vise un type de loi, et non de situation,

---

581 P. FRANCESCAKIS, art. cité (note 578), spéc. p. 3.

582 *Ibid.*, spéc. p. 5.

583 *Ibid.*, spéc. p. 3.

584 B. AUDIT, L. D'AVOUT, *Droit international privé*, préc., n° 187.

585 *Ibid.*, n° 180 ; en ce sens, G. P. ROMANO, « Le droit international privé à l'épreuve de la théorie kantienne de la justice », *JDI* 2012, p. 61 ; *Cf.* toutefois, P. KINSCH, « Principe d'égalité et conflits de lois », *TCFDIP*, 2002-2004, Pedone, 2005, p. 117.

586 B. AUDIT, L. D'AVOUT, *Droit international privé*, préc., n° 187.

dont elle fixe le champ d'application »[587]. M. Mayer insiste sur le lien avec l'État qui induit le champ d'application spatial de la loi d'application nécessaire. Il estime que la loi d'application nécessaire vise « toute règle qui doit être appliquée, selon l'État qui l'a édictée, à toutes les relations juridiques présentant un certain lien avec lui, et qui rend pour cela compétent l'ordre juridique auquel elle appartient, lorsque cette compétence ne résulte pas de la règle de conflit de lois »[588]. Ce lien avec l'État résulterait de la loi elle-même. Enfin, M. Bucher, qui accentue le lien spatial, évoque les lois de police comme des lois marquées d'une territorialité spéciale qui caractérise la méthode unilatéraliste[589].

174. Exception. La loi de police est considérée comme une exception à la méthode du conflit de lois. De nombreux auteurs s'étant alignés à l'école présentée[590], les travaux qui suivent doivent porter davantage sur l'identification des lois de police que sur le mécanisme en lui-même. Francescakis qui refusait d'attribuer aux règles unilatérales l'appellation de règle de conflit, observait, d'une manière distanciée, « dans la démarche du législateur posant de pareilles règles, un refus global et indifférencié des lois étrangères, comme, plus généralement, un refus d'internationalisation des faits que de pareilles règles recouvrent »[591]. Il ne niait pas pour autant l'existence de telles lois dont le domaine d'application pouvait être défini, dans le silence de la loi[592]. De cela résultait leur appellation de lois d'application immédiate. Par la suite, il amorçait de développer le champ d'application spatial, à partir de la nature de ces lois au sein du système juridique français[593]. À cette fin, il analysait les intérêts que véhiculaient ces dispositions : « l'on confie à cette catégorie tous les cas dans lesquels il n'y va pas seulement des intérêts particuliers, ni même de l'intérêt commun en tant que somme des intérêts particuliers, mais bien de l'ensemble de ces intérêts quand ils sont pris en charge par l'organisation étatique »[594]. Il poursuivait : les lois de police, en conséquence, « doivent pouvoir dépendre

---

[587] B. AUDIT, L. D'AVOUT, *Droit international privé,* préc., n° 185.

[588] P. MAYER, art. cité (note 576), spéc. p. 287.

[589] A. BUCHER, cours cité (note 560), p. 56.

[590] E. MOREAU, *Lois de police et contrat international du travail,* préc., p. 36, n° 43 ; A. BONOMI, « Overriding Mandatory Provisions in the Rome I Regulation on the Law Applicable to Contracts », *YPIL* 2008, p. 285 ; M. GARDEÑES SANTIAGO, « Derecho imperativo y derecho internacional de trabajo », *RMESS* 2017, p. 163, spéc. p. 166, qui soutient que la nécessité d'appliquer la loi de police, liée à la délimitation de son champ d'application spatial, résulte de sa finalité publique ou sociale.

[591] P. FRANCESCAKIS, *La théorie du renvoi et les conflits de systèmes en droit international privé*, préc., n° 10.

[592] P. FRANCESCAKIS, art. cité (note 578), spéc. p. 10.

[593] *Ibid.*, spéc. p. 12.

[594] *Ibid.*, spéc. p. 13.

de critères d'application conformes à leur but et donc tout autant de critères personnels (telle obligation de police économique, par exemple, imposée aux nationaux même résidant ou domiciliés à l'étranger) que de critères tenant aux lieux »[595].

175. Politiques législatives. Aux fins de l'identification des lois de police, Batiffol a opposé deux types d'ordre public pour dire que celui visant la sauvegarde de certaines politiques législatives s'appliquait au moyen des lois d'application immédiate[596]. Inscrivant les lois de police dans l'ordre juridique dont elles émanent, Batiffol a entrepris l'effort de ne pas détruire l'homogénéité et l'équilibre de l'ordre juridique, dans lequel les règles interagissent[597]. Cette distinction marque la doctrine pendant les décennies à venir. M. de Vareilles-Sommières s'appuie encore récemment sur les liens des lois de police avec « le dirigisme étatique » pour souligner l'importance de « la politique législative menée par l'État légiférant »[598].

176. Identification. L'incertitude sur l'identification des lois de police contribuait certainement à ces débats doctrinaux sur le fondement des lois de police. Il n'en demeure pas moins que des propositions variées ont été formulées. S'inscrivant dans l'analyse des intérêts que véhiculent les lois de police, M. Gardeñes Santiago tente d'identifier les domaines d'intervention des lois de police ; il identifie des intérêts publics ou sociaux[599]. Ces intérêts pourraient notamment être déduits de sanctions pénales ou administratives attachées à la violation des dispositions[600]. D'autres auteurs identifient les lois de police à partir de leur contenu. Les lois de police viseraient des « règles dont le contenu est si particulier qu'il crée un lien systématique et obligatoire entre leur compétence et leur domaine d'application »[601]. D'une manière proche, M. Bonomi indique qu'il convient de déterminer les lois de police à partir de la matière[602]. Enfin, M. de Vareilles-Sommières insiste encore sur le

---

595 P. FRANCESCAKIS, art. cité (note 578), spéc. p. 14.

596 H. BATIFFOL, *Traité de droit international privé*, LGDJ, 1959, p. 413, qui se réfère aux développements de P. LEREBOURS-PIGEONNIÈRE.

597 H. BATIFFOL, *Aspects philosophiques du droit international privé*, préc., n° 50 et s.

598 P. DE VAREILLES-SOMMIÈRES, « Lois de police et politiques législatives », *RCDIP* 2011, p. 207.

599 M. GARDEÑES SANTIAGO, art. cité (note 590), spéc. p. 166, dans la version originale : « normas que, por razón de intereses públicos o sociales de carácter preeminente, exigirían su aplicación en todas aquellas situaciones contempladas en su ámbito de aplicación, aun cuando concurrieran en el caso elementos de extranjería, o incluso aunque la relación jurídica de base –por lo que aquí interesa, el contrato laboral– se regulara por un Derecho extranjero ».

600 *Ibid.*

601 E. MOREAU, *Lois de police et contrat international du travail,* préc., p. 37, n° 45.

602 A. BONOMI, art. cité (note 590).

rôle de la politique législative dans la caractérisation des lois de police[603] ; il évoque la mise en œuvre « de politiques économiques, sanitaires ou encore sociales »[604] au moyen des lois de police[605]. Nombreuses ont été les voix qui remettent en cause notamment l'identification à partir de leur finalité, en raison de l'insécurité juridique qui en résulterait. Alors que l'identification appartiendrait au législateur, M. Gardeñes Santiago, qui étudie le droit espagnol, suggère qu'il serait également possible de s'en tenir aux indications de l'article relatif aux lois de police dans son code civil[606]. À défaut de telles indications, une interprétation téléologique et finaliste s'imposerait[607]. D'une manière générale, nous pouvons admettre l'insécurité consubstantielle au mécanisme des lois de police[608]. Cette insécurité juridique n'a-t-elle une importance supérieure, dans la mesure où il s'agit le plus souvent d'imposer la loi étatique au détriment de l'altérité ? En raison de cette crainte, les défenseurs de la méthode des lois d'application immédiate ont généralement insisté sur son application restrictive. Une lecture des autres méthodes des lois de police permettra de relativiser.

177. Néo-statutisme. La conception unilatéraliste du conflit de lois que nous venons de présenter consiste à considérer que chaque ordre juridique fixe le champ d'application des dispositions qu'il édicte. Au préalable, il convient ainsi de déterminer les critères d'applicabilité spatiale d'un ordre juridique. Néanmoins, il est possible de détacher la détermination du champ d'application des lois de la souveraineté. Pour cette raison, il peut être distingué au sein de l'unilatéralisme même[609]. Quadri affirmait « que les règles par lesquelles un souverain détermine le champ d'application de la loi qu'il édicte, ne délimitent pas pour autant l'ordre juridique de l'État, ne circonscrivent donc pas la sphère de sa souveraineté »[610]. En effet, la souveraineté est délimitée par le droit international public. Il résulte des considérations de souveraineté que la loi d'un État donné ne produit guère d' « effet réellement obligatoire [...], sa sanction »[611] au-delà du territoire. Ceci ne saurait pas limiter l'applicabilité du droit national au-delà des

---

603 P. DE VAREILLES-SOMMIÈRES, art. cité (note 596).

604 *Ibid.*

605 *Ibid.* En revanche, il ne s'inscrit pas dans le courant doctrinal faisant prévaloir les intérêts gouvernementaux, qu'il évoque sous les termes d' « un vaste fonctionnalisme à l'américaine »).

606 Article 8 du code civil espagnol, dans la version originale : « [l]as leyes penales, las de policía y las de seguridad pública obligan a todos los que se hallen en territorio español ».

607 M. GARDEÑES SANTIAGO, art. cité (note 590).

608 En ce sens, *ibid.*

609 *Cf.* P. GOTHOT, « Le renouveau de la tendance unilatéraliste en droit international privé », *RCDIP* 1971, p. 1, 200 et 415.

610 *Ibid.*, spéc. p. 18.

611 *Ibid.*

frontières, dans la conception de Quadri[612]. Il reste que « chaque État fixe au moins implicitement un champ d'application international aux lois qu'il édicte, en fonction de leur teneur, et de cette volonté doit découler leur application »[613]. En revanche, ce n'est pas tant le champ d'application de l'ordre juridique lui-même qui est visé pour évoquer l'unilatéralisme dans cette conception. Cette pensée sous-entend que « chaque État prend librement la décision de faire coexister son ordre avec les ordres voisins pour que, s'il est possible, la diversité des lois n'entraîne pas pour les individus de positions intenables »[614]. En conséquence, la théorie néo-statutaire n'est plus nécessairement dérogatoire par rapport à la méthode de la règle de conflit de lois[615]. Plutôt que de distinguer les degrés d'impérativité de différentes lois pour qu'elles relèvent des lois de police, la méthode néo-statutaire vise davantage à déterminer des liens étroits entre la situation et la règle de droit dont l'application est revendiquée. Comme le résume Mme Muir Watt, « [i]l n'y a pas en réalité des lois portant des degrés variables d'impérativité, mais des liens plus ou moins étroits »[616] de la règle avec la situation considérée. Avant que nous ne situions la pratique du recours aux lois de police en droit du travail parmi ces méthodes, il nous semble utile de constater que de nombreuses dispositions ont, paradoxalement, revendiqué leur application territoriale.

Paragraphe 2. Les aspects du droit du travail commandant leur territorialité

178. Identification. Notre démonstration débute par une recherche des cas de recours aux lois de police par les États membres. Cette recherche nous permettra de relever la finalité à laquelle les États membres mobilisent les lois de police. Dans la jurisprudence française, il apparaît, de prime abord, difficile de détecter une ligne directrice en vue de l'identification des lois de police. La jurisprudence n'a pas cessé d'en découvrir de nouveaux exemples. C'est ainsi que Francescakis observe « des interprétations d'une extrême inégalité »[617]. Ce constat ne peut qu'être validé en droit du travail. Si l'identification des lois de police semble difficile, notre objectif consiste à découvrir un point en commun entre les différentes dispositions identifiées par la jurisprudence. D'autres exemples peuvent être trouvés dans les arrêts de différentes juridictions nationales. Dans un contexte de diversité des réglementations du travail, certains États ont tendance à revendiquer l'application de leur

---

[612] P. GOTHOT, art. cité (note 607), spéc. p. 18.

[613] B. AUDIT, L. D'AVOUT, *Droit international privé,* préc., n° 178.

[614] P. GOTHOT, art. cité (note 607), spéc. p. 21.

[615] D. BUREAU, H. MUIR WATT, *Droit international privé*, tome 1, préc., avant n° 552.

[616] H. MUIR WATT, art. cité (note 274), spéc. p. 347.

[617] P. FRANCESCAKIS, art. cité (note 578), spéc. p. 6.

législation en prévoyant des règles d'application territoriale[618]. Résumons que l'application territoriale du droit du travail est très prisée en Allemagne et en France[619]. Dans les pays nordiques, l'établissement et l'application des standards de travail locaux sont assurés par les partenaires sociaux ; l'application de certaines conventions collectives repose sur une condition d'adhésion aux partenaires sociaux.

179. *Compagnie internationale des wagons-lits.* En France, plusieurs arrêts sur ce sujet concernent la représentation collective des travailleurs. L'arrêt *Compagnie internationale des wagons-lits*[620] consacre la qualification de loi de police de la disposition de l'ordonnance du 22 février 1945[621], imposant l'institution d'un comité central d'entreprise dans les entreprises employant au moins 50 salariés. En l'espèce, il s'agit d'une société ayant son siège social en Belgique ainsi que plusieurs établissements en France. Après avoir institué des comités d'établissement, la société omet de mettre en place un comité central d'entreprise ce que le Syndicat général du personnel fait valoir devant l'administration française. Or, cette dernière oppose l'argument que le siège se situe hors de France. Ce raisonnement reflète la conception territoriale classique, telle que développée par Rouast : « cette loi de statut territorial ne peut avoir d'effet hors du territoire, […] elle est paralysée si elle ne peut s'exécuter qu'au siège social et […] il n'y a pas de possibilité pour le comité de collaborer avec les organes centraux d'une société, régie par la loi d'un pays étranger où se trouve le siège »[622]. Cette argumentation est critiquée : « [c]'est en effet donner [à] la législation issue de l'ordonnance […] une interprétation qui aboutit à la tronquer et à la dénaturer »[623]. Or, le Conseil d'État statue en ce sens que « la circonstance qu'une entreprise employant en France plus de cinquante salariés a son siège social à l'étranger ne saurait la faire échapper à l'application de la législation sur les comités d'entreprises »[624]. Ainsi, la législation sur l'obligation d'instituer un comité

---

[618] U. GRUSIC, *The European Private International Law of Employment*, préc., p. 27.

[619] J.-J. KUIPERS, *EU Law and Private International Law: The Interrelationship in Contractual Obligations*, Brill, 2012, p. 125 et s. ; P. MANKOWSKI, « Employment Contracts under Article 8 of the Rome I Regulation », F. FERRARI, S. LEIBLE (dir.), *Rome I Regulation*, Sellier, 2009, p. 202.

[620] CE, 29 juin 1973, *Compagnie internationale des wagons-lits, RCDIP* 1974, p. 344, concl. Questiaux et p. 273, chron. P. FRANCESCAKIS ; *Clunet* 1975, p. 538, note M. SIMON-DEPITRE ; *DSOC* 1976, p. 50, note J. SAVATIER ; *Rev. soc.* 1976, p. 663, note J.-L. BISMUTH.

[621] Ordonnance n° 45-280 du 22 février 1945 instituant des comités d'entreprises, JORF du 23 février 1945, p. 954.

[622] A. ROUAST, « La loi sur les comités d'entreprise et les sociétés étrangères », *DSOC* 1947, p. 67.

[623] N. QUESTIAUX, concl. préc., p. 344, spéc. p. 347.

[624] CE, 29 juin 1973, *Compagnie internationale des wagons-lits*.

central d'entreprise est interprétée comme devant bénéficier à tout travailleur en France. Plus largement, la disposition imposant l'obligation de mettre en place des institutions représentatives du personnel, tels qu'un comité d'entreprise ou d'établissement, s'étend à l'obligation discutée relative à l'institution d'un comité central d'entreprise, dès lors que l'entreprise a un ou des établissements en France employant plus de cinquante salariés. Nous pouvons en déduire que le Conseil d'État considère que l'ordonnance de 1945 est une loi de police à coloration territorialiste.

180. Représentation du personnel. L'arrêt *Thoresen* de la Cour de cassation généralise, par la suite, que « les lois relatives à la représentation des salariés et à la défense de leurs droits et intérêts sont des lois de police s'imposant à toutes les entreprises et organismes assimilés qui exercent leur activité en France et qui sont dès lors tenus de mettre en place les institutions qu'elles prévoient à tous les niveaux des secteurs de production situés sur le territoire national »[625]. L'espèce porte sur le délégué syndical central. Ajoutons l'arrêt *Air Afrique*[626] qui applique, en tant que loi de police, la loi française relative au licenciement des salariés investis de fonctions représentatives du personnel. Nous avançons avec les auteurs du Précis de droit social international et européen que les lois de police sont « [n]ombreuses en matière de rapports collectifs du travail »[627].

181. Grève. Un autre exemple de loi de police concerne le droit de grève. En effet, il est souvent défendu que le droit de grève soit admis en France, dit autrement, que la licéité de la grève s'impose en raison d'une loi de police[628]. Nous nous limitons ici à la licéité de la grève, même si les auteurs français n'hésitent pas à viser d'autres aspects par l'impérativité. Cette lecture peut s'appuyer sur l'impérativité traditionnelle des autres aspects des relations collectives de travail[629]. En revanche, les règles de conflit de lois européennes conduisent à un émiettement de la loi applicable. Ce positionnement ne contredit pas nécessairement nos observations sur la place de l'impérativité en ce domaine, dans la mesure où ces règles laissent la question ouverte de la loi qui doit régir la licéité de la grève[630]. En nous concentrant sur la recherche d'une solution au conflit de lois concernant la licéité de la grève, nous ne pouvons pas nous passer des critiques à l'égard de la solution qui viserait une loi de police. Parmi celles-ci, M. Laborde ne peut « pas voir en quoi il s'agirait

---

[625] Cass. soc., 3 mars 1988, pourvoi n° 86-60.507, *Thoresen, RCDIP* 1989, p. 63, note G. LYON-CAEN ; *JDI* 1989, p. 78, note M.-A. MOREAU-BOURLÈS.

[626] Cass. AP, 10 juillet 1992, pourvoi n° 88-40.672, *Air Afrique.*

[627] A. et G. LYON-CAEN, *Droit social international et européen*, préc., n° 36.

[628] *Ibid.,* n° 72 ; A. LYON-CAEN, art. cité (note 427), spéc. p. 278.

[629] É. PATAUT, « La grève dans les rapports internationaux de travail : questions de qualification », *DSOC* 2005, p. 303.

[630] *Supra*, n° 181, sur cette question, *cf.* C. LAURICHESSE, *La grève en droit international privé*, préc., n° 99 et s.

ici réellement de l'organisation politique, économique et sociale du pays et moins encore pourquoi la grève devrait nécessairement intéresser l'État au premier chef. Ne serait-il pas plus conforme à une doctrine libérale sainement entendue de traiter la grève d'abord et dans la majorité des cas comme un conflit entre particuliers, du reste parfaitement admis dans un État démocratique et qui, à ce titre, ne peut sérieusement intéresser à tout coup l'ordre public ? »[631] Il faudrait songer à faire valoir la loi du lieu du déroulement de la grève au moyen d'un autre mécanisme du conflit de lois[632].

182. Relations individuelles. Ajoutons à cette liste quelques dispositions françaises concernant les relations individuelles de travail, dont celles relatives à la sécurité du travail[633], à la durée maximale du travail[634], au repos hebdomadaire, aux congés payés[635], au salaire minimum et à l'âge minimum d'admission au travail. En revanche, le régime général du licenciement est certes d'ordre public mais les juridictions ne lui ont pas attribué la qualification de loi de police[636]. Cette solution reflète la recherche d'une solution du conflit de lois en l'absence de règles de conflit pertinentes. Même en présence de règles de conflit de lois spécifiques, l'implication des institutions étatiques peut conduire à l'invocation de la territorialité de certaines dispositions. En ce qui concerne les institutions assurant la garantie du paiement des salaires, elles s'opposent dans certaines affaires à leur compétence s'agissant de travailleurs exerçant leur activité à l'étranger. Or, les juridictions rappellent les termes des directives 2002/74/CE et 2008/94/CE pour écarter la territorialité de l'article L. 3253-18-1 du code du travail français invoqué[637].

183. Autorisation de travail. La possibilité d'exercer une activité économique en France continue de relever de dispositions de police administrative[638]. D'importantes restrictions remontent à la crise de 1929[639]. Subsiste, au titre de ces mesures, l'exigence d'une autorisation de travail. En

---

[631] J.-P. LABORDE, art. cité (note 376), spéc. p. 157.

[632] Sur ce point, *cf.* É. PATAUT, art. cité (note 629).

[633] Cass. soc., 3 mars 1988, pourvoi n° 86-60.507, *Thoresen* ; A. et G. LYON-CAEN, *Droit social international et européen*, préc., n° 36.

[634] En revanche, la réglementation sur la durée du travail en soi n'est pas une loi de police (Cass. soc., 8 décembre 2021, pourvoi n° 20-14.178, *DSOC* 2022, p. 162, note V. LACOSTE-MARY ; *Lexbase Social* 2022, n° 892, note N. MIHMAN).

[635] *Ibid.*, n° 36, qui nuancent : « [l]a discussion est ouverte pour les congés annuels : simple effet du contrat dans certains systèmes, c'est une institution 'de police' dans d'autres, dont pourrait bien être le système français ».

[636] Cass. soc., 29 mai 1991, pourvoi n° 88-42.335, *RCDIP* 1992, p. 468, note H. MUIR WATT ; CA Paris, 21e ch., 6 octobre 1999, *Steinman c. SA Société Générale*, RJS 4/00, n° 382.

[637] *Cf.* par exemple, CA Douai, ch. soc., 31 mars 2016, RG ° 15/00137.

[638] B. AUDIT, L. D'AVOUT, *Droit international privé*, préc. n° 122 et s.

[639] *Ibid.*

raison de ses caractéristiques méthodologiques, le droit des étrangers a été réservé de certains ouvrages de droit international privé[640]. À tout le moins, il a pu être observé que « [l]a soustraction du droit de la nationalité au domaine du droit international privé fragilis[ait] la position de la condition des étrangers dans ce même domaine »[641]. En raison de leur imprégnation de police administrative, ces règles interviennent à titre de lois de police dans les relations privées internationales. L'article L. 8251-1 du code du travail interdisant d'employer un étranger non muni d'une autorisation de travail salarié en France est ainsi une loi de police[642]. N'y fait obstacle la circonstance que le contrat de travail soit régi par une autre loi, en raison d'un choix de loi, du lieu de conclusion du contrat ou de son lieu d'exécution habituel[643].

184. Statuts professionnels. Par ailleurs, certaines lois régissant les statuts professionnels particuliers ont été qualifiées de lois de police. Il en est ainsi de la réglementation relative aux journalistes professionnels. Aux termes d'un arrêt de la Cour de cassation, le statut légal des journalistes professionnels institué par le chapitre 1er du titre 6 du livre VII du code du travail contient « des dispositions impératives de la loi française »[644]. D'aucuns critiquent cette décision, la Cour de cassation y déduisant l'impérativité du caractère légal et qualifiant – à l'excès – l'ensemble du statut de loi de police[645]. À titre d'exemple de disposition du statut professionnel, il convient de mentionner l'article L. 7112-4, suivant lequel la commission arbitrale des journalistes est compétente pour fixer le montant de l'indemnité de licenciement de ceux-ci lorsque leur ancienneté excède quinze années[646]. Or, la solution concernant ce statut professionnel particulier permet-elle de conclure à l'impérativité

---

640 D. BUREAU, H. MUIR WATT, *Droit international privé*, tome 1, préc., avec d'autres explications.

641 P. DE VAREILLES-SOMMIÈRES, S. LAVAL, *Droit international privé*, Dalloz, 2023, n° 18.

642 Cass. soc., 21 mars 2018, pourvoi n° 17-10.220, *D.* 2019, p. 1016, chron. S. CLAVEL, F. JAULT-SESEKE.

643 CE, 17 juin 2019, n° 417837, *D.* 2019, p. 1956, chron. L. d'AVOUT, S. BOLLÉE, É. FARNOUX, 2020, p. 298, chron. N. JOUBERT, 2020, p. 951, chron. S. CLAVEL, F. JAULT-SESEKE et 2020, p. 378, note H. MUIR WATT ; *AJDA* 2019, p. 2031, note F. JAULT-SESEKE ; *Revue des Contrats* 2019, n° 4, p. 65, note B. HAFTEL ; *JCP S* 2019, n° 46, p. 26, note S. RIANCHO.

644 Cass. soc., 31 janvier 2007, pourvoi n° 05-44.203, *Le Parisien Libéré, RDC* 2007, p. 879, chron. P. DEUMIER ; *RDT* 2007, p. 398, note H. TISSANDIER ; *JCP S* 2007, n° 15, p. 21, note T. LAHALLE ; *JSL* 2007, n° 206, p. 17, note J.-E. TOURREIL.

645 H. TISSANDIER, « Une convention collective s'applique-t-elle à un contrat de travail exécuté à l'étranger ? », *RDT* 2007, p. 398.

646 Les journalistes peuvent saisir la cour d'appel en annulation de la décision de la Commission arbitrale des journalistes, cf. quelques décisions, CA Paris, pôle 1, ch. 1, 9 septembre 2014, RG n° 14/18468 et 24 novembre 2015, RG n° 15/01874.

internationale des statuts professionnels contenus dans le livre VII du code du travail français dans leur ensemble ? Au sein du livre VII du code du travail français, il est également fait mention des mannequins, des artistes du spectacle, des concierges et gardiens d'immeubles, des représentants de commerce, des gérants de succursales ainsi que des travailleurs à domicile. Aux fins de créer une cohérence logique, l'on devrait y ajouter les dispositions relatives aux secteurs professionnels régis par les dispositions du code rural, du code des ports maritimes et du code du travail maritime[647]. Un tel raisonnement pourrait s'appuyer sur le parallèle avec d'autres catégories bénéficiant d'une protection impérative, même en dehors du droit du travail, telles que celle des agents commerciaux[648].

185. Expatriés. En ce qui concerne les travailleurs expatriés, le code du travail français prévoit une disposition particulière, l'article L. 1231-5, qui garantit le droit de rapatriement et de reclassement aux travailleurs mobiles au sein des groupes de sociétés. Plus précisément, ce droit bénéficie au salarié engagé par une société mère, mis à la disposition d'une filiale étrangère avec laquelle un contrat de travail est conclu, dès lors qu'il se fait licencier par la filiale étrangère. Si la société mère devait, à son tour, licencier ce salarié, le temps passé par celui-ci au service de la filiale serait à prendre en compte pour le calcul du préavis et de l'indemnité de licenciement[649]. Cette disposition a été introduite dans le code du travail en 1973[650], dans l'objectif de favoriser la mobilité internationale des salariés au sein des groupes de sociétés. Celle-ci est considérée comme un facteur de stabilité de l'emploi[651]. Alors qu'elle

---

[647] G. AUZERO, D. BAUGARD, E. DOCKÈS, *Droit du travail,* Dalloz, 2022, n° 51.

[648] *Infra*, n° 706. Rejetant leur prétention, Cass. 1ère civ., 21 octobre 2015, pourvoi n° 14-20.924 ; comp. la jurisprudence allemande qui leur reconnaît la qualification de loi de police.

[649] Cass. soc., 14 octobre 2020, n° 19-12.275, *RDT* 2020, p. 745, note D. BAUGARD ; *JCP S* 2020, n° 48, p. 24, note Y. PAGNERRE ; *BJS* 11/20, note G. DUCHANGE ; *BJT* 2020, n° 11, p. 17, note G. DUCHANGE ; *RDT* 2020, p. 745, note D. BAUGARD ; *Rev. soc.* 2021, p. 130, note R. VATINET.

[650] Loi n° 73-680 du 13 juillet 1973 portant modification du code du travail en ce qui concerne la résiliation du contrat de travail à durée indéterminée, article 8. Sur cette disposition, *cf.* F. GAUDU, « Le retour du salarié », *DSOC* 1991, p. 906 ; R. VATINET, « La mise à disposition de salariés », *DSOC* 2011, p. 656.

[651] F. FAVENNEC-HERY, « L'extinction de la relation de travail dans les groupes », *DSOC* 2010, p. 762, qui affirme que le groupe de sociétés serait « l'antidote de l'extinction de la relation de travail ». Le groupe de sociétés acquiert progressivement une reconnaissance en droit du travail français, alors qu'il continue d'être un concept à contours variables, selon le domaine dans lequel l'on se place (licenciement, représentation collective, etc.). Pour de récentes études d'ensemble, *cf.* M. KOCHER, *La notion de groupe d'entreprises en droit du travail,* LGDJ, 2013 ; A. GHENIM, C. HANNOUN, P. HENRIOT, E. PESKINE et al. (dir.), *Groupes de sociétés et droit*

laisse subsister le premier contrat de travail[652], la disposition décrite doit être plus vraisemblablement interprétée comme consacrant les liens du salarié à l'égard du groupe de sociétés ou, dit autrement, de ses entités[653]. La jurisprudence tire les conséquences du contrôle que continue d'exercer la société mère sur la filiale jusqu'au moment du licenciement par la filiale[654]. Elle peut être interprétée comme consacrant les liens du salarié à l'égard de la société mère, au sens du coemploi[655]. En d'autres termes, elle concerne une mise à disposition « doublée d'un coemploi »[656]. Cette protection spécifique qu'instaure la disposition doit prévaloir, hormis l'internationalité de la relation de travail. Des débats visent la question de la nature de la norme, qui s'impose alors même que le salarié a exercé sa relation de travail d'une durée suffisamment longue à l'étranger, de sorte que l'on puisse y localiser le lieu d'exécution habituel de travail. La loi française s'appliquerait à titre de loi de police. Or, M. Pataut craint « que le recours à la notion de loi de police soit effectivement assez insatisfaisant, car en réalité, la vraie question n'est pas celle de bâtir un raisonnement de conflit de lois qui permette de prendre en compte l'unité économique du groupe »[657]. En même temps, il faut combler l'impossibilité pour le droit du travail, même de source européenne, de saisir les relations de travail dans les groupes internationaux. Le règlement Rome I « ne comprend pas de disposition satisfaisante en matière de groupe de

---

du travail, Dalloz, 2019 ; B. TEYSSIÉ (dir.), *Le groupe en droit du travail,* Lexis Nexis, 2021.

[652] Cass. soc., 27 novembre 2019, pourvoi n° 18-19.221, *D.* 2020, p. 951, chron. S. CLAVEL, F. JAULT-SESEKE. La Cour de cassation rappelle régulièrement que le lien de subordination subsiste entre la société mère et le salarié. Elle le vérifie et l'affirme ici en s'appuyant sur un faisceau d'indices et, plus particulièrement, sur le recrutement, le rattachement hiérarchique du salarié au dirigeant de la société mère, la rémunération versée au salarié dont les éléments fixes et variables ainsi que les missions.

[653] Cass. soc., 13 novembre 2008, pourvoi n° 07-41.700, *D.* 2009, p. 590, chron. O. LECLERC, C. WOLMARK, E. PESKINE, J. PORTA ; *RDT* 2009, p. 29, note M.-C. AMAUGER-LATTES ; *DSOC* 2009, p. 69, note J.-P. LHERNOULD ; *RJS* 2009, n° 1, p. 19, note H. GOSSELIN ; *JCP S* 2009, n° 3, p. 31, note P. COURSIER, qui nous conduit à relativiser le lien à l'égard de la société mère, la salariée ayant accepté par écrit de mettre fin à son contrat avec la société mère française et de signer un nouveau contrat de travail avec la filiale chinoise du groupe.

[654] Cass. avis, 8 juillet 2021, pourvoi n° 21-70.012, *DSOC* 2021, p. 984, note S. RANC.

[655] Sur cette notion, *infra*, n° 680 et s.

[656] D. BAUGARD, « De la réintégration du salarié détaché auprès d'une filiale à l'étranger », *RDT* 2020, p. 745.

[657] É. PATAUT, « Le licenciement dans les groupes internationaux de sociétés. Aspects de droit international privé et de droit de l'Union européenne », *RDT* 2011, p. 14.

sociétés. Dès lors, le recours à la loi de police apparaît comme la seule technique qui permette effectivement d'assurer l'efficacité internationale de la loi française »[658]. Dans sa finalité, l'article L. 1231-5 du code du travail vise à garantir certains avantages aux travailleurs expatriés qui pourraient autrement se perdre, en raison de leur rattachement à un groupe de sociétés. L'existence de cette disposition parcellaire ne témoigne-t-elle de l'absence d'une solution globale vis-à-vis de l'internationalisation du contrat de travail et l'intégration dans un groupe de sociétés ? Comme les dispositions relatives aux statuts professionnels précités, celles-ci garantissent des avantages à certaines catégories professionnelles seulement.

186. Principe de territorialité. Les exemples donnés laissent entendre la conception des lois de police qui ressort de la jurisprudence française : il importe de s'assurer de la territorialité des faits. En effet, la jurisprudence en matière de représentation collective des salariés invite à chercher un certain lien entre les situations et le territoire français. Dans l'affaire de la *Compagnie des Wagons-lits*, il est souligné par Mme Questiaux que l'ordonnance sur la mise en place du comité d'entreprise « définit un droit, et même un principe fondamental du droit du travail reconnu à tout travailleur salarié en France ». Jusqu'ici, l'on croît lire la consécration d'un lien de rattachement du travailleur au territoire français. Néanmoins, Mme Questiaux poursuit en concluant « que la législation doit être appliquée par toute personne physique ou morale employant des salariés en France dans les conditions qu'elle prévoit. Il ne peut en aller autrement que de celles de ses dispositions qui seraient en pratique inapplicables du fait de la présence du siège social de l'entreprise à l'étranger »[659]. D'où la proposition que la territorialité serait celle des salariés ; des tentatives de développer une règle de conflit de lois à partir de cette affaire sont perceptibles[660]. Elles s'inscrivent dans la lignée des développements de Rouast qui expliquait que l'ordonnance obligeait les établissements sis en France, mais que celle-ci semblait inapplicable aux établissements à l'étranger[661]. C'est ainsi que M. Pataut observe, à propos de la position prise par la jurisprudence française, une tendance à vouloir établir la territorialité en matière de représentation collective des salariés[662]. Ceci ne rappelle pas moins les développements de Niboyet qui, tout en prônant

---

[658] É. PATAUT, art. cité (note 657).

[659] N. QUESTIAUX, concl. préc., p. 344, spéc. p. 347.

[660] É. PATAUT, art. cité (note 563).

[661] A. ROUAST, art. cité (note 622).

[662] É. PATAUT, art. cité (note 563). Sur la distinction entre loi territoriale et loi de police, *cf.* É. PATAUT, « Territorialité des relations collectives de travail : à propos de l'unité économique et sociale », *RCDIP* 2019, p. 1012. L'auteur explique que cette première veut que les critères de rattachement ne soient pris en considération que s'ils se localisent sur le territoire français. Pour une telle distinction en droit allemand, *cf.* O. DEINERT, « Territoriale Betriebsverfassung in einer international verflochtenen Wirtschaft », *AuR* 2021, n° 3, p. 100.

l'universalisme de la solution, défend le principe de l'application territoriale de la loi : « [l]orsqu'un législateur élabore une loi, il entend évidemment établir une réglementation pour son territoire : il n'a aucune qualité pour réglementer les faits ou les situations qui se produisent sur le territoire d'un autre État »[663]. L'élaboration de ce principe de territorialité n'exclut pas la garantie de l'universalité de la règle, dans le sens où elle serait « suivie [...] dans un nombre de pays plus ou moins grand »[664]. Le principe de territorialité, tel que défendu par cet auteur, peut ainsi constituer une règle de conflit de lois. Si l'on voulait suivre cet auteur, il conviendrait tout de même de discuter du critère qui déclenche cette territorialité. Cette dernière semble dépendre du siège de l'employeur, ce qui n'est pas cohérent sous l'angle de la protection du travailleur[665]. En ce sens, nous évoquons les développements de M. Laborde qui semble y détecter un lien de rattachement. Littéralement, M. Laborde insiste sur ce que le territoire, au sens de cette jurisprudence, « ne se réduit évidem[m]ent pas au sol, mais à la relation particulière qu'entretiennent, sur un même sol, un groupe d'un côté, l'autorité ou la souveraineté susceptible de s'exercer sur lui de l'autre. Il y a donc en quelque sorte une correspondance naturelle entre l'organisation d'instances spécifiques aux groupes et la compétence de la loi territoriale »[666]. Rien n'exclut que l'on n'envisage sous le terme de territorialité l'activité des travailleurs qui s'exécute sur le territoire français[667].

187. Territorialité. Néanmoins, la solution de l'affaire de la *Compagnie des Wagons-lits* est elle-même accusée d'instaurer une territorialité au sens où nous l'avons expliqué au départ : elle reflète une tendance « lexforiste » visant à appliquer la loi du for dans une majorité de cas. Niboyet fait la distinction entre le principe de territorialité développé ci-dessus et la territorialité au sens où elle conduit à l'application de la loi du for, même dans les cas où les faits

---

[663] J.-P. NIBOYET, « L'universalité des règles de solution des conflits est-elle réalisable sur la base de la territorialité ? », *RCDIP* 1950, p. 509, spéc. p. 513.

[664] *Ibid.* N'oublions pas que cette universalité supposée est la principale faiblesse de cette théorie ; elle nous semble ainsi utopique.

[665] N. QUESTIAUX, concl. préc., spéc. p. 348. C'est sur ce point que les conclusions de Mme Questiaux apparaissent, par ailleurs, contradictoires : elle évoque la solution de la territorialité, tout en insistant sur l'effet de l'ordre public social sur l'applicabilité des lois de police à toute personne employant des salariés sur le territoire

[666] J.-P. LABORDE, art. cité (note 376), spéc. p. 155.

[667] H. VERSCHUEREN, « The European Internal Market and the Competition between Workers », *ELLJ* 2015, p. 128, spéc. p. 138 et s., qui vise par le terme de territorialité, l'application de la loi du lieu d'exécution habituel. Il estime que l'application territoriale serait sous pression, en conséquence de la libre prestation de services.

se déroulent à l'étranger, par exemple[668]. En vérité, c'est la seconde hypothèse que semble refléter la solution, dans la jurisprudence sur la loi applicable à la représentation collective des salariés[669]. La territorialité ici est souvent interprétée comme établissant l'applicabilité des lois impératives à partir du déploiement des activités d'une entreprise ou d'un établissement en France[670]. Mme Muir Watt et M. Bureau, qui nuancent l'évolution de la jurisprudence de la Cour de cassation au sujet de la territorialité, nous permettent d'affirmer la généralisation de la territorialité. Ils observent qu'à l'origine, cette jurisprudence était marquée par une territorialité stricte et limitée à la seule « condition d'habitation du territoire »[671]. Désormais, ce serait « la pure territorialité des faits ou des événements »[672] qu'il faudrait prendre en compte. Il convient de s'interroger par quoi est ici déterminé le lien avec le territoire.

188. Contre la loi d'autonomie. Il convient de revenir sur la jurisprudence française qui est sélective dans l'emploi de la territorialité. Les décisions étudiées n'ont pas pour objet de rendre impératives toutes les dispositions du droit du travail national. Une interrogation sur les fonctions du recours aux lois de police s'impose. Il a été précisé que l'intervention des lois de police était utile à l'égard de la loi d'autonomie. Mme Moreau voit la possibilité de faire intervenir des lois de police pour pallier les défauts de la règle de conflit de lois. Elle précise que « la reconnaissance du domaine général de la loi d'autonomie est une conséquence de la notion de loi de police »[673]. Dit autrement, l'extension du mécanisme des lois de police répond à l'élargissement des domaines de la loi d'autonomie. À ce propos, elle argue que peuvent être récupérées, au moyen des lois de police, les modifications ultérieures de la loi choisie par les parties. Ainsi, la loi de police répond au défi que la loi d'autonomie risque d'éluder les dispositions restrictives de la loi du lieu d'exécution.

---

[668] J.-P. NIBOYET, art. cité (note 663), spéc. p. 517, où il insiste qu'en raison de l'universalité de la règle unilatérale qu'il convient de s'assurer que la loi étrangère puisse s'appliquer dès lors que les faits se produisent à l'étranger. En effet, il accuse la jurisprudence française de procéder de la sorte : « [c]elle-ci, en se mettant singulièrement en contradiction, affirme, d'une part, la compétence française pour les obligations soumises à la loi française, et les paiements qui doivent intervenir en France, tandis que, d'autre part, elle refuse d'appliquer les lois étrangères lorsqu'il s'agit d'obligations régies par la loi d'un pays étranger et que le paiement doit intervenir hors de France ».

[669] En ce sens, É. PATAUT, art. cité (note 563) ; déjà, P. FRANCESCAKIS, art. cité (note 578).

[670] J.-P. LABORDE, art. cité (note 376), spéc. p. 156.

[671] D. BUREAU, H. MUIR WATT, *Droit international privé*, tome 1, préc., n° 552, note n° 3.

[672] *Ibid.*

[673] M.-A. MOREAU, « L'évolution récente de la jurisprudence dans le domaine de l'expatriation des salariés », *DSOC* 1986, p. 23, spéc. p. 29.

189. Protection de la partie faible. D'autres auteurs théorisent la finalité propre du procédé des lois de police lequel viserait à protéger les parties réputées faibles. « Ne permet-il pas en effet de garantir au profit de la partie faible l'application de règles protectrices que la règle de conflit habituellement retenue en matière contractuelle aurait permis d'éluder ? »[674], s'interroge M. Leclerc d'une manière un peu provoquante. Mme Moreau semble y répondre par l'affirmative et admettre que les lois de police peuvent être découvertes en matière de protection de la partie faible, pour des raisons suivantes : « [l]'organisation des rapports de travail, collectifs ou individuels, est une des préoccupations majeures de l'État, et l'État seul peut intervenir de façon que chaque contrat passé entre un salarié et un employeur respecte ses objectifs sociaux. C'est pourquoi les États font en sorte de ne pas abandonner ce soin à l'arbitraire des particuliers. Ils édictent des normes spéciales, destinées à pallier l'éventuelle impuissance des règles de conflit ordinaires à maintenir les contrats internationaux sous l'empire de leur législation. C'est la raison d'être des lois de police »[675]. M. Gardeñes Santiago se prononce également en faveur de l'utilisation des lois de police en vue de protéger la partie faible à un contrat[676]. À cette fin, il démontre que ces dispositions poursuivent une double finalité, celle de protéger la partie faible du contrat pour compenser le déséquilibre du pouvoir de négociation, d'une part, celle liée à l'organisation générale du marché du travail, en tant qu'un aspect fondamental de l'organisation sociale et économique, d'autre part[677]. En d'autres termes, les dispositions visant la protection de la partie faible ont une finalité qui va au-delà de l'unique fonction protectrice de la partie faible. En revanche, la possibilité de recourir systématiquement au mécanisme des lois de police en matière de protection des parties faibles ne semble pas admise.

190. Recours palliatif à la territorialité. Plus vraisemblablement, c'est l'absence de règle de conflit de lois spécifique à certains aspects de la relation qui crée le besoin de trouver une règle de rattachement. En l'absence d'une quelconque règle de conflit de lois, la jurisprudence a tendance à rattacher la situation au domaine de sa propre loi. Nous avons accusé cette démarche de territorialiste. Les exemples étudiés démontrent un recours fluctuant aux lois de police, dès lors qu'aucune règle de conflit de lois n'est disponible.

---

[674] F. LECLERC, *La protection de la partie faible dans les contrats internationaux (Étude de conflits de lois)*, préc., n° 340.

[675] E. MOREAU, *Lois de police et contrat international du travail,* préc., p. 35, n° 41.

[676] M. GARDEÑES SANTIAGO, art. cité (note 590), spéc. p. 175.

[677] *Ibid.*, *cf.* aussi sur cette double fonction : M. GARDEÑES SANTIAGO, « Normas materiales imperativas o leyes de policía en materia de trabajo : sus problemas de aplicación en el espacio intracomunitario de relaciones laborales », *Estudos em Memória do Professor António Marques dos Santos,* Almedina, 2005, p. 680.

L'exemple de l'affaire de *Compagnie internationale des wagons-lits*, permet d'appuyer cette analyse[678]. En l'espèce, le recours à la *lex societatis* apparaissait être la seule règle de conflit de lois envisageable[679]. Or, cette règle de conflit de lois existe-t-elle pour la représentation collective ?

191. Royaume-Uni. L'enjeu de la territorialité se pose dans une autre mesure en fonction des spécificités des systèmes juridiques. Au Royaume-Uni, les droits des travailleurs sont inscrits tant dans le *statute* que dans la jurisprudence relative aux obligations contractuelles et extracontractuelles. Les droits statutaires sont principalement issus de l'*Employment Rights Act* de 1996. Sa section 204(1) dispose qu'aux fins de l'application du présent *statute*, il n'importe pas quelle loi est applicable à la relation de travail[680]. La doctrine considère que cette loi s'applique *prima facie* à tous les contrats de travail, quel que soit le droit applicable au contrat, et la qualifie d' « ordre public »[681]. Selon M. Grusic et Mme Barnard, afin de bénéficier des droits inscrits aux *statutes*, il faut relever du champ d'application personnel[682] de ceux-ci et répondre à la période minimale qualifiante[683]. C'est ainsi que l'on pourrait arguer l'applicabilité impérative de la protection contre le licenciement, au bénéfice de tous les travailleurs exerçant une activité sur le territoire. D'autres actes statutaires bénéficieraient de la même applicabilité territoriale : *Equal Pay Act* (1970), *Sex Discrimination Act* ainsi que tous les autres actes statutaires interdisant la discrimination, *Trade Union and Labour Relations (Consolidation) Act* (1992), *National Minimum Wage Act* (1998), *Public Interest Disclosure Act* (1998)[684]. M. Grusic nuance l'applicabilité territoriale des *« statutes »*. Il distingue parmi les différents *statutes* entre ceux qui sont d'applicabilité territoriale stricte, tels que *Trade Union and Labour Relations (Consolidation) Act* (1992) et *National Minimum Wage Act* (1998), et ceux qui n'expriment plus expressément leur applicabilité territoriale[685]. À propos de l'*Employment Rights Act* de 1996, il insiste sur la suppression d'une disposition limitant son application aux seuls travailleurs effectuant leur travail sur le territoire national. En effet, l'ancienne section 196 a limité la

---

[678] É. PATAUT, art. cité (note 563).

[679] *Ibid.*

[680] Dans la version originale : « [f]or the purposes of this Act it is immaterial whether the law which governs any person's employment is the law of the United Kingdom, or of a part of the United Kingdom ».

[681] C. BARNARD, « The UK and Posted Workers: The Effect of Commission v Luxembourg on the Territorial Application of British Labour Law », *ILJ* 2009, p. 122, qui utilise le terme *mandatory*. Elle se réfère à Dicey, Morris, Collins, *On the Conflict of Laws*, Sweet & Maxwell, 2006, para 33-090.

[682] U. GRUSIC, « The Territorial Scope of Employment Legislation and Choice of Law », *MLR* 2012, p. 722, spéc. p. 746.

[683] C. BARNARD, art. cité (note 681).

[684] *Ibid.*

[685] U. GRUSIC, art. cité (note 682).

protection contre le licenciement, qui résultait de l'acte en question. Pour conclure, M. Grusic tente d'établir un lien entre l'application territoriale de la législation et l'implication de son contenu sur le marché du travail.

192. Allemagne. La jurisprudence allemande se montre effectivement hostile à l'égard de l'utilisation des lois de police en droit du travail. Pour ne prendre l'exemple du droit de protection contre le licenciement, la Cour fédérale du travail (*Bundesarbeitsgericht)* estime que la loi relative à celle-ci ne donnerait pas lieu à une loi de police, dans la mesure où elle ne viserait pas d'intérêt public[686]. En effet, la disposition concernerait plutôt un intérêt individuel. En ce sens, la Cour fédérale du travail semble généraliser que la législation du travail ne peut pas être une loi de police[687]. S'inscrit dans le droit fil de sa jurisprudence la récente décision qui dénie la qualification de loi de police au § 18 BEEG (*Gesetz zum Elterngeld und zur Elternzeit*) relatif à l'allocation parentale et au congé parental[688]. Il n'en demeure pas moins que certaines dispositions éparses relatives au droit du travail ont été interprétées comme constituant des lois de police, telles que l'interdiction des discriminations[689] et le quota de femmes dans les conseils de surveillance[690].

Sous-section 2. L'impérativité vue comme un signe de la reprise de la régulation étatique

193. Définition européenne. L'adoption d'une définition européenne de la loi de police rouvre le débat sur les cas de recours possibles aux lois de police. Alors que les définitions nationales des lois de police faisaient référence à l'application territoriale d'une manière ou d'une autre, la méthode européenne semble refléter une nouvelle approche. Le changement s'est annoncé avec la confrontation des approches nationales aux exigences européennes dans ce domaine. *A priori*, il convient de noter que l'arrêt *Arblade*[691], et plus tard le règlement Rome I, ne s'opposent pas aux lois de

---

[686] BAG, 24 août 1989, *IPRspr* 1989, n° 146 ; pour une approche similaire aux Pays-Bas, *Sorensen* c. *Aramco Overseas Company,* HR 23 October 1987, *NJ* 1988, p. 842 (Hoge Raad), cité par H. L. E. VERHAGEN, « The Tension between Party Autonomy and European Union Law: Some Observations on *Ingmar GB Ltd* v *Eaton LeonardTechnologies Inc* », *ICLQ* 2002, p. 135, spéc. p. 144.

[687] M. WILDERSPIN, « Overriding mandatory provisions », J. BASEDOW, G. RÜHL, F. FERRARI, P. DE MIGUEL ASENSIO (dir.), *Encyclopedia of Private International Law,* Elgar Publishing, 2017, p. 1331.

[688] BAG, 7 mai 2020 – 2 AZR 692/19, *RdA* 2020, p 366, note M. BENECKE.

[689] Cf. J.-D. LÜTTRINGHAUS, *Grenzüberschreitender Diskriminierungsschutz - Das internationale Privatrecht der Antidiskriminierung*, Mohr Siebeck, 2010.

[690] M.-P. WELLER, C. THOMALE, « Der internationale Anwendungsbereich der Geschlechterquote für Großunternehmen », *ZGR* 2015, p. 361.

[691] CJCE, 23 novembre 1999, C-369/96 et C-376/96, *Arblade et Leloup, RCDIP* 2000, p. 710, note M. FALLON *; RDAI* 2001, p. 615, chron. A. MOURRE.

police. Néanmoins, ils semblent en modifier les cas de recours. S'inquiétant des bouleversements qu'est susceptible de provoquer la nouvelle définition à l'article 9 du règlement Rome I, M. d'Avout observe que celle-ci est « de nature à remettre en cause les pratiques nationales préexistantes, qui se servent de l'échappatoire des lois de police pour la protection catégorielle des intérêts privés particuliers d'une partie jugée faible »[692].

194. Régulation étatique. Le maintien du mécanisme-même des lois de police, dans le contexte de l'européanisation, n'exprime pas moins une certaine tolérance à l'égard des pratiques nationales en droit international privé qui visent à mettre en avant les intérêts étatiques. Rappelons à cet égard que l'article 9 du règlement Rome I définit les lois de police par référence à « la sauvegarde de ses intérêts publics, tels que son organisation politique, sociale ou économique ». Cette définition permet avant tout aux États membres de réguler[693] les matières en question. Nous nous intéressons ainsi aux intérêts régulateurs sous-jacents aux lois de police. Mme Muir Watt et M. Bureau observent le maintien, par ce texte, de la territorialité des réglementations étatiques, lesquelles visent la régulation économique[694]. La directive dite détachement donne des exemples très précis de ce qui doit relever de la régulation étatique, en même temps qu'elle facilite la mobilité des travailleurs détachés au moyen de la libre prestation de services.

195. Plan. À partir des règles de conflit de lois européennes, nous chercherons à identifier ce qui caractérise la méthode européenne des lois de police (paragraphe 1). L'exemple de l'impératif de régulation étatique en matière de détachement de travailleurs visera à illustrer notre analyse des signes d'une reprise de la régulation par les États membres au moyen de la méthode des lois de police (paragraphe 2).

Paragraphe 1. La référence à la régulation dans la méthode européenne des lois de police

196. Système Rome I. La convention de Rome a consacré à son article 7, § 2, « une règle spéciale sur les dispositions internationalement impératives »[695]. Ce même paragraphe admet l'intervention des lois de police du for, alors que le § 1 autorise celle des lois de police du for étranger. Cette vision exprime *a priori* une tolérance des auteurs de la convention de Rome à l'égard de la possibilité pour un État membre de véhiculer des intérêts publics d'un autre. Elle sous-entend une compréhension que l'impérativité correspond

---

[692] L. D'AVOUT, art. cité (note 199).

[693] Sur cette notion, *infra*, n° 437 et s.

[694] D. BUREAU, H. MUIR WATT, *Droit international privé*, tome 2, préc., n° 923.

[695] A. BUCHER, cours cité (note 560), p. 40.

désormais le plus souvent à des intérêts économiques ou régulateurs[696]. Les intérêts publics effectivement visés seront précisés par le règlement Rome I qui, d'une manière surprenante, recule en matière d'applicabilité des lois de police étrangères. Le nouvel article 9, § 1 du règlement Rome I, contenant la définition des lois de police, s'inspire à partir de la définition de Francescakis[697], elle-même reprise par le législateur belge. Ajoutons que les lois de police ne se limitent pas au domaine de la matière contractuelle ; le règlement Rome II dont le champ d'application couvre la matière extracontractuelle y contient une référence à l'article 16. Il est ainsi certain que l'Union européenne admet ouvertement le recours aux impérativités du for, et d'une manière limitée, de celle du for étranger. Ceci nous conduit à identifier la méthode empruntée. Il semble y avoir moins de doutes sur son mécanisme d'intervention. La loi de police ou loi d'application immédiate écarte la méthode bilatérale pour s'imposer dans son champ d'application spatial, dont elle bénéficie en raison de son impérativité. Dans le contexte de l'Union, le mécanisme des lois de police a été décrit comme suit : « [l]e langage de l'article 9 laisse certes penser que la loi de police prévaut non seulement sur la loi choisie au titre de l'article 3, mais aussi les rattachements objectifs de l'article 4 ainsi que des règles spéciales »[698]. C'est ainsi que la loi de police, en raison du mécanisme qu'elle véhicule dans la méthode européenne, s'impose à l'égard des autres règles de conflit de lois.

197. Définition. Alors que la notion était incertaine, compte tenu des divergences des législations étatiques en la matière, la Cour de justice pose dans l'arrêt *Arblade* une définition des lois de police. D'emblée, la Cour de justice cite la définition des lois de police dans la législation belge : il s'agit « d'entendre cette expression comme visant des dispositions nationales dont l'observation a été jugée cruciale pour la sauvegarde de l'organisation politique, sociale ou économique de l'État membre concerné, au point d'en imposer le respect à toute personne se trouvant sur le territoire national de cet État membre ou à tout rapport juridique localisé dans celui-ci »[699]. Cette définition s'inspire de celle proposée par Francescakis, ce qui laisse douter d'une affinité pour la méthode unilatéraliste. Il n'en demeure pas moins que la terminologie employée change, puisque l'on n'emploie pas le terme de loi d'application immédiate. Cette définition sert désormais de fondement à la définition européenne des lois de police. Conformément à l'article 9, § 1 du règlement Rome I : « [u]ne loi de police est une disposition impérative dont le respect est jugé crucial par un pays pour la sauvegarde de ses intérêts publics, tels que son organisation politique, sociale ou économique, au point

---

[696] Sur ce point, D. BUREAU, H. MUIR WATT, *Droit international privé,* tome 1, préc., n° 563.

[697] P. FRANCESCAKIS, art. cité (note 578), p. 1.

[698] H. MUIR WATT, art. cité (note 274), spéc. p. 342 et 344.

[699] CJCE, 23 novembre 1999, C-369/96 et C-376/96, *Arblade et Leloup*, pt. 30.

d'en exiger l'application à toute situation entrant dans son champ d'application, quelle que soit par ailleurs la loi applicable au contrat d'après le présent règlement ». Nous notons ici l'insistance sur l'intérêt public, désigné sous l' « organisation politique, sociale ou économique », ce qui peut être plus restrictif que l'ordre public au sens propre. Mme Barnard fait part de ses doutes relatifs à la possibilité d'accepter sous cette définition l'applicabilité territoriale du droit anglais. À cette fin, elle met en avant le caractère très limitatif de la définition des lois de police à partir d'intérêts étatiques qui seraient « cruciaux » à la sauvegarde de l'organisation sociale d'un pays[700]. Sans que nous ne doutions de l'importance de la législation protectrice du travailleur, ces observations nous conduisent à nous interroger sur la teneur de l'intérêt public visé.

198. Intérêt public. Cet intérêt public nous rappelle, de prime abord, l'exception d'ordre public. En effet, suivant le considérant n° 37 du même règlement, « [d]es considérations d'intérêt public justifient, dans des circonstances exceptionnelles, le recours par les tribunaux des États membres aux mécanismes que sont l'exception d'ordre public et les lois de police ». En même temps, il nous permet de distinguer les deux mécanismes, puisque la seconde phrase indique que la loi de police « devrait être interprétée de façon plus restrictive ». La distinction opérée par les instruments européens insiste ainsi clairement sur la différence des intérêts en cause sans exclure qu'il puisse y avoir un chevauchement de l'intérêt public – plus large – de l'exception d'ordre public avec celui de la loi de police. Ceci laisse apparaître les deux mécanismes concurrents. En revanche, la notion européenne de loi de police n'évoque pas suffisamment la méthode des lois de police qu'elle retient. C'est ainsi que M. d'Avout critique à propos du règlement Rome I qu' « au plan opérationnel il affermit une césure nette qui tient moins à la nature abstraite des règles en question qu'à leur destination concrète »[701]. En raison de la référence à l'intérêt public, nous constatons une publicisation de la notion de loi de police et, partant son rétrécissement[702]. Cette précision va de pair avec une tendance à la limitation de la discrétion du juge national qui aura à apprécier la notion européenne. Cette tendance peut également être observée relativement à l'évolution de l'article 7, § 1 de la convention de Rome. La disposition de la convention de Rome vise l'admission des lois de police étrangères et permet au juge saisi d'apprécier l'opportunité d'une application

---

[700] C. BARNARD, art. cité (note 681). Dans la version originale : « [i]t is hard to argue that, eg, laws on unfair dismissal, however central to a system of employment protection, are ' crucial ' to safeguard a country's social organisation. It will therefore be harder to argue in future that Polish workers temporarily posted to the UK will be subject to key aspects of UK employment protection legislation which applies as overriding mandatory provisions of the forum ».

[701] L. D'AVOUT, art. cité (note 199).

[702] *Ibid.*

exceptionnelle[703]. L'intervention des lois de police étrangères est désormais limitée et la « disposition [...] moribonde »[704] est remplacée. En effet, il est désormais exigé que la loi de police étrangère provienne de l'État d'exécution des obligations contractuelles et qu'elle rende illégale l'exécution de ces dernières. Malgré la marge d'appréciation réduite, il revient toujours au juge saisi d'appliquer ses lois de police, et aux parties, « de se soustraire simplement à l'application des lois de police extraterritoriales par le choix du juge compétent »[705].

199. Articulation. En relation avec la définition des lois de police par le règlement Rome I, l'on s'est également posé la question de l'articulation du règlement avec d'autres textes européens qui déterminent l'intervention des lois de police. Plus précisément, la directive dite détachement autorise, à son article 3, le recours aux lois de police du pays dit d'accueil, sachant que le travailleur reste soumis, pour les autres aspects du contrat individuel de travail, à la loi du lieu d'exécution habituel du travail. Alors qu' « [i]l convient d'éviter une situation où les règles de conflit de lois seraient dispersées entre de multiples instruments et où il existerait des incohérences entre ces règles [,] le présent règlement n'exclut pas la possibilité d'insérer des règles de conflit de lois en matière d'obligations contractuelles dans les dispositions de droit communautaire concernant des matières particulières »[706]. Il semble en résulter que d'autres textes européens, tels que la directive dite détachement, peuvent bien prévoir les domaines d'intervention des lois de police. Cela n'empêche que l'évolution va vers l'abandon de l'émiettement des règles de conflit de lois dans plusieurs règlements.

200. Hiérarchisation des impérativités. La loi de police primant sur les règles de conflit de lois bilatérales, elle s'impose à l'égard tant des règles de rattachement au sens de l'article 8 du règlement Rome I que de l'exception d'ordre public[707]. D'abord, la loi de police prime sur la règle de rattachement. De cette manière, elle apparaît aussi supérieure à d'éventuels intérêts publics véhiculés par une règle de rattachement à coloration matérielle[708]. Ensuite, les exceptions d'ordre public n'entrent pas en jeu, une fois qu'une loi de police s'applique. Cette modalité d'intervention sous-entend une hiérarchisation des intérêts publics véhiculés par les lois de police et ceux qui interviennent dans le cadre de la règle de conflit de lois bilatérale. Il ne s'agit pas moins d'une solution qui nous apparaît curieuse, dans la mesure où le critère d'identification des lois de police dans le règlement Rome I est celui de l'intérêt public. En ce sens, MM. Audit et d'Avout critiquent la définition

[703] L. D'AVOUT, art. cité (note 199).
[704] *Ibid.*
[705] *Ibid.*
[706] Règlement dit Rome I, considérant n° 40.
[707] H. MUIR WATT, art. cité (note 274), spéc. p. 344 et s.
[708] Sur cette notion, *infra*, n° 608 et s.

européenne puisqu'elle insiste sur la qualification *a priori* et générale des lois de police, à partir de l'identification des intérêts qu'elles véhiculent[709]. Partant de ces observations, nous avançons que la hiérarchisation des intérêts impératifs ne résulte pas tant de l'intérêt véhiculé mais de l'intervention des méthodes du conflit de lois. Une précision des méthodes s'imposera.

201. Néo-statutisme. Malgré la formulation de la définition des lois de police en termes unilatéralistes, fidèles à la définition de Francescakis, certains doutes apparaissent sur l'utilisation de cette méthode en parallèle à la règle de rattachement. Ces doutes surgissent surtout dans un contexte de publicisation des droits des contrats mais également des délits, laquelle permet d'exprimer des intérêts sociétaux[710]. Cette publicisation est certainement aussi « l'explication [...] des nombreuses apories dont nous venons de constater l'existence au sein du bilatéralisme. Or, de telles apories sont le reflet des incohérences qui affectent la dimension politique de la pensée libérale »[711]. Ainsi, le recours général à la loi de police unilatérale, au milieu des règles de rattachement, a été remis en cause : « on voit bien aussi qu'elle est de nature à vider la règle de rattachement de toute sa substance »[712]. Mme Muir Watt découvre cette prise en compte des intérêts sociétaux dans les règles de conflit de lois, au sein des règlements Rome I et Rome II. Elle résume que « [l]a prise en compte de ces intérêts politiques emporte avec elle une perspective unilatéraliste, qui surgit par conséquent au milieu d'un ensemble méthodologique construit sur des principes opposés »[713]. En conséquence, « leur présence porte en germe la généralisation d'une démarche néo-statutiste, en ce sens qu'il faut désormais sonder les politiques poursuivies par l'ensemble des lois en conflit »[714]. Cette lecture nous permet de considérer que la méthode européenne des règles de conflit de lois veut, au sens large, permettre l'expression d'intérêts régulateurs des États membres. Le recours aux lois de police pour exprimer ces intérêts ne semble plus être la seule voie. Il n'en demeure pas moins que l'affirmation des lois de police au sein de la méthode européenne peut être vue comme annonçant un renouveau du conflit de lois européen.

---

[709] B. AUDIT, L. D'AVOUT, *Droit international privé,* préc., n° 187, qui expliquent que la définition du règlement Rome I constituerait une régression, en comparaison avec la convention de Rome.

[710] H. MUIR WATT, cours cité (note 539), n° 187.

[711] *Ibid.*

[712] *Ibid.*

[713] *Ibid.*

[714] *Ibid.*

Paragraphe 2. L'impératif de régulation étatique et le détachement des travailleurs

202. *Rush Portuguesa.* Nous illustrons le surgissement des lois de police régulatrices. Le détachement de travailleurs est certainement le contexte d'intervention le plus fréquent des lois de police. Précisons que la jurisprudence fait apparaître des cas où les États membres de la Communauté européenne, et plus tard de l'Union européenne, cherchent à imposer leurs réglementations aux travailleurs détachés. À titre d'exemple, il s'agit de dispositions relatives au salaire minimum, aux obligations de produire des documents sociaux[715], à la constitution d'un règlement de travail et d'un registre du personnel[716], à l'établissement d'un compte individuel[717], au décompte de la rémunération, à la conservation des documents sociaux[718] et à la langue des documents[719]. Principiellement validées par la jurisprudence de la Cour de justice, ces lois de police se multiplient au fil du temps[720]. Rappelons que l'arrêt *Rush Portuguesa*[721] peut être vu comme le point de départ d'un régime spécifique du détachement de travailleurs et, partant, d'une législation territoriale en droit du travail[722]. Il concerne le litige entre une entreprise portugaise et l'Office national d'immigration en France, ce dernier réclamant le paiement d'une contribution spéciale en raison du recrutement en France de ressortissants de pays tiers sans respecter la procédure spécifique. Se pose ainsi la question de savoir si la loi de police française relative à l'autorisation de travail s'applique. Le tribunal administratif de Versailles

---

715 CJCE, 23 novembre 1999, C-369/96 et C-376/96, *Arblade et Leloup*.

716 Sur cette loi belge, C.-É. CLESSE, M. MORSA, *Travailleurs détachés et mis à disposition. Droit belge, européen et international*, Larcier, 2015, p. 252 et s.

717 *Ibid.*, p. 253.

718 CJCE, 23 novembre 1999, C-369/96 et C-376/96, *Arblade et Leloup*, pts. 76 et 77 ; CJCE, 18 juillet 2007, C-503/04, *Commission c. Allemagne*, pts. 73 à 75, *RFDA* 2007, p. 958, concl. V. TRSTENJAK et note P. DELVOLVÉ ; *Europe* 2007, n° 10, p. 17, note D. SIMON ; *Contrats et Marchés publics* 2007, n° 10, p. 30, note W. ZIMMER ; *RDC* 2007, p. 1247, chron. P. BRUNET.

719 CJCE, 18 juillet 2007, C-503/04, *Commission c. Allemagne*, pts. 66 à 79.

720 Sur les lois de police en matière de détachement, cf. M.-A. MOREAU, « Le détachement des travailleurs effectuant une prestation de services dans l'Union européenne », *JDI* 1996, p. 889, spéc. p. 895.

721 CJCE, 27 mars 1990, C-113/89, *Rush Portuguesa, RTD Eur* 1990, p. 632, note P. RODIÈRE ; *JDI* 1991, p. 471, note M.-C. BOUTARD-LABARDE.

722 En ce sens, E. KOLEHMAINEN, *The Posted Workers Directive: European Reinforcement of National Labour Protection*, EUI, 2002, p. 112 ; C. BARNARD, *The Substantive Law of the EU: The Four Freedoms*, OUP, 2019, p. 447 ; S. EVJU and T. NOVITZ, « The Evolving Regulation: dynamics and consequences », *FORMULA Working Paper* 2012, n° 33, p. 1, spéc. p. 30 et s.; M. ROCCA, *Posting of Workers and Collective Labour Law in the EU: There and Back Again – Between Internal Market and Fundamental Rights,* Intersentia, 2015, p. 4.

étant saisi d'un recours en annulation, il a sursis à statuer pour poser des questions préjudicielles sur la conformité de la décision à la libre prestation de services. En effet, l'entreprise portugaise a relevé que les travailleurs étaient affectés sur le chantier en France dans le cadre d'un contrat de sous-traitance entre l'entreprise portugaise et une entreprise française. Cet argument est important dans la mesure où, durant la période transitoire du processus d'adhésion du Portugal à la Communauté économique européenne, la libre circulation de travailleurs fait l'objet de restrictions. La Cour de justice valide l'argumentation de l'entreprise portugaise et décide que les activités décrites relèvent de la libre prestation de services. En conséquence, la réglementation du travail française ne peut être appliquée aux travailleurs détachés qu'à la condition de respecter la libre prestation de services. Or, les dispositions françaises portant sur l'embauche de main-d'œuvre ou l'obtention d'une autorisation de travail, elles violent la liberté de circulation. La décision signifie *a contrario*, du point de vue du conflit de lois, qu'il est désormais possible, pour les États d'accueil, d'appliquer aux travailleurs détachés un catalogue déterminé de conditions de travail et d'emploi au titre des lois de police. Par la suite, l'article 3 de la directive dite détachement consacre une liste exhaustive de matières qui sont réputées impératives, mais qui restent réservées à certaines activités spécifiques[723]. Ces matières comprennent « a) les périodes maximales de travail et les périodes minimales de repos; b) la durée minimale des congés annuels payés; c) la rémunération, y compris les taux majorés pour les heures supplémentaires […] ; e) la sécurité, la santé et l'hygiène au travail; f) les mesures protectrices […] des femmes enceintes et des femmes venant d'accoucher, des enfants et des jeunes; g) l'égalité de traitement entre hommes et femmes ainsi que d'autres dispositions en matière de non-discrimination »[724].

203. Rémunération minimale et « étatisme ». Ce sont les dispositions imposant – à l'époque de la directive dite détachement – le salaire minimum de l'État d'accueil, qui donnent lieu à la jurisprudence la plus abondante[725].

---

723 Article 3, § 1 de la directive dite détachement, qui renvoie vers les activités citées en annexe, à savoir « toutes les activités dans le domaine de la construction qui visent la réalisation, la remise en état, l'entretien, la modification ou l'élimination de constructions […] ».

724 Article 3, § 1 de la directive dite détachement.

725 CJCE, 15 mars 2001, C-165/98, *Mazzoleni, RTD Eur* 2001, p. 743, chron. J.-G. HUGLO ; *RAE* 2002, p. 630, note F. PICOD ; *RTD Eur* 2003, p. 529, chron. P. RODIÈRE ; *RTD Com* 2003, p. 595, chron. G. JAZOTTES ; *RCDIP* 2001, p. 495, note É. PATAUT ; 24 janvier 2002, C-164/99, *Portugaia Construções, Lexbase Hebdo éd. S* 2002, n° 10, note D. BAUGARD ; *JCP E* 2002, p. 1332, note P. COURSIER ; *D.* 2002, p. 3303, note C. MINET ; *RTD Eur* 2003, p. 529, chron. P. RODIÈRE ; 3 avril 2008, C-346/06, *Rüffert, RAE* 2007, p. 341, note A. DONETTE et p. 657, note T. MILLETT ; *SSL* 2008, n° 1350, p. 12, note S. LAULOM ; *Contrats et Marchés publics* 2008, p. 18, note G. ECKERT ;

Cette jurisprudence s'explique principalement par le fait que certains États membres omettent d'appliquer leur salaire minimum aux travailleurs détachés, ce qui ne leur est pas reprochable du point de vue de la directive dite détachement. En effet, la directive dite détachement exige soit des dispositions législatives, réglementaires ou administratives, soit des conventions collectives ou sentences arbitrales d'applicabilité générale. Nous résumons que les lois de police, au sens de la directive dite détachement, peuvent résulter de différentes sources, dont les conventions collectives étendues. *A contrario*, il ne suffit pas que la loi de police repose sur une convention collective. L'inexistence d'un salaire minimum légal ou contenu dans des conventions collectives d'application générale est en cause dans les arrêts *Viking*[726] et *Laval*[727]. Par ses décisions, la Cour de justice impose aux États membres, comme le fait observer M. Evju, de faire valoir leur « étatisme »[728]. Ce qui veut dire qu'elle leur impose de réglementer certaines matières, et de cette manière, d'imprimer le territorialisme. En ce qui concerne la législation suédoise à l'époque des faits de l'affaire *Laval*, elle ne semble pas répondre à ces exigences. En Allemagne également, jusqu'à l'introduction du salaire

Europe 2008, p. 13, note L. DRIGUEZ ; *RDT* 2008, p. 412, note F. JAULT-SESEKE ; *JCP S* 2008, n° 25, p. 23, note J. CAVALLINI ; *DSOC* 2008, p. 866, note N. MOIZARD ; *RJS* 2008, p. 601, chron. J.-P. LHERNOULD ; *RTD Eur* 2008, p.485, note S. ROBIN-OLIVIER ; *RDUE* 2008, p. 612, note C. FREITAS DA COSTA; *SSL supplément* 2008, n° 1369, p. 59, note S. LAULOM ; *JDI* 2009, p. 665, note F. CHALTIEL, C. J. BERR, S. FRANCQ, C. PRIETO ; 18 septembre 2014, C-549/13, *Bundesdruckerei, Europe* 2014, p. 29, note S. CAZET ; *RLDA* 2014, n° 98, p. 66, note E. MAZUYER ; *Contrats et Marchés publics* 2014, p. 13, note W. ZIMMER ; *JCP E supplément,* n° 51-52, p. 28, note L. PAGET, T. POSITIF ; *RTD Eur* 2015, p. 358, chron. A. DEFOSSEZ et p. 394, chron. A. L. DURVIAUX ; *JCP A* 2015, n° 5, p. 20, chron. C. FROGER ; *DO* 2015, p. 316, note J. PORTA ; 12 février 2015, C-396/13, *Sähköalojen ammattiliitto, DSOC 2015*, p. 234, note J.-P. LHERNOULD ; *RDT* 2015, p. 154, chron. A. CRÉPLET ; *Europe* 2015, p. 29, note L. DRIGUEZ ; *DO* 2015, p. 316, note J. PORTA ; *RJS* 2015, p. 361, chron. A. GARDIN, E. LAFUMA, H. TISSANDIER, J.- P. LHERNOULD, J.-C. FILLON ; *RCDIP* 2015, p. 680, note S. CORNELOUP ; *D.* 2016, p. 1045, pan. H. GAUDEMET-TALLON ; 17 novembre 2015, C-115/14, *RegioPost, Contrats et Marchés publics* 2016, p. 13, note G. ECKERT ; *Europe* 2016, p. 21, note S. CAZET ; *RTD Eur* 2016, p. 197, note A. DEFOSSEZ ; *AJDA* 2016, p. 307, chron. E. BROUSSY et al. ; *RJS* 2016, p. 201, chron. J.-P. LHERNOULD et al. ; *RTD Eur* 2016, p. 447, chron. A. L. DURVIAUX ; *JCP A* 2016, n° 15, p. 22, chron. C. BENELBAZ ; *Contrats et Marchés publics* 2016, n° 7, p. 15, chron. W. ZIMMER.

[726] CJCE, 11 décembre 2007, C-438/05, *Viking Line.*

[727] CJCE, 18 décembre 2007, C-341/05, *Laval.*

[728] S. EVJU, « Norway », R. BLANPAIN, A. M. SWIATKOWSKI (dir.), *The Laval and Viking Cases*, Kluwer Law International, 2009, p. 123.

minimum légal, le 1er janvier 2015[729], les salaires minima de branche – si existants – ne relèvent pas nécessairement de conventions collectives étendues. Or, dans un contexte de diversité des droits du travail nationaux, l'on peut s'interroger sur les raisons d'inclure la rémunération minimale dans les lois de police dans un cas, alors qu'il en va différemment dans un autre.

204. Rémunération. Même en supposant que l'État membre ait pris les dispositions nécessaires pour introduire un salaire minimal, la loi du pays d'accueil n'impose que celui-ci, à l'exclusion de la rémunération pratiquée dans le pays d'accueil. Ceci conduit, par exemple, à des écarts de salaires entre la main-d'œuvre qualifiée, mais détachée, qui est rémunérée au salaire minimum, et les travailleurs locaux qui bénéficient de l'échelon correspondant à leur qualification. Cette jurisprudence semble être arrivée à son terme à la suite de la précision issue de l'adoption de la directive dite modificatrice de la directive détachement, qui remplace les termes « taux de salaire minimal » par celui de « rémunération ». En conséquence, les travailleurs détachés bénéficient de la rémunération du pays d'accueil à titre de lois de police, pourvu que celle-ci soit prévue par l'une des sources du droit national admises par les paragraphes 1 et 8 de l'article 3 de la directive dite modificatrice. Encore faut-il que les entreprises de détachement aient opté pour le même mode de calcul de la rémunération, visant à inclure des éléments dans l'assiette, tels que les majorations et les suppléments[730], la prise en charge du logement[731] et les bons d'alimentation[732]. Face aux pratiques de certains États membres, la Cour de justice est appelée à imposer une interprétation européenne des éléments composant la rémunération. À cet effet, elle se réfère aux dispositions de la directive : l'article 3, § 7 de la directive dite détachement précise que les allocations propres au détachement font partie du salaire minimal, ce qui englobe les indemnités journalières et les indemnités de trajet. Enfin, l'alinéa 3 de l'article 3, § 1 de la directive modificatrice vient ajouter que la détermination de la notion de rémunération se fait selon « la

---

[729] Pour une étude comparée, *cf.* B. DABOSVILLE, « Le salaire minimum légal, la convention collective et le juge. Comparaison franco-allemande », *RDT* 2018, p. 77 ; E. HEUKENKAMP, *Gesetzlicher Mindestlohn in Deutschland und Frankreich*, Nomos, 2017.

[730] CJCE, 14 avril 2005, C-341/02, *Commission c. Allemagne*, pt. 39, *RTD Com* 2005, p. 436, note G. JAZOTTES ; *Europe* 2005, n° 6, p. 21, note L. IDOT ; *RJS* 2005, p. 503, chron. J.-P. LHERNOULD, F. KESSLER, N. MOIZARD ; *DO* 2005, p. 416, note M. BONNECHÈRE ; *JDI* 2006, p. 690, note M. LUBY ; CJUE, 7 novembre 2013, C-522/12, *Isbir*, pt. 38, *RJS* 2014, n° 2, p. 73, chron. J.-P. LHERNOULD, A. GARDIN, E. LAFUMA, H. TISSANDIER ; *SSL supplément* 2014, n° 1640, p. 57, note S. LAULOM.

[731] CJUE, 12 février 2015, C-396/13, *Sähköalojen ammattiliitto*.

[732] CJUE, 12 février 2015, C-396/13, *Sähköalojen ammattiliitto*.

législation et/ou les pratiques nationales de l'État membre sur le territoire duquel le travailleur est détaché »[733].

205. Hébergement et dépenses de voyage. En tant qu'une nouveauté, nous observons que la directive modificatrice ajoute deux domaines des lois de police : « h) les conditions d'hébergement des travailleurs lorsque l'employeur propose un logement aux travailleurs éloignés de leur lieu de travail habituel ; i) les allocations ou le remboursement de dépenses en vue de couvrir les dépenses de voyage, de logement et de nourriture des travailleurs éloignés de leur domicile pour des raisons professionnelles ». Cela fait écho à la jurisprudence *Sähköalojen ammattiliitto* qui décide de l'inclusion de certains des avantages dans l'assiette du salaire minimal. Plus spécifiquement, en ce qui concerne les dépenses de voyage, de logement et de nourriture, l'alinéa 2 de l'article 3, § 1 ajoute que celles-ci se limitent au déplacement du pays d'origine au pays d'accueil. *A contrario*, les frais de déplacement internes, tels que ceux liés aux grands déplacements et aux déplacements en zones concentriques[734] en sont exclus. Les matières des lois de police sont ainsi fluctuantes.

206. Égalité de traitement. Par ailleurs, la directive modificatrice précise, à l'article 3, § 1*bis*, qu'au-delà d'une durée de douze mois, les travailleurs détachés bénéficient de toutes les conditions de travail dont bénéficient les travailleurs du même pays d'accueil. Plus précisément, « quelle que soit la loi applicable à la relation de travail, les entreprises visées à l'article 1er, paragraphe 1, garantissent aux travailleurs qui sont détachés sur leur territoire, sur le fondement de l'égalité de traitement, outre les conditions de travail et d'emploi visées au paragraphe 1 du présent article, toutes les conditions de travail et d'emploi applicables qui sont fixées dans l'État membre sur le territoire duquel le travail est exécuté ». Ainsi, les conditions de travail impératives qui interviennent au titre des lois de police sont ici plus importantes[735]. On s'interroge sur la justification de l'extension du champ d'application de toutes ces dispositions au moyen du mécanisme des lois de police.

---

[733] Cf. déjà, CJUE, 7 novembre 2013, C-522/12, *Isbir*, pt. 37.

[734] Pour le régime d'indemnisation des déplacements, *cf.* la convention collective nationale du 7 mars 2018 des ouvriers employés par les entreprises du bâtiment occupant jusqu'à 10 salariés et la convention collective nationale du 7 mars 2018 des ouvriers employés par les entreprises du bâtiment occupant plus de 10 salariés, lesquelles ne sont pas étendues.

[735] En revanche, l'article 3, § 1*bis*, alinéa 2, en exclut les « matières suivantes : a) les procédures, formalités et conditions régissant la conclusion et la fin du contrat de travail, y compris les clauses de non-concurrence ; b) les régimes complémentaires de retraite professionnels ».

207. Régulation. Nous nous apercevons, à partir de la présentation de différentes conditions de travail étudiées que les lois de police concernent des aspects régulateurs du marché du travail. L'arrêt *Seco*, en reprenant les arguments d'une des parties, rappelle que le salaire minimal vise à « compense[r] en fait les avantages économiques »[736]. Les arrêts suivants établissent le principe selon lequel les États membres peuvent étendre leur législation ou convention collective « à toute personne effectuant un travail salarié, même à caractère temporaire, sur leur territoire, quel que soit le pays d'établissement de l'employeur »[737]. Ainsi, l'arrêt *Arblade* évoque expressément la qualification de lois de police desdites dispositions. Ceci correspond à la logique de la directive dite détachement, laquelle n'était pas encore en vigueur à la date des faits. À partir du raisonnement de la Cour de justice, M. Gardeñes Santiago conclut que le salaire minimum est considéré comme un aspect structurel du marché du travail, visant à garantir les moyens de subsistance du travailleur et à éviter l'exploitation par le travail[738]. Nous pouvons en déduire que la qualification de loi de police au sens de cette jurisprudence est liée à la régulation du marché du travail.

208. Territorialité. Cette régulation s'effectue par rapport à un marché en particulier, le marché national. Les conceptions souverainistes qui caractérisent l'application de la loi dans l'espace surplombent en quelque sorte l'appréciation des périmètres du marché. En permettant cette régulation, la Cour de justice conçoit un lien territorial des lois de police, les reliant à l'État concerné. Ainsi, l'on peut difficilement nier le surgissement de forts intérêts étatiques. En effet, l'utilisation des lois de police signale un intérêt politique ; l'intervention des pouvoirs publics qui contrôlent l'application et sanctionnent le non-respect confirme notre thèse. En l'absence d'une règle de conflit de lois spécifique permettant de conduire à un rattachement territorial, la solution de la loi de police conduit à une solution palliative en matière de détachement[739].

209. France. En France, par exemple, une législation importante concerne les sanctions infligées par l'État membre en cas de violation des obligations nationales. La directive dite d'exécution est transposée en France par la loi du

---

[736] CJCE 3 février 1982, aff. 62 et 63/81, *Seco, Desquenne et Giral*, pt. 13, *RTD Eur* 1982, p. 296, chron. G. DRUESNE.

[737] CJCE, 23 novembre 1999, C-369/96 et C-376/96, *Arblade et Leloup*, pt. 41, déjà, 3 février 1982, aff. 62 et 63/81, *Seco, Desquenne et Giral*, pt. 14 ; 27 mars 1990, C-113/89, *Rush Portuguesa,* pt. 18 ; 28 mars 1996, C- 272/94, *Guiot*, pt. 12, *JDI* 1997, p. 563, note M. LUBY ; *CDEur* 1998, p. 561, note D. MARTIN ; *CMLR* 2000, p. 43, note V. HATZOPOULOS.

[738] M. GARDEÑES SANTIAGO, art. cité (note 590), dans la version originale : « aspecto básico o estructural del mercado de trabajo, tendente a garantizar la supervivencia del trabajador y a evitar la explotación laboral, justificaría de sobras que se deduzca su carácter de normas de policía, y así lo ha hecho en reiteradas ocasiones la jurisprudencia ».

[739] É. PATAUT, art. cité (note 522), spéc. p. 490.

10 juillet 2014, dite Savary[740], et son décret d'application, en vigueur depuis le 1er avril 2015, qui imposent de nouvelles obligations en matière de déclaration préalable et sanctions tant à l'employeur qu'au donneur d'ordre ou maître d'ouvrage. Par ailleurs, le prestataire étranger doit impérativement désigner un représentant de son entreprise en France qui devra assurer la liaison avec les services de l'inspection du travail. La désignation de ce représentant doit être traduite en français, ce dernier devant avoir expressément accepté ce rôle ; elle doit aussi indiquer le lieu de conservation sur le territoire national des documents à présenter en cas de contrôle. Le donneur d'ordre ou maître d'ouvrage doit vérifier que le prestataire s'est bien acquitté de ses obligations de déclaration et de désignation. La remise des documents vaut présomption de vérification. Le prestataire comme le donneur d'ordre ou le maître d'ouvrage risquent une amende de 2 000 euros par travailleur concerné, et de 4 000 euros en cas de récidive dans l'année, dans la limite de 10 000 euros, une amende administrative pouvant en outre être prononcée par le directeur de la DREETS[741]. Contrairement au cas de Clercq[742] qui valide la législation belge, il convient également d'examiner la conformité de l'engagement ou non de poursuites pénales et de prendre en compte le plafond de l'amende particulièrement importante de 500 000 euros en France[743]. Ensuite, la récente loi n° 2015-990 du 6 août 2015 pour la croissance, l'activité et l'égalité des chances économiques, précise le contrôle et la sanction des conditions minimales. Par ailleurs, la loi n° 2016-1088 du 8 août 2016 relative au travail, à la modernisation du dialogue social et à la sécurisation des parcours professionnels, durcit les sanctions. Enfin, l'ordonnance n° 2017-1387 relative à la prévisibilité et la sécurisation des relations de travail vient rajouter, par son article 33, un nouveau cas de prêt de main-d'œuvre licite.

210. Exception. Nous y reconnaissons l'affirmation de l'intérêt politique, ce qui confirme la technique des lois de police opérant un rattachement territorial. La Cour de justice semble tolérante à l'égard de ces pratiques nationales, dès lors que la méthode des règles de conflit de lois de l'article 8 du règlement Rome I apparaît inadaptée[744]. Compte tenu de son intervention ponctuelle – par domaine – l'application impérative des lois de police de l'État

---

[740] Loi n° 2014-790 du 10 juillet 2014 visant à lutter contre la concurrence sociale déloyale, JORF n° 0159 du 11 juillet 2014.

[741] Direction régionale de l'économie, de l'emploi, du travail et des solidarités.

[742] CJUE, 3 décembre 2014, C-315/13, *De Clercq*, *Europe* 2015, n° 2, p. 29, note A. BOUVERESSE.

[743] En ce sens, N. CHAVRIER, « Fraude au détachement, la France en fait-elle trop ? », *JSL* 2015, n° 390.

[744] A. VAN HOEK et M. HOUWERZIJL, « Complementary study on the legal aspects of the posting of workers in the framework of the provision of services in the European Union », rapport à la Commission européenne, VC/2011/0096, université d'Amsterdam, novembre 2011, p. 15.

d'accueil est souvent vue comme une « exception » à l'application de principe de la loi du pays d'origine[745]. Il s'agit de donner la possibilité aux États membres de faire intervenir certains pans de leur législation territoriale au titre des lois de police[746]. Cette intervention est défendue par une crainte de la concurrence déloyale émanant de certains États membres, liée aux salaires et conditions de travail plus élevées de certains pays[747]. C'est ainsi que nous avançons que l'instauration du régime spécifique de détachement de travailleurs semble avoir repoussé la régulation des conditions de travail correspondant aux États membres. M. Rocca résume la raison principale d'instituer le détachement de travailleurs à cette volonté d'application territoriale du droit du travail[748]. En distinguant le détachement de travailleurs de la libre circulation des travailleurs, la Cour de justice permet ce traitement étatique de la régulation en matière de détachement[749].

---

[745] A. DEFOSSEZ, *Le dumping social dans l'Union européenne. Étude à l'aune du droit primaire et de la directive détachement,* préc., p. 258.

[746] M. ROCCA, *Posting of Workers and Collective Labour Law in the EU : There and Back Again – Between Internal Market and Fundamental Rights*, préc., p. 4, précisant que la Cour de justice laissait ouvert si les Etats membres peuvent imposer l'ensemble de leur législation du travail.

[747] Directive 96/71/CE du Parlement européen et du Conseil du 16 décembre 1996 concernant le détachement de travailleurs effectué dans le cadre d'une prestation de services, considérant n° 5 : « une telle promotion de la prestation de services dans un cadre transnational nécessite une concurrence loyale et des mesures garantissant le respect des droits des travailleurs ».

[748] M. ROCCA, *Posting of Workers and Collective Labour Law in the EU: There and Back Again – Between Internal Market and Fundamental Rights,* préc., p. 4, dans la version originale : « [t]he main reason to identify these 'posted workers' as in the previous definition, can be traced back to a question of territorial application of labour law. This is obviously a somewhat simplified way to address the main drivers behind the PWD ».

[749] Directive dite détachement, considérant n° 5.

Conclusion de section

211. Traditionnellement caractérisé par l'impérativité de certains de ses aspects, le droit du travail fournit plusieurs exemples de lois étatiques qui s'imposent par le mécanisme des lois de police. Cette impérativité s'exprime par le biais de l'application territoriale de la législation du for à toutes les entreprises qui ont leur siège sur le territoire de l'État. En voulant situer l'impérativité au sein des méthodes du conflit de lois, il nous apparaît légitime que l'on s'interroge sur la justification de cette territorialité. Cette question se pose au moment de l'européanisation du conflit de lois. La définition des lois de police à l'article 9 du règlement Rome I ne semble pas remettre en cause que les États membres puissent imposer leur régulation en matière économique, sociale et culturelle et réglementer les rapports de travail. L'utilisation des lois conçues spécifiquement en droit interne pour régir une situation en particulier peut avoir l'avantage de contribuer à combler des lacunes en vue d'embrasser la relation juridique dans son ensemble[750]. Mais elle a également pour grand inconvénient de ne pas envisager l'enjeu présenté par le caractère international de la situation. *In fine,* elle conduit à la régulation au niveau national de questions intéressant le marché du travail européen. Paradoxalement, la territorialité de certains aspects du droit du travail se réaffirme en particulier, concernant les relations collectives du travail et les régimes spécifiques. Le droit dérivé en matière de détachement de travailleurs semble renforcer une telle impression en ce qu'elle renvoie aux lois de police nationales. On pourrait en conclure que, dans un contexte de mobilité croissante, les lois de police ne seraient pas moins destinées à répondre aux insuffisances des règles de conflit de lois existantes. Cette évolution se produit au moment où le droit de l'Union vise à apporter « un élargissement des cadres territoriaux normatifs au sein des ordres juridiques nationaux : c'est ce qui a pu être dénommé par certains auteurs, la 'déterritorialisation' des normes »[751].

---

[750] Comp. P. FRANCESCAKIS, *La théorie du renvoi et les conflits de systèmes en droit international privé*, préc., n° 6, qui explique : « [e]t si un litige naît qui met par hypothèse en cause le transport dans son ensemble tel que le détermine sa finalité humaine, quelles règles appliquera le pays de transit ? Ses propres règles sur le transport interne de marchandises, règles posées sans doute également en considération de l'unité de la signification humaine de l'opération mais qui n'envisagent cependant pas ce caractère d'extranéité que présente le voyage international ? ».

[751] L. LEBON, *La territorialité et l'Union européenne. Approches de droit public,* préc., n° 733, qui renvoie vers J. GROUX, « 'Territorialité' et droit communautaire », *RTD Eur* 1987, p. 25.

Section 2
Les libertés de circulation hostiles aux règles de conflit de lois territorialistes

212. Contrôle de conformité. Les impérativités deviennent toutes relatives dès lors qu'il s'agit de les confronter aux exigences du droit de l'Union européenne. Il convient plus particulièrement de s'intéresser aux violations des règles du marché intérieur, par l'intervention des impérativités. Face aux libertés de circulation, l'impérativité peut être sanctionnée par le biais du contrôle de conformité. Le contrôle des entraves aux libertés de circulation, et notamment à la libre prestation de services, s'est développé autour des lois de police. Comme toute disposition de droit interne d'un État membre, les lois de police sont également soumises au contrôle de conformité au regard des libertés de circulation dès lors que nous rencontrons une situation intra-européenne, en d'autres termes, qui touche au marché intérieur. Un tel constat nous conduit à la réflexion sur la possibilité de vérifier la compatibilité des règles de conflit de lois au sens large avec les libertés de circulation. Nous nous interrogeons ainsi sur la question de savoir si la solution du conflit de lois peut heurter les libertés de circulation.

213. Directive dite détachement. En matière de détachement de travailleurs, l'article 3 de la directive dite détachement prévoit expressément l'application de dispositions impératives du pays d'accueil qui visent à tenir compte des nécessités du marché du travail local. Or, il est possible de confronter ces conditions d'accès au marché du travail aux libertés de circulation. M. Fallon observe que « la plupart des entraves aux échanges sont bien des dispositions qui, en droit national, reçoivent la qualification d'ordre public, ou de lois de police selon le droit international privé de certains États membres : conditionnant l'accès au marché ou à l'activité professionnelle et son exercice, ces normes, qui imposent souvent une procédure administrative d'autorisation, sont édictées dans l'intérêt général et sont pourvues de sanctions de nature administrative ou répressive »[752]. Les dispositions du pays d'accueil pouvant potentiellement restreindre les libertés de circulation, il est possible de les condamner notamment au moyen du contrôle des entraves.

214. Plan. Le contrôle de conformité s'étant affirmé dans le cadre du détachement de travailleurs, il a attiré l'attention sur de nombreuses lois de police en ce domaine qui sont confrontées à la libre prestation de services (sous-section 1). Notons toutefois que la libre circulation des travailleurs se montre également intolérante aux règles impératives des États membres. Malgré le caractère moins fourni du contentieux, nous pouvons désormais observer une confrontation des règles de conflit de lois au sens large, à la libre

---

[752] M. FALLON, « Lois de police et droit communautaire », *RCDIP* 2000, p. 710.

circulation des travailleurs. En effet, ce contentieux s'est présenté à partir de la règle de conflit de lois d'un État membre (sous-section 2).

Sous-section 1. L'affirmation du contrôle des lois de police : le contexte de la libre prestation de services

215. En droit du travail, le contrôle des impérativités s'est affirmé à propos du contrôle des lois de police de certains États membres, dans le cadre du détachement de travailleurs. C'est ainsi qu'il a été retenu que certaines dispositions impératives pouvaient constituer des entraves à la libre prestation de services (paragraphe 2). Avant d'envisager effectivement les entraves, il convient encore de s'intéresser à la logique particulière de la libre prestation de services, dont la Cour de justice a décidé de laisser relever le travailleur détaché (paragraphe 1).

Paragraphe 1. Le cadre du contrôle des lois de police en matière de détachement : la libre prestation de services

216. Article 56 TFUE. Le recours au détachement de travailleurs est encouragé par les arrêts *Webb*[753] et *Seco, Desquenne et Giral*[754] de la Cour de justice qui autorisent les entreprises à faire exécuter une prestation de services sur le territoire d'un autre État membre par leur personnel mis à disposition[755]. L'arrêt *Webb* précise que toute législation nationale applicable aux ressortissants d'un État membre et qui vise normalement une activité permanente des entreprises établies dans celui-ci ne doit pas nécessairement être appliquée intégralement de la même manière à des activités exercées de caractère temporaire, par des entreprises établies dans un autre État membre. Concernant son fondement juridique, le détachement s'exerce ainsi dans le cadre de la libre prestation de services de l'article 56 TFUE. Le travailleur détaché n'est que l'objet de l'opération et il est considéré comme se déplaçant avec son entreprise[756]. Cet ancrage est solidifié par la jurisprudence *Rush Portuguesa*[757]. Le dernier arrêt montre que la solidification du régime du détachement est liée à l'élargissement de l'Union européenne et a été instituée

---

[753] CJCE, 17 décembre 1981, aff. 279/80, *Webb, RTD Eur* 1982, p. 75 et 192, chron. G. DRUESNE.

[754] CJCE, 3 février 1982, aff. 62 et 63/81, *Seco, Desquenne et Giral*. Pour de plus amples développements, *infra*, n° 522 et s.

[755] P. RODIÈRE, *Droit social de l'Union européenne,* préc., n° 561.

[756] M. HOUWERZIJL, « 'Regime shopping' across (blurring) boundaries », S. EVJU (dir.), *Regulating Transnational Labour in Europe: The Quandaries of Multilevel Governance*, Institutt for privatrett, Universitetet I Oslo, 2014, p. 95.

[757] CJCE, 27 mars 1990, C-113/89, *Rush Portuguesa.* Pour de plus amples développements, *supra*, n° 202 et s.

en réponse aux diversités des législations sociales des États membres. À la suite, cette jurisprudence est transcrite dans la directive dite détachement laquelle dispose que « la réalisation du marché intérieur offre un cadre dynamique à la prestation de services transnationale en invitant un nombre croissant d'entreprises à détacher des travailleurs en vue d'effectuer à titre temporaire un travail sur le territoire d'un État membre autre que l'État sur le territoire duquel ils accomplissent habituellement leur travail »[758]. Cet énoncé appelle définitivement à une distinction entre la libre prestation de services susvisée et la libre circulation des travailleurs au sens de l'article 45 TFUE.

217. Travailleur. La distinction peut être introduite à partir de la notion de travailleur détaché. Dans le contexte de la libre circulation des travailleurs, l'on considère qu'un travailleur est une personne qui accomplit, pendant un certain temps, en faveur d'une autre et sous la direction de celle-ci, des prestations en contrepartie desquelles elle perçoit une rémunération[759]. La conséquence principale du bénéfice de la libre circulation des travailleurs de l'article 45 TFUE est que le travailleur intègre le marché du travail local. En revanche, à la lecture de l'arrêt *Rush Portuguesa*, l'on apprend que le travailleur détaché ne nécessite pas d'autorisation de travail, dans une période transitoire, liée à l'adhésion d'un État membre aux Communautés européennes, contrairement aux travailleurs intégrant le marché du travail local[760]. Ainsi, cet arrêt semble entériner la distinction du travailleur détaché vis-à-vis du travailleur, en ce qu'il exclut le premier du marché du travail local. Or, cette solution n'est pas admise, d'une manière généralisée, à toutes les modalités d'exercice du détachement. Ainsi, dans le contexte très spécifique du cas de recours au détachement visant le travail temporaire, la Cour de justice précise que « les articles 56 TFUE et 57 TFUE ne s'opposent pas à ce qu'un État membre subordonne, pendant la période transitoire prévue au chapitre 2, paragraphe 2, de l'annexe XII de l'acte d'adhésion de 2003, le détachement, au sens de l'article 1er, paragraphe 3, sous c), de la directive 96/71, de travailleurs ressortissants polonais sur son territoire à l'obtention d'une autorisation de travail »[761]. Cette décision conduit à fragiliser nouvellement les frontières entre les notions de travailleur détaché et de travailleur.

218. Travailleur détaché. Le terme de travailleur utilisé pour le détachement ne correspond pas *a priori* à celui de la libre circulation de travailleurs. Bien que l'article 2 de la directive dite détachement dispose que le travailleur détaché est un travailleur, ce texte renvoie pour la définition du

---

758 Directive dite détachement, considérant n° 3.

759 CJCE, 3 juillet 1986, aff. 66/85, *Lawrie-Blum*, pt. 17.

760 CJCE, 27 mars 1990, C-113/89, *Rush Portuguesa*.

761 CJUE, 10 février 2011, C-307/09 à C-309/09, *Vicoplus*, pt. 41, *Europe* 2011, n° 4, p. 16, note V. MICHEL ; *RJS* 2011, p. 355, chron. J.-P. LHERNOULD, E. LAFUMA, F. MEYER et al. ; *JCP S* 2011, n° 26, p. 31, note P. COURSIER.

travailleur à la loi du pays d'accueil[762]. La directive dite détachement se borne à définir le mécanisme du détachement : le travailleur détaché exécute, pendant une période limitée, son travail sur le territoire d'un État membre autre que l'État sur le territoire duquel il travaille habituellement[763]. La caractéristique principale du détachement est ainsi l'exécution temporaire, à l'opposition de l'exécution habituelle, d'un travail dans un autre État membre. Néanmoins, les directives s'abstiennent d'indiquer ce qui est temporaire. Cette vérification semble relever de l'appréciation au cas par cas[764]. Rappelons, à cet endroit, que la récente directive dite modificatrice fait un apport intéressant en insérant un article 3, § 1*bis* dans le texte originel : elle précise que le détachement peut être d'une durée de douze voire de dix-huit mois.

219. Droits des travailleurs. La précision de l'opposition des travailleurs détachés aux travailleurs est née de la recherche d'un équilibre entre l'encouragement à la libre prestation de services et la garantie de la protection des travailleurs. Si le détachement de travailleurs intervient à l'exclusion du régime de la libre circulation des travailleurs, la directive dite détachement concède que « le détachement doit s'effectuer en respectant une concurrence loyale et des mesures garantissant le respect des droits des travailleurs »[765]. Cet énoncé comprend une liste des domaines des droits garantis aux travailleurs détachés, à l'article 3 de la directive dite détachement et de sa version modificatrice. Tout en plaçant le travailleur détaché dans le contexte de la libre prestation de services, le législateur et la jurisprudence notifient leur volonté de prendre en compte l'objectif de protection du travailleur. Ce dernier doit s'entendre d'une raison impérieuse d'intérêt général susceptible de justifier des entraves à la libre prestation de services.

220. Égalité encadrée. Si la directive dite détachement vise à garantir les conditions minimales de travail, elle n'instaure pas l'égalité de traitement avec les travailleurs bénéficiant de la liberté de circulation et, partant, les travailleurs locaux. À l'inverse, l'article 45, § 2 TFUE relatif à la libre circulation de travailleurs, dispose que celle-ci implique l'abolition de toute discrimination fondée sur la nationalité entre les travailleurs des États membres, en ce qui concerne l'emploi, la rémunération et les autres conditions de travail. Ainsi, le travailleur mobile bénéficie des mêmes droits que les travailleurs locaux dans l'État d'accueil, en vertu du principe de non-discrimination. En revanche, le travailleur détaché, en tant qu'objet de la prestation de services, ne bénéficie pas d'un quelconque principe de non-discrimination ; la Cour de justice le répète régulièrement lorsqu'elle rappelle

[762] Article 2, § 2 de la directive dite détachement.
[763] Article 2, § 1 de la directive dite détachement.
[764] *Supra*, n° 94.
[765] Considérant n° 5 de la directive dite détachement.

les objectifs de la directive dite détachement[766]. La distinction des notions étant fragilement affirmée, il en résulte que le fondement de la libre prestation de services peut justifier une différence de régimes entre les travailleurs détachés et les autres travailleurs. L'objectif de protection du travailleur, certes applicable en matière de détachement, doit toutefois s'articuler avec l'effectivité de la libre prestation de services. La directive dite détachement affirme cet équilibre, en précisant qu'elle a été adoptée « dans l'intérêt des employeurs et de leurs personnels, de voir consacrer les conditions de travail et d'emploi applicables à la relation de travail »[767]. Ces droits particuliers des travailleurs restent confinés au cas du détachement. Il n'en demeure pas moins que la directive dite modificatrice tend « [v]ers une égalité de rémunération entre salariés détachés et salariés locaux »[768]. Cette disposition ayant fait l'objet d'un recours en annulation de la part de la Hongrie et de la Pologne, la Cour de justice a été invitée à justifier la nécessité pour l'Union européenne d'intervenir dans ce domaine[769]. A ici été contestée l'extension du principe de l'égalité des rémunérations des travailleurs à ceux effectuant une prestation de services transfrontalière dans le cadre d'un détachement[770]. Nous avons démontré que l'adoption progressive de textes de droit dérivé et la jurisprudence de la Cour de justice relative aux régimes de la mobilité des travailleurs et du détachement transfrontalier solidifiaient l'opposition des deux libertés de circulation. En raison de deux fondements différents, l'inégalité de traitement du travailleur détaché vis-à-vis du travailleur circulant dans le cadre de la libre circulation des travailleurs semblait

---

[766] *Cf.*, par exemple, CJUE, 12 février 2015, C-396/13, *Sähköalojen ammattiliitto*, pt. 30.

[767] Considérant n° 6 de la directive dite détachement ; CJCE, 18 décembre 2007, C-341/05, *Laval,* pt. 58, CJUE, 7 novembre 2013, C-522/12, *Isbir*, pt. 33 ; 12 février 2015, C-396/13, *Sähköalojen ammattiliitto*, pt. 28.

[768] F. MULLER, « La révision des règles en matière de détachement : l'heure des choix en droit du travail et droit de la sécurité sociale », *RTD Eur* 2018, p. 6, qui craint tout de même que l'effectivité de ces nouveaux droits dépende des « conditions d'accessibilité à ces normes ».

[769] CJUE, 8 décembre 2020, C-626/18, *République de Pologne c. Parlement européen et Conseil de l'Union européenne*, *JCP G* 2020, n° 52, p. 2242, note D. BERLIN ; *Europe* 2021, n° 2, p. 36, note L. DRIGUEZ ; CJUE, 8 décembre 2020, C-620/18, *Hongrie c. Parlement européen, Conseil de l'Union européenne*, *Europe* 2021, n° 2, p. 36, note L. DRIGUEZ ; *JDE* 2021, n° 278, p. 183, note J.-Y. CARLIER, P.-A. VAN MALLEGHEM ; *RJS* 2021, p. 285, note J.-P. LHERNOULD, J.-C. FILLON, A. GARDIN.

[770] CJUE, 8 décembre 2020, C-620/18, *Hongrie c. Parlement européen, Conseil de l'Union européenne,* pt. 30 ; CJUE, 8 décembre 2020, C-626/18, *République de Pologne c. Parlement européen et Conseil de l'Union européenne,* pt. 100.

acquise[771]. À cet égard, la directive modificatrice et le rejet des recours en annulation contre celle-ci signifient des infléchissements.

Paragraphe 2. L'entrave des lois de police en matière de détachement

221. Entrave. Malgré la solution du conflit de lois qui est imposée par les textes de droit dérivé, il convient de se rappeler que les réglementations nationales du travail doivent être confrontées aux libertés de circulation. Ceci est affirmé dans le contexte du détachement de travailleurs, dans lequel nous relevons un bon nombre de dispositions impératives qui ont pu constituer des entraves. Le détachement de travailleurs est soumis aux exigences de la libre prestation de services. Comme toutes les libertés professionnelles, cette dernière connaît le principe de non-discrimination. L'article 57, § 1 TFUE précise que la libre prestation de services s'exerce « dans les mêmes conditions que celles que cet État impose à ses propres ressortissants ». Toutes les entraves, même non-discriminatoires, à la libre prestation de services sont prohibées. Rappelons que la notion d'entrave est consacrée, dans le domaine des libertés professionnelles, par les arrêts *Säger*[772] et *Kraus*[773]. Il est notamment précisé que l'applicabilité du régime de la libre prestation de services présupposait l'existence d'une entrave aux échanges[774]. Les entraves à la libre prestation de services s'expriment sous forme d' « une gêne pour l'importation ou l'exportation d'un service »[775]. Dit autrement, l'on évoque une restriction indistincte qui gêne ou rend moins attrayante l'activité du prestataire étranger[776]. L'article 56 TFUE exige ainsi la suppression de toute restriction, même si celle-ci s'applique indistinctement aux prestataires nationaux et à ceux des autres États membres, lorsqu'elle est de nature à prohiber, à gêner ou à rendre moins attrayantes les activités du prestataire établi dans un autre État membre, où il fournit légalement des services analogues[777]. L'entrave peut émaner des pouvoirs publics, mais l'entrave peut

[771] *Cf.* récemment, M. ROCCA, « Détachement 2022 : la longue marche de la quasi-égalité », *RTD Eur* 2022, p. 103.

[772] CJCE, 25 juillet 1991, C-76/90, *Säger, CDEur* 1998, p. 561, note D. MARTIN ; *RMU* 1999, n° 2, p. 73, note J. TIEDJE.

[773] CJCE, 31 mars 1993, C-19/92, *Kraus, JCP G* 1993, n° 38, p. 373, note M.-C. BOUTARD-LABARDE ; *CDEur* 1994, note C. DENYS ; *CMLR* 1996, p. 885 et p. 991, note S. WEATHERILL ; *RMU* 1996, p. 89, note J. PERTEK.

[774] M. FALLON, *Droit matériel général de l'Union européenne*, Academia, 2003, p. 169.

[775] *Ibid.*

[776] CJCE, 23 novembre 1999, C-369/96 et C-376/96, *Arblade.*

[777] CJCE, 25 juillet 1991, *Säger*, C-76/90, pt. 12 ; 9 août 1994, C-43/93, *Raymond Vander Elst,* pt. 14, *CDEur* 1998, n° 5-6, p. 561, note D. MARTIN, *RMU* 1999, n° 2, p. 73, note J. TIEDJE ; 28 mars 1996, C-272/94, *Guiot*, pt. 10 ; 23 novembre 1999, C-369/96 et C-376/96, *Arblade,* pt. 33 ; 15 mars 2001, C-165/98, *Mazzoleni*, pt. 22 ;

également émaner d'entités privées, comme celles visant à régler collectivement le travail[778]. En conséquence, une réglementation nationale au sens large ne doit pas heurter les libertés de circulation dans une situation intra-européenne.

222. Conditions de détachement. Le travailleur détaché restant soumis à la réglementation de son État d'origine, plusieurs États membres d'accueil adoptent des réglementations nationales impératives dans certains domaines précis, à destination des travailleurs détachés. En conséquence, se pose la question de leur confrontation à la libre prestation de services, laquelle régit le détachement de travailleurs. La possibilité de trouver des entraves dans les législations nationales sur le détachement de travailleurs est reconnue dès l'affaire *Seco, Desquenne & Giral*. Cette affaire porte sur l'opposition entre l'article 49 du traité CE et l'obligation pour une entreprise de payer une redevance pour l'occupation d'un travailleur en matière de mise à disposition[779]. Dans le résultat, cet arrêt consacre la possibilité de remettre en cause la réglementation sociale de l'État d'accueil au regard de la libre prestation de services[780]. En réponse sera adoptée la directive dite détachement, qui confirmera la possibilité ouverte aux États membres, d'adopter des législations, règlements ou conventions collectives en matière de détachement de travailleurs, en dressant une liste des impérativités.

223. *Arblade.* C'est dans ce contexte qu'est ensuite consacré le contrôle des lois de police étatiques pour entrave aux libertés de circulation[781]. Le principe du contrôle de ces dispositions est affirmé par l'arrêt *Arblade*, la Cour de justice reconnaissant que « l'appartenance de règles nationales à la catégorie des lois de police et de sûreté ne les soustrait pas au respect des dispositions du traité, sous peine de méconnaître la primauté et l'application uniforme du droit communautaire »[782]. En l'espèce, il s'agit de vérifier si la réglementation nationale du travail comporte « des effets restrictifs sur la libre

---

CJUE, 21 juillet 2011, C-518/09, *Commission c. Portugal*, pt. 63 ; *cf.* J.-Y. CARLIER, *La condition des personnes dans l'Union européenne*, Larcier, 2007, n° 42.

[778] CJCE, 19 février 2002, C-309/99, *Wouters, RTD Com* 2002, p. 389, note S. POILLOT-PERUZZETTO ; *CCC* 2002, p. 35, note S. POILLOT-PERUZZETTO ; *LPA* 2002, n° 71, p. 9, chron. P. ARHEL ; *Europe* 2002, n° 5, p. 5, note L. IDOT; *RTD Eur* 2003, p. 287, chron. J.-B. BLAISE, L. IDOT ; *JCP E* 2003, n° 31, p. 1283, note G. PARLÉANI, *GP* 2003, n° 334, p. 2, note É. DE LAMAZE .

[779] CJCE, 3 février 1982, aff. 62 et 63/81, *Seco, Desquenne et Giral*.

[780] M. FALLON, *Droit matériel général de l'Union européenne*, préc., p. 171.

[781] F. JAULT-SESEKE, « Contrat de travail », P. LAGARDE, D. CARREAU, H. SYNVET (dir.), *Répertoire de droit international,* Dalloz, janvier 2017, actualisation février 2019, n° 111 ; J.-S. BERGÉ, D. PORCHERON, G. VIEIRA DA COSTA CERQUEIRA, « Droit international privé et droit de l'Union européenne », P. LAGARDE, D. CARREAU, H. SYNVET (dir.), *Répertoire de droit international,* Dalloz, avril 2017, n° 95.

[782] CJCE, 23 novembre 1999, C-369/96 et C-376/96, *Arblade et Leloup*, pt. 31.

prestation de services »[783]. Une telle entrave peut être justifiée par des raisons impérieuses liées à l'intérêt général telles que la protection du travailleur[784], voire la protection sociale des travailleurs de la construction[785]. En l'espèce, la Cour de justice sanctionne la loi de police nationale, en « imposant à une entreprise établie dans un autre État membre et exécutant temporairement des travaux dans le premier État d'établir des documents sociaux ou de travail, tels un règlement du travail, un registre spécial du personnel et, pour chaque travailleur détaché, un compte individuel, dans la forme requise par la réglementation du premier État »[786]. Rappelons enfin que cette question s'est posée puisqu'au moment des faits de l'affaire *Arblade*, la directive détachement n'était pas encore entrée en vigueur.

224. Suite. À la suite de l'arrêt *Arblade*, la question se développe. Il s'agit désormais de savoir si ce contrôle des entraves doit également s'imposer, alors même que la directive dite détachement prévoit, dans la liste de son article 3, le domaine concerné comme pouvant potentiellement donner lieu à une loi de police. M. Lagarde expose qu' « il est douteux que cette jurisprudence doive s'appliquer aux faits similaires tombant sous le coup de la directive. La tâche des autorités de l'Etat membre d'accueil serait terriblement compliquée si, en appliquant conformément à la directive les dispositions de leur droit dans les matières visées par le noyau dur, elles s'exposaient à une contestation tirée de l'intérêt général »[787]. Le principal argument en faveur de cette position est celui de la sécurité juridique[788]. M. Lagarde ne conteste pas que le contrôle des entraves doive s'appliquer généralement, en dehors des domaines prévus par la directive, à l'égard des lois de police. Or, l'argument relatif à la sécurité juridique n'a pas emporté la conviction de la Cour de justice. Il n'est pas possible de faire valoir le fait que l'application des lois de police nationales repose sur un texte de droit dérivé.

---

[783] CJCE, 23 novembre 1999, C-369/96 et C-376/96, *Arblade et Leloup*, pt. 39.

[784] CJCE, 23 novembre 1999, C-369/96 et C-376/96, *Arblade et Leloup*, pt. 36 ; 17 mai 1994, C-294/92, *Webb*, pt. 19 ; 3 février 1982, aff. 62/81 et 63/81, *Seco et Desquenne & Giral*, pt. 14 ; 27 mars 1990, C-113/89, *Rush Portuguesa*, pt. 18 ; 15 mars 2001, C-165/98, *Mazzoleni*, pt. 27 ; 25 octobre 2001, C-49/98, *Finalarte*, pt. 72. Précisions que depuis l'arrêt CJCE, 24 janvier 2002, C-164/99, *Portugaia Construções*, pt. 28, l'on parle du motif propre de protection des travailleurs détachés.

[785] CJCE, 28 mars 1996, C-272/94, *Guiot*, pt. 16.

[786] CJCE, 23 novembre 1999, aff. C-369/96 et C-376/96, *Arblade et Leloup*, pt. 84 et dispositif.

[787] P. LAGARDE, art. cité (note 150), spéc. p. 586. Pour une argumentation plus détaillée, *cf.* P. LAGARDE, « Les lois de police devant la Cour de justice des Communautés Européennes », R. SCHULZE, U. SEIF (dir.), *Richterrecht und Rechtsfortbildung in der Europäischen Rechtsgemeinschaft*, Mohr Siebeck, 2003, p. 89.

[788] P. LAGARDE, art. cité (note 150), spéc. p. 586.

En d'autres termes, la Cour de justice affirme que le contrôle s'applique à l'égard des lois de police, même prévues par la directive dite détachement[789].

225. Justification. La justification de l'entrave doit consister en une raison impérieuse d'intérêt général qui n'est pas déjà sauvegardée par les règles auxquelles le prestataire est soumis dans l'État membre où il est établi[790]. Justifier des exceptions consiste ainsi à admettre des limites à la liberté de circulation, celle des prestations de services en l'occurrence. Selon Mme Robin-Olivier et M. Bergé, il s'agit de « limites des libertés dans les nécessités de l'ordre social »[791]. S'affirme ici la possibilité de faire valoir un intérêt public national. La limitation des libertés peut être justifiée par la protection d'intérêts nationaux légitimes. En effet, pour rendre compte d'une conception historiquement large des libertés, la Cour de justice a fait apparaître la catégorie des raisons impérieuses d'intérêt général, à côté des limitations textuellement prévues. Il convient d'observer qu'en matière de libre circulation des personnes, la liste figurant dans les textes est assez courte : elle comprend l'ordre public, la sécurité publique et la santé publique (article 45 TFUE). Quels objectifs sont d'une importance telle qu'ils justifient une restriction de la libre prestation de services ? La jurisprudence concernant le contrôle des entraves est originaire du domaine de la libre circulation des marchandises[792]. Même si l'arrêt *Säger* est généralement considéré comme l'arrêt de référence concernant la justification des entraves à la libre prestation de services[793], l'arrêt *Webb* rendu en 1981, constitue en fait le premier exemple où la Cour de justice accepte d'analyser une justification qui ne se trouve pas expressément dans le traité. Les arrêts *van Binsbergen*[794] et *van Wesemael*[795] contiennent également une référence à la notion de protection de *« l'intérêt général »*. Traditionnellement, il est admis que les exigences impérieuses

---

[789] É. PATAUT, note sous CJCE, 15 mars 2001, C-165/98, *Mazzoleni, RCDIP* 2001, p. 495, spéc. p. 504 ; GEDIP, « Protection des consommateurs. Rome, 15-17 septembre 2000 », *RCDIP* 2000, p. 929, qui propose d'insérer dans la convention de Rome : « [i]l ne peut être donné effet aux dispositions impératives de la loi d'un Etat membre que dans la mesure où leur application ne constitue pas une entrave injustifiée aux libertés de circulations instituées par le traité ».

[790] CJCE, 23 novembre 1999, C-369/96 et C-376/96, *Arblade et Leloup*, pts. 34 et 35 ; CJCE, 19 janvier 2006, C- 244/04, *Commission c. Allemagne*, pt. 31, *RDUE* 2006, p. 188, note O. LINKSEY, *JCP S* 2006, n° 10, p. 20, note J. CAVALLINI ; *JCP* A 2006, n° 24, p. 784, chron. O. DUBOIS ; *JDEur* 2007, n° 141, p. 206, chron. L. DEFALQUE ; CJCE, *Commission c. Belgique*, C-219/08, 1er octobre 2009, pt. 14.

[791] J.-S. BERGÉ, S. ROBIN-OLIVIER, *Droit européen,* PUF, 2011, n° 239.

[792] CJCE, 20 février 1979, aff. 120/78, *Rewe-Zentral.*

[793] C. BARNARD, *The Substantive Law of the EU*, OUP, 2019, p. 253.

[794] CJCE, 3 décembre 1974, aff. 33/74, *van Binsbergen,* pt. 12.

[795] CJCE, 17 décembre 1981, aff. 279/80, *van Wesemael,* pt. 28.

visées recouvrent l'ordre public, la sécurité publique, la santé publique[796], le maintien de l'ordre, la protection des travailleurs, la protection des destinataires de services[797] et la prévention de la concurrence déloyale de la part d'entreprises qui pratiquent des niveaux de rémunération inférieurs au salaire minimal[798]. La protection des travailleurs est ainsi reconnue parmi les motifs limitant la libre prestation de services dès 1981[799].

226. Lutte contre la fraude. Récemment, la CJUE se montre davantage permissive et admet l'objectif de lutte contre la fraude[800] en tant qu'une raison impérieuse d'intérêt général. Alors qu'il était constant que la présomption générale de fraude ne suffisait pas à justifier une entrave[801], la Cour de justice vient apporter une nuance à sa jurisprudence. Dans une affaire contre la Commission européenne, la Belgique se prévaut de la fraude, notamment sociale et de prévention des abus, en insistant sur la détection des cas de faux indépendants et la lutte contre le travail dissimulé[802]. Dans l'arrêt, il est

---

[796] Ces trois premières justifications sont reprises dans la proposition de directive du Parlement européen et du Conseil relative aux services dans le marché intérieur, COM(2006)160 final.

[797] Ces trois dernières causes de justification sont reprises de P. MAVRIDIS, « Détachement des travailleurs : du nouveau sur le feuilleton du principe du pays d'origine ou du pays d'accueil – Commentaires sur l'arrêt Kiere de la Cour de justice », *J.T.T.* 2006, p. 225.

[798] CJCE, 12 octobre 2004, *Wolff & Müller,* C-60/03, pts. 35, 36 et 41, *RDI* 2005, p. 45, note B. BOUBLI ; *RJS* 2005, p. 184, chron. J.-P. LHERNOULD, H. TISSANDIER ; *RCDIP* 2005, p. 336, note É. PATAUT.

[799] CJCE, 17 décembre 1981, *Webb*, C-279/80.

[800] CJCE, 3 avril 2008, C-346/06, *Rüffert*, pt. 42 qui fait d'ores et déjà référence à la lutte contre la fraude, notamment sociale, et la prévention des abus, en particulier la lutte contre le travail dissimulé, dans la mesure où cet objectif peut se rattacher notamment à l'objectif de protection de l'équilibre financier des régimes de sécurité sociale.

[801] CJCE, 15 juin 2006, *Commission c. France,* C-255/04, pt. 52, *RDC* 2006, p. 1273, note J.-S. BERGÉ ; CJCE, 9 novembre 2006, *Commission c. Belgique,* C-433/04, pt. 35, *Europe* 2007, n° 1, p. 16, note L. IDOT.

[802] CJUE, 19 décembre 2012, *Commission c. Belgique,* C-577/10, *Europe* 2013, n° 2, p. 30, note V. MICHEL ; *RJS* 2013, p. 161, chron. J.-P. LHERNOULD, A. GARDIN, F. KESSLER, E. LAFUMA ; *JDEur* 2013, n° 197, p. 99, note V. HATZOPOULOS. La Belgique avait invoqué la prévention de la concurrence déloyale et le dumping social, en vue de protéger les prestataires de services qui respectent la réglementation contre ceux qui ne la respectent pas et en tirent un avantage concurrentiel injustifié, de détecter les cas de fraude à la loi sociale, notamment le travail dissimulé ainsi que l'existence de faux indépendants, de prévenir les abus auxquels peut donner lieu la mise en œuvre de la libre prestation des services et, enfin, de protéger les travailleurs, y compris en luttant contre la traite des êtres humains et les conditions de travail particulièrement abusives, ainsi qu'en veillant au bien-être des travailleurs indépendants.

développé que la fraude peut se rattacher non seulement à l'objectif de protection de l'équilibre financier des régimes de sécurité sociale, mais également aux objectifs de prévention de la concurrence déloyale et du *dumping social* ainsi que de protection des travailleurs, y compris des prestataires de services indépendants[803]. Deux ans plus tard, la Cour de justice retient que les objectifs de protection des travailleurs détachés et de lutte contre la fraude sont susceptibles de justifier la réglementation nationale. Dans cette même affaire, elle valide l'obligation de déclaration préalable concernant les travailleurs salariés et stagiaires comme proportionnée[804]. Par la suite, la Cour de justice donne de l'importance à cette obligation, en renforçant l'autorité des certificats E101. Dans les arrêts *X. et van Dijk*[805], elle décide que le certificat s'impose à l'institution du pays d'accueil. L'arrêt *A-Rosa* vient ajouter que cette obligation s'impose tant aux institutions qu'aux juridictions de l'État d'accueil, même lorsque celles-ci constatent « que les conditions de l'activité du travailleur concerné n'entrent manifestement pas dans le champ d'application matériel »[806] du règlement (CEE) n°1408/71 dit de coordination de sécurité sociale[807]. L'autorité des certificats connaît ainsi des limites dans un contexte d'obtention frauduleuse[808]. C'est dans cette suite que la Cour de

[803] CJUE, 19 décembre 2012, *Commission c. Belgique,* C-577/10, pt. 45.

[804] CJUE, 3 décembre 2014, C-315/13, *De Clercq,* pt. 69.

[805] CJUE, 9 septembre 2015, C-72/14 et C-197/14, *X. et van Dijk*, pt. 42, *CDEur* 2016, p. 575, note F.-V. GUIOT.

[806] CJUE, 27 avril 2017, C-620/15, *A-Rosa,* pt. 61, *Lexbase Hebdo S* 2017, n° 698, note C. WILLMANN ; *DSOC* 2017, p. 579, note J.-P. LHERNOULD, p. 866, note M.-C. AMAUGER-LATTES et 2018, p. 389, note F. KESSLER, Y.-É. LOGEAIS ; *Europe* 2017, n° 6, p. 25, note L. DRIGUEZ ; *DO* 2017, p. 329, note H. GUICHAOUA ; *JSL* 2017, n° 434, p. 10, note H. TISSANDIER ; *RDT* 2017, p. 462, note N. MIHMAN et p. 562, étude F. JAULT-SESEKE, S. ROBIN-OLIVIER ; *JCP E* 2017, n° 30-34, p. 56, n° 43-44, p. 55, note J. COLONNA, V. RENAUX-PERSONNIC et *JCP S* 2017, n° 38, p. 45, note É. BRUNNER ; *AJDA* 2017, p. 1714, chron. P. BONNEVILLE, E. BROUSSY, H. CASSAGNABÈRE, C. GÄNSER.

[807] Règlement (CEE) n° 1408/71 du Conseil, du 14 juin 1971, relatif à l'application des régimes de sécurité sociale aux travailleurs salariés, aux travailleurs non-salariés et aux membres de leur famille qui se déplacent à l'intérieur de la Communauté.

[808] CJUE, 6 février 2018, C-359/16, *Altun, RAE* 2018, p. 139, note I. OMARJEE ; *Lexbase Hebdo S* 2018, n° 731, note C. WILLMANN ; *JCP G* 2018, n° 8, p. 369, note D. BERLIN ; *SSL* 2018, n° 1804, chron. J.-P. LHERNOULD ; *CSBP* 2018, p. 127, note F. KESSLER ; *RDT* 2018, p. 219, note M. CASTEL ; *JCP S* 2018, n°10, p. 34, note H. NASOM-TISSANDIER ; *Europe* 2018, n°4, P. 25, note L. DRIGUEZ ; *DO* 2018, p. 197; note H. GUICHAOUA ; *D.* 2019, p. 347, pan. O. BOSKOVIC, S. CORNELOUP, F. JAULT-SESEKE, N. JOUBERT, K. PARROT; *JDE* 2019, p. 166, chron. J.-Y. CARLIER, G. RENAUDIÈRE. Pour un arrêt rendu sur l'exercice d'une activité salariée dans deux ou plusieurs États membres au sens de l'article 13, § 1, b), i) du règlement (CE) n° 883/2004, CJUE, 2 mars 2023, C-410/21 et C-

cassation française a nouvellement interrogé la Cour de justice pour savoir si l'État membre d'accueil ne pouvait pas écarter les certificats lorsque le seul certificat E101 qui mentionnait un aéroport comme lieu d'activité du salarié et une entreprise aérienne comme employeur permettait d'en déduire que celui-ci avait été obtenu frauduleusement. En l'occurrence, la Cour de justice admet qu'il existe des indices d'une fraude mais limite la possibilité des juges de l'État d'accueil d'écarter les certificats[809]. Depuis cet arrêt, l'on a pu s'interroger si la raison d'être de la justification des entraves au moyen de la fraude n'était pas remise en cause. On lisait dans l'un des premiers arrêts que « [l]'objectif tenant à la lutte contre la fraude tend ainsi à s'autonomiser en matière de libre prestation de service bien qu'il soit encore lié à la protection des travailleurs »[810]. Il est toutefois intéressant de l'inscrire dans une lecture plus large et de reconnaître, dès cet endroit, que les raisons impérieuses d'intérêt général permettent d'ancrer la protection du travailleur détaché et tiennent compte des nécessités de l'ordre social dans le cadre de la mise en œuvre de la libre prestation de services[811].

227. Proportionnalité. Ce contrôle des entraves conduit à écarter certaines dispositions trop restrictives que l'État d'accueil souhaite imposer aux travailleurs détachés. C'est au moyen du contrôle de la proportionnalité que nombre de dispositions nationales sont censurées. En effet, la mesure nationale doit être proportionnée au regard de l'objectif d'intérêt général. Cela signifie qu'elle doit être propre à garantir la réalisation des objectifs poursuivis et ne pas aller au-delà de ce qui est nécessaire pour atteindre ceux-ci[812]. Dans l'arrêt *Arblade et Leloup*[813], le juge national doit ainsi vérifier si l'objectif d'intérêt général de protection des travailleurs, qui est susceptible de justifier les exigences nationales, n'est pas suffisamment assuré dans l'État membre d'établissement. Des critères de comparaison sont posés par l'arrêt *Mazzoleni* qui développe qu'il faut « évaluer tous les éléments pertinents ». En l'espèce,

---

661/21, *Intertrans BV & Verbraeken, JCP S* 2023, n° 11, p. 31, note J.-P. LHERNOULD.

[809] CJUE, 2 avril 2020, C-370/17 et C-37/18, *Vueling Airlines, RDT* 2020, p. 380, note K. CHATZILAOU ; *Europe* 2020, comm. n° 191, note L. DRIGUEZ ; *Lexbase Hebdo S* 2018, n° 731, note C. WILLMANN ; *SSL* 2018, n° 1804, chron. J.-P. LHERNOULD ; *Europe* 2018, n° 4, p. 25, et 2020, n° 6, p. 32, note L. DRIGUEZ ; *BJT* 2020, n° 5, p. 121, note F. KESSLER, n° 9, p. 43, note D. ASQUINAZI-BAILLEUX ; *JSL* 2020, n° 498, p. 16, note H. NASOM-TISSANDIER ; *RJS* 2020, p. 483, chron. J.-P. LHERNOULD, A. GARDIN, J.-C. FILLON, H. NASOM-TISSANDIER ; *JDE* 2020, n° 273, p. 399, note P. HARDY, M. ROCCA ; *DSOC* 2021, p. 335, note F. MULLER.

[810] CJUE, 3 décembre 2014, C-315/13, *De Clercq*,.

[811] *Infra*, n° 521 et s.

[812] P. ex., CJCE, 15 juin 2006, C-255/04, *Commission c. France,* pt. 44.

[813] CJCE, 23 novembre 1999, C-369/96 et C-376/96, *Arblade et Leloup*.

il fallait tenir « compte, notamment, de la durée des prestations de services, de leur prévisibilité, du fait que les employés ont été effectivement déplacés vers l'État membre d'accueil ou qu'ils continuent d'être rattachés à la base d'opérations de leur employeur dans son État membre d'établissement »[814]. Ces principes ont été repris dans l'arrêt *Finalarte*[815]. Cet examen de la proportionnalité est précisé en fonction des réglementations nationales en cause. L'appréciation du droit du pays d'origine joue ici un rôle important. Ceci permet à M. Defossez de conclure que « c'est uniquement si le droit du pays d'origine ne permet pas d'atteindre de façon satisfaisante les objectifs légitimes poursuivis par la réglementation de son droit national que l'Etat de destination du produit pourra imposer l'application de sa propre règlementation »[816]. En revanche, cet examen ne consiste pas non plus nécessairement à consacrer un véritable « principe du pays d'origine »[817]. Il s'agit d'accélérer l'intégration du marché intérieur en facilitant, même en l'absence d'harmonisation, la libre circulation. La reconnaissance mutuelle permet ainsi, en principe, de favoriser la libre circulation tout en protégeant certains intérêts supérieurs[818]. Ce contrôle qui est développé pour la libre circulation des marchandises, est plus tard étendu à la libre prestation de services, elle-même conçue comme une liberté supplétive, qui ne s'applique que si aucune autre liberté n'est en jeu.

228. Politique régulatrice européenne. Dans le résultat, le contrôle des entraves est censé assurer une protection minimale des travailleurs au moyen de la législation du pays d'accueil. Or, celle-ci peut être en contradiction avec la logique du conflit de lois en droit du travail qui consiste à désigner la loi nationale en suivant notamment des considérations de proximité. À cet égard, les lois de police pourraient constituer des remparts bienvenus. Or, l'impérativité traduirait la foi mise par ce modèle dans la régulation étatique, tandis que l'espace de liberté dans lequel les contractants choisissent la loi

---

[814] CJCE, 15 mars 2001, C-165/98, *Mazzoleni et ISA*, pts. 37 et 38.

[815] CJCE, 25 octobre 2001, C-49/98, *Finalarte e.a.*

[816] A. DEFOSSEZ, *Le dumping social dans l'Union européenne. Étude à l'aune du droit primaire et de la directive détachement,* préc., p. 148.

[817] En ce sens, dans le domaine des services, *cf.* O. DE SCHUTTER, S. FRANCQ, « La proposition de directive relative aux services dans le marché intérieur : reconnaissance mutuelle, harmonisation et conflits de lois dans l'Europe élargie », *CDEur* 2005, vol. 41, n° 5-6, p. 606 et S. WEATHERILL, « Pre-emption, Harmonisation and Distribution of Competence to Regulate the Internal Market », C. BARNARD et J. SCOTT (dir.), *The law of the single European market: unpacking the premises,* Hart Publishing, 2002, p. 43, qui parle de « qualified principle of home state control » ou V. HATZOPOULOS, « Que reste-t-il de la directive sur les services ? », *CDEur* 2007, vol. 43, n° 3-4, p. 313 qui découvre dans les arrêts de la CJUE relatifs aux services un « quasi principe du pays d'origine ».

[818] S. WEATHERILL, art. cité (note 815), spéc. p. 48.

applicable est un espace concédé par l'État[819]. Dans un contexte où certaines compétences sont transférées à l'Union européenne, les impérativités doivent, elles aussi, être justifiées par un motif correspondant à la politique régulatrice européenne. La place de la protection du travailleur parmi celles-ci a été évoquée.

229. Rémunération minimale. La sanction des entraves reste difficile à établir. Elle est précisée pour les différentes réglementations du travail concernant le détachement de travailleurs. La Cour de justice exerce son contrôle au cas par cas à l'égard de l'application de la loi du pays d'accueil. Une jurisprudence abondante concerne la rémunération minimale. À titre d'exemple, le fait pour un État membre d'accueil d'imposer sa rémunération minimale au prestataire dont la législation d'origine impliquerait une rémunération moindre, constitue une restriction à la libre prestation des services[820]. Plus précisément, la Cour de justice opère un test d'équivalence entre la réglementation du pays d'origine et celle du pays d'accueil. Afin « de s'assurer que la protection dont jouissent les employés dans l'État membre d'établissement est équivalente, [les autorités] doivent en particulier prendre en considération les éléments liés au montant de la rémunération, la durée du travail à laquelle ce montant se rapporte ainsi que le montant des cotisations sociales et l'incidence de la fiscalité »[821]. C'est ainsi que, dans ce même arrêt *Mazzoleni*, la réglementation relative au salaire minimum imposée par l'État accueillant des travailleurs détachés n'est pas sanctionnée, étant précisé qu'elle doit répondre aux exigences de proportionnalité, notamment en ce qui concerne les travailleurs transfrontaliers[822]. Suivent de nombreux autres cas en matière de détachement dans lesquels les lois de police nationales doivent être contrôlées pour conformité à la libre prestation de services. Dans la décision *Portugaia Construções Lda,* les juges européens décident de censurer une loi relative au salaire minimum, pour le motif que cette réglementation ne concerne pas les employeurs nationaux. Plus précisément, nous nous référons à la question préjudicielle posée : « [l]e fait qu'un employeur national puisse, en concluant un accord collectif d'entreprise, pratiquer un salaire inférieur au salaire minimal fixé dans une convention collective, déclarée d'application générale, alors qu'un employeur établi dans un autre État membre ne peut pas le faire, constitue une restriction injustifiée à la libre prestation des services »[823]. Nous en concluons que la Cour de justice, en interprétant la libre prestation de services, contrôle les lois de police en les comparant aussi à la régulation que l'État membre opérerait dans un contexte purement interne.

---

[819] H. MUIR WATT, « La fonction économique du droit international privé », *RIDE* 2010, p. 103.

[820] CJCE, 15 mars 2001, C-165/98, *Mazzoleni et ISA*.

[821] CJCE, 15 mars 2001, C-165/98, *Mazzoleni et ISA*, pt. 39.

[822] CJCE, 15 mars 2001, aff. C-165/98, *Mazzoleni,* pt. 41.

[823] CJCE, 24 janvier 2002, C-164/99, *Portugaia Construções,* pt. 35.

230. Déclaration préalable. Un autre contentieux important porte sur les autorisations de mise à disposition demandées par les autorités du pays d'accueil. En matière d'autorisation de mise à disposition, l'État membre doit tenir compte des justifications et garanties déjà présentées par le prestataire pour l'exercice de son activité dans l'État membre d'établissement[824]. Une obligation de signaler préalablement aux autorités de l'État membre d'accueil, la présence d'un ou de plusieurs travailleurs salariés, permet aux autorités nationales, d'une part, de contrôler le respect de la réglementation sociale et salariale de l'État membre d'accueil pendant la durée du détachement en tenant compte des obligations auxquelles cet employeur est déjà soumis en vertu des règles de droit social de l'État membre d'origine et, d'autre part, de lutter contre la fraude[825]. Dans l'espèce *Commission c. Belgique*, il s'agit de vérifier la proportionnalité de l'obligation de déclaration préalable aux prestataires de services indépendants[826] ; la Cour décide qu'elle est disproportionnée, étant donné que les mécanismes de coopération administrative ne permettaient pas à la Belgique de disposer des mêmes informations que celles qu'elle considère comme nécessaires pour atteindre l'objectif d'intérêt général[827]. L'affaire *de Clercq* porte sur le non-respect par les utilisateurs finaux ou maîtres d'ouvrage de l'obligation de communiquer des données d'identification des salariés ou stagiaires détachés qui n'ont pas pu présenter un accusé de réception pour une autorisation de détachement. Selon la Cour de justice, ces mesures ne sont pas disproportionnées. L'existence d'une entrave est questionnée dans une affaire relative à l'obligation de déclaration des travailleurs étrangers en Belgique[828]. Il est mis en avant par la Commission que les prestataires de services indépendants établis en Belgique ne sont pas soumis à des obligations strictement équivalentes, notamment en matière de renseignements à fournir, à celles découlant de l'obligation de déclaration en cause pour les prestataires de services indépendants établis dans un autre État membre. Or, dans la lignée de

---

[824] CJCE, 28 mars 1996, C-272/94, *Guiot*, pt. 31.

[825] CJUE, 7 octobre 2010, C-589/10, *dos Santos Palhota e.a.*, pts. 51, 53 et 54, *JCP G* 2013, n° 13, p. 1117, note D. BERLIN ; *Europe* 2013, n° 7, p. 44, note L. DRIGUEZ ; *RJS* 2013, p. 651, chron. J.-P. LHERNOULD, A. GARDIN, E. LAFUMA, H. TISSANDIER.

[826] CJUE, 19 décembre 2012, *Commission c. Belgique,* C-577/10.

[827] Différents textes communautaires ont été adoptés dans l'objectif d'améliorer la coopération administrative entre les Etats membres, mais ils n'atteignent pas l'objectif de lutter contre la fraude. Il s'agit de la directive 2006/123/CE relative aux services dans le marché intérieur, la décision 2004/387/CE relative à la fourniture interopérable de services paneuropéens d'administration en ligne aux administrations publiques, aux entreprises et aux citoyens, la directive 2005/36/CE relative à la reconnaissance des qualifications professionnelles et l'art. 4 de la directive 96/71 posant le principe d'une coopération administrative entre lesdites administrations.

[828] CJUE, 19 décembre 2012, *Commission c. Belgique,* C-577/10.

sa jurisprudence *Finalarte*, la Cour de justice relève des différences objectives existant entre ces deux catégories de prestataires de services indépendants pour refuser la présence d'une réglementation discriminatoire, et non susceptible de justification[829]. Dans une affaire *Commission c. Belgique*, la Belgique argue qu'il n'y a pas d'entrave tout simplement puisque le système « Limosa » de déclaration préalable au détachement produit un effet trop négligeable ou trop indirect et aléatoire sur la libre prestation de services[830]. Or l'argument de « l'importance ou l'intensité de l'effet restrictif »[831] n'est généralement pas entendu par la Cour de justice qui a l'habitude d'examiner de telles considérations plutôt dans le cadre de son examen de proportionnalité[832]. En effet, il a été précisé auparavant que, « dans l'optique d'un marché unique, et pour permettre de réaliser les objectifs de celui-ci, [la libre prestation de services] s'oppose également à l'application de toute réglementation nationale ayant pour effet de rendre la prestation de services entre États membres plus difficile que la prestation de services purement interne à un État membre »[833]. L'examen vise ici à comparer si les entreprises exerçant la libre prestation de services n'ont pas plus de difficulté que les entreprises locales.

231. Équivalence. D'autres arrêts reflètent l'accent que l'Union européenne met sur la sanction du non-respect par les prestataires de services, des obligations en matière de détachement. Une ancienne affaire ayant initié le contentieux sur l'incidence du détachement en matière pénale est clôturée par l'arrêt *Guiot*[834]. L'affaire concerne la procédure pénale contre M. Guiot et Climatec SA, prévenus d'avoir omis de payer des cotisations. Il est jugé que le principe de libre prestation de services fait obstacle « à ce qu'un État membre oblige une entreprise, établie dans un autre État membre et exécutant temporairement des travaux dans le premier État, à verser des cotisations patronales au titre de timbres-fidélité et timbres-intempéries » pour chaque travailleur détaché, « alors que cette entreprise est déjà redevable de cotisations comparables, du chef des mêmes travailleurs et pour les mêmes périodes d'activité »[835] dans l'État membre d'origine. En d'autres termes, la Cour de justice opère un test d'équivalence, ce qui permet d'écarter les impérativités du pays d'accueil et d'appliquer la législation du pays d'origine.

232. Réglementation du pays d'accueil. Néanmoins, les récentes directives dites d'exécution et modificatrice de la directive dite détachement

---

[829] CJCE, 25 octobre 2001, C-49/98, *Finalarte*, pts. 63, 64 et 73.

[830] CJUE, 19 décembre 2012, *Commission c. Belgique*, C-577/10.

[831] C.-É. CLESSE, M. MORSA, *Travailleurs détachés et mis à disposition. Droit belge, européen et international*, préc., p. 277.

[832] En ce sens, CJCE, 19 janvier 2006, C-244/04, *Commission c. Allemagne*, pt. 33.

[833] CJCE, 5 octobre 1994, C-381/93, *Commission c. France*, pt. 17.

[834] CJCE, 28 mars 1996, C-272/94, *Guiot*.

[835] CJCE, 28 mars 1996, C-272/94, *Guiot*, pt. 22.

étendent les possibilités ouvertes aux pays d'accueil, de faire valoir des obligations à l'égard des entreprises exerçant leur libre prestation de services. Cette évolution trouve l'écho dans l'adoption de normes par les États membres d'accueil allant jusqu'à sanctionner le détachement illégal. Il n'en demeure pas moins que la Cour est particulièrement regardante, en ce qui concerne les sanctions des entreprises prestataires de services. Dans l'arrêt *Čepelnik*[836], la Cour de justice censure la disposition d'un État membre d'accueil qui instaure au profit des autorités d'un État membre la possibilité de sanctionner le maître d'ouvrage établi dans cet Etat membre. Plus précisément, la disposition en cause vise à sanctionner le maître d'ouvrage, en l'obligeant à suspendre les paiements à son cocontractant établi dans un autre État membre, voire à verser une caution d'un montant équivalent au prix de l'ouvrage restant à payer, afin de garantir le paiement de l'éventuelle amende qui pourrait être infligée à ce cocontractant en cas d'infraction avérée. Cette disposition semble être destinée à combattre les situations de détachement complexes. En dernier lieu, la question préjudicielle formulée par l'Allemagne fait valoir l'entrave qui résulte de l'obligation de tenir à disposition des documents pour l'entreprise prestataire, combinée avec la sanction élevée en cas de non-respect de l'obligation[837]. Il s'agit ici d'interroger la Cour de justice sur l'éventuelle contrariété d'une norme nationale sanctionnant le détachement illégal.

Sous-section 2. Le contrôle généralisé des règles de conflit de lois au regard des libertés de circulation

233. La libre circulation des travailleurs constitue le terrain du contrôle des règles de conflit de lois. Il convient de dresser un panorama des principales dispositions nationales sanctionnées au regard de la libre circulation des travailleurs (paragraphe 1), avant de s'interroger sur la possibilité de contrôler les règles de conflit de lois (paragraphe 2).

---

[836] CJUE, 13 novembre 2018, C-33/17, *Cepelnik, Europe* 2019, n° 1, p. 29, note L. DRIGUEZ ; *RJS* 2019, p. 80, chron. A. GARDIN, E. LAFUMA, J.-P. LHERNOULD, R. MARIÉ, H. NASOM-TISSANDIER ; *JDI* 2019, p. 577, chron. C. NOURISSAT ; *JDEur* 2019, p. 166, chron. J.-Y. CARLIER, G. RENAUDIÈRE ; *JCP G* 2019, n° 48, p. 2154, note D. BERLIN.

[837] Recours introduit le 15 octobre 2018, C-645/712/713/18, *Bezirkshauptmannschaft Hartberg-Fürstenfeldplus :* la question préjudicielle interroge la conformité aux libertés de circulation des « des amendes très élevées, en particulier des amendes minimales élevées prononcées de façon cumulative pour chaque travailleur concerné » au cas de « non-respect de l'obligation de tenir à disposition les documents relatifs aux salaires ou [de] l'omission de déclaration au service central de coordination ».

Paragraphe 1. Le contrôle de conformité à la libre circulation des travailleurs

234. Libre circulation des travailleurs. Alors qu'un contentieux d'ampleur en matière d'entraves aux libertés de circulation provient de la matière de la libre prestation de services, les impérativités peuvent également se heurter à la libre circulation du travailleur de l'article 45 TFUE si celle-ci a lieu de s'appliquer. Comme nous l'avons annoncé à propos du contentieux sur le travailleur détaché, il ne saurait y avoir d'interférence avec l'article 56 TFUE qui vise la mobilité professionnelle dans le cadre de la libre prestation de services. La notion est également à distinguer de celle de l'article 49 TFUE qui vise la libre circulation des travailleurs indépendants. Découle de l'article 45 TFUE le droit pour le travailleur d'exercer une activité salariée dans un autre État membre. Cette liberté vise la possibilité de répondre à des offres d'emplois, de se déplacer et de séjourner dans l'État membre concerné pour occuper l'emploi et d'y demeurer à la suite. Le droit « de répondre à des emplois effectivement offerts » a été entendu comme le droit de se déplacer pour répondre à des offres précises et de rechercher effectivement du travail[838]. À la question de l'interprétation de ce droit s'attache celle de savoir si les ressortissants de l'Union européenne peuvent se déplacer librement sur le territoire d'un autre État membre pour y rechercher un emploi[839]. Pour résumer, les droits qui découlent de cette liberté de circulation visent la liberté de déplacement, le droit de séjour et le droit à des conditions de vie normales[840].

235. Prohibition des discriminations. Dans ce contexte, la loi appliquée ne saurait créer une discrimination au sens des libertés de circulation. Pour l'effectivité de la libre circulation des travailleurs, l'article 45 § 2 TFUE, « implique l'abolition de toute discrimination, fondée sur la nationalité, entre travailleurs des États membres, en ce qui concerne l'emploi, la rémunération et les autres conditions de travail ». L'arrêt *Bosman* a étendu le contrôle des réglementations nationales pour entrave à la libre circulation des travailleurs[841]. C'est dans le cadre de la libre circulation des travailleurs que

---

[838] CJCE, 8 avril 1975, aff. 48/75, *Royer.*

[839] Sur cette question, P. RODIÈRE, *Droit social de l'Union européenne,* LGDJ, 2022, n° 211, avec d'autres références.

[840] C. BLUMANN, L. DUBOUIS, *Droit matériel de l'Union européenne,* LGDJ, 2019, n° 74 et s.

[841] CJCE, 15 décembre 1995, C-415/93, *Bosman,* pt. 97, *RMU* 1996, n° 1, p. 5, note K. VAN MIERT, p. 11, note P. DEMARET, p. 17, note D. O'KEEFFE, P. OSBORNE, p. 45, note G. CAMPOGRANDE, p. 57, note A. PAPPALARDO, N. PARISIS, p. 65, note J.-L. DUPONT, p. 79, note S. KÉSENNE, p. 89, note M. THILL, p. 119, note L. NYSSEN, X. DEMOËL, p. 135, note N. PARISIS, M. F. SALAS, p. 155, note M. F. SALAS ; *ECLR* 1996, n° 1, p. 51, note M. PULLEN ; *JDI* 1996, p. 488, note D. SIMON et 1997, p. 550, note M. LUBY ; *CMLR* 1996, p. 885, note S. WEATHERILL.

s'est présenté le contentieux sur le contrôle de la règle de conflit de lois bilatérale à la logique des libertés de circulation.

236. Discrimination. L'article 45 TFUE interdit toute discrimination à l'égard des travailleurs en raison de leur nationalité. L'interdiction des discriminations a été étendue à celle des discriminations indirectes[842]. Elle vise « toutes formes dissimulées de discrimination qui, par application d'autres critères de distinction, aboutissent en fait au même résultat »[843]. Ainsi, l'interdiction cible notamment la prise en compte du lieu de résidence ou le domicile du travailleur[844]. Ajoutons qu'en pratique, la cause de discrimination souvent relevée porte sur les compétences[845]. La sanction de la discrimination est la nullité des clauses visées. Est nulle, par exemple, toute clause discriminatoire « de convention collective ou individuelle ou d'autre réglementation collective portant sur l'accès à l'emploi, l'emploi, la rémunération et les autres conditions de travail et de licenciement »[846].

237. Exigences linguistiques. L'exigence linguistique pour accéder à certains emplois est un exemple récurrent de discrimination. Elle a été qualifiée d'indirecte, puisqu'elle ne se révèle que parce qu'elle concerne un nombre plus important d'étrangers que de nationaux[847]. D'une manière générale, « l'adoption d'une politique qui vise la défense et la promotion de la langue d'un État membre qui est tout à la fois la langue nationale et la première langue officielle »[848] n'est pas contraire à l'interdiction des discriminations. Toutefois, les discriminations peuvent se rencontrer dans les modalités d'application des exigences linguistiques. Dans cette affaire *Groener*[849], il s'agit de remettre en cause la réglementation irlandaise qui accorde une

---

[842] CJCE, 12 février 1974, aff. 152/73, *Sotgiu* ; aussi CJCE, 18 juillet 2007, C-212/05, *Hartmann*, pt. 29, *Lexbase Hebdo S* 2007, n° 273, note C. WILLMANN ; *Europe* 2007, n° 10, p. 21, note F. KAUFF-GAZIN ; *JCP S* 2007, n° 40, p. 32, note J. CAVALLINI ; *RDUE* 2008, p. 117, note B. KOTSCHY ; *JDI* 2008, p. 612, chron. F. CHALTIEL, J. C. BERR, S. FRANCQ, C. PRIETO ; *SSL supplément* 2008, n° 1338, p. 53, chron. S. LAULOM ; *JDEur* 2008, n° 150, p. 186, chron. C. SACHS-DURAND, M. SCHMITT.

[843] P. RODIÈRE, *Droit social de l'Union européenne,* LGDJ, 2022, n° 256.

[844] *Ibid.* ; CJCE, 15 janvier 1986, aff. 41/84, *Pinna.*

[845] D. MCCORMACK-GEORGE, « Labour Migration, Skills and Discrimination », *UK Labour Law Blog*, 10 juillet 2019, https://wordpress.com/view/uklabourlawblog.com (consulté le 13 septembre 2019).

[846] Règlement (CEE) n° 1612/68 du Conseil, du 15 octobre 1968, relatif à la libre circulation des travailleurs à l'intérieur de la Communauté, article 7, § 4, abrogé par le règlement (UE) n° 492/2011, du Parlement européen et du Conseil, du 5 avril 2011, relatif à la libre circulation des travailleurs à l'intérieur de l'Union.

[847] B. MONGIN, « Langues », S. POILLOT-PERUZZETTO, D. SIMON (dir.), *Répertoire de droit européen*, Dalloz, janvier 2005, actualisation mai 2017, n° 112.

[848] CJCE, 28 novembre 1989, C-379/87, *Groener*, pt. 19.

[849] CJCE, 28 novembre 1989, C-379/87, *Groener.*

préférence, au moment du recrutement de professeurs et de professeurs adjoints, aux candidats titulaires d'un certificat d'irlandais, acquis dans le pays. Sans faire de distinction quant au type de discrimination, la Cour de justice juge que « le principe de non-discrimination s'oppose à ce qu'il soit prescrit que les connaissances linguistiques en cause aient été acquises sur le territoire national »[850]. Par ailleurs, « [i]l implique […] que les ressortissants des autres États membres aient la possibilité de se représenter à l'examen oral qu'ils n'auraient pas réussi, lorsqu' ils sont à nouveau candidats à un emploi de professeur adjoint ou de professeur »[851]. Notons que, dans la présente affaire, a été invoqué l'article 3, § 1 du règlement n° 1612/68 du Conseil, du 15 octobre 1968 relatif à la libre circulation des travailleurs à l'intérieur de la Communauté[852], qui précise qu'une exigence linguistique peut être légitime. À cet effet, la Cour de justice rappelle le rôle des professeurs qui s'exerce « non seulement par l'enseignement qu'ils dispensent, mais aussi par leur participation à la vie quotidienne de l'école et par les relations privilégiées qu'ils entretiennent avec leurs élèves »[853]. En conséquence, la Cour de justice juge légitime l'exigence de connaissances linguistiques, pour autant qu'elle s'inscrit dans une politique de promotion de la langue nationale[854]. Il n'en demeure pas moins que les modalités de mise en œuvre de cette politique ne doivent pas constituer ni une discrimination ni une entrave à la libre circulation de travailleurs[855]. Dans l'affaire *Angonese*[856], la Cour de justice rappelle que le principe de non-discrimination ne s'oppose pas en soi aux exigences linguistiques imposées pour accéder à un emploi. Toutefois, elle « s'oppose à ce qu'un employeur oblige les candidats à un concours de recrutement à faire la preuve de leurs connaissances linguistiques exclusivement au moyen d'un unique diplôme, délivré dans une seule province d'un État membre »[857]. En dernier lieu, il convient d'observer qu'en l'absence de discrimination, une exigence linguistique peut s'avérer contraire à la libre circulation de travailleurs en ce qu'elle constitue une entrave.

238. Entrave. L'entrave à la libre circulation des travailleurs est consacrée dans l'affaire *Bosman*[858]. Il s'agit ainsi de contrôler toute mesure nationale

---

[850] CJCE, 6 juin 2000, C-281/98, *Angonese,* pt. 23, *CMLR* 2000, p. 1237, note R. LANE, N. NIC SHUIBHNE ; *RTDH* 2001, p. 797, chron. F. SUDRE ; *JDEur* 2004, n° 109, p. 129, chron. S. VAN DER JEUGHT.

[851] CJCE, 28 novembre 1989, C-379/87, *Groener*, pt. 23.

[852] Abrogé par le règlement (UE) n° 492/2011, du Parlement européen et du Conseil, du 5 avril 2011, relatif à la libre circulation des travailleurs à l'intérieur de l'Union.

[853] CJCE, 28 novembre 1989, C-379/87, *Groener*, pt. 20.

[854] CJCE, 28 novembre 1989, C-379/87, *Groener*, pt. 24.

[855] *Ibid.*

[856] CJCE, 6 juin 2000, C-281/98, *Angonese.*

[857] CJCE, 6 juin 2000, C-281/98, *Angonese,* pt. 46

[858] CJCE, 15 décembre 1995, C-415/93, *Bosman.*

pour déterminer son effet entravant. Rappelons que la Cour de justice a retenu « que, si les dispositions du traité relatives à la liberté d'établissement visent notamment à assurer le bénéfice du traitement national dans l'État membre d'accueil, elles s'opposent également à ce que l'État d'origine entrave l'établissement dans un autre État membre d'un de ses ressortissants ou d'une société constituée en conformité de sa législation et répondant, par ailleurs, à la définition de l'article 58 »[859]. Par ces termes, la Cour de justice instaure le contrôle des entraves en matière de libre établissement, arguant que ces droits « seraient vidés de leur substance si l'État d'origine pouvait interdire aux entreprises de quitter son territoire en vue de s'établir dans un autre État membre »[860]. Renvoyant à cet arrêt *Daily Mail*, la Cour de justice affirme dans l'arrêt *Bosman que* « [l]es mêmes considérations s'imposent, s'agissant de l'article 48 du traité, à propos des règles qui entravent la libre circulation des ressortissants d'un État membre désireux d'exercer une activité salariée dans un autre État membre »[861]. C'est le contrôle des entraves dans le contexte de la libre circulation des travailleurs qui impose un examen des réglementations nationales. M. Rodière y voit le potentiel d'un contentieux important de vérification des réglementations nationales : « [e]n condamnant les discriminations, le droit communautaire visait seulement une condition d'application des règles nationales. Désormais, ce sont les réglementations elles-mêmes, dans la teneur des prescriptions qu'elles prévoient, qui peuvent être mises en cause »[862]. Nous en concluons que la libre circulation des travailleurs « s'oppose aux obstacles réglementaires qui pourraient gêner les ressortissants européens qui souhaitent exercer leur activité professionnelle dans un autre État membre »[863]. Les réglementations susceptibles de sanction pour entrave concernent soit l'exercice de l'activité professionnelle, soit l'accès au marché du travail[864].

239. Accès au marché du travail. L'arrêt *Bosman* vient préciser le lien entre la réglementation et la perturbation du marché intérieur. En rappelant le sens général des libertés de circulation des personnes, la Cour de justice évoque que celles-ci « s'opposent aux mesures qui pourraient défavoriser ces ressortissants lorsqu'ils souhaitent exercer une activité économique sur le territoire d'un autre État membre »[865]. La Cour de justice définit le droit d'accès au marché du travail comme suit : « les ressortissants des États membres disposent en particulier du droit [...] de quitter leur pays d'origine pour se rendre sur le territoire d'un autre État membre et d'y séjourner afin d'y

---

[859] CJCE, 27 septembre 1988, aff. 81/87, *Daily Mail and General Trust*, pt. 16.
[860] CJCE, 27 septembre 1988, aff. 81/87, *Daily Mail and General Trust.*
[861] CJCE, 15 décembre 1995, C-415/93, *Bosman,* pt. 97.
[862] P. RODIÈRE, *Droit social de l'Union européenne,* LGDJ, 2022, n° 252.
[863] *Ibid.*, n° 265.
[864] *Ibid.*
[865] CJCE, 15 décembre 1995, C-415/93, *Bosman,* pt. 94.

exercer une activité économique »[866]. En conséquence, une réglementation qui empêche ou dissuade le ressortissant d'un État membre de quitter son pays d'origine pour exercer ce droit constitue une entrave[867]. La Cour de justice souligne dans l'affaire *Bosman* que les règles en cause, relatives au transfert de footballeurs, constituent une entrave à la libre circulation des travailleurs, dès lors qu'elles conditionnent directement l'accès des joueurs au marché du travail dans les autres Etats membres[868]. La jurisprudence s'oppose également aux mesures qui défavorisent les travailleurs qui souhaitent exercer une activité économique dans un autre État membre[869]. Selon M. Rodière, cela signifie que l'on transpose la jurisprudence *Cassis de Dijon*[870] en matière de libre circulation de travailleurs[871] sur les mesures d'effet équivalent aux entraves. L'effet entravant à la libre circulation des travailleurs de l'article 45 TFUE est entendu largement.

240. Libre prestation de services. Nous opposons ici la restriction dans le cadre de la libre circulation des travailleurs à celle dans le cadre de la libre prestation de services. Rappelons que, dans le premier contexte, « [u]ne réglementation nationale qui s'applique indépendamment de la nationalité et qui n'affecte pas davantage les travailleurs migrants que les autres, peut heurter le droit communautaire si elle conditionne l'accès au marché du travail et de ce fait entrave les mouvements de main-d'œuvre entre États membres »[872]. Dans l'affaire *Volker Graf*, le refus de l'indemnité de congédiement au travailleur mettant fin à son contrat pour poursuivre l'activité dans un autre État membre n'est pas contraire à la libre circulation[873]. L'affaire met en avant le droit des travailleurs de quitter leur territoire pour

---

866 CJCE, 15 décembre 1995, C-415/93, *Bosman,* pt. 95.

867 CJCE, 15 décembre 1995, C-415/93, *Bosman,* pt. 96.

868 CJCE, 15 décembre 1995, C-415/93, *Bosman*, pt. 103.

869 CJCE, 17 mars 2005, C-109/04, *Kranemann,* pts. 25 et 26, *RDUE* 2005, p. 198, note É. DIRRIG ; *Europe* 2005, n° 5, p. 19, note L. IDOT ; *RTD Eur* 2006, p. 389, note S. PINA ; CJUE, 16 mars 2010, C-325/08, *OL. c. Olivier Bernard*, pts. 32 et 33, *JCP G* 2009, n° 31, p. 39, chron. F. PICOD et 2010, n° 14, p. 719, note F. PICOD ; *Europe* 2010, n° 5, p. 25, note D. SIMON ; *AJDA* 2010, n° 17, p. 941, chron. M. AUBERT, E. BROUSSY, F. DONNAT ; *D.* 2010, p. 1189 et p. 1917, note F. BUY ; *JCP S* 2010, n° 22, p. 27, note F. MANDIN ; *RLDA* 2010, n° 50, p. 34, note M. WHATELET, J. WILDEMEERSCH ; *RDUE* 2010, p. 569, note M. COLUCCI ; *JDI* 2011, p. 314, doctr. J. GUILLAUMÉ ; *SSL supplément* 2011, n° 1489, p. 62, note S. LAULOM ; *RTD Eur* 2011, p. 610, note S. ROBIN-OLIVIER.

870 CJCE, 20 févr. 1979, aff. 120/78, *Rewe-Zentral*.

871 P. RODIÈRE, *Droit social de l'Union européenne,* préc., n° 265.

872 *Ibid.*

873 CJCE, 27 janvier 2000, C-190/98, *Volker Graf, Europe* 2000, n° 3, p. 17, note L. IDOT ; *RTD Com* 2001, p. 814, chron. G. JAZOTTES, M. LUBY, A. MARMISSE et al.

aller travailler dans un autre État membre[874]. Par opposition, dans le contexte de la libre prestation de services, l'entrave est constituée par la restriction de l'accès du prestataire au marché du pays d'accueil. Pour cette raison, les règles nationales de conflit de lois contrôlées doivent généralement avoir une incidence sur l'accès au marché du travail, ce qui n'est pas toujours le cas.

241. Exigences linguistiques. Dans le domaine des exigences linguistiques, il est possible de rencontrer l'effet entravant à la libre circulation des travailleurs. L'affaire *Anton Las* concerne des exigences linguistiques dans un contexte transfrontalier. En l'espèce, il s'agit de l'exigence d'utiliser la langue néerlandaise pour les travailleurs recrutés par les employeurs ayant leur siège dans la région de langue néerlandaise. Suivant la Cour de justice, cette « réglementation est susceptible d'avoir un effet dissuasif envers les travailleurs et employeurs non néerlandophones en provenance d'autres États membres et constitue, partant, une restriction à la libre circulation des travailleurs »[875]. Un arrêt semblable concernant l'accès aux postes de services locaux a été rendu quelque temps plus tard[876].

242. Justification. Contrairement aux discriminations, ce qui est propre au contrôle des entraves, est la possibilité de les justifier. Les droits d'accès et de séjour découlant de la libre circulation des travailleurs s'exercent « sous réserve des limitations justifiées par des raisons d'ordre public, de sécurité publique et de santé publique »[877]. Nous nous intéressons particulièrement à la notion d'ordre public. L'ordre public « consiste dans la défense d'intérêts que l'État tient pour essentiels à la sauvegarde de la société »[878]. Précisons que l'ordre public est propre à chaque État. Il n'en demeure pas moins que la Cour de justice contrôle légèrement la notion : « sa portée ne saurait être déterminée unilatéralement par chacun des États membres sans contrôle des institutions de la Communauté »[879]. Au fil du temps, la Cour de justice reconnaît la justification au moyen des raisons impérieuses d'intérêt général, inspirées de

---

[874] CJCE, 27 janvier 2000, C-190/98, *Volker Graf,* pt. 22.

[875] CJUE, 16 avril 2013, C-202/11, *Anton Las,* pt. 22, *JDE* 2013, n° 199, p. 186, note A. DEFOSSEZ ; *RAE* 2013, p. 375, note L. POTVIN-SOLIS ; *JSL* 2013, n° 344, p. 8, note J.-E. TOURREIL ; *Europe* 2013, n° 6, p. 23, note M. MEISTER ; *RDUE* 2013, p. 353, note L. VAN MULLEN ; *AJDA* 2013, n° 20, p. 1156, chron. M. AUBERT, E. BROUSSY, H. CASSAGNABÈRE ; *RJS* 2013, p. 439, chron. J.-P. LHERNOULD, A. GARDIN, E. LAFUMA, D. MARTIN, H. TISSANDIER; *JCP S* 2013, n° 27, p. 33, note J. CAVALLINI.

[876] CJUE, 5 février 2015, C-317/14, *Commission c. Belgique, JCP A* 2015, n° 22, p. 20, chron. C. FORGER.

[877] Article 45, § 3 TFUE.

[878] C. BLUMANN, L. DUBOUIS, *Droit matériel de l'Union européenne*, préc., n° 83.

[879] CJCE 4 décembre 1974, aff. 41/74, *Van Duyn, JTDE* 1975, p. 154, note R. C. GOFFIN ; *RTD Eur* 1976, p. 141, note G. LYON-CAEN ; *ICLQ* 1975, p. 419, note K. R. SIMMONDS ; *ELR* 1975, p. 51, note D. WYATT.

motifs non économiques[880]. Encore faut-il que la mesure nationale restrictive soit propre à garantir la réalisation de cet objectif et qu'elle n'aille pas au-delà de ce qui est nécessaire pour atteindre l'objectif, au sens du principe de proportionnalité. Nous nous intéressons aux objectifs d'intérêt général admis par la Cour de justice en matière de libre circulation des travailleurs.

243. Promotion de la langue. Concernant les exigences linguistiques, dans l'affaire *Anton Las*, le gouvernement belge fait valoir la défense et la promotion d'une des langues officielles d'un État membre, reconnue en tant qu'une raison impérieuse d'intérêt général par la Cour de justice[881] . La Cour de justice justifie cette raison légitime par les dispositions des traités. Elle invoque l'article 3, § 3, quatrième alinéa, TUE et l'article 22 de la Charte des droits fondamentaux de l'Union européenne, pour prôner le respect de la richesse de sa diversité culturelle et linguistique, d'une part, l'article 4, § 2 TUE, pour affirmer le respect de l'identité nationale de ses États membres, d'autre part[882].

244. Protection sociale des travailleurs. Dans la même affaire, les parties ont invoqué la raison impérieuse d'intérêt général visant la protection sociale du travailleur ainsi que celle de la facilitation des contrôles administratifs y afférents[883]. En ce qui concerne précisément ces objectifs, la Cour de justice relève dans l'arrêt *Anton Las* que la réglementation vise à assurer « la formation d'un consentement libre et éclairé entre les parties »[884], qui est conditionnée par l'emploi d'une langue que les parties comprennent, autre que la langue officielle de cet État membre. Pour cette raison, la mesure semble être nécessaire à atteindre l'objectif, mais elle va au-delà de ce qui est nécessaire pour l'atteindre, et n'est donc pas proportionnée[885].

---

[880] CJCE, 15 décembre 1995, C-415/93, *Bosman,* pt. 106 ; 16 mars 2010, *OL c. Olivier Bernard*, C-325/08, pt. 39 ; P. RODIÈRE, *Droit social de l'Union européenne,* préc., n° 265.

[881] CJUE, 16 avril 2013, C-202/11, *Anton Las*, pt. 25, déjà en ce sens, CJCE, 28 novembre 1989, C-379/87, *Groener*, pt. 19,

[882] CJUE, 16 avril 2013, C-202/11, *Anton Las*, pt. 26, en ce sens, CJUE, 12 mai 2011, C-391/09, *Runevič-Vardyn et Wardyn*, pt 86, *Europe* 2011, n° 7, p. 13, note D. SIMON ; *RTD Civ* 2011, p. 507, chron. J. HAUSER ; *RTD Eur* 2011, p. 571, chron. É. PATAUT et 2012, p. 396, chron. F. BENOÎT-ROHMER.

[883] CJUE, 16 avril 2013, C-202/11, *Anton Las*, pt. 28 ; en ce sens également, CJCE, 18 juillet 2007, *Commission/Allemagne*, C-490/04, pts. 70 et 71, *JCP S* 2007, n° 38 p. 24, note P. COURSIER ; *Europe* 2007, n° 10, p. 24, note L. IDOT ; *DO* 2008, p. 90, note M. BONNECHÈRE ; CJUE, 7 octobre 2010, C-515/08, *dos Santos Palhota e.a.,* pt. 47, *Europe* 2010, n° 12, p. 24, note A. BOUVERESSE.

[884] CJUE, 16 avril 2013, C-202/11, *Anton Las*, pt. 31.

[885] CJUE, 16 avril 2013, C-202/11, *Anton Las*, pt. 33.

Paragraphe 2. Les dispositions nationales faisant l'objet du contrôle

245. Nature. Le contrôle des entraves s'adresse à toute mesure nationale, même si elle reflète un intérêt public de l'État concerné. Ce sont les « obstacles réglementaires qui pourraient gêner les ressortissants européens qui souhaitent exercer leur activité professionnelle dans un autre État membre »[886]. Leur source importe peu ; la formulation semble ainsi se limiter à leur effet entravant. Il est ainsi possible que les réglementations aient une source internationale, comme dans les affaires relatives aux règlements d'associations sportives internationales[887]. Par ailleurs, la sanction s'adresse tant aux réglementations publiques qu'aux réglementations privées[888]. Rappelons à ce propos les apports de la jurisprudence *Walrave*[889] qui, dans le contexte de la libre circulation des travailleurs, avait pour objet d'examiner une éventuelle discrimination en raison de la nationalité, résultant d'une réglementation nationale. Transposant ces apports au contexte du contrôle des entraves, l'arrêt *Bosman* énonce que la libre circulation des travailleurs « ne régit pas seulement l'action des autorités publiques, mais s'étend également aux réglementations d'une autre nature visant à régler, de façon collective, le travail salarié »[890]. Comme dans l'arrêt *Walrave*[891], la Cour de justice précise « que l'abolition entre les États membres des obstacles à la libre circulation des personnes serait compromise si la suppression des barrières d'origine étatique pouvait être neutralisée par des obstacles résultant de l'exercice de leur autonomie juridique par des associations et organismes ne relevant pas du droit public »[892]. Enfin, elle prend en compte la variété de nature des réglementations du travail entre les États membres. C'est ainsi qu'elle ajoute, comme dans l'arrêt *Walrave*[893], « que les conditions de travail sont régies, dans les différents États membres, tantôt par la voie de dispositions d'ordre législatif ou réglementaire, tantôt par des conventions et autres actes conclus ou adoptés par des personnes privées »[894]. En limitant l'application de la libre circulation des travailleurs aux seuls actes de l'autorité publique, l'on risque de créer des inégalités quant à son application[895]. Ainsi, dans l'arrêt *Bosman*, la Cour de justice décide que la libre circulation de travailleurs s'applique à

[886] P. RODIÈRE, *Droit social de l'Union européenne*, préc., n° 265.
[887] *Ibid.*, n° 260.
[888] CJCE, 15 décembre 1995, C-415/93, *Bosman*, pt. 82 ; 16 mars 2010, *OL c. Olivier Bernard*, C-325/08.
[889] CJCE, 12 décembre 1974, aff. 36/74, *Walrave*, pt. 17.
[890] CJCE, 15 décembre 1995, C-415/93, *Bosman*, pt. 82.
[891] CJCE, 12 décembre 1974, aff. 36/74, *Walrave*, pt. 18.
[892] CJCE, 15 décembre 1995, C-415/93, *Bosman*, pt. 83.
[893] CJCE, 12 décembre 1974, aff. 36/74, *Walrave*, pt. 19.
[894] CJCE, 15 décembre 1995, C-415/93, *Bosman*, pt. 84.
[895] CJCE, 12 décembre 1974, aff. 36/74, *Walrave*, pt. 19 ; CJCE, 15 décembre 1995, C-415/93, *Bosman*, pt. 84.

l'égard des règles relatives aux transferts édictées par des entités ou selon des techniques différentes selon les États membres.

246. Conventions collectives. La première cible du contrôle des entraves est constituée par les actes d'autorité publique. Néanmoins, « [l]a Cour de justice n'a pas hésité à imposer le respect des dispositions relatives à la libre circulation des travailleurs à des personnes privées, en particulier lorsqu'elles disposent d'un pouvoir réglementaire leur permettant de produire des normes ayant un effet collectif »[896], résume Mme Robin-Olivier. Ceci renvoie notamment vers la possibilité d'édicter des conditions de travail par voie de convention collective. L'article 7, § 4 du règlement n° 1612/68 évoquait la possibilité d'adopter les réglementations collectives concernant « l'accès à l'emploi, l'emploi, la rémunération et les autres conditions de travail et de licenciement ». D'où l'exigence qu'il a imposé de respecter le principe de non-discrimination. La jurisprudence y ajoutera le contrôle des entraves.

247. Règle de conflit de lois. Comme la réglementation de droit interne est soumise au contrôle pour conformité aux libertés de circulation, la règle de conflit de lois qui conduit à son application est au moins indirectement encadrée. La question s'est posée dans le contexte de plusieurs libertés de circulation[897]. Nous avons noté à propos de la libre prestation de services que la loi de police nationale restreignant le détachement de travailleurs devait être conforme à celle-ci[898]. Il est ainsi acquis que les impérativités sont soumises au contrôle des libertés de circulation[899]. Or, ce n'est pas tant le mécanisme du conflit de lois qui empêche le contrôle au regard des libertés de circulation. Nous avons souligné que les lois de police intervenaient comme un mécanisme palliatif de la règle de rattachement. Dès lors que nous considérons qu'une règle de conflit de lois nous indique les liens qui sont nécessaires entre une situation et le for dont émane cette disposition, cette désignation a forcément aussi un impact sur les libertés de circulation. Néanmoins, ce contrôle des règles de rattachement au moyen des libertés de circulation a été débattu. Il est parfois suggéré qu' « elles devraient échapper de plus fort au contrôle »[900]. Nous arguons que la règle de conflit de lois est soumise au contrôle puisqu'elle conduit à un résultat qui consiste en l'application d'un droit donné. L'intervention de la liberté de circulation se

---

[896] S. ROBIN-OLIVIER, « Droit de l'Union et droit du travail : les rapports compliqués d'un vieux couple », *RevUE* 2018, p. 650.

[897] P. ex. en droit des sociétés de droit national : CJCE, 9 mars 1999, C-212/97, *Centros, Rev. soc.* 1999, p. 386, note G. PARLÉANI ; *RLDA* 1999, n° 19, p. 20, note C. BLANCHARD-SÉBASTIEN ; *CMLR* 2000, n° 37-1, p. 43, chron. V. HATZOPOULOS, et p. 147, note W.-H. ROTH ; *Rev. soc.* 2001, p. 210, note M. MENJUCQ et p. 302, note K. J. HOPT.

[898] CJCE, 23 novembre 1999, C-369/96 et C-376/96, *Arblade et Leloup*.

[899] B. AUDIT, L. D'AVOUT, *Droit international privé,* préc., n° 61.

[900] *Ibid.*

manifeste de la manière suivante : elle a un « rôle de disqualification sur le droit normalement applicable en vertu de la règle de conflit, contraignant le juriste à laisser inappliquée la *lex causae* »[901]. Selon d'autres auteurs, l'intervention des libertés de circulation à l'égard des règles de conflit devrait s'exerce sous forme d'un mécanisme d'exception[902].

248. *Boukhalfa.* En fin de compte, l'exigence de conformité des règles de conflit de lois aux libertés de circulation est formulée à propos de la libre circulation des travailleurs. C'est ainsi que le principe de non-discrimination est opposé à une règle de conflit de lois dans l'affaire *Boukhalfa*[903]. Rappelons que cette affaire concerne une ressortissante belge qui travaille, en tant qu'agent local, à l'ambassade d'Allemagne en Algérie. Le litige concerne la revendication, par l'agent, des mêmes traitements que ceux des autres agents locaux de nationalité allemande. En effet, par l'application d'une règle de conflit de lois, contenue dans la loi allemande relative au personnel employé par le ministère des Affaires étrangères[904], le droit algérien est désigné comme régissant les conditions de travail de Mme Boukhalfa. L'intérêt de cette affaire consiste particulièrement en la confrontation de cette désignation de la loi algérienne à la libre circulation des travailleurs[905]. Notons d'emblée que l'espèce s'inscrit dans une problématique plus large qui consiste à savoir si la libre circulation des travailleurs s'applique à Mme Boukhalfa. Cette dernière exerce son travail en dehors du territoire communautaire. Dit autrement, la Cour de justice est interrogée sur « la dimension spatiale »[906] des libertés de circulation. Dans sa solution, la Cour de justice retient « que l'interdiction de discrimination en raison de la nationalité [...] s' applique à un ressortissant d'un État membre qui vit dans un pays tiers de manière permanente, qui est employé par un autre État membre dans son ambassade dans ce pays tiers et dont le contrat de travail a été conclu sur place et y est exécuté de manière permanente, et ce pour tous les aspects de la relation de travail qui sont régis par la législation de cet État membre employeur »[907].

249. Conflit de lois. La question de la confrontation du droit international privé aux libertés de circulation n'apparaît pas dans le dispositif mais n'en constitue pas moins l'enjeu central de la décision. La Cour affirme précisément que « si le droit algérien détermine les conditions de travail de

---

[901] J.-S. BERGÉ, D. PORCHERON, G. VIEIRA DA COSTA CERQUEIRA, art. cité (note 781), n° 47.

[902] M. FALLON, J. MEEUSEN, « Private international law in the European Union and the exception of mutual recognition », *YPIL* 2002, p. 37.

[903] CJCE, 30 avril 1996, C-214/94, *Boukhalfa,* pt. 22, *DSOC* 1997, p. 397, chron. S. VAN RAEPENBUSCH ; *CMLR* 1998, p. 247, note O. LHOEST.

[904] Article 33 de la loi *« Gesetz über den Auswärtigen Dienst »* (BGBl. I, p. 1842, ci-après *« GAD »*).

[905] CJCE, 30 avril 1996, C-214/94, *Boukhalfa,* pt. 17.

[906] S. ROBIN-OLIVIER, art. cité (note 40).

[907] CJCE, 30 avril 1996, C-214/94, *Boukhalfa,* pt. 22.

Mme Boukhalfa, c'est par application de l'article 33 du GAD, dont la compatibilité avec le droit communautaire est précisément contestée dans le cadre du litige au principal »[908]. Nous pourrions en déduire que la réglementation du travail applicable serait susceptible de constituer une discrimination. Or, cette législation du travail n'intervient que par l'effet de la désignation au moyen de la règle de conflit de lois. Ainsi, les auteurs y voient la condamnation « nette »[909] d'une règle de conflit de lois. De cette manière, la règle de conflit nationale est soumise au contrôle de conformité aux libertés de circulation.

250. Confrontation naissante. À partir de cet arrêt, il a été conclu que toute règle de conflit de lois devait respecter le droit communautaire[910], et désormais, le droit de l'Union européenne. Dans ce contexte, est parfois évoqué l'article 20 de la convention de Rome[911], suivant lequel « [l]a présente convention ne préjuge pas l'application des dispositions qui, dans des matières particulières, règlent les conflits de lois en matière d'obligations contractuelles ». Même si cette disposition concerne précisément la relation de la convention de Rome avec d'autres textes de droit dérivé ou leurs lois de transposition qui contiennent des règles de conflit plus spécifiques, nous pouvons en conclure *a fortiori* que les libertés de circulation ne tolèrent pas que la convention de Rome ou le règlement Rome I[912] conduise à leur violation. Nous concevons à ce stade que la règle de conflit de lois nationale peut se heurter aux libertés de circulation, sous la forme d'une discrimination mais certainement aussi d'une entrave.

---

908 CJCE, 30 avril 1996, C-214/94, *Boukhalfa,* pt. 19.

909 M. FALLON, « Libertés communautaires et règles de conflit de lois », A. FUCHS, H. MUIR WATT, É. PATAUT (dir.), *Les conflits de lois et le système juridique communautaire*, Dalloz, 2004, p. 31.

910 O. LHOEST, « Case C-214/94 Boukhalfa v. Bundesrepublik Deutschland, Judgment of 30 April 1996, [1996] ECR I-2253 », *CMLR* 1998, p. 247, spéc. p. 266.

911 En ce sens, *ibid.*

912 L'article 23 du règlement Rome I qui s'intitule « Relation avec d'autres dispositions du droit communautaire » correspond à l'article 20 de la convention de Rome.

Conclusion de section

251. Portant sur les règles de conflit de lois pertinentes en matière de contrat de travail, notre étude vise également le détachement de travailleurs. Nous observons que la Cour de justice inscrit cette modalité d'exercice du travail dans la libre prestation de services et prépare le terrain à la construction d'un régime spécifique. Ce dernier est caractérisé par le recours aux impérativités du pays d'accueil. La confrontation des impérativités de l'État d'accueil aux libertés de circulation a précisément été rencontrée dans le cadre de la libre prestation de services. Néanmoins, le contrôle de conformité ne se limite pas à l'article 56 TFUE. D'une manière similaire, la Cour de justice oppose la réglementation du travail, désignée au moyen de la règle de conflit de lois nationale, à la libre circulation des travailleurs. Nous en concluons que les différents mécanismes du conflit de lois ne sont pas épargnés du contrôle de conformité au droit du marché intérieur.

CONCLUSION DE CHAPITRE

252. En nous rappelant que « l'existence même du droit international privé suppose une réceptivité minimale de l'ordre juridique du for à l'égard de l'extranéité sous ces divers aspects »[913], nous relevons que l'évocation de la territorialité contient un brin de critique. Les impérativités connues des systèmes de droit international privé nous ont permis de démontrer que leur intervention ciblait l'application du droit du travail territorial d'un État membre. Cette territorialité se traduit par l'application de la loi de l'État membre du siège de l'entreprise. Une telle solution est tolérée par le règlement Rome I. Utilisant l'appellation de loi de police, l'article 9 du règlement Rome I définit les impérativités que les États membres peuvent faire valoir. Cette notion fait référence aux intérêts régulateurs des États membres et donne aux États membres l'autorisation de véhiculer des intérêts régulateurs liés à leur marché du travail. Consacrant la possibilité d'ajouter « un socle de protection issu de la loi d'origine », la directive dite détachement exprime une « tendance [qui] est plutôt au renforcement des contraintes territoriales de marché »[914]. Néanmoins, il convient d'observer que le recours aux lois de police à cette fin – et la tolérance du règlement Rome I à cet égard – sont l'expression d'une conscience de l'insuffisance de la règle de rattachement.

253. La tolérance de la Cour de justice n'est pas absolue. Appelée à se prononcer, dès 1981, sur la conformité des législations nationales en matière de détachement, elle instaure un véritable contrôle de ce mécanisme du conflit de lois au regard de la libre prestation de services. Dans l'affaire *Arblade*, c'est la méthode des lois de police qui est opposée à la liberté de circulation ; la Cour de justice décide qu'il convient de la confronter à la libre prestation de services. Il n'en demeure pas moins que l'on peut également imaginer qu'une législation impérative du travail pose un obstacle à la libre circulation du travailleur. D'une manière plus générale, l'on peut se demander, à partir de l'arrêt *Boukhalfa,* s'il faut confronter l'intervention des règles de conflit de lois aux libertés de circulation. La Cour de justice répond par l'affirmative.

---

[913] H. MUIR WATT, cours cité (note 539), n° 38.

[914] L. D'AVOUT, cours cité (note 574), spéc. p. 362 et s.

CONCLUSION DE TITRE

254. Les règles de conflit de lois concernant la relation de travail ont des champs d'application limités. Du point de vue des mécanismes, le recours aux impérativités complète l'utilisation de la règle de conflit de lois bilatérale. En étudiant ces mécanismes d'une manière générale, Francescakis soulève que « [l]e commerce juridique international tire [...] son essence du déplacement matériel de personnes et des choses, des sujets et des objets du droit, à travers les frontières juridiques »[915]. Partant de l'objectif du conflit de lois qui est de ne pas constituer d'obstacles à la circulation des personnes, nous observons que les mécanismes du conflit de lois, dont les impérativités en droit du travail, empêchent régulièrement une circulation des travailleurs au-delà des frontières. Dans le contexte de l'intégration européenne, la Cour de justice a confirmé la possibilité d'exercer un contrôle négatif à l'égard de l'intervention des règles de conflit de lois, sans égard au mécanisme conflictuel emprunté. Néanmoins, la plupart des contentieux en la matière concernent lesdites impérativités. À partir de l'exemple du détachement de travailleurs notamment, il peut être observé que les États reprennent la régulation en droit du travail. Or, la sanction des impérativités ne signale-t-elle une insuffisance de la règle de conflit de lois elle-même ? Nous constations d'emblée que les règles de conflit de lois causaient un émiettement des rattachements de la relation de travail et empêchaient d'envisager celle-ci dans son ensemble. Ce constat était renforcé par la diversité des réglementations du travail au niveau de l'Union européenne. Par la confrontation des impérativités et des solutions du conflit de lois aux libertés de circulation, le besoin d'adaptation de la règle de conflit de lois au marché intérieur devient évident.

---

[915] P. FRANCESCAKIS, *La théorie du renvoi et les conflits de systèmes en droit international privé*, préc., n° 6.

TITRE 2
LES RÈGLES DE CONFLIT DE LOIS INTEGRÉES DANS LE MARCHÉ INTÉRIEUR

Internationales Privatrecht läßt sich als ein Instrument begreifen, mit dem die Ziele eines Gemeinsamen Marktes gefördert werden können.
Wulf-Henning ROTH[916]

255. Lien avec le marché intérieur. Dans la construction européenne, le marché commun, devenu le marché intérieur en 1993, est prééminent à l'intégration juridique[917]. Ce constat est le point de départ de notre questionnement qui est celui de savoir si toutes les règles de droit européen répondent aux enjeux de l'intégration du marché intérieur. Notons que les règles de conflit de lois, plus particulièrement, ne poursuivent pas nécessairement la même finalité que les règles régissant le marché intérieur. Cette vision semble être partagée par les pères fondateurs des Communautés européennes qui s'abstiennent longtemps d'adopter des règles de conflit de lois communautaires et tolèrent le maintien des règles de conflit de lois étatiques. À l'origine, l'on imagine encore peu d'interactions entre le droit international privé des États membres et les dispositions du Traité de Rome[918]. Il n'en demeure pas moins que des règles de conflit de juridictions et de lois éparses sont adoptées, dans le cadre de la coopération interétatique[919]. Alors que la Communauté économique européenne, qui devient successivement la Communauté européenne et ensuite l'Union européenne, accepte progressivement de s'adresser au conflit de lois, le lien entre ce dernier et les règles régissant le marché intérieur n'est pas toujours évident. S'impose tout de même une « approche 'communautariste' qui tend à voir dans la diversité

---

[916] W.-H. ROTH, « Der Einfluß des Europäischen Gemeinschaftsrechts auf das Internationale Privatrecht », *RabelsZ* 1991, p. 623, traduit : « le droit international privé peut être décrit comme un instrument permettant de promouvoir les objectifs du marché intérieur ».

[917] En ce sens, *cf.* S. ROBIN-OLIVIER, *Manuel de droit européen du travail*, préc., p. 27.

[918] A. DICKINSON, « European Private International Law: Embracing New Horizons or Mourning the Past », *JPIL* 2005, p. 197, spéc. p. 198, dans la version originale : « the contents of the Treaty did not suggest that it required a radical overhaul of the rules of private international law in any of the Member States of the EEC ».

[919] Les règles de droit international privé font l'objet du droit international propre de l'Union européenne. Sur la nature de celui-ci, *cf.* J. ODERMATT, *International Law and the European Union*, CUP, 2021, p. 1 et s.

des droits des États membres un obstacle au fonctionnement du marché »[920]. Cette diversité se doit d'être articulée au moyen de règles de conflit de lois désignant la loi d'un État membre plutôt que celle d'un autre. Nos développements précédents sur les décisions *Arblade* et *Boukhalfa* nous servent de point de départ, en ce qu'ils nous ont permis de relever que l'intervention des lois de police pouvait entraver la libre prestation de services ou que les règles de conflit de lois d'un État membre étaient constitutives d'une discrimination prohibée dans l'exercice de la libre circulation des travailleurs. Les décisions de la Cour de justice nous ayant permis de démontrer cet effet, il est désormais acquis que la règle de conflit de lois peut effectivement heurter les règles du marché intérieur de l'Union européenne. Partant de cette confrontation, nous cherchons à étudier la prise en compte des libertés de circulation lors de la rédaction des règles de conflit de lois.

256. Intégration dans le marché intérieur. Peu étudié jusque dans les années 1990[921], l'impact qu'ont les solutions en matière de conflit de lois sur les libertés de circulation devient finalement apparent, avant les négociations du Traité de Maastricht. Pour cette raison, l'élaboration de règles de droit international privé est inscrite parmi les compétences de l'Union européenne. Nous consacrerons nos développements à ces interférences de fond entre le droit du marché intérieur et le droit international privé, dont le constat a donné lieu à la communautarisation, et ensuite à l'européanisation, du droit international privé. L'adoption de règlements en matière de conflit de lois est interprétée comme l'expression de la prise de conscience de cette interaction. Il conviendra de conclure que la compétence pour adopter des règles de conflit de lois a été motivée par ces considérations.

257. Sources européennes. Ainsi, ce n'est pas l'affirmation de la compétence de l'Union européenne pour le droit international privé en tant que telle qui est en cause. Elle n'en mérite pas moins d'être démontrée pour que nous puissions acquérir une connaissance exacte de ses sources[922]. Reconnaissons, à cet égard, que de récents travaux se sont intéressés à la question. Plusieurs décisions soulignent, par ailleurs, l'incompréhension de l'origine des règles de conflit de lois européennes lesquelles viennent se substituer à des règles de conflit de lois de tradition différente. Enfin, des instruments qui touchent à la matière, tels que la directive dite modificatrice de la directive détachement, exigent une compréhension des sources européennes du conflit de lois. Ce changement des sources doit

---

[920] B. AUDIT, L. D'AVOUT, *Droit international privé*, préc., n° 61.

[921] J.-S. BERGÉ, D. PORCHERON, G. VIEIRA DA COSTA CERQUEIRA, art. cité (note 779), n° 9.

[922] J. VON HEIN, « EU Competence to Legislate in the Area of Private International Law and Law Reforms at the EU Level », P. BEAUMONT, M. DANOV, K. TRIMMINGS, B. YÜKSEl (dir.), *Cross-Border Litigation in Europe,* Hart Publishing 2017, p. 19.

nécessairement conduire à une modification de la nature et des caractéristiques des règles de conflit de lois. Les observations de la Cour de justice imposent cette prise en compte des exigences européennes par les règles de conflit de lois. À titre de comparaison, l'influence de considérations liées à la globalisation, sur les règles de conflit de lois, est observée aux États-Unis. Partant de ce constat, il peut être reproché que les principes et impératifs de l'espace régional ne sont pas pris en compte en Europe où la « révolution » à l'américaine n'aurait jamais eu lieu[923]. Qu'est-ce qui justifierait une telle référence en évoquant les règles de conflit de lois européennes ? Constatons seulement que les règles de conflit de lois fondées sur les considérations du marché intérieur expriment nécessairement les exigences de celui-ci. En tant que règles de conflit de lois européennes, elles reflètent nécessairement les caractéristiques du marché intérieur. En quoi ces règles sont-elles spécifiques en comparaison avec les règles de conflit de lois de source interne ? La compétence européenne en matière de droit international privé se situant dans le titre relatif à l'espace de liberté, de sécurité et de justice, les règles de conflit de lois s'imprègnent nécessairement aussi des caractéristiques de cet espace. Il convient ainsi d'élargir la question posée à celle de la nature européenne des règles de conflit : en quoi les règles de conflit de lois sont-elles le reflet du droit de l'Union européenne ?

258. Plan. Les règles de conflit de lois européennes ayant été fondées sur les exigences du marché intérieur (chapitre 1), elles s'en imprègnent. D'une manière plus large, nous évoquerons les principes européens qui sous-jacents aux règles de conflit de lois et qui les transforment (chapitre 2).

---

[923] Pour une étude comparative entre le droit au niveau de l'Union européenne et au niveau des Etats-Unis, *cf.* G. A. BERMANN, « Rome I : A Comparative View », F. FERRARI, S. LEIBLE (dir.), *Rome I Regulation : The Law Applicable to Contractual Obligations in Europe,* Sellier, 2009, p. 349, spéc. p. 350 à 356, qui félicite le succès de la réglementation dans le règlement Rome I pour l'Europe en le comparant à la discussion continue sur le conflit de lois aux Etats-Unis ; M. STERIO, « The Globalization Era and the Conflict of Laws : What Europe Could Learn from the United States and Vice Versa », *Cardozo J. Int. & Comp. L.* 2005, p. 161 ; dossier « The New European Choice-of-Law Revolution : Lessons for the United States ? », *Tul. L. Rev.* 2008, p. 1607, comprenant les contributions de R. MICHAELS, P. J. BORCHERS, J. VON HEIN, D. SOLOMON, S. SYMEONIDES, L. C. BACKER, J. DAMMANN, O. H. DOMBALAGIAN, K. BOELE-WOELKI, H. MUIR WATT, L. J. SILBERMAN, R. FENTIMAN, W. A. REPPY Jr., J. BASEDOW, E. A. O'HARA et L. E. RIBSTEIN qui évoquent les expériences européennes et américaines en matière de conflit de lois.

CHAPITRE 1
LA FONDATION DES RÈGLES DE CONFLIT DE LOIS SUR LES EXIGENCES DU MARCHÉ INTÉRIEUR

La Communauté a pour mission, par l'établissement d'un marché commun et par le rapprochement progressif des politiques économiques des États membres, de promouvoir un développement harmonieux des activités économiques dans l'ensemble de la Communauté, une expansion continue et équilibrée, une stabilité accrue, un relèvement accéléré du niveau de vie et des relations plus étroites entre les États qu'elle réunit.
Article 2 du Traité de Rome

259. Compétence liée au marché intérieur. Partant du constat que la création du marché commun implique le rapprochement des politiques économiques entre les États membres, nous nous intéressons également aux compétences d'harmonisation que sa création requiert. Les traités instaurent des compétences de la Communauté européenne qui sont liées au marché commun. Au fil du temps, le champ de ces compétences s'élargit[924]. La confrontation des règles de conflit de lois étatiques aux règles du marché intérieur étant acquise, la consécration d'une compétence pour créer des règles de droit international privé européennes se fait attendre[925]. Celle-ci devrait nécessairement intégrer les leçons reçues lors de la confrontation des règles de conflit de lois aux libertés de circulation. C'est ainsi que l'objectif de notre démonstration est de retracer l'avènement historique d'une compétence pour le droit international privé européen, qui prend en compte les exigences du marché intérieur.

260. Conflit de lois et marché intérieur. Après avoir constaté que les libertés de circulation fournissaient une approche négative en sanctionnant les règles de conflit de lois contraires à la leur logique, il convient de s'interroger sur l'existence d'un lien positif entre les règles de conflit de lois et le marché intérieur. Le point commun entre le droit du marché intérieur et les règles de conflit de lois est qu'ils régissent « les 'conflits' issus de la disparité des

---

[924] Sur l'étendue des compétences de l'UE liées au marché intérieur, *infra*, n° 458 et s., et la possibilité d'y situer les compétences en matière sociale, *infra*, n° 499 et s.

[925] Notons que le rôle de la Communauté économique européenne en matière de droit international privé est peu étudié jusque dans les années 1990. Comp. H. BATIFFOL, P. LAGARDE, *Traité de droit international privé,* tome 1, préc., n° 188 et s., qui font référence à la Communauté économique européenne, en ce qui concerne l'évolution de la condition des étrangers par l'interférence des libertés de circulation. Pour quelques travaux pionniers, D. LASOK, P. STONE, *Conflict of Laws in the European Community,* Professional Books Ltd., 1987 ; C. VON BAR (dir.), *Europäisches Gemeinschaftsrecht und Internationales Privatrecht*, BSB, 1991.

législations nationales »[926]. En démontrant la manière dont les règles de conflit de lois se répercutent sur le marché intérieur, nous parviendrons à conclure sur le lien entre les deux domaines du droit. La jurisprudence des années 1980 et 1990 rappelle l'incidence du droit international privé sur les libertés de circulation. Elle est utilisée pour fonder la compétence de l'Union européenne en matière de conflit de lois : certains auteurs affirment ouvertement la compétence de l'Union en matière de droit international privé[927], alors que d'autres s'y opposent initialement avec la même rigueur[928].

261. Plan. Notre démonstration débute avec le constat d'un paradoxe. Tandis que « l'adoption de règles de conflit de lois unifiées s'est dans l'ensemble faite en marge du droit communautaire au sens strict »[929], notre réflexion sur les règles de conflit de lois sera menée à partir des exigences du marché intérieur (section 1). Nous postulerons que les règles de conflit de lois sont au service de ce dernier. À partir de la justification de la compétence de l'Union européenne en matière de droit international privé, nous constaterons que le droit international privé européen est influencé par le concept de marché intérieur aux objectifs duquel il doit répondre (section 2).

---

[926] M. FALLON, art. cité (note 909), spéc. p. 34.

[927] A. MILLS, *The Confluence of Public and Private International Law. Justice, Pluralism and Subsidiarity in the International Constitutional Ordering of Private Law*, CUP, 2009, p. 179 et s.

[928] V. HEUZÉ, « D'Amsterdam à Lisbonne, l'Etat de droit à l'épreuve des compétences communautaires en matière de conflit de lois », *JCP G* 2008, I, n° 166 ; Y. LEQUETTE, « De Bruxelles à La Haye : réflexions critiques sur la compétence communautaire en matière de droit international privé », T. AZZI (dir.), *Liber Amicorum Gaudemet-Tallon,* Dalloz, 2008, p. 503.

[929] É. PATAUT, « Régulation des rapports de travail en Europe et conflit de lois », M. AUDIT, H. MUIR WATT et É. PATAUT (dir.), *Conflits de lois et régulation économique : l'expérience du marché intérieur*, LGDJ, 2008, p. 135, spéc. p. 136.

Section 1
L'apparition des exigences du marché intérieur

262. Ignorance du marché commun. Lors de l'adoption des premières règles de conflit de lois européennes, l'on ignore encore l'interaction possible entre celles-ci et les règles du marché commun. En effet, l'unification des règles de conflit de lois au niveau communautaire s'est faite d'une manière hésitante. Or, les premiers contentieux permettent une prise de conscience de l'impact des règles de conflit de lois sur le marché commun. Nous décrivons ici la possibilité de concevoir une confrontation des règles de conflit de lois aux exigences du marché commun et, plus tard, du marché intérieur.

263. Confrontation. Ces confrontations ressortent des contentieux relatifs aux violations des libertés de circulation, par l'intervention des règles de conflit de lois. Elles sont liées aux divergences des réglementations du travail au niveau de l'Union européenne, lesquelles il s'agit d'articuler au moyen de la règle de conflit de lois. La désignation du droit d'un État membre en particulier peut s'avérer contraire aux libertés de circulation. C'est cette confrontation qui nous permet de comprendre que des collisions entre les règles de conflit de lois et les libertés de circulation subsistent.

264. Plan. Alors que les premières règles de droit international privé européennes sont adoptées en marge du droit de la Communauté économique européenne (sous-section 1), le Traité de Maastricht instaure une compétence pour adopter de telles règles. En concentrant notre regard sur les règles de conflit de lois, nous rappellerons que l'affirmation de cette compétence est particulièrement liée à la découverte de l'effet entravant de la diversité des législations dans le contexte intra-communautaire ou européen. Notre étude visera à confronter la règle de conflit de lois désignant la loi applicable à un contrat de droit privé aux règles du marché intérieur (sous-section 2).

Sous-section 1. L'adoption de règles de conflit de lois en marge du droit de la Communauté économique européenne

265. Traité de Rome. La Communauté économique européenne ne dispose, à l'origine, d'aucune compétence en droit international privé. Rappelons qu'en vertu du principe d'attribution, la Communauté économique européenne, ou désormais l'Union européenne, « n'agit que dans les limites des compétences que les États membres lui ont attribuées dans les traités pour atteindre les objectifs que ces traités établissent » (article 5, § 2 TUE). L'article poursuit que « [t]oute compétence non attribuée à l'Union dans les traités appartient aux États membres ». En cas de compétence, celle-ci est tout de même limitée par les principes de subsidiarité et de proportionnalité. Il s'avère que les traités fondateurs n'instaurent aucune compétence au bénéfice des Communautés européennes en matière de droit international privé.

Toutefois, le Traité de Rome oblige, en son article 220, les États membres à négocier des conventions internationales dans quatre matières touchant au droit international privé : la reconnaissance mutuelle des sociétés et le maintien de la personnalité juridique en cas de changement de siège, la simplification des formalités auxquelles sont subordonnées la reconnaissance et l'exécution réciproques des décisions judiciaires ainsi que des sentences arbitrales, la protection des personnes et des droits individuels et l'élimination de la double imposition.

266. Conflit de juridictions. Avec la référence à la reconnaissance et l'exécution des décisions, l'adoption de règles de conflit de juridictions est certes programmée. Elle est fondée sur l'objectif de garantir une libre circulation des décisions. Néanmoins, la portée de l'article 220 du Traité de Rome, devenu l'article 293 du Traité CE, a été discutée. Il est formulé comme suit : « [l]es États membres engageront entre eux, en tant que de besoin, des négociations en vue d'assurer, en faveur de leurs ressortissants [...] la simplification des formalités auxquelles sont subordonnées la reconnaissance et l'exécution réciproques des décisions judiciaires ainsi que des sentences arbitrales ». Alors que l'article n'évoque pas précisément la compétence directe, il peut être soutenu que la convention de Bruxelles vise à couvrir le conflit de juridictions. Par ailleurs, il est jugé indispensable de prévoir des dispositions pour tous les États membres, à savoir les six États fondateurs. M. Blanquet conclut qu'en adoptant la convention de Bruxelles, qui entre en vigueur le 1er février 1973, l'on exploite au maximum cette disposition[930]. Il souligne l'affirmation d'un lien entre l'exigence de règles de conflit de juridictions et la mise en place d'un marché commun : « [u]n marché commun, caractérisé par l'intensification des échanges commerciaux, ne pouvait s'accommoder des obstacles et discriminations découlant du cloisonnement des organisations judiciaires nationales et avait besoin d'une véritable libre circulation des jugements, par laquelle l'opérateur économique qui a obtenu un jugement contre un adversaire étranger puisse aisément faire reconnaître ce jugement et le faire exécuter dans les autres pays de la Communauté »[931]. La nécessité du traitement des conflits de juridictions semble être devenue pressante.

267. Conflit de lois. Le besoin d'adopter des règles de conflit de lois s'inscrit dans cette même évolution. À la suite de la convention de Bruxelles, « il devi[e]nt apparent que le bon fonctionnement du texte serait renforcé si les États membres concluaient entre eux une convention destinée à unifier les règles de conflit de lois en matière de contrats et de délits »[932]. Il est avancé

---

[930] M. BLANQUET, *Droit général de l'Union européenne*, Sirey, 2018, n° 1484.

[931] *Ibid.*

[932] C. KESSEDJIAN, « Le droit international privé et l'intégration juridique européenne », T. EINHORN, K. SIEHR (dir.), *International Cooperation Through*

que les règles de conflit de lois doivent s'inscrire dans le prolongement des règles de conflit de juridictions préétablies, puisqu'il serait autrement possible de contourner la compétence prévue par les règles de conflit de juridictions. Mise à part cette évolution en matière de conflit de juridictions, le fait d'admettre l'existence de règles de conflit de lois différentes d'un État membre à un autre peut gêner du point de vue des règles du marché intérieur. M. Blanquet observe : « [d]ès la mise en place d'un marché commun, source d'une multiplication de contrats transfrontaliers, on comprend la difficulté à admettre que les règles de résolution des conflits de lois varient d'un pays à l'autre, l'incertitude sur la loi applicable à une situation contractuelle donnée étant un évident frein au développement de ces relations contractuelles »[933]. Cette argumentation conduit finalement à l'adoption de la convention de Rome instaurant des règles de conflit de lois en matière contractuelle. Regrettant l'absence d'une compétence de la Communauté économique européenne en matière de conflit de lois, de nombreux auteurs mettent en avant le caractère pourtant central des règles de conflit de lois dans le droit de la Communauté économique européenne[934]. À partir de là, l'importance du conflit de lois pour l'intégration du marché commun est ouvertement affirmée dans le cadre des mesures visant l'harmonisation du droit privé substantiel des États membres, qui contiennent des références au conflit de lois[935].

268. Droit complémentaire. Concernant les règles de droit international privé d'une portée plus générale, il convient initialement de se satisfaire des accords intergouvernementaux. Ni la convention de Bruxelles, ni la convention de Rome ne relèvent du droit communautaire au sens propre. Ce dernier vise uniquement la catégorie des actes européens incluant les actes adoptés par les institutions de l'Union européenne. Or, ces conventions sont

---

Private International Law. Essays in Memory of Peter E. NYGH, Springer, 2004, p. 187, spéc. p. 189.

[933] M. BLANQUET, *Droit général de l'Union européenne*, préc., n° 1524.

[934] *Cf.* D. LASOK, P. STONE, *Conflict of Laws in the European Community*, préc., n° 25 à 81, évoquant les dispositions du traité qui affectent le conflit de lois ; I. F. FLETCHER, *Conflict of Laws and European Community Law : With Special Reference to the Community Conventions on Private International Law (Problems in private international law)*, Elsevier Science Ltd, 1982, p. 400, analysant les caractéristiques du système juridique de la Communauté européenne et ses incidences sur le conflit de lois ; U. DROBNIG, « Conflict of Laws and the European Economic Community », *Am. J. Comp. L.* 1967, p. 204, spéc. p. 205, discutant le rôle que le conflit de lois pourrait avoir dans le développement d'un nouvel espace politico-économique européen. Tous ces travaux évoquent d'ores et déjà des incidences du conflit de lois sur le droit européen.

[935] *Cf.* A. FIORINI, « The Evolution of European Private International Law », *ICLQ* 2008, p. 969, spéc. p. 970, qui retrace l'évolution historique des règles de conflit de lois européennes.

des accords conclus entre États membres[936]. Il s'agit de conventions internationales formelles qui font partie du droit dit complémentaire de l'Union[937]. En tant que droit complémentaire, elles ont dû être accompagnées respectivement d'un protocole permettant leur interprétation par la Cour de justice.

269. Interprétation. « Les liens sont pourtant étroits entre la convention et la construction européenne »[938], affirme Mme Gaudemet-Tallon à propos de l'exemple de la convention de Bruxelles. Ils se démarquent lorsque la Cour de justice doit s'interroger sur leur interprétation. La primauté du droit communautaire ou de l'Union européenne étant affirmée[939], celle-ci semble également impliquer sa prise en compte lors de l'interprétation de la convention de Bruxelles. C'est ce qui est affirmé dans l'arrêt *Tessili*, dans lequel la Cour de justice décide que « [l]a Convention doit être interprétée en tenant compte à la fois du système et des objectifs qui lui sont propres et de son lien avec le traité »[940]. L'avocat général y lit la confirmation du principe de primauté : « les dispositions de la Convention de Bruxelles ainsi que les dispositions nationales auxquelles elle renvoie sont liées au traité CEE »[941]. La jurisprudence adoptée par la suite admet qu'une règle de conflit de juridictions nationale est susceptible d'être contraire aux règles du marché commun. À titre d'exemple, dans son arrêt *Firma Mund & Fester c. Firma Hatrex International Transport,* la Cour de justice juge une disposition nationale de procédure civile, en l'occurrence l'article 917, § 2 du code de procédure civile allemand[942], contraire « à l'article 7 du traité CEE, lu en combinaison avec l'article 220 du même traité et la Convention de Bruxelles »[943]. Suivant son argumentation, la disposition instaure une discrimination injustifiée, dès lors que le jugement doit être exécuté dans un autre État étranger de la Communauté européenne.

270. Conflit de lois. L'incidence du droit de la Communauté économique européenne et de ses successeurs sur le droit international privé conventionnel apparaît également dans le domaine du conflit de lois. Tout en expliquant que

---

[936] H. GAUDEMET-TALLON, M.-É. ANCEL, *Compétence et exécution des jugements en Europe*, préc., n° 4.

[937] M. BLANQUET, *Droit général de l'Union européenne*, préc., n° 695.

[938] H. GAUDEMET-TALLON, M.-É. ANCEL, *Compétence et exécution des jugements en Europe*, préc., n° 4.

[939] CJCE, 15 juillet 1964, aff. 6/64, *Costa c. E.N.E.L.*

[940] CJCE, 6 octobre 1976, aff. 12/76, *Tessili.*

[941] CJCE, 6 octobre 1976, aff. 12/76, *Tessili,* conclusions de l'avocat général, pt. 12.

[942] L'article autorisait la saisie conservatoire distinctement selon que l'exécution du jugement devait avoir lieu en Allemagne ou à l'étranger.

[943] CJCE, 10 février 1994, C-398/92, *Firma Mund & Fester c. Firma Hatrex International Transport*, pt. 22, *JDI* 1994, p. 535, chron. J.-M. BISCHOFF

le conflit de lois n'a pas pour objet de réglementer le commerce à travers les frontières étatiques, M. Dickinson souligne les effets indirects des règles de conflit de lois[944]. Ce constat en matière de commerce international ne fait que rappeler ce que nous avons évoqué à partir du contrôle de l'intervention des règles de conflit de lois au regard des libertés de circulation[945]. Par ailleurs, l'adoption d'un droit complémentaire, en l'absence d'une compétence expresse de la Communauté économique européenne en matière de conflit de lois, a suscité une interrogation sur la nécessité d'une compétence expresse dans ce domaine[946]. Une réponse y est donnée au moment de la révision du traité, qui incorpore une compétence en matière de droit international privé[947].

Sous-section 2. L'incidence des règles de conflit de lois sur le marché intérieur

271. Incidences sur le marché intérieur. « En dehors des hypothèses exceptionnelles où le droit dérivé a harmonisé les règles de conflit de lois [...], on pourrait croire que le droit international privé n'a pas de place pour le fonctionnement du droit communautaire »[948], a observé M. Rigaux. L'indépendance originaire du droit international privé par rapport au droit primaire de la Communauté économique européenne ayant été affirmée, le lien entre les deux est tout de même devenu de plus en plus apparent. Nous nous intéressons particulièrement aux incidences du conflit de lois sur les règles du marché intérieur. L'article 3, § 3 TUE vise l'établissement du marché intérieur en tant qu'un objectif de la construction européenne. Le marché intérieur est défini par l'article 26, § 2 TFUE comme « un espace sans frontières intérieures dans lequel la libre circulation des marchandises, des personnes, des services et des capitaux est assurée selon les dispositions des traités »[949]. L'incidence d'une règle de conflit de lois peut être constatée, dès lors que son intervention est constitutive d'une violation des libertés de circulation. En l'occurrence, nous nous concentrerons sur la diversité des réglementations dont résulte potentiellement une violation des libertés de circulation.

272. Diversité des réglementations. Rappelons qu'il a été retenu que la diversité des règles de conflit de lois entre les différents États membres pouvait nuire à l'application effective du droit du marché intérieur. Les affaires *Arblade* et *Boukhalfa* nous ont permis de mettre en lumière la

---

[944] A. DICKINSON, art. cité (note 918), spéc. p. 198.

[945] *Supra*, n° 212 et s.

[946] A. MILLS, art. cité (note 97), spéc. p. 401.

[947] *Ibid.*

[948] F. RIGAUX, « Droit international privé et droit communautaire », *Mélanges en l'honneur de Yvon Loussouarn. L'internationalisation du droit*, Dalloz, 1994, p. 341, spéc. p. 347.

[949] Cette définition est issue de l'Acte unique européen.

confrontation des mécanismes du conflit de lois aux libertés de circulation[950]. Ce heurt des règles de conflit de lois est lié à leur finalité qui consiste à désigner la réglementation du travail d'un État donné. Dans un contexte de diversité des droits du travail, il est imaginable que telle réglementation nationale peut s'avérer être une entrave aux libertés de circulation, alors que celle d'un autre État membre ne l'est pas. Ainsi, la violation des libertés de circulation est constituée par l'intervention des règles de conflit de lois. Néanmoins, cette violation ne peut avoir lieu que dans la mesure où les réglementations du travail n'ont pas été harmonisées et diffèrent les unes les autres. C'est ce qui est également relevé dans l'affaire *Boukhalfa* qui évoque : « l'interdiction de discrimination en raison de la nationalité contenue dans les dispositions communautaires [...] est applicable à tous les aspects de la relation de travail qui sont régis par le droit d'un État membre »[951].

273. Plan. Notre étude ne vise plus à démontrer la possibilité d'une confrontation de la règle de conflit de lois aux libertés de circulation. Nous nous efforcerons dorénavant d'expliquer cette confrontation, compte tenu du contexte de diversité des réglementations du travail des États membres. Partant des fonctions du marché intérieur, il s'agira de décrire la possible violation d'une liberté de circulation résultant de la diversité des réglementations des États membres (paragraphe 1). Ceci nous permettra d'affirmer que la règle de conflit de lois désignant la loi d'un État membre sera concernée par la sanction pour violation des libertés de circulation (paragraphe 2).

Paragraphe 1. Le marché intérieur intolérant à la diversité des législations

274. Libertés de circulation. *A priori,* il convient de préciser le filtre que nous utilisons : le droit des libertés de circulation. Il ne nous revient plus ici de détailler leur régime. Néanmoins, il est rappelé qu'une réglementation nationale peut faire l'objet d'un contrôle pour violation des libertés de circulation. La confrontation que nous opérons est celle entre les droits privés des États membres et les libertés de circulation. En tant qu'elles assurent l'accès au marché intérieur, les libertés de circulation peuvent être violées par toute mesure nationale qui entrave cet accès[952]. Alors que la loi qui régit un contrat peut possiblement entraîner des conséquences au regard du droit de la

---

[950] Sur l'arrêt *Arblade*, *supra,* n° 223 et sur l'arrêt *Boukhalfa*, *supra*, n° 248.

[951] CJCE, 30 avril 1996, C-214/94, *Boukhalfa,* pt. 17.

[952] P. SYRPIS, « EU Secondary Legislation and its Impact on Derogations from Free Movement », P. KOUTRAKOS, N. N. SHUIBHNE, P. SYRPIS (dir.), *Exceptions from EU Free Movement Law: Derogation, Justification and Proportionality*, Hart Publishing, 2016, p. 278, il constate, dans la version originale : « almost any national law or practice is capable of being conceived as a restriction to the Treaty freedoms ».

concurrence[953], une telle confrontation est exclue en ce qui concerne le droit du travail[954].

275. Les principes du contrôle. Ce contrôle des réglementations du travail des États membres aura pour conséquence que la lecture du droit national sera progressivement imprégnée de certaines leçons tirées de la confrontation du droit au marché intérieur. En effet, chaque liberté de circulation sert la réalisation du marché intérieur. Leur intervention s'arrêtera à la souveraineté nationale. Selon le concept de marché intérieur résultant du TUE, les libertés de circulation n'ont pas pour vocation ni de déterminer à nouveau les constitutions économiques des États membres, ni de déréguler les marchés nationaux[955]. Au contraire, elles ont pour objectif d'exclure la segmentation des marchés nationaux[956]. De cette manière, les libertés de circulation visent la réduction des différences entre les législations, catalysent la constitution économique et permettent l'intégration réciproque des marchés[957]. Après avoir relevé que l'intervention des libertés de circulation était encadrée, il convient de s'arrêter aux principes du marché intérieur au moyen desquels s'effectue cet encadrement.

276. Primauté. L'un des principes limitant les droits souverains des États membres est le principe de primauté. Dans son arrêt *Costa c. ENEL*[958], la Cour de justice reconnaît ce principe. En l'espèce, un particulier souhaite savoir s'il peut invoquer le droit primaire devant une juridiction nationale pour remettre en cause la conformité d'une disposition du droit national. La réponse est affirmative. D'emblée, notons que l'arrêt reconnaît que le traité fondateur « a institué un ordre juridique propre intégré au système juridique

---

[953] *Cf.* S. WEATHERILL, *Contract Law of the Internal Market*, Intersentia, 2016, p. 14.

[954] *Cf.*, dans un contexte spécifique, CJCE, 21 septembre 1999, aff. C-67/96, *Albany International, JSL* 1999, n° 47, p. 4, note F. DUPRAT ; *RMU* 1999, n° 4, p. 197, chron. J. BOURGEOIS ; *DSOC* 2000, p. 106, étude X. PRÉTOT ; *CMLR* 2000, p. 439, note L. GYSELEN ; *JDI* 2001, p. 671, note C. PRIETO ; *JCP E* 2001, n° 25, p. 1032, note C. VIGNEAU ; voir aussi CJUE, 4 décembre 2014, C-413/13, *FNV Kunsten Informatie*, pt. 41 : « la disposition d'une convention collective de travail en ce qu'elle établit des tarifs minimaux pour des prestataires de services constituant de 'faux indépendants' ne saurait être soumise, en raison de sa nature et de son objet, au champ d'application de l'article 101, paragraphe 1, TFUE ».

[955] S. BRUINIER, *Der Einfluss der Grundfreiheiten auf das International Privatrecht,* Peter Lang, 2003, p. 37.

[956] *Ibid.*

[957] *Ibid.*, p. 37 et s.

[958] CJCE, 15 juillet 1964, aff. 6/64, *Costa c. E.N.E.L, LDA* 1964, n° 49, doc. LXXXVI, note N. CATALANO ; *JDI* 1965, p. 697, note R. KOVAR ; *YaleLJ* 1965-66, n° 5, p. 695, note C. SASSE ; *MichiganLR* 1965, p. 491, note E. STEIN ; *RTD Eur* 1965, p. 369, note J. VIROLE.

des États membres [...] et qui s'impose à leur juridiction »[959]. Non seulement faut-il que les États membres appliquent le droit de l'Union européenne, mais qu'ils le respectent également lors de l'application de leur propre droit. L'arrêt précise que le droit primaire est « susceptible d'engendrer, dans le chef des justiciables, des droits que les juridictions internes doivent sauvegarder ». En vertu de ce principe, il est possible pour un particulier de se prévaloir des dispositions du droit primaire. Il permet également d'expliquer que les libertés de circulation s'appliquent dans les États membres et y façonnent le droit national.

277. Effet direct. La primauté repose sur la construction logique qui permet au droit primaire de s'imposer à l'égard du droit des États membres. Plus précisément, les libertés de circulation, par hypothèse, sont contraignantes par rapport au droit des États membres. C'est ainsi que la Cour de justice veille à garantir l'exercice effectif de ces libertés[960]. Les législations des États membres ne sauraient ni constituer une discrimination dans l'exercice des prérogatives accordées par les libertés, ni entraver leur exercice. Cette possibilité de concevoir que le droit de l'Union puisse engendrer des obligations dans les ordres juridiques internes a été nommé d'effet direct[961]. Cet effet direct est, par ailleurs, renforcé par la possibilité de recourir à une question préjudicielle[962]. Il connaît plusieurs manifestations : l'on oppose l'effet direct horizontal, qui vise l'invocation des normes dans les rapports entre individus, à l'effet direct vertical. Aux fins de notre démonstration qui étudie le contrôle des réglementations nationales par le droit du marché intérieur, nous nous intéresserons davantage à l'invocation de la norme dans un rapport entre l'État et les individus, l'effet direct vertical.

278. Effet direct horizontal. Néanmoins, une brève observation est consacrée à l'invocation des libertés de circulation dans des relations contractuelles entre individus, soit l'effet direct horizontal. En raison de l'effet direct horizontal, les contrats entre parties privées doivent se conformer aux

---

[959] CJCE, 15 juillet 1964, aff. 6/64, *Costa c. E.N.E.L.*, pt. 3.

[960] CJCE, 19 décembre 1968, aff. 13/68, *Salgoil* (marchandises), *JDI* 1973, p. 279, note R. KOVAR ; *AFDI* 1974, p. 905, note J.-C. GAUTRON ; 21 juin 1974, aff. 2/74, *Reyners*, (établissement), *JDI* 1976, p. 221, note V. CONSTANTINESCO ; *RMC* 1974, p. 473, note F.-X. DE DORLODOT ; *ELR* 1975, p. 67, note G. MORSE ; 3 décembre 1974, aff. 33/74, *van Binsbergen* (services), *RTD Eur* 1975, p. 518, note Y. LOUSSOUARN ; *ELR* 1975, p. 67, note G. MORSE. Sur ce point, J.-S. BERGÉ, S. ROBIN-OLIVIER, *Droit européen,* PUF, 2011, n° 466.

[961] CJCE, 5 février 1963, aff. 26/62, *Van Gend & Loos, JCP* 1963, II, 13177, note F.-C. JEANTET ; *ICLQ* 1963, p. 1411, note N. S. MARSH ; Jour. Trib. 1963, p. 190, note F. RIGAUX ; *RGDP* 1963, p. p. 421, note J. ROBERT et 1964, p. 110, note J. AMPHOUX.

[962] A. HARTKAMP, *European Law and National Private law. Effect of EU Law and European Human Rights Law on Legal Relationships between Individuals,* Intersentia, 2016, n° 29.

libertés de circulation[963]. La liberté de circulation en tant que telle pourrait, de prime abord, s'entendre comme libérant l'autonomie privée des contraintes. Néanmoins, la sanction des restrictions aux libertés de circulation permet d'encadrer l'autonomie de la volonté[964]. L'effet direct sur une relation juridique entre particuliers peut avoir pour conséquence de créer, modifier ou éteindre des obligations entre particuliers[965]. Cette problématique concerne particulièrement les limites que les libertés de circulation imposent à l'égard de l'autonomie de la volonté dans le droit privé interne[966]. En droit du travail, elle peut viser plus spécifiquement le contrôle à l'égard de l'autonomie collective. Les exemples portant sur la libre prestation de services et la libre circulation des personnes visent à démontrer notre propos. Ce dernier est exprimé dans l'arrêt *Walrave et Koch*, relativement au principe de non-discrimination des prédécesseurs des articles 18, 39 et 56 TFUE : « la prohibition de ces discriminations s'impose non seulement à l'action des autorités publiques mais s'étend également aux réglementations d'une autre nature visant à régler, de façon collective, le travail salarié et les prestations de services »[967]. L'affaire *Viking Line*[968] permettra de démontrer l'encadrement d'un mode de réglementation privée par voie collective.

279. *Viking Line.* En l'espèce, des obligations découlant de la liberté d'établissement sont imposées aux syndicats : l'action collective à l'initiative d'un syndicat ou d'une confédération de syndicats contre une entreprise, visant à pousser cette dernière à adhérer à une convention collective dont le contenu pourrait l'entraver dans sa liberté de circulation, relève de son champ d'application. Selon M. Davies, l'arrêt *Viking Line* ne fait que confirmer l'intervention des libertés de circulation par l'effet direct horizontal[969]. L'auteur envisage d'une manière plus large les limites possibles à la liberté contractuelle, en raison de l'application des libertés de circulation. Il imagine les possibilités d'impact d'un contrat sur le marché intérieur, à chaque fois que l'accès au marché intérieur est concerné[970]. Alors que d'une manière générale, la liberté contractuelle ne semble pas impacter les libertés de circulation, il est concevable que, dans certaines hypothèses, les préférences

[963] G. DAVIES, « Freedom of Movement, Horizontal Effect, and Freedom of Contract », *ERPL* 2012, p. 805.

[964] S. WEATHERILL, *Contract Law of the Internal Market,* préc., p. 95.

[965] R. VAN LEUKEN, *Private Law and the Internal Market. Direct Horizontal Effect of the Treaty Provisions on Free Movement,* Intersentia, 2018, n° 14.

[966] Sur cette question, *cf.* S. GRUNDMANN, « Information, Party Autonomy and Economic Agents », *CMLR* 2002, p. 269 ; G. DAVIES, art. cité (note 963).

[967] CJCE, 12 décembre 1974, aff. 36/74, *Walrave et Koch*, pt.17.

[968] CJCE, 11 décembre 2007, C-438/05, *Viking Line,* pt. 55 *;* CJCE, 18 décembre 2007, C-341/05, *Laval,* pt. 98.

[969] G. DAVIES, art. cité (note 963).

[970] *Ibid.*, spéc. p. 813.

personnelles heurtent les libertés de circulation[971]. L'intervention des libertés de circulation en raison de l'effet direct horizontal s'est développée au fil de la jurisprudence, puisqu'elle nécessite une précision quant à la nature des restrictions susceptibles de constituer une atteinte à cette liberté. Cet impact de la liberté contractuelle peut particulièrement être imaginé en matière de libre circulation des travailleurs[972]. Nous soulignons avec M. Davies que les parties privées peuvent voir leur liberté contractuelle limitée par l'effet des libertés de circulation. L'interdiction des discriminations, mais aussi celle d'autres dispositions contraignantes, serait un exemple de cet impact[973].

280. Contrôle de la réglementation privée. À y regarder de près, la Cour de justice encadre ici un mode de réglementation privée des relations de travail. Or, il est reconnu que celui-ci s'impose à l'égard de la liberté contractuelle dont disposent normalement les parties, en présence d'une partie protégée. Ainsi, il ressort de l'arrêt *Viking Line* que les libertés de circulation des articles 45, 49 et 56 TFUE semblent constituer le fondement du contrôle des règles émanant de parties privées qui réglementent collectivement l'emploi salarié, le statut indépendant ainsi que la prestation de services[974]. En conséquence, la jurisprudence *Viking Line* ne fait que solidifier le constat selon lequel les libertés de circulation tendent vers davantage de liberté contractuelle. Il convient ainsi de concevoir un impact des libertés de circulation sur la liberté contractuelle, dès lors qu'il s'agit de protéger une partie réputée faible[975]. Ajoutons qu'il est suggéré qu'une entrave puisse être constituée par des stipulations ou des choix exprimés dans un contrat, dès lors que l'on se trouve en matière d'emploi ou de marché public[976].

281. Effet direct vertical. À l'inverse, l'effet direct vertical concerne les domaines dans lesquels les législateurs des États membres ont prévu des réglementations contraignantes. Ainsi, l'effet direct vertical s'adresse aux actes législatifs principalement. Grâce à l'effet direct vertical, il est possible d'imaginer des contrariétés entre le droit des contrats d'un État membre et les libertés de circulation. Les réglementations de travail, par exemple, peuvent potentiellement s'avérer contraires au sens des libertés de circulation. L'effet

---

[971] G. DAVIES, art. cité (note 963), spéc. p. 813.

[972] CJCE, 6 juin 2000, C-281/98, *Angonese.*

[973] G. DAVIES, art. cité (note 963), spéc. p. 820.

[974] S. WEATHERILL, *Contract Law of the Internal Market,* préc., p. 16. En revanche, il ne semble pas certain que cette extension du champ d'application s'applique à tout acte pris entre parties privées, quelle que soit la liberté de circulation concernée ; l'auteur se réfère ici à l'arrêt CJCE, 6 juin 2000, C-281/98, *Angonese,* pt. 36.

[975] *Cf.* G. DAVIES, art. cité (note 963).

[976] G. DAVIES, « Freedom of Contract and the Horizontal Effect of Free Movement Law », D. LECZYKIEWICZ, S. WEATHERILL (dir.), *The Involvement of EU Law in Private Law Relationships*, Hart Publishing, 2013, p. 53, spéc. p. 54.

direct vertical commande la vérification de toute réglementation substantielle d'un État membre au regard de sa conformité aux libertés de circulation. Partant de ce constat, nous nous intéressons au contrôle des règles et principes du droit privé des États membres.

282. Entraves de droit privé. La problématique de la compatibilité des règles de droit privé des États membres avec le droit du marché intérieur est résumée sous l'appellation : « [l]es entraves de droit privé »[977]. La question se pose de savoir si le droit privé peut sérieusement heurter les libertés de circulation, alors qu'il ne fait que régir les engagements entre personnes. Une telle analyse « tend à vérifier si une règle de droit privé est susceptible d'entraver les échanges [...] sans encore évaluer le degré d'incompatibilité du droit national avec le Traité »[978]. Rappelons que les engagements entre parties privées peuvent poser des obstacles au commerce entre les États membres et heurter le marché intérieur[979]. Cette question a souvent été évoquée[980]. Les effets indésirables pour le marché intérieur méritent d'être encadrés. Pour cette raison, le contrôle de conformité des droits privés aux libertés de circulation est au moins indéniable, depuis l'arrêt *Alsthom Atlantique*[981], qui a mis à l'épreuve le droit civil français. Chaque mesure d'un État membre qui restreint aussi la formation de contrats porte nécessairement atteinte aux libertés de circulation. Plus précisément, une mesure nationale, qui réduit les possibilités existantes des parties contractantes de conclure des contrats, peut restreindre la liberté contractuelle. En fin de compte, il convient d'observer qu'un tel effet ne s'exerce qu'à l'égard des situations intra-européennes. Ainsi, M. Davies conclut que le droit des libertés de circulation est également celui qui prohibe les restrictions dans les contrats pourvus d'un élément d'extranéité[982]. Nous pouvons imaginer, en tant qu'exemples de

---

[977] M. FALLON, « Le domaine spatial d'un code européen de droit international privé. Emergence et modalités de règles de caractère universel », M. FALLON, P. LAGARDE, S. POILLOT-PERUZZETTO (dir.), *Quelle architecture pour un code européen de droit international privé ?*, Peter Lang, 2011, p. 59 ; d'autres auteurs se sont tôt intéressés à cette question : P. MÜLLER-GRAFF, *Privatrecht und Europäisches Gemeinschaftsrecht*, Nomos, 1991; A. V. M. STRUYCKEN, « Les conséquences de l'intégration européenne sur le développement du droit international privé », *RCADI,* vol. 232, Brill, 1992, p. 256, spéc. p. 383, avec d'autres références.

[978] *Ibid.*

[979] S. WEATHERILL, *Contract Law of the Internal Market*, préc., p. 14.

[980] *Cf.* A. HARTKAMP, *European Law and National Private law. Effect of EU Law and European Human Rights Law on Legal Relationships between Individuals,* préc. ; G. DAVIES, art. cité (note 963 et 976) ; S. GRUNDMANN (dir.), *Systembildung und Systemlücken in Kerngebieten des Europäischen Privatrechts*, Mohr Siebeck, 2000.

[981] CJCE, 24 janvier 1991, C-339/89, *Alsthom Atlantique.*

[982] G. DAVIES, art. cité (note 963), spéc. p. 808, qui cite S. GRUNDMANN, art. cité (note 916), spéc. p. 270.

réglementations qui restreignent la liberté contractuelle, les restrictions à l'égard de certaines personnes de conclure des contrats[983].

283. *AGET Iraklis.* L'affaire *AGET Iraklis*[984] est un arrêt emblématique, dans lequel la réglementation du travail nationale est opposée aux libertés de circulation. Dans un contexte de diversité des législations, il s'agit pour la Cour de justice de décider d'un éventuel effet entravant de la législations grecque en matière de licenciements collectifs pour motif économique. L'entrave est ici caractérisée en raison d'une divergence des réglementations étatiques du travail. Dit autrement, l'affirmation du caractère entravant dépend d'une comparaison avec les droits des autres États européens. En l'espèce, la Cour de justice est conduite à se prononcer si la loi grecque n'empêche pas les entreprises de s'établir en Grèce, ce qui implique nécessairement une comparaison du caractère contraignant du droit du travail grec par rapport à celui d'autres États membres. L'arrêt explicite : « la liberté d'établissement implique [...] que la filiale, l'agence ou la succursale créée par une personne morale établie dans un autre État membre puisse, le cas échéant, et si l'activité qu'elle entend déployer dans l'État membre d'accueil le requiert, engager des travailleurs dans cet État membre »[985]. Cette liberté signifiant aussi la liberté de réduire son activité[986] et, partant, de licencier des travailleurs[987], la législation du travail grecque est sanctionnée pour son effet entravant[988]. L'entrave est constituée parce que la législation grecque est plus contraignante que celle des autres États membres. Nous en concluons que la question de l'entrave ne se pose ici qu'en raison de la diversité des législations entre les États membres.

284. Violations des libertés de circulation par le droit du travail. Après cet exemple, il convient de dresser un inventaire des hypothèses dans lesquelles la réglementation du travail d'un État membre peut violer les libertés de circulation. Des réglementations contraignantes concernent, par exemple, les congés payés et la durée du travail. Néanmoins, celles-ci ne semblent pas être contraires à la logique de la libre circulation des travailleurs,

---

[983] G. DAVIES, art. cité (note 963), spéc. p. 809, qui cite l'exemple des restrictions par les ordres professionnels pour les professions libérales.

[984] CJUE, 21 décembre 2016, C-201/15, *AGET Iraklis*, *ADUE* 2016, n° 1, p. 45, chron. É. CARPANO ; *Lexbase Hebdo S* 2017, n° 684, note M. GADRAT ; *SSL* 2017, n° 1753, p. 8, chron. S. LAULOM; *RDT* 2017, p. 127, note A. FABRE ; *Europe* 2017, n° 2, p. 36, note L. DRIGUEZ ; *JDI* 2017, p. 665, chron. C. NOURISSAT ; *JCP S* 2017, n° 23, p. 22, note J. CAVALLINI ; *DO* 2017, p. 579, note J. PORTA ; *RTD Eur* 2018, p. 465, chron. F. BENOÎT-ROHMER.

[985] CJUE, 21 décembre 2016, C-201/15, *AGET Iraklis*, pt. 52, déjà, CJCE, 10 juillet 1986, *Segers*, aff. 79/85, pt. 15.

[986] CJUE, 21 décembre 2016, C-201/15, *AGET Iraklis*, pt. 53.

[987] CJUE, 21 décembre 2016, C-201/15, *AGET Iraklis*, pt. 54.

[988] CJUE, 21 décembre 2016, C-201/15, *AGET Iraklis*, pt. 56.

dans la mesure où elles ne semblent pas affecter l'accès au marché du travail. M. Fetsch souligne en ce sens la possibilité d'adapter ces modalités d'exercice de l'activité professionnelle (*Tätigkeitsmodalitäten*)[989]. De la même manière, le droit de protection contre le licenciement est jugé comme n'affectant pas la libre circulation des travailleurs[990]. Par ailleurs, les réglementations en matière de rémunération ne portent pas atteinte aux forces du marché, du point de vue de la libre circulation des travailleurs[991]. En effet, il est tout à fait possible pour un ressortissant d'un autre État membre de proposer sa prestation de travail au même prix que les travailleurs nationaux, sans que celui-ci en sorte tire un désavantage. M. Fetsch argue d'un point de vue libéral que de telles réglementations affectent l'équilibre entre la prestation de travail et la contrepartie en rémunération, lorsque l'on imagine l'exercice libéral des forces du marché[992]. De fait, cela exige que le travailleur se soumette aux conditions de l'État d'accueil. En conséquence, il ne semble pas y avoir de restriction à l'accès au marché du travail par de telles modalités d'exercice de l'activité professionnelle[993]. La jurisprudence de la Cour de justice peut être interprétée en ce sens[994]. Elle distingue à ce propos entre l'effet entravant des réglementations en matière de libre prestation de services et de libre circulation des travailleurs[995]. Au cas où le travailleur serait rémunéré aux conditions de l'État d'origine, il pourrait toutefois y avoir une entrave. C'est ainsi que la directive dite détachement et ses successeurs ancrent progressivement une égalisation des conditions de rémunération.

285. Droit privé régulateur. À partir de là, il est possible de concevoir les réglementations nationales du droit privé comme entravant le marché intérieur. L'effet entravant des législations de droit privé sur le marché intérieur est débattu et n'est pas unanimement reconnu. M. Kuipers semble exclure l'effet entravant du droit privé tandis qu'il découvre un tel effet dans certains éléments de rattachement des règles de conflit de lois[996]. M. Weatherill impose de distinguer parmi les règles de droit privé[997]. Il oppose

---

[989] J. FETSCH, *Eingriffsnormen und EG-Vertrag. Die Pflicht zur Anwendung der Eingriffsnormen anderer EG-Staaten*, Mohr Siebeck, 2002, p. 177 et s.

[990] *Ibid.*, p. 158 et s. Cependant, l'arrêt *AGET Iraklis* retient une entrave à la liberté d'établissement.

[991] *Ibid.*

[992] *Ibid.*

[993] *Ibid.*, p. 170 et s.

[994] CJCE, 3 février 1982, aff. 62/81 et 63/81, *Seco et Desquenne & Giral* ; 27 mars 1990, C-113/89, *Rush Portuguesa*, pt. 18 ; 28 mars 1996, C-272/94, *Guiot*, pt. 10 ; CJCE, 23 novembre 1999, C-369/96 et C-376/96, *Arblade,* pt. 33 ; CJCE, 15 mars 2001, C-165/98, *Mazzoleni*, pt. 22.

[995] *Supra,* n° 212 et s.

[996] J.-J. KUIPERS, art. cité (note 177).

[997] S. WEATHERILl, *Contract Law of the Internal Market*, préc., p. 18.

les règles de droit privé au sens strict, à savoir celles relatives à la validité et à la rupture du contrat[998], au droit des contrats au sens large (« regulatory contract law »), qui vise les règles structurantes et contraignantes des circonstances dans lesquelles l'activité commerciale s'opère et dont résulte la conclusion du contrat[999]. Précisons que les dernières visent les règles du marché qui ont pour effet de limiter ou de conduire l'autonomie privée et qui sont souvent de nature publique ou administrative[1000]. Selon cet auteur, seul le droit privé régulateur peut constituer une entrave aux libertés de circulation, du fait de son impact sur le commerce entre les États par les choix nationaux[1001]. Il admet cela également pour les réglementations du travail : les différences entre les niveaux de protection des travailleurs des États membres peuvent entraîner des répercussions directes sur le fonctionnement du marché intérieur[1002]. Notons avec cet auteur que les libertés de circulation interviennent davantage à l'égard des règles de droit privé régissant le choix du cocontractant qu'à l'égard de celles régissant les modalités d'exécution du contrat. S'il est effectivement difficile d'imaginer qu'une règle de droit privé du droit des contrats est *per se* contraire aux libertés de circulation, il faut tout de même admettre que les règles régulatrices, structurant les circonstances dans lesquelles l'activité commerciale s'opère, doivent être contrôlées. L'exemple de l'arrêt *AGET Iraklis* en est l'illustration. Il nous permet, par ailleurs, de réaffirmer qu'une limitation de la liberté contractuelle en présence d'un contrat avec un élément intra-européen constitue possiblement une restriction à la liberté de circulation[1003].

286. Diversité. *A fortiori*, il peut être observé que « la diversité même des législations serait un obstacle à la libre circulation »[1004]. Rappelons que la diversité des législations est déclarée contraire à l'intégration du marché intérieur[1005]. En effet, c'est selon le caractère plus ou moins contraignant de la règle qu'elle est susceptible de constituer une entrave. M. Fallon mesure que

---

998 S. WEATHERILl, *Contract Law of the Internal Market*, préc., p.18.

999 *Ibid.*, p. 20.

1000 *Ibid.*

1001 *Ibid.*

1002 *Ibid.*, p. 171.

1003 *Cf.* G. DAVIES, art. cité (note 976).

1004 D. BUREAU, H. MUIR WATT, *Droit international privé*, tome 1, préc., n° 42.

1005 S. WEATHERILL, *Law and integration in the European Union*, Clarendon Press, 1995, p. 4, dans la version originale : « [t]he sharing in economic power in the European Community is based on the elimination of barriers to trade across borders. State power to adopt or maintain measures that obstruct trade is constrained by the pattern of law that is part of the essence of Community membership. This means that EC law controls physical barriers at frontiers, but, more subtly, it also addresses the exercise of internal regulatory competence in so far as disparities between national rules may cause technical barriers to trade ».

l'impact d'une entrave par l'existence d'une disparité de règles nationales mises en conflit est plus important que celui d'une entrave résultant d'une règle nationale considérée isolément[1006]. En ce sens, nous pouvons évoquer la jurisprudence fluctuante en matière d'entraves. D'emblée, il doit être observé que les traités sont trop vagues pour nous renseigner sur leur tolérance à l'égard de la diversité des législations nationales[1007]. Certes, le droit de l'Union européenne semble devoir tolérer les différences des réglementations entre les États membres. En revanche, la jurisprudence semble plus facilement retenir la présence d'entraves dès lors qu'elle observe une forte diversité des législations. Depuis l'arrêt *Cassis de Dijon*[1008], la Cour de justice permet de reconnaître des entraves aux libertés de circulation en raison de la diversité des législations entre les États membres qui restreignent la possibilité de conclure des contrats. La jurisprudence en matière de détachement de travailleurs contient des illustrations pertinentes[1009]. L'*AGET Iraklis* constitue le couronnement. Nous concluons que la diversité des législations est susceptible de créer des entraves aux libertés de circulation. Cela nous conduit, par ailleurs, à justifier la possibilité de sanctionner les règles de conflit de lois au regard de l'impact qu'elles auraient sur les libertés de circulation.

Paragraphe 2. Les violations des libertés de circulation par les règles de conflit de lois

287. Affirmation de la confrontation. Les premiers travaux évoquant la confrontation des règles de droit international privé aux libertés de circulation portent sur les règles de conflit de juridictions[1010]. Il n'en demeure pas moins

---

1006 M. FALLON, art. cité (note 909), p. 31.

1007 A. JOHNSTON, P. SYRPIS, « Regulatory competition in European company law after Cartesio », *ELR* 2009, p. 378, dans la version originale : « [t]he Treaties rarely provide the Court with a clear steer, being notoriously vague, for example, on questions surrounding the acceptability of national diversity ».

1008 CJCE, 20 févr. 1979, aff. 120/78, *Rewe-Zentral*. *Cf.* l'interprétation par L. G. RADICATI DI BROZOLO, « L'influence sur les conflits de lois des principes du droit communautaire en matière de libertés de circulation », *RCDIP* 1993, p. 401, qui soutient qu' « il subsiste encore de nombreux obstacles à la liberté effective de circulation s services. Ces obstacles découlant essentiellement des diversités entre les législations des Etats membres quant aux règles en matière d'accès et d'exercice de certaines activités ».

1009 J.-S. BERGÉ, D. PORCHERON, G. VIEIRA DA COSTA CERQUEIRA, art. cité (note 781), n° 95, qui admettent le contrôle des entraves. Pour d'autres développements, *cf.* L. D'AVOUT, « Les lois de police », T. AZZI, O. BOSKOVIC (dir.), *Quel avenir pour la théorie générale des conflits de lois ?*, Bruylant, 2015, p. 91, spéc. p. 103.

1010 M. FALLON, art. cité (note 909).

que l'incidence du droit primaire sur les règles de conflit de lois est certainement aussi problématique. La prise de conscience qu'il faut vérifier la situation transnationale entière, c'est-à-dire tant le droit matériel applicable que la règle de conflit de lois, se fait attendre[1011]. Une fois acquise, cette prise de conscience n'est pas partagée unanimement[1012]. Notons que cette question fait écho aux antécédents, en droit interne, de confrontation des règles de conflit de lois aux normes étatiques de rang supérieur telles que celles du droit constitutionnel. Dans le cadre national, nous pouvons citer l'exemple de la Cour constitutionnelle allemande (*Bundesverfassungsgericht*) qui confronte les règles de conflit de lois au principe d'égalité inscrit dans la Loi fondamentale (*Grundgesetz*)[1013]. À l'image de cette confrontation, la Cour de justice doit-elle également pouvoir opposer les règles de conflit de lois d'un État membre aux libertés de circulation[1014] ? Pour l'heure, le contentieux devant la Cour de justice qui vise à examiner la conformité des règles de conflit de lois est mineur. Or, il est souvent sous-jacent. Même si la question n'est pas expressément évoquée, les arrêts *Viking* et *Laval* portent bien sur la confrontation des règles de conflit de lois aux libertés de circulation[1015]. Ainsi, Mme Muir Watt et M. Bureau soulignent que les libertés de circulation l'emportent sur la loi applicable : « dans l'affaire Laval, la loi lettone, loi d'origine de l'entreprise-employeur et moins protectrice du salarié, est demeurée applicable au taux de salaire à l'occasion de la prestation transfrontière de service dans un pays dont la législation est plus protectrice. Dans l'affaire Viking, la loi estonienne, loi du nouvel établissement de l'employeur, moins protectrice que celle initialement applicable, était quant à elle devenue applicable pour l'avenir aux rapports individuels de travail litigieux »[1016]. La confrontation étant affirmée, il convient de s'intéresser au cadre dans lequel elle s'exerce.

288. Nature des règles de conflit de lois. La confrontation est débattue en raison de la nature particulière des règles de conflit de lois. En effet, les règles de conflit de lois se distinguent des règles de droit substantiel. La règle de

---

[1011] W.-H. ROTH, « Der Einfluss der Grundfreiheiten auf das internationale Privat- und Verfahrensrecht », J. F. BAUR, H.-P. MANSEL (dir.), *Systemwechsel im europäischen Kollisionsrecht*, Munich, Beck, 2002, p. 53.

[1012] *Cf.* p. ex. V. HEUZÉ, « De la compétence de la loi du pays d'origine en matière contractuelle ou l'anti-droit européen », M.-N. JOBARD-BACHELLIER, P. MAYER (dir.), *Mélanges P. Lagarde*, Paris, 2005, p. 393.

[1013] J. VON HEIN, art. cité (note 195), n° 23, avec d'autres références.

[1014] CJCE, 30 avril 1996, C-214/94, *Boukhalfa ;* CJCE, 23 novembre 1999, C-369/96 et C-376/96, *Arblade.*

[1015] En ce sens, D. BUREAU, H. MUIR WATT, *Droit international privé*, tome 2, préc., n° 946 et s.

[1016] D. BUREAU, H. MUIR WATT, *Droit international privé*, tome 2, préc., n° 946-1.

conflit de lois vise, par définition, à coordonner les législations étatiques applicables. Or, selon notre observation, cet argument concerne davantage la fonction particulière des règles de conflit de lois que leur qualification en tant que normes étatiques. La règle de conflit de lois étant par nature une disposition légale, sa conformité au droit primaire doit pouvoir être vérifiée. En effet, les dispositions du TFUE concernant le marché intérieur s'appliquent aux actes des autorités publiques des Etats membres[1017]. Selon la formulation de l'arrêt *Dassonville*, le contrôle des entraves vise « toute réglementation »[1018] d'un État membre. Partant du constat qu'une règle de conflit de lois nationale est une norme étatique comme toute autre, nous pouvons conclure avec M. Fallon que « ni plus ni moins que toute règle de droit, une disposition nationale de conflit de lois ou de juridictions est appréciée en fonction de paramètres propres au droit communautaire, valables quelle que soit la nature de la règle nationale concernée »[1019]. C'est ainsi que nous avons antérieurement relevé la possibilité de confronter toute norme étatique, y compris les règles de conflit de lois, aux règles du marché intérieur[1020].

289. Force obligatoire. M. Fallon s'adresse notamment aux voix critiques qui contestent cette confrontation, en raison de l'absence de force obligatoire du droit du marché intérieur[1021]. Rejetant la thèse de la règle de conflit de loi cachée, qui signifie que « la compétence [conférée] à la loi du pays d'origine serait implicitement dictée par le droit communautaire »[1022], M. Heuzé refuse plus fondamentalement le contrôle de la Cour de justice sur les règles de conflit nationales : « toute entreprise visant à établir que [...] les résultats concrets auxquels conduit la simple application de cette loi seraient passibles d'un contrôle de la Cour de Luxembourg, laquelle aurait à en apprécier la légitimité et la proportionnalité au regard des objectifs d'intérêt général qu'énumèrent les articles 30, 39 et 46 du traité CE [...] doit être tout aussi fermement condamnée »[1023]. Il en conclut que les États membres peuvent librement assumer « que leurs règles de conflit n'ont pas pour unique objet, voire n'ont en rien pour objet, de garantir elles-mêmes les objectifs du traité CE »[1024]. Cette argumentation semble s'appuyer sur la dissociation entre

---

[1017] Sur ce point, p. ex. S. WEATHERILL, *Contract Law of the Internal Market*, préc., p. 13.

[1018] CJCE, 11 juillet 1974, aff. 8/74, *Dassonville, JC Belgique* 1975, p. 195, note A. DE CALUWÉ ; *RJC* 1975, p. 195, note L. DE MONTBLANC ; *MLR* 1975, p. 200, note R. JOLIET ; *EurR* 1975, p. 522, note W. WELLINGHAUSEN.

[1019] M. FALLON, art. cité (note 909), spéc. p. 32.

[1020] *Supra,* n° 212 et s.

[1021] *Cf.* V. HEUZÉ, art. cité (note 1012).

[1022] *Ibid.,* spéc. p. 394, pour plus de développements, *infra*, n° 351 et s.

[1023] *Ibid.*, spéc. p. 395.

[1024] *Ibid.*, spéc. p. 394.

l'effet direct à l'égard du droit privé étatique – pourtant affirmé par la Cour de justice – et celui à l'égard des règles de droit international privé des États membres. Nous avons pourtant affirmé que la diversité des législations entre États membres pouvait être constitutive d'une gêne dans le fonctionnement du marché intérieur. La question porte sur la force obligatoire des règles du marché intérieur. Celle-ci ne saurait pas varier en raison de la nature de la norme nationale à l'égard de laquelle l'on la fait valoir.

290. Applicabilité. L'applicabilité du droit du marché intérieur, elle, peut varier. Nous développons avec M. Fallon que « la force obligatoire rend compte du commandement exercé par la règle sur l'organe type d'application du droit qu'est le juge, et cette force a une portée strictement territoriale, en ce sens qu'elle [se] limite aux organes appartenant à l'ordre juridique dont émane la règle, organes normalement sis sur le territoire de cet État – sous la réserve de la fiction d'extraterritorialité des autorités diplomatiques ou consulaires. En ce sens, le domaine d'une règle de conflit de lois s'analyse en termes de force obligatoire »[1025]. Le juge d'un État membre est ainsi normalement lié par les règles européennes pourvues de l'effet direct. La notion qu'il convient d'en distinguer est celle d'applicabilité du droit de l'Union européenne : « l'applicabilité porte sur l'utilisation de la règle de droit au cas particulier. En droit privé, la règle ici en cause est une règle matérielle, de celles qui permettent de statuer 'au fond' »[1026]. Il est ainsi tout à fait imaginable qu'une règle du marché intérieur ne soit pas applicable spatialement. Concernant la libre circulation des travailleurs, par exemple, leur applicabilité est conditionnée à la présence d'un ressortissant d'un État membre, c'est-à-dire d'un travailleur d'un État membre[1027]. Ce n'est donc que si les libertés de circulation s'appliquent que l'on doit les confronter aux règles de droit nationales. Dit autrement, la confrontation des règles nationales est affirmée, mais cela se limite aux hypothèses où le droit de l'Union européenne s'applique. Une fois leur applicabilité affirmée, il est nécessaire d'étendre le contrôle de conformité non seulement au contenu d'une règle étatique substantielle mais également à l'applicabilité dans l'espace de cette règle[1028].

291. Aux termes de ces développements, la force obligatoire du droit de l'Union européenne à l'égard des règles de conflit de lois nationales ne devrait faire aucun doute. Le revers de la force obligatoire est, selon M. Fetsch, que les États ne peuvent pas imposer l'application de leurs normes substantielles, dans la mesure où ils ne peuvent que réaliser leurs propres intérêts, à l'exclusion de l'octroi de leur intérêt à d'autres États, au nom de l'intérêt

---

1025 M. FALLON, art. cité (note 909), spéc. p. 45.

1026 *Ibid.*

1027 *Ibid.*, spéc. p. 48.

1028 J. FETSCH, « Freiberufliche Gebührenordnungen und die Grundfreiheiten des EG-Vertrages », *ZEuP* 2005, p. 541, spéc. p. 564.

général[1029]. En conclusion, ce n'est pas la nature de la norme qui décide de l'intervention du test de conformité au droit de l'Union européenne. Ainsi, le droit du marché intérieur limite l'intervention d'une règle de conflit de lois nationale. Néanmoins, il convient de préciser les critères d'applicabilité du droit du marché intérieur.

292. *Garcia Avello.* Les arrêts confirment la possibilité que des règles de conflit de lois puissent violer les libertés de circulation. L'arrêt *Johannes* concerne un ex-fonctionnaire européen et son épouse. Il illustre que le droit international privé relatif au divorce, ou le droit civil d'un État membre sur les effets du divorce reste exclu du domaine d'impact du droit à la non-discrimination, dans une affaire portant sur un ex-fonctionnaire européen et son épouse[1030]. Il s'agit, pour la Cour de justice, de rejeter l'élément intra-communautaire exigé pour l'applicabilité du droit de la citoyenneté. En effet, l'application des libertés de circulation sur une règle nationale exige la présence d'un élément d'extranéité. Peu après, l'arrêt *Garcia Avello* relatif au droit applicable au nom de famille d'un enfant constitue un tournant important dans le domaine. On voit ainsi le filtre du contrôle s'élargir. Malgré la compétence des États membres en la matière, le contentieux en matière d'état des personnes n'échappe pas ici au principe de non-discrimination, lequel est ancré dans la citoyenneté européenne. L'apport spécifique de cet arrêt consiste à préciser la situation intra-européenne[1031] : les enfants concernés « sont des ressortissants d'un État membre séjournant légalement sur le territoire d'un autre État membre »[1032]. Ces affaires sur l'élément intra-communautaire ont eu une résonance dans d'autres domaines, notamment le droit des sociétés. Par extension, « à l'instar de la nationalité des personnes physiques, le rattachement [des sociétés] à l'ordre juridique d'un État membre »[1033] n'exclut

---

1029 J. FETSCH, art. cité (note 1026), spéc. p. 564.

1030 CJCE, 10 juin 1999, C-430/97, *Johannes.*

1031 M. FALLON, art. cité (note 909), spéc. p. 49.

1032 CJCE, 2 octobre 2003, C-148/02, *Garcia Avello,* pt. 27, *Europe* 2003, n° 12, p. 5, note Y. GAUTIER ; *JCP G* 2004, n° 7, p. 280, chron. S. POILLOT-PERUZZETTO, I. RUEDA, C. DELPY et al. ; *AJDA* 2004, p. 315, chron. J.-M. BELORGEY, S. GERVASONI, C. LAMBERT ; *JDE* 2004, p. 74, chron. J.-Y. CARLIER ; *JDI* 2004, p. 582, note M. LUBY et p. 1219, note S. POILLOT-PERUZZETTO ; *D.* 2004, p. 1476, note M. AUDIT ; *RTD Eur* 2004, p. 559, note A. ILIOPOULOU ; *RTDH* 2004, p. 721, chron. C. PICHERAL, H. SURREL ; *Droit et Patrimoine* 2004, p. 121, note F. MONÉGER.

1033 CJCE, 30 décembre 2003, C-167/01, *Inspire Art,* pt. 97, *RAE* 2003, p. 304, note C. MAUBERNARD ; *Europe* 2003, n° 11, p. 27, note L. IDOT ; *BMIS* 2003, p. 1296, note M. MENJUCQ ; *Rev. soc.* 2004, p. 135, note J.- P. DOM ; *JCP G* 2004, n° 1, p. 30, note M. LUBY et n° 7, p. 280, chron. S. POILLOT-PERUZZETTO, I. RUEDA, C. DELPY et al. ; *JCP E* 2004, n° 7, p. 277, note V. MAGNIER ; *D.* 2004, p. 491, note É. PATAUT ; *RTD Eur* 2004, p. 533, chron. C. PRIETO, *JDI* 2004, p. 917, note M. MENJUCQ ; *JDE* 2005, p. 201, chron. L. DEFALQUE.

pas qu'une telle situation devienne intra-européenne, dès lors que la société a été créée dans un autre État que celui dans lequel elle exerce son activité, « hors les cas de fraude »[1034]. Nous en concluons que les critères d'applicabilité du droit de l'Union sont ceux de la nationalité de la personne et de sa localisation sur le territoire de l'État membre de l'effet invoqué[1035].

293. *Grunkin et Paul.* L'affaire *Grunkin et Paul* donne une illustration de la confrontation des règles de conflit de lois aux libertés de circulation, en présence d'un élément d'extranéité plus prononcé : « une réglementation nationale qui désavantage certains ressortissants nationaux du seul fait qu'ils ont exercé leur liberté de circuler et de séjourner dans un autre État membre constitue une restriction aux libertés reconnues par l'article 18, paragraphe 1, CE à tout citoyen de l'Union »[1036]. L'affaire porte sur un enfant, ressortissant allemand, né au Danemark, qui y vit un certain temps. Il va vivre en Allemagne et partage finalement sa résidence entre le Danemark et l'Allemagne. À partir de ces éléments d'extranéité, l'affaire a été présentée comme un exemple « d'exercice effective de cette liberté »[1037], contrairement à l'affaire *Garcia Avello* qui, selon certains, « ne présentait qu'une hypothétique situation d'exercice de la liberté de circulation »[1038]. La solution confirme la confrontation aux libertés de circulation : les États membres doivent, dans l'exercice de leur compétence, respecter le droit de l'Union européenne, à moins qu'il ne s'agisse d'une situation purement interne[1039].

[1034] CJCE, 30 décembre 2003, C-167/01, *Inspire Art,* pt. 95 à 97.

[1035] M. FALLON, art. cité (note 909), spéc. p. 50, avec une analyse du dépassement du premier critère et de l'élargissement du second.

[1036] CJCE, 14 octobre 2008, C-353/06, *Grunkin et Paul,* pt. 21, *Europe* 2008, n° 12, p. 9, note F. KAUFF- GAZIN et p. 28, note L. IDOT ; *AJDA* 2008, p. 2331, chron. E. BROUSSY, F. DONNAT, C. LAMBERT ; *JDI* 2009, p. 203, note L. D'AVOUT et p. 645, chron. F. CHALTIEL, C. J. BERR, S. FRANCQ, C. PRIETO ; *RCDIP* 2009, p. 80, note P. LAGARDE ; *JCP G* 2009, n° 4, p. 23, chron. M. LUBY, S. POILLOT- PERUZZETTO, A. MARMISSE D'ABBADIE D'ARRAST et al., n° 16, p. 35, note A. DEVERS ; *JDE* 2009, n° 157, p. 79, chron. J.-Y. CARLIER et n° 158, p. 115, chron. O. DE SCHUTTER ; *D.* 2009, p. 845, note F. BOULANGER ; *DFam* 2009, n° 4, p. 46, note F. VIANGALLI ; auparavant, CJCE, 18 juillet 2006, aff. C-406/04, *De Cuyper*, pt. 39, *Lexbase Hebdo S* 2006, n° 227, note C. WILLMANN ; *JCP S* 2006, n° 41, p. 36, note C. WILLMANN ; *Europe* 2006, n° 10, p. 8, note F. KAUFF-GAZIN ; *JDE* 2007, n° 137, p. 80, chron. J.-Y. CARLIER ; *D.* 2007, p. 3097, chron. C. WILLMANN, Y. ROUSSEAU, J.-M. LABOUZ et al.; 22 mai 2008, C-499/06, *Nerkowska,* pt. 32, *Europe* 2008, n° 7, p. 4, note F. KAUFF-GAZIN ; *JCP S* 2008, n° 29, p. 36, note P. COURSIER.

[1037] J. HEYMANN, *Le droit international privé à l'épreuve du fédéralisme européen*, Economica, 2010, n° 280.

[1038] *Ibid.*

[1039] CJCE, 14 octobre 2008, C-353/06, *Grunkin et Paul,* pt. 16 ; Comp. CJUE, 8 juin 2017, C-541/15, *Freitag*, *RTD Eur* 2017, p. 589, note É. PATAUT ;

Elle reflète que « la reconnaissance en principe d'une compétence réservée des États membres ne fait pas obstacle à ce que l'exercice de cette compétence soit soumis au respect des dispositions fondamentales du traité, libertés économiques et droits de la citoyenneté »[1040]. Par ailleurs, ce raisonnement touche spécifiquement à la particularité des règles de conflit de lois en ce qu'elles se limitent à coordonner les réglementations nationales applicables. La Cour de justice réaffirme ici précisément que les règles de conflit de lois ne sont pas exclues de ce contrôle de conformité[1041]. Nous résumons avec Mme Hammje que le champ du contrôle s'est élargi : « les règles nationales de droit international privé ne doivent pas porter atteinte aux libertés fondatrices de l'Union européenne, spécialement aux droits de libre circulation et à la liberté d'établissement, ainsi qu'à la citoyenneté européenne »[1042].

294. Effet négatif. Dans l'hypothèse de l'applicabilité du droit du marché intérieur, ce dernier intervient sous forme négative sur le conflit de lois. La règle de conflit de lois qui vise, par définition, à coordonner les législations applicables, intervient dans un contexte de diversité des législations dans l'Union européenne. Or, cette diversité des législations a parfois été accusée de créer des obstacles et d'entraver le droit du marché intérieur[1043]. C'est précisément en désignant un droit national spécifique qu'une règle de conflit de lois peut heurter les règles du marché intérieur. Dans ce contexte intervient la sanction des règles de conflit de lois, par les libertés de circulation. Cette intervention est parfois décrite comme une énonciation unilatérale du principe de territorialité. Par leur effet négatif, les règles du droit primaire n'induisent pas une règle positive, mais une interdiction d'édicter une règle positive dont le résultat heurte la liberté fondamentale[1044].

295. Contrôle vertical. Ce contrôle négatif, rappelons-le, s'exerce dans le cadre de l'effet direct vertical. C'est ainsi que Mme Jobard-Bachellier souligne que « ce test de compatibilité, s'il doit jouer, n'opère pas un contrôle horizontal, en ce qu'il ne permet pas de choisir entre une loi d'origine et la loi du marché ou loi d'accueil désignée par le jeu ordinaire d'une règle de

---

RJPF 2017, n° 10, p. 28, note S. GODECHOT-PATRIS ; *RCDIP* 2017, p. 549, note M. F. FREITAG ; *JEDH* 2017, p. 456, chron. H. FULCHIRON ; *D.* 2018, p. 966, pan. S. CLAVEL, F. JAULT-SESEKE ; *JDI* 2018, p. 1380, note P. KINSCH. Cet arrêt porte sur la confrontation de l'article 48 de la loi d'introduction au code civil allemand, adopté en réaction à l'arrêt *Grunkin et Paul*, aux libertés de circulation.

[1040] L. AZOULAI, « Le rôle constitutionnel de la Cour de justice des Communautés européennes tel qu'il se dégage de sa jurisprudence », *RTD Eur* 2008, p. 29, spéc. p. 39.

[1041] CJCE, 30 avril 1996, aff. C-214/94, *Boukhalfa ;* 23 novembre 1999, aff. C-369/96 et C-376/96, *Arblade et Leloup*.

[1042] P. HAMMJE, « Nom-Prénom », P. LAGARDE, D. CARREAU, H. SYNVET (dir.), *Répertoire de droit international,* mai 2018, n° 5.

[1043] S. WEATHERILL, *Contract Law of the Internal Market,* préc., p. 6.

[1044] *Cf.* M. FALLON, art. cité (note 909).

conflit »[1045]. Elle développe que « [l]e test aurait pour objet l'exercice d'un contrôle vertical, matériel, de la conformité de la norme nationale, quelle que soit sa nature et sa source (la disposition nationale étant, elle-même, susceptible de trouver sa source dans une règles communautaire, telle la règle nationale de transposition d'une directive communautaire) aux principes du droit communautaire »[1046]. Néanmoins, le domaine d'intervention de ce test est plus douteux. Mme Jobard-Bachellier a ainsi imaginé que le test de compatibilité communautaire pourrait s'exercer différemment selon que l'on est confronté à une norme du droit national ou à une norme transposée du droit communautaire[1047]. Elle argue qu'il faut en toute hypothèse maintenir le contrôle à l'égard des normes, même issues d'une transposition d'une directive, dans la mesure où les États membres peuvent transposer différemment[1048]. Reprenant le débat enclenché par l'affaire *Alsthom Atlantique*, l'on a pu se demander si le choix d'une loi mettait à l'abri contre la sanction au regard des libertés de circulation. Or, il s'agit de vérifier également ici l'absence d'une discrimination dans l'exercice du droit à la libre circulation ainsi que d'une entrave[1049]. D'où surgissait l'interrogation si les libertés de circulation ne suggéraient pas en elles-mêmes une solution particulière du conflit de lois. Pour résumer, « la possibilité d'un choix de loi en matière contractuelle, fondée de manière générale sur le droit communautaire (par l'effet de la convention de Rome du 19 juin 1980 [...]) serait exclusive de tout effet d'entrave aux libertés de circulation communautaires, seul subsisterait l'effet habituel des lois de police du for et éventuellement étrangères »[1050].

296. Pays d'origine. En effet, des développements ont été consacrés à la question de savoir si le droit de l'Union européenne contenait un principe du pays d'origine[1051]. L'interrogation a été renforcée par l'apparition desdites clauses marché intérieur. C'est ainsi que Mme Muir Watt et M. Bureau observent que « l'idée selon laquelle ces libertés pourraient être entravées pour la seule raison qu'un prestataire de services, établi dans un État-membre

---

[1045] M.-N. JOBARD-BACHELLIER, « La portée du test de compatibilité communautaire en droit international privé contractuel », *Mélanges en l'honneur de Paul Lagarde*, Dalloz, 2005, p. 475, spéc. p. 477, se référant à ce qu'elle appelle la majorité des auteurs en faveur de ce test, p. ex. M. FALLON, J. MEEUSEN, « Le commerce électronique, la directive 2000/31/CE et le droit international privé », *RCDIP* 2002, p. 435 et s., spéc. n° 33.

[1046] M.-N. JOBARD-BACHELLIER, art. cité (note 1045), spéc. p. 477.

[1047] *Ibid.*, spéc. p. 478 et s.

[1048] *Ibid.*, spéc. p. 480.

[1049] *Ibid.*, spéc. p. 482.

[1050] *Ibid.*, spéc. p. 484.

[1051] *Cf.* en dernier lieu, M. HO-DAC, *La loi du pays d'origine en droit de l'Union européenne : analyse sous l'angle du droit international privé*, LGDJ, 2012.

et désirant exercer son activité dans un autre État-membre, devrait se conformer à la législation de cet État, différente par hypothèse de celle en vigueur dans son État d'origine »[1052]. Du point de vue du droit de l'Union, certains auteurs ont commencé à admettre qu'une règle de conflit nationale désignant la loi d'un marché en particulier restreignait le commerce intra-européen en ce qu'elle désignait le droit national d'un État membre en particulier qui devait s'appliquer largement à la situation[1053]. L'effet qui en découle est que la liberté de circulation des commerçants des autres États membres se trouve entravée. La Cour de justice y répond par la négative dans son arrêt *eDate Advertising*[1054]. Dans cette affaire a été invoquée une atteinte par voie électronique aux droits de la personnalité sur le fondement de la loi du lieu de survenance, à l'encontre de l'application de la loi d'origine. Il ressort de cet arrêt[1055], soulignent Mme Muir Watt et M. Bureau, qu' « au-delà du principe de non-discrimination, la diversité même des législations serait un obstacle à la libre circulation. Il reste à se demander si, en dehors de ce cadre législatif, le droit européen comporterait des règles de conflit – ou du moins des principes d'évaluation – occultes, qui obligeraient à passer le conflit de lois de droit privé au crible des libertés de circulation. Pour critiquable qu'elle soit, une réponse positive semble s'être imposée, déjà, en matière de libre

---

[1052] D. BUREAU, H. MUIR WATT, *Droit international privé*, tome 1, préc., n° 42.

[1053] O. REMIEN, « European Private International Law, the European Community and Its Emerging Area of Freedom, Security and Justice », *CMLR* 2001, p. 53.

[1054] CJUE, 25 octobre 2011, C-509/09 et C-161/10, *eDate Advertising*, *RTD Eur* 2011, p. 847, chron. É. TREPPOZ ; *RAE* 2011, p. 815, note M. HO-DAC ; *RLDI* 2011, n° 76, p. 64, note L. COSTES, 2012, n° 78, p. 38, note L. PECH et n° 79, p. 37, note C. MANARA ; *Europe* 2011, n° 12, p. 45, note L. IDOT ; *JDI* 2012, p. 197, note G. GUIZIOU ; *JCP G* 2012, n° 1, p. 35, note S. FRANCQ et n° 9, p. 443, chron. J. BÉGUIN, M. MENJUCQ, C. NOURISSAT ; *JCP E* 2012, n° 12, p. 42, note C. NOURISSAT ; *RCDIP* 2012, p. 389, note H. MUIR WATT ; *RTD Com* 2012, p. 423, chron. G. JAZOTTES, A. MARMISSE D'ABBADIE D'ARRAST ; *RJC* 2012, n° 3, p. 29, note M.-É. ANCEL ; *D.* 2012, p. 1228, pan. G. GAUDEMET-TALLON, F. JAULT-SESEKE, p. 1279, note T. AZZI, p. 1285, note S. BOLLÉE, B. HAFTEL et p. 2331, chron. L. D'AVOUT, S. BOLLÉE. Statuant pour la première fois sur l'interprétation de la clause *« marché intérieur »* de la directive commerce électronique, la Cour de Luxembourg induit du texte une exception de libre circulation, se désolidarisant des conclusions de l'avocat général Cruz Villalon, qui prônait la *« neutralité »* de la directive pour le droit international privé.

[1055] CJUE, 25 octobre 2011, C-509/09 et C-161/10, *eDate Advertising*, pt. 67. Pour des explications, *cf.* D. BUREAU, H. MUIR WATT, *Droit international privé*, tome 1, préc., n° 534 et s., qui renvoie vers la critique, *cf.* H. MUIR WATT, « Les principes généraux en droit international privé français », *JDI* 1997, p. 403, spéc. p. 413 et s. ; « L'entrave à la libre prestation de services : réflexions sur l'impact des libertés économiques sur le droit international privé des Etats-membres », *Etudes offertes à J. Béguin*, Litec, 2005, p. 545 ; V. HEUZÉ, art. cité (note 1012).

établissement des sociétés »[1056]. Or, selon la Cour, « l'article 3 de la directive s'oppose, sous réserve des dérogations autorisées selon les conditions prévues à cet article 3, paragraphe 4, à ce que le prestataire d'un service du commerce électronique soit soumis à des exigences plus strictes que celles prévues par le droit matériel en vigueur dans l'État-membre d'établissement dudit prestataire ». Mme Muir Watt et M. Bureau concluent : « [s]i la mise en œuvre du principe d'origine n'implique pas l'introduction formelle d'une véritable règle de conflit de lois, elle impose néanmoins une exception de reconnaissance mutuelle, qui semble donc s'opposer à l'application d'une loi étrangère plus sévère (*in concreto*) pour le prestataire que celle de sa loi d'origine »[1057]. Ils soulignent l'argument relatif à la diversité des législations selon lequel peut résulter un avantage compétitif de l'application de l'une ou l'autre loi, en l'espèce la loi du pays d'origine. C'est ainsi qu'ils analysent que « le droit d'accéder au marché de l'État d'accueil sans perdre son avantage compétitif implique celui de faire abstraction par la suite de l'environnement juridique du pays dans lequel l'activité s'exerce, entre autres sous l'angle de la responsabilité à l'égard des tiers. Le prestataire se trouve exempté de toute obligation lui incombant au titre du droit du pays d'accueil, une fois l'accès au marché acquis, ce qui est un non-sens. Économiquement, une telle solution est d'ailleurs de nature à inciter les législations à s'engager dans une redoutable course vers le bas »[1058]. Ils nuancent toutefois qu'il s'agit d'une hypothèse dans le champ de la reconnaissance mutuelle. En résumé, le contrôle des entraves impose une certaine solution du conflit de lois, mais opère d'une façon négative : il interdit un traitement contraire au sens des libertés de circulation.

297. Entrave. Le contrôle des règles de conflit de lois impose que l'on s'interroge sur les critères de l'entrave ou de la violation des libertés de circulation au sens large. M. Bruinier tente de répondre à cette question et développe que la violation vise à s'adresser aux discriminations ou aux autres différences entre les ordres juridiques des États membres concernés[1059]. Hormis le domaine des mesures discriminatoires, l'affirmation d'une entrave suppose l'existence de différences entre les ordres juridiques, quitte à ce qu'elles soient de nature juridique ou non. Mais leur origine doit résulter d'une différence entre les ordres juridiques. À l'inverse, la sanction des règles de droit privé peut uniquement résulter de l'application des droits fondamentaux de l'État membre ou éventuellement de l'Union européenne.

[1056] D. BUREAU, H. MUIR WATT, *Droit international privé*, tome 1, préc., n° 535.

[1057] *Ibid.*

[1058] *Ibid.*, n° 536.

[1059] S. BRUINIER, *Der Einfluss der Grundfreiheiten auf das International Privatrecht*, préc., p. 37.

298. Disposition entravante. À partir de là, l'on se pose la question de savoir quelle norme constitue une entrave : la norme étatique finalement applicable ou la règle de conflit qui l'a désignée. En effet, les deux questions de l'intervention de la règle de conflit de lois et de l'application de la loi désignée sont difficiles à distinguer. À l'origine, il est avancé par une partie des chercheurs que les règles de conflit de lois n'entravent pas elles-mêmes les libertés de circulation et que les restrictions résultent de l'application de la loi nationale désignée[1060]. Ainsi, M. Lagarde rappelle qu' « [o]n a fait observer que la règle de conflit, règle abstraite, ne peut en elle-même constituer une entrave aux échanges. Mais il reste que la loi désignée par la règle de conflit peut, elle, constituer une entrave et doit donc être écartée si elle n'est pas justifiée par l'intérêt général au sens de l'article 30 (ex-art. 36) du traité »[1061]. Ceci laisse tout de même imaginer que le contrôle ne se pose qu'en raison de la diversité des législations développée auparavant. À cet égard, M. Fetsch ajoute que le contrôle au regard des libertés de circulation ne se limite pas à la norme matérielle mais concerne également le champ d'application territorial et personnel de la norme étatique en question[1062]. D'où résulterait que le contrôle des règles de conflit de lois doit être opéré pour vérifier leur compatibilité avec les libertés de circulation. En conséquence, l'application des règles de conflit de lois est seulement légitime si leur champ d'application l'est par rapport aux libertés de circulation. À cette fin, il s'agit de vérifier leur conformité aux compétences régulatrices de l'État membre émetteur de la norme[1063]. À titre d'exemple, pour justifier un tel intérêt régulateur, M. Fetsch cite les domaines du droit du travail, dans lesquels l'on rencontre des raisons impérieuses d'intérêt général[1064]. En matière de contrat de travail, la protection du travailleur peut relever d'un tel intérêt, tout comme le droit du marché du

---

1060 S. BARIATTI, « Restrictions resulting from the EC Treaty provisions for Brussels I and Rome I », J. MEEUSEN, M. PERTEGAS, G. STRAETMANS (dir.), *Enforcement of International Contracts in the European Union*, p. 77, spéc. p. 85.

1061 P. LAGARDE, art. cité (note 150), spéc. p. 575.

1062 J. FETSCH, *Eingriffsnormen und EG-Vertrag. Die Pflicht zur Anwendung der Eingriffsnormen anderer EG-Staaten*, préc., p. 199, dans la version originale : « [d]ie Grundfreiheitenkontrolle erstreckt sich nicht nur auf die Sachnorm sondern auch auf die Rechtmäßigkeit des geographisch-persönlichen Anwendungsbereichs der einzelstaatlichen Bestimmung und damit auf die Vereinbarkeit des kollisionsrechtlichen Anwendungsbefehls mit den Marktfreiheiten. Die Kollisionsnorm muss daher im Zusammenwirken mit der Sachnorm ein legitimes Regelungsziel verfolgen und den Anforderungen des Verhältnismäßigkeitsprinzips standhalten ».

1063 *Ibid.*

1064 *Ibid.*, p. 217.

travail[1065]. À partir de ce constat, l'on doit à chaque fois s'interroger à quel État doit appartenir la compétence régulatrice.

299. Sanction de l'impact. Nous concevons les difficultés à considérer qu'une règle de conflit de lois ait elle-même un impact particulier sur les libertés de circulation. C'est ainsi qu'il peut apparaître plus pertinent d'admettre que les libertés de circulation se trouvent affectées par le résultat pratique de l'intervention de la règle de conflit de lois[1066]. Il s'agit ici d'une version modérée, visant à envisager l'impact de la solution du conflit de lois sur l'examen des entraves. M. Basedow qui adhère à cette position justifie l'existence d'un impact des règles de conflit de lois sur le marché intérieur à partir de la compétence européenne en matière de conflit de lois[1067].

300. D'autres auteurs arguent de l'impact direct des règles de conflit de lois elles-mêmes sur les libertés de circulation. Cette position est largement développée par M. Roth[1068]. M. Fallon consacre également des écrits à cette question. Il développe à propos de l'examen de conformité aux libertés de circulation que celui-ci porte originairement sur les règles nationales de droit privé. « Cette vérification [...] n'anticipe pas sur la constatation, qui peut être faite dès à présent, que de nombreuses règles du droit communautaire dérivé procèdent déjà à une uniformisation de questions de droit privé »[1069], précise-t-il. Il insiste ainsi sur l'utilité de cet examen qui tire sa pertinence de la diversité des législations, laquelle peut subsister du fait des transpositions différentes du droit dérivé. C'est ainsi qu'il argue que le refus d'application par un État membre d'une autre législation, supposément de l'État d'origine, peut nuire au commerce intra-européen[1070]. En conclusion, M. Fallon admet que la règle de conflit de lois peut constituer une entrave : « [l]'approche fonctionnelle de la notion d'entrave conduit à considérer que le droit privé, matériel ou des conflits de lois, n'échappe pas par nature au droit du marché intérieur, de même qu'il n'y est pas soumis en soi »[1071]. Il ne s'agit pas de différencier en raison de la nature de la règle : « [l]'examen peut affecter la règle de rattachement comme la règle d'application immédiate, ou toute règle sur le conflit de lois portant sur l'application de la règle de rattachement ; comme l'exception d'ordre public »[1072].

[1065] La protection du travailleur et les considérations relatives au marché du travail ont également été retenues comme critères justifiant des entraves aux libertés de circulation, *supra,* n° 521 et s.

[1066] O. REMIEN, art. cité (note 1053).

[1067] J. BASEDOW, « The Communitarization of the Conflict of Laws under the Treaty of Amsterdam », *CMLR* 2000, p. 687.

[1068] W.-H. ROTH, art. cité (note 1011).

[1069] M. FALLON, art. cité (note 977).

[1070] S. WEATHERILL, *Contract Law of the Internal Market,* préc., p. 20.

[1071] M. FALLON, art. cité (note 909), spéc. p. 44.

[1072] *Ibid.*

301. M. Kuipers développe aussi que, dans la mesure où la règle de conflit de lois désigne la loi applicable au contrat, l'intervention des critères de rattachement protecteurs des règles de conflit de lois ainsi que des lois de police peuvent elles-mêmes être contraires aux libertés de circulation[1073]. Ainsi, nous pouvons considérer que les règles de conflit de lois qui coordonnent l'applicabilité des législations, dans un contexte de diversité des législations, doivent être soumises à l'examen des entraves. Nous résumons que le « test de compatibilité communautaire », pour reprendre les termes de Mme Jobard-Bachellier, vise « le contrôle mené en droit communautaire des entraves nationales aux échanges ou aux différentes libertés de circulation »[1074]. En revanche, il n'y a aucune distinction en raison de la nature de la norme qui fait l'objet de ce contrôle, ce qui permet d'y soumettre les règles de conflit de lois.

302. Cour de justice. Les affaires de la Cour de justice confirment cette position selon laquelle la règle de conflit de lois est elle-même confrontée aux libertés de circulation. Rappelons que, dans l'arrêt *Boukhalfa*[1075], la Cour de justice condamne la discrimination qui résulte de la désignation par le juge allemand de la loi algérienne du lieu d'exécution habituel du contrat de travail. M. Fallon souligne dans ce contexte que « [l]a sanction porte bien sur la règle de conflit de lois, configurée en un ensemble asymétrique de règle multilatérale et de règle d'application immédiate, ensemble conduisant à un résultat discriminatoire. Ici aussi, c'est le résultat atteint par la règle de conflit de lois qui est constitutif d'entrave. Ce constat ne suffit pas pour autant à croire en une immunité législative de la règle de conflit de lois, étant seule prise pour cible règle matérielle désignée : de même que la portée de toute règle de conflit de lois ne se mesure qu'à son résultat, de même, dans les affaires *Ingmar* et *Boukhalfa*, un éventuel manquement au droit communautaire ne saurait être constaté que dans le chef de l'État membre du for, alors même que son système de droit international privé conduisait à la désignation du droit matériel d'un État tiers »[1076]. Cela revient à mesurer l'entrave.

303. Loi de police. Les entraves peuvent plus facilement être rencontrées en matière de lois de police[1077]. Le principe du contrôle de ces dispositions est affirmé par l'arrêt *Arblade*, la Cour de justice reconnaissant que « l'appartenance de règles nationales à la catégorie des lois de police et de sûreté ne les soustrait pas au respect des dispositions du traité, sous peine de méconnaître la primauté et l'application uniforme du droit

---

[1073] J.-J. KUIPERS, art. cité (note 177).

[1074] M.-N. JOBARD-BACHELLIER, art. cité (note 1045), spéc. p. 477.

[1075] CJCE, 30 avril 1996, aff. C-214/94, *Boukhalfa*.

[1076] M. FALLON, art. cité (note 909), spéc. p. 44.

[1077] *Cf.* F. JAULT-SESEKE, art. cité (note 781), n° 126 ; J.-S. BERGÉ, D. PORCHERON, G. VIEIRA DA COSTA CERQUEIRA, art. cité (note 781), n° 95.

communautaire »[1078]. D'autres affaires devant la Cour de justice donnent lieu à la condamnation d'une loi de police nationale, notamment en droit des sociétés. L'affaire *Inspire Art* condamne, au regard de la liberté d'établissement, une disposition nationale qui « soumet l'exercice de la liberté d'établissement à titre secondaire dans cet État, par une société constituée en conformité avec la législation d'un autre État membre, à certaines conditions prévues en droit interne des sociétés pour la constitution de sociétés, relatives au capital minimal et à la responsabilité des administrateurs »[1079]. Ce qui interroge est l'effet entravant de la loi de police. Selon M. Fetsch, il faut distinguer parmi les lois de police lesquelles ne constituent pas nécessairement toutes des entraves aux libertés de circulation : seules seraient exemptes du contrôle les lois de police qui visent uniquement à réguler l'activité dans un État membre par une entreprise présente dans cet État membre[1080]. L'effet entravant ne résulterait pas de la naissance d'un coût supplémentaire[1081]. M. Fetsch insiste sur l'effet entravant, qui émane pour certaines libertés de la restriction de l'accès au marché[1082]. Cette conclusion peut, à tout le moins, valoir dans le contexte de libre prestation de services. En conséquence, il faut alors se concentrer sur les conséquences juridiques (*Rechtsfolgen*) des lois de police et de leur effet sur l'accès au marché[1083].

304. Influence sur les règles de conflit de lois nationales. À partir du constat de l'examen des entraves, la nécessaire prise en compte du droit primaire par les règles de conflit de lois nationales peut être affirmée. Certains auteurs limitent, par ailleurs, l'intervention des libertés de circulation sur le droit international privé national. Cette doctrine trouve son avancée maximale dans la thèse des règles de conflit de lois cachées[1084]. Or, pour les raisons évoquées, il ne nous semble pas possible de restreindre l'effet du droit de l'Union européenne sur les seules règles de conflit de lois nationales. Nous notons plutôt avec Mme Jobard-Bachellier « une communautarisation indirecte issue de la confrontation obligatoire entre les résultats de l'applicabilité des règles du droit international privé et les principes fondamentaux du droit communautaire, c'est-à-dire le respect du principe de non-discrimination et des libertés de circulation des personnes, des marchandises, des services et des capitaux »[1085]. Bien que des doutes aient été

[1078] CJCE, 23 novembre 1999, aff. C-369/96 et C-376/96, *Arblade et Leloup*, 31.

[1079] CJCE, 30 septembre 2003, aff. C-167/01, *Inspire Art Ltd., d*ispositif n° 2.

[1080] J. FETSCH, *Eingriffsnormen und EG-Vertrag. Die Pflicht zur Anwendung der Eingriffsnormen anderer EG-Staaten*, préc., p. 144.

[1081] *Ibid.*

[1082] *Ibid.*

[1083] *Ibid.*

[1084] J. BASEDOW, « Der kollisionsrechtliche Gehalt der Produktfreiheiten im europäischen Binnenmarkt: favor offerentis », *RabelsZ* 1995, p. 1, spéc. p. 13.

[1085] M.-N. JOBARD-BACHELLIER, art. cité (note 1045), spéc. p. 477.

présentés sur la possibilité de découvrir des lignes directrices en matière de règles de conflit de lois à partir des libertés de circulation elles-mêmes[1086], nous concluons que ces libertés influencent nécessairement la solution du conflit de lois proposée, par le test de compatibilité. La prise en compte des objectifs du marché intérieur par les règles de conflit de lois nationales est affirmée. À partir de là, nous pouvons également tirer des conclusions en ce qui concerne les règles de conflit de lois européennes. L'interrogation suivante portera ainsi sur la prise en compte des objectifs du marché intérieur par les règles de conflit de lois européennes.

[1086] S. BRUINIER, *Der Einfluss der Grundfreiheiten auf das International Privatrecht*, préc., p. 18, dans la version originale: « [u]ngeklärt sind allerdings bis heute Reichweite und Natur des potentiellen Einflusses der Grundfreiheiten auf das IPR, d.h. erstens, ob und, wenn ja, in welchen Fällen die Grundfreiheiten tatsächlich besondere an das Kollisionsrecht gerichtete Vorgaben enthalten, und zweitens, ob in diesen Fällen die Grundfreiheiten selbst als positive Rechtsquelle an die Stelle des nationalen IPR treten, oder o b sie dessen Ausgestaltung lediglich in negativer Hinsicht bestimmte Grenzen setzen ».

Conclusion de section

305. La confrontation des règles de conflit de lois au marché intérieur s'est présentée de façon négative. Alors que la Communauté économique européenne n'a pas, à l'origine, adopté de règles de conflit de lois de source communautaire, l'incidence des règles de conflit de lois nationales sur le marché intérieur s'est vite fait sentir. En raison de l'effet direct vertical, le droit privé d'un État membre est considéré comme pouvant constituer une violation des libertés de circulation. Plus encore, la diversité des réglementations entre les États membres est susceptible de renforcer l'éventuel effet entravant. En droit du travail, les arrêts récents de la Cour de justice confirment que les différences entre les niveaux de protection des travailleurs des États membres peuvent entraîner une répercussion directe sur le fonctionnement du marché intérieur.

306. Les débats sur l'incidence des libertés de circulation sur les règles de conflit de lois portent d'abord sur les règles de conflit nationales[1087]. La difficulté consiste à attribuer la violation des libertés de circulation à la règle de conflit de lois elle-même, étant donné qu'elle se contente de désigner le droit substantiel d'un autre État. Il n'en demeure pas moins que certains auteurs défendent l'effet entravant de la règle de conflit de lois elle-même ou du moins résultant de l'application de la règle de conflit de lois. Cette conclusion s'inscrit dans l'approche fonctionnelle de la notion de l'entrave aux libertés de circulation selon laquelle le droit privé, matériel ou des conflits de lois, n'échappe pas par nature au droit du marché intérieur.

307. Dans la lignée de nos développements sur le renforcement de l'effet entravant par la diversité des réglementations des États membres, il est cohérent de considérer que la règle de conflit de lois d'un État membre est susceptible de créer une entrave aux libertés de circulation. Ce constat sur la diversité des législations nous conduira à nous interroger sur le besoin d'harmoniser les règles de conflit de lois afin qu'elles puissent intégrer la logique des libertés de circulation. Il nous permettra de justifier le passage de règles de conflit de lois déconnectées des considérations du marché intérieur à celles fondées sur sa logique.

[1087] Sur cette question, *cf.* W.-H. ROTH, art. cité (note 916).

Section 2
L'avènement de la compétence européenne en matière de conflit de lois

308. Conventions internationales. Les règles de conflit de lois nationales pouvant être sanctionnées au regard des libertés de circulation, l'emprise des dernières ne saurait être ignorée. Les premières règles de conflit de lois ont vu le jour en marge du droit communautaire, et, partant, du droit du marché commun. Ancrées dans des traités séparés, elles n'étaient pas moins l'expression d'une prise de conscience de l'impact du conflit de lois sur le marché commun[1088]. Ainsi, certains auteurs ont vu dans l'adoption des conventions en matière de droit international privé un amendement *ad hoc* au cadre constitutionnel de la Communauté européenne, par la réglementation centralisée qu'elle opérait en la matière[1089].

309. Nécessité d'une compétence. C'est en raison de l'absence d'une compétence expresse que les règles de droit international privé ont longtemps été jugées comme un simple prolongement des systèmes de conflit de lois préexistants, que l'on y englobe la convention de Rome ou, plus tard, le droit international privé commun des États membres[1090]. D'un point de vue formel, les Communautés européennes devaient se doter d'une compétence pour la matière. L'étude de l'émergence de cette compétence nous permet de concevoir la spécificité du droit international privé qui tient précisément à son caractère européen[1091]. Notre démarche consistera ainsi à démontrer la manière dont l'Union européenne s'est dotée d'une compétence en matière de droit international privé. Il s'agit d'une compétence que l'Union européenne

---

[1088] H. GAUDEMET-TALLON, « Quel droit international privé pour l'Union européenne ? », P. J. BORCHERS, J. ZEKOLL (dir.), *International Conflict of Laws for the Third Millennium. Essays in Honor of Friedrich K. Juenger*, Transnational Publishers, 2001, p. 317, spéc. p. 320.

[1089] A. MILLS, art. cité (note 97), spéc. p. 401, dans la version originale : « [t]he conclusion of these separate treaties by the Member States may, however, be understood as a form of ad hoc amendment of the constitutional settlement— centralizing ('federalizing') regulation in the affected subject matter without the need for express treaty amendment ».

[1090] En ce sens, D. SOLOMON, « The Private International Law of Contracts in Europe: Advances and Retreats », *Tul. L. Rev.* 2008, p. 1709, spéc. p. 1711 ; J. VON HEIN, « Something Old and Something Borrowed, but Nothing New? Rome II and the European Choice-of-Law Evolution », *Tul. L. Rev.* 2008, p. 1663.

[1091] *Cf.* R. MICHAELS, « The New European Choice-of-Law Revolution: Lessons for the United States? », *Tul. L. Rev.* 2008, p. 1607.

reconnaît concrètement et dont elle se saisit rapidement en adoptant des règlements[1092].

310. Plan. Après avoir justifié la confrontation des règles de conflit de lois étatiques au droit du marché intérieur, nous reconnaissons que les règles de conflit de lois communautaires ou européennes tiennent positivement compte des considérations de cet espace. L'imprégnation européenne des règles de conflit de lois restera à découvrir (sous-section 1). Formalisée dans la nouvelle compétence de la Communauté européenne en matière de conflit de lois, la compétence en matière de droit international privé est désormais expressément liée au bon fonctionnement du marché intérieur (sous-section 2).

Sous-section 1. La consécration de règles de conflit de lois imprégnées du marché intérieur

311. Intégration négative. Notre point de départ est le constat de M. Scharpf qui nomme la première phase de l'intégration européenne une « intégration négative »[1093] : elle visait l'élimination des obstacles d'accès au marché intérieur au sens des libertés de circulation. Dans cette lignée, l'on s'est d'abord intéressé aux violations des libertés de circulation, par l'intervention des mécanismes du conflit de lois[1094]. La littérature étudie parfois précisément les lois de police sous l'angle des limitations qu'elles créent aux libertés de circulation[1095]. Dès l'arrêt *Alsthom Atlantique*, l'on a pu sentir la vigilance de la Cour de justice à l'égard des impérativités d'un État membre, assurant « un avantage particulier à la production nationale ou au marché intérieur, au détriment de la production ou du commerce d'autres États membres »[1096]. Lors de la vérification d'une éventuelle violation de la libre circulation des biens, la Cour de justice retient que « la jurisprudence de la Cour de cassation française [...] s'applique indistinctement à toutes les relations commerciales régies par le droit français et n'a ni pour objet ni pour effet de restreindre spécifiquement les courants d'exportation et de favoriser ainsi la production nationale ou le marché intérieur national »[1097]. Dans les conditions de l'espèce, l'application des lois de police nationales ne constitue

---

[1092] A. DICKINSON, *The Rome II Regulation, The Law Applicable to Non-Contractual Obligations,* OUP, 2008, spéc. p. 63-115.

[1093] F. W. SCHARPF, *Regieren in Europa. Effektiv und demokratisch ?*, Campus, 1999, p. 49.

[1094] *Supra*, n° 245 et s.

[1095] J. FETSCH, *Eingriffsnormen und EG-Vertrag. Die Pflicht zur Anwendung der Eingriffsnormen anderer EG-Staaten*, préc., p. 87 et s.

[1096] CJCE, 24 janvier 1991, C-339/89, *Alsthom Atlantique,* pt. 14.

[1097] CJCE, 24 janvier 1991, C-339/89, *Alsthom Atlantique*, pt. 15.

pas une limitation des libertés de circulation[1098]. En revanche, la Cour de justice n'hésiterait pas au cas contraire de sanctionner des mesures nationales contraires à la logique des libertés de circulation. C'est ainsi qu'elle se prononce définitivement dans l'arrêt *Arblade* et dans les arrêts subséquents, en affirmant sa ligne sanctionnatrice à l'égard des règles de conflit de lois des États membres. Cela étant, les premiers textes européens qui contiennent des règles de conflit de lois dont la convention de Rome, n'affirment pas de lien exprès avec le marché intérieur.

312. Marché intérieur. Néanmoins, l'affirmation négative du lien avec le marché intérieur semble avoir influé sur la compétence de la Communauté européenne, et plus tard de l'Union européenne, en matière de conflit de lois. En vue de justifier la compétence de l'Union dans une matière spécifique du conflit de lois, voire dans la matière du conflit de lois dans son ensemble, il convient de rappeler la manière dont le bon fonctionnement du marché intérieur est affecté[1099]. Positivement, ce lien impliquera une condition relative au bon fonctionnement du marché intérieur pour les règlements en matière de conflit de lois. La réalisation du marché intérieur correspond à un objectif de l'Union européenne qui limite l'exercice de la souveraineté des États membres[1100]. Le droit de l'Union trouve ainsi sa limite dans cet objectif qu'elle poursuit. C'est l'article 3, § 3 TUE qui consacre l'établissement du marché intérieur en tant qu'un objectif : l'Union européenne « œuvre pour le développement durable de l'Europe fondé sur une croissance économique équilibrée et sur la stabilité des prix, une économie sociale de marché hautement compétitive, qui tend au plein emploi et au progrès social, et un niveau élevé de protection et d'amélioration de la qualité de l'environnement. Elle promeut le progrès scientifique et technique ». L'article 26, § 2 TFUE prend le soin de définir le marché intérieur comme « un espace sans frontières intérieures dans lequel la libre circulation des marchandises, des personnes, des services et des capitaux est assurée selon les dispositions des traités ». A *priori*, le marché intérieur bénéficie d'une interprétation large[1101]. Pour pouvoir relever du fondement du marché intérieur, il est seulement nécessaire que la règle de conflit de lois affecte la mobilité transfrontalière dans l'Union européenne.

313. Avènement. Il manque encore longtemps une prise de conscience que le législateur ferait mieux d'adopter des règles de conflit de lois proprement

---

[1098] J. FETSCH, *Eingriffsnormen und EG-Vertrag. Die Pflicht zur Anwendung der Eingriffsnormen anderer EG-Staaten*, préc., p. 144 et s.

[1099] Sur le contrôle de conformité aux libertés de circulation, *supra*, n° 212 et s.

[1100] *Cf.* M. COMBET, *L'établissement des sociétés en droit de l'Union européenne,* LGDJ, 2017, n° 861.

[1101] En ce sens, S. WEATHERILL, *The Internal Market as A Legal Concept*, OUP, 2017, qui essaie de décrypter le concept de marché intérieur. *Infra*, nos propres développements, n° 479 et s.

européennes. Certains auteurs ont pourtant affirmé l'obligation découlant du bon fonctionnement du marché intérieur, à l'époque de la convention de Rome[1102]. En effet, selon M. Schwemer, la finalité des libertés de circulation veut notamment que les organes de l'Union soient liés[1103]. De surcroît, les différentes compétences de l'Union européenne seraient orientées sur la réalisation du marché intérieur[1104]. Dès lors que l'on argue des *Abwehrrechte* (droits défensifs) des citoyens de l'Union contre les entraves opérées par les États membres, l'on construit aussi un plaidoyer qui permet d'expliquer la prise en compte des libertés de circulation par le législateur de l'Union lors de l'émission des actes[1105]. En comparaison avec la compétence du législateur européen, au départ très limitée, l'on peut d'ores et déjà imaginer la prise en compte des libertés de circulation lors de l'édiction de règles de conflit de lois dans certains actes législatifs.

314. Directives sectorielles. En l'absence d'une compétence expresse et généralisée du législateur européen en matière de conflit de lois, plusieurs directives matérielles ont vu le jour. La matière la plus populaire est certainement celle du droit de la consommation : nous y découvrons la directive 93/13/CEE concernant les clauses abusives dans les contrats conclus avec les consommateurs[1106], la directive 99/44/CE sur certains aspects de la vente et des garanties des biens de consommation[1107], la directive 2002/65/CE

[1102] R.-O. SCHWEMER, *Die Bindung des Gemeinschaftsgesetzgebers an die Grundfreiheiten*, Peter Lang, 1995, p. 25 et s.

[1103] *Ibid.*, p. 44 : il résulte d'une analyse globale des dispositions du traité que les libertés fondamentales posent des obligations juridiques à l'égard du législateur communautaire, de ne pas porter à ces libertés au moyen d'actes de droit dérivé. Le principe du marché commun supérieur à tous les actes du droit communautaire commande des moyens défensifs contre les mesures du législateur communautaire qui porteraient atteinte au marché commun. L'obligation à l'égard des organes de la Communauté ainsi que les droits défensifs du citoyen européen résultent ni des dispositions du troisième titre du traité relatives aux mesures étatiques, ni de l'objectif de réalisation du marché intérieur (article 3 du traité CE). L'auteur revoie vers C. D. EHLERMANN, « Die rechtlichen Instrumentarien zur Verwirklichung eines Gemeinsamen Marktes nach dem EWG-Vertrag », R. LUKES (dir.), *Ein EWG-Binnenmarkt für Elektrizität – Realität oder Utopie,* conférence à Münster, 1998, p. 28, spéc. p. 36. Pour une obligation directe des organes de la Communauté européenne résultant des libertés fondamentales, R. BARENTS, *CMLR* 1981, p. 271, spéc. p. 275 ; laissant ouvert si l'obligation résulte du principe supérieur du marché intérieur ou des libertés de circulation, V. GÖTZ, *JZ* 1989, p. 1021, spéc. p. 1024.

[1104] R.-O. SCHWEMER, *Die Bindung des Gemeinschaftsgesetzgebers an die Grundfreiheiten*, préc., p. 37 et s.

[1105] *Ibid.*

[1106] Directive 93/13/CEE du Conseil, du 5 avril 1993, concernant les clauses abusives dans les contrats conclus avec les consommateurs.

[1107] Directive 99/44/CE du Parlement européen et du Conseil, du 25 mai 1999, sur certains aspects de la vente et des garanties des biens de consommation.

concernant la commercialisation à distance de services financiers auprès des consommateurs[1108] et la directive 2008/48/CE concernant les contrats de crédit aux consommateurs[1109]. Adoptées sous la compétence de l'article 95 du traité CE, devenu l'article 114 TFUE, ces directives répondent aux besoins du marché intérieur. La règle de compétence du traité dispose que, « [s]auf si les traités en disposent autrement, les dispositions suivantes s'appliquent pour la réalisation des objectifs énoncés à l'article 26 », c'est-à-dire du marché intérieur. Ces directives, qui ont pour objet l'établissement et le fonctionnement du marché intérieur, sont particulièrement intéressantes pour notre démonstration, dans la mesure où elles contiennent des règles de conflit de lois.

315. Règles de conflit de lois. Comment interpréter le lien avec le marché intérieur dans la compétence relative à ces directives ? Ce ne sont pas uniquement les règles matérielles contenues dans ces directives qui poursuivent un but en lien avec le marché intérieur. La problématique est la suivante : les acteurs en matière de contrat de consommation pouvant échapper par le choix de la loi d'un État tiers au droit matériel harmonisé, la directive entend assurer la garantie des standards européens par des règles de conflit de lois sectorielles. En effet, la protection du consommateur accordée par ces directives serait dépourvue d'utilité si elle pouvait être contournée par le déplacement d'un élément de la situation en dehors de la Communauté européenne. Prenons l'exemple de la directive 93/13/CE concernant les clauses abusives, dont l'article 6, § 2 prévoit que « [l]es États membres prennent les mesures nécessaires pour que le consommateur ne soit pas privé de la protection accordée par la présente directive du fait du choix du droit d'un pays tiers comme droit applicable au contrat, lorsque le contrat présente un lien étroit avec le territoire des États membres ». Les règles de conflit de lois de ce type « garantissent que le consommateur ne perde pas le bénéfice de la protection de la directive en choisissant la loi d'un pays tiers comme loi applicable au contrat lorsque le contrat présente un lien étroit avec les territoires des États Membres »[1110]. Dit autrement, M. Basedow y découvre la prétention de protéger le cadre légal du marché intérieur contre le choix de la

[1108] Directive 2002/65/CE du Parlement européen et du Conseil du 23 septembre 2002 concernant la commercialisation à distance de services financiers auprès des consommateurs, et modifiant les directives 90/619/CEE du Conseil, 97/7/CE et 98/27/CE.

[1109] Directive 2008/48/CE du Parlement européen et du Conseil du 23 avril 2008 concernant les contrats de crédit aux consommateurs et abrogeant la directive 87/102/CEE du Conseil.

[1110] J. BASEDOW, « Spécificité et coordination du droit international privé communautaire », *TCFDIP*, 2002-2004, Pedone, 2005, p. 275, spéc. p. 275.

loi d'un État tiers[1111]. Fondées sur le marché intérieur, ces règles de conflit de lois reflètent le lien possible entre le conflit de lois et le marché intérieur.

316. Détachement. Le droit dérivé s'enrichit progressivement de règles de conflit de lois pour les matières spécifiques de la protection des consommateurs mais aussi des travailleurs[1112]. Concernant cette dernière, la directive dite détachement fixe des règles de conflit de lois et de juridictions. En revanche, le point de départ n'est pas exactement le même, dans la mesure où le droit social a moins fait l'objet d'harmonisation que le droit de la consommation. Tout l'objet de la directive dite détachement consiste à coordonner les législations. Fondée sur le marché intérieur, cette directive a clairement pour vocation de toucher au conflit de lois, ce qui ressort de la référence, dans ses considérants, à la convention de Rome[1113]. Il n'en demeure pas moins qu'elle vise à assurer que les parties ne choisissent pas le droit d'un État membre, qui serait au détriment de la libre prestation de services et, partant, du marché intérieur. La directive affirme expressément, en son considérant 6, le lien avec le marché intérieur pour y établir des conditions de concurrence loyale.

317. Intégration européenne. Cette évolution connaît son heure de gloire au moment de l'adoption du Traité de Maastricht. Notons que le Traité de Maastricht inscrit la compétence en matière de conflit de lois dans le concept de l'espace de liberté, de sécurité et de justice, dont l'objectif vise « l'accompagnement de la libre circulation des personnes en termes de besoin de sécurité et de besoin de justice »[1114]. Ceci conduit certains auteurs à y voir un élargissement de l'intégration européenne, dépassant l'intégration économique[1115]. Nous y lisons également l'affirmation d'un lien clair avec le

---

[1111] J. BASEDOW, « European Conflict of Laws under the Treaty of Amsterdam », P. J. BORCHERS, J. ZEKOLL (dir.), *International Conflict of Laws for the Third Millennium. Essays in Honor of Friedrich K. Juenger*, Transnational Publishers, 2001, p. 175, spéc. p. 183.

[1112] E. JAYME, C. KOHLER, « L'interaction des règles de conflit contenues dans le droit dérivé de la Communauté européenne et des conventions de Bruxelles et de Rome », *RCDIP* 1995, p. 1.

[1113] Ceci est curieux du point de vue de l'unité du mécanisme conflictuel, comparé aux directives protection des consommateurs contenant des règles de conflit de lois qui ne font pas référence à la convention de Rome (*ibid.*)

[1114] S. POILLOT-PERUZZETTO, « La priorité de l'Espace de Liberté, de Sécurité et de Justice et l'élaboration d'un code européen de droit international privé », M. FALLON, P. LAGARDE, S. POILLOT-PERUZZETTO (dir.), *Quelle architecture pour un code européen de droit international privé ?,* Peter Lang, 2012, p. 51, se référant à J. MONAR, « La mise en œuvre de l'Espace de Liberté, de Sécurité et de Justice : un défi pour l'Union européenne et pour les Etats-membres », *RFAP* 2009, p. 15.

[1115] C. BARNARD, *The Substantive Law of the EU. The Four Freedoms*, OUP, 2019, p. 18.

marché intérieur. Le renforcement du marché intérieur, en passant par les libertés de circulation, continue à se manifester sur le plan du droit matériel.

318. Priorité sur la convention de Rome. L'articulation des règles de conflit de lois contenues dans les directives sectorielles avec celles de la convention de Rome a pu interroger. Cette interrogation se posait dans un contexte où l'on doutait du rattachement de l'une des compétences aux exigences du marché intérieur. Ainsi, la priorité des règles de conflit de lois sectorielles par rapport aux règles de conflit de lois de la convention de Rome a été critiquée[1116]. Plus généralement, c'est le recours à l'instrument de la directive qui est remis en cause[1117]. La priorité des règles de conflit de lois sectorielles sur la convention de Rome étant affirmée, elle laisse sous-entendre une revendication timide d'un besoin de règles de conflit de lois qui prennent spécialement en compte le bon fonctionnement du marché intérieur. Nous en concluons que ces règles de conflit de lois sectorielles sont adoptées en avant-garde d'un droit international privé européen qui interviendra pour le bon fonctionnement du marché intérieur.

319. Influence mutuelle. À titre d'illustration de cette articulation difficile, qui est source d'influences mutuelles, est souvent citée l'affaire *Gran Canaria*, sur l'application de l'ancienne directive 85/577/CEE dite « démarchage »[1118]. En invoquant strictement l'article 5 de la convention de Rome, il n'aurait pas été possible de viser à la fois les consommateurs actifs et passifs. Or, la priorité de la directive 85/577/CEE conduit à l'utilisation du critère du marché dans le cadre du conflit de lois, par les juridictions allemandes. Ce qui signifie que l'interprétation conduit à ce que « l'objectif de protection du consommateur poursuivi par l'article 6 de cet instrument [correspond] sensiblement à celui poursuivi également par l'article 5 de la convention de Rome »[1119]. Pour résumer, la directive matérielle, motivée par le marché intérieur, a su influencer la règle de conflit de lois de la convention de Rome. Cette solution est voulue par la clause de priorité de l'article 20 de la convention de Rome[1120]. M. Heymann se réfère, à cet effet, au rapport de Giuliano et de Lagarde selon lequel « la mesure législative ou réglementaire prise par un État pour adapter sa législation à une directive emprunte en quelque sorte à la directive sa valeur communautaire, ce qui justifie la priorité

[1116] *Cf.* M.-A. MOREAU, art. cité (note 720) ; H. GAUDEMET-TALLON, art. cité (note 1088), spéc. p. 325.

[1117] *Ibid.*, spéc. p. 325.

[1118] Directive 85/577/CEE concernant les contrats négociés en dehors des établissements commerciaux…, regroupée, avec la directive 97/7/CE concernant les contrats à distance, dans la nouvelle directive 2011/83/UE du 25 octobre 2011 relative aux droits des consommateurs.

[1119] J. HEYMANN, *Le droit international privé à l'épreuve du fédéralisme européen*, préc., n° 195.

[1120] *Ibid.*

qui lui est accordée sur la présente convention »[1121]. Alors que Mme Francq veut étendre cette priorité du droit communautaire à toutes les directives[1122], M. Heymann la limite à quatre directives seulement. Il justifie cette priorité notamment par l'existence de règles de conflit de lois spécifiques dans les directives ; en ce qui concerne la directive dite démarchage, ce serait l'article 6[1123]. Ce débat, à partir de textes bien précis, a permis d'éclairer les rapports entre le droit international privé et le droit de l'Union européenne.

320. Obsolète. La priorité des règles de conflit de lois issues de directives sectorielles date de la période d'avant le règlement Rome I. Elle témoigne de l'avènement d'un lien entre le marché intérieur et les règles de conflit de lois. Néanmoins, les règles de conflit de lois, au milieu des directives sectorielles, comportent le « risque de gravement méconnaître les objectifs et les contraintes propres du droit international privé »[1124]. Pour cela, l'on discute désormais le caractère obsolète des règles de conflit de lois spécifiques[1125]. Les dispositions des règlements en matière de conflit de lois prennent le relais. C'est ainsi que l'article 3, § 4 du règlement Rome I permet d'éviter le contournement des standards européens harmonisés par le choix d'une loi d'un pays tiers. Pour évoquer l'exemple du contrat de travail, l'article 8, § 1, phrase 2 du même texte intègre le principe que le choix de loi ne peut pas faire échapper aux dispositions auxquelles il ne peut être dérogé par accord en vertu de la loi qui aurait été objectivement applicable. Parallèlement, les règles de conflit de lois dans les règlements sectoriels ont disparu[1126]. Cette évolution ne fait que confirmer la thèse de la migration des principes des règlements

---

[1121] M. GIULIANO, P. LAGARDE, rapport cité (note 180).

[1122] S. FRANCQ, *L'applicabilité du droit communautaire dérivé au regard des méthodes du droit international privé,* LGDJ, 2005, p. 451 et s. ; comp. P.-E. PARTSCH, *Le droit international privé européen. De Rome à Nice*, Larcier, 2003, p. 93, lequel voit plutôt dans cet article une application du principe *specialia generalibus derogant*.

[1123] J. HEYMANN, *Le droit international privé à l'épreuve du fédéralisme européen*, préc., n° 195.

[1124] V. HEUZÉ, P. MAYER, *Droit international privé*, LGDJ, 2014, n° 33.

[1125] E.-M. KIENINGER, « Der grenzüberschreitende Verbrauchervertrag zwischen Richtlinienkollisionsrecht und Rom I-Verordnung. Nach der Reform ist vor der Reform », D. BAETGE, J. VON HEIN, M. V. HINDEN (dir.), *Festschrift für Jan Kropholler*, Mohr Siebeck, 2008, p. 499 ; S. LEIBLE, « Brauchen wir noch Art 46b EGBGB? », H. KRONKE, K. THORN et al. (dir.), *Grenzen überwinden – Prinzipien bewahren: Festschrift für Bernd von Hoffmann zum 70. Geburtstag*, Gieseking Verlag, 2011, p. 230.

[1126] La nouvelle directive 2011/83/UE du 25 octobre 2011 relative aux droits des consommateurs modifiant les directives 93/13 et 99/44 ne contient plus de règle de conflit de lois spécifique, *cf.* la référence se réfère à la protection spécifique du consommateur, considérant n° 58.

matériels vers les règlements en matière de conflit de lois[1127]. Elle peut aussi être le signe d'une prise en compte du bon fonctionnement du marché intérieur par le conflit de lois.

321. Autonomisation. En même temps, le conflit de lois semble s'autonomiser avec la consécration d'une compétence spécifique de l'Union européenne en matière de conflit de lois. Ainsi, les directives matérielles n'ont plus pour objet de réglementer le conflit de lois. La jurisprudence *eDate*[1128] témoigne de cette séparation, puisqu'elle exclut qu'un principe du pays d'origine soit contenu dans la directive correspondante. Alors que certains auteurs y ont lu l'exclusion de l'argument relatif au marché intérieur dans les règles de conflit de lois[1129], il convient plutôt de voir cet arrêt comme la réaffirmation de la séparation des compétences en matière de conflit de lois de celles relatives à l'harmonisation matérielle. Tout en limitant nos observations aux règles de conflit de lois, nous voyons ici simplement un signe de l'autonomisation de la compétence en matière de conflit de lois.

322. Transition. L'adoption du Traité de Maastricht solidifie l'autonomisation progressive de la compétence en matière de conflit de lois par rapport à celle de l'article 95 du Traité CE, devenu l'article 114 TFUE. Intégrée dans le système du troisième pilier, la compétence en matière de conflit de lois s'inscrit dans le système de la coopération dans les domaines de la justice et des affaires intérieures. Elle crée même rétrospectivement le doute sur la préexistence d'un lien entre les règles de conflit de lois adoptées antérieurement et le marché intérieur. Il ne s'agit pas moins d'un moment-clé pour l'autonomisation des règles de conflit de lois. Ainsi, cette évolution donne lieu à des travaux sur le développement d'un système du conflit de lois dans le système des libertés de circulation. À titre d'exemple, M. Roth soutient que l'harmonisation des règles de conflit de lois commandée n'œuvre pas à la faveur de l'harmonie des décisions mais a pour but la promotion et la garantie de la liberté d'établissement des sociétés, impliquant notamment la facilité de changement de siège transfrontalier[1130]. Cette pensée prend pour appui l'argument selon lequel les différences entre les droits privés des États membres sont susceptibles d'entraver le fonctionnement du marché intérieur[1131]. Comme nous l'avons évoqué, l'effet entravant peut être lié à la différence des droits nationaux qui sont désignés au moyen de la règle de conflit. C'est ainsi qu'est fondé l'intérêt pour l'Union européenne d'intervenir sur le terrain de la coordination des législations applicables.

[1127] En ce sens, J. VON HEIN, art. cité (note 922), spéc. p. 31.

[1128] CJUE, 25 octobre 2011, C-509/09 et C-161/10, *eDate Advertising*, pt. 61 à 63.

[1129] En ce sens, J. VON HEIN, art. cité (note 922), spéc. p. 31.

[1130] W.-H. ROTH, art. cité (note 916).

[1131] J.-J. KUIPERS, art. cité (note 177).

Sous-section 2. L'autonomisation de la compétence liée à l'objectif de réalisation du marché intérieur

323. Compétences. L'établissement d'une compétence propre de l'Union européenne en matière de conflit de lois est devenu incontournable dans ce contexte. C'est ainsi qu'une procédure favorisant l'adoption de règles de droit international privé est introduite dans le Traité de Maastricht. L'article K 3.2.c) de ce traité permet au Conseil de l'Union européenne d'établir le texte de conventions dans le domaine de la coopération judiciaire en matière civile, et recommande aux États membres de les adopter. Ce nouveau type de convention est classifié comme étant « à la frontière entre l'acte intergouvernemental et l'acte communautaire »[1132]. Parallèlement à la compétence relative à l'élaboration de conventions interétatiques existe désormais cette compétence du troisième pilier. Ce nouveau processus doit temporairement accélérer la coopération judiciaire en matière civile. Ensuite, le Traité d'Amsterdam fait basculer la compétence législative pour la coopération judiciaire en matière civile et commerciale du troisième pilier de l'Union européenne au premier, à savoir celui de la Communauté européenne. Le titre IV de la troisième partie du traité intègre ainsi les dispositions spécifiques à l'action de la Communauté dans ce domaine ; le droit international privé passe de « l'action intergouvernementale [,] à l'action proprement communautaire »[1133]. Ainsi, les articles 61 à 69 du Traité CE contiennent désormais des compétences en matière de « [v]isas, asile, immigration et autres politiques liées à la libre circulation des personnes ». Le Traité d'Amsterdam, entré en vigueur le 1er mai 1999, donne à l'Union européenne des objectifs nouveaux, en ce qu'il lie expressément la compétence au marché intérieur. À ce stade, l'injonction au législateur européen de prendre nécessairement en compte le bon fonctionnement du marché intérieur lors de l'édiction de règles de conflit de lois peut encore être discutée.

324. Traité d'Amsterdam. Avec le Traité d'Amsterdam, la compétence en matière de conflit de lois est devenue une compétence propre de la Communauté européenne. À l'article 65 du Traité CE, l'on retrouve une référence explicite au conflit de lois, rattachée à la nécessité pour le bon fonctionnement du marché intérieur : « [l]es mesures relevant du domaine de la coopération judiciaire dans les matières civiles ayant une incidence transfrontière, qui doivent être prises conformément à l'article 67 et dans la mesure nécessaire au bon fonctionnement du marché intérieur, visent entre autres à […] b) favoriser la compatibilité des règles applicables dans les États membres en matière de conflits de lois et de compétence ». Partant, l'on constate la création d'un lien entre le conflit de lois et l'objectif de réalisation

---

[1132] H. GAUDEMET-TALLON, art. cité (note 1088), spéc. p. 324.
[1133] *Ibid.*

du marché intérieur. Suivant cette nouvelle compétence de la Communauté européenne, l'adoption de règles de droit international privé relève désormais de la procédure de codécision.

325. Domaine de la compétence. La grande nouveauté consiste à rattacher le conflit de lois au bon fonctionnement du marché intérieur[1134]. De ce lien résulteraient trois conditions relatives aux règles à adopter : leur implication dans une affaire interétatique, leur nécessité pour le bon fonctionnement du marché intérieur et leur capacité à promouvoir la compatibilité des règles applicables dans les États membres[1135]. Nous résumons que la compétence vise uniquement les règles de droit international privé. Or, ce qui interroge est la limitation matérielle et spatiale de la compétence. Il s'agit d'emblée de connaître le domaine matériel de la compétence. Une interrogation concerne la question de savoir si la compétence vise le conflit de lois au sens général ou si elle s'étend à des matières spécifiques. Selon M. Basedow, le nouveau titre IV opère un élargissement de la compétence de la Communauté européenne au domaine du marché intérieur[1136]. Revenant sur l'évolution de la réglementation européenne en matière de conflit de lois, il explique que les règles de conflit de lois sectorielles, adoptées sous la compétence de l'article 95 du Traité CE, ne visent pas à remédier à l'effet entravant créé par les différences entre les législations de droit privé[1137]. Partant, ces règles de conflit de lois ne seraient pas motivées par une quelconque volonté d'harmonisation du droit privé ou du droit international privé. Cela explique que l'harmonisation du droit international privé se faisait longtemps attendre[1138]. Or, la reconnaissance du lien entre le marché intérieur et le droit international privé conduit également à une application plus ample de la compétence en matière de droit international privé dans les matières visées à l'article 95 du Traité CE[1139]. Nous en concluons que la compétence concerne toutes les matières ayant un lien avec le marché intérieur.

326. Autonomisation différente. L'autonomisation de la compétence en matière de conflit de lois, par rapport à celle visant à la création d'un droit harmonisé matériel, est manifeste. En revanche, notre démonstration ne vise pas à limiter le domaine de compétence de la Communauté européenne au titre de ce nouvel article. À notre avis, l'adoption d'une telle compétence est plutôt le résultat de l'évolution tracée. Elle consacre la prise de conscience que la diversité des législations, dont l'effet est renforcé par une absence d'harmonisation des règles de conflit de lois, comprend des risques d'entraves aux libertés de circulation. La disposition contient la compétence transférée

---

[1134] J. BASEDOW, art. cité (note 1067) ; O. REMIEN, art. cité (note 1053).
[1135] A. DICKINSON, art. cité (note 918), spéc. p. 212.
[1136] J. BASEDOW, art. cité (note 1111), spéc. p. 185.
[1137] *Ibid.*, spéc. p. 185.
[1138] *Ibid.*
[1139] *Ibid.*, spéc. p. 186.

en matière de droit international privé, anciennement rattachée à l'article 95 du Traité CE. Cette compétence n'est pas limitée aux domaines dans lesquels elle a effectivement donné lieu à des règles de conflit de lois sectorielles. La nouveauté majeure consiste dans l'affirmation du lien avec le marché intérieur, devenu inévitable au fil du temps.

327. Compétence au-delà du marché intérieur. À la suite de l'affirmation de l'autonomisation de cette compétence par rapport à celle liée au marché intérieur se pose la question des domaines du marché intérieur. *A priori,* l'article 65 TCE, devenu l'article 81, § 2 TFEU, cantonne la compétence au concept de marché intérieur, ce qui nous incite à nous interroger sur les possibilités d'extension de la compétence. En effet, nous constatons un besoin pour la règle de conflit de lois d'intervenir dans des domaines tels que la mobilité des personnes. En effet, l'Union européenne « n'est plus limitée par l'objectif initial de la création d'un marché commun, aujourd'hui appelé 'marché intérieur', auquel s'ajoute une 'finalité sociale' »[1140], observe M. Bucher. Les observations de M. Pocar nous guident dans notre lecture de la notion du marché intérieur, puisqu'il affirme que ce dernier « a acquis une dimension qui n'est plus seulement économique mais s'étend à tout domaine ayant une incidence sur la condition des personnes qui bénéficient de la liberté de circulation en Europe »[1141]. D'ores et déjà dans les écrits de M. Basedow, qui recentre ses développements sur la visée économique du marché intérieur, nous découvrons qu'il est possible d'inclure, dans cette compétence, la libre circulation des personnes[1142]. En ajoutant une référence au marché intérieur, mais cette fois-ci axée sur « la nécessité pour le bon fonctionnement du marché intérieur », l'article ajouterait une compétence en dehors des domaines déjà visés par l'article 95 du Traité CE. Cette compétence concernerait particulièrement la mobilité des personnes et des travailleurs[1143]. En effet, il peut être reconnu que ces règles de conflit de lois ont leur importance dans la construction du marché intérieur, dans la mesure où les individus et les familles résident dans différents États membres ou y

---

[1140] A. BUCHER, « La dimension sociale du droit international privé », *RCADI*, vol. 341, Brill, 2009, p. 39.

[1141] F. POCAR, « Remarques sur la coopération judiciaire en matière civile dans la Communauté européenne », *Mélanges en l'honneur de B. Dutoit,* Dalloz, 2002, p. 221, spéc. n° 3.

[1142] J. BASEDOW, art. cité (note 1111), spéc. p. 184.

[1143] *Ibid.*, spéc. p. 184 ; cette compétence s'étendrait à « law of persons, of domestic relations and of succession which affect the free movement of persons ». Les domaines de « contract, torts and restitution » seraient partiellement concernés, mais pourraient également être visés par l'article 95 du Traité CE dès lors que l'on évoque la libre circulation des biens et des services. Dans ces derniers domaines, il y aurait ainsi conflit entre deux compétences communautaires.

sont propriétaires de biens[1144]. Ce n'est pas *a priori* le domaine de la règle de conflit de lois qui importe mais l'incidence de cette dernière sur la mobilité intracommunautaire. Alors que cette interprétation voit dans les articles 61 à 65 du Traité CE une disposition supplémentaire donnant une base législative harmonisatrice en matière de libre circulation des personnes[1145], nous reconnaissons qu'elle contient des compétences liées au marché intérieur mais également des compétences y liées.

328. Contrats, délits, etc. Le marché intérieur faisant référence à des objectifs économiques et sociaux, certains auteurs en concluent que les règles de conflit de lois interviennent dans des matières circonscrites. Plus généralement, le lien avec le marché intérieur doit être résumé de la manière suivante : le législateur doit établir, selon des critères objectifs susceptibles de contrôle judiciaire, tout lien entre la règle proposée et les libertés de circulation, dont celle-ci vise à enlever les restrictions[1146]. Encore faudrait-il s'assurer que la règle de conflit de lois y parvient effectivement[1147]. M. Dickinson, tout en reconnaissant de possibles liens, redoute l'incidence des règles de conflit de lois sur la libre circulation des marchandises, des services, des personnes ou des capitaux dans la plupart des cas[1148]. Il se prononce ainsi en faveur d'une lecture étroite du marché intérieur. D'autres auteurs ont souligné les inconvénients d'une limitation trop étroite du champ d'application des règles de conflit de lois européennes[1149]. Ce dont résulterait un défi, porteur d'incohérences entre les pays, puisque les législateurs nationaux seraient conduits à décider de l'extension ou non de leurs règles de conflit de lois internes à des matières non couvertes par la compétence[1150]. En effet, pour les matières dans lesquelles l'Union européenne n'a pas encore eu recours à la compétence partagée en vue de leur harmonisation, il est certain que les États membres conservent leur compétence d'édicter des règles de droit international privé[1151]. Nous avons également affirmé l'impact des règles de conflit de lois sur les libertés de circulation, en raison de la diversité des

---

[1144] O. REMIEN, art. cité (note 1053).

[1145] J. BASEDOW, art. cité (note 1111), spéc. p. 184, qui se réfère à Miguel Asensio, « La evolución del derecho internacional privado comunitario en el Tratado de Amsterdam », *Revista Española de Derecho Internacional*, 1998, p. 373, spéc. p. 374.

[1146] A. DICKINSON, art. cité (note 918), spéc. p. 211.

[1147] *Ibid.*

[1148] *Ibid.*, spéc. p. 212.

[1149] M. REIMANN, « Choice-of-Law Codification in Modern Europe: The Costs of Multi-Level Law-Making », *Creighton Law Review* 2016, p. 507, spéc. p. 515.

[1150] J. MEEUSEN, « Interaction between EU regulations and Member State codification of private international law: the long road from patchwork to network », *communication à la conférence Europeanness of European Private International Law*, Berlin, 1er mars 2018.

[1151] *Ibid.*, comp. article 4, § 2, j) TFUE.

législations. En ce sens, il est ponctuellement affirmé que certaines matières répondent à cette exigence du lien avec le marché intérieur. C'est ainsi que le Comité économique et social européen souligne, par exemple, l'importance de règles de conflit de lois en matière délictuelle pour le marché intérieur[1152]. Il met en avant que l'harmonisation des règles de conflit de lois contribue à assurer l'égalité de traitement des acteurs économiques dans des cas transnationaux, accroît la sécurité juridique, simplifie l'application du droit et, partant, promeut la volonté de la reconnaissance mutuelle des États membres en permettant de vérifier leur exactitude juridique[1153]. De surcroît, la matière contractuelle impliquant des engagements librement assumés entre acteurs économiques de différents États membres, elle a un impact sur le marché intérieur. À l'inverse, « [l]'utilité d'une unification du droit international privé de la famille dans l'Union européenne »[1154] a interrogé depuis longtemps. Il était argué que les règles de conflit de lois en matière familiale ou successorale ne pouvaient pas s'appuyer sur le fondement du marché intérieur[1155]. L'évolution qui a suivi témoigne de ce que le législateur européen s'est approprié de la compétence de l'article 65 du Traité CE en matière de droit international privé. Il n'hésite pas à y inclure les domaines de la citoyenneté européenne.

329. Limites du marché intérieur. La question du périmètre du marché intérieur peut se poser sous l'angle des limites générales auxquelles est confronté le pouvoir législatif en matière de marché intérieur. La compétence pour adopter des règlements de conflit de lois s'inscrit dans un contexte plus large de transfert de souveraineté à l'Union européenne. En effet, la « portée

---

1152 [28.9.2004] OJ C241. 1, avis du Comité économique et social européen, sur le règlement Rome II, § 3. 1 et [30.4.20041 OJ C1081 1, avis du Comité économique et social européen sur la proposition de conversion de la convention de Rome en un instrument communautaire, §§ 1.2 et 1. 10, dans la version anglaise : « [i]f the internal market is to function properly, and particularly freedom of movement and of establishment for natural or legal persons, legal certainty must be increased. Since this involves the stability of legal relations, such relations must receive equal treatment in all the EU Member States ».

1153 *Ibid.*

1154 H. GAUDEMET-TALLON, « L'utilité d'une unification du droit international privé de la famille dans l'Union européenne », *Estudos em Homanagem à Professora Doutora Isabel de Magalhaes Collaço*, p. 159 ; comp. É. PATAUT, « De Bruxelles à La Haye, Droit international privé communautaire et droit international privé conventionnel », *Mélanges en l'honneur de Paul Lagarde*, Dalloz, 2005, p. 661, qui s'y est montré favorable. Pour plus de développements, A. MILLS, art. cité (note 97), spéc. p. 403.

1155 H. SCHACK, « Die EG-Kommission auf dem Holzweg von Amsterdam », *ZEuP* 1999, p. 805, spec. p. 807 ; P. BEAUMONT, « European Court of Justice and Jurisdiction and Enforcement of Judgments in Civil and Commercial Matters », *ICLQ* 1999, p. 223, spéc. p. 227.

matérielle [de la nouvelle compétence] doit être définie et délimitée par rapport aux compétences sectorielles et horizontales attribuées aux fins de la poursuite des autres objectifs de la Communauté »[1156]. D'emblée, il convient de mentionner les limites à l'activité législative qui résultent des principes de subsidiarité et de proportionnalité ainsi que du principe de sécurité juridique[1157]. D'autres limites possibles peuvent résulter des droits fondamentaux inscrits dans la Charte des droits fondamentaux de l'Union européenne ainsi que du principe de non-discrimination. En revanche, compte tenu du transfert de souveraineté à l'Union, il peut être avancé que ces conditions devraient intervenir d'une manière moins stricte dès lors qu'il s'agirait de contrôler une règle de conflit de lois européenne. Ainsi, Mme Bariatti admet que les conditions relatives au respect de l'intérêt général et les principes de proportionnalité et de non-discrimination devraient être appliqués plus strictement dès lors que seraient concernées une règle de droit international privé nationale et des dispositions de droit matériel nationales[1158].

330. Traité de Lisbonne. La rédaction de la disposition relative à la compétence de l'Union en matière de conflit de lois est légèrement modifiée dans le Traité de Lisbonne. L'article 81, § 2 TFUE dispose désormais que « le Parlement européen et le Conseil, statuant conformément à la procédure législative ordinaire, adoptent, notamment lorsque cela est nécessaire au bon fonctionnement du marché intérieur, des mesures visant à assurer : […] c) la compatibilité des règles applicables dans les États membres en matière de conflit de lois et de compétence ». Compte tenu de l'insertion de l'adverbe « notamment », la nécessité du droit international privé pour le fonctionnement du marché intérieur semble figurer parmi d'autres motivations[1159]. Cela n'empêche pas les auteurs de la considérer comme une priorité pour l'Union européenne[1160]. Nous lisons dans cette formulation l'affirmation que la règle de conflit de lois harmonisée peut viser des objectifs autres, au-delà de celui de contribuer au bon fonctionnement du marché intérieur. Quoi qu'il en soit, il faut s'assurer que la règle de conflit de lois soit nécessaire pour le bon fonctionnement du marché intérieur.

[1156] C. KOHLER, « Interrogations sur les sources du droit international privé européen après le traité d'Amsterdam », *RCDIP* 1999, p. 1 ; *cf.* également, S. BARIATTI, art. cité (note 1060), spéc. p. 83.

[1157] A. DICKINSON, art. cité (note 918), spéc. p. 208.

[1158] S. BARIATTI, art. cité (note 1060), spéc. p. 85.

[1159] I. BARRIÈRE BROUSSE, « Le Traité de Lisbonne et le droit international privé », *JDI* 2010, doctr. 1 ; C. CAMUS, *La distinction du droit public et du droit privé et le conflit de lois*, préc., n° 204 ; J. HEYMANN, *Le droit international privé à l'épreuve du fédéralisme européen*, préc., n° 92, note 340.

[1160] J. MEEUSEN, communication citée (note 1150).

331. Compétence spatiale. La nécessité des règles de conflit de lois pour le bon fonctionnement du marché intérieur a également une incidence sur le champ d'application de celles-ci. Certaines réserves sont tirées de la nécessité pour le marché intérieur. À l'origine, les compétences législatives de l'Union européenne en matière de conflit de lois portant sur les relations avec les États tiers sont redoutées[1161]. Les débats concernent l'éventuelle limitation de la compétence aux seules règles de conflit de lois régissant des situations de caractère intracommunautaire ou intra-européen[1162]. M. Lequette voit dans la référence au marché intérieur une limitation aux « seules relations intracommunautaires »[1163]. En ce sens, l'on évoque l'observation selon laquelle les directives sectorielles contenant des règles de conflit de lois « comportaient ou étaient affectées d'une limitation spatiale résultant de règles d'applicabilité exprimant le lien avec le marché intérieur »[1164]. Mme Gaudemet-Tallon insiste originairement sur la limitation de la compétence aux relations intracommunautaires[1165]. Si l'on voulait affirmer cette limitation, encore faudrait-il cerner toutes les situations avec un effet intracommunautaire. L'exclusion d'un tel effet présenterait certainement des

---

[1161] P. BEAUMONT, « Private International Law of the European Union: Competence Questions Arising from the Proposed Rome II Regulation on Choice of Law in Non-Contractual Obligations », R. BRAND (dir.), *Private Law, Private International Law & Judicial Cooperation in the EU-US Relationship*, Qatar, CILE Studies, 2, 2005, p. 15, spéc. p. 22 et s.; A. DICKINSON, art. cité (note 918), spéc. p. 222 ; comp., pour l'universalité, J. M. CARRUTHERS, E. B. CRAWFORD, « Variations on a Theme of Rome II – Part I », *Edinburgh L. Rev.*, 2005, p. 65, spéc. p. 70 ; B. VON HOFFMANN, « The Relevance of European Community Law », B. VON HOFFMANN (dir.), *European Private International Law*, 1998, p. 19, spéc. p. 32.

[1162] Pour une interprétation large, J. BASEDOW, art. cité (note 1067), spéc. p. 701 ; pour une interprétation restrictive, O. REMIEN, art. cité (note 1053), spéc. p. 75 et s.

[1163] Y. LEQUETTE, art. cité (note 928), spéc. p. 510.

[1164] I. BARRIÈRE BROUSSE, art. cité (note 1159), se référant à M. FALLON, S. FRANCQ, *« La coopération judiciaire civile et le droit international privé. Vers un droit proprement communautaire des conflits de lois ou de juridictions »,* O. DE SCHUTTER, P. NIHOUL (dir.), *Une constitution pour l'Europe, Réflexions sur les transformations du droit de l'Union européenne,* Larcier, 2004, p. 239, n° 42 et s. *;* M. LEHMANN, *« La distinction entre États membres de l'Union européenne et États tiers en droit international privé des affaires »,* S. SANA CHAILLÉ DE NÉRÉ (dir.), *Droit international privé, États membres de l'Union européenne et États tiers,* Litec, 2009, p. 7, qui évoque à ce propos l'« eurocentrisme du droit international privé communautaire » (p. 8).

[1165] H. GAUDEMET-TALLON, « La cohérence des sources communautaires et internationales », A.-M. LEROYER, E. JEULAND (dir.), *Quelle cohérence pour l'espace judiciaire européen ?*, Dalloz, 2004, p. 67, spéc. p. 81.

difficultés. En matière de conflit de juridictions, il est plus facile qu'en matière de conflit de lois de délimiter de tels effets.

332. Extracommunautaire. Une autre position consisterait à affirmer l'utilité pour le marché intérieur, même des règles de conflit de lois dans des affaires extracommunautaires. Ainsi, plusieurs auteurs ne suivent pas la limitation de la compétence aux affaires intracommunautaires. Ils voient dans la référence au marché intérieur un simple clin d'œil au principe de subsidiarité[1166]. De la même manière, M. von Hein soutient que la compétence ne vise pas uniquement – mais particulièrement – le marché intérieur[1167], et qu'il est donc possible d'adopter des règles de conflit de lois qui s'appliquent même à l'extérieur de cet espace. M. Basedow ajoute qu'il est souhaitable que l'Union européenne fasse une apparence commune vis-à-vis des États tiers[1168]. Partant, il est certainement important de reconnaître la possible incidence des règles de conflit de lois sur le marché intérieur dans beaucoup de situations. À tout le moins, l'élaboration de règles de conflit de lois au niveau européen inciterait les acteurs économiques et citoyens européens à faire usage des libertés de circulation[1169]. Plus encore, une limitation aux seules affaires intra-européennes semblerait restrictive. Pour cette raison, il est possible de voir une utilité générale de l'unification des règles de conflit de lois pour le marché intérieur.

333. Unification. La présence de l'argument du marché intérieur peut également avoir une incidence sur la forme d'harmonisation au niveau européen. Les auteurs qui affirment que les règles de conflit de lois ne poursuivent pas un objectif lié au marché intérieur dans leur totalité expriment des réserves à l'égard de l'instrument de la directive. Selon l'argument littéral, l'harmonisation des droits nationaux aurait été la voie préférée, en ce qu'elle permettrait la transposition par les législateurs nationaux[1170]. Qui plus est, l'Union européenne n'aurait pas de compétence unificatrice selon MM. Mayer et Heuzé[1171]. Ces auteurs précisent que les directives européennes ont pour objet d' « assurer la compatibilité des règles [...] de conflit de lois et de

---

1166 A. V. M. STRUYCKEN, « Le droit international privé d'origine communautaire et les Etats tiers », *RAE* 2001-2002, p. 469, aussi É. PATAUT, art. cité (note 1154), spéc. p. 668.

1167 J. VON HEIN, art. cité (note 922), spéc. p. 23 ; renvoyant vers d'autres auteurs, H. P. MANSEL, K. THORN, R. WAGNER, « Europäisches Kollisionsrecht 2009 : Hoffnungen durch den Vertrag von Lissabon », *IPRax* 2010, p. 1, spéc. p. 25; W.-H. ROTH, « Europäische Kollisionsrechtsvereinheitlichung: Überblick – Kompetenzen – Grundfragen », *Europäisches Wirtschafts- und Steuerrecht* 2011, p. 314, spéc. p. 318.

1168 J. BASEDOW, art. cité (note 1111), spéc. p. 189.

1169 J. BASEDOW, art. cité (note 1067), spéc. p. 703.

1170 Sur ce débat, Y. LEQUETTE, art. cité (note 928), spéc. p. 515.

1171 V. HEUZÉ, P. MAYER, *Droit international privé*, préc., n° 33.

compétence » tel que cela est énoncé dans le traité[1172]. Selon M. von Hein, ce serait l'argument de l'harmonie internationale des décisions qui aurait fait pencher la balance en faveur de la forme du règlement, en tant qu'instrument unificateur du droit international privé[1173]. En dernier lieu, la reformulation de l'article 81, § 2 TFUE, par le Traité de Lisbonne, semble avoir renforcé une telle interprétation[1174].

1172 *Ibid.,* n° 33 ; Y. LEQUETTE, art. cité (note 928), p. 503.
1173 J. VON HEIN, art. cité (note 922), spéc. p. 23.
1174 Article 81, § 2 TFUE, sur ce sujet, *cf. ibid.,* spéc. p. 31.

Conclusion de section

334. Nous considérons l'apport positif de la règle de conflit de lois pour le marché intérieur[1175]. Une compétence unificatrice en matière de conflit de lois étant consacrée, elle reste soumise à la condition de la nécessité des règles de conflit de lois pour le marché intérieur. En effet, la règle de conflit de lois doit poursuivre une fonction intégrative pour le marché intérieur[1176]. Cette conclusion apparaît évidente, dès lors que l'on retrace l'évolution qui a mené à l'insertion de la compétence en matière de conflit de lois dans les traités. Née en réponse au constat que la diversité des législations pouvait violer les libertés de circulation constitutives du marché intérieur, la compétence est formulée pour assurer le bon fonctionnement du marché intérieur. Plus généralement, nous observons un élargissement du concept de marché intérieur[1177] qui s'affiche, dans le cadre de l'autonomisation de la compétence, laquelle permet de tenir compte de davantage d'intérêts, et inclut les matières contractuelle, délictuelle ainsi que le droit de la famille.

[1175] J. BASEDOW, art. cité (note 1067).

[1176] S. CLAVEL, « The regulatory function of choice of law rules applying to contracts for services in the European Union », F. CAFAGGI, H. MUIR WATT (dir.), *The Regulatory Function of European Private Law*, Elgar Publishing, 2009, p. 62, spéc. p. 63, renvoyant vers H. MUIR WATT, « The Challenge of Market Integration for European Conflicts Theory », A. HARTKAMP et al. (dir.), *Towards a European Civil Code,* Kluwer, 2004, p. 191 ; L. G. RADICATI DI BROZOLO, art. cité (note 1008).

[1177] Sur la notion de concept de marché intérieur, *infra*, n° 348 et s.

CONCLUSION DE CHAPITRE

335. L'ancrage des règles de droit international privé au droit de la Communauté économique européenne n'est, à l'origine, pas expressément affirmé. La convention de Bruxelles est adoptée pour promouvoir la libre circulation des jugements. Par la suite, l'on voit naître des règles de conflit de lois communautaires qui empruntent également la forme du droit complémentaire. Même si le lien entre ces règles de conflit de lois et le marché commun n'est pas affirmé dans les traités, leur fonction pour l'intégration du marché commun est sous-jacente. Quelques règles de conflit de lois sectorielles contiennent, par ailleurs, une référence expresse au marché commun. Ce dernier constat devait justifier notre démarche qui consistait précisément à démontrer un lien entre le droit du marché commun ou intérieur et les règles de conflit de lois européennes, de la convention de Rome et du règlement Rome I, en vue d'en tirer des conclusions sur leur fondement.

336. Peu de cas de la jurisprudence ont donné lieu au contrôle des dispositions de droit privé et, *a fortiori*, de droit international privé, pour questionner leur conformité aux règles du marché intérieur. La rareté des interactions semble avoir longtemps semé le doute sur la nécessité de créer des règles de conflit de lois dans les matières pour lesquelles l'interaction ou la violation des règles du marché intérieur est moins visible. Progressivement, il a été reconnu que pouvait résulter un effet entravant sur les libertés de circulation des divergences des législations privées entre les États membres. Cette prise de conscience du lien avec le bon fonctionnement du marché intérieur contribue à l'émergence progressive d'une compétence pour adopter des règles de conflit de lois nécessaires pour le bon fonctionnement du marché intérieur. Les règles de conflit de lois européennes doivent ainsi s'entendre comme des règles d'articulation des législations des États membres.

CHAPITRE 2
LES INFLUENCES EUROPÉENNES SUR LE CONFLIT DE LOIS : LES PRINCIPES ET LEUR TRANSMISSION

337. Objectifs du droit de l'Union européenne. Alors que les auteurs ont rapidement observé que l'européanisation entraînait un changement des sources du droit international privé[1178], ils ne sont intéressés que progressivement aux implications de ce dernier sur les principes du droit international privé[1179]. En relisant leurs écrits, nous avons pour but de découvrir les caractéristiques de la règle de conflit de lois européenne. Or, cette ambition suscite au préalable l'interrogation sur les objectifs du droit de l'Union européenne : nous constatons que ceux-ci ne sont pas uniformément déterminés, d'une manière centralisée[1180]. Les errements dans l'identification des principes européens sous-jacents aux règles de conflit de lois n'empêchent pas qu'un droit international privé européen soit en train de naître. Ainsi, Mme Kessedjian nous invite « à repenser le droit international privé, notamment en ce que les objectifs de droit européen, s'ils doivent être pris en considération dans la définition de la règle de conflit, ne pourront pas toujours découler des principes directeurs élaborés pour le droit matériel européen, parfois inexistant »[1181]. Ces principes encore partiellement inexplorés doivent façonner le droit international privé de source européenne.

338. Transmission de principes. Comme il est observé par M. Meeusen, l'adoption de règles de conflit de lois aux deux niveaux – national et européen – ne peut pas ignorer les objectifs de l'Union européenne, même en dehors des domaines du droit harmonisé[1182]. Une interaction entre les droits national et de l'Union européenne est indispensable au sein du système juridique autonome de l'Union[1183]. En raison du principe de primauté, le droit de

---

[1178] Pour une étude détaillée du renouvellement des sources de la règle de conflit de lois dans le « contexte fédéral » européen, *cf.* Y.-E. LE BOS, *Renouvellement de la théorie du conflit de lois dans un contexte fédéral*, Dalloz, 2010.

[1179] A. MILLS, art. cité (note 97), spéc. p. 373. Par ailleurs, signalons qu'un colloque s'est tenu à Berlin le 1er mars 2018, qui portait sur le caractère européen du droit international privé européen (« Europeanness of European Private International Law »).

[1180] J. VON HEIN, art. cité (note 195), n° 42.

[1181] C. KESSEDJIAN, « Un code européen au regard des objectifs du droit international privé », M. FALLON, P. LAGARDE, S. POILLOT-PERUZZETTO (dir.), *Quelle architecture pour un code européen de droit international privé ?, Peter Lang,* 2012, p. 107, spéc. p. 111 et s.

[1182] J. MEEUSEN, communication citée (note 1150).

[1183] CJCE, 15 juillet 1964, aff. 6/64, *Costa c. ENEL.*

l'Union européenne affiche ses propres valeurs[1184]. Le droit international privé est aussi influencé par les exigences et les principes fondamentaux du droit de l'Union européenne[1185], dont notamment l'article 288 TFUE qui accorde aux règlements en droit international privé, comme à tous les règlements, leur portée générale, leur caractère contraignant et leur effet direct. Par ailleurs, le règlement accorde des droits aux individus[1186]. À cet égard, M. Meeusen critique l'absence de référence, dans les lois de transposition, aux règles de conflit de lois européennes[1187].

339. Principes directeurs. Les principes européens qui imprègnent le droit international privé sont communément regroupés sous le terme de principes directeurs[1188]. M. Meeusen nomme, à ce titre, les principes de sécurité juridique, de cohérence et de transparence[1189]. Le programme de Stockholm insiste sur le principe de cohérence[1190]. Partant de ces principes, l'adoption d'un corpus de règles générales de droit international privé au niveau européen a été revendiquée[1191]. Ajoutons que les objectifs européens en matière de droit international privé dépendent plutôt des différents acteurs européens, dont le Conseil mené par les États membres, mais également le Parlement européen ou la Commission européenne. Enfin, la possibilité d'*opt-out* concernant certains États membres fait que le droit international privé reste, dans certains cas, intergouvernemental. La difficulté de cerner exhaustivement le droit de l'Union étant observée, nous tentons d'identifier les éléments connus, par le biais d'une étude des principes qui le caractérisent et qui sont visés par la compétence en matière de droit international privé. Rappelons, dans un premier temps, que la règle de conflit de lois est désormais fondée sur le bon fonctionnement du marché intérieur et, partant, s'inscrit profondément dans la logique de ce dernier. En adoptant une lecture du point de vue du marché intérieur, nous tendons à souligner que ces principes et leur transmission sur les règles méritent d'être développés. Dans le cadre de la présente étude, l'on ne saurait toutefois pas oublier que l'espace de liberté, de

---

[1184] J. BASEDOW, art. cité (note 1110), spéc. p. 280.

[1185] J. MEEUSEN, communication citée (note 1150).

[1186] CJCE, 17 septembre 2001, C-253/00, *Muñoz*, pt. 27, *Europe* 2002, n° 11, p. 17, note A. RIGAUX, D. SIMON.

[1187] J. MEEUSEN, communication citée (note 1150).

[1188] *Cf.* aussi, C. KESSEDJIAN, art. cité (note 1181), spéc. p. 111 et s., qui utilise la même expression ; J. MEEUSEN, communication citée (note 1150).

[1189] *Ibid.*

[1190] Conseil européen, « Le programme de Stockholm – Une Europe ouverte et sûre qui sert et protège les citoyens », *JOUE*, C 115/1, 4 mai 2010.

[1191] J. MEEUSEN, communication citée (note 1150).

sécurité et de justice (ELSJ) ainsi que les droits fondamentaux[1192] constituent également des sources susceptibles d'influencer le droit international privé.

340. Fonction du conflit de lois. Notre curiosité vise, par ailleurs, la manière dont ces principes européens façonnent le conflit de lois. Il incombe à la règle de conflit de lois européenne la fonction d'articuler les réglementations des États membres. Cette articulation renvoie, dans une certaine mesure, au rôle traditionnellement attribué au droit international privé. Selon M. Mayer, « le droit international privé est le droit qui a vocation à tenir compte de la diversité des ordres juridiques à propos des relations entre personnes privées »[1193]. Pour faire écho à ce constat, il s'agit de rechercher si la fonction du droit international privé européen renoue avec ce rôle traditionnel du droit international privé. D'un point de vue fonctionnel, il est important de se rappeler que le droit international privé s'est développé en tant qu'une composante du droit de l'Union européenne[1194]. Ainsi, tous les principes généraux du droit de l'Union européenne, dont ceux du droit privé de source européenne, déterminent les fonctions du droit international privé européen. Or, l'impact précis de ces principes généraux sur le droit international privé a parfois été accusé d'être peu exploré[1195].

341. Fonction européenne. La coexistence des niveaux national et de l'Union européenne contribue à la difficulté de détecter la fonction propre du droit international privé européen. C'est dans le cadre de cette recherche des principes qui régissent spécialement le droit international privé européen que s'inscrit également la revendication de la rédaction d'un code de droit international privé[1196], menant potentiellement vers une fédéralisation du

---

[1192] Comp. L. PAILLER, *Le respect de la Charte des droits fondamentaux de l'Union européenne dans l'espace judiciaire européen en matière civile et commerciale*, Pedone, 2017, qui démontre qu'un autre champ d'analyse est possible, en l'occurrence celui de la confrontation des règles de droit international privé aux droits fondamentaux.

[1193] P. MAYER, « Le phénomène de la coordination des ordres juridiques étatiques en droit privé », *RCADI*, vol. 327, Brill, 2007, n° 64.

[1194] U. GRUSIC, « The Principle of Effectiveness in European Law », J.-S. BERGÉ, S. FRANCQ, M. GARDEÑES SANTIAGO (dir.), *Boundaries of European Private International Law,* Bruylant, 2015, p. 427, spéc. p. 444.

[1195] *Ibid.* Nous citons tout de même quelques-uns des ouvrages ayant précisément traité du sujet, A. MARZAL YETANO, *La dynamique du principe de proportionnalité. Essai dans le contexte des libertés de circulation du droit de l'Union européenne,* LGDJ, 2014 ; J. HEYMANN, *Le droit international privé à l'épreuve du fédéralisme européen*, préc.

[1196] Deux projets de code sont en cours de rédaction au niveau européen, du Groupe européen de droit international privé (GEDIP) et de l'Association européenne pour le droit international privé (EAPIL).

conflit de lois[1197]. Cela signifie-t-il pour autant que nous tendons vers un pluralisme méthodologique, distinguant le traitement des conflits de lois internes et externes à l'espace européen[1198] ? Le droit international privé européen doit répondre à la fonction spécifique de limiter l'effet entravant résultant de la diversité des législations au niveau de l'Union. Cela pourrait signifier, du point de vue de cette branche de discipline, que son objet serait celui de répartir les ordres juridiques. Compte tenu de l'affectation du marché intérieur[1199], il revient aux règles de conflit de lois, dans un contexte intra-communautaire ou intra-européen, une fonction répartitrice. Les règles de conflit de lois européennes retrouvent-elles cette fonction compte tenu de l'européanisation ?

342. Plan. C'est la multitude de principes ainsi que leur transmission sur le conflit de lois qui nous intéresse (section 1). À partir de la transmission des principes européens sur le conflit de lois, nous découvrirons l'objet et la méthode des règles de conflit de lois européennes (section 2).

1197 *Cf.* J. HEYMANN, *Le droit international privé à l'épreuve du fédéralisme européen*, préc.

1198 R. MICHAELS, art. cité (note 1091), spéc. p. 1609.

1199 *Supra*, n° 233 et s.

Section 1
Les principes européens influençant le conflit de lois

343. Finalité européenne. Lors de la recherche d'une finalité du droit international privé européen, nous devons nous référer à la finalité du droit de l'Union européenne lui-même. « [L]'ordre communautaire n'est pas neutre mais porteur de la finalité de la création du marché intérieur »[1200], a-t-il été observé. L'article 3 du traité CEE détaille que, pour y arriver, il faut créer une union douanière, avec une libre circulation des marchandises, faire circuler les facteurs de production, c'est-à-dire les personnes, les services, les entreprises ainsi que les capitaux et protéger la libre concurrence. La finalité du droit de l'Union européenne a été ancrée progressivement. Il n'en demeure pas moins qu'elle était complétée, après le Traité d'Amsterdam, par celle de créer un espace de liberté, de sécurité et de justice. Tout comme l'ordre juridique de l'Union européenne dans son ensemble, le droit international privé de cet ordre est orienté vers les objectifs de l'Union européenne. Sa neutralité est ainsi déniée. Or, pour parvenir à une telle conclusion, il convient d'emblée d'identifier les principes qui caractérisent deux espaces : le marché intérieur et l'ELSJ.

344. Marché intérieur. Concernant le marché intérieur, l'on se limite aux libertés de circulation. La question posée est celle de l' « effet de l'emprise des libertés communautaires »[1201] sur le droit international privé. Il s'agit de trouver les principes qui peuvent s'appliquer tant au droit du marché intérieur qu'au droit international privé. « S'il est vrai que la réalité de cet impact reste encore largement à défricher, un concept n'émerge pas moins, celui de la reconnaissance »[1202], explique M. Fallon. Au moment où cet auteur écrit ces lignes, il s'agit surtout de constater l'effet des libertés de circulation sur le contenu et la mise en œuvre de la règle de conflit de lois nationale. Au stade actuel, l'objet de l'analyse a évolué : il est composé des règles de conflit de lois, désormais de source européenne, dont on étudie l'influence des libertés de circulation. La compétence en matière de droit international privé étant devenue européenne, l'on se pose la question de l'ancrage des règles de conflit de lois dans les principes du marché intérieur.

345. ELSJ. À côte du marché intérieur, nous évoquons l'espace de liberté, de sécurité et de justice. Ces observations s'imposent dans la mesure où la compétence de l'Union européenne pour adopter des règles de conflit de lois s'inscrit à l'article 81, § 2 TFUE. Ce même paragraphe mentionne, outre la compétence pour adopter des règles de conflit de lois harmonisées, une

---

[1200] *Cf.* H. MUIR WATT, « Law and Economics : quel apport pour le droit international privé ? », G. GOUBAUX, Y. GUYON, C. JAMIN (dir.), *Études offertes à J. Ghestin*, Paris, 2001, p. 685.

[1201] M. FALLON, art. cité (note 909), spéc. p. 56.

[1202] *Ibid.*

compétence pour assurer l'accès effectif à la justice et la reconnaissance mutuelle des décisions. Ces principes doivent ainsi être rapprochés des règles de conflit de lois, adoptées sous le même fondement, dont la nécessité pour le fonctionnement du marché intérieur est affirmée. De cette concomitance des principes dans un même fondement, nous pouvons conclure à leur importance égale pour le droit international privé européen[1203]. D'autres principes commencent par influencer les fonctions des règles de conflit de lois. Certains auteurs vont même jusqu'à observer un relâchement du lien avec le marché intérieur[1204], accompagné d'un recul consécutif du principe d'efficacité économique et de l'arrivée de plus en plus fréquente des clauses d'exception[1205].

346. Deux concepts. Découvrant que le droit international privé s'inscrit principalement dans deux concepts du droit de l'Union, il nous revient à situer les principes de l'un par rapport à ceux de l'autre. M. Weller affirme que les buts matériels des deux concepts, en tant qu'ils composent l'ordre juridique de l'Union, influencent les règles de rattachement du droit international privé de l'Union[1206]. Excluant, par exemple, la protection sociale des deux premiers concepts, il ne nie pas pour autant que celle-ci puisse influencer les règles de conflit de lois[1207]. En raison de la différence des principes caractérisant les deux concepts, nous sommes d'emblée conduits à les différencier. Cela nous permettra, par la suite d'évaluer leur influence respective sur le droit international privé européen. L'action du législateur européen en droit international privé semble avoir été libérée du lien originairement exclusif avec le marché intérieur et se fonde davantage sur l'ELSJ[1208]. Il n'en demeure pas moins que les principes qui résultent des deux concepts sont parfois jugés contradictoires[1209]. L'affirmation de l'importance des deux concepts ainsi que leur articulation deviennent ainsi indispensables. Qu'il soit signalé à cet endroit qu'une influence importante peut également émaner des droits fondamentaux, bien qu'elle ne soit pas visée exclusivement. Compte tenu du

---

1203 J. MEEUSEN, communication citée (note 1150).

1204 H.-P. MANSEL, K. THORN, R. WAGNER, art. cité (note 1167), spéc. p. 25 ; C. KESSEDJIAN, art. cité (note 1181), spéc. p. 119 et s.

1205 M.-P. WELLER, « Les rattachements dans les conflits de lois », M. FALLON, P. LAGARDE, S. POILLOT-PERUZZETTO (dir.), *Quelle architecture pour un code européen de droit international privé ?,* Peter Lang, 2012, p. 327.

1206 *Ibid.,* spéc. p. 330.

1207 *Ibid.*

1208 J. MEEUSEN, « La priorité de l'Espace de Liberté, de Sécurité et de Justice et l'élaboration d'un code européen de droit international privé. Réponse à la contribution du professeur Sylvaine Poillot-Peruzzetto », M. FALLON, P. LAGARDE, S. POILLOT-PERUZZETTO (dir.), *Quelle architecture pour un code européen de droit international privé ?,* Peter Lang, 2012, p. 69, spéc. p. 76.

1209 J. BASEDOW, art. cité (note 1120), spéc. p. 280.

cadre de notre étude, nous ne les évoquons qu'en tant qu'une cristallisation du concept de marché intérieur et de sa construction progressive. Ils apparaissent toutefois dans les dispositions des traités relatives à l'ELSJ et, lors de la construction de ce dernier, il s'agit de les prendre en compte[1210].

347. Plan. Alors que la consécration de l'espace de liberté, de sécurité et de justice a complété le concept de marché intérieur en tant que fondement du droit international privé[1211] (sous-section 2), il n'en demeure pas moins que les règles de conflit de lois restent intrinsèquement liées aux principes de ce dernier (sous-section 1).

Sous-section 1. Les principes résultant du concept de marché intérieur

348. Marché intérieur. Les règles de conflit de lois étant nécessaires pour le bon fonctionnement du marché intérieur, elles sont influencées par les principes qui régissent ce dernier. Partant de l'incidence des règles de conflit de lois sur le marché intérieur, nous étudions uniquement les libertés de circulation et laissons de côté les principes du droit de la concurrence. *A priori,* nous pouvons noter que l'influence des libertés de circulation accorde une valeur élevée à la mobilité au sein de l'Union européenne, dans une perspective économique[1212]. Soulignant la fonction du droit international privé qui consiste à régler les conflits issus de la disparité des législations nationales, certains auteurs se sont interrogés sur une éventuelle concordance d'objet entre le marché intérieur et le droit international privé[1213]. Ils reconnaissent toutefois que le droit international privé « n'a pas pour tâche exclusive de neutraliser les inconvénients qui en résultent pour le particulier »[1214]. Nous mettons ainsi le curseur sur la recherche des principes du marché intérieur qui sont susceptibles d'influencer la finalité du conflit de lois.

349. Principes des libertés de circulation. À partir de ce constat, il convient de développer les principes des libertés de circulation qui façonnent l'intervention de la règle de conflit de lois. En effet, l'enjeu de la mobilité européenne n'est pas suffisamment étudié en lien avec le conflit de lois. Une absence de prise en compte peut être déduite essentiellement de la timidité des développements sur les principes autonomes du conflit de lois, le législateur européen inscrivant généralement le conflit de lois dans les principes du

[1210] Art. 67, § 1 et 4 TFUE.

[1211] J. MEEUSEN, « Conflict of Laws and the Area of Freedom, Security and Justice after the Treaty of Lisbon », P. LINDSKOUG, P. SAMUELSSON, U. MAUNSBACH, G. MILLQVIST, H. H. VOGEL (dir.), *Essays in honour of Michael Bogdan*, Lund, 2013, p. 307, spéc. p. 313.

[1212] J. BASEDOW, art. cité (note 1110), spéc. p. 280.

[1213] M. FALLON, art. cité (note 909), spéc. p. 34.

[1214] *Ibid.*, spéc. p. 37.

conflit de juridictions. Ceci permet aux auteurs de conclure que la mobilité devrait être encouragée plutôt qu'encadrée[1215]. Le programme de Stockholm, lorsqu'il évoque le conflit de lois, fait expressément référence au principe de reconnaissance mutuelle[1216]. Mais le législateur européen, dans son règlement Rome I, « se réfère [aussi] à la facilitation de la reconnaissance mutuelle des décisions, dans une approche procédurale »[1217]. Dans la formulation, qui évoque la procédure, nous craignons encore un rapprochement des principes du conflit de juridictions. À y regarder de près, nous y découvrons une notion qui fait écho à celle employée dans le langage des libertés de circulation, à savoir le principe de reconnaissance mutuelle[1218]. Il nous apparaît ainsi indispensable d'explorer les utilisations de ce principe dans le contexte des libertés de circulation, ce qui permet également d'en mesurer les contours dans le contexte du conflit de lois. Le langage des libertés de circulation fait également apparaître le principe de non-discrimination dont il convient d'étudier l'influence sur le conflit de lois.

350. Plan. L'étude des principes résultant du marché intérieur nous renvoie à analyser, en particulier, les principes de reconnaissance mutuelle et de non-discrimination. Mis en avant par le Traité de Lisbonne, l'article 67, § 3 TFUE rappelle désormais que le principe de reconnaissance mutuelle doit faciliter l'accès à la justice. Selon certains auteurs, ce principe peut même prendre le devant en tant qu'un équivalent fonctionnel du droit de l'Union européenne[1219]. Cela enclenche la discussion sur l'effet du principe sur le droit international privé (paragraphe 1)[1220]. Par ailleurs, Mme Bariatti semble lire, dans le principe de non-discrimination, un principe général du droit de l'Union, qui se montre hostile à la loi du for[1221]. C'est ainsi que nous pouvons envisager un impact de ce principe, ancré dans la logique des libertés de circulation et généralisé avec l'émergence de la citoyenneté européenne, en matière de conflit de lois (paragraphe 2).

[1215] J. MEEUSEN, art. cité (note 1208), spéc. p. 80.

[1216] *Ibid.*, spéc. p. 78.

[1217] *Ibid.*, spéc. p. 79.

[1218] *Cf.* A. MATTERA, « La reconnaissance mutuelle : une valeur historique ancienne, un principe juridique intégrationniste, l'assise politique d'un modèle de société humaniste », *RDUE* 2009, p. 385.

[1219] R. MICHAELS, « EU Law as Private International Law? Reconceptualising the Country-of-Origin Principle as Vested-Rights Theory », *JPIL* 2006, p. 195 ; J.-J. KUIPERS, *EU Law and Private International Law: The Interrelationship in Contractual Obligations*, préc., chapitre 6 ; M. FALLON, J. MEEUSEN, art. cité (note 902).

[1220] D. BUREAU, H. MUIR WATT, *Droit international privé*, tome 1, préc., n° 42.

[1221] S. BARIATTI, art. cité (note 1060), spéc. p. 83.

Paragraphe 1. Les fluctuations du principe de reconnaissance mutuelle

351. *Cassis de Dijon.* L'affectation du mécanisme du conflit de lois par le principe de reconnaissance mutuelle a été vite reconnue[1222]. Mme Muir Watt et M. Bureau soulignent que « la reconnaissance mutuelle prolonge dans l'État d'importation l'efficacité de la loi d'origine en disqualifiant ses propres dispositions »[1223]. Cette remarque, qui cible la libre circulation des marchandises, résume la jurisprudence de la Cour de justice dès l'arrêt *Cassis de Dijon*[1224]. Appuyé sur le principe de confiance mutuelle entre les États membres, le principe de reconnaissance mutuelle impose la « prise en compte des contrôles et prescriptions édictées dans un autre État membre afin d'accorder ou de refuser la libre circulation de certains produits »[1225]. Au-delà de cette affaire, sa portée consiste à enlever le risque d'imposer une double charge aux acteurs économiques se prévalant de la libre circulation des marchandises. Ainsi, le principe de reconnaissance mutuelle a précisément pour objet d'enlever le désavantage compétitif résultant de la double charge[1226]. S'il devait y avoir une sanction pour entrave non-discriminatoire dans un cas précis, cela induirait précisément le principe de reconnaissance mutuelle à la faveur de la législation du pays d'origine. Pour cette raison, il est avancé que la jurisprudence *Cassis de Dijon* se serait greffée sur les principes de libre circulation des marchandises et des personnes[1227].

352. Objectif des libertés de circulation. Plus largement, la reconnaissance mutuelle introduit l'objectif, sous-jacent aux libertés européennes, qui consiste à stimuler la mobilité transfrontalière dans la logique du conflit de lois[1228]. Les contours de cette influence restent à démontrer. Il s'agit d'élargir notre examen au-delà du contexte de la libre circulation des marchandises, notamment à celui de la liberté d'établissement et de la libre prestation de services[1229]. À travers les différentes libertés de circulation, une ligne générale est perceptible qui veut l'unification des solutions : « la Cour a montré à plusieurs reprises de façon ferme qu'elle entendait refuser qu'une solution constituée dans un État soit refusée dans un

---

[1222] D. BUREAU, H. MUIR WATT, *Droit international privé*, tome 1, préc., n° 22.

[1223] *Ibid.*, n° 534.

[1224] CJCE, 20 février 1979, aff. 120/78, *Rewe-Zentral.*

[1225] A. DEFOSSEZ, « Chronique Libre circulation des marchandises, liberté d'établissement et libre prestation de services - Prise en compte de la reconnaissance mutuelle : à quel stade du raisonnement ? », *RTD Eur* 2013, p. 174.

[1226] M. FALLON, J. MEEUSEN, art. cité (note 902), spéc. p. 41.

[1227] P. LAGARDE, « Développements futurs du droit international privé dans une Europe en voie d'unification : quelques conjectures », *RabelsZ* 2004, p. 225.

[1228] J. MEEUSEN, art. cité (note 1208), spéc. p. 74.

[1229] CJCE, 25 juillet 1991, C-76/90, *Säger,* pt. 12.

autre, que la question concerne le droit des sociétés, le droit de la famille, ou encore le droit à la libre circulation des citoyens européens »[1230]. Ainsi, l'intervention du principe de reconnaissance est fonction des libertés en présence. Alors qu'il s'applique pleinement en ce qui concerne les marchandises et les services, il ne concerne que les conditions d'accès à l'activité en matière de libre circulation des travailleurs ou de libre établissement[1231]. En ce qui concerne la libre circulation des travailleurs, par exemple, l'impact effectif du principe de reconnaissance mutuelle semble moindre, dans la mesure où il ne s'y applique qu'à l'accès au marché du travail. Des exemples sont tout de même imaginables en ce qui concerne l'autorisation de travail et la reconnaissance des diplômes. En nous rappelant, par ailleurs, que les travailleurs sont concernés par plusieurs libertés de circulation, nous devrons considérer l'impact du principe de reconnaissance mutuelle sur le conflit de lois. Nous entamerons notre étude par la démonstration du principe de reconnaissance mutuelle relatif à la liberté d'établissement dans le cadre de laquelle il a été largement discuté (a). Par la suite, nous élargirons nos observations au domaine de la libre prestation de services qui est susceptible de concerner la relation de travail (b).

a. La liberté d'établissement

353. *Centros.* Dans un premier temps, le principe de reconnaissance mutuelle s'est imposé concernant la liberté d'établissement des sociétés. Nous faisons référence aux conditions de changement de nationalité des sociétés dans l'Union européenne, dit autrement, à la possibilité pour la société constituée dans un État membre de devenir une société de l'État d'accueil avec maintien de sa personnalité morale. L'article 54 TFUE dispose que « [l]es sociétés constituées en conformité de la législation d'un État membre et ayant leur siège statutaire, leur administration centrale ou leur principal établissement à l'intérieur de l'Union sont assimilées, pour l'application des dispositions du présent chapitre [relatif au droit d'établissement] aux personnes physiques ressortissantes des États membres ». Rappelons que l'article contient deux règles : une règle de rattachement des sociétés et une règle de leur reconnaissance dans l'espace européen[1232]. Néanmoins, la portée

---

[1230] S. BARIATTI, É. PATAUT, « Codification et théorie générale du droit international privé », M. FALLON, P. LAGARDE, S. POILLOT-PERUZZETTO (dir.), *Quelle architecture pour un code européen de droit international privé ?,* Peter Lang, 2012, p. 337.

[1231] M. GARDEÑES SANTIAGO, *La aplicación de la regla de reconocimiento mutuo y su incidencia en el comercio de mercancías y servicios en el ámbito comunitario e internacional*, Eurolex, 1999, p. 383.

[1232] G. PARLÉANI, « La mise en concurrence des législations nationales des Etats membres de l'Union européenne pour constituer dans l'un d'eux une société inactive,

de la libre circulation des sociétés est discutée. Ainsi, M. Basedow met en garde que, « dès le départ, le principe de liberté d'établissement des entreprises risquait de se heurter à plusieurs reprises aux dispositions impératives du droit national des sociétés »[1233]. En conséquence, la jurisprudence européenne a dû intervenir pour affirmer la libre circulation des sociétés à l'encontre des règles de l'État d'établissement. L'arrêt *Centros*[1234] solidifie le droit à la reconnaissance des sociétés partout dans l'Union européenne. L'espèce porte sur le refus d'immatriculation d'une succursale d'une société créée dans un autre État membre, appuyé sur des conditions de reconnaissance supplémentaires imposées par l'État d'accueil, à savoir l'exigence d'une activité économique réelle de la société dans l'État de son siège. Les autorités de État d'accueil ont relevé que la société a été créée dans un État membre sans y exercer d'activités commerciales et que la succursale était destinée à permettre à la société en cause d'exercer l'ensemble de son activité dans cet État d'accueil. Dit autrement, la règle de rattachement de l'État d'accueil se détermine selon la théorie de l'incorporation. La Cour de justice décide que l'État d'accueil doit reconnaître la capacité juridique d'une société acquise conformément à la loi de l'État membre où la société a été constituée. Il est jugé contraire à la liberté d'établissement de refuser l'immatriculation d'une succursale d'une société légalement constituée suivant la législation d'un État membre. Partant, la décision favorise l'expansion de l'activité des sociétés au-delà des frontières de l'État membre dans lequel elles ont été constituées. La solution est interprétée comme un « instrument du choix de loi »[1235]. Mme Sibony explique que celle-ci permet, en conséquence, un « double usage de la liberté d'établissement [laissant bénéficier] des avantages qui s'attachent à l'un et l'autre ordre juridique : les conditions attractives de création d'une société prévues par le droit anglais et, pour le reste, la familiarité du système danois »[1236].

---

qui agira dans un autre pays de l'Union par une succursale concentrant toute l'activité, n'est pas une fraude au droit de l'Etat de la succursale », *Rev. soc.* 1999, p. 386.

1233 J. BASEDOW, « Rapport de synthèse : Quel droit privé pour l'Europe ? », J.-S. BERGÉ, M.-L. NIBOYET (dir.), *La réception du droit communautaire en droit privé des états membres*, Bruylant, 2003, p. 234.

1234 CJCE, 9 mars 1999, C-212/97, *Centros, Rev. soc.* 1999, p. 386, note G. PARLÉANI ; *RLDA* 1999, n° 19, p. 20, note C. BLANCHARD-SÉBASTIEN ; *CMLR* 2000, p. 43, note V. HATZOPOULOS, p. 147, note W.-H. ROTH ; *Rev. soc.* 2001, p. 210, note M. MENJUCQ et p. 302, note K. J. HOPT ; *JDE* 2003, p. 8, chron. F. LAGONDET et p. 33, note J.-M. JONET ; *RCDIP* 2003, p. 373, note T. BALLARINO.

1235 A. L. SIBONY, « Libre prestation de services et droit d'établissement : les stratégies des entreprises, dans l'unité des libertés de circulation », E. DUBOUT, A. MAITROT DE LA MOTTE (dir.), *L'unité des libertés de circulation : In varietate concordia ?*, Bruxelles, 2013, p. 251, spéc. p. 255.

1236 *Ibid.*

354. Sanctions du rattachement. Dans son affaire *Überseering*[1237], la Cour de justice se prononce sur le refus, par l'État d'accueil, de la reconnaissance de la personnalité juridique et, partant, la capacité d'ester en justice, d'une société régulièrement constituée dans un autre État membre, pour le motif qu'elle doit être rattachée à l'État d'accueil vers lequel elle a transféré sa direction effective. Cette décision mobilise la reconnaissance mutuelle des sociétés face à la théorie du siège réel, opposée par l'État d'accueil[1238]. Dans la continuité, l'arrêt *Inspire Art*[1239] pousse le principe de la reconnaissance mutuelle à son maximum. Il retient que la loi de l'État membre de constitution est applicable à une société, même si la société déploie la totalité de ses activités dans un autre État membre par le biais d'une succursale. Ainsi, l'État d'accueil ne peut lui opposer le critère du siège réel. En l'espèce, la loi de l'État d'accueil prévoyait des dispositions impératives relatives notamment au capital social minimal et à la responsabilité des administrateurs.

355. Migration. Alors que les arrêts précédents ont insisté sur la sanction des règles nationales de rattachement au regard des libertés de circulation, l'arrêt *Cartesio*[1240] « conduit simplement à délimiter […] la portée des règles nationales de rattachement avec les exigences communautaires de libre

---

[1237] CJCE, 5 novembre 2002, C-208/00, *Überseering, RAE* 2002, p. 1109, note B. ESPESSON-VERGEAT ; *Europe* 2003, n° 1, p. 20, note L. IDOT ; *JDE* 2003, p. 33, note J.-M. JONET et p. 204, chron. L. DEFALQUE ; *JCP G* 2003, n° 9, p. 359, note M. MENJUCQ et n° 40, p. 1723, chron. S. POILLOT-PERUZZETTO, I. RUEDA, M. NADAUD et al. ; *JCP E* 2003, n° 12, p. 520, note M. MENJUCQ et n° 30, p. 1242, note G. PARLÉANI ; *RTD Eur* 2003, p. 489, chron. C. PRIETO ; *RCDIP* 2003, p. 373, note T. BALLARINO.

[1238] P. LAGARDE, « Liberté d'établissement et reconnaissance mutuelle des sociétés », *RCDIP* 2003, p. 508.

[1239] CJCE, 30 septembre 2003, C-167/01, *Inspire Art.*

[1240] CJCE, 16 décembre 2008, C-210/06, *Cartesio, RAE* 2007, p. 805, note J.-C. BARBATO ; *Rév. soc.* 2009, p. 147, note G. PARLÉANI ; *RTD Com* 2009, p. 227, note G. JAZOTTES ; *JDI* 2009, p. 890, note T. VIGNAL ; *Europe* 2009, n° 2, p. 21, note A.-L. MOSBRUCKER et p. 33, note L. IDOT ; *JCP G* 2009, n° 7, p. 37, note M. MENJUCQ et n° 31, p. 44, chron. M. LUBY, S. POILLOT-PERUZZETTO, I. RUEDA et al. ; *RDUE* 2009, p. 127, note C. FREITAS DA COSTA ; *AJDA* 2009, p. 247, chron. E. BROUSSY, F. DONNAT, C. LAMBERT ; *D.* 2009, p. 465, note R. KOVAR ; *JCP E* 2009, n° 8-9, p. 42, note F. MÉLIN, n° 12, p. 24, note A.-S. CORNETTE DE SAINT-CYR ; *JDE* 2009, p. 77, note G. GODDIN, B. GODDIN et p. 84, chron. Y. DE CORDT, P. COLARD ; *RLDA* 2009, n° 36, p. 10, note V. KOROM ; *Procédures* 2009, n° 3, p. 18, note C. NOURISSAT ; *JDI* 2009, p. 685, chron. F. CHALTIEL, C. J. BERR, S. FRANCQ, C. PRIETO ; *RCDIP* 2009, p. 548, note J. HEYMANN ; *RTD Eur* 2009, p. 511, chron. A.-L. SIBONY, A. DEFOSSEZ ; *BMIS* 2009, p. 593, note R. DAMMANN.

circulation »[1241]. Cet arrêt démontre que certaines règles de rattachement bénéficient de l'immunité à l'égard des libertés de circulation[1242]. En pratique, il incombe une importance à l'arrêt puisqu'il crée le concept communautaire de transformation par migration : pour décider de la dissolution et de la liquidation d'une société, c'est la loi de l'État d'accueil qui doit être considérée. Soumettre les effets de la liquidation à la loi de l'État d'origine peut ainsi constituer une entrave. Enfin, l'arrêt *Vale*[1243] concerne la possibilité de transformation transfrontalière des sociétés dans l'État d'accueil. Tandis que la liberté d'établissement n'impose pas la possibilité de se transformer, la possibilité de transformation ne peut être prohibée par le droit d'un État d'accueil dès lors que l'État membre prévoit la possibilité en droit interne pour les sociétés de se transformer en une autre forme de société. En dernier lieu, l'arrêt *Polbud* étend la jurisprudence sur l'incidence des libertés de circulation au « cours de vie sociale en assurant une continuité de la personnalité juridique réorganisée à travers les frontières »[1244]. La solution de l'arrêt peut être résumée de la manière suivante : il vise à « instituer, en application de la liberté d'établissement, le droit subjectif dérivé à la transformation internationale de société par seul déplacement du siège statutaire conforme au droit du pays d'arrivée, nonobstant la localisation du siège réel et de l'activité au pays de départ »[1245].

356. Reconnaissance mutuelle ? Ces évolutions nous conduisent également à nous demander ce qu'est devenu le principe de reconnaissance mutuelle initialement affirmé. L'arrêt *Polbud* nous semble suggérer une signification forte de ce principe, en sanctionnant la législation du pays d'accueil pour entrave. Notons qu'en l'espèce, une société d'origine polonaise s'est vu refuser sa radiation du registre du commerce polonais, à la suite du transfert de son siège social au Luxembourg. Or, la Cour de justice sanctionne ce refus par l'entrave. La décision peut être lue comme renforçant la position

---

[1241] G. PARLÉANI, « L'arrêt *Cartesio,* ou l'ingénieuse incitation à la migration intra communautaire des sociétés », *Rev. soc.* 2009, p. 147.

[1242] *Ibid.*

[1243] CJUE, 12 juillet 2012, C-378/10, *VALE, RAE* 2012, p. 653, note M. HO-DAC ; *JCP E* 2012, n° 38, p. 23, note T. MASTRULLO et n° 42, p. 28, note C. NOURISSAT ; *JCP G* 2012, n° 40, p. 1789, chron. J. BÉGUIN, M. MENJUCQ, C. NOURISSAT et n° 41, p. 1834, note M. MENJUCQ ; *BMIS* 2012, n° 10, p. 735, note R. DAMMANN, L. WYNAENDTS, L. MARION ; *Europe* 2012, n° 10 ; p. 33, note M. LARCHÉ ; *D.* 2012, p. 2331, chron. L. D'AVOUT, S. BOLLÉE et p. 3009, note P.-H. CONAC ; *Rev. soc.* 2012, p. 645, note G. PARLÉANI et n° 12, p. 6, étude T. ALAIN ; *JDE* 2012, p. 276, note J. VERMEYLEN ; *RCDIP* 2013, p. 236, note J. HEYMANN ; *RTD Eur* 2013, p. 181, chron. A.-L. SIBONY ; *JDI* 2013, p. 622, note S. FRANCQ.

[1244] L. D'AVOUT, « Vers l'itinérance inconditionnelle (ou nomadisme) des sociétés en Europe ? », *D.* 2017, p. 2512.

[1245] *Ibid.*

de la Cour de justice qui veut que la personnalité juridique acquise dans un État membre soit reconnue dans un autre.

357. Critère de rattachement : l'incorporation. L'arrêt fondateur du principe de reconnaissance mutuelle a rappelé « les obstacles à la libre circulation [...] résultant des disparités des législations nationales »[1246]. Tout en nous situant dans le contexte du conflit de lois, cet arrêt a timidement affirmé que la solution du conflit de lois pouvait être soumise à la logique des libertés de circulation. La jurisprudence subséquente en matière de liberté d'établissement n'impose pas de lien de rattachement en particulier de la société. Toutefois, elle refuse l'application d'un rattachement qui, par des conditions supplémentaires, s'oppose à la migration de la société au sein de l'Union européenne. Nous nous rappelons, dans ce contexte, que la jurisprudence en matière de libertés de circulation se montre souvent hostile aux dispositions impératives de l'État d'accueil, dès lors qu'il en résulte une charge supplémentaire. Alors que les décisions initiales ne se sont pas prononcées sur le lien de rattachement, l'évolution de la jurisprudence démontre la prise de position en faveur d'un rattachement en particulier : « la solution consacrée par la trilogie Centros-Überseering-Inspire Art, prépare la victoire à terme du critère de l'incorporation et encourage par là même une course des régimes juridiques vers le régime le plus permissif – ou 'vers le bas', selon le jugement de valeur que l'on porte sur une telle convergence »[1247]. La jurisprudence allant dans le sens de la facilitation de la mobilité, elle pousse à la modification de la règle de rattachement de la société.

b. La libre prestation de services

358. *Rush Portuguesa*. Alors que la jurisprudence a été forgée à propos de la liberté d'établissement, elle a également été accueillie dans le domaine de la libre prestation de services. Cette dernière liberté de circulation nous montre, par ailleurs, l'incidence du principe de reconnaissance mutuelle sur les relations de travail. En nous concentrant sur le domaine du détachement de travailleurs, nous observons que l'arrêt *Rush Portuguesa*[1248] aussi bien que la directive dite détachement visent à prévenir l'application de la loi de l'État membre d'accueil[1249]. Rappelons ici que la loi applicable désignée au moyen de la règle de conflit de lois peut constituer une entrave aux libertés de

---

[1246] CJCE, 20 février 1979, aff. 120/78, *Rewe-Zentral*.

[1247] D. BUREAU, H. MUIR WATT, *Droit international privé*, tome 2, préc., n° 1071.

[1248] CJCE, 27 mars 1990, aff. C-113/89, *Rush Portuguesa*.

[1249] S. FRANCQ, « Loi applicable aux obligations contractuelles : matières civile et commerciale », D. SIMON, S. POILLOT-PERUZZETTO (dir.), *Répertoire de droit européen*, mars 2013, actualisation juin 2016, n° 152.

circulation, même s'il s'agit d'une loi de police. La jurisprudence *Arblade*[1250] porte précisément sur la sanction d'une loi de police d'un État membre d'accueil. Mme Francq conclut que résulte de la jurisprudence « une obligation de reconnaissance mutuelle de la réglementation sociale de l'État d'origine de l'entreprise, lorsque celle-ci fournit au travailleur une protection équivalente à celle offerte par la loi d'accueil »[1251].

359. Protection équivalente. « Le principe européen de reconnaissance mutuelle commande […] de considérer que le pays d'accueil ne peut imposer sa propre réglementation si l'intérêt qu'elle vise à protéger l'a déjà été de façon adéquate ou équivalente dans le pays d'origine »[1252], peut-il être résumé sous l'angle de la protection. Dans un premier temps, il s'agit ainsi d'identifier l'intérêt dans une législation nationale. M. Gardeñes Santiago développe, à propos des premiers arrêts en la matière, que la reconnaissance mutuelle peut effectivement garantir la protection du travailleur. Partant du critère décisif de la protection équivalente[1253], il explique que l'attention est portée sur la comparabilité. En effet, la reconnaissance mutuelle dépend de l'équivalence, laquelle s'apprécie d'une manière globale et fonctionnelle[1254]. Le test d'équivalence revient à vérifier que l'objectif que poursuit la loi en cause est suffisamment garanti par l'application des normes de l'État où l'employeur est établi et que le travailleur bénéficie de la même protection, ou essentiellement similaire, dans l'État d'établissement, auquel cas ce dernier n'a pas de raison à imposer sa loi.

360. *Mazzoleni* et *Arblade*. Suivant ce raisonnement, nous pouvons décider de l'application de la loi du pays d'accueil. Pourque l'application de la loi du pays d'accueil soit compatible avec le traité, il faut qu'il en résulte une protection supplémentaire par rapport à l'État d'origine[1255]. Deux problématiques en matière d'équivalence portent sur le détachement de travailleurs. Dans un premier temps, en ce qui concerne le salaire minimum de l'État d'accueil, la Cour de justice pose les critères de comparaison dans l'arrêt *Mazzoleni*. Elle affirme l'utilisation d'une comparaison globale : « la comparaison des législations en cause doit être menée selon la Cour de justice selon une approche globale »[1256]. Dans cette affaire, la comparaison des lois

---

[1250] CJCE, 23 novembre 1999, C-369/96, *Arblade et Leloup*, pts. 31 et 80.

[1251] S. FRANCQ, art. cité (note 1249).

[1252] D. BUREAU, H. MUIR WATT, *Droit international privé*, tome 2, préc., n° 946.

[1253] M. GARDEÑES SANTIAGO, art. cité (note 677).

[1254] CJCE, 15 mars 2001, C-165/98, *Mazzoleni*, pt. 33.

[1255] CJCE, 23 novembre 1999, C-369/96, *Arblade et Leloup*, pts. 50 à 54.

[1256] D. BUREAU, H. MUIR WATT, *Droit international privé*, tome 2, préc., n° 946. Cette méthode est le contraire de la méthode analytique, comme semblerait l'exiger la règle de conflit de lois combinatoire de l'article 6 de la convention de Rome ou l'article 8 du règlement Rome I.

française et belge en matière de protection sociale conduit précisément à retenir la loi française d'origine, qui consacre un niveau de protection apparemment inférieur, mais qui assure en réalité aux salariés une protection analogue à celle de la Belgique, État d'accueil, compte tenu de la fiscalité et des charges sociales. Ainsi, mise à part la spécificité des travailleurs transfrontaliers[1257], il s'agit de vérifier que les règles de salaire respectives ou de rétribution de l'État d'origine et de l'État d'exercice sont équivalentes. Dans un second temps, en ce qui concerne les formalités imposées par l'État d'accueil lors de l'établissement du détachement, il s'agit de vérifier si les informations recueillies par l'État d'origine sont proportionnées à celles requises par l'État d'accueil. En d'autres termes, il s'agit de vérifier qu'il n'y a pas eu de double documentation[1258].

361. Abandon de l'équivalence protectrice. Connaître l'intérêt protégé par le principe de reconnaissance mutuelle est essentiel. Il semble, en effet, que la jurisprudence récente ne mène plus de raisonnement sur l'équivalence des protections des lois en matière de libre prestation de services, ou plus précisément, en matière de détachement. La vision de la logique sous-jacente au principe de reconnaissance mutuelle, qui exigeait que la législation du pays d'accueil dût au moins aussi assurer une protection équivalente, semble ne plus être majoritairement défendue. Cela ne semble plus être le caractère protecteur de la loi d'origine à l'égard des travailleurs qui fait qu'elle doit s'appliquer, mais la logique de libre prestation de services elle-même. En conséquence, la protection du travailleur devient secondaire. Par voie de conséquence, il est possible d'avancer que le principe de reconnaissance mutuelle suggère désormais presqu'inconditionnellement l'application de la loi du pays d'origine en matière de contrat de travail. La directive dite détachement semble confirmer cette préférence. Dans l'affaire *Laval*[1259], la Cour de justice affirme, par la solution adoptée, une vision du principe de reconnaissance mutuelle qui est la suivante : la loi d'origine de l'employeur letton, qui est moins protectrice, s'applique au taux de salaire à l'occasion de la prestation transfrontière de service dans un pays dont la législation est plus protectrice[1260]. L'indifférence du caractère protecteur dans le cadre de ce raisonnement peut être confirmée en citant l'arrêt *Viking*[1261]. La Cour de justice décide ici de l'application de la loi estonienne, loi du nouvel employeur, qui est moins protectrice. La solution de la reconnaissance mutuelle s'opère ainsi sans égard au maintien de la protection du travailleur.

[1257] CJCE, 15 mars 2001, C-165/98, *Mazzoleni,* pt. 41.

[1258] CJCE, 23 novembre 1999, C-369/96, *Arblade et Leloup*, pt. 64.

[1259] CJCE, 18 décembre 2007, C-341/05, *Laval.*

[1260] D. BUREAU, H. MUIR WATT, *Droit international privé,* tome 2, préc., n° 946.

[1261] *Ibid.,* n° 946.

362. Lien d'intégration ténu. Les conséquences de cette jurisprudence – souvent favorable à la législation d'origine – sur la protection des travailleurs doivent être soulignées. En effet, les travailleurs ne sont pas considérés comme relevant de la législation du pays d'accueil. Ils sont vus comme des objets de la libre prestation de services[1262]. La loi du pays d'accueil est sanctionnée en tant qu'un obstacle à la libre prestation de services si elle ne peut être justifiée par des considérations limitées. De possibles justifications sont imaginables : la paix au travail, l'évitement des conséquences négatives du conflit social sur le système économique, la préservation de la sécurité publique, y compris la sécurité des équipements et des instruments de travail, la réglementation adéquate du temps de travail, la protection du travailleur ou la régulation du marché du travail[1263]. De cette manière, l'État d'accueil ne peut imposer toutes les conditions de travail qu'il pourrait opposer aux employeurs locaux. Ce faisant, l'on contribue à créer une différenciation parmi les travailleurs, en fonction de leur intégration dans la communauté de travail et, partant, de leur intégration permanente dans le marché du travail.

363. Loi d'origine ? L'effet du principe de reconnaissance mutuelle sur le conflit de lois a originairement été redouté. Certes, les débats sur la règle de droit international privé sous-jacente au principe de reconnaissance mutuelle concernant la directive dite services n'ont mené à rien[1264]. Bien que le principe de reconnaissance mutuelle ne constitue pas une règle de conflit de lois, nous pouvons admettre que l'effet combiné de la règle de conflit de lois du règlement Rome I et du principe de reconnaissance mutuelle « conduit à une quasi-impossibilité pour l'Etat d'accueil d'imposer sa législation aux travailleurs détachés sur son territoire »[1265]. Dès lors que nous tentons de mesurer l'impact du principe en matière de détachement de travailleurs, nous constatons qu'il conduit régulièrement à la loi du pays qui est présumé être celui de l'exécution habituelle du travail. En effet, la Cour de justice exige une comparaison entre l'application de la loi applicable au contrat de travail et la loi de l'État d'accueil. Le cadre restrictif dans lequel il est possible d'invoquer la loi du pays d'accueil a été souligné : « ce n'est qu'à la suite d'un contrôle étroit de la Cour qu'un État-membre pourra effectivement imposer l'application impérative de sa propre loi »[1266].

[1262] *Cf.* sur le champ d'application de la prestation de services, E. et N. SHUIBHME, « Continuity and Change in the Law Relating to Services », A. EECKHOUT (dir.), *Continuity and Change in EU Law. Essays in Honour of Sir Francis Jacobs,* OUP, 2008 ; V. HATZOPOULOS, « Legal Aspects in Establishing the Internal Market for Services », *College of Europe Research Papers in Law,* 2007.

[1263] M. GARDEÑES SANTIAGO, art. cité (note 677).

[1264] R. MICHAELS, art. cité (note 1219), p. 195

[1265] S. FRANCQ, art. cité (note 1249), n° 153.

[1266] S. BARIATTI, É. PATAUT, art. cité (note 1230).

364. Exception de droit européen. À partir de nos démonstrations concernant la liberté d'établissement et la libre prestation de services, le mode d'intervention du principe de reconnaissance mutuelle en tant qu'un principe du droit européen ne peut être nié. Érigé au rang des « règles fondamentales du marché commun »[1267], il intervient en tant qu'une exception de droit européen[1268]. M. Gardeñes Santiago explique qu'il incombe à l'État récepteur de mesurer l'équivalence de la solution en prenant en compte le droit du pays d'origine lors de l'application de son propre droit[1269]. Tout en admettant que le mécanisme conduirait formellement à l'application de la loi du pays d'accueil, il insiste sur ce que le principe peut avoir pour effet d'évincer la loi du pays d'accueil, dès lors que la prise en compte de la loi du pays d'origine est redondante avec celle du pays d'origine[1270]. Dit autrement, pour admettre la reconnaissance mutuelle, il faut s'assurer que la législation de l'État d'origine instaure un niveau de protection équivalent, à travers une comparaison entre le niveau de protection exigible résultant de la législation d'origine et celui des services en cause. Enfin, il est observé qu'en cas d'incertitude scientifique, il suffit que la législation, pour être équivalente, garantisse une protection adéquate de l'objectif poursuivi, qui peut être inférieure à l'exigence par l'État d'importation[1271]. Le mécanisme consiste, selon M. Gardeñes Santiago en une vérification de l'équivalence des résultats et, partant, requiert la justification de l'application du droit de l'État de destination. Néanmoins, le stade d'intervention du principe de reconnaissance mutuelle semble être débattu et diverge d'arrêt en arrêt[1272].

365. Règle de conflit ? D'autres auteurs vont jusqu'à détailler l'intervention du principe de reconnaissance mutuelle en tant qu'une règle de conflit de lois. Le lien entre le principe de reconnaissance mutuelle et le droit international privé a été mis en avant par les auteurs avant que le Traité de Lisbonne ne le rappelle en faisant une référence très apparente à ce principe au sein des compétences de l'Union relatives au droit international privé. Ainsi, il est souligné que le principe conduit systématiquement à l'application de la loi du pays d'origine dès lors qu'il existe une réglementation pour une matière, dans l'État membre d'origine[1273]. De ce point de vue, l'on pense à

[1267] C. BLUMANN, L. DUBOUIS, *Droit matériel de l'Union européenne*, préc., n° 566.

[1268] D. BUREAU, H. MUIR WATT, *Droit international privé*, tome 1, préc., n° 22.

[1269] M. GARDEÑES SANTIAGO, *La aplicación de la regla de reconocimiento mutuo y su incidencia en el comercio de mercancías y servicios en el ámbito comunitario e internacional*, préc., p. 384.

[1270] *Ibid.*

[1271] *Ibid.*

[1272] A. DEFOSSEZ, art. cité (note 1225).

[1273] J.-J. KUIPERS, art. cité (note 177).

une règle de conflit de lois (cachée)[1274]. Le raisonnement consiste à dire que l'application d'une loi autre que celle du pays d'origine pourrait se résoudre en une restriction à la circulation du service. D'un point de vue théorique, le principe de reconnaissance mutuelle est envisagé sous l'angle de la théorie des droits acquis[1275]. Néanmoins, il est largement reconnu que le principe de reconnaissance mutuelle ne vise pas à désigner la loi du pays d'origine d'une manière absolue, étant observé que le droit du marché intérieur sanctionne toutes les entraves aux libertés de circulation, y compris celles résultant de la loi du pays d'origine[1276].

366. Fonction. Cette conclusion n'intègre pas moins dans le conflit de lois un élément fonctionnel qui exige que la loi qui doive s'appliquer soit la moins restrictive à la personne venant d'un autre État membre. MM. Fallon et Meeusen refusent la reconnaissance d'un principe du pays d'origine ; ils conçoivent que le principe de reconnaissance mutuelle intervient d'une manière fonctionnelle en tant qu'il influence l'application de la loi désignée par la règle de conflit de lois[1277]. Dans une logique d'évitement des entraves, il viserait à combattre l'application illimitée de législations similaires et équivalentes d'États membres[1278]. Ceci leur permet de conclure qu'il est essentiellement un mécanisme de conflit de lois visant à promouvoir le fonctionnement du marché intérieur[1279]. Enfin, M. Grundmann exige la création d'un droit international privé à part, réservé à la libre circulation au sein du marché intérieur (*Binnenmarktkollisionsrecht*)[1280] : dans ce cadre, la loi applicable se déterminerait non pas selon la règle de conflit de lois, mais par référence au droit primaire qui désignerait la loi de l'État membre d'origine. Ainsi, il tient compte de la vocation régulatrice qui incombe à la règle de conflit de lois. Par ailleurs, il estime que, dans le domaine non

---

1274 J. BASEDOW, art. cité (note 1084) ; *critique* M. WILDERSPIN, X. LEWIS, « Les relations entre le droit communautaire et les règles de conflit de lois des Etats membres », *RCDIP* 2002, p. 1.

1275 *Ibid.*, qui renvoie vers l'un de ses articles, *cf.* J.-J. KUIPERS, « Cartesio and Grunkin-Paul: Mutual recognition as a vested rights theory based on party autonomy in private law », *Eur J Leg Stud* 2009, p. 66.

1276 M. WILDERSPIN, X. LEWIS, art. cité (note 1274); M. FALLON, J. MEEUSEN, art. cité (note 902), spéc. p. 59 ; CJCE, 10 mai 1995, C-384/93, *Alpine Investments,* pt. 30, *CMLR* 1996, p. 885, note S. WEATHERILL et p. 991, chron. S. WEATHERILL ; *JDI* 1997, p. 564, note M. LUBY ; *CDEur* 1998, p. 11, note N. BERNARD.

1277 M. FALLON, J. MEEUSEN, art. cité (note 902), spéc. p. 40.

1278 *Ibid.*, spéc. p. 45.

1279 *Ibid.*, spéc. p. 45 ; *cf.* J. BASEDOW, art. cité (note 1084) ; N. BERNARD, « La libre circulation des marchandises, des personnes et des services dans le Traité CE sous l'angle de la compétence », *CDEur* 1998, p. 33.

1280 S. GRUNDMANN, « Binnenmarktkollisionsrecht – vom klassischen IPR zur Integrationsordnung », *RabelsZ* 2000, p. 457.

harmonisé, la règle de conflit de lois autonome ressortirait de la liberté de circulation, alors que dans les domaines harmonisés – même *a minima* – les États membres n'auraient plus du tout de compétence pour imposer des règles plus restrictives aux cas transfrontaliers[1281]. Cette dernière position est toutefois critiquée pour son rapprochement du principe du pays d'origine. M. Kuipers rappelle la distinction entre le principe de reconnaissance mutuelle et le principe du pays d'origine[1282]. Alors que le principe du pays d'origine est ici écarté pour son éloignement de la logique du marché intérieur[1283], l'effet sanctionnateur du principe sur la règle de conflit de lois ne saurait être ignoré.

367. Sanction. En effet, le principe de la reconnaissance mutuelle semble plutôt intervenir en tant qu'une sanction du résultat de l'application de la règle de conflit de lois. Le mécanisme d'intervention des libertés de circulation ayant pour objet de contrôler le résultat de l'application de la règle de conflit de lois au regard du droit primaire, hiérarchiquement supérieur, l'idée que le principe de reconnaissance mutuelle contienne une règle de conflit de lois en tant que telle semble trop avancée. Elle semble également dangereuse eu égard au champ d'application limité de ce principe. Notons que l'intervention du principe de reconnaissance mutuelle se limite uniquement à enlever une double charge. Cette démarche est étrangère à la logique privatiste du conflit de lois qui cherche à établir laquelle des lois doit être désignée[1284]. En voulant déconnecter le principe de reconnaissance mutuelle de l'intervention de la règle de conflit de lois, il apparaît opportun de conclure que la reconnaissance mutuelle ne fait que renseigner sur l'impossibilité d'appliquer la règle de conflit de lois pour le résultat contraire aux libertés de circulation qui en résulte[1285].

368. Esprit. Son mécanisme d'intervention étant établi, nous pouvons en conclure que le principe de reconnaissance mutuelle a introduit un certain esprit au sein du droit de l'Union européenne[1286]. Cet esprit rappelle « que l'Union constitue un espace économique, social et juridique homogène », au sein duquel « [l]es État membres également soucieux des mêmes impératifs

---

[1281] S. GRUNDMANN, « Internal Market Conflict of Laws - From Traditional Conflict of Laws to an Integrated Two Level Order », A. FUCHS, H. MUIR WATT, É. PATAUT (dir.), *Les conflits de lois et le système juridique communautaire,* Dalloz, 2004, p. 5, spéc. p. 22 et s.

[1282] J.-J. KUIPERS, art. cité (note 177).

[1283] V. HEUZÉ, art. cité (note 1012).

[1284] J.-J. KUIPERS, art. cité (note 177).

[1285] *Ibid.*, qui renvoie vers « Cartesio and Grunkin-Paul: Mutual Recognition as a Vested Rights Theory Based on Party Autonomy in Private Law », *Eur J Leg Stud* 2009, vol. 2, n° 2, p. 66.

[1286] C. BLUMANN, L. DUBOUIS, *Droit matériel de l'Union européenne*, préc., n° 567.

[adoptent des] législations économiques [voisines] »[1287]. Ce constat n'est pas sans importance pour le conflit de lois où il s'agit de ménager les méthodes du conflit de lois, sans que la législation de l'État d'accueil n'impose son impérativité, génératrice de charges supplémentaires. En effet, la question s'est posée dans des cas où une législation nationale revendiquait son impérativité et devait s'appliquer en tant qu'une loi de police. Avant tout, il résulte du principe de reconnaissance mutuelle un bénéfice intégrationniste pour l'Union européenne. C'est ainsi que Mme Kessedjian pointe « le rôle exact du principe de reconnaissance mutuelle dont l'usage est grandissant et ne pourra que s'accroître encore avec l'évolution des besoins de la société dans une Europe intégrée »[1288].

369. Risques. M. Meeusen avance que le principe de reconnaissance mutuelle instaure le choix de la loi pour l'opérateur économique[1289]. De la même manière, M. d'Avout souligne que le principe de reconnaissance mutuelle conduit à l' « [a]mplification de la concurrence des législations nationales »[1290]. En droit du travail, il est observé que l'effet combiné des règles de conflit de lois et du principe de reconnaissance mutuelle qui favorise les conditions de travail de la loi d'origine, conduit au *dumping social*[1291]. Ceci aurait certes encouragé des législations impératives des États membres, tel que le rappelle le considérant n° 13 de la directive dite détachement[1292].

370. Lois de police. Pareille conclusion peut apparaître paradoxale si l'on se rappelle que le principe de reconnaissance mutuelle exprime également la logique sanctionnatrice à l'égard des lois de police. Mesurant l'influence du principe de reconnaissance mutuelle sur les méthodes du conflit de lois dans un contexte intra-européen, M. Gardeñes Santiago souligne qu'une fois l'applicabilité d'une liberté de circulation donnée, le principe conduit à la neutralisation des lois de police[1293]. D'une manière plus large, l'on peut concevoir que le principe de reconnaissance mutuelle limite l'applicabilité des lois de police des États membres, dès lors que les libertés de circulation sont en jeu. Le résultat est précisément l'application de la loi du pays d'origine à laquelle incombe une certaine extraterritorialité[1294]. À l'inverse, lorsque les

---

[1287] C. BLUMANN, L. DUBOUIS, *Droit matériel de l'Union européenne*, préc., n° 567.

[1288] C. KESSEDJIAN, art. cité (note 932), spéc. p. 192.

[1289] J. MEEUSEN, art. cité (note 1211), spéc. p. 315.

[1290] L. D'AVOUT, art. cité (note 1244).

[1291] *Cf.* A. DEFOSSEZ, *Le dumping social dans l'Union européenne. Étude à l'aune du droit primaire et de la directive détachement,* préc.

[1292] S. FRANCQ, art. cité (note 1249), n° 153.

[1293] M. GARDEÑES SANTIAGO, art. cité (note 677).

[1294] M. GARDEÑES SANTIAGO, *La aplicación de la regla de reconocimiento mutuo y su incidencia en el comercio de mercancías y servicios en el ámbito comunitario e internacional*, préc., p. 386.

libertés de circulation ne sont pas appliquées, l'on pourrait assister à une discrimination à rebours[1295].

371. En conclusion, la finalité de garantir la libre circulation des personnes, des jugements et des actes d'un État membre d'origine à un État membre d'accueil semble être venue imprégner la règle de conflit de lois. De cette façon, la règle de conflit de lois répondra aux obstacles pouvant naître de la diversité des législations[1296]. Se manifestant par le biais du mécanisme sanctionnateur à l'égard des entraves aux libertés de circulation, le principe de reconnaissance mutuelle ne conduit pas moins à une mise en avant de la loi du pays d'origine. En raison du recul du test d'équivalence, le principe de reconnaissance opère certainement à la défaveur de la protection du travailleur, dans le cadre de la libre prestation de services.

Paragraphe 2. Le principe de non-discrimination

372. Citoyenneté européenne. Le principe de non-discrimination est intrinsèque au contrôle de conformité aux libertés de circulation. Les violations des libertés de circulation ayant été étudiées d'une manière groupée avec les entraves, il a fallu attendre la consécration de la citoyenneté européenne, pour donner une plus-value au principe de non-discrimination lequel peut également être découvert dans ce contexte-là. Dès son origine, la Communauté économique européenne prohibait la discrimination en raison de la nationalité dans le contexte du marché commun. Le nouvel article 18 TFUE inscrit le principe dans la deuxième partie du traité relative à la non-discrimination et à la citoyenneté. Ce nouveau principe s'ajoute ainsi à l'interdiction des discriminations dans les domaines respectifs des libertés de circulation. À côté des dispositions relatives aux libertés de circulation, c'est cet article qui a une incidence sur l'application de la règle de conflit de lois dans un contexte intra-européen. Mme Borrás, qui étudie le lien entre les droits découlant de la citoyenneté européenne et le droit international privé, admet l'effet du principe de non-discrimination sur le conflit de lois[1297]. En allant plus loin, l'on peut s'interroger si le principe de non-discrimination ne contient

---

[1295] M. GARDEÑES SANTIAGO, *La aplicación de la regla de reconocimiento mutuo y su incidencia en el comercio de mercancías y servicios en el ámbito comunitario e internacional*, préc., p. 386.

[1296] J.-S. BERGÉ, D. PORCHERON, G. VIEIRA DA COSTA CERQUEIRA, art. cité (note 781), n° 100.

[1297] A. BORRÁS, « Le droit international privé communautaire : réalités, problèmes et perspectives d'avenir », *RCADI,* vol. 317, Brill, 2005, p. 323, spéc. p. 369.

pas une règle de conflit de lois[1298]. De premiers développements ont été dédiés à cette question par MM. Zweigert[1299] et Drobnig[1300].

373. Sanction du lien de rattachement à la nationalité. L'incidence du principe de non-discrimination s'est manifestée à l'égard d'un lien de rattachement en particulier. M. Meeusen, qui a pour ambition de démontrer « le lien entre la règle de conflit de lois bilatérale et le droit matériel désigné [...] d'une autre manière [...] plus intégrale »[1301], découvre un contrôle direct du résultat de l'application de la règle de conflit de lois au regard du principe de non-discrimination. Selon cet auteur, l'on peut déduire *a contrario* de l'affaire *Johannes* que la Cour de justice contrôle directement les règles de conflit nationales au regard du principe de non-discrimination[1302]. En l'espèce, celle-ci justifie son refus de sanction à l'égard de la règle de conflit en raison de l'absence de compétence en droit international privé du divorce. Une fois que le Traité d'Amsterdam est adopté, l'article 65 du Traité CE consacre la compétence nécessaire. Par la suite, l'affaire *Grunkin et Paul* confirme le contrôle du droit international privé des États membres au regard du principe de non-discrimination en raison de la nationalité[1303]. Notons que l'affaire porte sur le refus de reconnaissance du nom de l'enfant, tel qu'il le porte au Danemark par les services de l'état civil allemand. En effet, l'article 10 de l'EGBGB dispose que le nom de l'enfant est régi par la loi de l'État dont il porte la nationalité. Selon la Cour de justice, le refus de reconnaissance doit être sanctionné en tant qu'une entrave à l'article 18 du Traité CE instaurant les libertés de circulation des citoyens de l'Union[1304]. L'argument pratique consiste à dire que la différence entre le nom qui lui est reconnu en Allemagne et celui qu'il porte au Danemark, l'expose à des doutes sur son identité de la part des autorités. Bien que la Cour de justice ne retienne pas en l'espèce de violation du principe de non-discrimination de l'article 12 du Traité CE, elle consacre bien dans cette affaire le contrôle des règles de conflit de lois au regard de ce principe[1305].

[1298] J. MEEUSEN, « Le droit international privé et le principe de non-discrimination », *RCADI*, vol. 353, Brill, 2012, p. 9, spéc. p. 60 et s.

[1299] K. ZWEIGERT, « Einige Auswirkungen des Gemeinsamen Marktes auf das IPR der Mitgliedstaaten », E. V. CAEMMERER, H. J. SCHLOCHAUER, E. STEINDORFF (dir.), *Probleme des Europäischen Rechts. Festschrift Walter Hallstein*, 1966, p. 555.

[1300] U. DROBNIG, art. cité (note 934).

[1301] J. MEEUSEN, cours cité (note 1298), spéc. p. 61.

[1302] *Ibid.*, spéc. p. 62.

[1303] *Ibid.*, spéc. p. 64.

[1304] CJCE, 14 octobre 2008, C-353/06, *Grunkin et Paul,* pts. 21 à 39.

[1305] CJCE, 14 octobre 2008, C-353/06, *Grunkin et Paul,* pt. 20 ; pour des applications ultérieures, CJUE, 12 mai 2011, C-391/09, *Runevič-Vardyn et Wardyn*, pt. 65 ; aussi, 2 juin 2016, C-438/14, *Bogendorff von Wolffersdorff*, pt. 34, *Europe* 2016, n° 8, p. 14, note D. SIMON ; *RTD Eur* 2016, p. 648, note É. PATAUT ;

374. Sanction des liens de rattachement. M. Meeusen lit dans l'application de ce contrôle de non-discrimination sur les règles de conflit de lois le signe du développement d' « un droit international privé vraiment européen »[1306]. Cette extension du principe de non-discrimination aux matières autres que celles liées aux libertés de circulation marque « l'obligation de conformité du droit international privé au droit européen dans les matières non-économiques »[1307]. S'agissant de l'incidence précise du principe de non-discrimination sur les règles de conflit de lois, M. Meeusen explique qu'elle ne conduit pas nécessairement à la sanction de toute règle de conflit qui utilise la nationalité comme facteur de rattachement[1308]. De nombreux auteurs critiquent, par ailleurs, la possibilité de sanction au moyen du principe de non-discrimination[1309]. En revanche, il convient ici de se rappeler que c'est le résultat de l'application de la règle de conflit de lois qui est jugé au regard de sa compatibilité avec le droit primaire. À cet endroit, il est important de s'arrêter sur la notion de « discrimination », par opposition à celle de « disparité » des législations. La disparité n'est pas contraire au droit de l'Union, et « le fait que les règles de conflit varient en cas de non-harmonisation d'un État membre à l'autre crée certes une inégalité de traitement, mais ne constitue pas de discrimination au sens du droit communautaire »[1310]. Au-delà des réserves formulées, M. Meeusen reconnaît qu' « [i]l est en effet difficilement imaginable que toutes les règles de rattachement de type savignien sont, dans toutes les situations, ipso facto à l'abri d'une possible sanction, quel que soit leur contenu »[1311]. Alors que les règles de conflit de lois en matière familiale ou d'état des personnes utilisent traditionnellement la nationalité comme facteur de rattachement, toutes autres matières pour lesquelles la nationalité reste inhabituelle, notamment relatives aux échanges économiques, sont à observer avec prudence quant à la présence d'une discrimination par l'introduction de la nationalité comme facteur de rattachement[1312]. M. Fallon envisage notamment une absence d'objectivité du facteur de rattachement de la nationalité en matière de contrat de travail[1313].

JDE 2016, p. 317, note É. CUSAS ; *ADUE* 2016, p. 1019, chron. S. CORNELOUP, F. MAILHÉ, M. MANTOVANI, L. STARK ; *RCDIP* 2017, p. 278, note L. RASS-MASSON.

[1306] J. MEEUSEN, cours cité (note 1298), spéc. p. 71.

[1307] *Ibid.*, spéc. p. 74.

[1308] *Ibid.*, spéc. p. 87.

[1309] M. FALLON, « Les conflits de lois et de juridictions dans un espace économique intégré – L'expérience de la Communauté européenne », *RCADI,* vol. 251, Brill, 1995, n° 73.

[1310] J. MEEUSEN, cours cité (note 1298), spéc. p. 91.

[1311] *Ibid,* spéc. p. 98.

[1312] *Ibid.*, spéc. p. 100.

[1313] M. FALLON, art. cité (note 909).

Par ailleurs, l'émergence des règles de conflit de lois à coloration matérielle a été tant félicité que critiqué, particulièrement en raison du risque de discrimination.

375. Critique des lois de police. M. Meeusen explique que le contrôle au regard du principe de non-discrimination s'appliquerait notamment en ce qui concerne les lois de police[1314]. Le contrôle opéré conduirait certainement à la sanction des lois de police lesquelles attribueraient un champ d'application particulier au droit national d'un État membre. Lors du contrôle individualisé, il convient de prendre en compte leur champ d'application et les intérêts concernés[1315].

376. Travailleurs. D'une manière générale, il s'agit d'examiner toutes les règles de conflit de lois qui réservent le bénéfice d'un effet juridique plus favorable aux ressortissants nationaux, alors qu'elles refusent celui-ci aux étrangers[1316]. Soucieux des discriminations créées par les règles de conflit de lois en droit du travail, M. Meeusen critique la décision *Boukhalfa*, qui omettrait de « se pencher sur la question de fond, s'il y avait dans ce cas discrimination en raison de la nationalité (ce qui était bien vraisemblable) »[1317]. Cette dernière leçon nous semble utile en matière de droit du travail, et notamment en matière de détachement, où l'application de la directive dite détachement prive le travailleur du lien d'intégration et, partant, de la protection d'un travailleur local. L'importance démesurée de la loi du pays d'origine serait ainsi à proscrire au regard du principe de non-discrimination.

377. Mobilité. En résumé, dans un contexte intra-européen qui vise à promouvoir la mobilité transfrontalière[1318], il semble indispensable que les États membres abandonnent leur approche unilatérale[1319] en faveur d' « une perspective [...] multilatérale qui prend systématiquement en compte les intérêts et les points de vue des autres États-membres et les intérêts individuels et concrets des parties qui sont impliquées dans une situation transfrontalière »[1320]. L'influence des libertés de circulation sur le conflit de lois doit ainsi avoir pour conséquence de mettre à l'écart certains liens de rattachement dont celui relatif à la nationalité. D'une manière plus large, l'on évoque la prohibition de tous les rattachements qui visent à favoriser les

---

[1314] J. MEEUSEN, cours cité (note 1298), spéc. p. 105 et s.

[1315] *Ibid.*, spéc. p. 106.

[1316] *Ibid.,* spéc. p. 107.

[1317] *Ibid.*, spéc. p. 111.

[1318] J. MEEUSEN, art. cité (note 1208), spéc. p. 74.

[1319] *Ibid.*, spéc. p. 73, qui renvoie à K. J. SAARLOOS, *European private internatioanl law on legal parentage ? Thoughts on a European instrument implementing the principle of mutual recognition in legal parentage*, thèse université de Maastricht, 2010, p. 278.

[1320] *Ibid.*, spéc. p. 74.

nationaux du pays d'accueil. En ce qui concerne spécifiquement le travailleur détaché, l'on peut même songer à adapter l'interprétation du lien de rattachement du lieu d'exécution du travail, lequel ne doit pas conduire à soumettre les travailleurs systématiquement à la réglementation du travail de leur pays d'origine.

Sous-section 2. Le complément des principes de l'espace de liberté, de sécurité et de justice

378. Concept distinct. Rappelons que la compétence de l'Union européenne pour adopter les règles de droit international privé a été inscrite dans le titre IV du Traité CE, dans sa version résultant du Traité d'Amsterdam, et est désormais incorporée dans le titre V de la troisième partie du TFUE. Dès son origine, la compétence s'inscrit ainsi dans le cadre de l'espace de liberté, de sécurité et de justice dont les contours restent incertains[1321]. D'emblée, cet espace a été défini à partir de trois éléments caractéristiques[1322] : le respect des droits fondamentaux (article 67, § 1 TFEU), le respect des différents systèmes juridiques et des traditions des États membres (article 67, § 1 TFUE), et le respect du principe de subsidiarité (article 69 TFUE). Négativement, les responsabilités des États membres relatives au maintien du droit et de l'ordre ainsi que la protection de la sécurité interne demeurent inaffectées par le TFUE (article 72 TFUE).

379. Influence accrue de l'ELSJ. Désormais, l'article 3, § 2 TUE place l'établissement de cet espace au deuxième rang des finalités de l'Union européenne, donc au-dessus de celles relatives au marché intérieur et à l'union monétaire. Il semble notamment que l'objectif d'établir cet espace se soit éloigné de celui d'établir un marché intérieur[1323]. En effet, la consécration de l'ELSJ va bien au-delà de la seule intégration économique en accentuant désormais sur la mobilité des citoyens de l'Union européenne. Les grands principes de l'ELSJ visent généralement « la confiance mutuelle, l'importance des droits fondamentaux et de l'Etat de droit ainsi que le pluralisme juridique »[1324]. Nous nous situons ainsi dans un concept distinct de celui du marché intérieur qui est susceptible d'influencer, à son tour, le droit international privé.

380. Coopération judiciaire parmi d'autres. L'ELSJ est un concept vaste dont la coopération judiciaire en matière civile et commerciale n'est qu'un élément, visé à l'article 81 TFUE. Pour cette raison, la place du droit international privé au sein de ce concept demeure incertaine : « trop de

---

1321 *Cf.* H. LABAYLE, « Un espace de liberté, de sécurité et de justice », *RTD Eur* 1997, p. 813.

1322 J. MEEUSEN, art. cité (note 1211), spéc. p. 312.

1323 J. MEEUSEN, art. cité (note 1208), spéc. p. 82.

1324 S. POILLOT-PERUZZETTO, art. cité (note 1114), spéc. p. 56.

questions sont encore ouvertes pour définir aujourd'hui la position précise du droit international privé dans cet espace »[1325]. Plusieurs principes de l'ELSJ doivent exercer une influence considérable sur le droit international privé, et plus spécialement sur le conflit de lois. Rappelons que l'une des valeurs prônées au sein du marché intérieur est la mobilité ; cette valeur se trouve même renforcée par l'inscription des règles de conflit de lois dans l'ELSJ, par la référence implicite, dans la dénomination de cet espace, à la « liberté »[1326], qui rappelle l'absence de frontières intérieures.

381. Sécurité juridique. La formulation de la disposition relative à la compétence de l'Union européenne pour adopter des règles de conflit de lois rappelle le respect du principe de sécurité juridique, ancré dans le cadre du marché intérieur. En effet, l'article 81, § 2, c) évoque « la compatibilité des règles applicables dans les États membres en matière de conflit de lois ». Ce dont il résulte qu'il ne doit pas y avoir de différence des règles de conflit de lois selon le for qui traite d'une affaire[1327]. L'importance de pouvoir s'attendre à un même traitement du litige a été soulignée avec l'émergence de l'ELSJ[1328]. Ajoutons qu'un grand nombre de décisions de la Cour de justice sur l'interprétation des textes de droit international privé européen se fondent sur la prévisibilité des règles, voire plus généralement sur le principe de sécurité juridique[1329]. L'importance du principe de sécurité juridique dans ce contexte peut également être déduite des études sur l'effectivité de ce principe : il y est précisé que le droit des parties à un traitement effectif de leur litige dépend de la loi applicable, ce pourquoi le droit international privé doit assurer que la loi applicable aux litiges comportant un élément d'extranéité soit la même, peu importe le pays dans lequel les parties introduisent le litige[1330]. Néanmoins, il est observé que le principe de sécurité juridique se rapprocherait de la théorie de la justice conflictualiste, et s'éloignerait en cela de la prise en compte d'intérêts substantiels dans le conflit de lois[1331]. Or, il convient de lire les principes issus de l'ELSJ dans le contexte de ceux du marché intérieur, qui exercent également une influence. Le principe de sécurité juridique étant issu du système du marché intérieur, Mme Poillot-Peruzzetto suggère de le

---

[1325] J. MEEUSEN, art. cité (note 1208), spéc. p. 77.

[1326] J. MEEUSEN, art. cité (note 1211), spéc. p. 313.

[1327] O. REMIEN, art. cité (note 1053).

[1328] *Ibid.*

[1329] J.-S. BERGÉ, D. PORCHERON, G. VIEIRA DA COSTA CERQUEIRA, art. cité (note 781), n° 94.

[1330] P. BEAUMONT, M. DANOV, K. TRIMMINGS, B. YÜKSEL, « Cross-border Litigation in Europe: Some Theoretical Issues and Some Practical Challenges », P. BEAUMONT, M. DANOV, K. TRIMMINGS, B. YÜKSEL (dir.), *Cross-Border Litigation in Europe,* Hart Publishing, 2017, p. 819, spéc. p. 820.

[1331] *Ibid.*

« tempér[er] par un principe de flexibilité lié à la proximité »[1332]. *In fine*, il semble que le principe de sécurité juridique exige des rattachements plus stricts dès lors qu'il s'inscrit dans l'ELSJ, alors que nous avons souligné que la loi d'autonomie était l'expression la plus absolue de la flexibilité voulue par le marché intérieur.

382. Cohérence. Proche de la garantie de la sécurité juridique, la cohérence des ordres juridiques composant l'ELSJ doit être garantie au sein de cet espace. Il est ainsi observé que « [l]'adoption de règles de conflit qui auraient pour effet, par une application excessive du droit étranger, de freiner l'administration de la justice ou de menacer la cohérence de ces ordres serait difficile à réconcilier avec le postulat d'un espace de justice commun »[1333]. En nous rappelant les développements sur la diversité des législations au sein de l'Union européenne, il nous apparaît que l'apport des principes de l'ELSJ consiste à exiger une proximité du litige avec le système juridique dont la loi doit être désignée. Évoquons dans ce contexte également le principe de subsidiarité qui contribue à garantir la cohérence discutée. En effet, les principes relatifs à l'ELSJ y font également référence. Adopté par le Traité de Maastricht pour compenser l'extension considérable des compétences de la Communauté européenne, ce dernier principe exige que la réglementation soit créée à l'échelon législatif le plus près des citoyens. C'est cette fonction qui peut également influencer la fonction de la règle de conflit de lois que l'on attend. Par ailleurs, la référence au principe de subsidiarité parmi les principes relatifs à l'ELSJ rappelle l'importance de la méthode de coordination des législations par rapport à l'harmonisation substantielle. L'harmonisation totale des droits des États membres n'est pas voulue ; elle conduirait, de surcroît, à l'abandon du principe de subsidiarité. Ainsi, le maintien du principe de subsidiarité parmi les principes régissant l'ELSJ nous apprend de l'importance de la coordination des législations. Or, l'harmonisation du droit international privé quant à elle est un moyen d'améliorer la sécurité juridique et la clarté du droit, tout en évitant de porter préjudice au domaine sensible des droits nationaux substantiels en matière civile.

383. Proximité. L'incidence du principe de sécurité juridique se démarque certainement sous la forme d'une exigence de proximité de la situation avec l'ordre juridique dans lequel l'on l'inscrit. Eu égard à « l'importance du citoyen [et] à l'importance de la justice » dans cet espace, un principe de flexibilité « sous-jacent »[1334], lié à la proximité, a été découvert, qui modère l'intervention du principe de sécurité juridique. Souvent évoqué dans ce contexte, le principe de proximité est peu conçu comme un objectif du droit européen[1335]. Ce positionnement résulte de la jurisprudence en la matière,

---

[1332] S. POILLOT-PERUZZETTO, art. cité (note 1114), spéc. p. 56.
[1333] J. BASEDOW, art. cité (note 1110), spéc. p. 280.
[1334] S. POILLOT-PERUZZETTO, art. cité (note 1114), spéc. p. 56.
[1335] C. KESSEDJIAN, art. cité (note 1181), spéc. p. 113.

notamment l'affaire *Garcia Avello*[1336], alors que l'affaire *Grunkin et Paul*[1337] semble le faire valoir[1338]. Le principe de proximité s'avère être contraire à la logique de circulation, ce pourquoi la Cour de justice semble s'y être opposée. Il est également incompatible avec la sécurité juridique. Selon d'autres auteurs, le principe de proximité serait réduit à une exception mineure[1339]. Malgré les doutes observés, nous concluons avec Mme Kessedjian que la proximité apparaît clairement dans les arrêts portant sur le droit international privé du travail[1340]. Bien que cela reste à développer[1341], nous pouvons d'ores et déjà signaler l'influence du principe de proximité sur les mécanismes du droit international privé européen.

384. Priorité. Compte tenu des développements précédents sur la jurisprudence de la Cour de justice en matière de conflit de lois, l'on pourrait songer à en déduire une priorité de l'ELSJ. Celle-ci se démarque clairement « depuis les décisions Owusu et Garcia Avello, lues en conjonction avec l'avis 1/03 et encore plus avec le Traité sur le fonctionnement de l'Union européenne »[1342]. Quant à la finalité, elle vise à faire prévaloir l'ordre interne de l'Union européenne, en imposant les principes de cet ordre vis-à-vis de l'extérieur[1343]. Pour conclure, cela signifie que les principes liés au marché intérieur sont modérés en raison des principes liés à l'ELSJ. Alors que le besoin de sécurité juridique se trouve tempéré pour des besoins de flexibilité et de proximité, les principes des deux espaces ne s'excluent pas en tant que tels. Il convient de les articuler. L'impact des principes des deux espaces sur les fonctions du droit international privé européen a été résumé par Mme Poillot-Peruzzetto : « le droit international privé permet la concurrence entre les normes recherchées dans le cadre du marché intérieur, alors qu'il coordonne la diversité des systèmes dans le cadre de l'ELSJ »[1344]. L'ELSJ étant né après le marché intérieur, il s'inscrit nécessairement dans la continuité de la logique de libre circulation de ce dernier.

[1336] CJCE, 2 octobre 2003, C-148/02, *Garcia Avello*.

[1337] CJCE, 14 octobre 2008, C-353/06, *Grunkin et Paul*.

[1338] C. KESSEDJIAN, art. cité (note 1181), spéc. p. 113.

[1339] S. LEIBLE, M. LEHMANN, « Die Rom I-Verordnung », *RIW* 2008, p. 528, spéc. p. 536.

[1340] CJCE, 26 mai 1982, aff. 133/81, *Ivenel* ; CJCE, 15 janvier 1987, aff. 266/85, *Shenavai* ; CJCE, 13 juillet 1993, C-125/92, *Mulox*, pts. 17 et 25, qui semblent affirmer, au sujet du conflit de juridictions, que la proximité est protectrice des intérêts du salarié.

[1341] *Infra*, n° 655 et s.

[1342] C. KESSEDJIAN, art. cité (note 1181), spéc. p. 111.

[1343] *Ibid.*

[1344] S. POILLOT-PERUZZETTO, art. cité (note 1114), spéc. p. 57.

Conclusion de section

385. Dès lors que la mobilité est au cœur du projet européen, la Commission européenne observe qu'il convient de renforcer la mobilité en supprimant les obstacles que les citoyens peuvent encore rencontrer lorsqu'ils décident d'exercer leur droit à la libre circulation, en travaillant dans un autre État membre[1345]. Telles sont les dernières lignes directrices données pour l'évolution des règles de conflit de lois européennes. La mobilité étant un terme vaste, elle inclut nécessairement la promotion de la libre circulation, telle qu'elle résulte du concept de marché intérieur. Le principe de reconnaissance mutuelle a été étudié en tant qu'une manifestation de l'influence des libertés de circulation sur le conflit de lois. Il veut une facilitation de la mobilité des situations juridiques à travers les frontières, sans parfois mesurer les inconvénients d'une application hâtive de la loi du pays d'origine. Le principe de non-discrimination, issu du contexte de la citoyenneté européenne, semble, lui, interdire l'inégalité résultant des différences entre les locaux et les étrangers. Par ailleurs, l'imbrication de la compétence en matière de droit international privé au sein de l'ELSJ signifie un besoin de proximité entre la situation et le système juridique désigné compétent. Ces principes influencent concomitamment le conflit de lois.

[1345] Conseil européen, « Le programme de Stockholm – Une Europe ouverte et sûre qui sert et protège les citoyens », *JOUE*, C 115/1, 4 mai 2010.

Section 2
La transmission des principes européens aux règles de conflit de lois

386. Nécessité de la prise en compte des principes. Les principes des deux espaces devant être transmis au droit international privé, ils contribuent à façonner cette matière. Par l'influence de ces principes, les règles de conflit de lois deviennent européennes. Les principes désignés caractérisent deux composantes de l'Union européenne. C'est l'influence des principes du marché intérieur qui s'est présentée de la manière la plus remarquable : les règles de conflit de lois font l'objet du contrôle au regard des libertés de circulation auquel s'exposent particulièrement les lois de police. Pour l'heure, l'Union européenne n'a pas pleinement utilisé sa compétence pour adopter des règles de conflit de lois et n'a pas pris en compte les intérêts de l'ELSJ notamment. Nous pouvons résumer, d'une façon très schématique, que les espaces visent à renforcer la libre circulation des acteurs, pour les libertés de circulation, et à garantir davantage de proximité, pour l'ELSJ.

387. Renouveau de la méthode du conflit de lois. Avec cette prise de conscience s'impose un renouveau de la méthode du conflit de lois au niveau européen. Partant du constat que le droit international privé s'alimente du désir d'imposer sa propre volonté politique, des règles de conflit de lois doivent correspondre aux règles substantielles adoptées sur son espace[1346]. L'affirmation de Mme Kessedjian selon laquelle « [i]l est [...] de l'essence même de cette méthode de faire fonctionner plusieurs systèmes juridiques ensemble, chaque système étant pris pour ce qu'il est, avec ses valeurs et sous-jacents philosophiques ou de politique juridique et judiciaire »[1347], mérite d'être développée dans un contexte européen. Partant de l'objet des libertés de circulation, il convient de mesurer les convergences entre l'objet de cet espace et l'objet du droit international privé. Rappelons que ce dernier a, par définition, pour vocation d'articuler les intérêts privés dans le cadre des relations internationales. Ceci vaut dans un contexte de coexistence des législations de plusieurs États membres qui sont, au moins partiellement, le résultat du processus de rapprochement des législations. Or, de quelle manière les règles de conflit de lois articulent-elles les intérêts privés ? Les objectifs de quel espace défendent-elles en articulant ? Les principes de l'ELSJ interviennent à titre de complément.

388. Plan. Nous affirmerons d'emblée l'existence d'un lien entre les libertés de circulation et le droit international privé (sous-section 1). Le droit

[1346] J. BASEDOW, art. cité (note 1110), spéc. p. 278.

[1347] C. KESSEDJIAN, « Le droit international privé : archétype de coordination des systèmes juridiques », B. BONNET (dir.), *Traité des rapports entre ordres juridiques*, LGDJ, 2016, p. 1183.

international privé étant désormais de nature européenne, la règle de conflit de lois poursuit des objectifs résultant des libertés de circulation. Plus encore, la règle de conflit de lois intervient au service de ce marché à la régulation duquel elle contribue. Nous démontrerons ainsi la nature régulatrice de la règle de conflit de lois européenne (sous-section 2).

Sous-section 1. Convergences et divergences d'objets entre le conflit de lois et le marché intérieur

389. Un heurt virtuel. Adoptées sur le fondement de l'article 81 TFUE et soumises aux principes du marché intérieur, les règles de conflit de lois font elles-mêmes partie du droit de l'Union européenne. D'un côté, il apparaît *a priori* que le champ d'application des règles de conflit de lois est influencé par celui du droit de l'Union au sens large. À l'instar de Mme Borrás, il convient de délimiter l'application spatiale du droit de l'Union européenne[1348]. C'est au sein de cet espace que les règles de conflit de lois de source européenne ont vocation à intervenir. D'un autre côté, par leur nature spécifique, les règles de conflit de lois s'opposent à la logique du droit de l'Union européenne. Dans la continuité des réflexions entamées par Savatier[1349], nous envisageons « [l]e heurt virtuel entre les méthodes du droit international privé et celles du droit communautaire »[1350]. Ce heurt qui se présente par le biais du contrôle des lois de police au regard des libertés de circulation[1351] sera étudié sous forme positive, à partir de l'influence du droit du marché intérieur sur le conflit de lois. Plus précisément, l'analyse doit cibler l'objet du conflit de lois. En quoi les objets du droit international privé et du droit du marché intérieur convergent-ils ?

390. Plan. Nous étudierons les deux matières, à partir de leur fonction coordinatrice des législations (paragraphe 1), avant d'envisager les limites résultant du droit du marché intérieur pour le conflit de lois (paragraphe 2).

Paragraphe 1. Les règles de conflit de lois en tant que droit de l'Union européenne

391. Marché intérieur. Dans le Traité de Rome, il est énoncé que la Communauté économique européenne a pour objet « l'établissement d'un marché commun et par le rapprochement progressif des politiques

---

[1348] A. BORRAS, « Le droit international privé communautaire : réalités, problèmes et perspectives d'avenir », *RCADI,* vol. 317, Brill, 2005, p. 323, spéc. p. 338 et s.

[1349] R. SAVATIER, « Le Marché commun au regard du droit international privé », *RCDIP*, 1959, p. 237.

[1350] P. LAGARDE, A. TENENBAUM, art. cité (note 128).

[1351] *Ibid.*

économiques des États membres, de promouvoir un développement harmonieux des activités économiques dans l'ensemble de la Communauté, une expansion continue et équilibrée, une stabilité accrue, un relèvement accéléré du niveau de vie, et des relations plus étroites entre les États qu'elle réunit »[1352]. Parmi les moyens permettant d'y parvenir, le même traité vise à l'article 3, c) l'abolition, entre les États membres, des obstacles aux libertés de circulation. On peut y lire l'intolérance à l'égard des obstacles aux libertés de circulation, mais également un intérêt à la coordination des réglementations des États membres. Il apparaît ainsi indéniable que les droits nationaux doivent être coordonnés dans cet espace. Cette coordination passe par l'utilisation des règles de conflit de lois.

392. Intérêt européen. Limiter les influences au seul droit du marché intérieur serait réducteur. Nous nous autorisons ainsi à défendre que les règles de conflit de lois soient elles-mêmes soumises à la logique du droit primaire. M. Meeusen rappelle qu'il convient de prendre en compte, lors du contrôle de l'application des règles de conflit de lois, les différentes exigences inscrites dans les traités : l'article 18 TFUE sur le principe de non-discrimination en matière de nationalité, les libertés de circulation, la citoyenneté européenne ainsi que l'ELSJ[1353]. Dans la continuité de nos développements antérieurs, il convient de considérer que l'ancrage de la règle de conflit de lois à la fois à l'ELSJ et au marché intérieur lui confère un véritable intérêt européen. Ceci apparaît d'autant plus convaincant que les objets des deux espaces ont parfois été décrits comme convergents.

393. Coordination des systèmes. L'objet du droit international privé, de son côté, est initialement visé sous l'angle de la coordination des systèmes. C'est ainsi que Batiffol souligne que « [l]e développement moderne du droit international privé suggère qu'il tend vers un ordre de systèmes, en ce sens qu'il travaille à la coordination de systèmes distincts coexistants, afin de soumettre à un régime défini les relations privées qui, par leur caractère international, se présentent comme s'insérant simultanément dans plusieurs systèmes différents »[1354]. Par « système », il entend chaque droit privé national qu'il convient de coordonner[1355]. Ainsi, le droit international privé aurait pour objet de coordonner les droits privés nationaux, qui ont des liens réalistes avec une situation. Plus précisément, il s'agit « de chercher le domaine respectif de chaque loi intéressée »[1356]. Cette description de l'objet du droit international privé est représentative d'une époque où le droit

---

[1352] Article 2 du traité instituant la Communauté économique européenne (traité de Rome) de 1957.

[1353] J. MEEUSEN, communication citée (note 1150).

[1354] H. BATIFFOL, *Aspects philosophiques du droit international privé*, préc., n° 7.

[1355] *Ibid.*, n° 8.

[1356] *Ibid.*, n° 11.

international privé est de source étatique. En effet, il convient de placer cette position dans un contexte historique où « [i]l n'existe pas en effet [...] à proprement parler de pouvoir supérieur aux États »[1357]. Résumer la fonction du droit international privé à la coordination des systèmes semble devenir problématique, dès lors que le droit international privé est de source supranationale.

394. Droit international privé européen. Sans évoquer les évolutions du côté de la Conférence de La Haye, nous citons surtout les conventions européennes en matière de conflit de lois, et plus tard, les règlements qui ajoutent des sources supranationales en droit international privé. Cette évolution constitue un retour dans l'histoire du droit international privé, étant remarqué que l'on est passé, au 19e siècle, sous l'influence du positivisme international, à la création d'un droit international privé national propre à chaque État[1358]. Alors que le droit international privé était devenu l'expression de la souveraineté des États, certaines règles sont adoptées par l'ordre supranational. C'est certainement l'apparition de ce nouveau niveau d'adoption qui explique les discussions sur la force obligatoire du droit international privé européen par les ordres juridiques internes. Tout en affirmant que l'Union européenne constitue un ordre juridique, M. Mayer observe que celle-ci n'a pas « vocation à régir des relations privées, qui pourraient être notamment des relations entre personnes établies dans des États membres différents »[1359]. Il explique que l'Union européenne ne dispose pas de juridictions compétentes pour régir les situations privées, et est ainsi dépourvue d'organes de contrainte. « Or une règle n'existe en tant que règle de droit positif, dotée d'impérativité, que dans la mesure où elle appartient à un ordre juridique susceptible de la mettre effectivement en œuvre »[1360], poursuit-il. Dans une suite logique, les règles de droit privé « ne sont des règles de droit positif qu'en tant qu'elles sont intégrées dans le droit national des États membres, qui mettent leurs juges et leurs organes de contrainte au service de leur mise en œuvre »[1361]. De tels arguments contribuent à la conception que les règles de droit international privé qui affectent l'application des règles substantielles restent également de source nationale, et n'aient d'effet contraignant que par leur intégration dans un ordre juridique national. Ainsi, le droit international privé ne peut pas être de source européenne. En même temps, le droit européen commande que les législations

---

[1357] H. BATIFFOL, *Aspects philosophiques du droit international privé*, préc., n° 46.

[1358] A. MILLS, *The Confluence of Public and Private International Law. Justice, Pluralism and Subsidiarity in the International Constitutional Ordering of Private Law*, préc., chapter 2.

[1359] P. MAYER, cours cité (note 1193), n° 58.

[1360] *Ibid.*

[1361] *Ibid.*

des États membres soient coordonnées. Cette coordination relèverait toujours des États membres qui auraient un pouvoir de contrainte pour imposer leur législation.

395. Redéfinition fonctionnelle. La définition du droit international privé semble se détacher davantage de celle qui vise la coordination des systèmes étatiques. Cela conduit, en conséquence, à détacher le conflit de lois des intérêts étatiques en tant que tels. Mme Muir Watt et M. Bureau comparent l'évolution du conflit de lois en Europe occidentale à celle des États-Unis, pour parvenir à la conclusion que l'Europe « a eu aussi à répondre aux conséquences de l'émergence de l'État interventionniste en matière économique et sociale ainsi qu'à l'importance accrue de la dimension juridictionnelle des conflits »[1362]. Ils conçoivent notamment que le conflit de lois peut ne refléter que l'articulation des intérêts privés, ce qu'ils désignent comme la « représentation privatiste de la fonction de la règle de conflit »[1363].

396. Primauté. En voulant affirmer cette fonction du droit international privé européen, l'on souligne également la légitimité de son avènement. Nous constatons l'apparition d'un droit de l'Union européenne plus vaste qui inclut désormais, parmi d'autres, le droit international privé[1364]. L'affirmation du principe de primauté du droit de l'Union européenne, et l'intégration européenne, semblent avoir modifié notre point de départ. Elle rend aussi la position, selon laquelle le droit international privé européen n'aurait pas de force contraignante, difficilement défendable. En conséquence, le droit international privé européen conceptualise désormais qu'il est intrinsèquement lié aux principes du fédéralisme européen et aux droits et obligations régissant le marché intérieur[1365]. Il semble refléter les intérêts de cet espace lors de la réglementation des intérêts privés. L'existence du débat sur la raison d'être du droit international privé européen n'évoque pas moins celui de la particularité du droit international privé de source européenne, qui vient de remplacer ou de compléter le droit international privé étatique.

397. Convergence des compétences. Les intérêts que la règle de conflit de lois prend en compte sont nécessairement ceux de l'ordre supranational, européen. Cela reflète aussi les mutations du pouvoir interventionniste en matière économique et sociale qui, lui, semble s'être décalé au niveau de

---

[1362] D. BUREAU, H. MUIR WATT, *Droit international privé*, tome 1, préc., n° 332.

[1363] *Ibid.*, n° 341.

[1364] A. DICKINSON, art. cité (note 918), spéc. p. 200, d'un point de vue critique, dans la version originale : « [a]rguably private international law would no longer exist as an independent subject area but would be a mere subcategory of the ever expanding province of European Community law ».

[1365] A. MILLS, *The Confluence of Public and Private International Law. Justice, Pluralism and Subsidiarity in the International Constitutional Ordering of Private Law*, préc., p. 300.

l'Union européenne[1366]. Partant, il reviendrait à la règle de conflit de lois le rôle de s'assurer de l'alignement des espaces d'intervention du pouvoir et du champ d'application d'une réglementation. L'Union européenne ne devrait-elle édicter des règles qui déterminent, par ailleurs, l'application des réglementations qui la concernent ? Cela imposerait au moins la compétence de l'Union européenne pour le conflit de lois dans les matières pour lesquelles l'Union européenne dispose d'une compétence d'harmonisation. Plus largement, il est affirmé que les réglementations étatiques peuvent entraver le droit de l'Union européenne, même en dehors des domaines pour lesquels l'Union européenne dispose d'une compétence. Rappelons à cet effet le fondement de la compétence de l'Union européenne en matière de droit international privé, qui n'est pas nécessairement lié à l'exigence d'une compétence harmonisatrice du droit matériel : « [l]a compétence de l'Union européenne pour légiférer dans le champ des obligations semble fondée sur le soutien que constitue l'harmonisation des règles de conflit à la reconnaissance mutuelle des décisions et la coopération judiciaire. Cet argument ne tient cependant que s'il est démontré que la reconnaissance mutuelle des décisions de justice présuppose, au-delà de la simple fongibilité, l'identité des lois appliquées »[1367]. Rejetant la pertinence de cette dernière prémisse, Mme Muir Watt et M. Bureau relient l'exigence d'une compétence en matière de conflit de lois à l'impératif de sécurité juridique et de prévisibilité dans cet espace[1368]. En conséquence, le droit international privé est imaginé comme intervenant au service de l'adaptation du domaine d'application des réglementations privées étatiques au marché intérieur.

398. Fin du particularisme. Il convient ainsi d'adapter la règle de conflit de lois à l'espace dans lequel elle intervient. Malgré l'inexistence d'un espace intégré tel que celui de l'Union européenne, au moment de la rédaction des écrits de Batiffol, nous retrouvons chez cet auteur la curieuse imagination d'une règle de conflit de lois adaptée à un espace régional composé de plusieurs systèmes existants : « si on veut concilier la rationalité du droit et la divergence des systèmes existants, il faut tenir compte de la diversité des structures sociales. Or, les règles de conflit de lois sont précisément divergentes d'un pays à l'autre, cette divergence est même regardée comme particulièrement surprenante et fâcheuse pour le règlement de relations intéressant, par définition, plusieurs systèmes »[1369]. Néanmoins, « les structures sociales considérées ne dictent pas la solution »[1370]. Ce sont ces

[1366] *Infra*, n°458.

[1367] D. BUREAU, H. MUIR WATT, *Droit international privé*, tome 2, préc., n° 1009.

[1368] *Ibid.*

[1369] H. BATIFFOL, *Aspects philosophiques du droit international privé*, préc., n° 84.

[1370] *Ibid.*, n° 85.

réflexions qui semblent conduire au bouleversement du particularisme qui défend « que la règle de conflit de lois a ses racines dans le système juridique national interne et qu'il est donc normal qu'elle diffère d'un État à l'autre »[1371]. À l'horizon européen, nous tendons vers une tendance universaliste, qui permet d'affirmer que la règle de conflit de lois est la même partout. Cette clarification semble être nécessaire pour pouvoir identifier une règle de conflit de lois supranationale, européenne, s'adaptant aux besoins de l'espace dans lequel elle intervient.

399. Argument fonctionnel et marché intérieur. Alors que nous évoquions la coordination des ordres juridiques, nous découvrons désormais une règle de conflit de lois à laquelle revient la fonction d'articuler les intérêts privés. Or, cette articulation s'opère au sein de l'espace de l'Union européenne, dans lequel coexistent plusieurs systèmes juridiques. M. Mills souligne l'importance du droit international privé dans l'Union européenne, dans un contexte de pluralisme de systèmes juridiques[1372]. Partant de cette fonction coordinatrice, il rejette les thèses qui défendent que le droit international privé soit principalement de source nationale, en raison des intérêts politiques nationaux qu'il poursuit[1373]. Il rejette ces thèses notamment puisqu'elles conduisent à admettre que le droit international privé serve une fonction publique, tout en étant constitué de normes de rang inférieur, disposant de caractéristiques et d'effets propres[1374]. Cette argumentation sur l'importance du droit international dans un contexte de pluralité législative ne fait que rappeler le caractère indispensable du droit international privé européen pour le bon fonctionnement du marché intérieur. De la même sorte que le droit substantiel est harmonisé, nous assistons à l'adoption, dans ce même espace, de règles de conflit de lois harmonisées. Plus précisément, M. Mills souligne que l'utilité du droit international privé européen apparaît, en l'absence d'une européanisation complète du droit privé[1375]. Ainsi, il souligne qu'il incombe une fonction coordinatrice – par défaut – au droit international privé, visant à articuler les législations étatiques[1376]. En même temps, il s'inscrit dans le courant qui envisage le droit international privé comme disposant d'une fonction répartitrice, en délimitant l'intervention étatique dans certaines matières[1377].

[1371] H. GAUDEMET-TALLON, « Le pluralisme en droit international privé : richesses et faiblesses (le funambule et l'arc-en-ciel) », *RCADI*, vol. 312, Brill, 2005, n° 89, qui décrit le courant particulariste qui s'est développé au XIXe siècle en tant qu'une tendance doctrinale.

[1372] A. MILLS, art. cité (note 97), spéc. p. 373.

[1373] *Ibid.*

[1374] *Ibid.*

[1375] *Ibid.*

[1376] *Ibid.*

[1377] *Ibid.*

400. Affirmation attendue d'un intérêt européen. Le droit international privé, tel qu'il est adopté sur le fondement de l'article 81 TFUE, s'avère ainsi être du droit de l'Union européenne. En conséquence, la règle de conflit de lois européenne reflète nécessairement un intérêt européen. C'est cet intérêt de la règle de conflit de lois dont nous cherchons à envisager la prise en compte. Notre démarche doit passer par la déconnexion de la règle de conflit de lois de son héritage théorique l'inscrivant dans la technique conflictuelle des Etats membres et du droit conventionnel. À l'origine, l'absence de caractère véritablement européen des règles de conflit de lois, contenues dans la convention de Rome et dans les directives sectorielles, est regrettée. Or, au moment de l'utilisation de la compétence en matière de droit international privé, la question doit se poser sous un angle nouveau. L'européanisation du droit international privé est entamée dans le domaine du conflit de juridictions : il s'agit d'une européanisation inachevée. Au sujet des règles de conflit de juridictions, il est déploré que le reformatage de la convention de Bruxelles en un règlement ne s'accompagne pas d'une modification essentielle qui rendrait les règles spécifiquement communautaires. Les règles de conflit de lois s'inscrivant dans la continuité des textes existants en matière de conflit de juridictions, elles sont affectées, de la même manière de l'insuffisance de la « communautarisation »[1378]. Face à cette absence de prise en compte, les auteurs se manifestent pour revendiquer le caractère européen du droit international privé nouvellement acquis depuis l'instauration d'une compétence européenne en la matière. Ils prônent l' « identité pour le droit international privé européen »[1379] ou « la spécificité du droit international privé européen »[1380], avant que les investigations ne puissent s'intéresser au contenu des règles de conflit de lois européennes.

401. Volonté du législateur européen. Malgré la timidité de ces revendications, l'identité européenne des règles de conflit de lois ne peut être niée. Elle peut notamment être découverte lors de leur interprétation par la Cour de justice. Cette remarque vaut plus généralement pour toutes les règles de droit dérivé[1381] . Les récentes décisions sur le règlement Rome I

[1378] M. FALLON, « Approche systémique de l'applicabilité dans l'espace de Bruxelles I et de Rome I », J. MEEUSEN, M. PERTEGAS et G. STRAETMANS (dir.), *Enforcement of International Contracts in the European Union. Convergence and divergence between Brussels I and Rome I*, Intersentia, 2004, p. 147.

[1379] J. MEEUSEN, art. cité (note 1208).

[1380] S. POILLOT-PERUZZETTO, art. cité (note 1114).

[1381] D. MARTINY, « Europäisches Internationales Schuldrecht – Feinarbeit an Rom I- und Rom II-Verordnungen », *ZEuP* 2018, p. 218 ; *cf.* U. MAGNUS, « Rom I und der EuGH – für die Auslegung der Rom I-VO bereits relevante Rechtsprechung », K. HILBIG-LUGABI et al. (dir.), *Zwischenbilanz – Festschrift für Dagmar Coester-Waltjen*, Gieseking Verlag, 2015, p. 555.

contiennent l'affirmation expresse de la volonté du législateur européen. L'arrêt *Nikiforidis* s'y réfère à plusieurs reprises[1382]. Ses motifs visent à justifier le champ d'application du règlement à la relation contractuelle. Le fait d'inclure un contrat conclu avant la date d'entrée en vigueur du règlement Rome I, dans le champ d'application temporel du texte, est contraire à la volonté du législateur. Cette conclusion vaut même lorsque le consentement des parties est réaffirmé postérieurement à cette date. Y est lié le « principe de sécurité juridique et, plus particulièrement [...] la prévisibilité de l'issue des litiges et [...] la sécurité quant au droit applicable »[1383]. Cela induit, en conséquence, une interprétation stricte de l'article 9 du règlement Rome I relatif aux lois de police. Notons enfin que les principes y cités font songer à l'impact des principes de l'ELSJ.

402. Transmission sur la règle de conflit. Une fois cet intérêt européen affirmé, se pose la question de sa transmission sur la règle de conflit de lois. Pour pouvoir développer une fonction européenne, le droit international privé doit avoir intégré les principes des deux espaces. Mme Camus fait un état des lieux des règles de conflit de lois européennes : « [a]sservies aux objectifs de l'Union européenne, à coloration parfois publiciste, les règles de conflit de lois uniformes voient de manière plus générale leur fonction se transformer »[1384]. M. Meeusen constate l'émergence d'un droit international privé européen, défini comme « une collection, et peut-être déjà un système, de règles de droit international privé en plein développement qui se situe dans un cadre spécifique constitué par les traités européens avec leurs objectifs, méthodes et instruments »[1385]. Néanmoins, l'identification de l'intérêt européen dans les règles elles-mêmes reste encore obscure. Cet intérêt européen est toutefois lisible dans le champ d'application des règles de conflit de lois lesquelles sont d'application universelle[1386]. Nous rencontrons ainsi l'affirmation suivant laquelle les règles de conflit de lois n'ont plus spécifiquement pour objectif de délimiter le champ d'application des normes de droit privé contenues dans les droit primaire et dérivé. Une telle conclusion va à l'encontre de ce qui a encore été prôné lors des débats sur la recherche de la légitimité du droit international privé de l'Union lui-même[1387]. Tout en faisant partie du droit de l'Union européenne, les règles de conflit de lois n'ont pas spécifiquement pour objectif de délimiter l'application des normes de droit privé des États membres seulement.

[1382] CJUE, 18 octobre 2016, C-135/15, *Nikiforidis*, pt. 34.

[1383] CJUE, 18 octobre 2016, C-135/15, *Nikiforidis*, pt. 36.

[1384] C. CAMUS, *La distinction du droit public et du droit privé et le conflit de lois*, préc., n° 209.

[1385] J. MEEUSEN, art. cité (note 1208), spéc. p. 71.

[1386] J. BASEDOW, art. cité (note 1067), spéc. p. 701 et s.

[1387] W.-H. ROTH, art. cité (note 916).

Paragraphe 2. L'intervention des règles de conflit de lois limitée par le droit de l'Union européenne

403. Limitations spatiales. Partant de l'affirmation d'une certaine émancipation du champ d'application spatial des règles de conflit de lois par rapport au droit de l'Union européenne, nous nous interrogeons sur les limitations qui demeurent. En effet, le droit du marché intérieur bénéficie d'un champ d'application limité dans l'espace. L'effet direct des dispositions du droit de l'Union exige l'intégration du litige à son territoire, dit autrement, un élément intra-communautaire ou intra-européen. Historiquement, les règles de conflit de juridictions ont été les premières règles de droit international privé européennes. Celles-ci exigent, pour leur applicabilité dans l'espace, que « le litige [soit] intégré à l'Union européenne. Il existe plusieurs critères pour mesurer l'intégration du litige à l'Union. Le critère principal est la situation du domicile du défendeur dans un État de l'Union »[1388], souligne M. Cachard. Il n'en demeure pas moins que l'on a assoupli les critères d'applicabilité spatiale du règlement, afin de promouvoir le marché intérieur. La possibilité de multiplier le nombre de juridictions compétentes au regard des règles de conflit de juridictions a été développée à propos du règlement Bruxelles I : l'arrêt *Mahamdia* met ainsi en avant la protection du travailleur, que nous supposons liée au marché intérieur[1389]. En l'espèce, il est confirmé qu'une convention attributive de compétence peut offrir « la possibilité au travailleur de saisir, en sus des juridictions normalement compétentes en application des règles spéciales des articles 18 et 19 de ce règlement, d'autres juridictions, y compris, le cas échéant, des juridictions situées en dehors de l'Union »[1390]. L'article 21, § 2, du règlement Bruxelles I*bis* entérine ces considérations : il permet qu'un employeur qui n'est pas domicilié sur le territoire d'un État membre, soit assigné devant les juridictions d'un État membre, dès lors qu'il existe des liens avec ce for : cela a été décrit comme « une internationalisation ponctuelle in favorem des règles de compétence internationale »[1391].

404. Conflit de lois. Malgré leur cadre théorique quelque peu différent, les règles de conflit de lois voient également leur champ d'application déterminé par les principes du marché intérieur. D'emblée, l'article 2 du règlement Rome I, qui pose le principe d'universalité, veut qu'aucun lien spécifique avec le marché intérieur ne soit exigé pour justifier l'applicabilité du règlement lui-même. Il n'en demeure pas moins que la solution du conflit de lois ne peut être contraire aux principes du marché intérieur. C'est ainsi que l'application du droit de l'Union européenne doit interroger, dans l'hypothèse où les

[1388] O. CACHARD, *Droit international privé,* Bruylant, 2018, n° 72.

[1389] CJCE, 19 juillet 2012, C-154/11, *Mahamdia*, pt. 65.

[1390] CJCE, 19 juillet 2012, C-154/11, *Mahamdia*, pt. 66.

[1391] O. CACHARD, *Droit international privé,* préc., n° 115, qui renvoie vers N. NORD, art. cité (note 241).

relations privées impliquent un État tiers. Pour cette raison certainement, l'on reproche que les règlements de l'Union « portent la marque d'inévitables paradigmes communautaires »[1392]. La problématique vise l'application différente des règles de conflit de lois, en fonction de la présence d'une relation avec un État tiers ou non. Cette différenciation peut résulter de l'application du droit du marché intérieur et, partant, de l'application des règles qui le régissent dans l'espace.

405. Convention de Rome. La question de l'application variée des règles de conflit de lois européennes est évoquée dans le contexte de la révision de la convention de Rome. C'est ainsi que M. Lagarde s'interroge : « [c]ette révision de la convention doit-elle distinguer selon que les relations considérées sont intra ou extra communautaires ? »[1393] Il développe une réponse favorable, tout en regrettant l'absence de prise en considération par les conventions de La Haye de la spécificité « de la fédéralisation progressive de l'Union européenne et du rapprochement progressif mais réel des législations »[1394]. En rappelant que les règles de conflit de lois sont susceptibles de créer des entraves aux libertés de circulation, il souligne la possibilité d'un effet de la solution du conflit de lois sur le marché intérieur[1395]. À l'inverse, les libertés de circulation ne sont pas affectées, dès lors que le conflit de lois implique des acteurs d'un État tiers. La convention de Rome reflète d'ores et déjà cette affirmation d'un lien entre le marché intérieur et le conflit de lois. Son article 20[1396] précise que la convention « ne préjuge pas l'application des dispositions qui, dans des matières particulières, règlent les conflits de lois en matière d'obligations contractuelles et qui sont ou seront contenues dans les actes émanant des institutions des Communautés européennes ou dans les législations nationales harmonisées en exécution de ces actes ». Cette disposition, originairement désignée comme réserve de « priorité du droit communautaire »[1397], soumettrait les règles de conflit de lois aux dispositions relatives au marché intérieur. Son caractère programmatique peut être déduit d' « une déclaration commune annexée à la convention [qui] exprimait le souci des États contractants d'éviter la dispersion et la divergence des règles de conflit entre de multiples instruments et le vœu que les institutions communautaires s'efforcent, lorsqu'il y a lieu, d'adopter des règles de conflit qui soient autant que possible en harmonie avec celles de la convention »[1398].

[1392] I. BARRIÈRE-BROUSSE, art. cité (note 1159).

[1393] P. LAGARDE, art. cité (note 150), spéc. p. 576.

[1394] *Ibid.*, spéc. p. 574.

[1395] *Ibid.*

[1396] Devenu l'article 23 du règlement Rome I.

[1397] P. LAGARDE, art. cité (note 150), spéc. p. 575.

[1398] *Ibid.*

406. Exemples. L'intervention illimitée de règles de conflit de lois est, par ailleurs, démontrée au sujet de l'intervention des lois de police du for. En effet, l'article 7 de la convention de Rome permettrait « l'application inconditionnelle des lois de police du for, sans aucune considération sur le contenu possible d'une loi de police étrangère équivalente »[1399]. En cela, les règles de conflit de lois ignorent *a priori* l'affectation du droit primaire par ces solutions. De la même manière, la règle de conflit de lois spécifique au contrat de consommation ou au contrat de travail ferait valoir le lien de rattachement d'une manière presqu'inconditionnelle. Dit autrement, elle ne laisserait aucune place à la vérification de la conformité du contrat aux règles impératives du droit du pays d'origine[1400]. Seul le contrôle de la conformité au droit de l'Union permettrait de contrer l'universalité des règles de conflit de lois.

407. Rome I. Adopté sous la nouvelle compétence de l'article 65 du traité CE, devenu l'article 81 TFUE, le règlement Rome I connaît des références expresses à la délimitation du champ d'application du droit du marché intérieur. Alors que les règles de conflit de lois sont elles-mêmes d'application universelle, plusieurs dispositions font valoir l'application prioritaire du droit du marché intérieur. L'article 3, § 4 du même règlement préserve l'application des dispositions d'ordre public européen, alors que les parties ont choisi l'application de la loi d'un État tiers. Néanmoins, cet ordre public européen s'impose uniquement si tous les autres éléments de la situation sont localisés dans un ou plusieurs Etats membres.

408. Fonction répartitrice. Les théoriciens de la fonction répartitrice de la règle de conflit de lois développent la solution différenciée du conflit de lois selon que l'on se trouve dans une situation impliquant des États membres ou un État tiers[1401]. M. Michaels argue que la compétence de l'Union européenne pour les conflits de lois entre États membres intégrés dans un espace de justice commun commande que les règles de conflit de lois ne soient plus unilatérales ni bilatérales mais répartitrices de compétence[1402]. Condamnée en raison des liens qu'elle établit avec la souveraineté[1403], la fonction répartitrice de la règle de conflit de lois connaîtrait « toute sa pertinence dans un cadre supranational de la nature de celui que forme l'Union

---

[1399] M. FALLON, art. cité (note 752).

[1400] *Ibid.*

[1401] C. CAMUS, *La distinction du droit public et du droit privé et le conflit de lois*, préc., n° 210.

[1402] *Cf.* R. MICHAELS, art. cité (note 1091), spéc. p. 1622, dans la version originale : « its rules are neither unilateral nor bilateral, but distributive – it allocates regulatory competence from a central point ».

[1403] Sur la fonction répartitrice de la règle (nationale) de conflit de lois, *cf.* H. MUIR WATT, *La fonction de la règle de conflit*, thèse université Paris II, 1985, p. 169.

européenne »[1404]. Cette considération se tient si l'on considère la dimension publiciste du conflit de lois. Ainsi, M. Mills, qui ne nie pas l'évolution générale du droit international privé vers un système international de régulation globale, souligne que le droit international privé européen prend un cours quelque peu différent[1405]. Cette particularité du droit international privé européen tiendrait à son intégration dans l'espace régional, en raison duquel il lui incomberait une fonction répartitrice. M. Mills développe que le droit international privé de l'Union européenne serait de caractère publiciste, qui évoluerait, « d'une matière de droit privé interne à une matière de droit constitutionnel européen »[1406]. Pour garantir la fonction répartitrice des règles de conflit de lois, « celles-ci ne doivent pas désigner la loi d'un Etat tiers à l'Union »[1407]. Cette lecture répartitrice est aussi animée par des considérations d'ordre économique. M. Heuzé argue que « [l]a mission répartitrice des règles de conflit uniformes peut au demeurant revêtir une particularité d'ordre économique – indispensable [...] si l'on veut combattre l'inquiétant nivellement par le bas »[1408]. Mme Camus évoque ainsi la répartition des législations selon des considérations de gestion de coût[1409]. Ces développements peuvent se rattacher à l'argument de la répartition des compétences législatives[1410].

409. Unilatéralisme européen. Sans vouloir englober tout le droit international privé européen dans un nouvel objet, Mme Muir Watt découvre l'apparition d'un nouvel unilatéralisme européen, permettant de mettre en avant les principes substantiels européens dans le cadre du conflit de lois[1411]. Elle justifie ses développements par l'effet bénéfique du droit international privé pour l'intégration du marché. Ses développements se rapprochent au

---

[1404] V. HEUZÉ, « Le droit des assurances », A. FUCHS, H. MUIR WATT, É. PATAUT (dir.), *Les conflits de lois et le système juridique communautaire*, Dalloz, 2004, p. 243, spéc. p. 252.

[1405] A. MILLS, *The Confluence of Public and Private International Law. Justice, Pluralism and Subsidiarity in the International Constitutional Ordering of Private Law*, préc., p. 299.

[1406] A. MILLS, art. cité (note 97).

[1407] C. CAMUS, *La distinction du droit public et du droit privé et le conflit de lois*, préc., n° 211 ; B. MATHIEU, *Directives européennes et conflit de lois*, thèse université Paris II, 2012, p. 60 et s.

[1408] V. HEUZÉ, art. cité (note 1404), spéc. p. 253.

[1409] C. CAMUS, *La distinction du droit public et du droit privé et le conflit de lois*, préc., n° 211.

[1410] Sur l'analyse économique des règles de conflit de lois uniformes, *cf.* H. MUIR WATT, « Aspects économiques du droit international privé (réflexions sur l'impact de la globalisation économique sur les fondements des conflits de lois et de juridictions) », *RCADI*, vol. 307, Brill, 2004, p. 25, spéc. p. 219.

[1411] H. MUIR WATT, « European Federalism and the New Unilateralism », *Tul. L. Rev.* 2008, p. 1983, spéc. p. 1985 et s.

plus près de ceux de M. Mills qui argue de la particularité du droit international privé européen, en mettant en avant l'intégration dans un espace régional. D'une manière plus tempérée, Mme Muir Watt se montre hésitante vis-à-vis des caractéristiques d'une telle théorie dont il conviendrait d'élaborer soigneusement le champ d'application[1412].

410. Expressions pratiques. Il convient de se tourner vers les institutions et les juridictions européennes pour en savoir davantage. Le droit dérivé et la jurisprudence de la Cour de justice semble exprimer une tendance à un traitement unilatéral des situations européennes. Plus précisément, les règles de conflit de lois contenues dans les directives exigent, pour leur application, le jeu de la loi d'un État membre. Nous pouvons y découvrir l'affirmation du lien entre la règle de conflit de lois et le marché intérieur. Prenons l'exemple de la directive 86/653/CEE[1413], dont les articles 17 et 18 garantissent certains droits aux agents commerciaux après la cessation du contrat d'agence. L'affaire *Ingmar*[1414] évoque la question de savoir si ces droits s'appliquent impérativement, dès lors que l'agent commercial a exercé son activité dans un État membre, peu importe le lieu d'établissement du donneur d'ordre dans un État tiers dont la loi a été choisie pour régir le contrat. La Cour de justice répond par l'affirmative, imposant l'application de la loi anglaise au rapport d'agence exécuté en Angleterre. Ainsi, elle fait dépendre l'applicabilité de la loi anglaise de l'existence de rattachements générateurs de l'intérêt de l'État à réaliser la politique[1415]. Ceci conduit Mme Muir Watt et M. Bureau à

[1412] H. MUIR WATT, « European Federalism and the New Unilateralism », *Tul. L. Rev.* 2008, p. 1983, spéc. p. 1998, dans la version originale: « [i]f the foundations of the new unilateralism are properly focused, then it is much easier not only to stand back and assess its contribution to good governance of cross-border relationship, but also to determine the real scope […] of the renewed methodology. In this respect, it seems to me that to the extent it expresses a respect for identity and difference in a world of increasing mobility, it should certainly be encouraged ».

[1413] Directive 86/653/CEE du Conseil du 18 décembre1986 relative à la coordination des droits des Etats membres concernant les agents commerciaux indépendants.

[1414] CJCE, 9 novembre 2000, C-381/98, *Ingmar, RCDIP* 2001, p. 107, note L. IDOT ; *JDI* 2001, p. 328, note L. BERNARDEAU et p. 511, note J.-M. JACQUET. Pour une présentation de l'arrêt, *infra*, n° 706. Soulignons qu'en tant qu'une suite logique, l'arrêt CJUE, 16 février 2017, C-507/15, *Agro Foreign Trade and Agency*, a rappelé l'inapplicabilité de la réglementation européenne des agents commerciaux aux agents exerçant en Turquie.

[1415] CJCE, 9 novembre 2000, C-381/98, *Ingmar*, pts. 24 et 25 : « le régime prévu par les articles 17 à 19 de la directive a […] pour objectif de protéger, à travers la catégorie des agents commerciaux, la liberté d'établissement et le jeu d'une concurrence non faussée dans le marché intérieur […]. La fonction que remplissent les dispositions en cause exige […] qu'elles trouvent application dès lors que la

conclure que « le droit dérivé européen semble désormais se prêter à la [...] démarche néostatutaire dans les rapports avec les pays-tiers »[1416].

411. Critique. Cette jurisprudence exprime le souci que le droit international privé européen ne doive pas conduire aux solutions contraires aux intérêts des États membres. Néanmoins, cette solution n'intervient-elle pour combler l'absence de règles substantielles européennes ? Ou est-elle véritablement l'expression de l'articulation des compétences régulatrices entre les États membres ? Il convient de limiter l'intervention de cette méthode unilatéraliste européenne à certains cas réservés. D'une manière plus prudente, l'on peut se demander si le droit de l'Union européenne ne surplombe pas plutôt la solution du conflit de lois, et en limite simplement le champ d'application spatial. La fonction européenne du conflit de lois reste à découvrir.

Sous-section 2. La règle de conflit de lois imprégnée d'un fonctionnalisme européen

412. Règle de conflit européenne. La règle de conflit de lois fait partie du droit de l'Union européenne en tant qu'elle en promeut l'objet. Ce changement de fondement influence les caractéristiques du droit international privé. Alors que l'évolution est parfois décrite comme une continuité de l'évolution du droit international privé classique[1417], plusieurs auteurs semblent voir dans l'européanisation du droit international privé une révolution[1418], qui en renouvelle les méthodes[1419]. La différence fondamentale entre les deux positions est que la première se concentre sur l'influence par les méthodes du droit international privé national, alors que la seconde constate l'apparition d'une méthode proprement européenne. Avec M. Meeusen, nous pouvons

---

situation présente un lien étroit avec la Communauté, notamment lorsque l'agent commercial exerce son activité sur le territoire d'un Etat-membre ».

1416 D. BUREAU, H. MUIR WATT, *Droit international privé*, tome 1, préc., n° 337.

1417 *Cf.* K. SCHURIG, « Das Fundament trägt noch », H.-P. MANSEL (dir.), *Internationales Privatrecht im 20. Jahrhundert. Der Einfluss von Gerhard Kegel und Alexander Lüderitz auf das Kollisionsrecht*, Mohr Siebeck, 2014, p. 5, spéc. p. 17 et s.

1418 J. MEEUSEN, « Instrumentalisation of Private International Law in the European Union: Towards a European Conflicts Revolution? », *Eur J Migr L* 2007, p. 287 ; R. MICHAELS, « Die europäische IPR-Revolution », D. BAETGE, J. VON HEIN, M. V. HINDEN (dir.), *Die richtige Ordnung. Festschrift für Jan Kropholler zum 70. Geburtstag*, Mohr Siebeck, 2008, p. 151.

1419 M. LEHMANN, « Auf der Suche nach dem Sitz des Rechtsverhältnisses: Savigny und die Rom I-Verordnung », J. BERNREUTHER et al. (dir.), *Festschrift für Ulrich Spellenberg zum 70. Geburtstag*, Otto Schmidt Verlag, 2010, p. 245 ; M.-P. WELLER, « Anknüpfungsprinzipien im Europäischen Kollisionsrecht: Abschied von der „klassischen" IPR-Dogmatik? », *IPRax* 2011, p. 427, spéc. p. 429 et s.

considérer que le droit international privé européen reflète, certes, les évolutions des méthodes nationales, dont l'introduction de la loi d'autonomie, le remplacement du lien de rattachement à la loi nationale par un lien de rattachement territorial, l'émergence de règles de conflit de lois matérielles et l'emploi de l'ordre public[1420]. Or, il ne saurait être nié, souligne-t-il, que « [l]a logique traditionnelle du DIP est soumise à celle du droit européen »[1421].

413. Recherche d'une méthode. L'émergence de règles de conflit de lois européennes, soumises aux principes des espaces, appelle à la définition de la méthode. Comment ces principes peuvent-ils influencer la méthode du droit international privé européen ? À cette occasion, il convient de se rappeler qu' « [u]ne méthode implique une succession de démarches pour parvenir à un résultat »[1422]. Tant la règle de conflit au sens classique que la loi de police peuvent être décrites comme des méthodes[1423]. Les lois de police s'inscrivent dans une méthode unilatéraliste, du moins lorsqu'elles sont mises en œuvre en dehors d'une communauté de droits[1424]. Or, quelles sont les méthodes qui caractérisent les règles de conflit de lois à l'intérieur de l'Union européenne ? La règle de conflit de lois européenne n'est pas seulement influencée par les objectifs du droit de l'Union européenne, mais semble plus généralement être façonnée par l'évolution des différents concepts du droit international privé. « La relativisation et la matérialisation du facteur de rattachement »[1425] ont été observées en tant que tendances du droit international privé[1426].

414. Fonctionnalisme. Par ailleurs, une règle de conflit de lois qui transmet les intérêts de l'Union européenne est potentiellement fonctionnelle. D'une manière générale, nous pouvons résumer que « le fonctionnalisme repose sur la conviction selon laquelle les règles en conflit sont porteuses d'une limite spatiale implicite, qu'il appartient au juge de découvrir par des procédés d'interprétation qui ne diffèrent pas de ceux qui sont mis en œuvre

---

1420 J. MEEUSEN, communication citée (note 1150), dans la version originale : « [t]he introduction of party autonomy, the replacement of the central position of nationality as a connecting factor by a more territorial orientation, the emergence of flexible and substantively oriented choice-of-law rules and the increasingly important position of mandatory rules are among the factors that have modernized continental conflict of laws in the past decades. National conflicts codification […] will lead to the adoption of new EU legislation ».

1421 J. MEEUSEN, art. cité (note 1208), spéc. p. 71.

1422 B. AUDIT, « Le caractère fonctionnel de la règle de conflit (Sur la 'crise' des conflits de lois) », *RCADI*, vol. 186, Brill, 1984, p. 219, spéc. p. 255.

1423 *Ibid.*

1424 D. BUREAU, H. MUIR WATT, *Droit international privé,* tome 1, préc., n° 330.

1425 J.-S. BERGÉ, D. PORCHERON, G. VIEIRA DA COSTA CERQUEIRA, art. cité (note 781), n° 92.

1426 B. AUDIT, « Le droit international privé à la fin du XXe siècle : progrès ou recul », *RIDC* 1998, p. 421, spéc. p. 424.

en droit interne »[1427]. L'origine du fonctionnalisme confirme cette liaison avec la logique spatiale. L'arrêt *Babcock c. Jackson*[1428] de la cour d'appel de New York a signalé que la loi de New York, dont résulte une indemnisation importante, vise implicitement à faire bénéficier de son régime d'indemnisation tous les accidentés habitant l'État, peu importe le lieu de survenance de l'accident. Cette décision reflète que la politique poursuivie par une loi s'exprime par le domaine spatial qu'on lui attribue[1429]. Cette vision semble cohérente, dès lors que l'on considère que le conflit de lois est « considéré comme voué à la répartition dans l'espace de souverainetés ou de volontés législatives »[1430]. Nous y associons l'émergence d'une fonction visant à arbitrer le conflit de lois selon l'analyse des intérêts étatiques[1431].

415. Fonction répartitrice. À l'inverse, dans une logique répartitrice, le fonctionnalisme s'exprime par la limitation spatiale implicite sous-jacente aux règles de conflit de lois. Le droit international privé ferait l'objet d'un changement de nature, du fait de son intégration dans le droit public européen, a-t-il été affirmé[1432]. Il retrouverait son rôle initial qui consisterait à coordonner les ordres juridiques des États membres[1433]. M. Mills surenchérit que le droit international européen sert non seulement la répartition horizontale de la compétence régulatrice entre les États membres, mais concerne aussi la distribution verticale des pouvoirs entre les institutions de l'Union européenne et les États membres[1434]. Le rôle des règles de conflit de lois, dans cet espace, se résumerait à la fonction suivante : elles sont chargées de gérer les externalités transfrontières liées à la disparité des législations nationales[1435]. Il ne nous apparaît toutefois pas inconciliable d'affirmer une fonction davantage régulatrice de la règle de conflit de lois, tout en acceptant son européanisation. Dans ce cas-là, les limitations spatiales imposées par le

---

[1427] D. BUREAU, H. MUIR WATT, *Droit international privé,* tome 1, préc., n° 337.

[1428] Court of Appeals of New York, 1963, 12 NY 2d 473, *Babcock c. Jackson, Columbia Law Review*, 1963, 1219, note D. F. CAVERS, *RCDIP* 1964, p. 284, note J.-G. CASTEL.

[1429] D. BUREAU, H. MUIR WATT, *Droit international privé,* tome 1, préc., n° 337.

[1430] *Ibid.*, n° 338, ils ne l'affirment pas pour le droit international privé européen mais expliquent la vision depuis la logique du droit international privé.

[1431] B. AUDIT, L. D'AVOUT, *Droit international privé,* préc., n° 192 et s.

[1432] A. MILLS, art. cité (note 97), spéc. p. 373 et s.

[1433] *Ibid.*

[1434] *Ibid.*, dans la version originale : « [s]o private international law is not only involved in the horizontal distribution of regulatory authority between Member States, but also the vertical distribution of regulatory authority between the institutions of the European Union and the Member States. Private international law does not merely serve diversity – it is a foundation of European legal pluralism ».

[1435] *Ibid.*

droit de l'Union européenne à l'intervention de la règle de conflit de lois interviendraient en aval, par l'effet sanctionnateur du droit de l'Union européenne.

416. Fonctionnalisme privé. En dehors de la théorie répartitrice, se pose la question de savoir s'il est possible d'admettre le fonctionnalisme dans le cadre d'une analyse purement privée de la règle de conflit de lois. En d'autres termes, il s'agit de limiter le conflit de lois à la recherche de la loi la plus adéquate, sans limiter l'intervention des règles de conflit de lois d'une manière spatiale. Bartin concevait le conflit de lois comme un conflit de lois privées[1436]. Pour justifier sa position, il partait du caractère privé des dispositions qu'il convenait d'articuler au moyen des règles de conflit de lois[1437]. Mme Muir Watt reprend cette logique fonctionnaliste et répond à ceux qui découvrent une publicisation du droit international privé[1438]. Relevant avec M. Mayer l'objet privé des lois de police[1439], elle affirme d'abord que la règle de conflit de lois fonctionnelle n'entend pas être indifférente à l'égard des politiques sous-jacentes aux règles de droit matérielles qu'elle désigne[1440]. Cela n'empêche, ajoute-t-elle, que la règle de conflit de lois soit de nature privée[1441]. Nous retenons que la règle de conflit de lois vise à articuler les lois en désignant la loi la plus adéquate, selon des considérations privées[1442]. En effet, nous considérons que la règle de conflit de lois « est une norme secondaire portant sur l'application des normes, à l'instar des règles de droit transitoire »[1443]. Cette nature de la règle de conflit de lois n'empêche pas que l'on puisse lui attribuer une certaine fonction. Ce sont les intérêts qui déterminent la règle de conflit de lois qui en façonnent la fonction.

[1436] E. A. BARTIN, *Principes de droit international privé selon la loi et la jurisprudence*, tome 1, Domat-Montchrestien, 1935, p. 33.

[1437] *Ibid.*

[1438] H. MUIR WATT, *La fonction de la règle de conflit*, préc., n° 221.

[1439] P. MAYER, art. cité (note 576), spéc. p. 302.

[1440] H. MUIR WATT, *La fonction de la règle de conflit*, préc., n° 226.

[1441] *Ibid.*

[1442] D. BUREAU, H. MUIR WATT, *Droit international privé,* tome 1, préc., n° 340 : « [r]éalisant cette singulière synthèse entre le particularisme – qui n'avait alors de savignien que le choix d'une méthodologie 'bilatéraliste', élaborée à partir d'une analyse des rapports de droit et non des revendications spatiales des lois – et une conception répartitrice de la règle de conflit, cette doctrine de Bartin préparait en réalité l'avènement, vers le milieu du XXe siècle, d'une théorie résolument privatiste, au regard de laquelle la règle de conflit, délestée de toute velléité répartitrice, était devenue simple 'recette' d'intérêt privé en vue de découvrir la loi la plus adéquate pour le règlement du litige ».

[1443] *Ibid.*, n° 344, qui renvoient à H. L. A. HART, *Le concept de droit*, trad. M. VAN DE KERCHOVE, Publications des Facultés universitaires Saint-Louis, 1976, p. 103 et s.

417. Fonctionnalisme européen. Notre champ d'étude vise la règle de conflit de lois européenne à laquelle il convient d'attribuer une fonction. Il s'agit de prôner que la règle de conflit de lois véhicule les intérêts de l'espace du marché intérieur, voire également de l'ELSJ. Or, quels sont spécifiquement ces intérêts ? La fonction peut *a priori* être résumée à l'intégration du marché intérieur. À cet effet, M. Michaels souligne que les règles de conflit de lois sont notamment adoptées en cas de nécessité pour le bon fonctionnement du marché intérieur[1444]. Cette fonction consiste, en ce qui concerne le conflit de lois en matière de droit du travail, à éliminer les entraves à la libre circulation[1445]. La fonction européenne s'impose, en particulier, en raison de la source des règles de conflit de lois européennes. L'incidence du changement de source sur la possibilité d'européaniser la règle de conflit de lois a été évoquée par M. Basedow. Il souligne que la convention de Rome « ne pouvait pas dissimuler qu'ell[e] résultait de la coopération intergouvernementale des États qui restent maîtres de leur œuvre »[1446]. M. Michaels ajoute que la convention de Rome ne participait pas du projet d'intégration européenne[1447]. Non plus d'origine conventionnelle, les règles de conflit de lois s'inscrivent désormais dans une compétence d'harmonisation. Cela constitue un changement important, selon M. Michaels, qui explique que la voie de l'harmonisation laisse supposer que les intérêts des États membres convergent[1448]. À l'inverse, une convention aurait plutôt pour objet de préserver les intérêts des États contractants[1449]. L'adoption d'une compétence harmonisatrice justifie ainsi que les règles de conflit de lois opèrent possiblement au service du marché intérieur et de l'ELSJ. Resteront à identifier les intérêts européens qui animent la fonction de la règle de conflit de lois[1450].

418. Vers la matérialisation. Sans apporter, à ce stade, davantage de détails sur la fonction de la règle de conflit de lois, nous constatons que l'utilisation de la fonction régulatrice implique une forte prise en compte du contenu des règles du droit substantiel. Le renvoi à cette fonction de la règle

---

[1444] R. MICHAELS, art. cité (note 1091), spéc. p. 1622.

[1445] P. SYRPIS, T. NOVITZ, « Economic and Social Rights in Conflict: Political and Judicial Approaches to their Reconciliation », *ELR* 2008, p. 411.

[1446] J. BASEDOW, art. cité (note 1110), spéc. p. 277 ; *cf.* aussi J. MEEUSEN, art. cité (note 1418), spéc. p. 288.

[1447] Le statut du traité de la convention de Rome explique également que l'interprétation uniforme des règles de conflit envisagée dans l'article 18 de la convention soit restée, en dépit des protocoles conférant une compétence d'interprétation à la Cour de justice, *« largement illusoire »* (R. MICHAELS, art. cité (note 1091), spéc. p. 1618).

[1448] *Ibid.*, spéc. p. 1622.

[1449] *Ibid.*

[1450] Pour notre étude, *infra*, n° 591 et s.

de conflit de lois implique que nous découvrirons une règle de conflit qui traduit une justice, non seulement de droit international privé, mais de droit matériel[1451]. Il s'agit d'une évolution qui est crainte par certains ou, du moins, vue en tant « qu'un indice parmi d'autres de la nécessité pour cette discipline de s'adapter à une évolution multiforme »[1452]. Dans notre champ d'analyse qui concerne les relations de travail, il ne s'agira de rien d'autre que de découvrir une règle de conflit de lois qui est susceptible de refléter les intérêts matériels du système juridique dont elle émane. Nous dénommerons une tendance à la matérialisation laquelle il conviendra de détailler pour la règle de conflit de lois de l'Union européenne[1453].

[1451] M. MOHAMED SALAH, « Loi d'autonomie et méthodes de protection de la partie faible en droit international privé », *RCADI*, vol. 315, Brill, 2005, p. 141, spéc. p. 165.

[1452] *Ibid.*, p. 176.

[1453] *Infra*, n° 608 et s.

Conclusion de section

419. En tant qu'il fait partie du droit de l'Union européenne, le droit international privé européen est censé en partager le champ d'application. Or, les règles de conflit de lois sont d'application universelle et concernent potentiellement des cas impliquant des États tiers. C'est en observant cette dichotomie dans l'application des règles de conflit de lois que nous notons la manière dont le droit de l'Union européenne surplombe le droit international privé, dans la mesure où il impose les règles qui doivent s'appliquer dans son espace, plus précisément, celui du marché intérieur. Au service du droit de l'Union européenne, le droit international privé véhicule une fonction proprement européenne. Celle-ci n'empêche qu'il lui incombe principalement d'articuler les intérêts privés en présence.

CONCLUSION DE CHAPITRE

420. Notre étude porte sur les principes du droit de l'Union européenne qui façonnent le droit international privé européen. En matière contractuelle, les obstacles à la conclusion d'un contrat sont considérés comme des restrictions aux libertés de circulation[1454]. Le constat du contrôle négatif devait orienter notre lecture vers celle qui favorise la mobilité par-delà les frontières. La jurisprudence dans le domaine de la liberté d'établissement servait d'illustration. Paradoxalement, en ce qui concerne le travailleur détaché, nous avons constaté une lecture différente, dans le cadre de libre prestation de services, laquelle favorise le rattachement au pays d'origine. Nous y observions une résurgence du principe de reconnaissance mutuelle. À cette lecture, orientée aux libertés de circulation, s'ajoutent les exigences de la citoyenneté européenne. Le principe de non-discrimination a été renforcé par l'émergence de la citoyenneté européenne et fait désormais partie des principes du droit primaire qui façonnent le droit international privé européen. Enfin, il convient de tenir compte de l'inscription de la compétence de l'Union européenne, pour l'adoption de règles de conflit de lois, dans le titre relatif à l'ELSJ, qui tend vers davantage de proximité avec le territoire du pays d'accueil.

421. En voulant intégrer ces leçons dans le conflit de lois, il nous appartient de s'interroger sur la relation entre le droit de l'Union européenne et le droit international privé. De prime abord, il incombe un rôle de coordination à la règle de conflit de lois européenne, laquelle doit remédier aux inconvénients résultant de la diversité des législations. Avec la recherche d'une fonction européenne du conflit de lois est de nouveau évoquée la fonction répartitrice de la règle de conflit de lois. Or, nous constatons que le droit primaire de l'Union européenne surplombe seulement le droit international privé en ce qu'il le marque de certains objectifs et interdit qu'il conduise aux résultats contraires aux libertés de circulation. En conclusion, il convient de relever que la règle de conflit de lois de source européenne s'adapte et cherche à acquérir des résultats souhaités en application de l'intérêt européen : ce dernier est dominé par la régulation du marché intérieur.

[1454] G. DAVIES, art. cité (note 976).

CONCLUSION DE TITRE

422. Le droit international privé applicable dans les États membres est désormais de source européenne. La prééminence du marché intérieur a justifié le choix de notre angle d'approche vis-à-vis des règles de conflit de lois. L'incidence du droit du marché intérieur sur les règles de conflit de lois a été remarquée lors de la confrontation des solutions résultant de l'application des règles de conflit de lois aux libertés de circulation. Cet effet négatif de certaines solutions au regard du marché intérieur semble renforcé dans un contexte de diversité de réglementations nationales du travail.

423. À l'heure à laquelle la régulation du marché semble occuper une place majeure dans notre compréhension du droit, il ne convient pas d'ignorer son incidence sur les règles de conflit de lois. Fondé sur le marché intérieur, mais également sur l'ELSJ, le droit international privé européen absorbe nécessairement les grands principes des deux concepts et doit ainsi assurer tant la libre circulation que la proximité de la situation avec le for. Après avoir constaté que les objets du droit de l'Union européenne et du droit international privé, certes, convergent, nous notons également que les principes du marché intérieur et de l'ELSJ surplombent le conflit de lois.

424. Dit autrement, nous observons que les principes des deux concepts pourraient conduire à une intervention différente des règles de conflit de lois selon que l'on se situe dans un contexte intra-européen ou non. Ce constat caractérise également le fonctionnalisme européen de la règle de conflit de lois. Malgré les doutes exprimés sur un changement de méthode du conflit de lois, par le fait de l'européanisation, nous adhérons à une lecture régulatrice : l'européanisation a pour conséquence que la règle de conflit de lois intervient au service, notamment, des principes du marché intérieur dont nous découvrirons la composante sociale relative aux travailleurs[1455].

[1455] *Infra,* n° 437 et s.

CONCLUSION DE PARTIE

425. L'Union européenne a adopté une règle de conflit de lois en matière de contrat de travail. Cette règle de conflit de lois européenne s'adresse au contrat de travail dans sa forme individuelle seulement. Par ailleurs, nous assistons à un émiettement des réglementations du travail applicables du fait de la coexistence de règles de conflit de lois différentes concernant la relation de travail. Enfin, nous ajoutons que la règle de conflit de lois est incapable d'englober tous les aspects de la relation de travail dont nous avons tenté de dresser un tableau. Cette inadaptation est particulièrement avérée dans un contexte de diversité des réglementations du travail à l'horizon de l'Union européenne.

426. L'enjeu étant posé, il se présente, à l'origine, du point de vue des obstacles à la libre circulation. Les États membres ont tenté de combler le déficit des règles de conflit de lois européennes en attirant la réglementation de certains aspects de la relation de travail vers leur territoire. Plus précisément, en présence d'un fort intérêt régulateur pour le marché du travail national, le règlement Rome I laisse aux États membres la possibilité d'imposer leurs impérativités. Cette évolution semble, par exemple, pallier l'absence d'une règle de conflit de lois adaptée au détachement de travailleurs.

427. Bien que les règles de conflit de lois européennes favorisent le recours aux impérativités, en tant qu'elles sont *a priori* encouragées tant par le règlement Rome I que par la directive dite détachement, elles permettent également le recours à la loi du for. Cette territorialité provoque précisément des confrontations avec les règles du marché intérieur. Or, la règle de conflit de lois ne saurait se heurter au droit du marché intérieur.

428. La jurisprudence contrôlant l'application des règles de conflit pour conformité aux libertés de circulation devra certainement influencer l'élaboration de règles de conflit de lois faisant partie d'un droit international privé proprement européen. Elle illustre aussi les références que fait le Traité d'Amsterdam au bon fonctionnement du marché intérieur lors de l'édiction d'une compétence en la matière. Cette prise en compte du lien entre le conflit de lois et le bon fonctionnement du marché intérieur devra finalement conduire à une meilleure intégration de la logique des libertés de circulation dans la règle de conflit de lois. Cette dernière est fondée sur la compétence européenne, dont ressortent des considérations relatives au marché intérieur ainsi qu'à l'ELSJ. Nous observons l'émergence d'une règle de conflit de lois fonctionnaliste européenne, qui articule les réglementations étatiques selon des intérêts régulateurs.

SECONDE PARTIE
LA PROTECTION DU TRAVAILLEUR PAR LA RÈGLE DE CONFLIT DE LOIS ADAPTÉE AU MARCHÉ INTÉRIEUR

[T]he free movement of workers guaranteed by the Treaty establishing the EEC [...] increased the number of employment relations with a cross-border element, leading to a practical need for bilateral conflict rules that would coordinate the application of the various national regimes of labour law within the EEC.
Matteo FORNASIER[1456]

429. Protection du travailleur. Avant toute chose, nous constatons que le droit international privé classique est parfois accusé, en comparaison avec les autres branches du droit, de répondre insuffisamment aux faits sociaux et aux politiques sociales[1457]. Notre recherche vise plus précisément à envisager la prise en compte, par la règle de conflit de lois, de la protection du travailleur. Il s'agit d'emblée de justifier l'existence de ce dernier principe. Notre analyse portant sur le droit du marché intérieur, celle-ci doit nous conduire à préciser la place du travailleur au sein du droit qui régit l'intégration européenne. À l'origine, le travailleur a été conçu comme un agent économique qui bénéficie des libertés de circulation. Or, en étudiant plus amplement le concept de marché intérieur[1458], il nous sera possible de définir la place du travailleur au sein de celui-ci. Cette démarche nous permettra d'identifier ce que l'on entend par la protection du travailleur dans le droit du marché intérieur. Ce principe résultant de la composante sociale du marché intérieur sera, plus largement, inscrit dans le concept de marché intérieur.

430. Règle de conflit de lois protectrice. L'affirmation de l'existence du principe de protection du travailleur dans le droit du marché intérieur nous conduira à la recherche de sa prise en compte par le droit international privé. Après avoir constaté la nécessité des règles de conflit de lois pour le bon fonctionnement du marché intérieur, nous rechercherons en quoi ces règles de

---

[1456] M. FORNASIER, « Employment contracts, applicable law », J. BASEDOW, G. RÜHL, F. FERRARI, P. DE MIGUEL ASENSIO (dir.), *Encyclopedia of Private International Law,* Elgar Publishing, 2017, p. 616, traduit en français : la libre circulation des travailleurs inscrite dans le traité CEE a fait augmenter le nombre de relations de travail comprenant un élément d'extranéité, ce qui conduit au besoin pratique de règles de conflit de lois bilatérales qui coordonnent l'application des différents régimes du droit du travail au sein de la CEE.

[1457] U. GRUSIC, *The European Private International Law of Employment*, préc., p. 19.

[1458] *Cf.* S. WEATHERILL, *The Internal Market as a Legal Concept*, préc.

conflit de lois contiennent effectivement un principe de protection du travailleur. Ce dernier est un principe que nous avons découvert comme innervant le règlement Bruxelles I*bis* mais également le règlement Rome I[1459]. Il traduit un objectif de protection à l'égard d'une partie faible au contrat ; son application conduit à une solution spécifique. Or, le motif de protection issu du concept de marché intérieur trouve-t-il suffisamment son reflet dans le conflit de lois ? Nous chercherons ici à établir que le principe de protection du travailleur tel que nous l'évoquons dans le conflit de lois est la traduction de celui que nous avons extrait du concept de marché intérieur. Quelle signification convient-il de donner au principe de protection du travailleur ? De quelle manière celui-ci peut-il intégrer le conflit de lois et en déterminer la méthode ?

431. Règle de conflit de lois régulatrice. Lors de l'étude des méthodes du conflit de lois, nous avons constaté que la fonction répartitrice n'admettait pas la prise en compte suffisante d'intérêts protecteurs du travailleur dans le contexte actuel. L'évolution du conflit de lois nous conduit à nous référer à la fonction régulatrice dans un contexte d'européanisation. Cette fonction représente un intérêt pour notre étude, dans la mesure où elle permet de refléter certains intérêts de régulation du marché. En inscrivant les intérêts de protection du travailleur dans la régulation du marché intérieur, nous nous interrogerons sur la possibilité de véhiculer ces intérêts par la règle de conflit de lois régulatrice. Ainsi, nous étudierons nécessairement la prise en compte d'intérêts protecteurs par la règle de conflit de lois européenne.

432. Plan. Le principe de protection du travailleur s'inscrivant dans le concept de marché intérieur, il ressort des compétences de l'Union européenne liées au marché intérieur. Avant d'envisager la protection du travailleur par les règles de conflit de lois, il s'agira de distinguer les domaines respectifs de l'harmonisation substantielle et de la coordination des législations au moyen des règles de conflit de lois (titre 1). Nous constaterons l'absence d'harmonisation substantielle en matière sociale. Le fondement du principe de protection du travailleur au sein du marché intérieur étant toutefois établi, celui-ci déterminera les règles de conflit de lois agissant au service du marché intérieur (titre 2).

[1459] *Supra*, n° 63 et s.

TITRE 1
LA PROTECTION DU TRAVAILLEUR DANS LE CONCEPT DE MARCHÉ INTÉRIEUR : ENTRE HARMONISATION SUBSTANTIELLE ET RÈGLE DE CONFLIT DE LOIS

There is a temptation to suppose that the creation and maintenance of an integrated trading area in the EU brings with it a need for a general regulatory competence vested in the EU institutions.
Stephen WEATHERILL[1460]

433. Recherche d'une compétence. Tout n'est pas une question de compétence. Toutefois, il est nécessaire d'interroger l'étendue de la compétence dès lors que l'on cherche à établir le principe de protection du travailleur. L'Union européenne qui est composée d'un marché intégré doit nécessairement se munir de compétences permettant de rapprocher les réglementations du travail. La compétence harmonisatrice est de nature régulatrice en ce qu'elle vise à supprimer les divergences des réglementations nationales, dans le but de favoriser l'intégration du marché intérieur. Il convient ainsi de s'intéresser aux contours de cette compétence régulatrice en mettant l'accent sur les compétences qui concernent la protection du travailleur. Dans un contexte de libre circulation des travailleurs, il est indispensable de réglementer la mobilité intra-européenne pour garantir que les travailleurs bénéficient de leur protection durant celle-ci. L'affirmation d'une compétence de l'Union européenne en matière sociale nous permettra de fonder la protection du travailleur dans le marché intérieur. Nous mènerons cette étude à partir du constat de l'existence d'un marché de l'emploi européen. Les compétences de l'Union européenne qui sont en lien avec ce dernier contiennent nécessairement aussi un objectif de protection du travailleur.

434. Articulations. Il convient de situer cette compétence parmi toutes celles qui concernent le marché intérieur. L'équilibre entre les compétences de l'Union européenne n'est pas évident. Ces compétences sont *a priori* limitées, particulièrement en matière sociale. Ceci résulte du principe d'attribution, affirmé depuis le Traité de Lisbonne, qui veut que l'Union

---

1460 S. WEATHERILL, « The Constitutional Context of (Ever-Wider) Policy-Making », E. JONES, A. MENON, S. WEATHERILL (dir.), *The Oxford Handbook of the European Union*, OUP, 2012, p. 570, traduit en français : il y a une tentation de présumer que la création et le maintien d'une zone de commerce intégrée au niveau de l'Union européenne crée le besoin d'une compétence régulatrice généralisée au bénéfice des institutions de l'Union européenne.

européenne n'intervienne que dans les domaines pour lesquels elle dispose d'une compétence expresse. Dit autrement, l'intervention législative de l'Union ne saurait pas dépasser les limites constitutionnelles. Nous témoignons de compétences limitées de l'Union européenne en matière sociale. Quelles sont les compétences qui résultent du marché intérieur, et qui présentent une nécessité pour la matière sociale au sens de la composante sociale du marché intérieur ? Compte tenu de leur caractère incomplet et du faible recours aux compétences existantes, il incombe un rôle important à la coordination des législations au moyen des règles de conflit de lois.

435. Règle de conflit de lois régulatrice. De surcroît, la coordination des législations s'exerce au service d'intérêts régulateurs du marché intérieur. Comme nous l'avons évoqué, les cas de mobilité intra-européenne des travailleurs sont souvent régis par des règles de conflit de lois qui arbitrent le conflit d'application de différentes réglementations nationales. Ces règles de conflit de lois doivent refléter la composante sociale du marché intérieur au service de laquelle elles agissent. Dans la mesure où la règle de conflit de lois européenne intègre les principes et valeurs du marché intérieur, elle correspond à la définition de la fonction régulatrice du conflit de lois. Cette fonction régulatrice caractérise la règle de conflit de lois qui est au service du marché visé. Pour les besoins de notre étude, les intérêts et valeurs que véhicule la règle de conflit de lois étudiée sont ceux du marché intérieur, dont ceux qui résultent de sa composante sociale.

436. Plan. Il s'agira de découvrir la composante sociale du marché intérieur à partir de l'affirmation de la naissance d'un marché de l'emploi de l'Union européenne (chapitre 1). L'harmonisation substantielle et la coordination des législations au moyen des règles de conflit de lois devront nécessairement se compléter (chapitre 2).

CHAPITRE 1
LA COMPOSANTE SOCIALE DU MARCHÉ INTÉRIEUR

The free movement of workers in one of the cornerstones of the original European integration project [...]. It allowed for the efficient allocation of resources, by allowing labour to move from areas with high unemployment to areas of under-employment, which in turn enhanced the quality of life of its beneficiaries and the reduction in the welfare expenditure of the Member States; and creating new opportunities for business and workers alike allowing talent to move and employers to benefit from a workforce with more diverse skills and, at times (and crucially), a higher motivation to succeed.

Eleanor SPAVENTA[1461]

437. Régulation. Afin de pouvoir circonscrire les domaines de compétence de l'Union européenne qui visent la protection du travailleur, nous devons nous intéresser au droit du marché intérieur. Notre lecture est celle qui conçoit les dispositions concernant le travailleur comme ressortissant, à l'origine, de l'intégration économique du marché intérieur. L'intégration politique que nous observons au niveau de l'Union européenne et qui débouche sur l'adoption d'un cadre juridique commun aux États membres, est décrite comme résultant de l'intégration économique[1462]. Précisément, l'intégration économique qui est exercée au niveau européen s'effectue dans les trois catégories d'intégration les plus importantes en matière économique et sociale que connaît un État : la redistribution des revenus, la stabilisation macroéconomique et la régulation[1463]. Parmi celles-ci, ce serait la fonction régulatrice de l'intégration qui serait la plus importante au niveau européen[1464]. Alors que la régulation est originairement conçue comme émanant d'autorités étatiques[1465], la manière de réguler au niveau de l'Union européenne reste à découvrir. Il est toutefois certain que la régulation est passée à un niveau supranational, européen. Le besoin d'une régulation

---

[1461] E. SPAVENTA, « The Free Movement of Workers in the Twenty-First Century », A. ARNULL, D. CHALMERS (dir.), *The Oxford Handbook of European Union Law,* OUP, 2015, p. 457.

[1462] E. B. HAAS, « The Study of Regional Integration: Reflections on the Joy and Anguish of Pretheorizing », *International Organisation*, 1970, n° 24, p. 607, spéc. p. 610, cité par G. MAJONE, *La Communauté européenne : un Etat régulateur*, Montchrestien, 1996, avant p. 10.

[1463] G. MAJONE, *La Communauté européenne : un Etat régulateur*, préc., p. 10.

[1464] *Ibid.*, p. 11.

[1465] P. SELZNICK, « Focusing Organizational Research on Regulation », R. G. NOLL (dir.), *Regulatory Policy and the Social Sciences,* University of California Press, p. 363, cité par G. MAJONE, *La Communauté européenne : un Etat régulateur*, préc., p. 16.

économique et sociale, au niveau de la Communauté européenne a été affirmé : « il faut désormais réguler les marchés financiers dans le contexte d'une économie mondiale de plus en plus interdépendante ; limiter les risques présentés par les produits nouveaux et par les technologies nouvelles ; protéger la santé et les intérêts économiques des consommateurs sans gêner la libre circulation des biens, des services et des personnes au-delà des frontières nationales ; enfin, réduire la pollution de l'environnement »[1466]. Nous concevons la compétence en matière sociale comme faisant écho à ce besoin de régulation. Dit autrement, le constat de cette nécessité pour le marché intérieur a donné lieu à la création d'une compétence de l'Union européenne en matière sociale. Lorsque nous admettons que la Communauté économique européenne visait une intégration du marché commun, il convient toutefois d'ajouter que le Traité de Rome évoquait timidement des compétences en matière sociale. Seule une lecture progressivement régulatrice du marché intérieur nous permet de concevoir les compétences comme naissant d' « un débordement fonctionnel par rapport à la décision initiale d'intégrer les économies des Etats membres »[1467]. Ceci explique l'élargissement des compétences en matière sociale de l'Union européenne.

438. Marché de l'emploi européen. Envisageant le rapprochement progressif des politiques économiques des États membres, l'intégration du marché commun tend « à la fusion des marchés nationaux dans un marché unique ayant les caractéristiques d'un marché intérieur »[1468]. Le marché intérieur s'établit en ce qui concerne les facteurs de production visés par les libertés de circulation. Plus précisément, dans notre champ d'analyse, la libre circulation des travailleurs tend à la création d'un marché européen de l'emploi[1469]. De nombreuses études de la Commission européenne évoquent les tendances européennes du marché de l'emploi[1470]. La stratégie Europe 2020 est conçue comme promouvant le marché du travail européen[1471]. Partant de l'objectif de favoriser la libre circulation des travailleurs, l'Union

---

[1466] G. MAJONE, *La Communauté européenne : un Etat régulateur,* préc., p. 35.

[1467] *Ibid.,* p. 71.

[1468] CJCE, 9 février 1982, C-270/80, *Polydor,* pt. 16, *RTD Eur* 1982, p. 300, note G. BONET.

[1469] Nous employons tantôt le terme de marche de l'emploi européen, tantôt celui de marché du travail européen, sans pouvoir discuter de la possibilité d'englober dans la notion de travailleur – le sujet du droit social de l'Union européenne – le travailleur inactif.

[1470] *Cf.* Commission européenne, *Labour Market and Wage Developments in Europe. Annual Review 2018*, Office des publications de l'Union européenne, 2018, pour l'étude la plus récente.

[1471] Commission européenne, *Stratégie Europe 2020*, https://ec.europa.eu/info/business-economy-euro/economic-and-fiscal-policy-coordination/eu-economic-governance-monitoring-prevention-correction/european-semester/framework/europe-2020-strategy_fr (consulté le 13 septembre 2019).

européenne peut être comprise, plus particulièrement, comme un espace de libre circulation de la main-d'œuvre. Pour cette même raison, la libre circulation des travailleurs conduit à une régulation européenne du marché de l'emploi. Cette régulation s'oppose non seulement aux restrictions à l'immigration mais prive aussi les États membres d'un contrôle direct des fluctuations sur leurs marchés du travail. En d'autres termes, cette régulation a aussi eu pour effet de s'opposer aux tentatives de politique protectionniste des États membres à l'égard des migrants[1472]. Néanmoins, le concept de la liberté semble avoir évolué dans le cadre des élargissements de l'Union européenne qui ont notamment donné lieu aux restrictions transitoires. À cet égard, nous pouvons aussi nous interroger à quel niveau – étatique ou supranational – s'effectue la régulation.

439. Composante sociale. Répondant à un besoin de régulation du marché intérieur, les compétences en matière sociale seront étudiées à travers leur fondement lequel constitue le concept de marché intérieur. Nous les désignons sous l'appellation de la composante sociale. L'article 45 TFUE constitue la confirmation de ce besoin de régulation en la matière. Il garantit non seulement la prohibition des restrictions à la libre circulation mais aussi l'interdiction de toute discrimination en raison de la nationalité. Compte tenu du caractère général de l'affirmation, il convient d'en décrire les domaines. Cette description passera par l'articulation des domaines de compétence de l'Union européenne avec ceux des États membres. Le besoin d'instaurer un cadre normatif favorable au marché de l'emploi européen étant affirmé[1473], il conviendra de constater dans quels domaines revient une compétence régulatrice à l'Union européenne. Alors que certains auteurs ont longtemps déploré un recul des compétences de l'Union européenne en matière sociale[1474], d'autres cherchent à souligner l'importance d'une telle compétence en vue de résister face aux crises[1475]. Or, l'objectif de notre étude

---

[1472] E. SPAVENTA, art. cité (note 1461), spéc. p. 458.

[1473] *Cf.* A. C. L. DAVIES, *EU Labour Law*, Elgar Publishing, 2012, chapitre 1 ; C. BARNARD, « EU 'Social' Policy: From Employment Law to Labour Market Reform' », P. CRAIG, G. DE BÚRCA (dir.), *The Evolution of EU Law*, OUP, 2011, p. 641 ; P. SYRPIS, *EU Intervention in Domestic Law,* OUP, 2007.

[1474] M.-A. MOREAU, « Regards croisés sur l'exercice des compétences sociales dans l'Union européenne », S. BARBOU DES PLACES, É. PATAUT, P. RODIÈRE (dir.), *Les frontières de l'Europe sociale*, Pedone, 2017, p. 39 ; P. SYRPIS, « The EU and National Systems of Labour Law », A. ARNULL, D. CHALMERS (dir.), *The Oxford Handbook of European Union Law,* OUP, 2015, p. 943.

[1475] P. SYRPIS, art. cité (note 1474), spéc. p. 958, qui renvoie vers N. BRUUN, K. LÖRCHER, I. SCHÖMANN (dir.), *The Lisbon Treaty and Social Europe,* Hart Publishing, 2012 ; C. SEMMELMANN, « The European Union's Economic Constitution under the Lisbon Treaty: Soul-searching among Lawyers Shifts the

est de réitérer la question de la compétence en matière de droit du travail sous le prisme du marché intérieur[1476]. Mme Robin-Olivier évoque, par exemple, le droit du travail de l'Union européenne comme répondant au besoin de « régulation sociale d'un espace de libre circulation »[1477]. Dans cette lignée, nous concevons les compétences de la composante sociale comme une réponse à l'intégration des marchés de l'emploi.

440. Plan. Partant de l'analyse de la répartition des niveaux de réglementation en matière sociale, de l'État et de l'Union européenne, nous relèverons un décalage entre le niveau où s'exerce l'impact régulateur et celui où existe effectivement une réglementation (section 1). En inscrivant la composante sociale dans le concept de marché intérieur, nous proposerons une relecture des compétences relatives au concept de marché intérieur, afin de rendre compte de l'impact de l'intégration économique sur la matière sociale (section 2).

Focus to Procedure », *ELR* 2010, p. 516 ; P. SYRPIS, « The Lisbon Treaty: Much Ado … But About What? », *ILJ* 2008, p. 239.

[1476] P. SYRPIS, art. cité (note 1474).

[1477] S. ROBIN-OLIVIER, « Redéfinir le périmètre du droit social européen ? », *TransEuropeExperts*, mars 2010, https://www.transeuropexperts.eu/documents/InterventionSRobinOlivier.pdf (consulté le 13 septembre 2019).

Section 1
Le décalage entre le marché de l'emploi et les niveaux de réglementation du droit du travail

[A] big part of the explanation for the emergence of labour law at the EU level is the impact of European economic integration on the Member States' perception of their ability to regulate their own labour markets successfully.
A.C.L. DAVIES[1478]

441. Marché de l'emploi. Interprétant l'émergence du droit du travail comme étant le résultat d'une régulation sociale du marché[1479], notre préoccupation consiste, dans un premier temps, à identifier ce marché. En l'occurrence, le marché de l'emploi dont l'identification est recherchée, est celui de l'Union européenne. Alors que ce marché de l'emploi est en plein développement, le niveau de réglementation des aspects du droit du travail demeure souvent à l'échelle des États membres. Le droit du travail constituant une réponse à la régulation du marché de l'emploi, il doit correspondre aux périmètres de celui-ci. Les traités fondateurs affirment que le droit du travail de l'Union européenne est initialement vu comme reposant sur une « logique de l'unification du marché du travail »[1480]. Or, l'émergence du marché de l'emploi européen pose toujours un défi, qui est celui d'appeler à repenser les niveaux de réglementation.

442. Niveau de réglementation. La répartition des compétences entre le niveau national et celui de l'Union n'a pas évolué d'une manière significative, contrairement à bien d'autres domaines de l'intégration européenne. Ainsi, certains auteurs concluent que c'est la référence à l'État « qui permet de distinguer le social au sein de l'espace de marché européen »[1481]. La répartition des compétences en matière sociale ne semble pas avoir suivi l'intégration du marché intérieur, dans la mesure où les États membres

---

[1478] A. C. L. DAVIES, *EU Labour Law*, préc., p. 24.

[1479] *Cf.* sur le droit du travail en tant qu'un droit du marché du travail, O. FAVEREAU, « D'un droit du travail qui devient un droit du marché du travail », A. JEAMMAUD, M. LE FRIANT, P. LOKIEC, C. WOLMARK (coord.), *À droit ouvert. Mélanges en l'honneur d'Antoine Lyon-Caen*, Dalloz, 2018, p. 327 ; S. DEAKIN, « Labour Law as Market Regulation : the Economic Foundations of European Social Policy », P. DAVIES, A. LYON-CAEN, S. SCIARRA, S. SIMITIS (dir.), *European Community Labour Law : Principles and Perspectives. Liber Amicorum Lord Wedderburn of Charlton*, Clarendon Press, 1996, p. 62.

[1480] A. SUPIOT, *Critique du droit du travail,* PUF, 2015, p. 23.

[1481] L. AZOULAI, « Le sens du social dans le droit de l'Union européenne », S. BARBOU DES PLACES, É. PATAUT, P. RODIÈRE (dir.), *Les frontières de l'Europe sociale*, Pedone, 2017, p. 265, spéc. p. 272.

disposent de « compétences réservées »[1482] en cette matière. Il est toutefois possible de concevoir que certaines dispositions de droit privé interviennent au service de la régulation du marché. Interprétant la régulation comme la forme émergente parmi les trois fonctions principales de l'État, nous avançons qu'elle « implique que des techniques de droit privé soient empruntées en vue de pourvoir les citoyens en biens publics »[1483].

443. Plan. Après avoir affirmé la naissance d'un marché de l'emploi européen (sous-section 1), nous constaterons que la réglementation de celui-ci semble encore, dans de nombreux domaines, relever du niveau national et que l'émergence d'un marché au niveau supranational est inachevée (sous-section 2).

Sous-section 1. Les affirmations de l'existence d'un marché de l'emploi européen

444. Marché de l'emploi européen. L'utilisation du terme *« régulation »* déplace le curseur sur le marché[1484]. Il s'agit d'emblée de se concentrer sur les contours du marché de l'emploi que nous étudions. Notons que le « marché européen »[1485] de l'emploi est peu évoqué dans les ouvrages. La Cour de justice se réfère timidement à cette notion[1486]. Promu comme visant le « relèvement accéléré du niveau de vie »[1487], le marché de l'emploi européen est précisément annoncé par le Traité de Maastricht lequel prône « un niveau d'emploi élevé »[1488]. Selon M. Rodière, il s'agit d'un objectif initialement ancré dans les traités, par les dispositions relatives à la politique économique,

---

[1482] L. AZOULAI, « Le sens du social dans le droit de l'Union européenne », S. BARBOU DES PLACES, É. PATAUT, P. RODIÈRE (dir.), *Les frontières de l'Europe sociale*, Pedone, 2017, p. 265, spéc. p. 272.

[1483] D. BUREAU, H. MUIR WATT, *Droit international privé*, tome 1, préc., n° 8.

[1484] M.-A. FRISON-ROCHE, « Définition du droit de la régulation économique », *D.* 2004, p. 126 : « le droit de la régulation économique identifié par les secteurs sur lesquels il s'exerce, en ce que ceux-ci doivent être construits et maintenus dans un équilibre entre un principe de concurrence et d'autres principes ».

[1485] Comp. P. RODIÈRE, *Droit social de l'Union européenne,* préc., n° 308 et s ; A. SUPIOT, *Critique du droit du travail,* préc., p. 24 ; M. SCHMITT, « Droit du travail de l'Union européenne », A. LYON-CAEN (dir.), *Répertoire de droit du travail,* Dalloz, avril 2017.

[1486] Pour le seul arrêt de la base de données de la Cour de justice Evoquant le *« marché du travail européen »* (recherche effectuée le 6 août 2019), CJCE, 28 avril 2004, C-373/02, *Öztürk, Europe* 2004, n° 6, p. 24, note L. IDOT. Il est remarquable que, dans ce contentieux, l'Allemagne a nié l'existence de celui-ci, alors que l'Allemagne n'obtiendra pas gain de cause dans cette affaire.

[1487] Article 2 du Traité de Rome.

[1488] Article 2 du Traité CE, issu du Traité de Maastricht.

aux aides à l'emploi ainsi qu'aux politiques agricoles et des transports[1489]. Le Traité d'Amsterdam, avec l'introduction d'un titre relatif à l' « Emploi », inscrit la création d'un marché de l'emploi européen parmi ces principes[1490]. En conséquence, la régulation doit pouvoir s'exercer au niveau du marché concerné, à savoir le niveau européen.

445. Marchés de l'emploi nationaux. Tout en constatant l'émergence d'un marché de l'emploi européen, nous admettons que ce dernier se superpose aux marchés de l'emploi nationaux. Les traités fondateurs affirment l'existence de marchés de l'emploi nationaux. Ce faisant, ils envisagent les relations entre le niveau supranational – européen – du marché de l'emploi et le niveau national sous la forme de la coordination. Ainsi, le marché de l'emploi européen n'est pas censé se substituer aux marchés nationaux. Les marchés nationaux sont définis comme regroupant « [l]'ensemble des personnes autorisées à travailler au service des employeurs du pays [...], qu'ils soient nationaux ou étrangers »[1491]. Toutefois, il est permis au droit de l'Union européenne de « modifier les règles de fonctionnement »[1492] des marchés nationaux. Reste à découvrir comment le droit de l'Union appréhende l'accès aux marchés de l'emploi nationaux.

446. Accès au marché de l'emploi national. Le droit de l'Union européenne modifie essentiellement les règles d'accès aux marchés de l'emploi nationaux. Cet accès est garanti grâce au principe de non-discrimination. Ainsi, Mme Muir souligne que le principe de non-discrimination constitue un outil régulateur, dont l'importance est cruciale, puisqu'il combat une cause majeure d'exclusion du marché de l'emploi[1493]. Or, la notion d'accès renvoie vers le périmètre des marchés nationaux, dans la mesure où elle exige que « les ressortissants communautaires bénéficient de la même priorité que celle des nationaux de l'État considéré »[1494]. En conséquence, l'intervention européenne vise, avant tout, à garantir l'égal accès aux marchés de l'emploi.

447. Coordination des marchés. Les traités fondateurs évoquant initialement le marché de l'emploi communautaire sous la forme de la coordination des marchés nationaux, ils suscitent une interrogation sur les contours du véritable marché de l'emploi européen. Le Traité de Rome

---

1489 P. RODIÈRE, *Droit social de l'Union européenne,* préc., n° 11.

1490 *Ibid.*

1491 *Ibid.,* n° 311.

1492 *Ibid.,* n° 303.

1493 E. MUIR, *EU Regulation of Access to Labour Markets: A Case Study of EU Constraints on Member State Competences*, préc., p. 157, qui se réfère à F. VAN DEN BERGHE, « The European Union and the protection of minorities: how real it the alleged double standard? », *YEL* 2003, p. 175.

1494 Article 1, § 2 du règlement (CEE) n° 1612/68, devenu le règlement (UE) n° 492/2011.

instaure des procédures européennes d'accès à l'emploi. Son article 49, d) contient le fondement de la compétence du Conseil pour adopter des « mécanismes propres à mettre en contact les offres et demandes d'emploi et à en faciliter l'équilibre dans des conditions qui écartent des risques graves pour le niveau d'emploi dans les diverses régions et industries ». Sur ce fondement, a été adopté le règlement n°1612/68 du Conseil du 15 octobre 1968, relatif à la libre circulation des travailleurs à l'intérieur de la Communauté, qui met en place ces procédures d'accès à l'emploi. Ce texte envisage la collaboration des États membres lors de l'étude de la situation de l'emploi et du chômage[1495]. Ces échanges d'informations, destinés aux travailleurs des États membres, doivent servir leur liberté de circulation[1496]. Est également important dans cette évolution la proclamation de la reconnaissance des qualifications professionnelles[1497]. Une étape essentielle garantissant la transparence du marché du travail européen est l'instauration d'une plateforme pour l'emploi (EURES)[1498]. Malgré la recodification par le règlement n° 492/2011 du Parlement européen et du Conseil, du 5 avril 2011, relatif à la libre circulation des travailleurs à l'intérieur de l'Union, le marché de l'emploi européen trouve un écho encore faible dans les réglementations européennes[1499].

448. Affirmation du marché de l'emploi européen. L'existence d'un marché de l'emploi implique que « les personnes à la recherche d'un emploi puissent circuler librement, et bénéficier d'une assistance efficace pour trouver un emploi »[1500], a-t-il été observé. Les articles 2 et 4 TFUE reconnaissent l'existence d'un marché de l'emploi européen : ils affirment la création d'un marché intérieur au sein duquel les travailleurs se déplacent librement d'un État membre vers un autre, soit pour trouver du travail, soit pour prendre un travail[1501]. Il n'est pas surprenant que l'existence d'un marché de l'emploi européen ait été affirmée à partir des libertés de circulation. En ce sens, Mme Muir défend l'existence d'un marché de l'emploi européen à partir de la création de droits de libre circulation et de la condamnation des entraves à ceux-ci[1502]. La directive 2014/54/UE du Parlement européen et du Conseil

---

[1495] Article 13, § 1 du règlement 1612/68, devenu l'article 11§ 1 du règlement (UE) n° 492/2011.

[1496] *Ibid.*

[1497] *Cf.*, par exemple, la directive 2005/36/CE du Parlement européen et du Conseil du 7 septembre 2005 relative à la reconnaissance des qualifications professionnelles.

[1498] P. RODIÈRE, *Droit social de l'Union européenne,* préc., n° 313.

[1499] *Cf.* Y. ROUSSEAU, « Un marché communautaire de l'emploi ? », M. BONNECHÈRE (coord.), *Trente ans de libre circulation des travailleurs,* La Documentation française, 1998, p. 43.

[1500] *Ibid.*

[1501] A. C. L. DAVIES, *EU Labour Law*, préc., p. 31.

[1502] E. MUIR, *EU Regulation of Access to Labour Markets: A Case Study of EU Constraints on Member State Competences*, préc., p. 36, dans la version originale :

du 16 avril 2014 relative à des mesures facilitant l'exercice des droits conférés aux travailleurs dans le contexte de la libre circulation, contient la consécration expresse de l'existence d'un marché du travail européen. Son considérant n° 2 dispose que « [l]a libre circulation des travailleurs est aussi un élément essentiel à la mise en place d'un véritable marché du travail de l'Union, car elle permet aux travailleurs de se rendre dans des régions connaissant une pénurie de main-d'œuvre ou offrant plus de perspectives d'emploi, aide davantage de personnes à trouver des emplois mieux adaptés à leurs compétences et supprime les goulets d'étranglement sur le marché du travail ». À y regarder de près, nous estimons que ces énonciations mettent l'accent sur l'accès au marché de l'emploi européen.

449. Accès et libertés de circulation. En évoquant ce marché sous l'angle de l'accès, il nous est possible d'ancrer la construction du marché de l'emploi dans les libertés de circulation. Plus précisément, il est possible que les travailleurs circulent librement vers un autre État membre pour y travailler. Il est également possible, dans le cadre de la libre prestation de services, qu'un travailleur détaché accède au marché de l'emploi d'un autre État membre[1503]. Le considérant n° 3 de la directive 2014/54/UE rappelle l'objectif selon lequel la libre circulation des travailleurs « donne à chaque citoyen de l'Union, quel que soit son lieu de résidence, le droit de se rendre librement dans un autre État membre pour y travailler et/ou y résider à des fins d'emploi ». Ainsi, le marché de l'emploi est principalement évoqué depuis l'angle de l'accès[1504]. Mme Davies rappelle qu'en corrélation avec la création d'un marché de l'emploi, il a fallu assurer l'égal accès au marché[1505]. Nous retrouvons des références à cette approche à l'article 45 TFUE et à l'article 6 du règlement (UE) n° 492/2011 du Parlement européen et du Conseil du 5 avril 2011 relatif à la libre circulation des travailleurs à l'intérieur de l'Union. Alors que les textes insistent, dans un premier temps, sur la logique d'accès non-discriminatoire, la Cour de justice ajoute également la sanction des entraves à l'accès. La jurisprudence *Höfner* autorisant les bureaux privés, parallèlement à un organisme public, à opérer en matière de placement des travailleurs,

---

« creation of sophisticated legal frameworks consolidating workers' rights to move while seeking to avoid severe intrusions in domestic policies regulating labour markets ».

1503 CJUE, 10 février 2011, C-307/09 à C-309/09, *Vicoplus*, pts. 28 à 36. Ainsi, il est constant depuis l'arrêt *Rush Portuguesa* « qu'une entreprise de mise à disposition de main-d'œuvre, bien que prestataire de services au sens du traité FUE, exerce des activités qui ont précisément pour objet de faire accéder des travailleurs au marché de l'emploi de l'Etat membre concerné » (pt. 30). Cela concerne le cas de recours de l'article 1, § 3, c) de la directive dite détachement.

1504 En ce sens, *cf.* aussi E. MUIR, *EU Regulation of Access to Labour Markets : A Case Study of EU Constraints on Member State Competences*, préc., p. 36 et s.

1505 A. C. L. DAVIES, *EU Labour Law*, préc., p. 81.

confirme l'intérêt de l'Union européenne pour le marché du travail européen, du point de vue de l'accès[1506].

450. Promotion de l'emploi et de l'embauche. La jurisprudence relative aux libertés de circulation affirme timidement les besoins du marché de l'emploi européen. Dans l'affaire *Iraklis*, l'État grec cherche à justifier sa législation du travail, qui est susceptible de constituer une entrave à la liberté d'établissement, en avançant la raison impérieuse d'intérêt général relative à la promotion de l'emploi et de l'embauche[1507]. Il est constant qu'en visant notamment à diminuer le chômage, celle-ci est un objectif légitime de politique sociale[1508]. *A priori*, il apparaît que la Cour de justice met en avant les considérations du marché de l'emploi national. Néanmoins, elle ajoute que l'admission de cette raison impérieuse d'intérêt général sert non seulement l'établissement du « marché intérieur, mais œuvre également pour le développement durable de l'Europe, lequel est notamment fondé sur une économie sociale de marché hautement compétitive, qui tend au plein emploi et au progrès social, et elle promeut, notamment, la protection sociale »[1509]. Tout en admettant l'intérêt visant la protection du marché de l'emploi national, la Cour de justice lui donne une lecture européenne. Ainsi, la raison impérieuse d'intérêt général semble être au service de l'économie sociale de marché européenne, inscrite à l'article 3, § 3 TUE. La lecture appliquée est celle de la promotion de l'emploi dans l'espace européen de libre

[1506] CJCE, 23 avril 1990, C-41/90, *Höfner*.

[1507] CJUE, 21 décembre 2016, C-201/15, *AGET Iraklis*, pt. 74.

[1508] CJCE, 11 janvier 2007, C-208/05, *ITC*, pts. 38 et 39, *Lexbase Hebdo S* 2006, n° 232, et 2007, n° 246, note C. WILLMANN ; *Europe* 2007, n° 3, p. 15 et n° 5, p. 13, note F. KAUFF-GAZIN ; *JCP S* 2007, n° 13, p. 37, note J. CAVALLINI ; D. 2007, p. 3097, pan. C. WILLMANN, Y. ROUSSEAU, J.-M. LABOUZ et al. ; *SSL supplément* 2008, n° 1338, p. 49, note S. LAULOM ; *JDE* 2008, n° 147, p. 82, chron. J.-Y. CARLIER ; 18 janvier 2007, C-385/05, *CGT*, pt. 28, *Europe* 2006, n° 1, p. 9, note P. CASSIA ; *Lexbase Hebdo S* 2006, n° 229, note C. WILLMANN ; *SSL* 2007, n° 1292, p. 5, note S. LAULOM ; *JCP S* 2007, n° 6, p. 27, note B. GAURIAU ; *D.* 2007, p. 435, note É. PAHLAWAN-SENTILHES et p. 776, note V. BONNIN ; *JSL* 2007, n° 206, p. 11, note J.- E. TOURREIL ; *Europe* 2007, n° 3, p. 19, note L. IDOT ; *RJS* 2007, p. 297, chron. J.-P. LHERNOULD, V. BONNIN, F. KESSLER et al. ; CJUE, 13 décembre 2012, C-379/11, *Caves Krier Frères*, pt. 51, *JCP G* 2012, n° 52, p. 2369, note D. BERLIN ; *Europe* 2013, n° 2, p. 30, note A. BOUVERESSE ; *RJS* 2013, p. 161, chron. J.- P. LHERNOULD, A. GARDIN, F. KESSLER, E. LAFUMA ; *JDE* 2013, n° 197, p. 103, chron. J.- Y. CARLIER ; *SSL supplement* 2013, n° 1582, p. 72, note S. LAULOM ; *RTD Eur* 2013, p. 859, chron. S. ROBIN-OLIVIER ; *JCP S* 2013, n° 50, p. 30, note C. WILLMANN ; *D. 2014,* p. 445, pan. O. BOSKOVIC, S. CORNELOUP, F. JAULT-SESEKE, N. JOUBERT, K. PARROT.

[1509] CJUE, 21 décembre 2016, C-201/15, *AGET Iraklis*, pt. 76, déjà, CJCE, 11 décembre 2007, C-438/05, *Viking Line*, pt. 78.

circulation. L'intérêt promu par la Cour de justice, dans cette affaire, est celui de la construction d'un marché de l'emploi européen.

451. Directives. De la même manière, les récentes directives en matière d'emploi affirment expressément le motif de la construction d'un marché de l'emploi européen comme un espace de libre circulation. L'adoption de la directive dite conditions de travail est motivée pour apporter une réponse aux profondes mutations subies par les marchés du travail, en raison de l'évolution démographique et de la dématérialisation[1510]. Il est à noter que la directive vise le marché du travail au singulier, ce qui peut être lu comme une référence au marché européen. Même si la directive n'évoque pas le marché du travail européen expressément, elle se réfère aux intérêts des « travailleurs de l'Union » et insiste sur « une convergence vers le haut entre les États membres et [la préservation de] la capacité d'adaptation du marché du travail »[1511]. Nous y lisons une nouvelle fois l'objectif de la construction d'un marché du travail européen dont l'existence est supposée, dans la mesure où les travailleurs circulent au sein de cet espace.

452. Lecture régulatrice. Alors que la lecture de ces textes européens nous conduit à émettre certains doutes vis-à-vis de l'existence d'un marché de l'emploi européen, il n'en est pas moins vrai que sa régulation relève désormais du niveau de l'Union européenne. En considérant que toute offre s'adresse, en pratique, aux ressortissants européens, sans égard à leur nationalité, nous délimitons le marché de l'emploi à l'espace de libre circulation. Or, les dispositions relatives au marché de l'emploi semblent avoir été déconnectées de celles concernant les libertés de circulation, ce qui a rendu difficile la prise de conscience de l'existence d'un marché de l'emploi européen. En effet, les traités fondateurs séparent les dispositions concernant la politique sociale de celles relatives aux libertés de circulation. Cette séparation ne semble pas moins être le reflet d'une conception classique des politiques de l'emploi. M. Majone explique que « le Traité de Rome ne mentionne explicitement qu'un petit nombre de politiques ou de programmes de régulation »[1512]. Par ailleurs, il estime que la notion de « politique sociale », telle qu'elle est utilisée par le traité, est ambiguë : le traité semble opérer une « distinction théorique entre régulation sociale et politique sociale (traditionnelle) »[1513]. M. Majone souligne qu'aux yeux des fondateurs de la Communauté économique européenne, la politique sociale comprenait également les politiques de l'emploi, alors que les traités et les textes subséquents les en auraient séparés. C'est ainsi que la prise de conscience de

---

[1510] Directive (UE) 2019/1152 du Parlement européen et du Conseil du 20 juin 2019 relatives à des conditions de travail transparentes et prévisibles dans l'Union européenne, considérant n° 4.

[1511] *Ibid.*

[1512] G. MAJONE, *La Communauté européenne : un Etat régulateur*, préc., p. 51.

[1513] *Ibid.*, p. 71.

l'existence d'un marché de l'emploi européen ne semble être acquise qu'au moment de la mise en place de la citoyenneté européenne : « [q]uel que soit leur lieu de résidence, ils font juridiquement partie de chacun des marchés nationaux des États membres et bénéficient comme les membres d'une priorité sur la main-d'œuvre qui lui est extérieure »[1514]. L'existence d'un marché de l'emploi européen est affirmée.

453. Effets de la libre circulation. Du point de vue de l'économie politique, les travaux de M. Menz nous permettent de nous interroger sur les effets de la libre circulation sur les marchés du travail des États membres de l'Union européenne[1515]. M. Menz constate que la mobilité des travailleurs migrants contribue à la déstructuration des marchés du travail des États membres[1516]. Les États membres souffrent ainsi d'une transformation structurelle s'opérant graduellement sur la réglementation de leur marché du travail[1517]. Il convient, par ailleurs, de noter avec M. Menz que la déstructuration ne s'exerce pas seule, et que ce ne sont pas uniquement les travailleurs mobiles qui sont à l'origine de cette évolution ; la stratégie des employeurs joue également un grand rôle[1518].

454. Nécessité d'une intégration positive. Alors que la régulation européenne concerne certains aspects de l'économie, la régulation sociale semble souvent s'arrêter au niveau national. Plusieurs auteurs s'interrogent s'il existe également un marché de dimension sociale au niveau européen[1519]. M. Azoulai souligne la difficulté à délimiter le social dans le marché au niveau européen. Il explique que, « [s]elon la logique prévalant dans le droit de l'Union, il faut s'efforcer d'opérer la distinction de telle sorte que l'exigence d'accès aux biens collectifs soit effective sans pour autant sacrifier l'exigence de décloisonnement des activités économiques et sociales propre au marché européen »[1520]. Or, l'intégration juridique positive garantissant l'accès au marché de l'emploi s'est fait attendre.

455. Accès à deux vitesses. À l'étude de ces mesures d'intégration positive, il apparaît qu'elles ne concernent pas tout travailleur de la même manière. Mme Muir souligne que les dispositions réglementant le marché de l'emploi européen se destinent particulièrement aux travailleurs bien formés. À titre d'illustration, nous pouvons évoquer la création d'un mécanisme de

---

[1514] P. RODIÈRE, *Droit social de l'Union européenne,* préc., n° 316.

[1515] G. MENZ, « Liberalization of Service Provisions, Transnational Posting, and the Bifurcation of the European Labour Market », M. FREEDLAND, C. COSTELLO (dir.), *Migrants at Work,* OUP, 2014, p. 44.

[1516] *Ibid.*

[1517] *Ibid.*

[1518] *Ibid.,* p. 44 et s.

[1519] Pour une récente étude qui évoque la dichotomie entre le marché et l'intégration juridique, *cf.* J. MULDER, *Social Legitimacy in the Internal Market. A Dialogue of Mutual Responsiveness,* Hart Publishing, 2018.

[1520] L. AZOULAI, art. cité (note 1481), spéc. p. 272.

reconnaissance mutuelle des diplômes pour accéder aux professions réglementées. Ce mécanisme renforcerait, selon Mme Muir, la mobilité des travailleurs hautement qualifiés, depuis les années 1960, en conjonction avec l'évolution de la jurisprudence et des directives[1521]. En citant les travaux de M. Kraus, l'auteure reconnaît que, dans les faits, les raisons économiques, linguistiques et culturelles rendent l'exercice du droit de libre circulation plus difficile pour les travailleurs peu qualifiés et que la demande de l'industrie peut également entrer en jeu[1522].

456. Segmentation du marché du travail. Ceci rappelle les travaux d'économie politique, qui soulignent une segmentation orchestrée du marché du travail. Au Royaume Uni, par exemple, les études démontraient l'existence d'un marché du travail « dualiste ». Présenté en termes accessibles, il y existerait des métiers de sous-catégorie (« substandard »), d'une part, des métiers normaux, de l'autre[1523]. M. Menz souligne que la migration du travail créée aux années 1990, et la provocation d'un lien entre le besoin de cette migration du travail pour des raisons démographiques et le manque de main d'œuvre, seraient une stratégie ciblée des employeurs pour créer une course vers le bas en termes de salaires en vue de créer des métiers de sous-catégorie[1524]. Il résume, en ce qui concerne le recours au détachement dans le cadre de la libre prestation de services, que celui-ci reflète précisément une stratégie visant la création d'une sous-catégorie sur le marché du travail[1525]. Compte tenu de ce constat, le marché du travail européen devrait être régulé d'une manière qui lui permettrait de passer outre ces stratégies de segmentation. À titre d'exemple, l'accès au marché du travail n'étant pas en cause – la plupart du temps – en matière de détachement, les travailleurs détachés ne devront pas se heurter à l'écueil des autorisations administratives. Comme M. Rocca l'affirme, la directive dite détachement ne vise pas la question de la relation des travailleurs détachés avec le système de relations professionnelles du pays d'accueil. Dit autrement, au sens de la directive, les travailleurs n'intègrent pas le système des relations professionnelles du pays d'accueil[1526]. Des exemples épars de réglementation européenne concernent les activités qualifiées. Parmi les métiers relevant d'activités qualifiées, la réglementation européenne semble faciliter la mobilité des travailleurs

---

[1521] E. MUIR, *EU Regulation of Access to Labour Markets: A Case Study of EU Constraints on Member State Competences*, préc., p. 36.

[1522] *Ibid.*, p. 36 et s., qui renvoie vers E. F. KRAUS, « The systemic effects of economic trade zones on labor migration: the Northern American Free Trade Agreement and the lessons of the European Community », *Georgetown Immigration Law Journal*, 1993, p. 344.

[1523] G. MENZ, art. cité (note 1515), spéc. p. 47 et s.

[1524] *Ibid.*, spéc. p. 50.

[1525] *Ibid.*, spéc. p. 51.

[1526] M. ROCCA, *Posting of Workers and Collective Labour Law in the EU: There and Back Again – Between Internal Market and Fundamental Rights,* préc., p. 25.

hautement qualifiés[1527], qu'elle a tendance à considérer comme relevant d'un marché du travail européen.

457. Au-delà de l'accès. Tous ces éléments nous conduisent à revendiquer une lecture du marché de l'emploi européen, allant au-delà de celle de l'accès aux marchés nationaux pris individuellement. L'instauration d'un marché du travail européen nécessite plus que la garantie de l'accès. Mme Davies développe que celle-ci commande également l'adoption de règles de création d'un marché du travail européen[1528]. De fait, les travailleurs n'exercent pas leur droit à la libre circulation, sauf si les conditions leur sont favorables[1529]. Ces conditions impliqueraient la possibilité de venir avec sa famille ainsi qu'une garantie du droit de séjour, immédiatement après un éventuel licenciement[1530]. La réglementation européenne qui sera évoquée fournit une partie de la réponse. En conclusion, nous sommes conduits à distinguer la réglementation relevant du niveau de l'État de celle du niveau de l'Union européenne, en matière de régulation du marché du travail.

Sous-section 2. La difficile répartition des compétences entre les niveaux nationaux et européen

458. Un particularisme national accusé. « Mais il [...] est [...] vrai que le particularisme national du droit du travail et du droit social en général est très accusé (le 'marché' du travail d'une part, l'État d'autre part coïncidant avec les limites d'une nation). [...] Le droit commercial est né directement sur le plan mondial. [...] C'est dire que l'unification européenne, et même, plus généralement, l'unification universelle du droit commercial sont choses relativement faciles. Il en est autrement du droit du travail finalement enraciné dans la culture nationale et la tradition historique »[1531]. L'absence d'adaptation du droit du travail à l'espace et au marché concerné a longtemps été critiquée. Alors que nous avons souligné que le droit du travail devait prendre appui sur le marché du travail européen, la régulation de ce dernier a été décrite comme étant insuffisante. Pour cette même raison, le droit du travail continue certainement encore d'être lacunaire au niveau supranational. Nous assistons ainsi à une répartition difficile entre les marchés du travail nationaux, d'une part, le marché du travail européen, d'autre part. Traditionnellement, le droit du travail relève du niveau de l'État. C'est ainsi qu'au moment de la naissance

---

[1527] M. RUHS, « Immigration and Labour Market Protectionism. Protecting Local Workers' Preferential Access to the National Labour Market », C. COSTELLO, M. FREEDLAND (dir.), *Migrants at Work. Immigration and Vulnerability in Labour Law*, OUP, 2014, p. 60, spéc. p. 62 et s.

[1528] A. C. L. DAVIES, *EU Labour Law*, préc., p. 90.

[1529] *Ibid.*

[1530] *Ibid.*

[1531] A. et G. LYON-CAEN, *Droit social international et européen*, préc., n° 1.

du projet européen, les politiques sociales ont été réservées pour le niveau national. Les Communautés européennes ne disposaient d'une compétence qu'en ce qui concernait l'égalité entre les hommes et les femmes. Ont été ajoutées d'autres compétences éparses en matière sociale, par l'Acte unique européen et les Traités de Maastricht et d'Amsterdam. Dans ce contexte de construction progressive, il est difficile d'imaginer la disparition immédiate des droits du travail nationaux au profit d'un droit du travail européen. En raison de ces difficultés, la réglementation du travail relève actuellement de deux niveaux. Les compétences en matière de droit du travail font l'objet d'un découpage et nécessitent une articulation.

459. Plan. En ce qui concerne la répartition des compétences, nous constaterons que les États membres de l'Union européenne conservent une compétence assez large en matière de droit du travail (paragraphe 1). Le désengagement de l'Union européenne au niveau des compétences pourrait refléter, selon certains, « [l]e rapport structurellement distant que le droit de l'Union entretient depuis toujours avec le social »[1532]. Tout en rappelant les domaines dans lesquels l'Union européenne affirme l'existence d'une politique sociale, nous conclurons que cette dernière est limitative et se concentre sur certains domaines précis (paragraphe 2).

Paragraphe 1. Les compétences étatiques en droit du travail

460. Droit du travail étatique. Selon une compréhension classique, la réglementation du droit du travail appartient à l'État. Ainsi, le droit du travail est le résultat d'une régulation du marché de l'emploi au niveau étatique. Cette régulation étatique peut être rencontrée dans les différents systèmes juridiques de l'Union européenne. Elle est caractérisée par une réglementation législative extensive et détaillée de la relation de travail, soit par l'utilisation de termes d'ordre public, soit par la construction d'un corpus de droits contractuels[1533]. Corrélativement, au niveau de l'Union européenne, elle est loin d'être complète. C'est ainsi que l'Union européenne définit ses compétences qui font l'objet de limitations minutieuses (article 153 TFUE). L'étude des compétences partagées de l'Union européenne en matière de politique sociale révèle surtout que celle-ci écarte plusieurs domaines précis, qui sont pourtant au cœur du droit du travail. L'article 153, § 5 TFUE exclut les rémunérations,

---

[1532] L. AZOULAI, art. cité (note 1481), spéc. p. 269.

[1533] H. COLLINS, « Social Dumping, Multi-level Governance and Private Law in Employment Relationships », D. LECZYKIEWICZ, S. WEATHERILL (dir.), *The Involvement of EU Law in Private Law Relationships,* Hart Publishing, 2013, p. 223, spéc. p. 224, dans la version originale : « in most European legal systems, though not all, there is extensive and detailed legislative regulation of the employment relation, either through the imposition of mandatory terms in the contract or through the construction of independent self-standing statutory rights ».

le droit d'association, le droit de grève et le droit de *lock-out* de la compétence harmonisatrice de l'Union européenne. Il convient de préciser ces différentes exclusions.

461. Rémunération. En ce qui concerne les rémunérations, leur exclusion ne concerne que la fixation du montant de rémunération, « car l'égalité des rémunérations relève pleinement de la politique législative de l'Union »[1534]. L'exclusion peut s'expliquer par les différences fondamentales entre les niveaux de rémunération[1535]. D'un point de vue fonctionnel, il est possible de concevoir que nous nous situions dans la fonction redistributive de l'État. Or, tous les domaines se rattachant au rôle distributif du droit social, tels que le niveau des salaires, la fiscalité, les cotisations, les prestations sociales et la couverture sociale sont exclus de la compétence de l'Union européenne[1536]. En nous rappelant les travaux de M. Majone, nous constatons que le rôle dévolu à l'Union européenne en ce qui concerne la redistribution est mineur[1537]. Il n'en demeure pas moins que la jurisprudence de la Cour de justice en matière de rémunérations est abondante[1538].

462. Impact sur le marché. Les incidences sur le marché de l'emploi européen poussent à l'intervention de la Cour de justice dans ces matières normalement exclues des compétences harmonisatrices de l'Union. Le constat de départ est celui que la fragmentation des marchés de l'emploi liée à l'élargissement de l'Union européenne semble conduire au « dumping social »[1539]. Mme Muir souligne qu'à l'origine de l'Union européenne, les différences des niveaux économiques entre les États membres sont considérées comme incitant les travailleurs des États membres à améliorer leurs standards de travail, en cherchant du travail dans un autre État membre[1540]. La prise de conscience de l'impact de cette mobilité sur les marchés du travail nationaux, par la suite, conduit à encadrer l'accès des travailleurs à ceux-ci[1541]. À titre d'exemple, l'Acte d'adhésion de la Pologne

---

[1534] P. RODIÈRE, « Compétences et incompétences législatives de l'Union : un jeu de dupes ? », S. BARBOU DES PLACES, É. PATAUT, P. RODIÈRE (dir.), *Les frontières de l'Europe sociale*, Pedone, 2017, p. 15.

[1535] A. C. L. DAVIES, *EU Labour Law*, préc., p. 32.

[1536] A. A. H. VAN HOEK, « La ré-intégration de la relation transfrontalière de travail. Les propositions de révision de la directive détachement peuvent-elles tenir leurs promesses ? », S. BARBOU DES PLACES, É. PATAUT, P. RODIÈRE (dir.), *Les frontières de l'Europe sociale*, Pedone, 2017, p. 211, spéc. p. 214.

[1537] G. MAJONE, *La Communauté européenne : un Etat régulateur*, préc., p. 11.

[1538] *Supra,* n° 202 et s.

[1539] *Cf.* A. DEFOSSEZ, *Le dumping social dans l'Union européenne. Étude à l'aune du droit primaire et de la directive détachement,* préc.

[1540] E. MUIR, *EU Regulation of Access to Labour Markets: A Case Study of EU Constraints on Member State Competences*, préc., p. 55.

[1541] *Ibid.,* p. 56 et s.

prévoit une période transitoire pouvant aller jusqu'à sept ans[1542]. Le lien avec l'absence d'une compétence européenne en la matière ne saurait être nié. Ce constat peut encore être renforcé par la récente adoption d'une directive sur le salaire minimum adéquat[1543].

463. Grève et *lock out*. Une autre exclusion de compétence concerne le droit de grève et de *lock-out*. « La souveraineté nationale en matière d'ordre public, l'autonomie institutionnelle des États membres plaident pour cette mise à l'écart »[1544], souligne M. Rodière. En effet, le droit syndical et le droit d'action collective ont été exclus de la compétence harmonisatrice. C'est l'absence de consensus au niveau européen en la matière qui semble y avoir conduit. Les différences entre les États membres seraient marquantes en matière de négociation collective et cette dernière ne serait que peu pratiquée dans certains États[1545]. Néanmoins, la diversité des réglementations dans cette matière centrale des droits du travail nationaux – et l'absence d'harmonisation – seraient à prendre en compte, dès lors que l'on évoque l'achèvement du marché intérieur que la diversité peut ralentir[1546]. L'absence de réglementation au niveau supranational a été regrettée[1547]. En théorie, « [l]'article 153 § 5 TFUE n'autorise pas les autorités de l'Union à édicter des directives concernant les droits de grève et de lock-out. En la matière, la compétence normative appartient donc toujours aux États membres »[1548]. Cependant, l'impact sur le marché intérieur de cette absence d'harmonisation incite l'Union européenne à se saisir de la matière.

464. *Viking* et *Laval*. Comme il est affirmé par M. Rodière, « la Cour de justice, avec ses arrêts Viking et Laval, a entendu soumettre l'exercice des compétences étatiques à des contraintes liées aux libertés économiques de l'Union »[1549]. C'est ainsi que l'auteur relativise la signification de l'incompétence de l'Union européenne : « l'Union européenne a beau être incompétente pour réglementer la grève, les États membres n'en sont pas pour autant libres de le faire comme ils l'entendent. Le principe de coopération loyale (article 5, § 3 TUE) leur impose de ne pas porter atteinte, par l'effet de

---

[1542] Acte d'adhésion de la Pologne, annexe XII de la liste visée à l'article 24, JO 2003 L236/875, pt. 2.1.

[1543] Directive (UE) 2022/2041 du Parlement européen et du Conseil du 19 octobre 2022 relative à des salaires minimaux adéquats dans l'Union européenne. Cette directive est fondée sur l'article 153, § 2, b) et § 1, b) mais contient également des références au marché intérieur dans ces considérants. Sur celle-ci, S. ROBIN-OLIVIER, « Chronique Politique sociale de l'UE - La pauvreté au travail : nouveau sujet et nouvelle méthode de la politique sociale de l'Union », *RTD Eur* 2021, p. 497.

[1544] P. RODIÈRE, art. cité (note 1534).

[1545] A. C. L. DAVIES, *EU Labour Law*, préc., p. 32.

[1546] P. SYRPIS, T. NOVITZ, art. cité (note 1445).

[1547] J.-P. LABORDE, art. cité (note 376), spéc. p. 157.

[1548] P. RODIÈRE, art. cité (note 1534), spéc. p. 21.

[1549] *Ibid.*

leurs réglementations, aux libertés économiques européennes, sauf à s'en justifier par la poursuite d'un objectif légitime et sous réserve que l'intensité de l'atteinte n'aille pas au-delà du nécessaire »[1550]. Ce constat signale les conséquences d'une telle mise à l'écart et recommande que la répartition des compétences prenne davantage en compte les spécificités nationales du droit du travail. Concluons avec M. Rodière que « [s]e dessine ou se redessine une répartition des compétences qui obéit pleinement à la logique du droit de l'Union. Les États membres sont libres de légiférer en matière de grève, mais cette compétence s'arrête et cède devant celle de l'Union, du moment où l'enjeu est l'exercice des libertés économiques de celle-ci »[1551]. C'est ainsi l'incidence sur le marché intérieur qui motive l'intervention du droit de l'Union européenne. L'absence de prise en considération de l'existence du marché de l'emploi européen peut dans ce contexte être regrettée. Bien d'autres domaines du droit du travail permettent de refléter cette problématique.

465. « Compétence-incompétence ». À côté de l'incompétence harmonisatrice, il convient également de chercher la cause du caractère incomplet du droit de l'UE dans l'absence de recours de la part de l'Union européenne à ses compétences inscrites à l'article 153 TFUE. Ceci explique le choix du terme de « compétence-incompétence »[1552]. Notons, par exemple, que l'Union est techniquement habilitée à adopter des réglementations en matière de protection contre le licenciement individuel[1553] dont elle n'a pas fait usage. On pourrait, par exemple, imaginer une réglementation de la justification des licenciements et de la procédure à suivre. Or, l'Union européenne « n'est pas sur le chemin de s'en doter »[1554], note M. Rodière. Il en est de même en matière de cogestion[1555] et bien d'autres domaines.

466. Décalage du marché de l'emploi. Après avoir affirmé l'existence d'un marché de l'emploi européen, nous constatons que certains domaines du droit du travail restent exclus des compétences européennes en la matière. À partir du constat du maintien des compétences des États membres, nous pouvons effectivement douter de l'adaptation de la réglementation à l'impact sur le marché européen. Ce constat du décalage entre le marché et l'existence

---

[1550] P. RODIÈRE, art. cité (note 1534), spéc. p. 21.

[1551] *Ibid.*, spéc. p. 23 et s. Pour une vision critique de l'ingérence de la Cour de justice dans ces domaines pour lesquels elle n'a pas compétence, S. WEATHERILL, « Viking and Laval : The EU Internal Market Perspective », M. FREEDLAND, J. PRASSL (dir.), *Viking, Laval and Beyond,* Hart Publishing, 2014, p. 23, spéc. p. 35.

[1552] P. RODIÈRE, art. cité (note 1534), spéc. p. 25.

[1553] Art. 153, § 1 d) posant une compétence, pour la protection des travailleurs en cas de résiliation du contrat de travail.

[1554] P. RODIÈRE, art. cité (note 1534), spéc. p. 26.

[1555] Art. 153, § 1 f) TFUE posant une compétence, pour la représentation et la défense collective des intérêts des travailleurs et des employeurs, y compris la cogestion, sous réserve du paragraphe 5. *Infra,* n° 571.

d'une réglementation du travail est certainement renforcé en matière de détachement de travailleurs. Ajoutons l'opposition faite par Mme Muir, qui distingue la compétence étatique pour édicter le droit du travail en matière de détachement de travailleurs de la compétence européenne concernant la libre circulation des travailleurs qualifiés[1556]. Dans cet exemple précisément, la répartition des compétences entre l'Union et les États membres contribuerait à la création d'un décalage entre le niveau de réglementation et le marché concerné. Pour cela, Mme Muir souligne que la création des libertés de circulation encourage la permutation d'un marché vers un autre[1557]. Cette évolution, regrette-t-elle, n'a pas été suivie par les droits primaire et dérivé, lesquels auraient pu faire pression sur les politiques de l'emploi nationales au sein de chaque marché national[1558].

Paragraphe 2. L'apparition de compétences éparses au niveau européen

467. Article 119 du Traité de Rome. Dès le départ, la Communauté économique européenne se reconnait compétente en matière sociale. La disposition visée est l'article 119 du Traité de Rome, actuellement l'article 157 TFUE. Elle contient le principe d'égalité en matière de rémunérations entre les femmes et les hommes, lequel est motivé par des considérations de concurrence sur le marché du travail européen[1559]. Il est précisé que cette disposition a été introduite dans les traités sur la pression du gouvernement français, qui faisait valoir l'avantage concurrentiel des entreprises des États membres où le principe d'égalité de rémunération était absent[1560]. L'importance de cette compétence est même renforcée par les arrêts *Defrenne*. Au départ, il s'agit de la seule compétence dans les traités en matière sociale. M. Weatherill explique cette absence d'intégration en matière sociale par l'inexistence d'une volonté politique européenne[1561]. Plus précisément, il

---

[1556] E. MUIR, *EU Regulation of Access to Labour Markets : A Case Study of EU Constraints on Member State Competences*, préc., p. 44.

[1557] *Ibid.*, p. 54.

[1558] *Ibid.*

[1559] S. DEAKIN, art. cité (note 1479), spéc. p. 63 ; avec des nuances, B. HEPPLE, « Equality and Discrimination », P. DAVIES, A. LYON-CAEN, S. SCIARRA, S. SIMITIS (dir.), *European Community Labour Law: Principles and Perspectives. Liber Amicorum Lord Wedderburn of Charlton*, Clarendon, 1996, p. 237 ; S. FREDMAN, « Discrimination Law in the EU: Labour Market Regulation or Fundamental Rights? », H. COLLINS, P. DAVIES, R. RIDEOUT (dir.), *Legal Regulation of the Employment Relation*, Kluwer, 2002, p. 189.

[1560] A. SEIFERT, « Das europäische Arbeitsrecht im Gesamtgefüge des europäischen Privatrechts », *ZEuP* 2015, p. 241, spéc. p. 258, qui explique que ce principe issu de l'OIT a obtenu une visée économique en entrant dans le traité de Rome.

[1561] S. WEATHERILL, *Contract Law of the Internal Market*, préc., p. 170.

évoque deux visions de l'intégration européenne. Alors que les uns considèrent l'harmonisation comme s'adressant aux risques de la dérégulation liée au *dumping social*, les autres estiment que les différences régulatrices entre les États membres ne sont pas une concurrence normative et en nient les effets néfastes[1562]. Compte tenu de l'opposition des seconds, explique M. Weatherill, l'absence d'intégration sociale est à déplorer[1563]. Ainsi, M. Weatherill ne nie pas la compétence en matière de régulation mais persiste à s'attaquer à l'absence d'exploitation de cette compétence en matière sociale[1564].

468. Utilisation des compétences « marché intérieur ». La nécessité de se servir des autres compétences inscrites dans les traités est apparente. Les premières compétences susceptibles d'être utilisées en matière de politique sociale sont celles des articles 235 et 100[1565] du Traité CE, devenus respectivement les articles 352 et 115 TFUE. D'un côté, l'ex-article 235 du Traité CE, devenu l'article 308 du Traité CEE, est utilisé pour la réalisation des objectifs de la Communauté dans le fonctionnement du marché commun. La directive 76/207/CEE est adoptée sur ce fondement[1566]. De l'autre côté, l'ex-article 100 CE, devenu l'article 94 du Traité CEE, vise le rapprochement des dispositions législatives réglementaires et administratives des États membres qui ont une incidence directe sur l'établissement ou le fonctionnement du marché commun. L'utilisation de cette disposition donne lieu à l'harmonisation des législations en matière de transferts des

---

[1562] S. WEATHERILL, *Contract Law of the Internal Market,* préc., p. 170.

[1563] *Ibid.*

[1564] *Ibid.*

[1565] Notons que l'article 100 du traité CE s'est substitué à la disposition de l'article 119 du traité CEE susvisée, qui avait déjà donné lieu à une directive 75/117/CEE du Conseil, du 10 février 1975, concernant le rapprochement des législations des Etats membres relatives à l'application du principe de l'égalité des rémunérations entre les travailleurs masculins et les travailleurs féminins.

[1566] Directive 76/207/CEE du Conseil, du 9 février 1976, relative à la mise en œuvre du principe de l'égalité de traitement entre hommes et femmes en ce qui concerne l'accès à l'emploi, à la formation et à la promotion professionnelles, et les conditions de travail. *Cf.* sur cette directive, S. WEATHERILL, *Contract Law of the Internal Market,* préc., p. 172, qui observe que la directive 2006/54/CE (refonte) a été adoptée sur le fondement de l'article 141, § 3 du traité CE, devenu l'article 153 TFUE. La refonte met explicitement en avant l'élément protecteur, plutôt que de se contenter des divergences de régulation entre les Etats membres.

entreprises[1567], de licenciements collectifs[1568] ou de protection des travailleurs en cas d'insolvabilité de l'employeur[1569]. M. Rodière confirme l'utilité de ce fondement en matière sociale : « [j]usqu'à l'Acte unique européen, les directives de rapprochement des législations sociales avaient été, pour le plus grand nombre d'entre elles, fondées sur l'ex-article 100. L'ex-article 118 A, issu de l'Acte unique européen et visant la protection du milieu de travail, quand bien même il ait été interprété assez extensivement, n'avait pas fait disparaître l'utilité de l'article 100 »[1570]. Selon Mme Mazuyer, cela traduit clairement la reconnaissance que certains domaines du travail peuvent avoir une incidence sur le marché économique régional[1571]. L'ancien article 100 du Traité CE est ainsi utilisé, par exemple, pour fonder les directives relatives aux droits des travailleurs face aux restructurations ou aux difficultés de l'entreprise, dont la directive dite licenciements collectifs : « [c]ette directive sur les licenciements collectifs a consacré pour la première fois la thèse selon laquelle l'harmonisation sociale peut avoir une influence directe sur l'établissement et le fonctionnement du marché commun »[1572]. De la même manière, M. Rodière s'interroge : « [s]i l'article 100 du traité CEE a pu former leur base juridique, n'est-ce pas d'ailleurs parce que ces textes ont poursuivi un objectif d'ordre économique, intéressant directement la mise en place d'un marché commun ? »[1573]. Ajoutons que cette compétence révèle même de son

---

[1567] Directive 77/187/CEE du Conseil, du 14 février 1977, concernant le rapprochement des législations des Etats membres relatives au maintien des droits des travailleurs en cas de transferts d'entreprises, d'établissements ou de parties d'entreprises ou d'établissements, dont l'un des considérants justifie que les différences entre les Etats Membres en matière de protection des travailleurs peuvent avoir un effet sur le fonctionnement du marché commun. Cette directive a été codifiée par la directive 2001/23/CE du Conseil du 12 mars 2001. Cette directive donne lieu à deux affaires récentes (CJUE, 8 mai 2019, C-194/18, *Dodič* ;16 mai 2019, C-509/17, *Plessers*).

[1568] Directive 75/129/CEE du Conseil, du 17 février 1975, concernant le rapprochement des législations des Etats membres relatives aux licenciements collectifs, codifiée par la directive 98/59/CE.

[1569] Directive 80/987/CEE du Conseil, du 20 octobre 1980, concernant le rapprochement des législations des Etats membres relatives à la protection des travailleurs salariés en cas d'insolvabilité de l'employeur. *Cf.*, sur l'utilisation de la compétence en cette matière, S. WEATHERILL, *Contract Law of the Internal Market,* préc., p. 171, qui observe que l'utilisation de la compétence était brièvement justifiée et reflétait une volonté politique.

[1570] P. RODIÈRE, *Droit social de l'Union européenne,* préc., n° 28-2.

[1571] E. MAZUYER, *L'harmonisation sociale européenne,* Bruylant, 2007, p. 53.

[1572] E. VOGEL-POLSKY, « L'Acte unique ouvre-t-il l'espace social européen ? », *DSOC* 1989, p. 177.

[1573] P. RODIÈRE, *Droit social de l'Union européenne,* préc., n° 29.

utilité en matière d'égalité de rémunération. Néanmoins, l'exigence d'unanimité semble conduire à la désuétude de ces compétences[1574].

469. Utilisation d'autres compétences. D'autres compétences relatives aux législations sociales ne sont pas subordonnées à un quelconque lien avec le marché commun. Certains actes en matière sociale sont ainsi appuyés sur les compétences résultant des ex-articles 117, 118, 119 du Traité CE. Selon les professeurs Lyon-Caen, l'ex-article 117 CE constitue un véritable fondement de l'harmonisation, par opposition au rapprochement des législations au sens des compétences susmentionnées. Suivant ces auteurs, l'harmonisation signifie que « l'égalisation doit se faire par le haut, c'est-à-dire que c'est sur la meilleure des lois nationales que les autres pays devront s'aligner »[1575]. Ils précisent également que « [l]'harmonisation ne signifie pas l'identité des normes juridiques, mais plutôt une sorte d'équivalence des résultats économiques »[1576]. Ainsi, l'ex-article 117 du Traité CEE, devenu l'article 151 TFUE, manque de constituer une base juridique pour la législation sociale au niveau de l'Union européenne, les États membres concevant que l'amélioration des conditions de travail ne résulte pas uniquement du fonctionnement du marché commun mais aussi du rapprochement des législations[1577]. S'il est toujours reconnu que ces actions visent à combattre la distorsion née du fonctionnement du marché, le fonctionnement du marché commun n'est pas apparent dans l'utilisation de ces fondements qui sont choisis par l'opportunité d'esquiver l'exigence de l'unanimité, exigée par l'article 100 du Traité CE.

470. Compétences de politique sociale. Les révisions des traités conduisent progressivement à l'ajout de compétences de l'Union européenne en matière sociale bien que ces dernières concernent des domaines épars. Nous les désignons sous le terme de compétences de politique sociale[1578], puisque la conjoncture politique veut leur adoption, dans des domaines très précis, alors que le consensus politique en vue de l'exploitation des compétences régulatrices fait défaut. Nous faisons ici la présentation de ces compétences de politique sociale d'une manière chronologique suivant leur apparition. L'Acte unique européen de 1986 introduit une compétence dans le domaine social qui exige la majorité qualifiée. Cet article 100 A « vis[e] indirectement le domaine social pour la réalisation des objectifs du marché intérieur »[1579].

[1574] S. WEATHERILL, *Contract Law of the Internal Market,* préc., p. 172.

[1575] A. et G. LYON-CAEN, *Droit social international et européen*, préc., n° 219.

[1576] *Ibid.*

[1577] C. BARNARD, art. cité (note 1473), spéc. p. 642.

[1578] Pour l'utilisation du terme de politique sociale ou « social policy », *cf.* C. BARNARD, *EU Employment Law*, OUP, 2012, p. 3, qui désigne toute la réglementation européenne en matière sociale sous ce terme, tout en admettant que celle-ci ne correspond pas à une réplique des politiques sociales nationales.

[1579] E. MAZUYER, *L'harmonisation sociale européenne*, préc., p. 83.

Néanmoins, cet article semble cantonner l'action sociale à un domaine très technique sur ce fondement juridique[1580], alors qu'en même temps l'article 118 A du Traité CEE, devenu l'article 153 TFUE, prend son essor en matière de santé et de sécurité des travailleurs. Si cette disposition peut motiver, par exemple, la directive dite temps de travail[1581], le rattachement de cette dernière à l'amélioration du milieu de travail a été débattu[1582]. Une utilisation du fondement qui est justifiée par l'opportunité de cette disposition signifie également que les dispositions n'exigent plus de lien avec le marché intérieur[1583]. L'Acte unique européen ajoute une dimension sociale au marché intérieur, selon certains auteurs[1584]. Il n'en demeure pas moins que M. Birk critique que le traité en lui-même ne tient pas suffisamment compte de l'importance de la politique sociale pour l'intégration économique et sociale[1585]. Il y a en quelque sorte une déconnexion entre la politique sociale et l'intégration du marché intérieur à observer. La politique sociale semble obéir à des objectifs propres. Cette « reconnaissance d'objectifs propres à la politique sociale et au droit communautaire du travail »[1586] enclenche certainement le dépassement du lien entre le marché intérieur et les dispositions en matière sociale. Nous regrettons que la compétence de l'Union européenne en matière sociale soit présentée comme étant autonome. En effet, l'harmonisation en matière sociale est souvent présentée comme prenant le contre-pied du développement économique du marché intérieur[1587]. Nous y lisons plutôt le début de la réincorporation de l'intégration économique dans la dimension sociale du marché intérieur[1588].

[1580] E. MAZUYER, *L'harmonisation sociale européenne*, préc., p. 83 et s.

[1581] Directive 93/104/CE du Conseil du 23 novembre 1993 concernant certains aspects de l'aménagement du temps de travail, remplacée par la directive 2003/88/CE du Parlement européen et du Conseil du 4 novembre 2003 concernant certains aspects de l'aménagement du temps de travail.

[1582] E. MAZUYER, *L'harmonisation sociale européenne*, préc., p. 86.

[1583] *Ibid.*, p. 87.

[1584] R. BIRK, « Die Harmonisierung des Arbeitsrechts im europäischen Binnenmarkt – Gemeinschaftscharta und Aktionsprogramm der EG-Kommission », R. BIRK et al. (dir.), *Die soziale Dimension des europäischen Binnenmarktes*, Bibliographisches Institut & F.A. Brockhaus AG, 1990, p. 11.

[1585] *Ibid.*, spéc. p. 12.

[1586] Elle renvoie à P. MARTIN, « L'harmonisation sociale en débat », *DSOC* 1997, p. 307. Par ailleurs, J. KENNER, « A distinctive legal basis for social policy ? The Court of Justice answers a Delicate Question », *ELR* 1997, p. 585, observe dans la version originale, à partir de l'interprétation de l'article 118 A donnée par la CJCE dans cet arrêt, que « the social policy is no longer a mere adjunct to the market integration process » (version originale).

[1587] S. ROBIN-OLIVIER, *Manuel de droit européen du travail*, préc., p. 181.

[1588] C. BARNARD, art. cité (note 1473), spéc. p. 651.

471. Compétence explicite de « politique sociale ». Alors que les compétences antérieurement développées portent sur des matières liées à l'établissement du marché intérieur, la compétence centrale en matière sociale est l'article 117 du Traité de Rome, devenu successivement l'article 136 du Traité CE, puis l'article 151 TFUE. Rappelons que cette disposition figure, dès l'origine, dans le titre relatif à la « politique sociale », ou depuis le Traité de Maastricht, la « politique sociale, éduction, formation professionnelle et jeunesse »[1589], et se trouve aujourd'hui dans le titre X de la troisième partie du TFUE, intitulé « Politique sociale ». Ce dernier a également pour objet « de donner à l'Union les moyens nécessaires pour développer des actions permettant d'harmoniser ou de rapprocher les droits nationaux du travail et de la protection sociale »[1590]. L'apparence d'homogénéité peut ici induire en erreur. En effet, il convient de distinguer, parmi les dispositions du titre, entre celles évoquées ci-dessus qui ont une ambition régulatrice du marché, et celles qui nous intéressent désormais, relatives à de pures motivations de politique sociale. Soulignons qu'à l'origine, les auteurs du traité se contentent de l'espoir que « les réglementations nationales s'harmonisent spontanément par l'effet du marché »[1591]. Suivant une analyse historique, il ressort d'ores et déjà du rapport Spaak, qui inspire les auteurs du Traité de Rome, que l'harmonisation des conditions de travail est un objectif de la création du marché commun. Lu sous cet angle, le titre sur la politique sociale du Traité CEE vise l' « égalisation dans le progrès des conditions de vie et de travail de la main-d'œuvre salariée »[1592].

472. Absence de considérations régulatrices. Le titre originel « politique sociale » renonce aux considérations régulatrices, la manière d'harmoniser étant encore peu imaginée. Concevant l'effet positif de la concurrence sur l'harmonisation, cette compétence vague ne fait pas avancer les politiques sociales. L'accord sur la politique sociale annexé au Traité de Maastricht contient une révision de l'article 117 du Traité de Rome. À juger du contenu, la disposition « actualis[e] le programme social qu'avait fixé initialement le traité de Rome et puisqu'il exprim[e] les conceptions désormais dominantes concernant les objectifs de la politique sociale, il [inspire] de fait […] toute la politique sociale communautaire »[1593]. Nous y voyons une compétence de politique sociale. Cette disposition est réunie à l'ancien article 117 du Traité de Rome.

473. Séparation de la politique sociale. Compte tenu du compromis difficile en matière de politique sociale, l'article 117 révisé par le Traité de Maastricht, certes étendu d'un point de vue matériel, fait l'objet de sérieuses

---

[1589] *Cf.* P. RODIÈRE, *Droit social de l'Union européenne,* préc., n° 13 et s.
[1590] *Ibid.*, n° 13.
[1591] *Ibid.*, n° 14.
[1592] *Cf.* le nouvel article 151 TFUE.
[1593] P. RODIÈRE, *Droit social de l'Union européenne,* préc., n° 15.

limitations du point de vue de la compétence. Ainsi, l'article 2 de l'accord annexé, expose que la Communauté « soutient et complète l'action des États membres », une formulation qui désigne aujourd'hui la compétence à l'article 153 TFUE. Par ailleurs, le même accord souligne que la Communauté et les États membres doivent tenir compte de la diversité nationale. L'accord insiste, par ailleurs, sur « la nécessité de maintenir la compétitivité de l'économie de la Communauté ». La reformulation est ainsi l'affirmation de la séparation entre les compétences de politique sociale et les considérations de marché.

474. Compétence partagée. Les réserves à l'égard de l'importance de la politique sociale ont été exprimées par le choix du type de compétence conféré à l'Union européenne en la matière. L'article 4, § 2, b) TFUE affirme que la compétence est partagée entre l'Union et les États membres dans le domaine de la politique sociale. Mme Davies interprète cette compétence comme maintenant l'autonomie nationale[1594]. Seule l'étude des articles 151 à 161 TFUE dans l'ensemble permet de nuancer entre les différentes procédures législatives – ordinaire ou spéciale[1595]. Les observations de M. Rodière sur « l'incompétence-compétence »[1596] nous permettent néanmoins d'ajouter que la Cour de justice s'est d'ores et déjà prononcée sur des domaines pour lesquels la compétence du législateur européen était exclu[1597].

475. Subsidiarité. L'intervention du principe de subsidiarité est l'une des conséquences du choix de cette compétence. À l'inverse des compétences exclusives, l'Union doit respecter le principe de subsidiarité[1598]. Ce principe est également désigné sous le terme de « compétence-frontière »[1599], puisqu'il limite l'exercice de la compétence. D'un point de vue critique, le principe de subsidiarité a été identifié comme étant à l'origine d'un ralentissement de l'harmonisation. Il a été critiqué en tant qu'un concept d'une largeur énorme, voire qui interpelle[1600]. Ceci s'est montré dans la procédure du carton jaune.

[1594] A. C. L. DAVIES, *EU Labour Law*, préc., p. 16, renvoyant pour l'exclusion historique de la compétence nationale vers C. JOERGES, « What is Left of the European Economic Constitution ? A Melancholic Eulogy », *ELR* 2005, p. 461.

[1595] S. WEATHERILL, art. cité (note 1460), spéc. p. 572 et s.

[1596] P. RODIÈRE, art. cité (note 1534), spéc. p. 17.

[1597] *Ibid.*, spéc. p. 24.

[1598] Article 5, § 3 TUE.

[1599] E. MAZUYER, « Les compétences-frontières de l'Union européenne en matière sociale : quels moyens d'action pour les Etats-membres et les partenaires sociaux européens ? », S. BARBOU DES PLACES, É. PATAUT, P. RODIÈRE (dir.), *Les frontières de l'Europe sociale*, Pedone, 2017, p. 51, spéc. p. 54.

[1600] The Adoptive parents, « The Life of a Death Foretold: The Proposal for a Monti II Regulation », M. FREEDLAND, J. PRASSL (dir.), *Viking, Laval and Beyond,* Hart Publishing, 2014, p. 95, spéc. p. 99, renvoyant vers N. BARBER, « The Limited Modesty of Subsidiarity », *ELJ* 2005, p. 308, dans la version originale : « a concept of enormous, even alarming, breadth ».

Enclenchée à deux reprises en matière de détachement de travailleurs[1601], la procédure ne peut pas, en dernier lieu, bloquer la proposition de révision de la directive dite détachement du mois de mars 2016 : la Commission affirme, en juillet 2016, que la proposition respecte la compétence des États membres de fixer le niveau de rémunération, conformément aux pratiques nationales. Portant sur la matière délicate de la coordination des législations en matière de rémunération, la directive « n'a pas pour objectif d'aligner les salaires dans les États membres [mais] vise simplement à faire en sorte que les dispositions contraignantes en matière de rémunération dans l'État membre d'accueil s'appliquent aussi aux travailleurs détachés dans cet État membre »[1602].

476. Acquis social. Malgré les écueils procéduraux et les limitations des compétences, l'Union européenne a pu adopter une législation sociale abondante. L'inventaire des réglementations harmonisées révèle les domaines de la non-discrimination au sens large, de la santé et de la sécurité au travail, y compris la protection des travailleuses enceintes, la réglementation en matière de temps de travail et le travail des jeunes, de l'information et de la consultation ainsi que des droits en matière de restructuration dont les licenciements collectifs, le transfert d'entreprises et l'insolvabilité de l'employeur. Enfin, nous ajoutons les dispositions en matière de détachement. La proclamation du « [s]ocle européen des droits sociaux »[1603] constitue le couronnement de cet acquis social.

477. Fragmentaire. La liste de l'acquis social révèle le caractère fragmentaire de la réglementation sociale de l'Union européenne[1604]. Les domaines-clés du droit du travail national ne sont pas compris dans cette réglementation européenne. Nous rappelons que l'Union européenne n'a pas fait usage de sa compétence en matière de licenciement, et ne réglemente ni les aspects collectifs concernant le droit syndical ou l'action collective, ni la rémunération[1605]. Ajoutons que Mme Barnard et M. Deakin regrettent que

---

[1601] *Cf.*, par exemple, M. ROCCA, « Le droit de grève et l'Union Européenne en période d'austérité : la proposition 'Monti II' et ses cartons jaunes », *Revue Interventions économiques,* 2015, p. 1.

[1602] Commission européenne, *Communication au Parlement européen, au Conseil et aux Parlements nationaux relative à la proposition de directive modifiant la directive concernant le détachement de travailleurs, en ce qui concerne le principe de subsidiarité, conformément au protocole n° 2*, COM(2016) 505 final, Bruxelles, 20 juillet 2016, , p. 6.

[1603] Proclamation du socle européen des droits sociaux, déclaration du président Juncker, 17 novembre 2017.

[1604] C. BARNARD, S. DEAKIN, « Social Policy and Labour Market Regulation », A. MENON, E. JONES, S. WEATHERILL (dir.), The Oxford Handbook of the European Union, *OUP,* 2015, p. 542, spéc. p. 545 ; C. BARNARD, *EU Employment Law,* préc., p. 3.

[1605] *Ibid.*, spéc. p. 545.

l'Union européenne ne réglemente pas le contenu du contrat travail[1606], ce qui fait penser à l'indétermination des parties au contrat, voire de la notion de contrat de travail elle-même.

1606 C. BARNARD, S. DEAKIN, « Social Policy and Labour Market Regulation », A. MENON, E. JONES, S. WEATHERILL (dir.), The Oxford Handbook of the European Union, *OUP,* 2015, p. 542, spéc. p. 545.

Conclusion de section

478. Avec l'émergence progressive d'un marché de l'emploi européen se pose la question de la répartition des compétences en matière sociale entre les États membres et l'Union européenne. Dans plusieurs domaines, la régulation semble s'exercer au niveau étatique et le droit du travail est encore de source nationale. Or, l'absence d'une compétence de l'Union européenne dans divers domaines du droit du travail fonde la revendication de l'exploitation des compétences existantes. Son constat permet également de réaffirmer le besoin d'une compétence inclusive en matière sociale. L'argument avancé est celui de la fragmentation des marchés de l'emploi liée à l'élargissement de l'Union européenne. Comme l'affirme Mme Davies, l'intégration économique conduit à la prise de conscience de la part des États membres qu'il leur est devenu difficile de réguler leurs marchés du travail.

Section 2
La compétence inscrite dans le marché intérieur : l'existence d'une composante sociale

Les États membres conviennent de la nécessité de promouvoir l'amélioration des conditions de vie et de travail de la main-d'œuvre permettant leur égalisation dans le progrès.
Ils estiment qu'une telle évolution résultera tant du fonctionnement du marché commun, qui favorisera l'harmonisation des systèmes sociaux, que des procédures prévues par le présent Traité et du rapprochement des dispositions législatives, réglementaires et administratives.
Article 117 du Traité de Rome

479. Marché intérieur. Le marché commun a longtemps été compris comme synonyme de l'Union européenne[1607]. Ancré dans le rapport Spaak et repris dans le Traité de Rome, ce concept a été remplacé par celui de marché unique ou de marché intérieur[1608]. Reflétant ce constat, nous pouvons nous interroger sur l'incidence de l'apparition du marché intérieur sur l'étendue du droit de l'Union européenne. D'emblée, nous postulons que certaines compétences politiques de l'Union européenne, inscrites dans les traités, apparaissent faussement déconnectées des compétences régulatrices du marché. À titre d'exemple, nous évoquons « l'opposition [...] entre 'marché' et 'social' »[1609].

480. Isolation de la politique sociale. Tout en soulignant que l'Union européenne attache de l'importance à l'intégration européenne en matière sociale, nous notons que ces compétences sont limitées en grande partie à la politique sociale. Or, les compétences de politique sociale semblent isolées par rapport aux compétences régulatrices du marché intérieur. Par ailleurs, l'Union européenne intervient dans des domaines épars, selon la conjoncture, sans pour autant procéder à l'intégration en matière sociale, au niveau du marché qu'elle met en place. En effet, la réglementation sociale européenne disponible est souvent lue comme étant déconnectée de la logique d'accès au marché de l'emploi européen que les libertés de circulation se proposent d'instaurer.

481. Droit régulateur. La critique est plus frappante si nous nous rappelons que le droit du travail est le résultat de la régulation du marché intérieur. *A fortiori*, le droit du travail de l'Union européenne est celui du

---

[1607] J. SNELL, « The internal market and the philosophies of market integration », C. BARNARD, S. PEERS (dir.), *European Union Law,* OUP, 2017, p. 310.

[1608] *Ibid.*, spéc. p. 311 ; *cf.* S. WEATHERILL, *The Internal Market as a Legal Concept*, préc.

[1609] É. PATAUT, « Tours et détours de l'Europe sociale », *RTD Eur* 2018, p. 9.

marché d'emploi européen. Ancré dans le marché intérieur, le marché d'emploi européen repose sur la libre circulation des travailleurs, à l'exclusion regrettable de celle des services. Nous rappelons ici la définition du marché intérieur qui opère par renvoi aux libertés de circulation[1610]. En mettant en avant l'influence des libertés de circulation lesquelles mettent en place un espace de libre circulation, nous affirmons que le droit social de l'Union européenne devrait suivre leur fonction. Cette compréhension permettrait également d'inclure le volet régulateur dans cette compétence, laquelle semble actuellement se limiter à la politique sociale au sens traditionnel. Plus précisément, les chercheurs en sciences politiques reprochent à la conception européenne de la politique sociale d'isoler la régulation[1611].

482. Composante sociale. Inscrivant les libertés de circulation dans une logique plus générale du marché intérieur, nous constatons une influence des aspects régulateurs de ce dernier. Cette lecture se trouve affirmée, dès l'annonce de l'achèvement du marché intérieur, à l'article 3, § 3 TUE : « l'Union a intégré la composante sociale dans son propre modèle de développement sous la forme d'une référence à 'une économie sociale de marché hautement compétitive, qui tend au plein emploi et au progrès social'[1612] »[1613]. L'article 9 TFUE peut contribuer à cette interprétation, ajoute M. Azoulai, qui y découvre « la clause horizontale de protection de l'emploi et de protection sociale »[1614].

483. Plan. Partant du caractère régulateur du droit du marché intérieur, nous découvrirons le fondement d'une compétence fondée sur la composante sociale qui s'y inscrit (sous-section 1). Une fois la composante sociale affirmée, il convient d'en développer le contenu, en tant qu'elle donne une compétence à l'Union européenne pour instaurer la protection du travailleur connectée à l'accès au marché de l'emploi européen (sous-section 2).

Sous-section 1. Le fondement de la composante sociale

484. Le marché intérieur visant le progrès tant économique que social, il implique l'intégration positive, sous la forme de l'harmonisation, par le droit de l'Union européenne. Nous constatons que les rédacteurs des traités ont lié

[1610] *Cf.* S. WEATHERILL, « The Court's Case Law on the Internal Market: 'A Circumloquacious Statement of the Result, Rather than a Reason for Arriving at it'? », M. ADAMS, J. MEEUSEN, G. STRAETMANS, H. DE WAELE (dir.), *Judging Europe's Judges: The Legitimacy of the Case Law of the European Court of Justice*, Hart Publishing, 2013, p. 87.

[1611] G. MAJONE, *La Communauté européenne : un Etat régulateur*, préc., p. 71 et s.

[1612] Article 3, § 3 TUE.

[1613] L. AZOULAI, art. cité (note 1481), spéc. p. 267.

[1614] *Ibid.*

les compétences en matière de politique sociale aux libertés de circulation[1615]. Partant, nous désignons ces compétences sous les termes de composante sociale du marché intérieur (paragraphe 1). Cette composante sociale se retrouve nécessairement dans les compétences harmonisatrices instaurées par les traités, motivées par l'intégration du marché intérieur (paragraphe 2).

Paragraphe 1. La composante sociale du marché intérieur

485. Article 117 du Traité de Rome. Dans le Traité de Rome, les quatre libertés de circulation figurent comme les piliers centraux[1616]. Ceci reflète la pensée des fondateurs qui semblent convaincus que toute la réussite du projet européen doive découler des libertés de circulation[1617]. Cette logique est transcrite à l'article 117 du Traité de Rome, le premier article sous le titre de la politique sociale, qui dispose qu'une amélioration des conditions de travail résulte du fonctionnement du marché commun[1618]. Le contentieux sur les dispositions subséquentes du titre démontre que la Cour de justice consacre un lien exprès entre les conditions de travail et le marché commun. À titre d'exemple, nous citons la directive 75/129/CEE[1619] qui, sur le fondement de l'article 100 du Traité CEE[1620], vise à harmoniser la protection contre les licenciements. Le double objectif attribué à cette harmonisation du droit du travail, qui va au-delà de la seule visée économique, est inscrit dans la directive qui recodifie ce texte[1621] et rappelé dans le récent arrêt *Iraklis*[1622].

[1615] S. WEATHERILL, *The Internal Market as a Legal Concept*, préc., p. 205, dans la version originale : « there is a strong descriptive argument that labour market regulation and social policy more generally has developed as an integral element of, not simply an optional supplement to, the internal market as a legal and political concept. This is predominantly the result of a combination of the Treaty platform, secondary legislation and judicial interpretation ».

[1616] C. BARNARD, S. DEAKIN, art. cité (note 1604), spéc. p. 543.

[1617] *Ibid.*

[1618] *Ibid.*

[1619] Directive 75/129/CEE du Conseil, du 17 février 1975, concernant le rapprochement des législations des Etats membres relatives aux licenciements collectifs, codifiée par la directive 98/59/CE.

[1620] Article 100 traité CEE : « [l]e Conseil, statuant à l'unanimité sur proposition de la Commission, arrête des directives pour le rapprochement des dispositions législatives, réglementaire et administratives des Etats membres qui ont une incidence directe sur l'établissement ou le fonctionnement du marché commun ».

[1621] Directive 98/59/CE concernant le rapprochement des législations des États membres relatives aux licenciements collectifs, considérant n° 4.

[1622] CJUE, 21 décembre 2016, C-201/15, *AGET Iraklis*, pt. 41, qui nuance tout de même avec la liberté d'entreprendre. En effet, « en harmonisant les règles applicables aux licenciements collectifs, le législateur communautaire a entendu, tout à la fois, assurer une protection comparable des droits des travailleurs dans les différents États

486. Fonctions économique et sociale. Les arrêts pionniers en matière sociale portent sur l'égalité de rémunération inscrite à l'article 119 du Traité CEE. Ces arrêts *Defrenne* nous permettent de démontrer l'avènement de la double fonction des compétences en matière sociale. Suivant l'alinéa premier de ce fondement, les États membres sont tenus d'assurer l'application du principe d'égalité des rémunérations entre les travailleurs masculins et les travailleurs féminins pour un même travail. L'arrêt *Defrenne I*[1623] porte sur la reconnaissance de la pension de retraite en tant qu'un avantage comparable. Aux fins de notre démonstration, il est important de souligner que l'avocat général Dutheillet de Lamothe reconnaît la fonction protectionniste de l'article[1624]. Ceci signifie que la disposition poursuit non seulement un objectif social mais également un objectif économique. L'étude des origines de l'article nous apprend qu'il a effectivement été inséré dans le traité afin d'anticiper les distorsions de concurrence résultant du niveau de rémunération plus faible des femmes. La double fonction économique et sociale de l'article 119 du Traité CEE est reconnue dans l'arrêt *Defrenne II*[1625], dans lequel l'effet direct de l'article est affirmé. La logique d'origine qui sous-tend l'article 119 du Traité CEE, et donc la politique sociale, est nettement liée aux considérations du marché intérieur. Cette « double finalité, économique et sociale » de l'article 119 du Traité CEE ne sera pas remise en cause par la suite, ce qui sera rappelée dans l'arrêt *Deutsche Telekom AG*[1626].

487. Objectif social. Cet héritage des dispositions du Traité de Rome ne saurait être oublié. Alors que la Cour de justice a tendance à se concentrer

---

membres et rapprocher les charges qu'entraînent ces règles de protection pour les entreprises de la Communauté ».

[1623] CJCE, 25 mai 1971, aff. 80/70, *Gabrielle Defrenne c. État belge, RTD Eur* 1971, p. 103 et 1972, p. 110, note G. LYON-CAEN.

[1624] C. BARNARD, « Internal Market v. Labour Market: A Brief History », M. DE VOS (dir.), *European Union Internal Market and Labour Law: Friends or Foes ?*, Intersentia, 2009, p. 19, spéc. p. 21.

[1625] CJCE, 8 avril 1976, *Gabrielle Defrenne c. Sabena,* aff. 43/75, pt. 8 à 11, *RTD Eur* 1976, p. 521, note C. PHILIP ; *CDEur* 1977, p. 168, note VAN GERVEN. Pt. 69 : « les conséquences de caractère économique qui pourraient découler de la reconnaissance, par la Cour, de l'effet direct des dispositions de l'article 119, du fait qu'une telle prise de position pourrait déclencher, dans de nombreuses branches de la vie économique, des revendications remontant à la date à partir de laquelle cet effet se serait produit » ; pt. 70 : « compte tenu du nombre élevé des personnes intéressées, de telles revendications, imprévisibles pour les entreprises, pourraient avoir des effets graves sur la situation financière de celles-ci, au point d'acculer certaines d'entre elles à la faillite ».

[1626] CJCE, 10 février 2000, C-50/96, *Deutsche Telekom AG c. Lilli Schröder,* pt. 53, *Europe* 2000, n° 4, p. 8, chron. D. SIMON ; *CMLR* 2001, p. 437, note L. BASSELINK ; *JDI* 2001, p. 585, chron. Y. GAUTIER, R. MEHDI, C. J. BERR, M. LUBY, C. PRIETO, J.-M. BISCHOFF et p. 603, chron. R. MEHDI.

dans certaines affaires sur l'unique objectif social derrière l'article 119 du Traité CEE, il faudra attribuer ce brouillage de la fonction économique à une interprétation fluctuante de la Cour de justice[1627]. À titre d'exemple, l'arrêt *Defrenne III*[1628] élève le principe d'égalité de traitement au rang d'un droit fondamental. L'accent n'est plus tant sur l'objectif économique. Cela ne remet pas en cause l'importance de la réglementation en matière de politique sociale pour le marché intérieur. Dans la mesure où l'actuel article 157, § 1 TFUE reprend cette disposition, il est utile de se le rappeler. En replaçant cet article dans son contexte de départ, l'on peut conclure que « [c]haque État membre assure l'application du principe de l'égalité des rémunérations entre travailleurs masculins et travailleurs féminins pour un même travail ou un travail de même valeur ».

488. Régulation du marché de l'emploi. Dès lors qu'il s'agit effectivement de compétences en vue de la régulation du marché de l'emploi européen, il est indéniable qu'il existe un lien avec le marché intérieur[1629]. En ce qui concerne les compétences de politique sociale introduites, de leur côté, au fur et à mesure des révisions des traités, leur lien avec le marché intérieur est également affirmé. Pour la réalisation des objectifs de politique sociale énoncés à l'article 151 TFUE, « l'Union et les États membres mettent en œuvre des mesures qui tiennent compte de la diversité des pratiques nationales, en particulier dans le domaine des relations conventionnelles, ainsi que de la nécessité de maintenir la compétitivité de l'économie de l'Union »[1630]. Nous y retrouvons la finalité économique de la politique sociale. Le § 3 ajoute qu' « [i]ls estiment qu'une telle évolution résultera tant du fonctionnement du marché intérieur, qui favorisera l'harmonisation des systèmes sociaux, que des procédures prévues par les traités et du rapprochement des dispositions législatives, réglementaires et administratives ». C'est la confirmation de la vision selon laquelle l'intégration économique crée une opportunité pour l'intégration sociale.

489. Trois visions de l'harmonisation sociale. L'émergence d'un marché de l'emploi européen commande l'intégration positive. La nécessité d'un droit du travail européen peut s'expliquer de différentes manières. M. Syrpis cherche cette explication dans sa présentation des trois visions de

---

[1627] C. BARNARD, art. cité (note 1624), spéc. p. 21.

[1628] CJCE, 15 juin 1978, aff. C-149/77, *Gabrielle Defrenne c. Sabena*, *ELRes* 1978, p. 6, note D. WYATT ; *EuR* 1979, p. 4, note I. PERNICE ; *RTD Eur* 1986, p. 231, étude L. IMBRECHTS ; *MLR* 1984, p. 6, note N. BROWN. Pt. 27 : « on ne saurait mettre en doute le fait que l'élimination des discriminations fondées sur le sexe fait partie de ces droits fondamentaux ».

[1629] S. WEATHERILL, *Law and Values in the European Union,* Clarendon, 2016, p. 352 et s.

[1630] Article 151, § 2 TFUE.

l'harmonisation sociale[1631]. Une première vision consisterait à concevoir le modèle social européen comme une fin en soi[1632] : l'environnement politique national peut ainsi être défavorable aux droits des travailleurs, alors que l'Union européenne entend protéger ces derniers[1633]. Cette vision peut même aller jusqu'à concevoir le droit du travail européen sous la perspective des droits de l'homme[1634]. Deux autres conceptions considèrent l'évolution du marché intérieur en tant qu'une menace aux systèmes nationaux de droit du travail. Dit autrement, l'évolution du marché intérieur commande une répartition de la responsabilité pour le droit du travail entre l'État et l'Union européenne[1635].

490. *Dumping social.* Dans un premier temps, il est argué que le marché libre européen créerait une course vers le bas des standards de travail[1636]. Les objectifs des traités lient le marché commun et le rapprochement des politiques sociales. D'ores et déjà le rapport Spaak évoque la possibilité de distorsions de concurrence au sein du marché intégré, qui peuvent être dues à la différence des conditions de travail, telles que les salaires des travailleurs masculins et féminins, le paiement des heures supplémentaires, la durée du travail et les congés payés[1637]. Le Traité de Rome axe sur l'établissement d'un marché commun comprenant la libre circulation des produits (marchandises et services) et des facteurs de production (travailleurs et capitaux). Ainsi, l'action de la Communauté économique européenne doit comprendre « le rapprochement des législations nationales dans la mesure nécessaire au fonctionnement du Marché commun »[1638]. Cette idée fondamentale du Traité de Rome est comprise comme comprenant l'harmonisation des politiques sociales, afin de réaliser l'amélioration des conditions de vie et de travail[1639].

[1631] P. SYRPIS, *EU Intervention in Domestic Labour Law*, préc., p. 10 et s., *cf.* aussi A. C. L. DAVIES, *EU Labour Law*, préc., p. 7 et s.

[1632] Critique, C. JOERGES, art. cité (note 1594); S. KREBBER, « Status and Potential of the Regulation of Labor and Employment Law at the European Level », *CCLPJ* 2008-9, p. 875.

[1633] A. C. L. DAVIES, *EU Labour Law*, préc., p. 15, renvoyant vers A. C. L. DAVIES, *Perspectives on Labour Law*, CUP, 2009, p. 14, dans la version originale : « if the national political environment is unsympathetic to workers' rights, the EU might be a viable alternative ».

[1634] A. C. L. DAVIES « The 'Constitutionalisation' of Labour Law: Possibilities and Problems », K. S. ZIEGLER, P. M. HUBER (dir.), *Current Problems in the Protection of Human Rights in Germany and the UK*, Hart Publishing, 2012, p. 45.

[1635] A. C. L. DAVIES, *EU Labour Law*, préc., p. 9.

[1636] *Cf.* B. HEPPLE, *Labour Laws and Global Trade,* Hart Publishing, 2005, p. 13 et s.

[1637] Comité intergouvernemental créé par la conférence de Messine, « Rapport des chefs de délégation aux Ministère des affaires étrangères », Bruxelles, 21 avril 1956.

[1638] Art. 3, h) du Traité de Rome.

[1639] A. et G. LYON-CAEN, *Droit social international et européen*, préc., n° 214.

Le lien entre le marché commun et la nécessité des politiques sociales est reconnu. À la suite de la réalisation de l'union douanière, les limites de l'action communautaire sectorielle se manifestent par des déséquilibres sociaux et régionaux, ce qui motive l'adoption d'un programme d'action sociale[1640] : « la politique sociale de la Communauté doit remplir une fonction propre et apporter une contribution essentielle à la réalisation des objectifs »[1641]. Il en résulte une prise de conscience vis-à-vis des conséquences économiques et sociales de l'intégration communautaire qui a ensuite ouvert la question de la compétence de la Communauté en matière de travail[1642].

491. Appellations. Plusieurs auteurs s'intéressent à cette vision, en ayant recours à des appellations différentes. Mme Moreau utilise le terme « concurrence normative »[1643], tandis que d'autres tendent à employer ses synonymes « concurrence sociale »[1644] ou « dumping social »[1645]. La notion de concurrence normative est souvent utilisée en dehors de la matière sociale[1646]. Afin de déterminer une compétence d'harmonisation de l'Union, il nous intéresse de savoir s'il existe une « concurrence normative » dans le sens d'une course vers le bas, génératrice de normes toujours moins contraignantes en matière sociale. M. Combet, qui a adressé cette question au regard du libre établissement des sociétés, nie la présence d'une concurrence normative dans l'Union[1647], en estimant que « la compétition des droits nationaux au sein du marché intérieur existe puisqu'elle n'est que la traduction juridique d'une intégration négative du droit de l'Union »[1648]. Il raisonne, à la suite de M. Nourissat, que la concurrence normative fait partie de l'objectif –

[1640] Résolution du Conseil, du 21 janvier 1974, concernant un programme d'action sociale, JO n° C 013 du 12/02/1974 : « la politique sociale de la Communauté doit remplir une fonction propre et apporter une contribution essentielle à la réalisation des objectifs ».

[1641] Résolution du Conseil, du 21 janvier 1974, concernant un programme d'action sociale, JO n° C 013 du 12/02/1974.

[1642] E. MAZUYER, *L'harmonisation sociale européenne,* préc., p. 47.

[1643] M.-A. MOREAU, *Normes sociales, droit du travail et mondialisation*, préc., p. 64.

[1644] M. RIGAUX, *Droit du travail ou droit de la concurrence sociale ?*, Bruylant, 2009, p. 150 : « la compétition qui s'engage entre toutes les personnes désirant vendre leur potentiel de travail pour subsister ».

[1645] A. DEFOSSEZ, *Le dumping social dans l'Union européenne. Étude à l'aune du droit primaire et de la directive détachement,* préc., p. 16.

[1646] M. COMBET, *L'établissement des sociétés en droit de l'Union européenne*, préc., n° 861 et s.

[1647] *Ibid.*, n° 871.

[1648] *Ibid.*, n° 861.

plus large – de mondialisation[1649]. Par ailleurs, selon M. Raynouard, les mécanismes d'intervention de la méthode communautaire sont « relativement éloignés de l'idée de la concurrence des normes »[1650]. Les propos de M. Mehdi permettent d'appuyer ces propos : « la méthode communautaire vise-t-elle à atténuer, sans la nier, l'incidence des particularismes juridiques nationaux dans le seul objectif de favoriser l'émergence de règles du jeu communes. Cette volonté de canaliser les effets centrifuges inhérents à la structure même de l'Union se nourrit d'une sorte de disposition sociologique au compromis tout en s'inscrivant dans son organisation institutionnelle »[1651]. Peu important les terminologies fluctuantes que l'on donne au phénomène visé, ce qui nous intéresse est de savoir s'il existe une course vers le bas des législations pour justifier une compétence harmonisatrice. Il est observé à propos de la notion du dumping social qu'elle souffre du défaut qu' « elle n'est que rarement définie même lorsqu'elle est utilisée dans certains textes officiels de l'Union européenne ou par la C.J.U.E. »[1652]. Mme Davies argue que l'argumentation, dans son ensemble, peut être contestée d'un point de vue empirique[1653]. La notion de *dumping social* entre États a été évoquée, pour la première fois, dans le contexte de la Société des nations[1654]. Elle est évoquée dans la Constitution de l'OIT qui affirme que « la non-adoption par une nation quelconque d'un régime de travail réellement humain fait obstacle aux efforts des autres nations désireuses d'améliorer le sort des travailleurs dans leurs propres pays »[1655]. Par ceci, l'OIT reconnaît la « portée concurrentielle »[1656] des normes sociales.

[1649] C. NOURISSAT, « Le droit commun du marché », V. MAGNIER (dir.), *L'entreprise et le droit communautaire : quel bilan pour un cinquantenaire ?,* PUF, 2007, p. 9, spéc. p. 11.

[1650] A. RAYNOUARD, « La concurrence normative dans l'Union européenne », S. ROBIN-OLIVIER, D. FASQUELLE (dir.), *Les échanges entre les droits, l'expérience communautaire. Une lecture des phénomènes de régionalisation et de mondialisation du droit, Bruylant*, 2008, p. 87, spéc. p. 99.

[1651] R. MEHDI, « L'efficacité de la norme en droit de l'Union européenne », A. VIDAL-NAQUET, M. FATIN-ROUGE STÉFANINI, L. GAY (dir.), *L'Efficacité de la norme juridique : Nouveau vecteur de légitimité ?, Bruylant,* 2012, p. 298.

[1652] A. DEFOSSEZ, *Le dumping social dans l'Union européenne. Étude à l'aune du droit primaire et de la directive détachement,* préc., p. 16.

[1653] A. C. L. DAVIES, *EU Labour Law*, préc., p. 10.

[1654] Le premier emploi de *« dumping social »* remonterait au début des années 1920, lors d'une conférence économique organisées par la Société des nations ; *cf.* L. DUBIN, *La protection des normes sociales dans les échanges internationaux*, PUAM, 2003, p. 102.

[1655] Préambule de la Partie XIII du traité établissant les conditions de paix pour l'Allemagne, signé à Versailles le 28 juin 1919.

[1656] L. DUBIN, *La protection des normes sociales dans les échanges internationaux*, préc., p. 25.

492. Prises de position. Il n'en demeure pas moins que certains interprètes du Traité de Rome adhèrent à cette vision jusqu'à en déduire la naissance du droit du travail européen[1657]. Celle-ci consiste à voir l'introduction de l'article 119 dans le Traité de Rome comme étant motivée par des raisons uniquement économiques, à l'exclusion d'objectifs sociaux[1658]. Nous arguons que les pays pratiquant des niveaux de rémunération plus faibles pour les femmes ou ceux refusant la participation des travailleurs bénéficient d'un avantage compétitif qui peut refléter une vision uniquement économique. L'argument du *dumping social* en matière de libre circulation des travailleurs est représentatif de cette vision[1659]. Cette argumentation a été particulièrement fructueuse dans le cadre des élargissements successifs de l'Union européenne, où il a été défendu que les travailleurs des anciens États membres souffraient d'un avantage compétitif vis-à-vis de ceux des nouveaux États membres. Mme Muir Watt observe que le *dumping social* entre États est lié à la libéralisation des échanges économiques, d'une part, et à la répartition des compétences dans les systèmes fédéraux, d'autre part[1660]. Le second aspect nous renvoie dans le contexte de l'Union européenne. En effet, M. Defossez explique que « [l]'organisation décentralisée des compétences dans un système fédéral laisse en effet ouverte la possibilité aux différentes entités fédérées, en l'absence de cadre normatif commun, de se lancer dans une concurrence dans la production de normes juridiques afin d'attirer des entreprises sur leur territoire »[1661]. Il met en avant la causalité entre ce phénomène et le principe de subsidiarité[1662]. Cette observation nous permet de résumer que l'absence d'une compétence européenne, voire l'absence du recours à celle-ci, dans le domaine social, peut favoriser le *dumping social*.

493. Incompétence nationale. Dans un second temps, il peut être argué que les règles du marché libre peuvent limiter les compétences des États

---

[1657] *Cf.* M. WEISS, « Convergence and/or Divergence in Labor Law Systems: A European Perspective », *CLLPJ* 2006-7, p. 469.

[1658] A. C. L. DAVIES, *EU Labour Law*, préc., p. 10, qui renvoie vers J. KENNER, *EU Employment Law: From Rome to Amsterdam and Beyond*, Hart Publishing, 2003, p. 2 ; *cf.* aussi C. BARNARD, « The Economic Objectives of Article 119 », T. K. HERVEY, D. O'KEEFFE (dir.), *Sex Equality Law in the European Union*, Wiley, 1996, p. 321.

[1659] A. C. L. DAVIES, *EU Labour Law*, préc., p. 11, dans la version originale : « undercut established workers in the 'older' Member States, giving rise to problems of unemployment and social unrest ».

[1660] *Cf.* H. MUIR WATT, cours cité (note 1410).

[1661] A. DEFOSSEZ, *Le dumping social dans l'Union européenne. Étude à l'aune du droit primaire et de la directive détachement,* préc., p. 33.

[1662] *Ibid.*, p. 33, article 5.3 TUE. *Cf.* pour une critique du principe de subsidiarité, A. TOTH, « The Principle of Subsidiarity in the Maastricht Treaty », *CMRL* 1992, p. 1079.

membres de créer des règles du marché du travail[1663]. Est ici accusée l'existence de règles du marché du travail national. Nous tombons dans l'argumentation de l'arrêt *Viking Line*[1664]. En l'espèce, le droit de grève inscrit dans la législation de l'État de destination est opposé à la liberté d'établissement, laquelle doit l'emporter. En conséquence, nous pouvons concevoir que le droit du marché intérieur affecte le droit du travail national[1665]. Les revendications de standards du droit du travail européen qui suivront[1666] seront l'expression de cette vision : elles s'opposeront à la menace aux standards sociaux par les compétences européennes relatives au marché intérieur, au détriment des compétences nationales. En même temps, elles ne semblent pas reconnaître la protection comme pouvant venir des libertés de circulation. Pour revenir à l'arrêt discuté, cette jurisprudence ne fait que confirmer la menace des standards sociaux par l'émergence du libre marché européen, en l'absence d'une régulation du marché du travail correspondant. En conséquence, les États nationaux affirment de moins en moins leur compétence[1667]. Nous insistons sur l'effacement des compétences nationales devant l'ampleur grandissante des règles européennes du libre marché. Cet effet est lié à l'absence de compétences régulatrices européennes.

494. Éviter la course vers le bas. Avec M. Weatherill, nous adhérons à l'argumentation selon laquelle l'harmonisation en matière sociale vise à combattre le risque de la course vers le bas, dit autrement, du *dumping social*[1668]. Il argue notamment que l'acception, qui met en avant la concurrence créatrice d'opportunités comme entraînant une course vers le

---

[1663] A. C. L. DAVIES, *EU Labour Law*, préc., p. 11, renvoyant vers F. SCHARPF, « The European Social Model: Coping with the Challenge of Diversity », *JCMS* 2002, p. 645.

[1664] C. BARNARD, S. DEAKIN, art. cité (note 1604), spéc. p. 549, qui soulignent la menace à la réglementation de la politique sociale uniquement limitée au niveau national, dans la version originale : « [t]hat settlement remained undisturbed so long as the Court took the view that the principle of non-discrimination was the driving force behind the free movement provisions because social policy provisions generally applied equally to domestic and migrant labor alike. However, this changed when the Court's focus shifted from the non-discrimination approach to the 'market access' or 'restrictions' approach. The dramatic implications of this for domestic social policy can be seen in Viking and Laval ».

[1665] A. C. L. DAVIES, *EU Labour Law*, préc., p. 12.

[1666] Confédération européenne des syndicats, « Réponse de la CES aux arrêts de la CEJ dans les affaires Viking et Laval. Résolution adoptée par le Comité exécutif de la CES lors de sa réunion du 4 mars à Bruxelles CE.179 », www.eurodetachement-travail.eu (consulté le 13 septembre 2019), qui revendique que « [r]ien dans le Traité, et plus particulièrement ni les libertés fondamentales, ni les règles de concurrence ne doit être prioritaire sur les droits sociaux fondamentaux et le progrès social. En cas de conflit, les droits sociaux fondamentaux doivent avoir la primauté ».

[1667] C. BARNARD, S. DEAKIN, art. cité (note 1604), spéc. p. 551.

[1668] S. WEATHERILL, *Contract Law of the Internal Market,* préc., p. 170.

haut, ignore l'existence d'une compétence régulatrice de l'Union européenne en matière sociale[1669]. Il s'agit ainsi de se tourner vers les compétences régulatrices relatives au marché intérieur qui commandent une harmonisation sociale pour éviter une course vers le bas. Nous avons auparavant établi que les compétences régulatrices du marché intérieur poursuivaient également des objectifs économiques. Compte tenu des spécificités des systèmes de droit du travail dans les États membres, les réglementations régulatrices peuvent résulter tant d'actes législatifs que de conventions collectives.

495. Utilisation des compétences. Nous constatons le recours aux compétences harmonisatrices de politique sociale de l'article 153 TFUE, à chaque fois que se présente une incidence sur le marché intérieur. Lorsque M. Rodière développe la « compétence-incompétence » de l'Union européenne, à savoir le non-recours auxdites compétences harmonisatrices, il explique que les dispositions ont principalement été employées lorsque se présentait un enjeu du point de vue économique[1670]. Ainsi, M. Rodière cite les matières de la non-discrimination, de la restructuration des entreprises, du licenciement pour motif économique et du transfert d'entreprises[1671]. Nous en concluons que l'incidence sur les libertés de circulation fait que l'Union européenne conçoit l'incidence régulatrice du recours à la compétence de politique sociale.

496. Intégration négative. Le recours à l'harmonisation négative en matière sociale nous permet d'observer l'affirmation hésitante de l'incidence de la composante sociale sur les règles du marché intérieur et, partant, son caractère régulateur. En regrettant que « [l]e jeu de l'harmonisation positive a cédé le pas à l'harmonisation négative »[1672], Mme Moreau nous rappelle aussi que les violations des libertés de circulation sont devenues plus fréquentes. Ceci démontre une confrontation permanente de la matière sociale à la régulation du marché intérieur. Même le contrôle de la manière de réglementer la rémunération ou la grève par les États membres n'y échappe pas, alors qu'il ne relève pas d'une compétence européenne. Malgré l'absence de compétence formelle dans ces matières, la prise en compte de ces matières par la régulation du marché du travail européen est incontournable[1673].

497. Compétence régulatrice et sociale. L'action législative de l'Union a été comprise comme faisant partie du projet du marché intérieur. Ce dernier doit être vu comme étant construit non seulement sur les libertés de circulation

---

1669 S. WEATHERILL, *Contract Law of the Internal Market,* préc., p. 170.

1670 P. RODIÈRE, art. cité (note 1534), spéc. p. 26.

1671 *Ibid.*

1672 M.-A. MOREAU, art. cité (note 1474).

1673 A. C. L. DAVIES, *EU Labour Law*, préc., p. 32, dans la version originale : « the EU's regulation of other areas, such as the internal market, might have an impact on the Member States' ability to regulate pay and industrial action if firms argue that the States' actions impede their access to national markets ».

mais aussi sur l'adoption de règles communes de régulation du marché[1674]. C'est à partir de l'objectif régulateur qu'il est possible de comprendre l'engagement européen en faveur du droit social comme constituant un complément à la dérégulation intense caractérisant les échanges économiques[1675]. Le bloc législatif adopté en matière sociale est l'argument le plus important[1676]. De cette manière, la régulation du marché de l'emploi et des politiques sociales – au sens général – s'est développée en tant qu'un élément du marché intérieur. Étaient à l'œuvre les négociateurs des traités, le législateur des mesures adoptées en la matière ainsi que la Cour de justice[1677]. Nous pouvons en retenir que les traités ne contiennent pas en eux-mêmes de compétences en matière sociale relatives au marché intérieur. Ces compétences doivent être vues comme s'inscrivant dans le concept de marché intérieur dont résulte la nécessité d'une réponse régulatrice.

498. État régulateur. Cette affirmation d'une compétence régulatrice conduit-elle à admettre l'existence d'un État régulateur à l'échelle européenne ? M. Majone décrit le rôle de la Communauté européenne comme étant différent de celui d'un État-providence, lequel se concentre sur la redistribution et s'identifie à partir de sa politique sociale au sens traditionnel du terme. Il voit ainsi le potentiel pour le Communauté d'exploiter de nouvelles fonctions de la politique sociale : « la Communauté européenne, loin de ruiner les acquis de l'État-providence, se penche en fait sur un nombre important de questions concernant la qualité de la vie que les politiques sociales traditionnelles ont négligées »[1678]. Intégrer la composante sociale du marché intérieur dans les libertés de circulation ainsi que dans les dispositions adoptées en conséquence correspond à une lecture régulatrice du droit dans un État social[1679]. M. Weatherill observe que l'étendue, voire l'exigence, d'un standard de législation commun du marché du travail, et de la politique sociale plus généralement, sont discutés d'un point de vue politique[1680]. Il estime que les directives adoptées en matière de temps de travail, par exemple, démontrent une orientation sociale du droit du travail de l'Union[1681]. Cet

---

[1674] S. WEATHERILL, *The Internal Market as a Legal Concept*, préc., p. 190.

[1675] *Ibid.*, p. 205.

[1676] *Ibid.*

[1677] *Ibid.*, p. 205.

[1678] *Cf.* G. MAJONE, *La Communauté européenne : un Etat régulateur*, préc., p. 101.

[1679] S. WEATHERILL, « entretien », *Somerville College*, Oxford, 13 février 2019.

[1680] S. WEATHERILL, *The Internal Market as a Legal Concept,* préc., p. 189.

[1681] Ibid., qui cite comme exemples les arrêts CJCE, 5 octobre 2004, C-397/01 à C-403/01, *Pfeiffer et al. c. DRK*, pt. 82, *DO* 2004, p. 575, note M. BONNECHÈRE ; *RJS* 2004, p. 871, note J.-P. LHERNOULD ; 25 novembre 2010, C-429/09, *Günter Fuß c. Stadt Halle*, pt. 80, *RAE* 2009, p. 919, note H. CALLENS ; *Europe* 2011, n° 1, p. 13, note D. SIMON et p. 34, note L. DRIGUEZ ; *RJS* 2011, p. 97, chron. J.-P.

objectif se retrouve dans les législations nationales et ressemble, par ailleurs, aux orientations européennes en matière de protection du consommateur[1682]. En matière sociale, en revanche, nous n'avons que des orientations politiques ayant conduit à l'adoption de directives sociales[1683]. C'est ainsi que M. Weatherill renvoie à la lecture des articles 3 TUE et 26 TFUE, respectivement les sièges du marché intérieur dans les traités, qui peuvent seuls enseigner l'étendue des objectifs sociaux de l'Union[1684]. Plus encore, l'article 3 TUE interpelle particulièrement en raison de son paragraphe 3, qui fait référence à l'économie sociale de marché[1685].

Paragraphe 2. La composante sociale s'inscrivant dans les compétences liées au marché intérieur

499. Compétences positives. Le traité contient un certain nombre de compétences positives qui permettent l'harmonisation des législations des États membres et qui sont liées à l'objectif d'établir un marché intérieur[1686]. Les compétences qui nous intéressent sont celles liées à la matière sociale. Dans la mesure où nous nous intéressons à la protection du travailleur, nous adoptons une lecture contractualiste en partant d'une analyse comparant différents contrats impliquant des parties réputées faibles. Il s'agit de savoir si l'Union européenne a prévu des compétences en vue de l'harmonisation de la protection du travailleur en tant que partie faible.

500. Protection du consommateur. Une compétence spécifique de l'Union portant sur la protection du consommateur a été dégagée. Elle a été découverte dans l'article 114 TFUE, voire auparavant dans ses prédécesseurs, les articles 95 du Traité CEE et 100 du Traité CE[1687]. Il est reconnu que la protection des consommateurs par une législation commune aux États membres contribue à accroître le commerce intra-européen[1688]. L'effet bénéfique pour le marché intérieur de la compétence en matière de protection des consommateurs peut être supposé. Pour cette raison, l'Union européenne a adopté diverses directives concernant la protection du consommateur sur le

---

LHERNOULD, F. KESSLER, M. SCHMITT et al. ; *RTD Eur* 2012, p. 476, chron. S. ROBIN-OLIVIER.

[1682] S. WEATHERILL, *The Internal Market as a Legal Concept,* préc., p. 197.

[1683] *Ibid.*

[1684] *Ibid.*, p. 205.

[1685] A. SEIFERT, art. cité (note 1560), spéc. p. 255.

[1686] S. WEATHERILL, *The Internal Market as a Legal Concept*, préc., p. 187.

[1687] *Cf.* S. WEATHERILL, « From Myth to Reality: The EU's 'New Legal Order' and the Place of General Principles Within It », S. VOGENAUER, S. WEATHERILL (dir.), *General Principles of Law. European and Comparative Perspectives,* Hart Publishing, 2017, p. 21.

[1688] *Cf.* la critique par T. WILHELMSSON, « Varieties of Welfarism in European Contract Law », *ELJ* 2004, p. 712.

fondement de l'article 114 TFUE[1689]. Cette disposition donne la compétence au législateur européen d'harmoniser le droit portant sur l'établissement et le fonctionnement du marché intérieur. Aux termes de l'article 169, § 2, a) TFUE qui y renvoie, l'Union peut harmoniser les législations des États membres, « [a]fin de promouvoir les intérêts des consommateurs et d'assurer un niveau élevé de protection des consommateurs [et] contribue à la protection de la santé, de la sécurité et des intérêts économiques des consommateurs ainsi qu'à la promotion de leur droit à l'information, à l'éducation et à s'organiser afin de préserver leurs intérêts ». Certes, il est possible d'adopter « b) des mesures qui appuient et complètent la politique menée par les États membres, et en assurent le suivi » sur le fondement de l'article 114 TFUE qui permet une harmonisation ciblée en accord avec la souveraineté des États membres[1690]. En revanche, les « droits et intérêts des travailleurs salariés » sont expressément exclus du champ d'application de l'article 114 TFUE[1691].

501. Lien avec le marché intérieur. Pour pouvoir rapprocher cette compétence de celle concernant, par exemple, la protection du travailleur, il faudrait établir un lien entre celle-ci et le marché intérieur. Néanmoins, il est douteux que la compétence en matière d'harmonisation vise à atteindre l'objectif de protection de la partie faible en tant que tel, ne serait-ce qu'en raison de l'exclusion évoquée[1692]. Nous pouvons dire que la disposition est plutôt motivée par l'objectif d'éviter le *dumping social* au sein du marché intérieur[1693]. Précisons que l'article 114 TFUE, introduit par l'Acte unique européen, a pour finalité la réalisation du marché intérieur. De ce point de vue, « le marché intérieur constitue […] l'objet central de l'harmonisation »[1694]. La composante régulatrice devrait ainsi s'y retrouver. Qu'elle puisse être sociale est plus discutable. Tout en affirmant que « [l]es directives qui sont fondées sur l'article 114 TFUE […] n'ont pas pour objet de protéger les travailleurs »[1695], nous notons que l'harmonisation peut être vue comme une réponse à la diversité des législations nationales. Il en résulte une nécessité de

---

[1689] W. BULL, J. GE, C. GOANTA, M. KAWAKAMI, J. SMITS, « Who does what in consumer Law: a search for criteria for centralized lawmaking », B. AKKERMANS, J. HAGE, N. KORNET, J. SMITS (dir.), *Who Does What? On the allocation of regulatory competences in European Private Law,* Intersentia, 2015, p. 97.

[1690] S. WEATHERILL, *The Internal Market as a Legal Concept,* préc., p. 187.

[1691] Article 114, § 2 TFUE.

[1692] S. WEATHERILL, S. VOGENAUER, P. WEINGERL, « Private Autonomy and Protection of the Weaker Party », S. VOGENAUER, S. WEATHERILL (dir.), *General Principles of Law. European and Comparative Perspectives,* Hart, 2017, p. 255.

[1693] *Ibid.*

[1694] C. BLUMANN, L. DUBOUIS, *Droit matériel de l'Union européenne*, préc., n° 543.

[1695] P. RODIÈRE, *Droit social de l'Union européenne,* préc., n° 127.

créer en faveur de l'Union une compétence pour choisir un standard de régulation[1696]. Ces règles communes contiennent, par ailleurs, les objectifs sociaux qui ont motivé les législations au niveau national[1697].

502. Principe de protection de la partie faible. C'est à partir de l'objectif d'éviter une concurrence normative que MM. Weatherill, Vogenauer et Weingerl découvrent le principe de protection de la partie faible. Plus précisément, ce dernier peut être lu dans le fondement relatif au fonctionnement du marché intérieur. Il ne concerne pas uniquement le consommateur mais également la régulation du marché du travail ou des marchés publics[1698]. L'analyse proposée s'inscrit dans le cadre de la théorie relative à la « re-regulatory function » de l'harmonisation[1699]. MM. Chalmers, Davies et Monti ont félicité l'effet bénéfique de l'harmonisation dans un contexte de concurrence normative[1700]. Ils conçoivent que l'harmonisation peut contrevenir à une course vers le bas consistant pour les États à imposer des standards de législation de moins en moins évolués par le biais de conditions sociales communes[1701].

503. Déréglementation. Nous avons conclu que les libertés de circulation constituaient le fondement du contrôle des réglementations nationales. Elles s'opposent aux règles nationales qui empêchent les contrats transnationaux et, en cela, créent davantage de place à la conclusion de contrats entre employeurs et travailleurs, par exemple[1702]. Partant, l'effet entravant aux libertés de circulation, à défaut pour celui-ci d'être justifié par une raison impérieuse d'intérêt général, va nécessairement donner lieu à la déréglementation du marché national[1703]. Ceci correspond à la prise de conscience que les libertés de circulation doivent permettre la conclusion de contrats transnationaux[1704].

[1696] S. WEATHERILL, S. VOGENAUER, P. WEINGERL, art. cité (note 1637).

[1697] *Ibid.*

[1698] *Ibid.*, qui renvoie vers S. WEATHERILL, *Contract Law of the Internal Market*, préc., chapitre 4.

[1699] *Ibid.*

[1700] *Cf.* C. BARNARD, S. DEAKIN, « Market Access and Regulatory Competition », C. BARNARD, J. SCOTT (dir.), *The Law of the European Single Market*, Hart Publishing, 2002, p. 197 ; S. DEAKIN, « Legal Diversity and Regulatory Competition: Which Model for Europe ? », *ELJ* 2006, p. 440 ; N. REICH, « Competition Between Legal Orders: A New Paradigm of EC Law? », *CMLR* 1992, p. 459.

[1701] D. CHALMERS, G. DAVIES, G. MONTI, *European Union Law*, CUP, 2014, p. 698.

[1702] S. WEATHERILL, *Contract Law of the Internal Market,* préc., p. 27.

[1703] *Cf.* S. DEAKIN, « Regulatory Competition in Europe after Laval », *CYELS* 2008, p. 581.

[1704] *Cf.* P. MÜLLER-GRAFF, « Basis Freedoms – Extending Party Autonomy across Borders », S. GRUNDMANN, W. KERBER, S. WEATHERILL (dir.), *Party*

Rappelons avec M. Basedow que « le Marché intérieur n'est pas réalisé, lorsque sur le plan juridique la dernière restriction nationale au libre échange aura été supprimée. La réalisation du Marché […] présuppose que les acteurs du marché se servent effectivement des libertés de circulation ». Il conclut que « la diversité de droits nationaux des contrats a effectivement un tel effet de barrière psychologique de sorte que l'harmonisation du droit dispositif des contrats dans sa totalité pourrait être basée sur l'article 95 CE (anc. art. 100 a) »[1705]. Pour une meilleure compréhension, nous précisons ici que le terme de dérégulation désigne le recul des politiques économiques au niveau étatique, étant donné que la régulation à un autre niveau (européen) est jugée acceptable[1706].

504. Le concept de marché intérieur. Ceci nous laisse comprendre le concept de marché intérieur comme étant l'assise d'une compétence régulatrice. M. Weatherill souligne qu'il s'agit de combiner le traité, le droit dérivé et l'interprétation qu'en fait la Cour de justice pour en apprendre plus sur ce concept[1707]. Nous y découvrons une orientation vers la régulation du marché du travail et la politique sociale plus généralement[1708].

505. Intégration positive. Lors de la recherche d'une réponse à la dérégulation en matière sociale, l'harmonisation nous intéresse particulièrement pour son effet d'intégration positive. En effet, l'harmonisation parvient à supprimer les entraves aux libertés de circulation et facilite ainsi les échanges[1709]. Dit autrement, l'intégration positive intervient au nom d'une « régulation s'appliquant à tout un ensemble d'activités sociales ayant le potentiel de faciliter ou d'entraver le fonctionnement du marché commun »[1710]. Nous avons constaté que l'harmonisation des droits matériels des États membres devenait nécessaire en présence d'une concurrence déloyale entre les droits nationaux[1711]. M. Weatherill confirme que l'harmonisation doit intervenir quand les règles nationales sont suffisamment justifiées par des raisons impérieuses d'intérêt général de l'État membre. Cette

---

Autonomy and the Role of Information in the Internal Market, de Gruyter, 2001, p. 133 et s. ; G. DAVIES, art. cité (note 976).

[1705] J. BASEDOW, art. cité (note 1179).

[1706] A. SILEM, A. GENTIER, J.-M. ALBERTINI (dir.), *Lexique d'économie*, Dalloz, 2018, p. 738.

[1707] S. WEATHERILL, *The Internal Market as a Legal Concept*, préc., p. 205.

[1708] A. C. L. DAVIES, *EU Labour Law*, préc., chapitre 1 ; S. WEATHERILL, *The Internal Market as a Legal Concept*, préc., p. 205, dans la version originale : « [a]ccordingly, there is a strong descriptive argument that labour market regulation and social policy more generally has developed as an integral element of, not simply an optional supplement to, the internal market as a legal and political concept ».

[1709] S. ROBIN-OLIVIER, *Manuel de droit européen du travail*, préc., p. 181.

[1710] L. AZOULAI, art. cité (note 1481), spéc. p. 267.

[1711] H. MUIR WATT, « De la liberté d'établissement des succursales, note sous CJCE 30 sept. 2003, Inspire Art Ltd », *RCDIP* 2004, p. 151.

forme d'harmonisation a été qualifiée de « réactive »[1712] en tant qu'elle porte sur la compétence des États à définir les exceptions au libre-échange. En effet, elle intervient dans les domaines dans lesquels demeure une diversité des législations. Il est alors impossible d'instaurer l'équité entre les États membres. D'où le caractère bénéfique de l'harmonisation pour venir faire avancer le marché intérieur[1713]. En conséquence, l'harmonisation peut être expliquée comme ayant notamment pour fonction de contribuer au fonctionnement du marché intérieur en enlevant l'effet concurrentiel résultant des différences normatives en matière sociale. À celle-là s'ajoute la fonction d'intégrer des objectifs sociaux parmi les valeurs de l'Union et ses techniques[1714].

506. Compétences positives. L'incidence de la matière sociale sur la régulation du marché intérieur n'est pas contestée. D'une manière générale, nous affirmons que toutes les compétences harmonisatrices répondant à l'intégration du marché intérieur contiennent une composante régulatrice. En conséquence, elles peuvent donner lieu à la consécration du principe de protection du travailleur y inhérent. L'utilisation d'autres compétences que celles de l'article 153 TFUE en matière de régulation sociale n'est pas un mythe. Elle a été pratiquée par le passé et est défendue par les auteurs. M. Rodière, par exemple, envisage la possibilité que l'Union européenne intervienne en matière sociale, en utilisant les compétences de l'article 114 TFUE, celles de l'article 352 TFUE ou encore celles de l'article 115 TFUE[1715]. Il les évoque par rapport aux exclusions de l'article 153, § 5 TFUE qu'il estime trop limitatives. Plus généralement, il conçoit que « [s]i la réalisation du marché intérieur et plus largement encore, celle d'un objectif du traité, le justifient, des mesures dans l'un des domaines exclus par l'article 137 (153 FUE) pourraient être envisagées par l'Union. Il faut se demander s'il ne peut être passé outre aux exclusions proclamées, en particulier si l'intervention de l'Union se fait principalement au titre de la politique économique plutôt qu'à celui de la politique sociale, en raison de menaces que le droit des États membres ferait peser sur la concurrence ou l'exercice d'une liberté de circulation »[1716]. Timidement présentée, sous l'angle des exclusions, la référence à la régulation lors de l'utilisation des compétences positives est certes d'une importance non négligeable.

507. En étudiant le marché intérieur en tant qu'un concept, nous découvrons sa composante régulatrice qui est susceptible de se transmettre sur toutes les compétences harmonisatrices de l'Union européenne faisant

---

[1712] S. SÁNCHEZ LORENZO, *Derecho privado europeo*, Comares, 2002, spéc. § 10.

[1713] S. WEATHERILL, *Contract Law of the Internal Market*, préc., p. 23.

[1714] S. WEATHERILL, *The Internal Market as a Legal Concept*, préc., p. 181.

[1715] P. RODIÈRE, *Droit social de l'Union européenne,* préc., n° 28 et s.

[1716] *Ibid.*

référence au marché intérieur. Nous constatons notamment que la régulation du marché du travail, voire la politique sociale plus largement, s'inscrit dans le concept de marché intérieur[1717]. Pris globalement, le droit primaire pourrait contenir des fondements à cette régulation sociale, d'autant plus, si l'on le lit ensemble avec la Charte des droits fondamentaux de l'Union européenne[1718]. À cet endroit, il convient de se rappeler que la Cour de justice considère que « les droits fondamentaux garantis dans l'ordre juridique de l'Union ont vocation à être appliqués dans toutes les situations régies par le droit de l'Union »[1719]. Dès lors, la Charte des droits fondamentaux est devenue une source importante en droit du travail de l'Union européenne[1720].

Sous-section 2. Le contenu de la composante sociale : le principe de protection du travailleur

508. Protection du travailleur. Alors que l'Union européenne est compétente en matière sociale, le droit de l'Union européenne ne s'adresse pas suffisamment à la personne du travailleur. Ce constat peut être vérifié à partir de la question de savoir qui sont les bénéficiaires de la libre circulation des travailleurs. Notons que la Cour de justice défend une interprétation large et téléologique de l'article 45 TFUE[1721]. C'est une définition matérielle et moins formelle[1722]. La question se pose particulièrement aux fins de l'opposition de la libre prestation de services à la libre circulation des travailleurs. Dit autrement, le principe de protection du travailleur ne ressort pas des dispositions du traité relatives au marché intérieur d'une manière

---

[1717] S. WEATHERILL, *The Internal Market as a Legal Concept*, préc., p. 205.

[1718] B. BERCUSSON, *European Labour Law*, CUP, 2009, p. 208, qui note que, malgré l'article 51, § 2, l'on peut croire que la mention d'un domaine dans la Charte peut favoriser une lecture extensive des compétences, par la CJUE.

[1719] CJUE, 15 janvier 2014, C-176/12, *AMS*, *AJDA* 2014, p. 336, chron. M. AUBERT, E. BROUSSY, H. CASSAGNABERE ; *D.* 2014, p. 705, note S. DE LA ROSA, p. 2374, note P. LOKIEC, J. PORTA ; *DSOC* 2014, p. 408, note J. ICARD ; *RDT* 2014, p. 312, note É. CARPANO, E. MAZUYER ; *RTD Civ* 2014, p. 843, note L. USUNIER ; *RTD Eur* 2014, p. 409, note É. DUBOUT, p. 523, note S. ROBIN-OLIVIER, p. 904, note L. COUTRON, 2015, p. 160, note F. BENOIT-ROHMER ; *Rev UE* 2015, p. 33, note S. PLATON.

[1720] Pour une référence récente au droit de négociation collective (article 28) : CJUE, 2 septembre 2021, C-928/19, *EPSU, RAE* 2021, n° 707, note É. PATAUT ; *Europe* 2021, n° 11, p. 46, note L. DRIGUEZ ; *SSL* 2023, n° 2037, p. 8, note J.-P. LHERNOULD. *Cf.* J. ICARD, « L'application de la Charte des droits fondamentaux de l'Union européenne en droit du travail », R. TINIÈRE, C. VIAL (dir.), *Les 10 ans de la Charte des droits fondamentaux*, Bruylant, 2020, p. 103.

[1721] E. SPAVENTA, art. cité (note 1461), spéc. p. 460.

[1722] *Ibid.*

expresse[1723]. Cette observation justifie notre démarche qui consiste à partir de la composante sociale du marché intérieur pour en déduire un principe de protection du travailleur. La manière de procéder s'appuie notamment sur le fait que ce dernier principe a été affirmé dans l'application des libertés de circulation. Émergeant particulièrement de la jurisprudence relative à la justification des entraves à la libre prestation de services, le principe de protection du travailleur est sous-jacent à l'intégration négative du droit de l'Union européenne. Nous pouvons en déduire qu'il s'agit d'un principe qui s'inscrit dans la logique d'accès au marché de la Cour de justice.

509. Composante sociale. La recherche d'un principe de protection du travailleur dans le fondement de la composante sociale du marché intérieur contribue à donner des contours à ce que nous visons sous les termes d' « Europe sociale »[1724]. Alors que nous avons affirmé la compétence régulatrice sociale, nous n'en avons pas encore restitué le contenu à partir des indications que fournissent les traités, le droit dérivé et la jurisprudence. Les auteurs qui se sont interrogés sur « le sens du social dans l'UE »[1725], nous apportent une aide précieuse à cet effet. En revenant sur les origines du projet d'intégration européenne, nous découvrons que le Traité de Paris fondant la Communauté européenne pour le charbon et l'acier vise le progrès social comme « une conquête sur la précarité des conditions naturelles d'existence »[1726]. Consacré d'un point de vue fonctionnel pour l'intégration européenne, le projet social est complété par son volet institutionnel dans le Traité de Rome qui le définit à partir de l'égalité des rémunérations[1727]. Partant de cette conception d'origine, l'on prend progressivement exemple sur un « État régulateur »[1728], qui vise à corriger les « déficiences du marché telles que les externalités négatives et les déficiences en matière d'information »[1729]. Ceci commande le passage à « l'organisation sociale des circonstances de la vie »[1730] au sens large, concernant « non pas seulement les domaines classiques de l'action sociale, à savoir le travail, l'emploi, la protection sociale, mais aussi la santé, l'environnement, l'éducation, les services publics, la famille ou la culture »[1731]. S'ensuit un « choc de socialisation » au début des années 90, avant la crise économique et financière, durant laquelle le fondement de la matière sociale change et est « placé dans le cadre de la

[1723] S. WEATHERILL, *The Internal Market as a Legal Concept,* préc., p. 205.
[1724] É. PATAUT, art. cité (note 1554).
[1725] L. AZOULAI, art. cité (note 1481), spéc. p. 265.
[1726] *Ibid.*, spéc. p. 266.
[1727] *Ibid.*
[1728] G. MAJONE, *La Communauté européenne : un Etat régulateur*, préc.
[1729] L. AZOULAI, art. cité (note 1481), spéc. p. 266, qui renvoie vers G. MAJONE, *La Communauté européenne : un Etat régulateur*, préc.
[1730] BVerfG, 30 juin 2009, 2 BvE 2/08, pt. 251.
[1731] L. AZOULAI, art. cité (note 1481), spéc. p. 266 et s.

gouvernance de l'Union économique et monétaire »[1732]. Cette créativité interprétative ne reflète pas moins l'article 3, § 3 TUE qui fait référence à l'économie sociale de marché et qui est perçu comme l'ancrage du principe de la protection sociale des travailleurs[1733].

510. Plan. Connaître l'interaction des différentes sources textuelles au fil des réformes est incontournable dans la recherche des contours du principe de protection du travailleur (paragraphe 1). L'activité législative et jurisprudentielle fluctuante relative à la protection du travailleur fait oublier l'ancrage de celle-ci dans la composante sociale du marché intérieur. Notre démarche consiste à démontrer la protection du travailleur, indépendamment de l'exigence d'intégrer un autre marché de l'emploi (paragraphe 2).

Paragraphe 1. La protection du travailleur liée à l'intégration du travailleur dans le marché de l'emploi

511. Existence. L'ancrage de la notion de travailleur dans le droit de l'Union européenne prend appui sur la supposition de l'existence d'un principe de protection du travailleur. Néanmoins, ce principe n'est que peu évoqué en tant que tel[1734]. Dans le cadre de la libre circulation des travailleurs, la notion de travailleur est essentiellement visée sous l'angle du domaine d'exercice des libertés de circulation[1735]. En nous référant à l'article 117 du Traité de Rome, devenu l'article 151 TFUE, – la disposition programmatique en matière de politique sociale – nous sommes interpellés par la mention de « l'amélioration des conditions de vie et de travail »[1736]. Cette mention contient la logique sociale du droit de l'Union européenne. Dit autrement, elle reflète que ce droit est motivé par le désir d'améliorer le sort du travailleur et d'assurer la redistribution des richesses dans les sociétés[1737]. Alors que la

---

[1732] L. AZOULAI, art. cité (note 1481), spéc. p. 267. Suivant sa lecture, dans son dernier état, l'Union européenne qui a adopté le socle européen des droits sociaux a voulu franchir une nouvelle étape. Or, selon M. AZOULAI, cette dernière étape s'inscrivait dans l'union économique et monétaire. Pour renforcer son argument, il renvoie vers un document de la Commission européenne : « la réussite future de la zone de la zone euro dépend dans une mesure non négligeable, de l'efficacité de marchés du travail et des systèmes de protection sociale nationaux » (Commission européenne, fiche d'information « Vers un socle européen des droits sociaux-Questions et réponses », Strasbourg, 8 mars 2016).

[1733] A. SEIFERT, art. cité (note 1560), spéc. p. 255.

[1734] Comp. N. REICH, *General Principles of EU Civil Law*, *Intersentia*, 2013, p. 37 et s., dont le deuxième chapitre contient des développements sur le principe de protection de la partie faible.

[1735] *Cf.* P. RODIÈRE, *Droit social de l'Union européenne,* préc., n° 209 et s.

[1736] Art. 151, § 1 TFUE

[1737] P. SYRPIS, art. cité (note 1474), spéc. p. 944.

logique sociale recouvre des acceptions différentes[1738], un consensus consiste sur ce qu'elle est source de protection pour le travailleur[1739]. Certains auteurs voient la logique sociale comme correspondant au modèle social européen[1740], en y incluant la solidarité[1741]. Compte tenu de la largeur, notre programme d'étude se limite à la définition des contours du principe de protection du travailleur. À l'image du principe de protection du travailleur dans le droit du travail interne, l'existence d'un tel principe européen mérite d'être développée.

512. Fondement : la liberté de circulation. Appuyé sur la notion de travailleur, ce principe a nécessairement pour fondement la liberté de circulation. Inscrite dans l'article 45 TFUE, il est concrétisé par le droit dérivé. La directive 2014/54/UE du Parlement européen et du Conseil du 16 avril 2014 relative à des mesures facilitant l'exercice des droits conférés aux travailleurs dans le contexte de la libre circulation des travailleurs, nous permet de l'affirmer. La directive « donne à chaque citoyen de l'Union, quel que soit son lieu de résidence, le droit de se rendre librement dans un autre État membre pour y travailler et/ou y résider à des fins d'emploi ». Non seulement il s'agit de permettre l'exercice de la liberté de circulation, c'est-à-dire d'assurer l'accès à un autre marché du travail. Il convient également de protéger le travailleur contre toute atteinte possible à ses droits résultant de l'exercice de la liberté de circulation. Ceci résulte du considérant n° 5 de la même directive qui dispose que les « restrictions ou […] obstacles injustifiés à l'exercice de leur droit à la libre circulation, comme la non-reconnaissance de qualifications, des discriminations fondées sur la nationalité et le fait d'être exploités lorsqu'ils se rendent dans un autre État membre » sont interdits. En conclusion, c'est une logique d'interdiction des discriminations en raison de la nationalité et des entraves à la libre circulation.

513. Étendue de la protection. La protection des aspects de la relation de travail découle du déclenchement du droit à la libre circulation. L'article 2 qui fixe le champ d'application de la directive 2014/54/UE, énonce – par renvoi au règlement (UE) n° 492/2011 – les aspects du droit du travail concernés par le même texte, à savoir « a) l'accès à l'emploi ; b) les conditions d'emploi et de travail, notamment en matière de rémunération, de licenciement, de santé

[1738] *Cf.* B. HEPPLE, « Social Values and European Law », *Current Legal Problems* 1995, p. 39.

[1739] P. SYRPIS, art. cité (note 1474), spéc. p. 944, qui renvoie vers P. DAVIES, M. FREEDLAND, *Kahn-Freund's Labour and the Law*, Stevens & Sons, 1983, p. 18 qui insistent sur l'inégalité de pouvoirs entre travailleurs et employeurs.

[1740] *Ibid.*, spéc. p. 944, qui renvoie vers C. CROUCH, *Industrial Relations and European Trade Traditions*, Clarendon Press, 1994 ; F. SCHARPF, art. cité (note 1663).

[1741] Sur ce point, *cf.* É. PATAUT, « Quelle solidarité pour quels citoyens ? », *RTD Eur* 2015, p. 637.

et de sécurité sur le lieu de travail et, si un travailleur de l'Union perd son emploi, de réintégration professionnelle ou de réemploi ; c) le bénéfice des avantages sociaux et fiscaux ; d) l'affiliation syndicale et l'éligibilité aux organes de représentation des travailleurs ; e) l'accès à la formation ; f) l'accès au logement ; g) l'accès des enfants des travailleurs de l'Union à l'enseignement, à l'apprentissage et à la formation professionnelle ; h) l'assistance accordée par les bureaux d'emploi »[1742]. Nous constatons une vision qui intègre les aspects de droit du travail mais également sociaux, y compris l'accès au logement, la sécurité sociale et la fiscalité.

514. Présomption d'un lien d'intégration. Tous ces différents droits semblent être nécessaires en vue de rendre effectif l'accès à un autre marché de l'emploi. Sous cet angle, la protection du travailleur est d'emblée une finalité. La protection du travailleur s'applique dès lors que celui-ci devient mobile et souhaite accéder au marché de l'emploi d'un autre État membre. Conformément à leur logique, les libertés de circulation s'appliquent en présence d'un élément intra-européen. En d'autres termes, la libre circulation des travailleurs protège surtout l'accès au marché de l'emploi. Une fois déclenché, le droit assure également une intégration dans le marché de l'emploi de l'État membre d'accueil. L'intégration dans le marché de l'emploi signifie que le travailleur y bénéficie des mêmes droits que les travailleurs locaux. Dans ce contexte, il convient d'ajouter que le lien d'intégration du travailleur ne saurait pas être entendu comme une condition supplémentaire au bénéfice du droit à la libre circulation. Mme Benlolo Carabot répond à cette crainte et observe que le droit dérivé et la jurisprudence fondent les droits découlant de l'exercice de la liberté de circulation, tout en présumant le lien d'intégration du travailleur mobile[1743]. Le droit dérivé n'évoque même pas le lien d'intégration du travailleur mobile lequel est tenu pour acquis. Ainsi, le règlement (CEE) n° 1612/68 du Conseil, du 15 octobre 1968, relatif à la libre circulation des travailleurs à l'intérieur de la Communauté n'évoque que « les conditions d'intégration de cette famille dans le milieu du pays d'accueil » dans le cinquième considérant. Ceci nous permet de conclure que le lien d'intégration du travailleur dans l'État d'accueil est supposé[1744].

[1742] Notons que le considérant n ° 3 en contient le résumé, précisant que la protection du travailleur s'applique « en ce qui concerne l'accès à l'emploi, les conditions d'emploi et de travail, en particulier la rémunération, le licenciement et les avantages fiscaux et sociaux, en leur garantissant l'égalité de traitement, en vertu du droit, des pratiques et des conventions collectives nationales, par rapport aux ressortissants de l'Etat membre en question ».

[1743] M. BENLOLO CARABOT, « L'intégration, de la libre circulation des travailleurs à la citoyenneté. Et retour », *communication au séminaire MoveS L'intégration comme condition des droits des travailleurs migrants*, université Paris I, 15 juin 2018.

[1744] *Ibid.*

515. Intégration dans le marché. Rappelons qu'il s'agit d'une intégration dans le marché. En étudiant le lien d'intégration du travailleur comme une conséquence du droit de l'Union européenne pour l'individu, nous cherchons à décrire son périmètre. Il peut être discuté si l'intégration s'opère à l'égard de l'Union européenne ou du territoire national. M. Azoulai considère que le lien d'intégration se produirait à l'égard d'un des territoires des États membres plutôt qu'à celui d'une communauté supranationale en tant que telle[1745]. Cette argumentation est fondée sur l'accès au marché de l'emploi national que le droit à la libre circulation confère. Dans ce périmètre, le lien d'intégration viserait une institution particulière, en l'occurrence le marché[1746]. En concevant la création de véritables sujets de droit qui exercent leur liberté de circulation, M. Azoulai envisage l'intégration des travailleurs dans un marché de l'emploi[1747]. À cet effet, il conçoit la finalité de cette intégration qui s'effectue en vue de l'établissement du marché intérieur ; il ajoute que le marché intérieur transforme partiellement les marchés nationaux et les fusionne en un marché à l'échelle européenne[1748]. À partir de cette observation, il nous est permis d'imaginer à l'avenir un lien d'intégration du travailleur qui se crée à l'égard d'un marché de l'emploi européen.

516. Distinction d'un lien d'intégration sociétal. Alors que l'intégration semble d'abord viser un périmètre national, elle peut également conduire au développement d'un lien au-delà de ce territoire qui s'exprime dans la création d'une société civile européenne[1749]. Cela permet non seulement de dépasser l'unicité du lien à l'égard du marché, mais contribue également à briser le rattachement à l'égard du territoire national. La directive 2004/38/CE du Parlement européen et du Conseil du 29 avril 2004 relative au droit des citoyens de l'Union et des membres de leurs familles de circuler et de séjourner librement sur le territoire des États membres, modifiant le règlement (CEE) n° 1612/68, envisage l'intégration du travailleur mobile même en tant qu'un objectif. Elle dispose qu' « en vue de constituer un véritable moyen d'intégration dans la société de l'État membre d'accueil dans lequel le citoyen de l'Union réside, le droit de séjour permanent ne devrait être soumis à aucune autre condition une fois qu'il a été obtenu »[1750]. Ceci rappelle aussi que le lien

---

[1745] L. AZOULAI, « The European Individual as Part of Collective Entities (Market, Family, Society) », L. AZOULAI, S. BARBOU DES PLACES, É. PATAUT (dir.), *Constructing the Person in EU Law: Rights, Roles, Identities,* Hart Publishing, 2016, p. 203, spéc. p. 204.

[1746] *Ibid.,* spéc. p. 206.

[1747] *Ibid.*, il s'y réfère à CJUE, 19 juin 2014, C-507/12, *Jessy Saint-Prix*, pt. 41.

[1748] *Ibid.*

[1749] *Ibid.*, spéc. p. 207.

[1750] Directive 2004/38/CE du Parlement européen et du Conseil du 29 avril 2004 relative au droit des citoyens de l'Union et des membres de leurs familles de circuler et de séjourner librement sur le territoire des Etats membres, modifiant le règlement (CEE) n° 1612/68, considérant n° 18.

d'intégration, en tant que lien sociétal, ne repose plus sur les mêmes conceptions que le lien d'intégration du travailleur[1751].

517. Citoyenneté européenne. De surcroît, la libre circulation des travailleurs constitue le fondement de droits qui vont au-delà de celui d'accéder au marché de l'emploi d'un autre État membre. Dit autrement, la liberté de circulation contribue à la création de la citoyenneté européenne. Il est longtemps affirmé que « [l]'égalité de traitement reconnue aux travailleurs communautaires n'a pas pour seul objectif la libre circulation »[1752]. Vu sous cet angle, le principe d'égalité de traitement lié aux libertés de circulation est un « principe d'intégration » qui constitue le fondement de la citoyenneté européenne « en faisant naître un sentiment d'appartenance commune »[1753]. Ainsi, le premier considérant de la directive 2014/54/UE dispose que le « statut de citoyen européen »[1754] est le prolongement de cette liberté de circulation. Il dispose que la directive « trouve sa concrétisation dans le droit de l'Union visant à garantir le plein exercice des droits conférés aux citoyens de l'Union et aux membres de leur famille ». Cette évolution peut être interprétée comme l'autonomisation du statut de citoyen, qui est lui-même le fondement de nouveaux droits en concevant que l'Union européenne cherche « d'autres voies que celle du marché pour »[1755] poursuivre son intégration. Néanmoins, certains auteurs voient dans cette déconnexion entre le droit de séjour et la liberté de circulation un retour en arrière. Concevant le droit de séjour du citoyen européen comme étant présumé et comme découlant de la libre circulation du travailleur, ils regrettent que le droit de l'Union européenne exige désormais un lien d'intégration du travailleur dans sa

---

[1751] En ce sens, S. BARBOU DES PLACES, « The integrated person in EU Law », L. AZOULAI, S. BARBOU DES PLACES, É. PATAUT (dir.), *Constructing the Person in EU Law : Rights, Roles, Identities,* Hart Publishing, 2016, p. 179, spéc. p. 192, dans la version originale : « [m]y assumption is that the market agent is an a-historical figure: he has no past and no future. For workers, the length if residence or of employment is immaterial for being a legitimate beneficiary of a social advantage. Accordingly, the future is irrelevant for the design of the legal status of workers. In contrast, time and duration of stay are major elements in the world of integration ».

[1752] S. ROBIN-OLIVIER, *Le principe d'égalité en droit communautaire. Étude à partir des libertés économiques,* PUAM, 1999, p. 414.

[1753] *Ibid.*, elle y renvoie vers E. CEREXHE, « L'égalité de traitement dans l'ordre juridique communautaire », P. MANIN, G. NAFILYAN, C. MÉGRET (dir.), *Études de Droit des Communautés Européennes : Mélanges offerts à Pierre-Henri Teitgen*, Pedone, 1984, p. 33.

[1754] Directive 2014/54/UE, considérant n° 3.

[1755] É. PATAUT, « Citoyenneté de l'Union européenne et nationalité étatique », *RTD Eur* 2010, p. 617.

société d'accueil[1756]. Ceci peut être lié à l'apparition d'un lien d'intégration sociétal. Pour notre observation, il est toutefois important de constater que le lien d'intégration dans le marché de l'emploi n'a pas été affecté : le travailleur mobile intégrant le marché doit disposer des mêmes conditions que les travailleurs locaux.

518. Lien d'intégration comme condition. En parallèle, nous constatons la naissance d'un lien d'intégration du citoyen européen. Celui-ci conduit à l'émergence de nouveaux droits pour un cercle élargi de bénéficiaires. Ce constat explique sa déconnexion du lien d'intégration du travailleur. En effet, le statut du citoyen européen se trouve consacré dans l'élargissement du cercle des bénéficiaires du droit de la circulation, la directive 2014/54/UE conférant également des droits substantiels aux membres de la famille du travailleur[1757]. Le lien d'intégration jouerait ainsi un rôle important, dès lors que l'on souhaiterait en faire découler des droits pour la famille du travailleur mobile[1758]. Mme Benlolo Carabot note la mutation du lien d'intégration en un critère, dès lors que l'on essaie de prolonger les droits en les étendant aux membres de la famille du travailleur mobile[1759]. Ceci peut également être lié au fait que l'on parle, dans ce contexte, d'un lien d'intégration de nature sociale dans la société de l'État d'accueil.

519. Incidences sur la protection du travailleur. L'introduction d'une logique d'intégration dans le contexte de la libre circulation des travailleurs peut avoir une incidence sur le principe de protection du travailleur. Cette conséquence doit être envisagée dans la mesure où nous inscrivons la protection du travailleur dans la libre circulation des travailleurs. De récents arrêts font craindre que le lien d'intégration se mue en une condition supplémentaire encadrant l'accès au marché de l'emploi. La création de ce lien entre la protection du travailleur et la logique d'intégration du marché a été critiquée[1760]. Dans l'affaire *Trojani*, la Cour de justice qualifie la notion de travailleur à partir des critères de la rémunération, de la subordination et l'accomplissement effectif de prestations « susceptibles d'être considérées comme relevant normalement du marché de l'emploi »[1761]. Ici, c'est de la

---

[1756] M. BENLOLO CARABOT, communication citée (note 1686), qui se réfère à la directive 2004/38 qui identifie l' « intégration sociale et culturelle dans l'État membre d'accueil » comme critère à l'éloignement.

[1757] Considérant n° 4.

[1758] M. BENLOLO CARABOT, communication citée (note 1686).

[1759] *Ibid.*

[1760] E. SPAVENTA, art. cité (note 1461), spéc. p. 468.

[1761] CJCE, 7 septembre 2004, C-456/02, *Trojani,* pt. 24, *AFDI* 2004, n° 50, p. 510, chron. D. SIMON ; *RDUE* 2004, p. 327, note B. KOTSCHY ; *Lexbase Hebdo S* 2004, n° 138, note C. WILLMANN ; *Europe* 2004, n° 11, p. 10, note D. SIMON ; *DO* 2004, p. 575, note M. BONNECHÈRE ; *RJS* 2005, p. 3, chron. J.-P. LHERNOULD, F. KESSLER, N. MOIZARD et al. ; *JCP G* 2005, n° 5, p. 208, chron. S. POILLOT-PERUZZETTO, I. RUEDA, C. DELPY.

qualification de travailleur dont dépend naturellement le bénéfice de la libre circulation des travailleurs, qui est rendue dépendante d'une intégration au marché de l'emploi. Aux yeux de Mme Spaventa, il est frappant que la Cour de justice prenne « en compte le statut et les pratiques de l'établissement d'accueil, le contenu du projet de réinsertion sociale ainsi que la nature et les modalités d'exécution des prestations »[1762]. Ainsi, la Cour de justice considère que le but d'intégration sociale de l'activité est une considération primordiale dans la qualification de l'activité de travail. La Cour semble décider à partir de l'activité dans laquelle se retrouve le travailleur, plutôt qu'à partir du travailleur dans l'activité[1763]. En conséquence, l'intégration dans le marché de l'emploi risque de se transformer en un véritable critère conditionnant le bénéfice de la protection du travailleur. Le débat ressurgit dans le contexte de l'arrêt *Alimanovic*[1764]. L'avocat général argue que le bénéfice d'une prestation financière destinée à faciliter l'accès à l'emploi sur le marché du travail d'un État membre doit être décidé en fonction de « l'existence d'un lien réel du demandeur d'emploi avec le marché du travail de cet État membre »[1765]. Il n'y aurait pas ainsi d'exclusion catégorique de ces prestations pour les citoyens de l'Union non économiquement actifs[1766]. La décision de la Cour de justice quitte tout simplement le contexte de la libre circulation des travailleurs. Elle décide que l'accès aux prestations sociales de l'État membre d'accueil est soumis au statut de citoyen de l'Union européenne, lequel est lui-même soumis à la condition du lien d'intégration.

520. Dépassement. La possibilité de bénéficier de certains droits au titre du statut de citoyen européen, pour une personne ne relevant pas de la libre circulation des travailleurs, peut également être vue comme permettant d'élargir le cadre des bénéficiaires de droits européens. Certaines affaires permettent d'affirmer la protection de personnes prétendant accéder au marché de l'emploi, en s'appuyant sur la citoyenneté européenne. Mme Benlolo Carabot note que, « suivant et approfondissant l'arrêt Martínez Sala, la Cour s'est appuyée sur le statut de citoyen de l'Union pour admettre le libre séjour et l'accès à certaines prestations sociales sur le territoire de l'État membre d'accueil de personnes qui ne pouvaient être considérées comme

---

[1762] CJCE, 7 septembre 2004, C-456/02, *Trojani,* pt. 24 ; E. SPAVENTA, art. cité (note 1461), spéc. p. 469.

[1763] *Ibid.,* spéc. p. 469.

[1764] CJUE, 15 septembre 2015, C-67/14, *Alimanovic, RTD Eur* 2016, p. 640, note É. PATAUT ; *JCP G* 2015, n° 40, p. 1744, note D. BERLIN ; *RLDA* 2015, n° 109, p. 39, note E. MAZUYER ; *Europe* 2015, n° 11, p. 13, note D. SIMON ; *JCP S* 2015, n° 47, p. 33, note J. CAVALLINI ; *JCP A* 2016, n° 1, p. 41, chron. C. MAZILLE ; *JCP E* 2016, n° 10, p. 57, chron. D. RONET-YAGUE ; *CDEur* 2016, p. 449, note J.-V. LOUIS.

[1765] Conclusions de l'avocat général du 26 mars 2015 sous CJUE, 15 septembre 2015, C-67/14, *Alimanovic*, pt. 114.

[1766] É. PATAUT, « Assistance sociale », *RTD Eur* 2016, p. 640.

travailleurs ou dont cette qualité n'était pas certaine »[1767]. À l'inverse, l'arrêt *Alimanovic* exclut le bénéfice du statut de citoyen européen. D'autres affaires, qui seront étudiées, font découvrir le principe de protection du travailleur, au-delà de la libre circulation des travailleurs. Ancrer la protection du travailleur plus largement dans les libertés de circulation serait certainement une solution qui permettrait de consacrer un principe au service du marché intérieur. Or, il convient d'ajouter que le bénéfice effectif de la libre circulation des travailleurs, lequel doit permettre l'accès au marché de l'emploi d'un État membre, exige l'instauration des principes de non-discrimination et de proportionnalité ainsi que des mécanismes d'harmonisation et de reconnaissance mutuelle[1768]. Nous y lisons la nécessité de consacrer le principe de protection du travailleur dont le travailleur bénéficie grâce au lien d'intégration. Celui-ci imprègne tant le droit harmonisé que les règles de coordination.

Paragraphe 2. La protection du travailleur indépendante de l'intégration dans le marché de l'emploi

521. Au-delà de la catégorie de travailleur. Les études factuelles développant des différences de protection entre les travailleurs, en fonction de leur statut d'immigration, nous poussent à nous interroger sur un principe de protection du travailleur au sens large[1769]. Le principe de protection du travailleur, tel que nous l'avons développé ici, est strictement lié à la notion de travailleur au sens de la libre circulation des travailleurs. Néanmoins, le principe de protection du travailleur peut être découvert au-delà de cette catégorie. Alors qu'il est peu mentionné dans les textes ou la jurisprudence relative à la libre circulation des travailleurs, puisqu'il y est présumé, le principe de protection du travailleur connaît une consécration expresse dans le cadre de la libre prestation de services. Il y apparaît en tant qu'une raison impérieuse d'intérêt général justifiant les entraves à la liberté. En d'autres termes, il concerne l'intégration négative.

522. *Webb*. Ce contentieux naît dans un contexte où les États membres notent le besoin de justifier leurs législations nationales à l'encontre de la

[1767] M. BENLOLO CARABOT, « Le travailleur, indétrônable catégorie reine du droit de la libre circulation des personnes dans l'Union européenne ? », *RTD Eur* 2018, p. 59, qui explique que la directive 2004/38/CE relative au droit des citoyens de l'Union et des membres de leurs familles de circuler et de séjourner librement sur le territoire des États membres, adoptée le 29 avril 2004, a permis de « [d]épasser cette approche sectorielle et fragmentaire du droit de circuler et de séjourner librement ».

[1768] L. AZOULAI, art. cité (note 1688), spéc. p. 206.

[1769] V. MANTOUVALOU, « Legal Construction of Structures of Exploitation », H. COLLINS, G. LESTER, V. MANTOUVALOU (dir.), *Philosophical Foundations of Labour Law,* OUP, 2019, p. 188.

logique de libre circulation de l'Union européenne[1770]. Il émerge au moment où l'on s'interroge sur l'élargissement des catégories. Rappelons que l'arrêt *Webb* permet d'inclure, dans la libre prestation de services, la mobilité des travailleurs détachés. Plus précisément, la Cour de justice décide que « [l]'activité consistant, pour une entreprise, à mettre à disposition, contre rémunération, de la main-d'œuvre qui reste au service de ladite entreprise sans qu'aucun contrat de travail ne soit conclu avec l'utilisateur »[1771] est un service. Nous sommes en présence d'un cas de mise à disposition, dans lequel les États membres sont réticents à déclencher automatiquement la législation régissant les travailleurs permanents sur le territoire. Or, la mise à disposition est discutée, « [c]ompte tenu, d'une part, des différences qui peuvent exister entre les conditions des marchés du travail d'un État membre à l'autre et, d'autre part, de la diversité des critères d'appréciation applicables à l'exercice de ce genre d'activités »[1772]. Elle attirerait vers les États membres particulièrement exigeants en matière de réglementation du travail. D'où l'affirmation par la Cour de justice que la libre prestation de services « constitue un domaine particulièrement sensible du point de vue professionnel et social en raison de la nature particulière des liens de travail inhérents à ce type d'activité »[1773]. En effet, la jurisprudence reconnaît que la mise à disposition « affecte directement tant les relations sur le marché de l'emploi que les intérêts légitimes des travailleurs concernés »[1774]. D'une manière indirecte, la Cour de justice reconnaît, dans l'arrêt *Webb*, qu'un État membre doit avancer le principe de protection du travailleur pour justifier d'éventuelles entraves apportées à la liberté de circulation[1775].

523. *Seco, Desquenne et Giral.* Dans deux autres affaires, la Cour de justice reconnaît la possibilité pour un État membre d'étendre sa rémunération minimale aux travailleurs temporairement engagés sur son territoire, étant précisé que la réglementation peut résulter soit d'un acte législatif, soit d'une convention collective. La Cour de justice vérifie, dans l'arrêt *Seco, Desquenne et Giral*, si la mesure « ne serait de par sa nature pas apte à faire respecter cette réglementation ni à profiter, de quelque façon que ce soit, à la main-d'œuvre

---

[1770] *Cf.* C. BARNARD, « The Worker Protection Justification: Lessons from Consumer Law », P. KOUTRAKOS, N. N. SHUIBHNE, P. SYRPIS (dir.), *Exceptions from EU Free Movement Law: Derogation, Justification and Proportionality*, Hart Publishing, 2016, p. 106, spéc. p. 107.

[1771] CJCE, 17 décembre 1981, aff. 279/80, *Webb,* pt. 1.

[1772] CJCE, 17 décembre 1981, aff. 279/80, *Webb*, pt. 19.

[1773] CJCE, 17 décembre 1981, aff. 279/80, *Webb,* pt. 18.

[1774] CJCE, 17 décembre 1981, aff. 279/80, *Webb,* pt. 18.

[1775] CJCE, 17 décembre 1981, aff. 279/80, *Webb*, pt. 19 : la Cour de justice y reconnaît une raison impérieuse d'intérêt général liée à la fois au marché du travail et à la protection individuelle du travailleur : « dès lors qu'il y a des raisons de craindre que cette activité ne porte préjudice aux bonnes relations sur le marché de l'emploi, ou que les intérêts des travailleurs dont il s'agit ne soient pas suffisamment garantis ».

dont il s'agit »[1776]. Nous y lisons une consécration timide du principe de protection du travailleur.

524. *Rush Portuguesa.* Enfin, l'arrêt *Rush Portuguesa* concerne le détachement de travailleurs issus des nouveaux États membres, au moment où la libre circulation de travailleurs vers les autres États membres est encore limitée par des dispositions transitoires. En l'occurrence, l'entreprise a légalement recours au détachement de travailleurs, l'article 216 de l'Acte d'adhésion de l'Espagne et du Portugal n'ayant « aucune incidence sur le droit d'un prestataire de services dans le secteur de la construction et des travaux publics de se déplacer avec son propre personnel »[1777] dans le cadre de la libre prestation de services. Cependant, la Cour de justice accorde aux États membres d'accueil la possibilité d'étendre leur réglementation du travail à l'égard des travailleurs détachés, dans la mesure où celle-ci ne conditionne pas l'exercice même de l'activité dans l'État d'accueil. Dit autrement, l'accès au marché du travail n'est pas en cause. Nous y lisons un renvoi timide par la Cour de justice à l'arrêt *Seco, Desquenne et Giral*, permettant à la France de justifier éventuellement une entrave à la libre prestation de services au moyen de considérations protectrices du travailleur[1778].

525. Lien avec le marché de l'emploi. La jurisprudence subséquente fonde expressément la reconnaissance de la raison impérieuse d'intérêt général de la protection du travailleur sur ces arrêts[1779]. Le principe y est déduit d'un raisonnement impliquant des considérations liées au marché du travail. Paradoxalement, les juges européens reconnaissent que le détachement temporaire des travailleurs affecte le marché du travail du pays d'accueil, bien qu'ils partent du constat que les travailleurs détachés n'y accèdent pas. En toute hypothèse, nous pouvons retenir que les arrêts tirent le principe de protection du travailleur des considérations liées au marché du travail qui exigent qu'un État membre d'accueil doive assurer le respect de ses conditions de travail.

526. Élargissement de l'Union européenne. Cette justification des entraves à la liberté de circulation, au nom d'un intérêt du droit du travail national, fait l'objet de critiques. Mme Barnard explique que les juges européens manquent de fermeté lorsqu'ils permettant au droit national de

---

[1776] CJCE, 3 février 1982, aff. 62 et 63/81, *Seco, Desquenne et Giral,* pt. 14.

[1777] CJCE, 27 mars 1990, C-113/89, *Rush Portuguesa*, pt. 17.

[1778] CJCE, 27 mars 1990, C-113/89, *Rush Portuguesa*, pt. 18 : « le droit communautaire n'interdit pas davantage aux Etats membres d'imposer le respect de ces règles par les moyens appropriés ».

[1779] P. ex., CJCE, 17 octobre 2002, C-79/01, *Payroll Data,* pt. 31, *Europe* 2002, n° 12, p. 11, note L. IDOT ; *JDI* 2003, p. 608, note M. LUBY.

prévaloir sur la libre circulation[1780]. Mise à part la concurrence sur le marché du travail des pays du nord, l'on devrait également prendre en compte l'amélioration de la vie en général pour les travailleurs du sud lors de l'analyse[1781]. Ce dernier raisonnement pourrait primer, au mépris des intérêts des travailleurs des pays du nord[1782]. Une telle vision ne prend toutefois pas en compte l'intérêt commun des travailleurs de l'Union européenne. Celui-ci tendrait vers l'amélioration progressive du droit du travail à l'échelle européenne et viserait à écarter toute mise en concurrence qui y porterait atteinte. En rapprochant le principe de protection du travailleur ici de celui que nous avons développé à propos de la libre prestation de services, il nous semble indispensable de promouvoir le progrès social.

527. *Guiot* et suite. La jurisprudence qui permet de faire valoir la raison impérieuse de la protection du travailleur est renforcée avec les élargissements consécutifs de l'Union européenne. Le premier arrêt à consacrer expressément le principe de « protection sociale des travailleurs »[1783] est l'arrêt *Guiot*. Dans cette affaire, la Cour de justice admet que « l'intérêt général lié à la protection sociale des travailleurs du secteur de la construction [...] peut constituer une raison impérieuse justifiant une [...] restriction à la libre prestation de services »[1784]. D'autres arrêts accentuent cette raison impérieuse d'intérêt général[1785]. Ces dernières affaires permettent de nous rappeler que les travailleurs sont les principaux bénéficiaires du marché intérieur[1786].

528. Utilisation insuffisante. L'application du principe de protection du travailleur, dans l'ensemble, mérite d'être analysée pour constater que le principe en tant que tel est encore peu présent en droit de l'Union européenne. Ajoutons que la jurisprudence *Viking Line* semble suggérer une lecture extrêmement restrictive de la protection du travailleur en tant que raison impérieuse d'intérêt général[1787]. La Cour de justice retient qu'il s'agit, pour relever de l'objectif de protection du travailleur, d'établir que les emplois ou les conditions de travail sont compromises ou sérieusement menacées[1788].

[1780] C. BARNARD, art. cité (note 1770), spéc. p. 107, dans la version originale : « laissez-faire approach to states' justification of national law on worker protection grounds ».

[1781] *Ibid.*

[1782] *Ibid.*

[1783] CJCE, 28 mars 1996, C-272/94, *Guiot,* pts. 16 et 21.

[1784] CJCE, 28 mars 1996, C-272/94, *Guiot,* pt. 16.

[1785] Par exemple, CJCE, 23 novembre 1999, C-369/96 et C-376/96, *Arblade et Leloup,* pt. 36 ; 15 mars 2001, C-165/98, *Mazzoleni*, pt. 27 ; 25 octobre 2001, C-49/98, *Finalarte,* pt. 33.

[1786] C. BARNARD, art. cité (note 1770).

[1787] CJCE, 11 décembre 2007, C-438/05, *Viking Line*, pt. 77, réaffirmant le principe selon lequel la protection du travailleur constitue un intérêt légitime de nature à justifier une restriction aux libertés de circulation.

[1788] CJCE, 11 décembre 2007, C-438/05, *Viking Line*, pt. 81.

529. Principe de protection du consommateur. Cette jurisprudence fluctuante confirme la nécessité de développer le principe de protection du travailleur comme un principe-clé conduisant l'intégration positive en droit de l'Union. Mme Barnard nous incite à prendre exemple sur le principe de protection du consommateur[1789]. Depuis l'arrêt *Cassis de Dijon*, le droit de l'Union européenne déterminerait d'une manière complexe si et comment les consommateurs devraient être protégés[1790]. Elle note également que le principe de protection du consommateur est bien ancré dans le droit des libertés de circulation et de la concurrence mais que l'on aurait également dû développer un principe parallèle pour le travailleur[1791]. En ce qui concerne le principe de protection du consommateur, Mme Barnard souligne l'existence d'une dualité d'approches en matière de protection. Ceci lui permet de conclure que le droit de l'Union européenne favorise une approche paternaliste assurant un haut niveau de protection du consommateur (articles 12 TFUE, 114, § 3 TFUE)[1792]. Or, cet objectif du droit de l'Union entrerait en conflit, en raison du frein qu'il pose à la libre circulation, avec l'approche plus libérale (dite de « consumer welfare »)[1793]. Ce conflit se pose en pratique dans le contentieux, dans lequel la Cour de justice est conduite à décider de l'admission ou non de la justification au nom de la protection du consommateur. Dans les résultats, la Cour de justice retiendrait l'approche plus libérale en refusant d'admettre la justification de l'entrave à la liberté de circulation, au nom de l'intérêt national de protection du consommateur[1794].

530. Principe de protection du travailleur. Mme Barnard, qui étudie l'utilisation du principe de protection du travailleur par la Cour de justice, observe une faveur comparable à celle en matière de protection du consommateur[1795]. D'emblée, elle note qu'il convient ici également d'opposer la protection paternaliste, résultant de la justification des entraves invoquée par les État membres, à la vision de « worker welfare »[1796], qui serait en faveur des libertés de circulation. Favoriser le marché intérieur consiste à admettre

---

[1789] C. BARNARD, art. cité (note 1770).

[1790] *Ibid.*, spéc. p. 108.

[1791] *Ibid.*, spéc. p. 109.

[1792] *Ibid.*

[1793] *Ibid.*, spéc. p. 108.

[1794] *Ibid.*, spéc. p. 109.

[1795] *Ibid.*

[1796] *Ibid.*, qui définit ce terme comme permettant aux travailleurs d'exercer leur droit à la libre circulation et d'améliorer leur vie en général, et non plus de bénéficier spécifiquement de conditions de travail protectrices ; dans la version originale : « the term 'worker welfare' means allowing workers across the EU the opportunity to work in whichever state they choose and on the terms dictated by the market (unless EU social law intervenes to provide specific protection) ».

restrictivement les justifications des entraves[1797]. De ce point de vue, il y aurait ainsi peu de place pour le principe de protection du travailleur. À l'inverse, l'évolution du droit de l'Union démontre une lecture d'autant plus large des champs d'application des libertés de circulation[1798]. Cette évolution s'est accompagnée d'une introduction du contrôle des entraves. En reconnaissant que la libre prestation de services comprend le détachement de travailleurs, la Cour de justice s'est vue obligée d'admettre la justification au nom du principe de protection du travailleur. Ce dernier est un intérêt national qui intervient ainsi pour combler l'indétermination du principe européen de protection du travailleur. Tant que l'harmonisation européenne fait encore défaut, la protection du travailleur intervient par l'intégration négative.

531. Recours restrictif. Néanmoins, la raison impérieuse d'intérêt général de la protection du travailleur n'est que restrictivement admise par la Cour de justice[1799]. Alors qu'elle devrait pallier les carences du principe européen de protection du travailleur, la Cour de justice est encore insuffisamment engagée en faveur du travailleur. Cette attitude dépend également de l'absence de réglementations nationales défendant spécifiquement les intérêts soit des travailleurs locaux, soit des travailleurs détachés ou migrants. En effet, les

---

[1797]C. BARNARD, art. cité (note 1770), spec. p. 109, dans la version originale : « [w]here the Court recognises and upholds worker protection as a justification, it is essentially accepting that in the circumstance of this particular case the state's paternalist interest in ensuring decent working conditions takes precedence over the wider EU interest in the realisation of a single market ».

[1798] C. BARNARD, art. cité (note 1624), spéc. p. 25, qui note également que ces justifications s'inscrivent dans un élargissement général des raisons justificatives, en réponse à l'adoption de l'approche de l'accès au marché ; dans la version originale : « [t]he effect of this shift towards a market access approach is for closer scrutiny of national laws by the European Court of Justice. It has also meant that the Court has had to expand significantly on the relatively short group of justifications which it listed in Gouda ».

[1799] C. BARNARD, art. cité (note 1770), spéc. p. 110, elle nuance, dans la version originale : « [w]hen only the (non-migrating) employer stands to gain from invoking the free movement principle, there is some evidence the Court favours the state interest in worker protection [...]. By contrast, when migrants are exercising their rights to freedom of establishment under Article 49 TFEU in a state with lower labour costs, or exercising freedom to provide services using posted workers under Article 56 TFEU, the Court is forced to balance the state interest in worker protection with the wider Union interest in worker welfare. It will be argued that in these cases the Court tends to favour worker welfare unless the host state raises a genuine worker protection concern and can show the measures it takes are proportionate. It will therefore be argued that while the presumption in the free movement case law is in favour of worker welfare, particularly where national rules are overtly or covertly protectionist, where there are genuine concerns for workers (both national and migrant/posted or just migrant/posted), the Court will uphold the worker protection justification or may do so in the future if the rules were modified in some way ».

États membres ne réagissent pas nécessairement contre l'effet résultant de la différence des réglementations du travail à l'horizon européen, lequel est susceptible de provoquer une course vers le bas. Pour cette raison, la Cour n'est que peu sollicitée pour confirmer le principe de protection du travailleur. En conséquence, nous concluons que le droit de l'Union semble favoriser une lecture libérale, ne tenant pas en compte le risque de *dumping social* que crée la différence des réglementations nationales du travail. Partant, l'Union européenne ne répond pas suffisamment à l'exigence régulatrice qui lui incombe.

Conclusion de section

532. Nous avons lu la compétence de l'Union européenne en matière sociale comme une nécessité pour l'intégration du marché intérieur. Dès le Traité de Rome, il est conçu que les divergences entre les conditions de travail, telles que les salaires des travailleurs masculins et féminins, peuvent provoquer une course vers le bas au sein du marché intégré. Les autres compétences en matière sociale, qui ont été successivement adoptées, répondent également à cette finalité régulatrice du marché intérieur. En nous interrogeant sur les compétences de l'Union européenne sous cet angle, nous concevons qu'il est devenu indispensable que les compétences relatives au marché intérieur viennent contre-carrer cet effet, par le biais de ses compétences harmonisatrices. Lu ainsi, le droit social de l'Union européenne constitue un complément à la dérégulation intense caractérisant les échanges économiques. Mis à part les traités, les actes législatifs et les arrêts de la Cour de justice contiennent également des références à cette composante sociale du marché intérieur qui décrit la compétence en matière sociale de l'Union européenne.

533. Ce constat nous conduit à nous référer aux dispositions relatives au marché intérieur, plus précisément aux libertés de circulation, pour identifier le principe de protection du travailleur. Présumé dans la libre circulation des travailleurs, ce principe dépend tout de même de la présence d'une relation de travail au sens du droit de l'Union européenne. En passant ensuite à une lecture transversale, au-delà de la libre circulation des travailleurs, nous notons que la Cour de justice découvre le principe de protection du travailleur dans le contexte de la libre prestation de services. Plus précisément, le principe y apparaît en tant qu'une raison impérieuse d'intérêt général. Pour conclure, il convient de résumer que le fondement du principe de protection du travailleur est dans le droit du marché intérieur. En insistant sur la fonction régulatrice du marché intérieur, nous découvrons un principe transversal de protection du travailleur qui découle de la composante régulatrice sociale.

CONCLUSION DE CHAPITRE

534. En insistant sur les libertés de circulation constitutives du marché intérieur, nous constatons que celles-ci mettent en place un espace de libre circulation sans prévenir tous les effets qui résultent de l'effacement des compétences nationales devant la prise d'ampleur des règles européennes du marché intérieur. L'action législative de l'Union ayant été comprise comme faisant partie de l'intégration du marché intérieur, ce dernier doit être vu comme étant construit non seulement sur les libertés de circulation mais aussi sur l'adoption de règles communes de régulation du marché. La prise en compte de la course vers le bas, du point de vue de la réglementation sociale que peut provoquer cette intégration, nous a permis de comprendre les compétences liées aux libertés de circulation comme étant inscrites dans un concept plus large qui est celui de marché intérieur. Cette compréhension permet finalement d'inclure un volet régulateur dans la compétence relative à la composante sociale du marché intérieur. Alors que les traités ne citent pas expressément de compétences en matière sociale liées au marché intérieur, les compétences existantes doivent toutefois être lues comme s'inscrivant dans le concept de marché intérieur dont résulte la nécessité d'une réponse régulatrice.

535. Il est ainsi acquis que la régulation du marché de l'emploi, voire la politique sociale au sens large, émerge du concept de marché intérieur. L'émergence d'un marché de l'emploi européen exige une régulation européenne du droit du travail. Cette dernière constitue l'objet de la composante sociale du marché intérieur, laquelle fonde l'intégration positive en matière de droit du travail. La composante sociale comprend nécessairement un principe de protection du travailleur, qui est reconnu au-delà du domaine de la seule libre circulation des travailleurs. Néanmoins, les contours de ce principe sont encore obscurs dans le droit de l'Union européenne, en l'absence d'une harmonisation de nombreux domaines du droit social. Dans le domaine de la libre circulation des travailleurs, ce principe protège surtout l'accès au marché de l'emploi. Une fois déclenché, il assure également une intégration dans le marché de l'emploi de l'État membre d'accueil : le travailleur y bénéficie des mêmes droits que les travailleurs locaux. À cet égard, nous distinguons ce lien d'intégration de celui qui est évoqué concernant la citoyenneté européenne, qui s'entend davantage d'une condition au bénéfice du statut de citoyen européen. Hormis le contexte de la libre circulation de travailleurs, le principe de protection du travailleur se révèle aussi en matière de libre prestation de services : il y désigne l'intérêt national affiché par le biais de la raison impérieuse d'intérêt général. Cette intervention étatique a pour finalité de combler l'indétermination du principe européen de protection du travailleur. Il contribue à la formation du contenu d'un principe européen de protection du travailleur.

CHAPITRE 2
LA TRANSMISSION DE LA COMPOSANTE SOCIALE : ENTRE DROIT PRIVÉ RÉGULATEUR ET RÈGLE DE CONFLIT DE LOIS RÉGULATRICE

Die Bedeutung des IPR für die Verwirklichung der Ziele eines Gemeinsamen Marktes tritt allerdings in dem Maße zurück, wie das Sachrecht der Mitgliedstaaten harmonisiert worden ist.
Wulf-Henning ROTH[1800]

536. Harmonisation et composante sociale. La réalisation des objectifs liés au marché intérieur, dont le principe de protection du travailleur, implique l'adoption du droit dérivé de l'Union européenne. Ce droit opère l'harmonisation du droit matériel des États membres. Néanmoins, nous avons noté que les compétences de l'Union européenne en matière sociale étaient limitées. Littéralement fondées sur la politique sociale, ces compétences doivent plus largement être inscrites dans le contexte du marché intérieur. En conséquence, nous les avons désignées sous l'appellation de composante sociale du marché intérieur. La particularité de ces compétences consiste à véhiculer la protection du travailleur. Compte tenu du lien affirmé entre la compétence harmonisatrice et le fonctionnement du marché intérieur, le droit adopté sur ce fondement compose le droit privé européen qui se veut régulateur. Nous essayerons de l'identifier.

537. Coordination. L'harmonisation est limitée à certains domaines et s'opère sous la forme minimale. Alors que les bienfaits d'une compétence visant l'harmonisation complète sont avancés par différents auteurs[1801], nous étudions d'emblée l'avènement de l'harmonisation minimale en matière de droit du travail sous l'angle de l'intégration du marché intérieur. M. Collins rappelle que l'objectif de créer un droit du travail de l'Union européenne, dont l'objet est d'affronter le risque de *dumping social*, implique surtout l'adoption de droits minimaux[1802]. Partant de l'objectif de régulation du marché de

---

[1800] W.-H. ROTH, art. cité (note 916), traduit : l'importance du droit international privé pour la réalisation des objectifs du Marché commun recule à mesure que le droit matériel des États membres est harmonisé.

[1801] Pour une description de l'arbitrage difficile entre l'harmonisation, le principe de reconnaissance mutuelle et la loi du pays d'accueil au regard de leurs interactions respectives avec les libertés de circulation, *cf.* J. SNELL, art. cité (note 1607), spéc. p. 314 et s. Il souligne que le principe du pays d'origine – le plus pratiqué en droit du travail – est le moins adapté à l'intégration du marché intérieur, puisqu'il favoriserait la concurrence normative.

[1802] H. COLLINS, art. cité (note 1533), spéc. p. 233, dans la version originale : « [t]he aim of EU employment law, when focused on the problem of social dumping,

l'emploi, nous essayons d'établir la place de la coordination des normes en droit du travail par rapport à l'harmonisation de celles-ci, dans un contexte de diversité des réglementations nationales. Ce n'est pas uniquement pour combler les défauts intrinsèques d'une compétence harmonisatrice minimale que l'on évoque l'intervention de la coordination. Hormis le fait que plusieurs matières restent encore exclues de la compétence de l'Union européenne, il convient de constater que les compétences existantes sont peu exploitées. Des exemples de droit harmonisé peuvent toutefois être relevés dans les matières de la santé et de la sécurité au travail, du temps de travail, de l'information sur les conditions de travail, de l'équilibre entre la vie professionnelle et la vie privée, du transfert d'entreprise et des licenciements collectifs. Le droit dérivé étant restreint en la matière, la composante sociale n'est réalisée que partiellement. En d'autres termes, les divergences subsistent entre les États membres. Ceci explique pourquoi l'on se pose la question de la place de la coordination des réglementations des États membres. Une réponse aux besoins du marché intérieur intervient-elle par le biais de la coordination ? Dans la mesure où la règle de conflit de lois vise à répondre aux besoins de l'intégration du marché, en l'occurrence du marché intérieur, nous évoquons sa fonction régulatrice. Il s'agit de s'intéresser à la manière dont la règle de conflit de lois transmet la composante sociale, plus précisément, le principe de protection du travailleur.

538. Rapprochement et opposition. Classiquement, l'harmonisation et la coordination sont deux mécanismes opposés dans le processus d'intégration européenne. Il existait, pendant longtemps, un débat sur la voie à choisir pour atteindre l'intégration du marché intérieur, tout en respectant la diversité des systèmes nationaux[1803]. En voulant exploiter la règle de conflit de lois à cette fin, nous évoquons sa fonction régulatrice. Partant de là, la coordination et l'harmonisation agissent en faveur de la même fonction. En étudiant les fondements des deux mécanismes d'intégration européenne, nous constatons le lien avec le marché intérieur, tant dans l'article 81 TFUE que dans les articles 114 et 151 et suivants du TFUE. En prenant l'exemple des directives harmonisatrices dans certaines matières, il est constant qu'elles contiennent des règles de conflit de lois spécifiques. La directive 93/7/CEE relative à la restitution de biens culturels ayant quitté illicitement le territoire d'un État membre a été citée en tant que premier texte de droit dérivé harmonisateur qui

---

does not require uniform law, but it does necessitate minimum standards. These standards have to be mandatory and uniform in order to serve the purpose of providing a defense against social dumping ».

[1803] C. BARNARD, *The Substantive Law of the EU: The Four Freedoms*, OUP, 2019, p. 583, dans la version originale : « [t]he Union has long faced the problem of how to realize a harmonized, uniform standard and thus a level playing field upon which firms can compete, while at the same time respecting (and fostering) the diversity of the national systems ».

contient des règles de conflit de lois, dans lequel est reconnu le rôle – certes secondaire – de la règle de conflit de lois, pour atteindre l'intégration du marché intérieur. MM. Jayme et Kohler observent « que l'article 100 [traité CEE, devenu l'article 114 TFUE], bien que consacrant une compétence horizontale par excellence, n'a, jusqu'ici, jamais servi comme base juridique d'un acte communautaire comportant des règles de conflit »[1804]. Ce constat leur permet de conclure que le Conseil et la Commission reconnaissent « les règles de conflit comme accessoires au secteur matériel dont relevait son action, estimant sans doute que la compétence de la Communauté pour agir dans un secteur déterminé englobe celle d'adopter des règles de conflit y relatives »[1805]. Partant de ces observations, il est évident que la règle de conflit de lois est aussi conçue comme pouvant instrumentaliser l'intégration du marché intérieur. Le point en commun entre l'harmonisation et la coordination est leur fonction régulatrice en vue de l'intégration du marché intérieur.

539. Règle de conflit de lois régulatrice. Appréhender l'intégration du marché intérieur sous l'angle de la coordination consiste à revoir l'instrument de cette dernière, à savoir la règle de conflit de lois. Alors que la règle de conflit de lois a été classiquement conçue comme opérant une coordination entre les ordres juridiques[1806], elle permet désormais de trouver la réglementation la plus adaptée. Cette évolution commande que nous recherchions son adaptation au contexte de l'intégration du marché intérieur, qui détermine également le périmètre d'intervention de la règle de conflit de lois. Le rôle de la règle de conflit de lois est ici celui d'une règle de conflit de lois supranationale. Alors que le contexte du pluralisme juridique européen accompagne la réflexion sur une nouvelle fonction répartitrice de la règle de conflit de lois[1807], nous ne nions pas que la règle de conflit agisse au bénéfice de l'intégration du marché : elle « permet de s'assurer que, quel que soit le système en cause, la même loi sera applicable à la même relation de travail »[1808]. La fonction que nous visons spécifiquement est celle de véhiculer la protection du travailleur.

540. Plan. Partant de l'opposition de deux mécanismes, il convient de démontrer d'emblée le domaine de l'harmonisation avant de circonscrire celui de la coordination. Dans leurs domaines respectifs, tant l'harmonisation que la coordination participent à la régulation et véhiculent la protection du travailleur (section 1). Une fois le domaine de la coordination délimité, il doit

---

[1804] E. JAYME, C. KOHLER, art. cité (note 1112).

[1805] *Ibid.*

[1806] Sur la coordination des ordres juridiques, *cf.* P. MAYER, cours cité (note 1193), p. 77 et s.

[1807] A. MILLS, art. cité (note 97), p. 369, spéc. p. 373 et s., dans la version originale : « [p]rivate international law does not merely serve diversity – it is a foundation of European legal pluralism ».

[1808] É. PATAUT, art. cité (note 929), spéc. p. 137.

être souligné de quelle manière la règle de conflit de lois régulatrice peut véhiculer le principe de protection du travailleur (section 2).

Section 1
Les domaines respectifs de l'harmonisation et de la coordination régulatrices

Soll der Weg einer autonomen Interpretation solcher Institute in Richtung auf eine punktuelle Entwicklung von Gemeinschaftsprivatrecht gewagt oder aber eine kollisionsrechtliche Lösung durch Verweisung auf das Recht eines der Mitgliedstaaten befürwortet werden?
Wulf-Henning ROTH[1809]

541. Opposition. La composante sociale étant le fondement tant de l'harmonisation que de la coordination, une question se pose : quand l'un ou l'autre des deux mécanismes intervient-il ? Plusieurs travaux sont consacrés à la délimitation des champs respectifs des deux. Les auteurs insistent sur les défis de l'harmonisation en soulignant que celle-ci s'affronte constamment à la diversité des conceptions nationales[1810]. Rappelons qu'à l'heure des premiers travaux sur la délimitation des objets respectifs de l'harmonisation et de la coordination, la doctrine répartitrice est encore dominante en droit international privé. Le droit international privé est vu comme devant arbitrer les différences entre les systèmes de droit privé[1811]. Or, nous essayons de relire cette répartition sous le prisme de la fonction régulatrice de la règle de conflit de lois. La question se pose dans le contexte particulier de la naissance du droit international privé de l'Union européenne dans lequel notre branche de discipline est mise au service de l'intégration européenne[1812].

542. Pluralisme des législations. L'Union européenne crée un véritable terrain pour le pluralisme des législations de droit privé. Le domaine de la coordination semble être mis en concurrence : il ne s'agit plus uniquement d'articuler les systèmes législatifs de différents États. L'Union européenne contribue désormais à la création d'un droit privé proprement européen qui s'insère parmi les lois et règlements des États membres. L'existence de celui-

---

[1809] W.-H. ROTH, art. cité (note 916), traduit en français : faut-il oser le chemin vers l'interprétation autonome des institutions en vue d'une évolution point par point d'un droit privé communautaire ou doit-on privilégier la solution du point de vue du droit international privé sur le droit national d'un quelconque Etat membre ?

[1810] P. GLENN, « Harmonization of law, foreign law and private international law », *ERPL* 1993, p. 47, spéc. p. 48, dans la version originale : « [m]easures of unification or harmonization thus run against systemic concepts of national law, in which the distinction between national law and foreign law is assumed ».

[1811] H. BATIFFOL, *Aspects philosophiques du droit international privé,* préc., spéc. n° 10.

[1812] V. VAN DEN EECKHOUT, « Promoting Human Rights within the Union: The Role of European Private International Law », *ELJ* 2008, p. 105.

ci s'inscrit dans le pluralisme des législations déjà existant. Pour un meilleur balisage, il convient d'identifier précisément ce droit privé européen harmonisé qui s'appuie sur la composante sociale et d'en circonscrire le domaine. Les domaines de l'harmonisation doivent être exclusifs de ceux de la coordination.

543. Harmonisation. Le marché intérieur visant le progrès tant économique que social, il incombe à l'Union européenne de procéder à l'harmonisation législative en matière sociale. En recourant à sa compétence harmonisatrice, l'Union européenne se dote effectivement de standards sociaux s'imposant aux États membres qu'il s'agit ici de décrire et de définir. L'harmonisation des législations nationales peut renvoyer à plusieurs significations. MM. Blumann et Dubouis développent les formes d'emploi du terme, lequel peut parfois englober différents processus, allant de la coordination au rapprochement des législations[1813]. Nous l'entendons dans le second sens, plus étroit, qui vise le remplacement de multiples réglementations nationales divergentes sur un sujet en particulier, par une réglementation européenne.

544. Régulation. Pour souligner l'impact régulateur de l'harmonisation, il est parfois observé que la réglementation européenne est censée protéger certains intérêts européens, dans des domaines qui relèveraient autrement des compétences nationales soumises au contrôle des entraves et, partant, à l'exigence d'un impératif public tel que la protection du travailleur[1814]. Bien qu'il ne soit pas nécessaire que l'harmonisation intervienne dans une matière sinon régulée par l'État[1815], il est indiscutable que l'harmonisation au service du marché intérieur porte un intérêt régulateur. Se pose ainsi à nous la tâche de caractériser les domaines prédestinés à ce droit régulateur de l'Union européenne. Ce droit peut être repéré puisqu'il est bénéfique pour l'harmonisation et l'intégration du marché intérieur.

545. Concurrence normative. À défaut d'harmonisation, l'enjeu se pose de trouver une solution favorable à l'établissement du marché intérieur. La coordination doit apporter des réponses dans un contexte de diversité des réglementations du travail à l'horizon de l'Union européenne. Or, la solution de la coordination n'est pas exempte d'effets sur les libertés de circulation. Le principe de reconnaissance mutuelle favorise la concurrence entre les

---

[1813] C. BLUMANN, L. DUBOUIS, *Droit matériel de l'Union européenne*, préc., n° 538.

[1814] C. BARNARD, *The Substantive Law of the EU: The Four Freedoms*, OUP, 2019, p. 583.

[1815] G. MAJONE, *La Communauté européenne : un Etat régulateur*, préc., p. 75 et 100 et s : « sur la plupart de ces points, l'échelon national n'est pratiquement pas pertinent : les solutions doivent être trouvées soit au niveau local, soit au niveau supranational, voire planétaire ».

législations nationales, avons-nous été mis en garde[1816]. Rappelons à cet endroit les affaires emblématiques *Mazzoleni*[1817] et *Wolff et Müller*[1818] qui nous apprennent que « [l]e principe européen de reconnaissance mutuelle commande de considérer que le pays d'accueil ne peut imposer sa propre réglementation si l'intérêt qu'elle vise à protéger l'a déjà été de façon adéquate ou équivalente dans le pays d'origine »[1819]. En droit du travail, ce principe se concrétise dans l'application de la loi du pays d'origine qui est la source du *dumping social*. Ainsi, l'application de la loi du pays d'origine semble seulement adaptée dès lors qu'elle s'inscrit dans la logique des libertés de circulation. Autrement, une solution différente devrait être acquise en application des règles de conflit de lois.

546. Coordination. Une fois que l'enjeu du choix entre l'harmonisation[1820] des règles matérielles et la coordination est établi, leur distinction semble incontournable. Il s'agit ici d'entendre le terme de coordination au sens du droit international privé[1821]. Dans son acception générale, la coordination désigne « l'ensemble des démarches qui, tenant compte de la diversité des systèmes juridiques sur le plan interne comme international et des difficultés qui en résultent dans les relations privées, tendent à en atténuer les effets, pareille atténuation apparaissant comme la fin première du droit international privé »[1822]. Alors qu'elle a classiquement été étudiée à partir de son rôle répartiteur, nous évoquons la coordination du point de vue régulateur. Quelle est la solution du conflit de lois bénéfique pour le droit du marché intérieur ?

547. Plan. Notre objectif consiste à délimiter les deux mécanismes, l'harmonisation et la coordination, qui sont tous les deux au service du marché intérieur. Dans un premier temps, nous étudierons l'harmonisation comme créatrice d'un droit du travail européen au service du marché intérieur (sous-section 1). Limitée à certains domaines de compétence, pour lesquels l'Union européenne doit développer une volonté politique, l'harmonisation *a minima* en matière sociale est incomplète. En reflétant les obstacles à la création d'un

---

[1816] L. D'AVOUT, art. cité (note 1244).

[1817] CJCE, 15 mars 2001, C-165/98, *Mazzoleni*.

[1818] CJCE, 12 octobre 2004, C-60/03, *Wolff et Müller*.

[1819] D. BUREAU, H. MUIR WATT, *Droit international privé*, tome 2, préc., n° 946.

[1820] *Cf.* J. ROCHFELD, « La méthode de l'harmonisation par directive », D. MAZEAUD, R. SCHULZE et G. WICKER (dir.), *L'amorce d'un droit européen du contrat*, Société de législation comparée, 2010, p. 153 ; A. THIERIET-DUQUESNE, « Approche critique du vocabulaire juridique européen : l'harmonisation totale », *LPA*, n° 83, 27 avril 2009, p. 9.

[1821] Pour d'autres acceptions de la notion de coordination, en matière de sécurité sociale, *cf.* I. OMARJEE, *Droit européen de la protection sociale*, Bruylant, 2017, p. 105 s.

[1822] G. CORNU, *Vocabulaire juridique,* PUF, 2004, p. 237.

droit du travail régulateur européen, nous constaterons de nombreux domaines traditionnels des droits du travail étatiques dans lesquels l'Union européenne mériterait de trouver une réponse au moyen d'une règle de conflit de lois régulatrice (sous-section 2).

Sous-section 1. L'harmonisation du droit du travail

[I]l ne sert à rien de proclamer des droits subjectifs
en l'absence d'un Droit objectif qui s'impose aussi bien aux individus
qu'aux États et aux organisations internationales.
Alain SUPIOT[1823]

548. Droit privé européen. Alors que l'existence d'une compétence de l'Union européenne a été établie, la nature du droit privé qui en naît est encore peu explorée. En effet, les principes européens harmonisés causent un bouleversement du droit privé des États membres. De quelle manière cette influence s'opère-t-elle ? Compte tenu de la régulation du marché qu'il opère, le droit privé harmonisé est souvent désigné comme un droit privé régulateur européen. Dans le cadre de la présente étude, nous serons conduits à situer le droit du travail au sein du droit privé régulateur européen[1824].

549. Plan. La théorisation du droit privé régulateur européen s'est initialement concentrée sur des domaines autres que celui du droit du travail (paragraphe 1). Certainement en raison du caractère incomplet de l'harmonisation en cette matière, le droit privé régulateur en matière de droit du travail a été peu distingué (paragraphe 2).

Paragraphe 1. Le droit privé régulateur européen

550. Droit privé régulateur. Rappelons d'emblée que l'existence du droit privé européen régulateur suppose que l'on conçoive ici la fonction régulatrice du droit privé. Notre point de départ se situe dans les nombreux écrits qui identifient le droit privé, ou le droit des contrats, comme un élément de régulation des transactions dans une économie du marché[1825]. Différentes nuances de cette dernière peuvent être discutées, alors que son existence à

[1823] A. SUPIOT, « Justice sociale et libéralisation du commerce international », *DSOC* 2009, p. 131, spéc. p. 132.

[1824] *Cf.* A. SEIFERT, art. cité (note 1560).

[1825] R. BROWNSWORD, R. A. J. VAN GESTEL, H.-W. MICKLITZ, « Introduction – contract and regulation: changing paradigms », R. BROWNSWORD, R. A. J. van GESTEL, H.-W. MICKLITZ (dir.), *Contract and Regulation. A Handbook on New Methods of Law Making in Private Law,* Elgar Publishing, 2017, p. 1, spéc. p. 7.

l'époque contemporaine ne fait plus aucun doute. À cet égard, il peut être utile de se rappeler la composante sociale du marché intérieur[1826]. À partir de la lecture régulatrice, différentes manières de définir la fonction du droit des contrats ont été envisagées : MM. Brownsword, van Gestel et Micklitz la résument à la régulation de la concurrence et à la facilitation des échanges et du commerce[1827]. Ces auteurs s'accordent qu'il relève également de sa fonction d'interdire certaines transactions, malgré l'existence du consentement, dès lors qu'il n'est pas adéquat de conclure de tels contrats, en raison de raisons protégeant spécialement le consommateur, par exemple[1828]. En prenant appui sur les développements qui précèdent, nous y ajoutons la protection du travailleur. Le droit privé régulateur vise l'organisation des relations privés en tenant compte de la régulation du marché. Cette même fonction revient-elle au droit privé européen ?

551. Harmonisation régulatrice. Le rapprochement des législations est souvent entendu comme étant synonyme d'harmonisation[1829], et « consiste à rendre les législations nationales plus proches les unes des autres, sans remettre en cause l'existence même de ces législations relevant d'ordres juridiques nationaux distincts »[1830]. Aux fins de notre étude, l'harmonisation est entendue comme « une forme de législation de l'Union »[1831], visée aux articles 114 et 115 TFUE mais également aux articles 151 TFUE et suivants relatifs aux compétences spéciales en matière sociale. Rappelons que l'article 114 TFUE, introduit par l'Acte unique européen, a pour finalité la réalisation du marché intérieur. De ce point de vue, « le marché intérieur constitue [...] l'objet central de l'harmonisation »[1832]. Ensuite, le titre X de la troisième partie du TFUE, intitulé « Politique sociale », a également pour objet « de donner à l'Union les moyens nécessaires pour développer des actions permettant d'harmoniser ou de rapprocher les droits nationaux du travail et de la protection sociale »[1833]. Son fondement sur le marché intérieur a été discuté. Néanmoins, nous avons constaté qu'il était possible de déduire du marché intérieur une compétence sociale.

552. Harmonisation minimale. Ceci ne veut pas pour autant dire que le droit privé des États membres soit entièrement remplacé. Notons que

---

[1826] *Supra*, n° 437 et s.

[1827] R. BROWNSWORD, R. A. J. VAN GESTEL, H.-W. MICKLITZ, art. cité (note 1823), spéc. p. 7.

[1828] *Ibid.*

[1829] C. BLUMANN, L. DUBOUIS, *Droit matériel de l'Union européenne,* préc., n° 538.

[1830] J.-S. BERGÉ, S. ROBIN-OLIVIER, *Droit européen,* préc., n° 336.

[1831] C. BLUMANN, L. DUBOUIS, *Droit matériel de l'Union européenne,* préc., n° 540.

[1832] *Ibid.*, n° 543.

[1833] P. RODIÈRE, *Droit social de l'Union européenne*, préc., n° 13.

l'étendue de l'harmonisation est parfois limitée. L'harmonisation est complète dans certains domaines précis, notamment en matière de libre circulation des marchandises et dans certaines réglementations concernant le consommateur[1834]. Ainsi, l'effet régulateur de l'harmonisation est total, par opposition à l'harmonisation minimale. Cette dernière forme d'harmonisation laisse une marge de manœuvre aux États membres pour intervenir dans le domaine et adopter des réglementations allant au-delà de la réglementation européenne. Néanmoins, la réglementation nationale qui va au-delà du seuil européen reste, en matière d'harmonisation minimale, soumise au contrôle des libertés de circulation[1835]. Pour l'heure, l'harmonisation minimale reste la forme la plus courante d'harmonisation, et nous la rencontrons en droit du travail.

553. Discussion. Différents auteurs se prononcent sur les bienfaits des différents types d'harmonisation pour le marché intérieur. M. Weatherill favorise l'harmonisation minimale, en ce qu'elle permet aux États membres de réglementer au niveau national d'une manière plus intense que ne l'imposerait le standard européen[1836]. L'harmonisation complète, au contraire, aurait pour inconvénient d'éliminer tout potentiel de diversité et d'expérimentation au niveau national[1837]. L'avantage de l'harmonisation minimale est qu'elle permet de transposer des réglementations européennes dans le droit national, sans que les États doivent éliminer des dispositions du droit national[1838]. À l'inverse, les défenseurs de l'harmonisation totale mettent en avant qu'elle favorise l'intégration du marché intérieur qui exige une régulation uniforme, peu important l'État dans lequel l'activité de l'opérateur économique s'exerce. Dit autrement, le fait de poser un simple seuil sans imposer aucun plafond ne serait pas suffisant pour un fonctionnement efficace du marché intérieur. C'est aussi pour ces raisons que la Commission

---

[1834] *Cf.* C. BARNARD, *The Substantive Law of the EU: The Four Freedoms*, OUP, 2019, p. 587, qui renvoie à la communication sur la stratégie de la politique de consommateurs, COM(2002) 208 final et à la directive 2011/83/UE du Parlement européen et du Conseil du 25 octobre 2011 relative aux droits des consommateurs, article 4, lequel précise le niveau d'harmonisation : « [l]es Etats membres s'abstiennent de maintenir ou d'introduire, dans leur droit national, des dispositions s'écartant de celles fixées par la présente directive, notamment des dispositions plus strictes ou plus souples visant à assurer un niveau différent de protection des consommateurs, sauf si la présente directive en dispose autrement ».

[1835] J. SNELL, art. cité (note 1607), spéc. p. 337.

[1836] *Cf.* S. WEATHERILL, « Maximum or minimum harmonization: What kind of 'Europe' do we want », K. BOELE-WOELKI, W. GROSHEIDE (dir.), *The Future of European Contract Law: Essays in honour of Ewoud Hondius*, Kluwer, 2007, p. 133.

[1837] *Ibid.*, spéc. p. 137 et s.; C. BARNARD, *The Substantive Law of the EU: The Four Freedoms*, OUP, 2019, p. 588 et s.

[1838] S. WEATHERILL, art. cité (note 1836), spéc. p. 137.

européenne favorise parfois l'harmonisation totale en matière de protection du consommateur[1839].

554. Intégration européenne. Le choix de la forme d'harmonisation est important pour l'avenir de l'Union européenne. En coupant tout potentiel de diversité, l'harmonisation totale pourrait s'avérer néfaste pour l'intégration de l'ensemble étatique européen[1840]. Nous pouvons regretter avec M. Weatherill que l'harmonisation complète enlève le potentiel d'une réglementation achevée dans certaines matières[1841]. En ce qui concerne, par exemple, la protection du consommateur, quelques États membres ont l'habitude d'adopter des réglementations très complètes, qui seraient remises en cause par un droit de la consommation européen, qui constituerait un compromis entre les États membres[1842]. Pour cette raison, Mme Barnard fait observer que l'harmonisation minimale permet d'articuler l'objectif de concurrence et le maintien de la diversité nationale[1843]. Cette voie serait particulièrement utile dans des matières considérées comme opposées au progrès économique[1844]. Cette conclusion est en cohérence avec nos démonstrations relatives au risque d'une course vers le bas. Nous concevons que l'harmonisation minimale rend le consensus au niveau de l'Union possible et encourage davantage l'utilisation des compétences. Encore faut-il ajouter que l'Union européenne vise à maintenir les diversités entre les États membres[1845]. Ces arguments sont en faveur de l'harmonisation minimale.

555. Harmonisation du droit privé. La plupart des compétences de l'Union européenne concernent l'harmonisation minimale. Il n'en demeure

---

[1839] Commission européenne, *Communication de la Commission au Parlement européen, au Conseil, au Comité économique et social et au Comité des régions. Stratégie pour la politique des consommateurs 2002-2006*, COM(2002) 208 final, C 137/02, qui contient les objectifs de l'harmonisation en la matière, dans la version originale : « [i]l y a également lieu de réexaminer et de réformer les directives communautaires existantes en matière de protection des consommateurs, de les actualiser et de les adapter progressivement pour passer de mesures d'harmonisation minimale à des mesures d''harmonisation complète'». Sur ce texte, *cf.* S. WEATHERILL, art. cité (note 1836), spéc. p. 137 et s.

[1840] *Ibid.*, spéc. p. 146, dans la version originale : « [s]o a debate about 'maximum harmonisation', as a method for vertical re-distribution of regulatory competence in favour of the EC in the consumer acquis, deserves to be connected with the bigger debate about 'Europe' ».

[1841] *Ibid.*, spéc. p. 137 et s.

[1842] *Ibid.*

[1843] C. BARNARD, *The Substantive Law of the EU: The Four Freedoms*, OUP, 2019, p. 588 et s.

[1844] *Ibid.*, dans la version originale : « [t]his is particularly important in more welfare-orientated areas such as social and consumer policy that merely interface with, rather than serve, the economic demands of the single market ».

[1845] S. WEATHERILL, art. cité (note 1836), spéc. p. 137 et s.

pas moins que l'harmonisation opère un effet sur le droit privé des États membres qu'il rapproche progressivement. Or, l'effet harmonisateur sur le droit privé interroge. On peut ainsi se demander si l'harmonisation ne mène pas à la création d'un droit privé européen, qui s'insère parmi les règles de droit privé des États membres. Dans l'hypothèse inverse, l'on serait conduit à penser que le droit privé harmonisé ne poserait que des principes supérieurs, qui influenceraient le droit privé des États membres en tant qu'une source parmi d'autres. La première hypothèse a beaucoup interrogé puisqu'elle décrit une « rencontre [dont] résulterait un nouvel objet du droit que l'on pourrait appeler 'l'autre droit privé européen' »[1846]. Le débat s'inscrit dans celui du pluralisme juridique (« legal pluralism »). Ce dernier terme désigne la coexistence de différents systèmes et sources juridiques à l'intérieur de l'État et au-delà de celui-ci[1847]. Dit d'une autre manière, l'on peut considérer que le droit dérivé, contenu dans les directives et règlements, se suffit à lui-même pour constituer des points de départ d'un ordre juridique dont le droit privé européen peut émerger à part entière[1848]. Nous nous interrogeons avec les défenseurs de ce courant de pensée si le droit privé européen émerge de la multitude de sources du droit de l'Union européenne.

556. Étendue. Il s'agit d'une évolution qui est en germe et, partant, n'est certes pas au point où elle pourrait servir des solutions à part entière en droit du travail ou en droit de la consommation. Les obstacles à l'évolution d'un droit privé européen complet sont beaucoup étudiés. MM. Micklitz et Svetiev soulignent, à cet égard, les différences entre les cultures juridiques[1849]. Cette observation leur permet de résumer que le droit privé régulateur européen ne concerne que les grandes lignes du droit privé développées au sein du droit de l'Union européenne, par opposition aux règles qui appartiennent toujours au droit privé national[1850]. L'argument central de M. Micklitz consiste à

[1846] J.-S. BERGÉ, « Book review. Hans-Wolfgang MICKLITZ, Carla SIEBURGH (eds.), Primary EU Law and Private Law Concepts; Private Law and the Internal Market », *ERPL* 2018, p. 579.

[1847] V. MAK, « Pluralism in European Private Law », *CYELS* 2018, p. 202, qui renvoie vers G. DAVIES, M. AVBELJ, *Research Handbook on Legal Pluralism and EU Law*, Elgar Publishing, 2018. Elle note que cette forme de pluralisme serait à différencier du pluralisme ordonné.

[1848] Y. SVETIEV, « W(h)ither Private Law in the Face of the Regulatory Deluge », H.-W. MICKLITZ, Y. SVETIEV (dir.), *A Self-Sufficient European Private Law – A Viable Concept ?*, EUI Working Papers Law, 2012, n° 31, p. 26, spéc. p. 44, dans la version originale : « the rules and principles of European private law developed by the EU legislator and the European Court of Justice are conceived of as the potential seeds from which a 'self-sufficient legal order' of European private law may grow ».

[1849] H.-W. MICKLITZ, « A Self-Sufficient European Private Law – A Viable Concept? », H.-W. MICKLITZ, Y. SVETIEV (dir.), préc., n° 31, p. 6 et s.

[1850] *Cf.* H.-W. MICKLITZ, « La transformation du droit privé par la concurrence », *RIDE* 2018, p. 181, spéc. p. 184.

distinguer les règles de droit privé européen visant étroitement l'accès au marché intérieur pour les agents économiques, des règles nationales, ces dernières combinant la régulation du marché avec des considérations de justice redistributive[1851]. Ainsi, pour M. Micklitz, la justice redistributive relève du droit privé national. Mme Mak s'y oppose et voit dans l'étendue de la protection du consommateur au-delà des frontières, une affirmation d'aspects européens de justice redistributive[1852]. De la même manière, M. Weatherill définit le droit contractuel régulateur comme un droit visant les conditions dans lesquelles doit s'exécuter le contrat[1853]. Il semble ainsi également difficile d'affirmer que le droit privé régulateur se limite à la seule justice d'accès (*Zugangsgerechtigkeit*). Ajoutons que Mme Robin-Olivier et M. Bergé notent d'autres fonctions de l'harmonisation, au-delà de celle de la réalisation du marché intérieur[1854]. Il convient, encore une fois, de renvoyer aux nombreuses réflexions sur la composante sociale du marché intérieur[1855]. Pour résumer, tous ces auteurs ont en commun d'affirmer l'existence du droit privé régulateur européen, mais ce qui les oppose est qu'ils lui attribuent des étendues différentes. Pour l'heure, il est encore discuté si le droit privé régulateur peut viser des aspects allant au-delà de l'accès au marché.

557. Droit européen régulateur. Dès lors que la fonction de l'harmonisation ne se limite plus seulement à la réalisation du marché intérieur, il nous apparaît difficile de limiter le droit privé régulateur, qui en est le produit, au seul accès au marché. Il n'est pas exclu que l'incidence des libertés de circulation et des droits fondamentaux de l'Union européenne conduise à étendre le champ du droit privé régulateur européen, au-delà de la seule justice d'accès. D'une manière générale, le droit privé régulateur, tel que nous l'entendons dans le cadre de cette étude, est celui qui encadre les marchés[1856] ou, dit autrement, se développe en réponse à ces derniers. Qu'il soit souligné que l'adjectif « régulateur » est ajouté puisque le droit privé européen est confronté aux libertés de circulation[1857]. Le droit privé régulateur de l'Union européenne (« European Regulatory Private Law ») est ainsi le

---

[1851] H.-W. MICKLITZ, art. cité (note 1848), spéc. p. 184.

[1852] V. MAK, art. cité (note 1847), spéc. p. 209.

[1853] S. WEATHERILL, *Contract Law of the Internal Market,* préc., p. 2 et s., dans la version originale : « 'regulatory contract law', which covers rules which frame the circumstances in which contracting may occur ».

[1854] J.-S. BERGÉ, S. ROBIN-OLIVIER, *Droit européen,* préc., n° 348. Ils soulignent d'autres fonctions de l'harmonisation qui sont relatives au dépassement de la logique marchande et à la création d'un espace de liberté, de sécurité et de justice, n° 350 s.

[1855] *Supra*, n° 437 et s.

[1856] H.-W. MICKLITZ, art. cité (note 1848), spéc. p. 184, qui l'appelle, dans la traduction française de ses travaux, le droit « réglementaire ».

[1857] S. WEATHERILL, *Contract Law of the Internal Market,* préc., p. 23.

droit privé qui résulte de l'harmonisation au service de l'intégration du marché intérieur[1858]. Dit autrement, il s'agit du droit privé qui vise à combattre la course vers le bas au niveau de l'Union. Enfin, le droit privé régulateur de l'Union européenne a vocation à intervenir lorsque des mesures nationales constituent des entraves mais que des intérêts nationaux permettent de les justifier[1859]. C'est de cette manière que le champ d'intervention de l'article 114 TFUE, le fondement du droit privé régulateur européen, a été décrit. Cette disposition limite *a priori* le droit privé régulateur à sa fonction d'apporter une réponse à une dérégulation nocive à l'intégration européenne. En revanche, il n'est pas certain que le droit privé régulateur remplace entièrement le droit privé national, dans les aspects où l'interférence avec le marché intérieur est exclue. Pour mieux le distinguer du droit privé de source nationale, nous employons les termes de « droit privé européen »[1860].

Paragraphe 2. Le droit du travail régulateur européen

558. Compétence harmonisatrice. Le droit du travail constitue un exemple de droit privé régulateur. Cette affirmation ne surprend guère, dans la mesure où tous les systèmes étatiques de droit privé de l'Union européenne ont en commun d'utiliser le droit pour des fins de l'État social (« social welfare »), en vue de protéger la partie faible du salarié contre l'employeur[1861]. Dans le système juridique français, l'on inscrit le droit du travail dans le droit privé. Après nos démonstrations des violations des libertés de circulation, en lien avec la diversité des réglementations du travail nationales, son interaction avec le marché intérieur ne saurait plus être niée. Pour cette raison, a été introduite dans les traités une compétence harmonisatrice pour l'adoption d'un droit du travail, laquelle est destinée à répondre aux effets de la dérégulation du marché intérieur. Cette compétence d'harmonisation minimale vise à créer un droit du travail européen régulateur. Constitutionnalisée par l'Acte unique européen de 1986, elle figure désormais à l'article 153, § 2, b) TFUE, qui

---

[1858] *Cf.* H.-W. MICKLITZ, « The EU as a Federal Order of Competences and the Private Law », L. AZOULAI (dir.), *The Question of Competence in the European Union*, OUP, 2014, p. 125, spéc. p. 129, dans la version originale: « the EU as a competence order favours and enables the elaboration of a genuine European private legal order, which is market-bound and market-related ».

[1859] S. WEATHERILL, *Contract Law of the Internal Market,* préc., p. 23.

[1860] *Cf.* P. DE VAREILLES-SOMMIERES (dir.), *Le droit privé européen*, Economica, 1997 ; V. RIVOLLIER, *La doctrine et la (re)construction d'un droit privé européen*, Institut universitaire Varenne, 2016 ; E. POILLOT, I. RUEDA, A. PRÜM (dir.), *Les frontières du droit privé européen*, Larcier, 2012. Pour une récente étude complète de sa genèse et de son évolution, *cf.* J. BASEDOW, *EU Private Law. Anatomy of a Growing Legal Order*, Intersentia, 2021.

[1861] H.-W. MICKLITZ, « Introduction », H.-W. MICKLITZ (dir.), *The Many Concepts of Social Justice in European Private Law*, Edward Elgar, 2011, p. 3.

dispose que « le Parlement européen et le Conseil peuvent arrêter, dans les domaines visés [...], par voie de directives, des prescriptions minimales ». Il est notamment précisé que « [l]es dispositions arrêtées en vertu du présent article ne peuvent empêcher un État membre de maintenir ou d'établir des mesures de protection plus strictes compatibles avec les traités »[1862]. L'harmonisation minimale signifie ainsi que l'on n'introduit qu'un seuil minimal, au-delà duquel les États membres peuvent adopter des mesures plus protectrices. En revanche, la Cour de justice reconnaît également que ce seuil minimal ne constitue pas le « plus petit dénominateur commun, voire même [le] niveau de protection le plus bas établi par les différents États membres, mais [il] signifie que les États sont libres d'accorder une protection renforcée par rapport à celle, le cas échéant, élevée qui résulte du droit communautaire »[1863]. Le droit du travail régulateur est ainsi celui qui est adopté sur le fondement de la composante sociale, sans avoir pour vocation à remplacer entièrement le droit du travail national.

559. Droit du travail régulateur. L'existence d'un droit du travail européen régulateur est évoquée dans plusieurs travaux[1864]. D'une manière générale, MM. Gómez et Artigot soulignent l'utilisation du droit privé en tant qu'un instrument pour rétablir l'inégalité de pouvoirs et pour renforcer la position de la partie économiquement plus faible dans la négociation[1865]. M. Micklitz évoque le concept de « droit privé réglementaire » (« European Regulatory Private Law »)[1866], qu'il applique au droit du travail et qu'il inscrit ensuite dans le contexte de l'européanisation. M. Weatherill, lui, évoque le contenu de la protection du travailleur, parmi les choix de régulation[1867]. Nous affirmons, avec ces auteurs, à la fois l'existence d'un droit du travail régulateur européen et la possibilité de le concevoir comme faisant partie du

[1862] Article 153, § 4 TFUE.

[1863] CJCE, 12 novembre 1996, C-84/94, *Royaume Uni c. Conseil*, pt. 56.

[1864] *Cf.* H. COLLINS, « Is There a Third Way in Labour Law? », J. CONAGHAN, R. MICHAEL FISCHL, K. KLARE (dir.), *Labour Law in an Era of Globalization,* OUP, 2000, p. 449.

[1865] F. GÓMEZ, M. ARTIGOT, « Private Autonomy, Weak Parties and Private Law: Views from Law and Economics », S. VOGENAUER, S. WEATHERILL (dir.), *General Principles of Law*, Bloomsbury, 2017, p. 307, spéc. p. 321, dans la version originale: « Private Law may be conceived as an instrument to redress such imbalance in power and strengthen the position of the economically weaker party in the negotiation ».

[1866] H.-W. MICKLITZ, art. cité (note 1848), spéc. p. 184, ou devrait-on dire « régulateur ».

[1867] S. WEATHERILL, *Contract Law of the Internal Market,* préc., p. 175, évoquant la réglementation européenne en matière de temps de travail, dans la version originale,: « [i]t fits, however, into the broad shape of this chapter because it asserts a concern to protect the weaker party by placing certain matters beyond and above the terms of the contract of employment ».

droit privé régulateur européen. La dernière précision est importante, dès lors que nous insistons sur l'interaction entre le droit du travail et le droit du marché intérieur. M. Freedland vient ajouter qu'une mise à l'écart du droit du travail par rapport au droit privé régulateur signifierait que l'on ignore les effets du droit du travail sur le marché intérieur[1868]. Néanmoins, l'harmonisation du droit du travail au niveau européen est, pour l'heure, encore peu théorisée en tant qu'un élément du droit privé régulateur.

560. Droit de la consommation régulateur. Il en va différemment de la protection du consommateur, qui est plus librement décrite comme relevant du droit privé régulateur. M. Micklitz, qui prolonge le débat sur le droit privé régulateur dans plusieurs matières, conclut que le droit de la consommation est le seul domaine du droit privé harmonisé[1869]. Dans cette matière, précisément, la Commission européenne aurait mis de côté son attitude traditionnelle de coordination en droit privé[1870]. Par ailleurs, il est expressément écrit à propos de cette compétence harmonisatrice qu'elle « doit faciliter la réalisation d'un espace économique homogène »[1871].

561. Contrat de travail et conditions de travail. Il n'en demeure pas moins que différents domaines qui sont au cœur du droit du travail font l'objet d'une harmonisation. Au centre du droit privé régulateur se trouvent les prescriptions en matière contractuelle, à savoir l'obligation d'information de l'employeur relative au contrat de travail et à la relation de travail, qui fait l'objet d'une première directive de 1991[1872], récemment remplacée[1873]. L'objectif de cette dernière est « d'améliorer les conditions de travail en favorisant un emploi plus transparent et plus prévisible tout en assurant la

---

[1868] M. FREEDLAND, « The Involvement of EU Law in Personal Work Relations: A Defining Issue for European Private Law », D. LECZYKIEWICZ, S. WEATHERILL (dir.), *The Involvement of EU Law in Private Law Relationships,* Hart Publishing, 2013, p. 279, dans la version originale : « [t]his section will describe the way in which the architects of 'EU private law' have, consciously or unconsciously, generally sought to maintain EU employment law as a specialized enclave set apart and insulated from that underlying tensions ».

[1869] H.-W. MICKLITZ, « The Transformation of Private Law », M. POIARES MADURO, M. WIND (dir.), *The Transformation of Europe*, CUP, 2017, p. 289, spéc. p. 295.

[1870] *Ibid.*

[1871] J.-S. BERGÉ, S. ROBIN-OLIVIER, *Droit européen,* préc., n° 348.

[1872] Directive 91/533/CEE du Conseil, du 14 octobre 1991, relative à l'obligation de l'employeur d'informer le travailleur des conditions applicables au contrat ou à la relation de travail, sur cette directive, *cf.* B. REYNÈS, « Information du salarié : l'apport inattendu de la directive du 14 octobre 1991 », *LPA* 1999, n° 142.

[1873] Directive (UE) 2019/1152 du Parlement européen et du Conseil du 20 juin 2019 relative à des conditions de travail transparentes et prévisibles dans l'Union européenne.

capacité d'adaptation du marché du travail »[1874]. Nous notons l'affirmation d'un lien exprès entre la régulation du marché du travail et les conditions de travail. Aux fins d'assurer que l'arrivée d'un travailleur sur le marché du travail ne s'accompagne pas d'une longue période d'insécurité[1875], l'employeur doit communiquer par écrit à chaque travailleur les informations sur les éléments essentiels de la relation de travail[1876]. Il ne s'agit pas seulement d'informer mais aussi de respecter certaines exigences minimales en matière de conditions de travail[1877]. Ces conditions de travail visent, entre autres, la durée maximale de la période d'essai, la réglementation de l'emploi parallèle, la prévisibilité minimale du travail, la formation obligatoire et les conventions collectives. Par ailleurs, la directive contient des dispositions relatives à la protection contre le licenciement[1878]. L'évolution marquée avec l'adoption de la directive de 2019 consiste à s'adapter à l'évolution du marché du travail, laquelle est caractérisée par l'arrivée de formes d'emploi atypiques[1879]. Tout en étant fondée sur l'article 153 TFUE, la directive inscrit ces protections du travailleur dans une visée de régulation du marché du travail.

562. Conventions collectives. Les avancées concernant la conclusion de conventions collectives européennes peuvent, elles aussi, s'inscrire dans l'européanisation du droit des contrats[1880]. La convention collective qui en est le résultat est un acte juridique collectif et est ainsi d'un intérêt certain pour la matière du droit des contrats. L'Union européenne en fournit les fondements juridiques ; le droit privé qui en est le résultat contribue au droit du travail européen régulateur. La Communauté économique européenne s'est assez rapidement intéressée à développer la négociation collective[1881]. La négociation collective européenne s'entend de celle qui intéresse des salariés

---

[1874] Directive (UE) 2019/1152, considérant n° 46, art. 1.

[1875] *Ibid.*, considérant n° 27.

[1876] *Ibid.*, art. 3 et 4.

[1877] *Ibid.*, art. 8 et s.

[1878] *Ibid.*, art. 17 et s.

[1879] *Ibid.*, considérant n° 15.

[1880] Sur la naissance d'un droit des contrats au sein du droit privé européen, *cf.* T. KADNER GRAZIANO, *Le contrat en droit privé européen : exercices de comparaison*, Bruylant/LGDJ, 2010 ; H. KÖTZ, B. FAUVARQUE-COSSON, C. SIGNAT, D. GALBOIS-LEHALLE, *Droit européen des contrats*, Sirey, 2019. Comp. R. CABRILLAC, *Droit européen comparé des contrats*, LGDJ, 2016. Pour une proposition ancienne en vue de l'adoption d'un code civil européen, *cf.* C. VON BAR, « Le groupe d'études sur un code civil européen », *RIDC* 2001, p. 127. En réponse, *cf.* B. FAUVARQUE-COSSON, « Faut-il un code civil européen ? », *RTD Civ* 2002, p. 463 ; Y. LEQUETTE, « Vers un code civil européen ? », *Pouvoirs* 2003/4, n° 107, p. 97.

[1881] G. LYON-CAEN, « Négociation et convention collective au niveau européen », *RTD Eur* 1973, p. 583 ; 1974, p. 1.

appartenant à plusieurs États membres[1882]. Elle s'est initialement concentrée sur le niveau sectoriel ou interprofessionnel. En amont de toute action dans le domaine social, la Commission européenne doit effectivement consulter les partenaires sociaux[1883]. Les accords résultant de cette négociation peuvent être mis en œuvre soit au niveau national selon les pratiques nationales, soit au niveau de l'Union européenne par le biais d'une décision du Conseil[1884]. À cet égard, l'on peut observer un impact limité du droit privé européen pour deux raisons : les pratiques nationales sont souvent maintenues, d'une part, la négociation d'un accord par les partenaires sociaux n'impose pas nécessairement à la Commission européenne de présenter celui-ci au Conseil, d'autre part[1885]. Le niveau de l'entreprise pour la négociation collective, lui, est en plein essor, alors qu'il n'a pas été initialement visé par les textes de droit dérivé[1886]. Sous cet angle, il est encore regretté qu'il aurait pu prendre plus d'ampleur[1887]. La mise en place des comités d'entreprise européens a constitué un fondement au dialogue social au sein des sociétés dans lesquelles ils existent. Nous songeons à la directive européenne qui institue le comité d'entreprise européen[1888]. Les accord cadres transnationaux au niveau européen sont le fruit de la mise en œuvre de ce droit privé européen[1889].

563. Transition. Cette présentation des domaines du droit privé européen régulateur révèle le caractère incomplet de l'harmonisation. Ainsi, le droit du travail régulateur ne couvre pas l'ensemble des domaines classiquement attribués au droit du travail. L'harmonisation se limite aux domaines ayant une incidence sur le marché intérieur et dans lesquels l'Union européenne ou les partenaires sociaux se sont saisis. Nous pouvons ainsi conclure avec M. Grusic qu'au sein d'une communauté intégrée, le besoin de coordination et de maintien de la diversité législative subsiste, même en présence d'un droit du

---

1882 P. LANGLOIS, « La négociation collective d'entreprise : la politique communautaire », *DSOC* 1990, p. 673.

1883 Art. 154 TFUE.

1884 Art. 155 TFUE.

1885 CJUE, 2 septembre 2021, C-928/19, EPSU. Sur cette affaire, M. Schmitt, « Le principe de subsidiarité sociale. Observations à partir de l'affaire *EPSU et Goudriaan c. Commission européenne* », *DO* 2020, p. 733.

1886 P. LANGLOIS, art. cité (note 1882).

1887 F. PINATEL, « Les espoirs déçus de la négociation collective européenne », *Liber amicorum en hommage à Pierre Rodière,* LGDJ, 2019.

1888 Directive 2009/38/CE du Parlement européen et du Conseil du 6 mai 2009 concernant l'institution d'un comité d'entreprise européen ou d'une procédure dans les entreprises de dimension communautaire et les groupes d'entreprises de dimension communautaire en vue d'informer et de consulter les travailleurs (refonte).

1889 *Cf.* M. FRAPARD, *Les accords d'entreprise transnationaux*, La Fabrique de l'industrie, 2018.

travail européen[1890]. Dit autrement, le droit du travail régulateur n'est que celui qui intervient pour affronter la dérégulation du marché intérieur. Le domaine de l'harmonisation régulatrice étant délimité, il reste à démontrer que la règle de conflit de lois prend le relais face à l'harmonisation incomplète.

Sous-section 2. La coordination régulatrice

564. Coordination. Partant du constat que le droit du travail de l'Union européenne est lacunaire, nous cherchons à connaître la manière dont la règle de conflit de lois intervient. Il peut être avancé que cette dernière vient combler les lacunes de l'harmonisation. La coordination des législations des États membres au moyen de la règle de conflit de lois est à l'œuvre dès lors que le droit harmonisé ne permet pas d'avancer le fonctionnement du marché intérieur. Cette délimitation des rôles s'impose, une fois que nous avons constaté que le droit du travail harmonisé poursuivait un objectif régulateur. Elle nous conduit également à affirmer que la coordination au service du fonctionnement du marché intérieur est elle-même régulatrice.

565. Règle de conflit de lois régulatrice. La régulation du marché intérieur peut ainsi s'effectuer au moyen de la règle de conflit de lois. Cette coordination s'exerce surtout en tant qu'une alternative de régulation du marché intérieur, laquelle favorise le maintien d'une diversité des réglementations du travail des États membres. Elle est parfois considérée comme un moyen plus doux de régulation[1891]. Il va de soi que les règles de conflit de lois sont imprégnées de l'objectif régulateur du marché intérieur. Ce dernier se transmet sur la règle de conflit de lois dès lors que le droit matériel harmonisé n'est pas apte à répondre à l'objectif régulateur. En raison du caractère lacunaire du droit du travail dans l'Union européenne, nous rencontrons la nécessité de créer des règles de conflit de lois régulatrices, au service du marché intérieur.

566. Plan. La régulation par la coordination peut ainsi se résumer à deux grandes hypothèses : celle où l'Union européenne n'a pas exercé sa compétence (paragraphe 1) et celle où l'Union aurait dû avoir une compétence (paragraphe 2).

[1890] U. GRUSIC, *The European Private International Law of Employment*, préc., p. 33, dans la version originale : « [t]he need for coordinating and maintaining legal diversity would, therefore, continue to exist even under a well-developed European private law ».

[1891] *Cf.* H. KOCH, « Private International Law: a 'Soft' Alternative to the Harmonisation of Private Law? », *ERPL* 1995, p. 329.

Paragraphe 1. L'absence d'harmonisation

567. Compétences d'harmonisation inutilisées. L'intégration du marché intérieur s'est exposée à divers obstacles. Certains auteurs voient un défi majeur dans la coexistence de différents modèles économiques, lequel empêche l'intégration européenne[1892]. Il convient ainsi d'aborder l'harmonisation européenne sous cet angle, pour expliquer que l'Union européenne n'a pas fait usage de ses compétences harmonisatrices comme elle l'aurait pu. Tant que l'harmonisation du droit social reste minimale et incomplète, le *dumping social* demeure. La concurrence entre les systèmes juridiques est opposée à l'harmonisation, puisqu'elle devient possible en l'absence d'harmonisation[1893]. L'impact régulateur étant avéré, la régulation dans ces domaines doit s'effectuer au moyen de la coordination. En conséquence, la coordination intervient dès lors qu'il y a un impact régulateur, dont le cas d'étude où l'Union européenne n'a pas utilisé sa compétence d'harmonisation.

568. Coordination plus douce. La faveur à la coordination, plutôt qu'à l'harmonisation, peut également être justifiée avec les auteurs qui soulignent qu'il s'agit d'un moyen d'intégration plus doux. Ainsi, M. Snell explique qu'il convient de préférer la coordination des législations au principe de reconnaissance mutuelle, en dehors des domaines harmonisés[1894]. Le principe de reconnaissance mutuelle favorisant le *dumping social*, il convient effectivement de privilégier la voie du droit international privé pour apporter une solution régulatrice. Mme Barnard relève une prise de conscience de la part des institutions européennes, lesquelles expriment sporadiquement des limites à l'encontre de l'utilisation du principe de reconnaissance mutuelle[1895]. Contrairement au principe du pays d'origine qui résulterait de la reconnaissance mutuelle, la coordination est favorable à l'intégration en ce qu'elle permet de faire valoir le principe du pays d'accueil. La pertinence de ce débat devient évidente, dès lors que l'on constate l'inutilisation des compétences harmonisatrices en droit du travail.

[1892] J. SNELL, « Varieties of Capitalism and the Limits of European Economic Integration », *CYELS* 2011, p. 415, spéc. p. 433.

[1893] *Cf.* C. D. EHLERMANN, « Compétition entre systèmes réglementaires », *RMU* 1995, n° 387, p. 220.

[1894] J. SNELL, art. cité (note 1892).

[1895] C. BARNARD, *The Substantive Law of the EU: The Four Freedoms*, OUP, 2019, p. 584 et s., qui renvoie vers Commission, « Second biennial report on the application of the principle of mutual recognition in the single market », COM(2002) 419, § 3, dans la version originale : « the serious limits on its use have meant that it is not a miracle solution and that there is still a need for harmonization legislation to ensure free movement ».

569. Licenciement. Prenons l'exemple de la réglementation du licenciement. Malgré la mention d'une compétence à l'article 153, § 1, d) TFUE qui concerne « la protection des travailleurs en cas de résiliation du contrat de travail », l'Union européenne n'a pas adopté de réglementations compréhensives en la matière. Nous sommes limités à l'unique exemple en la matière, la directive 75/129/CEE du Conseil du 17 février 1975 concernant le rapprochement des législations des États membres relatives aux licenciements collectifs, codifiée par la directive 98/59/CE du 20 juillet 1998. La directive contient le considérant n°2, selon lequel l'harmonisation s'impose en raison « de la nécessité d'un développement économique et social équilibré dans la Communauté ». Nous constatons ici l'harmonisation d'une matière qui touche davantage les grandes entreprises et est en lien avec l'économie du marché intérieur. Alors que la réglementation se limite aux licenciements collectifs, il convient de se rappeler avec M. Krebber que la protection contre les licenciements en tant que telle touche à la régulation du marché de l'emploi[1896]. La réponse régulatrice par les actes harmonisés est ainsi partielle.

570. Conflit de lois. En l'absence d'une réglementation substantielle du licenciement individuel pour motif économique ainsi que du licenciement pour motif personnel par l'Union européenne, il appartient à la règle de conflit de lois d'articuler les réglementations en présence qui se caractérisent par leur diversité. À titre d'exemple, la Cour de cassation française est, à plusieurs reprises, conduite à se prononcer sur le délai de forclusion dans lequel s'inscrit l'action en contestation du licenciement[1897]. L'arrêt du 7 novembre 2018 rappelle l'importance de garantir au salarié le droit d'accès au juge[1898]. En même temps, les juges y retiennent que le délai de 20 jours pour saisir les juridictions du travail en Espagne ne porte pas atteinte aux dispositions impératives de la loi française qui auraient été applicables en l'absence de choix d'une loi étrangère, conformément à l'article 6 de la convention de Rome. Notons seulement que le délai français aurait été de cinq ans[1899]. Ceci

---

[1896] *Cf.* S. KREBBER, *Internationales Privatrecht des Kündigungsschutzes bei Arbeitsverhältnissen,* Nomos, 1997.

[1897] P. ex., Cass. soc., 12 juillet 2010, pourvoi n° 07-44.655 (droit espagnol), *JCP S* 2010, n° 41, p. 24, note S. BRISSY ; DSOC 2011, p. 102, note M. KELLER ; *RCDIP* 2011, p. 72, note F. JAULT-SESEKE ; D. 2011, p. 1374, pan. F. JAULT-SESEKE ; *JDI* 2011, p. 600, note V. PARISOT ; Cass. soc., 28 septembre 2016, pourvoi n° 15-10.736 (droit allemand), *RJC* 2017, p. 199, note A. RECLUS ; *JCP S* 2017, n° 16, p. 25, étude J.-F. CESARO.

[1898] Cass. soc., 7 novembre 2018, pourvoi n° 16-27.692, *BJT* 2018, n° 4, p. 251, note J. ICARD ; *GP* 2018, n° 42, p. 40, note C. BERLAUD ; *JCP S* 2019, n° 1, p. 46, note S. LAVAL; *RDT* 2019, p. 127, note É. PATAUT ; *D.* 2019, p. 1016, pan. S. CLAVEL, F. JAULT-SESEKE.

[1899] Observons que la loi n° 2013-504 du 14 juin 2013 relative à la sécurisation de l'emploi prévoit désormais une disposition spécifique (L. 1471-1 du code du travail : l' « action portant sur [...] la rupture du contrat de travail se prescrit par deux ans à

illustre un décalage important entre les réglementations matérielles des États membres, lequel commande leur articulation au moyen de la règle de conflit de lois. Or, dans l'affaire discutée, la législation française est invoquée au titre de l'ordre public international à l'égard duquel la Cour de cassation affirme ici « une position aujourd'hui plutôt restrictive »[1900]. En somme, le contentieux abondant en matière de licenciement, dans les matières non harmonisées, démontre que la règle de conflit de lois intervient à défaut d'harmonisation.

571. Cogestion. Un autre exemple peut être illustré à partir de l'article 153, § 1, f) TFUE qui contient la compétence en matière de « représentation et [de] défense collective des intérêts des travailleurs et des employeurs, y compris la cogestion ». Dans les faits, ce domaine est pratiquement exclu de l'harmonisation, en raison des divergences entre les États membres. Le contentieux sur la loi allemande relative à la cogestion (*Mitbestimmung*) exprime ces différences. Il met en présence les différentes réglementations nationales en matière de participation des travailleurs et évoque la question de la loi qui doit la régir. Rappelons que le modèle allemand de cogestion comprend deux volets : la *Mitbestimmung* dite d'établissement (*betriebliche Mitbestimmung*) et la *Mitbestimmung* dite d'entreprise. Tandis que le premier volet concerne les pouvoirs du conseil d'établissement, tels qu'ils sont déterminés dans la loi sur la « constitution de l'établissement » (*Betriebsverfassungsgesetz, BetrVG*), le second fait référence à la représentation des travailleurs, à côté de celle des actionnaires, au sein des organes de la société. C'est le second volet qui est ici visé. Dans ce contexte, il est important de rappeler que le conseil de surveillance en tant qu'organe de direction de la société anonyme, société mère, est responsable de l'ensemble du groupe dans le monde.

572. *Erzberger.* Dans une affaire *Erzberger*, il s'agit de confronter cette spécificité allemande aux libertés de circulation. L'affaire concerne la société anonyme de droit allemand *TUI AG*, qui emploie environ 10 000 travailleurs en Allemagne et 40 000 travailleurs à travers l'Europe. Dans le cadre d'une procédure de constatation d'état visant à vérifier la composition de son conseil de surveillance, le tribunal régional supérieur de Berlin accepte de poser une question préjudicielle à la Cour de justice relativement à la conformité de la cogestion allemande au droit de l'Union. La problématique émerge du fait de la répartition des travailleurs de la société entre plusieurs États membres de l'Union. Il s'agit ainsi de faire face aux différences résultant des législations applicables. En effet, les travailleurs d'une société anonyme employés en Allemagne se voient appliquer le droit allemand qui détermine leur droit de

---

compter du jour où celui qui l'exerce a connu ou aurait dû connaître les faits lui permettant d'exercer son droit ».). Ce délai est réduit à 12 mois à compter de la notification de la rupture, par l'ordonnance n° 2017-1387 du 22 septembre 2017.

[1900] É. PATAUT, « L'art difficile du conflit de lois en matière de contrat de travail », *RDT* 2019, p. 127.

vote ainsi que leur éligibilité au conseil de surveillance. En revanche, les travailleurs de la même société qui exercent leur activité dans un autre État membre de l'Union européenne ne sont pas intégrés aux effectifs, et par voie de conséquence, ne sont ni électeurs, ni éligibles aux élections du conseil de surveillance, le droit allemand restant inapplicable. D'aucuns soutiennent en effet qu'il y aurait une entrave à la libre circulation des travailleurs, dans la mesure où l'absence de droit de vote et d'éligibilité au conseil de surveillance ou d'une éventuelle participation au conseil de surveillance pourrait dissuader les travailleurs de solliciter une mobilité en dehors de l'Allemagne. D'autres, comme les travailleurs des filiales étrangères du groupe, soutiennent plutôt qu'il y a une discrimination indirecte en raison de leur nationalité (art. 18 TFUE), puisqu'ils sont de fait exclus de l'électorat et de l'éligibilité au conseil de surveillance. Or, selon l'arrêt rendu par la Cour de justice, l'exclusion des travailleurs des effectifs, dans les filiales situées dans d'autres États membres, ne viole ni l'interdiction de discrimination fondée sur la nationalité prévue à l'article 18 TFUE, ni celle fondée sur la libre circulation des travailleurs garantie par l'article 45 TFUE[1901]. Nous pouvons résumer qu'il existe une forte volonté de réglementer la cogestion en Allemagne, qui s'oppose à l'absence de réglementation dans beaucoup d'autres États membres. Cette divergence rend l'harmonisation difficile. La différence en ce qui concerne la régulation de l'activité des sociétés face aux droits des travailleurs se résout finalement dans le contentieux portant sur la coordination des législations étatiques.

573. Coordination à défaut d'harmonisation. Les auteurs qui décrivent la fonction répartitrice du droit international privé dans le pluralisme juridique[1902] s'intéressent particulièrement à l'articulation des réglementations des États membres, en l'absence d'harmonisation. En étudiant l'accomplissement des objectifs du marché intérieur, nous évoquons tant l'harmonisation que la coordination par le droit international privé pour y répondre[1903]. À défaut d'harmonisation des législations matérielles, la coordination des législations développe sa vocation à contribuer « à un meilleur équilibre entre les libertés économiques et la protection des droits des catégories sociales les plus faibles »[1904]. Concernant plus spécifiquement la

---

[1901] CJUE, 18 juillet 2017, C-566/15, *Erzberger c. TUI AG, JCP G* 2017, n° 36, p. 1532, note D. BERLIN ; *JCP S* 2017, n° 38, p. 40, note J. CAVALLINI ; *Europe* 2017, n° 10, p. 38, note L. DRIGUEZ ; *AJDA* 2017, p. 2302, chron. P. BONNEVILLE, E. BROUSSY, H. CASSAGNABÈRE, C. GÄNSER ; *Rev. soc.* 2017, p. 720, note A. SEIFERT ; *EuZA* 2018, p. 88, note F. RÖDL.

[1902] A. MILLS, *The Confluence of Public and Private International Law. Justice, Pluralism and Subsidiarity in the International Constitutional Ordering of Private Law*, préc., p. 115 et s.

[1903] W.-H. ROTH, art. cité (note 916).

[1904] S. ROBIN-OLIVIER, *Manuel de droit européen du travail*, préc., p. 15.

matière sociale, Mme Robin-Olivier précise que « [l]a régulation sociale de l'activité transnationale des entreprises, dans le droit de l'Union, passe aussi par l'adoption de règles concernant la loi et la juridiction compétente pour régler les litiges concernant les relations de travail internationales »[1905]. La coordination est ainsi conçue comme une réponse régulatrice secondaire. Il n'en demeure pas moins qu'elle a vocation à développer un effet régulateur. Ceci ressort du règlement Rome I lequel reconnaît la priorité des règles de conflit de lois contenues dans des instruments spécifiques. Son article 23 dispose qu' « [à] l'exception de l'article 7, le présent règlement n'affecte pas l'application des dispositions de droit communautaire qui, dans des domaines particuliers, règlent les conflits de lois en matière d'obligations contractuelles ». De cette manière, les auteurs du règlement reconnaissant que la régulation appartient, en premier lieu, aux règlements matériels, qui contiennent, dans certains domaines, également des règles de conflit de lois spécifiques.

574. Priorité de la règle spéciale. L'impact de l'harmonisation en matière de protection du consommateur a été souligné dans ce contexte[1906]. L'article 6, § 2 de la directive 93/13/CEE du Conseil, du 5 avril 1993, concernant les clauses abusives dans les contrats conclus avec les consommateurs, dispose que « [l]es États membres prennent les mesures nécessaires pour que le consommateur ne soit pas privé de la protection accordée par la présente directive du fait du choix du droit d'un pays tiers comme droit applicable au contrat, lorsque le contrat présente un lien étroit avec le territoire des États membres ». Les champs respectifs des textes plus spécifiques et de la règle de conflit de lois générale semblent néanmoins s'articuler nouvellement depuis la directive 2011/83/UE dans le domaine de la protection du consommateur. En effet, ses considérants 10 et 58 redonnent la priorité au règlement Rome I en la matière. Nous avons affirmé que le droit de l'Union entendait allouer une priorité aux textes plus spécifiques, qui contenaient également des règles de conflit de lois, en l'absence d'harmonisation. Néanmoins, cette priorité n'est pas absolue lorsque l'Union européenne entend accorder une priorité aux règles de conflit de lois générales, s'éloignant de cette manière de la préférence donnée aux textes harmonisateurs dans ce domaine.

575. Coordination du détachement. La priorité de l'article 23 du règlement Rome I a également vocation à s'appliquer pour articuler les règles de conflit de lois en matière de contrat de travail. La directive dite détachement est l'exemple visé. Alors que ladite directive aurait pu procéder à l'harmonisation des conditions de travail, ce texte ne fait que coordonner les législations[1907]. M. Bucher rappelle la voie choisie par la directive de la

[1905] S. ROBIN-OLIVIER, *Manuel de droit européen du travail*, préc., p. 547.

[1906] P. STONE, *EU Private International Law,* Elgar, 2016, p. 349 et s.

[1907] Considérant n° 13 de la directive dite détachement. Par ailleurs, il est réaffirmé par la jurisprudence qu'il s'agit d'un instrument de coordination, et non pas

manière suivante : « la directive n'emporte pas l'harmonisation du droit matériel des États membres et […] elle définit un ensemble, dit 'coordonné' »[1908]. Il s'agit ainsi d'une coordination de droit international privé[1909]. Nous ajoutons que la directive modificatrice de la directive dite détachement ne réussit pas davantage à harmoniser la matière. Mme Muller explique que « les modifications proposées en droit du travail comme en droit de la sécurité sociale ne tendent pas à une harmonisation des règles et renforcent un sentiment d'incompréhension »[1910]. Néanmoins, elle reconnaît la présence d'un élément harmonisateur concernant la précision de la durée du détachement[1911]. Partant de là, se pose la question de l'opportunité d'introduire une définition du détachement lui-même.

576. Règle de conflit spéciale. Selon certains auteurs, la directive dite détachement instaure indiscutablement « des dispositions de droit communautaire qui, dans des domaines particuliers, règlent les conflits de lois »[1912] spéciaux et constitue ainsi une exception à l'application du règlement Rome I. Le considérant n° 34 du règlement Rome I peut être lu dans ce contexte : « [l]a règle relative au contrat individuel de travail ne devrait pas porter atteinte à l'application des lois de police du pays de détachement, prévue par la directive 96/71/CE du Parlement européen et du Conseil du 16 décembre 1996 concernant le détachement des travailleurs effectué dans le

---

d'harmonisation (CJCE, 18 décembre 2007, C-341/05, *Laval,* pts. 68 et 108 ; 18 juillet 2007, C-490/04, *Commission c. Allemagne*, pts. 17 à 19 ; CJUE, 7 novembre 2013, C-522/12, *Isbir*, pt. 35). M. FALLON, « Le détachement européen des travailleurs, à la croisée de deux logiques conflictualistes », *RCDIP* 2008, p. 781, spéc. p. 800, qui constate le « jeu de règles de conflit de lois » *;* H. VERSCHUEREN, art. cité (note 667), spéc. p. 139.

[1908] A. BUCHER, cours cité (note 1140), p. 70 ; dans le même sens, L. MERRETT, « Posted Workers in Europe from a Private International Law Perspective », *CYELS* 2011, p. 219, spéc. p. 226 et s.

[1909] *Ibid.,* spéc. p. 226 et s.

[1910] F. MULLER, art. cité (note 768).

[1911] *Ibid.*

[1912] Considérant n° 11 de la directive dite détachement. Soulignant son caractère de règle spéciale au sens de l'article 7 de la convention de Rome, S. EVJU, « Revisiting the Posted Workers Directive: Conflict of Laws and Laws in Contrast », *CYELS* 2011, p. 168 ; S. GUIBBONI, « Social Rights and Market Freedoms in the European Constitution: A Re-Appraisal », *ELLJ* 2010, p. 174 ; M. HOUWERZIJL, « Towards a more effective Posting Directive », R. BLANPAIN (dir.), *Freedom of Services in the European Union*, Deventer 2006, p. 181, spéc. p. 184 ; M. FALLON, art. cité (note 1907), spéc. p. 802 ; P. STONE, *EU Private International Law,* préc., p. 356, dans la version originale : « [a]n important exception to the rules laid down by Article 8 of the Rome I Regulation is made by EC Directive 96/71 » ; H. GAUDEMET-TALLON, art. cité (note 31), spéc. p. 129 ; H. VERSCHUEREN, art. cité (note 667), spéc. p. 139.

cadre d'une prestation de services ». Concernant l'application des lois de police, il est indéniable qu'elles s'appliquent – depuis la directive dite détachement – au titre de celle-ci, et non plus sur le fondement de l'article 7 de la convention de Rome[1913]. Ceci confirme la spécialité de la directive de coordination.

577. Coordination partielle. Nous avons constaté qu'il s'agissait de la solution du conflit de lois. Néanmoins, la réponse apportée du point de vue de celui-ci n'est que partielle. Le considérant n°34 sus-évoqué peut ici être cité pour relativiser la priorité accordée à la directive dite détachement, cette priorité faisant uniquement référence à la prévalence des lois de police de ladite directive. M. Verschueren ajoute même que la directive harmoniserait le contenu des lois de police[1914]. Selon nos observations, l'ampleur de cette harmonisation porte sur la définition de la règle de conflit de lois seulement. La solution du conflit de lois pour les autres aspects de la relation du travailleur détaché, qui ne sont pas couverts par la directive, semble demeurer dans le ressort du règlement Rome I[1915]. En conséquence, nous considérons qu'il ne s'agit pas d'un texte qui vise à décider intégralement du conflit de lois concernant le travailleur détaché.

578. Une coordination palliant un défaut d'harmonisation. La règle de conflit de lois pallie le défaut d'harmonisation. Ceci peut être illustré dans le domaine spécifique du détachement de chauffeurs routiers[1916]. S'agissant d'une constellation factuelle qui concerne une haute mobilité et qui, de surcroît, vise des rattachements de courte durée à divers États, la solution du conflit de lois est naturellement très débattue. Ces discussions doivent se cristalliser dans le choix d'un rattachement pertinent, parmi plusieurs. Dans un premier temps, au moment de l'adoption de la directive modificatrice en matière de détachement, il a été choisi d'exclure le transport routier de son champ d'application[1917]. Cette difficulté est aussi liée au fait que la solution du conflit de lois dépende également de dispositions harmonisatrices du droit matériel. En l'occurrence, il fallait attendre l'harmonisation de différentes dispositions concernant le cabotage lequel consiste en un encadrement de la possibilité pour les transporteurs d'effectuer, dans un État membre d'accueil, des transports consécutifs à un transport international à destination de cet État, dans un délai déterminé à partir du dernier déchargement effectué dans ce

---

[1913] D. BUREAU, H. MUIR WATT, *Droit international privé*, tome 2, préc., n° 945 et s.

[1914] H. VERSCHUEREN, art. cité (note 667), spéc. p. 140.

[1915] M. GARDEÑES SANTIAGO, « Le détachement transnational de travailleurs dans le cadre des prestations de services : un sujet spécialement difficile pour le marché intérieur », *Mélanges en l'honneur du Professeur Joël Molinier*, LGDJ, 2012, p. 255, qui souligne que la directive n'établit pas de règle de conflit de lois.

[1916] J. ICARD, art. cité (note 349).

[1917] Considérant n° 15 de la directive dite modificatrice.

même État. Les dispositions y relatives ont pour objet d'éviter que, sous le couvert de cabotages multiples, un transporteur établi dans un autre État membre exerce habituellement son activité dans cet État d'accueil tout en échappant aux obligations qui lient les entreprises nationales. De cette réglementation dépend aussi la réglementation des conditions de travail telle que celle relative au temps de travail. Pour cette raison, l'Union européenne a adopté une réglementation complète, appelée « Paquet mobilité »[1918] qui porte, en même temps, sur l'harmonisation du droit relatif au cabotage et de certaines conditions de travail ainsi que sur la solution du conflit de lois. La directive (UE) 2020/1057 tranche, à son considérant n° 7, que les dispositions de la directive dite détachement « s'appliquent au secteur du transport routier »[1919].

579. Coordination régulatrice. Intervenant à défaut d'une solution harmonisée, la coordination est également régulatrice. Cette régulation est perceptible dans la jurisprudence *Laval*[1920]. En ce qui concerne « les obligations spécifiques liées à l'adhésion à la convention collective du bâtiment, que les organisations syndicales cherchent à imposer aux entreprises établies dans d'autres États membres par une action collective telle que celle en cause au principal »[1921], cette adhésion constitue non seulement une obligation privée mais engendre également des effets sur le marché de l'emploi. Partant, le droit international privé qui doit articuler les législations, a également une vocation régulatrice. Mme Muir Watt souligne ainsi à propos de cette affaire que « [l]a dimension tant collective que politique du conflit

---

[1918] Règlement UE 2020/1054 du Parlement européen et du Conseil du 15 juillet 2020 modifiant le Règlement CE 561/2006 en ce qui concerne les exigences minimales relatives aux durées maximales de conduite journalière et hebdomadaire et à la durée minimale des pauses et des temps de repos journalier et hebdomadaire, et le Règlement UE 165/2014 en ce qui concerne la localisation au moyen de tachygraphes ; Règlement UE 2020/1055 du Parlement européen et du Conseil du 15 juillet 2020 modifiant les Règlements CE 1071/2009, CE 1072/2009 et UE 1024/2012 en vue de les adapter aux évolutions du secteur du transport par route ; Directive 2020/1057/UE du Parlement européen et du Conseil du 15 juillet 2020 établissant des règles spécifiques en ce qui concerne la Directive 96/71/CE et la Directive 2014/67/UE pour le détachement de conducteurs dans le secteur du transport routier et modifiant la Directive 2006/22/CE quant aux exigences en matière de contrôle et le Règlement UE 1024/2012.

[1919] Pour une telle solution, en application de l'ancien règlement CE 1072/2009, CJUE, 1er décembre 2020, C-815/18, *Van den Bosch Transporten*, *Federatie Nederlandse Vakbeweging*, *RDT* 2021, p. 204, note K. CHATZILAOU ; *RTD Eur* 2021, p. 440, note L. GRARD ; *JCP S* 2021, n° 4, p. 38, note F. DUQUESNE ; *Europe* 2021, n° 2, p. 37 ; *RJS* 2021, p. 285, chron. J.-P. LHERNOULD, J.-C. FILLON, A. GARDIN.

[1920] CJCE, 18 décembre 2007, C-341/05, *Laval*.

[1921] CJCE, 18 décembre 2007, C-341/05, *Laval*, pt. 108.

vient colorier les termes de la problématique de droit international privé, dont il est difficile désormais d'ignorer la distance par rapport à leur formulation privatiste classique »[1922]. D'une manière plus générale, M. Bucher se concentre sur les intérêts que la directive dite détachement vise à articuler, à savoir l'intérêt de protection du travailleur, d'une part, la garantie de la libre prestation de services, d'autre part. Il conclut sur cette articulation que les règles de coordination de la directive poursuivent « une fonction de politique substantielle, sans rapport aucun avec la 'neutralité' »[1923]. M. Verschueren ajoute d'autres objectifs derrière cette directive qu'il appelle paradoxes : il explique notamment l'objectif de combattre le *dumping social*[1924]. Nous en concluons qu'il incombe une finalité régulatrice à la coordination : dès lors que cette dernière comble le défaut d'harmonisation, elle réalise les objectifs matériels du marché intérieur.

Paragraphe 2. L'absence de compétence harmonisatrice

580. Absence de compétence. Il convient également de rappeler, dans le contexte de la coordination, que les compétences harmonisatrices en droit du travail sont limitées. Nous avons constaté que la composante sociale nous permettait de fonder des compétences en vue d'éviter une course vers le bas en droit du travail. Ceci a pour conséquence que l'Union européenne agit, par ailleurs, au nom de son « incompétence-compétence » pour intervenir dans des domaines touchant aux libertés de circulation[1925]. L'absence de compétence est ainsi toute théorique. Il n'en demeure pas moins que plusieurs domaines sont exclus de la compétence de l'Union européenne : l'absence de compétence nous permet de circonscrire le domaine potentiel pour la coordination des législations. Ce sont les domaines dans lesquels l'Union européenne préfère réguler par la coordination.

581. Rémunérations. Les rémunérations sont classiquement exclues de l'harmonisation, et relèvent ainsi de la coordination (art. 153, § 5 TFUE). Une coordination au moyen de la règle de conflit de lois régulatrice s'impose. Cette règle de conflit de lois doit tenir compte des libertés circulation. Le principe de reconnaissance mutuelle conduisant à l'application de la loi du pays d'origine, il semble être peu adapté aux besoins du marché intérieur. Comme il est souligné par M. Snell, ce principe emporte le risque de concurrence

---

[1922] H. MUIR WATT, « Lorsque les libertés d'établissement et de prestation de services favorisent le dumping social », *RCDIP* 2008, p. 356.

[1923] A. BUCHER, cours cité (note 1140), p. 70.

[1924] H. VERSCHUEREN, art. cité (note 667), spéc. p. 140, qui se réfère à l'opinion de l'avocat général sous CJUE, 18 septembre 2014, C-396/13, *Sähköalojen ammattiliitto ry,* pts. 26 à 32.

[1925] *Supra*, n° 474.

déloyale et de course vers le bas[1926]. Or, le travailleur détaché est présumé relever de loi du lieu d'exécution habituel. La rémunération reste ainsi régie par la loi de son pays d'origine[1927]. Le contentieux en matière de détachement de travailleurs démontre l'inadaptation de la solution conflictuelle, particulièrement en matière de rémunération, à la logique des libertés de circulation et, partant, au principe de protection du travailleur.

582. Différences de taux de salaire minimum. Les difficultés sont liées aux divergences notables concernant les taux de salaire minimum[1928]. Dès lors que l'on essaie de rapprocher les données en matière de salaire minimum, l'on constate que tous les pays l'entendent du salaire brut comprenant les majorations pour heures supplémentaires[1929]. Néanmoins, « les pratiques sont hétérogènes entre pays et/ou secteurs d'activité »[1930], en ce qui concerne les autres éléments de rémunération. Ceci explique également les efforts entrepris par la jurisprudence récente[1931] et par la directive modificatrice de la directive dite détachement afin d'harmoniser la notion de rémunération. Jusqu'à l'adoption de cette récente directive, il apparaît difficile d'imposer un salaire minimal, alors que les éléments divergent d'un pays à un autre. La difficulté de définition est grandissante, dès lors que l'on souhaite garantir la même rémunération que celle dont bénéficient les travailleurs du pays d'accueil – et non le salaire minimum – aux travailleurs détachés. Nous restons dans le contexte de la coordination, puisqu'il s'agit d'articuler les législations et d'appliquer le principe du pays d'accueil. Même si l'harmonisation du montant de la rémunération n'est pas envisagée[1932], la récente directive salaire minimum peut certainement y contribuer[1933].

583. Grève. Un autre aspect du droit du travail exclu des compétences européennes est la grève. Dans ce domaine, la règle de conflit de lois est en plein essor. La preuve en est que le règlement Rome II contient une règle de conflit de lois spécifique en la matière. Or, nous avons aussi constaté que

---

[1926] J. SNELL, art. cité (note 1607), spéc. p. 312.

[1927] Rappelons que le terme « rémunération » remplace désormais celui de « taux de salaire minimal », depuis l'adoption de la directive 2018/957/UE du Parlement européen et du Conseil du 28 juin 2018 modifiant la directive 96/71/CE concernant le détachement de travailleurs effectué dans le cadre d'une prestation de services.

[1928] J.-P. LHERNOULD, B. PALLI, « La rémunération du salarié détaché dans un Etat membre de l'Union », *DSOC* 2016, p. 460.

[1929] *Ibid.*

[1930] *Ibid.*

[1931] CJCE, 15 mars 2001, C-165/98, *Mazzoleni* ; 24 janvier 2002, C-164/99, *Portugaia Construções* ; 3 avril 2008, C-346/06, *Rüffert* ; CJUE, 18 septembre 2014, C-549/13, *Bundesdruckerei* ; 12 février 2015, C-396/13, *Sähköalojen ammattiliitto* ; 17 novembre 2015, C-115/14, *RegioPost.*

[1932] Comp. E. FERNÁNDEZ-MACÍAS, C. VACAS-SORIANO, « A coordinated European Union minimum wage policy? », *EJIR* 2015, p. 1.

[1933] *Supra*, n° 462.

l'Union européenne s'est saisie, dans cette matière de l' « incompétence-compétence ». Sans ignorer le fait que la règle de conflit de lois spécifique n'est pas encore en vigueur à l'époque des faits de l'affaire *Viking Line*, nous observons que les débats autour des libertés de circulation laissent, plus généralement, présager l'insuffisance d'une telle règle de conflit. Dans ce contexte, il peut être utile de se rappeler que certains auteurs ont, dès l'origine, courageusement suggéré la voie de l'harmonisation[1934].

584. Préférence pour la coordination. Les deux domaines étudiés démontrent que les fondateurs de l'Union européenne relèguent la régulation de la matière sociale à la coordination. La limitation des compétences de l'article 153, § 2 TFUE, et parallèlement l'exclusion par l'article 114, § 2 TFUE des droits et intérêts des travailleurs de la compétence d'harmonisation du droit matériel liée au marché intérieur, peuvent être interprétées en ce sens. La place spécifique que l'on souhaite accorder à la coordination en matière de protection du travailleur ressortirait également du Traité d'Amsterdam[1935]. Présentant les différences entre les compétences liées à la régulation, M. Basedow remarque que ce traité, tout en instaurant une nouvelle compétence harmonisatrice en lien avec le marché intérieur, donne un signal fort en excluant expressément la mobilité des personnes et des travailleurs[1936].

585. Harmonisation minimale. Par ailleurs, il convient de se demander si la coordination est appelée à intervenir, dès lors que l'harmonisation est partielle et non pas totale. Il incomberait ainsi à la coordination le rôle d'arbitrer entre les choix de réglementation des États membres au-delà du seuil harmonisé. Une réponse affirmative serait fondée sur la vision que la règle de conflit de lois n'écarte pas la règle de conflit de lois mais la limite. Dit autrement, le besoin d'harmonisation subsisterait au-delà du seuil d'harmonisation, compte tenu du potentiel de violation des libertés de circulation par la diversité des législations. L'arrêt *Unamar*[1937] de la Cour de

---

1934 A. LYON-CAEN, art. cité (note 430).

1935 J. BASEDOW, art. cité (note 1067), dans la version originale : « the Treaty of Amsterdam can only be said to have established a new competence of the Community for conflicts legislation insofar as Article 95 is inapplicable under its own paragraph 2. This regard in particular provisions relating to the free movement of persons and to the rights and interest of employed persons ».

1936 J. BASEDOW, art. cité (note 1067).

1937 CJUE, 17 octobre 2013, C-184/12, *Unamar*, *RLDA* 2013, n° 86, p. 56, note C. NOURISSAT et 2014, n° 92, p. 56, note P. DALMAZIR ; *RJC* 2013, p. 498, chron. P. BERLIOZ ; *Droit et Patrimoine* 2013, n° 231, p. 77, note M.-É. ANCEL ; *Europe* 2013, n° 12, p. 54, note L. IDOT ; *JCP G* 2013, n° 49, p. 2222, note C. NOURISSAT et 2014, n° 8, p. 399, chron. G. BOURDEAUX, M. MENJUCQ, C. NOURISSAT ; *D.* 2014, p. 60, note L. D'AVOUT et p. 1059, pan. H. GAUDEMET-TALLON, F. JAULT-SESEKE ; *Droit maritime français* 2014, p. 183, note M. MORIN et p. 299, note O. CACHARD ; *RDC* 2014, p. 80,

justice est un exemple de la régulation par la coordination qu'admet la Cour de justice, malgré l'harmonisation minimale. Il retient que la loi d'un État membre de l'Union européenne qui satisfait à la protection minimale prescrite par la directive 86/653/CEE du Conseil, du 18 décembre 1986, relative à la coordination des droits des États membres concernant les agents commerciaux indépendants, peut être écartée pour contrariété à l'ordre public international. Cette solution fait application des articles 3 et 7, § 2 de la convention de Rome, qui permettent d'écarter la loi choisie par les parties à un contrat, dès lors qu'elle est contraire aux dispositions impératives du for. Cette affaire est parfois interprétée comme laissant entendre que la Cour de justice place « la protection de l'agent commercial au même rang que celle des consommateurs et des travailleurs »[1938]. La prise de position par la Cour de justice peut être interprétée comme l'expression d'une régulation. Une telle conclusion est légitime, dès lors qu'apparaît un lien entre l'intérêt protégé et le marché intérieur. En conséquence, il est imaginable de rencontrer d'autres cas semblables, dans des domaines dans lesquels l'Union opère une harmonisation minimale. Ainsi, la coordination au moyen de la règle de conflit de lois est susceptible d'intervenir pour véhiculer les intérêts régulateurs du marché intérieur qui concernent la protection du travailleur.

586. Sur-réglementation. Sous un angle plus critique, l'on doit se demander s'il demeure un quelconque besoin de coordination pour créer la régulation, l'Union européenne ayant opéré un choix pour l'harmonisation minimale. Cette intervention du droit de l'Union européenne – malgré l'harmonisation minimale – peut se justifier en raison de la sur-réglementation opérée par les États membres. Celle-ci est évidente lorsque les réglementations nationales divergentes affrontent les libertés de circulation. La problématique est approfondie par M. Grusic qui affirme que le retard dans la centralisation de l'autorité régulatrice dans le domaine du droit du travail résulte potentiellement en une sous- ou sur-réglementation[1939]. Tant la sous- que la sur-réglementation seraient à l'origine d'une répartition suboptimale des ressources au niveau mondial[1940]. Plus précisément, il y aurait le plus souvent un risque de sur-réglementation en présence d'une relation de travail[1941]. En nous rappelant la tendance des États membres à réglementer

note P. DEUMIER ; *JDI* 2014, p. 625, note J.-M. JACQUET ; *RTD Com* 2014, p. 457, note P. DELEBECQUE ; *JCP E* 2014, n° 16-17, p. 33, note C. NOURISSAT.

[1938] A. BUCHER, cours cité (note 1140), p. 69.

[1939] U. GRUSIC, *The European Private International Law of Employment*, préc., 2015, p. 28.

[1940] *Ibid.*

[1941] *Ibid.*

certaines matières impérativement, le besoin d'une régulation européenne devient évident : celle-ci doit s'exercer au moyen de la coordination[1942].

587. Unilatéralisme. L'Union européenne accorde implicitement une faveur à la régulation par la coordination, dès lors qu'elle exclut l'harmonisation. Cette vocation particulière est théorisée par les auteurs qui cherchent à déterminer le champ d'application de la réglementation européenne, en fonction des objectifs du droit de l'Union. Il est possible d'arguer que « l'ordre juridique communautaire est doté d'un système juridictionnel –partiellement propre, partiellement constitué des juridictions nationales agissant en cette qualité [...], et qu'il dispose [ainsi] d'un for et, par conséquent, d'une capacité à produire des règles de conflit de lois »[1943]. M. Fallon constate que la règle de droit européenne, liée au marché intérieur, bénéficie d'un champ d'application territorial particulier. Il l'appelle l'unilatéralité de la règle de droit communautaire, tout en admettant « l'émergence de règles de nature multilatérale, mais uniquement dans le domaine du droit privé »[1944]. Mme Francq ajoute que « le phénomène des directives communautaires comprenant une disposition relative à leur caractère impératif et délimitant leur domaine d'application dans l'espace est désormais bien connu »[1945]. Le débat est axé sur le droit des libertés de circulation qui surplomberait les règles de conflit de lois. M. Bucher évoque également les règles d'applicabilité européennes : « [l]orsqu'il s'agit de règles axées principalement sur l'organisation du marché intérieur ou sur la protection de certains de ses participants, leur champ d'application dans l'espace s'inspire des contours économiques et géographiques de ce marché. L'affectation du marché constitue alors l'idée de base, se traduisant dans des règles d'application à visages multiples »[1946]. En admettant l'existence

---

[1942] *Cf.* A. T. GUZMAN, « Choice of Law : New Foundations », *Georgetown Law Journal* 2002, p. 883 ; H. MUIR WATT, « Choice of Law in Integrated and Interconnected Markets: A Matter of Political Economy », *Columbia Journal of European Law* 2003, p. 383 ; R. WAI, « Transnational Liftoff and Juridical Touchdown: The Regulatory Function of Private International Law in a Era of Globalisation », *Columbia Journal of Transnational Law* 2002, p. 209, spéc. p. 250.

[1943] M. FALLON, art. cité (note 909), spéc. p. 55.

[1944] *Ibid.*

[1945] S. FRANCQ, « Règlement Rome I : obligations contractuelles », P. LAGARDE, D. CARREAU, H. SYNVET (dir.), *Répertoire de droit international,* Dalloz, mars 2013, actualisation juin 2016, n° 130, qui renvoie vers J. BASEDOW, « Materielle Rechtsangleichung und Kollisionsrecht », A. K. SCHNYDER et al. (dir.), *Internationales Verbraucherschutzrecht*, Mohr Siebeck, 1995, p. 15 et s. et M. FALLON, S. FRANCQ, « Towards Internationally Mandatory Directives for Consumer Contracts », J. BASEDOW et al. (dir.), *Private Law in the International Arena, Liber Amicorum Kurt Siehr,* Asser, 2000, p. 155.

[1946] A. BUCHER, cours cité (note 1140), p. 67.

d'autres règles de source européenne, non nécessairement liées au territoire de l'Union européenne, cet auteur semble nuancer.

588. Subsidiarité. Dans le contexte de la délimitation de la compétence de l'Union européenne est également évoqué le principe de subsidiarité. Il s'agit de lire la compétence européenne comme celle qui permet de réguler certaines matières, sans pour autant les laisser relever d'une compétence exclusive. Comme pour l'autre partie du droit dérivé, les règles de conflit de lois européennes doivent respecter le principe de subsidiarité selon certains auteurs. L'affirmation de l'impact des règles de conflit de lois sur le principe de subsidiarité reste à attendre. Ces auteurs voient le droit international privé européen naître comme une matière du droit constitutionnel européen[1947]. Cette observation est aussi liée au fait que le droit international privé permet d'ordonner la diversité des systèmes de droit privé des États membres[1948]. La régulation européenne s'opérant par les règles de conflit de lois européennes, ces dernières doivent respecter le principe de subsidiarité. Les auteurs qui découvrent, dans la règle de conflit de lois européenne, l'expression d'une nouvelle fonction répartitrice évoquent le principe de subsidiarité de l'article 5, § 3 TUE dans ce contexte[1949]. M. Mills explique que le conflit de lois permet non seulement d'articuler les réglementations des États et, partant, de combler l'harmonisation européenne, mais également de renforcer le principe de la subsidiarité, dans la mesure où le droit international privé contribue à la répartition verticale des compétences entre institutions européennes et États membres. Bien que nous n'adoptions pas cette vocation répartitrice des règles de conflit de lois, nous considérons la prise en compte de ce principe lors de

---

[1947] *Cf.* J. BASEDOW, art. cité (note 1067), spéc. p. 691; C. JOERGES, « The Challenges of Europeanization in the Realm of Private Law: A Plea for a New Legal Discipline », *Duke J. Comp. & Int. L* 2004, p. 149, spéc. p. 166 ; H. MUIR WATT, art. cité (note 1922), spéc. p. 402 ; H. MUIR WATT, « Integration and Diversity: The Conflict of Laws as a Regulatory Tool », F. CAFAGGI (dir.), *The Institutional Framework of European Private Law,* OUP, 2006, p. 107.

[1948] A. MILLS, art. cité (note 97), spéc. p. 373 et s., dans la version originale : « [b]y ordering the diversity of private law systems of the different Member States, private international law supports and affirms that diversity – it makes it less necessary to adopt other substantive European rules. In short, it gives effect to the constitutional principle of subsidiarity – ensuring that law is made as closely as possible to the citizen. So private international law is not only involved in the horizontal distribution of regulatory authority between Member States, but also the vertical distribution of regulatory authority between the institutions of the European Union and the Member States. Private international law does not merely serve diversity – it is a foundation of European legal pluralism ».

[1949] *Ibid.*, spéc. p. 374.

la prise de décision sur l'adoption de règles de conflit de lois dans une matière donnée[1950].

589. Fonction du conflit de lois. Plus précisément, nous cherchons à établir la logique issue des libertés de circulation à propos des règles de conflit de lois. La fonction des règles de conflit de lois envisagée étant régulatrice, ce n'est pas uniquement le rattachement au territoire qui importe. Revenons sur la définition du principe de subsidiarité lequel signifie qu'il doit être justifié que les objectifs de la règle ne puissent être efficacement acquis par les États membres eux-mêmes[1951]. Cela est certainement vrai pour toutes les règles en matière de conflit de lois. L'impact des libertés de circulation fondant la compétence en matière de droit international privé, la pratique montrera peu de cas dans lesquels l'incidence sur les libertés de circulation sera exclue[1952]. Alors que certains auteurs s'inquiètent du retour à la compétence nationale en matière de droit international privé par l'utilisation de l' « excuse » de subsidiarité[1953], nous soulignons, à l'inverse, que la nécessité régulatrice détermine le besoin d'une règle de conflit de lois européenne.

[1950] P.ex., règlement dit Rome I, considérant n° 43, qui évoque le principe de subsidiarité en même temps que le principe de proportionnalité.

[1951] A. MILLS, art. cité (note 97), spéc. p. 402 et s.

[1952] *Ibid.*, spéc. p. 403 et s.

[1953] *Ibid.*, spéc. p. 396.

Conclusion de section

590. La composante sociale motivant l'harmonisation donne lieu à une nouvelle partie du droit privé régulateur européen que nous appelons le droit du travail régulateur. Ce droit du travail est adopté, dans des domaines où il existe une incidence sur les règles du marché intérieur, pour prévenir le *dumping social*. Les compétences harmonisatrices étant peu exploitées dans des domaines où existent des divergences importantes entre les réglementations des États membres, tels que ceux du licenciement ou de la cogestion, c'est à la coordination qu'incombe un rôle central. Intervenant pour anticiper la dérégulation européenne en droit du travail, cette coordination est nécessairement régulatrice. Il convient d'ajouter que la coordination développe également son essor pour pallier l'absence de compétences harmonisatrices de l'Union européenne. Malgré l'intégration du marché intérieur, la diversité législative subsiste, ce qui laisse apparaître la coordination comme le mécanisme le plus adapté. D'un point de vue intégrationniste, cette coordination constitue une alternative au principe de reconnaissance mutuelle lequel est considéré comme étant à la défaveur de l'intégration du marché intérieur. Cette coordination s'effectuera au moyen de la règle de conflit de lois.

Section 2
La coordination comme véhicule de la protection du travailleur

Tatsächlich handelt es sich natürlich beim Europäischen Arbeitsrecht um einen mehr oder weniger großen Flickenteppich, theoretisch jedoch kann man durchaus besondere Strukturen und Eigenheiten ausmachen und entwickeln.
Rolf BIRK[1954]

591. Coordination. Le droit international privé européen permet d'ordonner les réglementations des États membres[1955]. De cette manière, il apparaît comme une alternative à l'harmonisation matérielle des réglementations des États membres[1956]. La coordination s'oppose à l'harmonisation autant qu'elle la complète. Dès lors que l'harmonisation au niveau de l'Union européenne se limite à certains pans du droit du travail, il incombe à la coordination le rôle d'articuler les réglementations des États membres dans la matière. Or, quels sont les principes qui la régissent et quelle est la place parmi ceux-ci de la protection du travailleur ? La coordination à laquelle nous nous référons est celle au moyen des règles de conflit de lois. Batiffol affirme que « [l]e développement moderne du droit international privé suggère l'idée qu'il tend vers un ordre de systèmes, en ce sens qu'il travaille à la coordination de systèmes distincts coexistants »[1957]. Remarquons que cet auteur concède que « la coordination est l'œuvre, dans la situation actuelle du monde, de l'initiative individuelle des États »[1958]. Tout en suivant l'idée de la coordination, nous inscrivons cette phrase dans le monde contemporain et lui donnons pour point de départ la règle de conflit de lois européenne. Cette dernière est animée par une volonté d'un ordre supranational. L'enjeu est devenu celui de rechercher la fonction de la règle de conflit de lois supranationale[1959].

[1954] R. BIRK, « Europäisches kollektives Arbeitsrecht – insbesondere der Europäische Betriebsrat », S. GRUNDMANN (dir.), *Systembildung und Systemlücken in Kerngebieten des Europäischen Privatrechts*, Mohr Siebeck, 2000, p. 387, traduit : « [e]n fait, le droit du travail européen ressemble à un tissu troué plus ou moins large, mais en théorie l'on peut apercevoir des structures et caractéristiques propres ».

[1955] A. MILLS, art. cité (note 97), spéc. p. 373 et s.

[1956] *Ibid.*

[1957] H. BATIFFOL, *Aspects philosophiques du droit international privé,* préc., n° 7.

[1958] *Ibid.*, n° 46.

[1959] *Cf.* J.-M. JACQUET, « La fonction supranationale de la règle de conflit de lois », *RCADI*, vol. 292, Brill, 2001, p. 147.

592. Fonctions répartitrice et régulatrice. Rappelons seulement brièvement l'évolution que traverse la théorie du conflit de lois, afin de comprendre les contextes dans lesquels s'inscrit désormais la recherche d'une règle de conflit de loi protectrice du travailleur. Le droit international privé étant à nouveau devenu de source étatique à l'époque du positivisme, il lui incombe un rôle répartiteur entre les ordres juridiques. La doctrine de la seconde moitié du XIXe siècle souligne que la règle de conflit de lois doit servir la liberté individuelle, avant qu'elle ne tienne compte de la collectivité et des politiques régulatrices de l'État. Le positivisme semble constituer un terrain fertile au développement de la fonction répartitrice. Une remise en cause de la méthode n'a lieu que lorsque l'européanisation accélère la consécration de la fonction régulatrice de la règle de conflit de lois. La règle de conflit de lois régulatrice vise désormais à désigner la loi la plus adéquate pour les intérêts du marché.

593. Protection de la partie faible. La prise en compte d'intérêts protecteurs, par la règle de conflit de lois, date de l'époque des droits internationaux privés nationaux. À la recherche d'études sur le droit international privé national, nous recensons quelques analyses qui adressent la problématique de la protection des parties faibles. Fondées successivement sur les fonctions répartitrice et régulatrice des règles de conflit de lois, elles ouvrent le débat sur les méthodes du droit international privé. Les auteurs se tournent progressivement vers la prise en compte d'intérêts matériels dans le conflit de lois. Notre regard porte particulièrement sur la prise en compte de la protection du travailleur, en tant que partie faible au contrat. Le débat sur la règle de conflit de lois protectrice se répète à propos des règles de conflit de lois européennes. Comment la fonction régulatrice de la règle de conflit de lois européenne peut-elle asseoir la règle de conflit de lois protectrice de la partie faible, en l'occurrence du travailleur ? Cette problématique est évoquée mais peu expliquée[1960].

594. Fonction régulatrice européenne. La question porte sur l'intégration d'intérêts supranationaux du marché intérieur dans la règle de conflit de lois. « L'implication d'objectifs supranationaux dans les règles du droit international privé »[1961] est déjà évoquée par Batiffol. En cherchant « l'objectif supranational inhérent au droit des conflits de lois »[1962], M. Jacquet établit la « fonction supranationale de la règle de conflit de lois »[1963]. Il conçoit

---

1960 Comp. F. LECLERC, *La protection de la partie faible dans les contrats internationaux (Etude de conflits de lois),* préc. ; F. POCAR, cours cité (note 134).

1961 H. BATIFFOL, *Aspects philosophiques du droit international privé,* préc., titre d'avant n° 133.

1962 J.-M. JACQUET, cours cité (note 1959), spéc. p. 175.

1963 *Ibid.,* p. 176, qui concède tout de même que la « fonction supranationale de la règle de conflit pourrait réintroduire dans le débat une idée de répartition des compétences normatives ».

qu' « il peut y avoir fonction supranationale dès lors que le règlement d'une situation juridique internationale est effectuée non en tenant compte des seules conceptions de l'État du for, mais en tenant compte également des conceptions d'autres États avec lesquels la situation présente certains liens »[1964]. Ces développements peuvent nous être utiles pour établir la fonction européenne de la règle de conflit de lois. M. Bucher nous permet de concevoir le bouleversement opéré par l'européanisation de la règle de conflit de lois régulatrice : « [d]epuis lors, la mise en place de l'ordre juridique européen est également venue ébranler les dogmes d'antan, laissant craindre pour la survie du droit international privé. Or, si la pensée et les méthodes sont en mouvement, ce n'est pas le droit international privé qui est menacé, mais les concepts réputés d'en constituer le fondement immuable. Une nouvelle réflexion ne doit pas être une 'crise', en particulier lorsqu'elle vise à rendre les règles de conflit compatibles avec les valeurs sociales sur lesquelles sont fondés les ordres juridiques »[1965]. En nous inscrivant dans la recherche de la fonction régulatrice de la règle de conflit de lois, nous notons que l'européanisation du droit international privé n'est pas inconciliable avec cette fonction.

595. Intérêts régulateurs. Alors que nous avons évoqué le principe de protection du travailleur en tant qu'un principe supranational, nous le présentons désormais comme faisant partie des intérêts régulateurs. Plus précisément, nous faisons ici référence à la fonction régulatrice de la règle de conflit de lois, ce qui laisse sous-entendre la prise en compte par cette dernière, des intérêts régulateurs du marché. Dans le contexte de l'Union européenne, il s'agit d'identifier les intérêts du marché intérieur au service desquels intervient ce fonctionnalisme. Le fonctionnalisme, nous l'avons annoncé, trouve son expression dans la règle de conflit de lois à coloration matérielle. Quelques difficultés d'adaptation de la théorie de la matérialisation sur le contexte européen ont été observées : elles partent de l'hypothèse que l'Union européenne, contrairement aux États membres qui la composent, ne dispose pas d'un droit privé achevé. Il convient maintenant de refléter nos observations sur l'influence des principes du marché intérieur, en nous concentrant sur ceux liés à la protection du travailleur. Le droit du marché intérieur vise à éviter la course vers le bas, ce qui fonde la composante sociale du marché intérieur. Le principe de protection du travailleur y est lié. Appliqué à notre étude, qui doit se limiter aux relations de travail, ce principe de protection du travailleur fait entrer en compte des considérations visant notamment à éliminer les entraves à la libre circulation[1966]. Ces considérations influencent nécessairement les règles de conflit de lois régulatrices de cet espace.

[1964] J.-M. JACQUET, cours cité (note 1959), spéc. p. 176.
[1965] A. BUCHER, cours cité (note 1140), p. 54.
[1966] P. SYRPIS, T. NOVITZ, art. cité (note 1445).

596. Plan. Nous chercherons à inscrire la protection du travailleur dans la fonction régulatrice de la règle de conflit de lois (sous-section 1). Cette démonstration nous permettra d'établir de quelle manière la protection du travailleur détermine la règle de conflit de lois régulatrice européenne (sous-section 2).

Sous-section 1. La règle de conflit de lois et le principe de protection du travailleur

597. L'individu d'abord. À l'origine, le droit international privé a pour fonction de régir la situation de concurrence entre deux lois en cause. Au 19e siècle, les principes régissant le conflit de lois classique sont caractérisés par la privatisation, la nationalisation et l'internationalisme domestique[1967]. Avec la doctrine de Savigny, un changement de paradigme intervient[1968]. Le droit international privé vise désormais à transmettre les valeurs d'uniformité, de continuité et de prévisibilité transfrontalière. L'approche savignienne favorise la justice territoriale et formelle ainsi que la stabilité du statut personnel. C'était ainsi une doctrine fondée sur l'individu.

598. Concepts. L'évolution du rôle du droit peut toutefois expliquer la prise en compte d'intérêts différents de celui de l'individu par la règle de droit en général. « L'évolution démographique et l'industrialisation des sociétés de la seconde moitié du XIXe siècle [font] naître des problèmes propres à la collectivité »[1969], est-il observé. Avec la constitution des sociétés en Europe, concomitamment à la construction des nations, le droit ne peut plus uniquement s'intéresser à la liberté individuelle[1970]. C'est ainsi que nous expliquons la jurisprudence des concepts, visant à définir le « rôle de l'individu dans la société sans qu'il y ait lieu de s'interroger de façon autonome, indépendamment des structures normatives existantes, sur l'intérêt social ou sur la finalité de la règle de droit »[1971]. Ce n'est qu'en mettant l'accent sur la coordination et l'harmonie des systèmes que l'on s'en sépare progressivement. Par la suite, l'on porte davantage d'attention sur l'intérêt de l'individu, qui s'efface dans le concept. Au moment du positivisme, Ihering pose les jalons de la doctrine fondée sur les intérêts, qui doit remplacer celle des concepts[1972].

1967 R. MICHAELS, art. cité (note 1091), spéc. p. 1608.

1968 P. NEUHAUS, « Savigny und die Rechtsfindung aus der Natur der Sache », *RabelsZ* 1949-1950, p. 364, spéc. p. 366 ; O. KAHN-FREUND, « General Problems of Private International Law », *RCADI,* vol. 143, Brill, 1974, p. 139, spéc. p. 244.

1969 A. BUCHER, cours cité (note 1140), n° 49.

1970 *Ibid.*

1971 *Ibid.*

1972 *Ibid.,* n° 23.

599. Intérêts. La doctrine des intérêts s'impose progressivement. Partant de la règle de droit en général, elle a pour vocation d'influencer la théorie du droit international privé. Concevant que « la satisfaction des intérêts privés »[1973] permet la réalisation de l'intérêt général dans la règle de droit, Batiffol éveille à nouveau l'intérêt pour la prise en compte d'intérêts individuels par la règle de conflit de lois. Il construit ses raisonnements sur l'observation que « [l]a vie sociale n'a pas sa fin en elle-même, et, s'il est admis que la personne a une valeur plus haute que la société, il faut que la vie sociale tourne au bien de tous ceux qui y participent »[1974]. Au moment où il évoque « [l]a recherche d'un but »[1975] derrière les règles de droit, il vise les intérêts derrière la règle de droit en général, à distinguer de ceux qui ont motivé la règle de droit international privé. Alors que la règle de droit en général doit être motivée par « l'insuffisance d'un souci exclusif de protection de la personne », c'est ici l' « objectif général des règles du droit international privé »[1976] qu'il s'agit d'envisager. Ce dernier vise l'harmonie internationale des solutions : « on envisage ici non plus la personne, mais une coordination d'ensemble des relations considérées »[1977]. À partir de cette opposition, Batiffol s'efforce à résumer – comme Kegel[1978] – que la règle de conflit de lois poursuit l'un de trois grands intérêts[1979].

600. Justice conflictuelle. La recherche d'un des intérêts du droit international privé derrière chaque règle vise à fonder clairement une justice de droit international privé, à distinguer de la justice de droit matériel[1980]. Dit autrement, la doctrine des intérêts est fondée sur ce concept de justice conflictuelle. Ce dernier signifie que « [l]a désignation du droit applicable [est] détachée du droit matériel, elle est axée sur des signes extérieurs au rapport juridique, tenant aux liens géographiques ou à la 'localisation' de la situation dans un ordre juridique étatique »[1981]. En conséquence, « [l]e rattachement à l'ordre juridique applicable s'opère sans aucun regard sur le

---

[1973] H. BATIFFOL, *Aspects philosophiques du droit international privé,* préc., n° 117.

[1974] *Ibid.*, n° 120.

[1975] *Ibid.*, avant n° 89.

[1976] *Ibid.*, n° 89.

[1977] *Ibid.*

[1978] *Cf.* G. KEGEL, K. SCHURIG, *Internationales Privatrecht,* Beck, 2004, p. 134 et s.

[1979] H. BATIFFOL, *Aspects philosophiques du droit international privé,* préc., n° 102 ; « Les intérêts de droit international privé », A. LÜDERITZ, G. KEGEL et al. (dir.), *Internationales Privatrecht und Rechtsvergleichung im Ausgang des 20. Jahrhunderts. Bewahrung oder Wende? Festschrift für Gerhard Kegel*, Francfort, 1977, p. 11, spéc. p. 12.

[1980] A. BUCHER, cours cité (note 1140), n° 23.

[1981] *Ibid.,* p. 53.

contenu de celui-ci »[1982]. Par opposition à la justice matérielle, la justice conflictuelle est fondée sur certains intérêts très particuliers que Kegel et Batiffol cherchent à identifier.

601. Neutralité. La justice conflictuelle semble également solidifier la neutralité des règles de conflit de lois par rapport aux valeurs substantielles du système juridique. La neutralité que nous visons se définit comme « l'indifférence de la règle de conflit à l'égard du droit matériel des ordres juridiques 'en conflit' dans le cas particulier »[1983]. Elle repose sur l'observation que chaque État estime son propre droit privé être le plus juste, et qu'il convient de donner des justifications pourquoi un État devrait voir son propre droit privé inappliqué[1984]. Dit autrement, au regard du droit international privé, tous les droits privés nationaux sont égaux[1985].

602. Origine de la justice conflictuelle. Revendiquant parfois son origine dans la doctrine savignienne, cette justice conflictuelle provient plus véritablement du positivisme de la fin du XIXe siècle, observe M. Bucher[1986]. Batiffol lui-même souligne la particularité de la justice conflictuelle par rapport au positivisme, en remarquant que celle-ci implique une analyse « liant structures et fonction, analyse et fin »[1987] pour réclamer son caractère absolu. En raison de l'introduction du concept de justice conflictuelle, le droit international privé des pays de l'Europe est longtemps conçu comme un droit au-dessus des droits[1988].

603. Quels intérêts ? La justice conflictuelle étant fondée sur quelques intérêts en particulier, il convient de s'arrêter sur la justification de ces intérêts. La théorisation des intérêts se justifie par la recherche d'intérêts pouvant motiver la décision du juge ou le choix du législateur qui adopte la règle de

---

[1982] A. BUCHER, cours cité (note 1140), p. 53.

[1983] *Ibid.*, p. 54.

[1984] G. KEGEL, « Begriffs- und Interessenjurisprudenz im Internationalen Privatrecht », M. GERWIG, A. SIMONIUS, K. SPIRO, E. WOLFF (dir.), *Festschrift Hans Lewald*, Bâle, 1953, p. 259, spéc. p. 270, dans la version originale: « [j]eder Staat hält sein Privatrecht für das gerechteste. Trotzdem kann es ungerecht sein, wenn ein Staat sein vermeintlich bestes Privatrecht anwendet. […] Es gibt also Gründe, die die Anwendung eines minder gerechten Privatrechts gerecht erscheinen lassen, und solche Gründe sind es an erster Stelle, die die Kollisionsnormen des IPR tragen ».

[1985] E. RABEL, *The Conflict of Laws. A Comparative Study*, vol. 1, The University of Michigan Press, 1945, p. 90, dans la version originale : « [e]xisting conflicts law presumes that all laws of civilized countries are of equal rank, nor to speak of sister states in a federation ».

[1986] A. BUCHER, cours cité (note 1140), p. 52.

[1987] H. BATIFFOL, *Problèmes de base de philosophie du droit*, LGDJ, 1979, p. 498 ; pour une description de la justice conflictualiste, *cf.* G. KEGEL, art. cité (note 1984), spéc. p. 270 et s.

[1988] *Cf.* P. NEUHAUS, *Die Grundbegriffe des Internationalen Privatrechts*, Tübingen, 1976, p. 2.

droit international privé[1989]. En évoquant la déduction du droit naturel et de la constatation sociologique[1990], Batiffol explique qu'aucune des deux ne livre entièrement la réponse ; il convient de les combiner et de procéder à une méthode téléologique : quel objectif poursuit-on lorsque l'on pose des règles de droit ? Dans le résultat, Kegel formule que le droit international privé doit concilier les intérêts des parties, les intérêts du commerce international et les intérêts de l' « ordre juridique », catégorie qui englobe « les intérêts généraux dont l'État est le gardien »[1991]. Ces intérêts généraux doivent également conduire à une harmonie des relations internationales[1992]. D'une manière proche, Batiffol affirme que le droit international privé satisfait trois séries de préoccupations, celles concernant le respect des intérêts des parties privés, celles se rapportant aux intérêts généraux et celles liées au respect des intérêts de la « société internationale »[1993].

604. Intérêts protecteurs ? Dans le cadre de l'étude des intérêts qui fondent la justice conflictuelle, l'on peut douter qu'il y ait de la place pour la prise en compte de certains intérêts individuels – et protecteurs – des parties au contrat, par exemple. Le concept de justice conflictuelle est notamment jugé inconciliable avec la prise en compte d'intérêts du travailleur, laquelle doit être laissée au droit du travail applicable[1994]. Conduisant le débat vers la fonction du droit international privé, Rabel craint que la prise en compte d'intérêts de prospérité sociale par les règles de conflit de lois, sous la forme d' « injection » de politiques nationales dans le droit international privé

[1989] H. BATIFFOL, *Aspects philosophiques du droit international privé,* préc., n° 63.

[1990] *Ibid.*, n° 80 : celle-ci vise à constater qu' « [i]l existe dans un groupe social donné des idées, des tendances, des sentiments communs que certains peuvent désapprouver, voire combattre, mais qui sont autant de faits qu'il est vain de nier et qui emportent, tant qu'ils existent, autant de règles d'action ».

[1991] Sur la pensée de G. KEGEL, *cf.* H. BATIFFOL, art. cité (note 1979), spéc. p. 17 ; P. FRANCESCAKIS, « Compte rendu de l'article de 1953 », *RCDIP* 1954, p. 230.

[1992] H. BATIFFOL, art. cité (note 1979), spéc. p. 17.

[1993] H. BATIFFOL, *Aspects philosophiques du droit international privé*, préc., n° 102.

[1994] E. RABEL, *The Conflict of Laws. A Comparative Study*, vol. 1, The University of Michigan Press, 1945, p. 90, dans la version originale : « [t]o care for social prosperity is the responsibility of the municipal private laws, which have to resolve the merits of each particular problem. The principle, jus suum cuique tribuere, instructs legislators and judges to ponder carefully private and public interests. But this is what each private law does for itself; the function of private international law rules is to choose the applicable law with all its evaluations whatever they may be. [...] But, as things are, to inject national policies directly into conflicts law, will destroy it ».

détruise cette discipline même[1995]. Il n'en demeure pas moins qu'il juge prématurée toute forme de classification visant à généraliser les intérêts à prendre en compte[1996]. Ainsi, il évoque que les intérêts de l'État, des autres États, des parties, de personnes tierces, du commerce ou du marché doivent être pesés les uns contre les autres dans des situations diverses[1997]. À cette occasion, il ne conviendrait pas de perdre de vue l'exigence de sécurité juridique[1998]. Les considérations de Rabel nous éloignent-elles de cette doctrine des intérêts ?

605. Critique de la limitation des intérêts. Il convient de se rappeler que la classification des intérêts est critiquée à plusieurs reprises. Kegel reproche le caractère limitatif de ces intérêts[1999]. Il étudie quelques intérêts choisis pouvant justifier les règles de conflit de lois que la doctrine a soulignés[2000]. Ceci lui permet d'imaginer les intérêts des parties (« Parteiinteressen »), du commerce (« Verkehrsinteressen ») de l'ordre (« Ordnungsinteressen »)[2001]. Enfin, ajoute-t-il, il est possible de déroger à la justice conflictuelle véhiculée par ces intérêts, en faisant valoir des intérêts matériels au moyen de l'ordre public ou de la puissance étatique. Observant l'influence de la théorie des intérêts sur le droit international privé contemporain, M. Bucher observe également d'une manière critique qu' « en raison de leur généralité, ces principes sont inaptes à justifier l'objectif propre à chaque règle de conflit »[2002].

606. Intérêts de protection. Plusieurs auteurs s'attachent à élargir les intérêts. Ils envisagent, parmi les intérêts à prendre en considération, les intérêts de protection de la partie faible[2003]. Partant du reproche de Zweigert,

---

[1995] E. RABEL, *The Conflict of Laws. A Comparative Study*, vol. 1, préc., p. 90.

[1996] *Ibid.,* dans la version originale : « [t]his is pioneer ground. How the interest of the state, of other states, of the parties, of third persons in good faith, of commerce or trade in general, are to be valued against each other in various situations and best reconciled with the postulate of certainty, needs renewed and detailed deliberation. For the time being, it would be entirely premature to try to enumerate or to analyze such considerations in a general way ».

[1997] *Ibid.*

[1998] *Ibid.*

[1999] G. KEGEL, art. cité (note 1984), spéc. p. 273 et s.

[2000] *Ibid.*, qui renvoie vers C. KNAPP, « Essai sur la sauvegarde de l'ordre public et la protection des faibles en droit international privé », *Mélanges François Guisan,* Genève, 1950, p. 191 ; « Versuch ein internationalprivatrechtliches Interesse am ‚Schutz des Schwächeren' zu begründen », *Mélanges Sauser-Hall*, Faculté de droit de Genève, 1952, p. 170.

[2001] G. KEGEL, art. cité (note 1984), spéc. p. 274.

[2002] A. BUCHER, cours cité (note 1140), n° 23.

[2003] *Cf.* par exemple, M. MOHAMED SALAH, cours cité (note 1451), spéc. p. 166, qui justifie que la situation de faiblesse dont relève le salarié est une situation de faiblesse intéressant le droit international privé, et en énonce plusieurs

qui critique la pauvreté du droit international privé en valeurs sociales[2004], Pocar semble s'attaquer à « l'affirmation d'une distinction radicale entre justice matérielle et justice conflictuelle »[2005]. Tout en s'inscrivant dans la fonction répartitrice de la règle de conflit de lois, Pocar formule une critique fondamentale visant à briser « l'idée d'un droit international privé 'neutre' à l'égard de la réglementation d'une relation juridique, d'un droit qui n'a pas une dimension sociale ou qui, tout au plus, possède une dimension sociale autonome, distincte de la dimension sociale du droit matériel »[2006]. Or, nous pouvons concevoir le postulat de neutralité comme le fondement de la fonction répartitrice qui vise à articuler les lois applicables en fonction d'intérêts de droit international privé uniquement.

607. Critiques de la règle répartitrice. Il nous semble ainsi possible d'étudier la question sous l'angle de la fonction de la règle de conflit qui semble se renouveler. Rappelons d'emblée que le débat sur la fonction de la règle de conflit de lois évoque l'opposition entre deux courants, l'un concevant la délimitation des souverainetés, l'autre adressant la réglementation de questions d'intérêt privé[2007]. Historiquement, ces deux grands courants méthodologiques se sont distingués. Le premier, qui trouve son origine au Moyen Âge et qui est de nos jours pratiqué par les fonctionnalistes aux États-Unis, « consiste à penser le conflit de lois en termes d'affrontement d'objectifs législatifs concrétisés dans des normes déterminées, et à le résoudre par une recherche du champ d'application spatial de celles-ci à partir d'une analyse des politiques étatiques poursuivies »[2008]. Le second, qui marque la tradition continentale grâce aux écrits de Savigny, se limite aux rapports de droit privé et vise à arbitrer une « concurrence

---

critères. En premier lieu, il faut l'existence d'un contrat international. En deuxième lieu, il faut une faiblesse, soit inhérente à la personne, soit liée à la position économique et sociale de l'une des parties au contrat. En ce qui concerne le salarié, c'est le second. Par ailleurs, cette faiblesse doit être d'une certaine gravité. En troisième lieu, la faiblesse présumée est exclue à partir de la logique du fonctionnement de l'ordre économique mondial.

[2004] K. ZWEIGERT, « Zur Armut des internationalen Privatrechts an sozialen Werten », *RabelsZ* 1973, p. 443, qui explique que le rôle du droit international privé est limité au renvoi approprié à l'ordre juridique ou à la règle de droit spécifique qui devrait être appliquée à la situation à cause de ses liens plus significatifs, et que la plupart des règles de conflit n'ont que le but neutre, au point de vue social (« hat nur das sozial neutrale Ziel »), de déterminer l'ordre juridique avec lequel la question juridique a, chaque fois, le lien le plus fort.

[2005] F. POCAR, cours cité (note 134), spéc. p. 355.

[2006] *Ibid.*

[2007] B. AUDIT, cours cité (note 1422), spéc. p. 235.

[2008] D. BUREAU, H. MUIR WATT, *Droit international privé,* tome 1, préc., n° 330.

virtuelle entre ordres juridiques »[2009]. Alors que la théorisation du conflit de lois, dès le XIXe siècle, semble s'inscrire dans la recherche d'une neutralité et d'une absence de prise en compte d'intérêts substantiels, de sérieuses critiques sont adressées à cette théorisation de la règle de conflit répartitrice. Elles vont jusqu'à remettre en cause la fonction répartitrice même de la règle de conflit de lois.

608. Matérialisation. Les principales critiques à l'égard de la règle de conflit de lois font apparaître l'absence de prise en compte d'intérêts matériels par la règle de conflit de lois. M. Leclerc évoque cette problématique sous la forme d'un besoin de conciliation : pour assurer la protection de la partie faible, l'on devra « faire en sorte que soient conciliées la justice de droit matériel prise sous son aspect contractuel et la justice propre aux conflits de lois »[2010]. Traditionnellement, dans la doctrine répartitrice, seule l'exception d'ordre public permet de faire valoir la justice matérielle. La règle de rattachement de lois n'est pourtant pas exclusive de la prise en compte d'intérêts matériels. Il suffit d'axer la règle de conflit de lois sur le droit du matériel du for afin d'encadrer l'application de ce dernier dans l'espace. Cette intégration d'intérêts matériels du droit du for dans la règle de conflit de lois bilatérale peut faire disparaître le détour par la règle de conflit unilatérale pour en déterminer le champ d'application. Encore en 1984, M. Audit regrette que « les considérations substantielles prévalant dans la matière qui fait l'objet d'un conflit donné, ne sont pratiquement pas envisagées »[2011]. La conception critiquée selon laquelle « la règle de conflit n'[est] pas l'instrument exclusif ou nécessaire de réglementation des relations privées internationales »[2012], sera identifiée comme étant à l'origine d'une crise du conflit de lois en Europe.

609. Droit régulateur. La lecture du droit comme étant régulateur constituera un terrain fertile à la matérialisation du conflit de lois. L'évolution de la société au milieu du XXe siècle, caractérisée par l'intervention de l'État social dans l'économie, est identifiée comme provoquant une redéfinition du droit[2013]. Nous y rangeons également les règles ayant pour objet de protéger une partie faible au contrat. En étudiant quelques-unes de ces règles, M. Leclerc note qu'en raison de cette évolution, « la distinction entre ordre public économique de direction et ordre public de protection apparaît pour le moins

---

[2009] D. BUREAU, H. MUIR WATT, *Droit international privé,* tome 1, préc., n° 331.

[2010] F. LECLERC, *La protection de la partie faible dans les contrats internationaux (Etude de conflits de lois)*, préc., n° 377.

[2011] B. AUDIT, cours cité (note 1422), spéc. p. 235.

[2012] *Ibid.*, spéc. p. 242.

[2013] J. D. GONZÁLEZ CAMPOS, « Diversification, spécialisation, flexibilisation et matérialisation des règles de droit international privé », *RCADI*, vol. 287, Brill, 2000, p. 9, spéc. n° 224.

ambigüe »[2014]. Plus précisément, l'articulation des intérêts privés est « en alliage indissociable d'un certain secteur de l'activité économique et sociale de l'État »[2015]. Le droit semble être devenu « l'instrument au service des buts de transformation de la société étatique »[2016]. Dit autrement, il revient au droit une fonction sociale et économique, laquelle est le reflet d'intérêts sociétaux. Nous rappelons ici que le droit privé européen est régulateur, en ce qu'il véhicule les intérêts du marché intérieur.

610. Fonction régulatrice. L'évolution de la règle de droit semble avoir des incidences sur la fonction de la règle de conflit de lois. « Ce qui exclut, en principe, que l'on puisse parler de la 'neutralité' du système juridique en général et, en particulier, de la neutralité des règles de droit international privé par rapport aux valeurs et objectifs sociaux, économiques ou politiques qui gouvernent le droit matériel. Car cela équivaudrait à nier que la règle de conflit et le droit matériel sont le produit d'une même société étatique »[2017] conclut M. González Campos. En conséquence, la fonction répartitrice de la règle de conflit de lois semble être dépassée par la fonction de la règle de droit au XXe siècle. Insistant également sur le fait que le droit matériel a pour fonction de réguler l'organisation socio-économique de l'État, M. Bucher souligne l'importance de lui assurer sa sphère d'efficacité[2018]. Il admet aussi que les règles de conflit de lois « ne sont pas 'neutres' et indifférentes à la teneur du droit matériel, comme ce droit n'est pas indifférent au domaine d'application dans l'espace que lui assurent les règles de conflit de lois »[2019]. La possibilité pour une règle de conflit de lois de poursuivre un but matériel semble ainsi s'inscrire dans la fonction régulatrice de la règle de conflit de lois, qui vise à « mettre en place la régulation du droit applicable aux rapports sociaux »[2020]. En nous inscrivant dans la fonction régulatrice de la règle de conflit de lois, nous concevons qu'il est possible de prendre en compte des intérêts matériels par la règle de conflit de lois, lesquels il faut définir.

611. Protection du travailleur. La matérialisation de la règle de conflit de lois semble pouvoir véhiculer la prise en compte de la protection du travailleur. Il est notamment observé par M. Pocar que « la recherche de la règle de droit la plus appropriée à la solution d'un cas donné ne doit pas nécessairement, et en principe ne peut pas, faire abstraction des valeurs sociales, économiques ou politiques desquelles s'inspire le droit matériel, car

---

[2014] F. LECLERC, *La protection de la partie faible dans les contrats internationaux (Etude de conflits de lois),* préc., n° 384.

[2015] J.-M. JACQUET, cours cité (note 1959), spéc. p. 280.

[2016] J. D. GONZÁLEZ CAMPOS, cours cité (note 2013), n° 224.

[2017] *Ibid.*, n° 224.

[2018] A. BUCHER, cours cité (note 1140), n° 55.

[2019] *Ibid.*

[2020] *Ibid.*, n° 60.

elle est le produit de la même société »[2021]. Sans vouloir se séparer complètement du terme de justice conflictuelle, il conclut que « [l]a justice conflictuelle doit, en d'autres termes, s'harmoniser avec la justice matérielle »[2022]. Nous nous éloignons la justice conflictuelle, que nous avons initialement identifiée comme fondant la règle répartitrice. Désormais, la matérialisation de la règle de conflit de lois permet d'envisager « la fonction protectrice de la partie faible en matière contractuelle »[2023].

Sous-section 2. La protection du travailleur par la règle de conflit de lois régulatrice européenne

612. Fonction régulatrice. Dans la continuité de nos développements précédents, nous considérons que la règle de conflit de lois européenne poursuit une fonction régulatrice. Cette dernière doit correspondre à la régulation du marché intérieur. Ceci signifie que nous recherchons la loi la plus adaptée, dès lors que plusieurs fors sont impliqués. Alors que des doutes sur la fonction de la règle de conflit de lois supranationale ont été observés, M. Jacquet concède que l'européanisation de la règle de conflit de lois n'implique pas nécessairement un changement de fonction[2024]. De nombreux autres auteurs nous permettent de concevoir la règle de conflit de lois de cette manière[2025]. Nous partons de l'hypothèse que la règle de conflit de lois peut véhiculer des intérêts régulateurs, tels que nous les décrirons par la suite.

613. Contrariété aux traditions. Adapter la fonction régulatrice de la règle de conflit de lois au niveau supérieur qui est celui de l'Union européenne, implique l'acceptation de la prise en compte d'intérêts régulateurs de cet espace. Néanmoins, il est parfois reproché que ces débats s'inscrivent difficilement dans la tradition européenne qui veut l'absence de prise en compte d'intérêts matériels par la règle de conflit. Contrairement aux États-Unis où se manifeste l'analyse des intérêts gouvernementaux[2026], les règles de conflit de lois des pays européens sont longtemps considérées comme étant déterminées par des considérations et valeurs propres à elles-mêmes, différentes de celles du droit matériel, a-t-il été observé[2027]. Les règles de conflit de lois, à l'exclusion des lois de police, n'y seraient pas adressées par le biais de l'analyse des intérêts gouvernementaux. Seul en concevant cette

---

[2021] F. POCAR, cours cité (note 134), spéc. p. 355.

[2022] *Ibid.*

[2023] *Ibid.*, spéc. p. 357.

[2024] J.-M. JACQUET, cours cité (note 1959), spéc. p. 176.

[2025] D. BUREAU, H. MUIR WATT, *Droit international privé*, tome 1, préc., n° 517, 534 et s., avec d'autres références.

[2026] *Cf.* B. CURRIE, *Selected Essays on Conflict of Laws,* Duke University Press, 1963.

[2027] K. ZWEIGERT, art. cité (note 1299).

évolution, il est en même temps possible de ne pas ignorer l'intérêt qui conduit à l'adoption des règles de droit international privé au sein même de chaque pays pour déterminer les intérêts sous-jacents aux règles de conflit de lois européennes[2028]. Malgré quelques résistances, le caractère régulateur de la règle de conflit de lois est admis dans le contexte de son européanisation. L'incidence de la régulation dans le contexte de l'européanisation a été présentée comme un fait nouveau par M. Michaels qui affirme que l'objet du conflit de lois est désormais celui de transmettre les objectifs de « régulation, européanisation et de médiatisation »[2029].

614. Régulation européenne. Cette évolution annonce l'émergence d'une règle de conflit de lois fonctionnelle, servant les intérêts régulateurs européens. La logique régulatrice n'a pas encore entièrement intégré le mécanisme conflictuel. Or, l'État n'a plus la maîtrise ultime du pouvoir décisionnel des acteurs privés au niveau international, nonobstant l'impression contraire qui s'induit de l'impérativité affichée des régulations économiques et de l'exclusivité du pouvoir coercitif étatique à l'intérieur de chaque ressort territorial[2030]. Ceci est dû au fait que les acteurs dessinent leur propre régime normatif sur le plan international, échappant aux limites à la liberté de choix. Dans l'attente de la prise en compte d'objectifs de justice matérielle par les règles de conflit de lois, le recours aux mécanismes impératifs semble s'être imposé.

615. Fonction européenne. Pour établir ce qu'est une règle de conflit de lois fonctionnelle européenne, il convient d'en rechercher les intérêts. L'adoption de textes de droit dérivé est l'expression de cette autonomisation des règles de conflit de lois européennes. Dans la mesure où il ne s'agit pas d'articuler les ordres juridiques des États membres mais de déterminer la loi adaptée, en fonction d'intérêts européens, les règles de conflit de lois européennes ne laissent pas une marge si importante aux États membres. M. Michaels, qui revient sur cette réflexion, explique que les règlements et directives européens de conflit de lois permettent d' « arbitrer à l'encontre des intérêts de tous les États au profit des intérêts des individus ou d'une communauté transnationale »[2031]. D'autres auteurs soulignent la finalité des règles de droit international privé européennes, en général, pour atteindre l'intégration européenne[2032].

[2028] J. BASEDOW, art. cité (note 1110), spéc. p. 278.

[2029] R. MICHAELS, art. cité (note 1091), spéc. p. 1610.

[2030] H. MUIR WATT, art. cité (note 819).

[2031] R. MICHAELS, art. cité (note 1091), spéc. p. 1622, dans la version originale : « [a] supranational codification is not confined this way ; it can also decide against the interests of all states for the interests of individuals or a transnational community ».

[2032] R. FENTIMAN, « Choice of Law in Europe: Uniformity and Integration », *Tul. L. Rev.* 2008, p. 2021.

616. Principes régulateurs. Il ressort de nos observations que les règles de conflit de lois européennes sont fondées sur des principes régulateurs européens. La fonction régulatrice peut être aperçue à partir de l'objectif particulier des règles de conflit de lois en présence d'une partie faible. Dans ce contexte, des règles impératives introduisent un formalisme protecteur dans la relation contractuelle en vue de la conclusion du contrat ou vont jusqu'à déterminer la relation contractuelle entre les deux parties[2033]. Dit autrement, nous devons nécessairement constater l'influence de principes dits régulateurs, c'est-à-dire protecteurs de la partie faible au contrat. Pour l'heure, la plupart des règles de conflit de lois tiennent peu compte de cet objectif régulateur.

617. Objectifs nationaux. En revanche, il ne saurait être oublié que le droit international privé européen est la continuité, voire le compromis, des traditions de droit international privé nationales. Cette observation s'impose face à l'émergence de règles de conflit à deux niveaux, national et européen. Alors que les règles de conflit des deux niveaux s'influencent mutuellement en ce qui concerne leurs méthodes et instruments, elles ne reflètent pas nécessairement les mêmes objectifs politiques[2034]. La difficulté consiste à identifier les objectifs politiques propres au niveau de l'Union. L'élaboration d'opinions communes pouvant déterminer le droit international privé a été décrite comme une tâche laborieuse[2035]. C'est ainsi que Batiffol observait que « les règles de conflits de lois [étaient] précisément divergentes d'un pays à l'autre, cette divergence [était] même regardée comme particulièrement surprenante et fâcheuse pour le règlement de relations intéressant, par définition, plusieurs systèmes »[2036]. Or, la création d'un droit international privé propre à l'Union européenne exige que l'on développe cette « opinion commune » par rapport à l'Union européenne. En effet, il s'agit de trouver des opinions communes entre systèmes de droit. L'identification de tels objectifs substantiels s'avère doit combler le caractère incomplet du droit de l'Union.

618. Matérialisation européenne. De la même manière que nous avons observé la matérialisation pour les règles de conflit de lois nationales, les règles de conflit de lois européennes s'imprègnent de considérations matérielles. Quelques réserves ont été observées à l'égard de la matérialisation de la règle de conflit de lois européenne, tenant à la spécificité de la règle de conflit de lois européenne. De fervents défenseurs du principe de neutralité se sont manifestés qui craignent une perte de neutralité du droit international privé, en raison de son européanisation. Alors que le droit international privé

[2033] H. MUIR WATT, art. cité (note 1922), spéc. p. 119.

[2034] J. MEEUSEN, communication citée (note 1150).

[2035] H. BATIFFOL, *Aspects philosophiques du droit international privé,* préc., n° 81.

[2036] *Ibid.*, n° 84.

classique était caractérisé par la neutralité[2037], les règles de conflit de lois européennes viseraient désormais à réaliser les valeurs du droit matériel européen. Certes, le droit international privé en tant que tel sert les relations internationales et ne se limite pas aux relations entre États membres[2038]. Prenant appui sur les caractéristiques propres du droit international prive en tant que discipline, M. Weller souhaite un retour au principe classique de neutralité[2039] : « [l]'équivalence des ordres juridiques et la neutralité des règles de conflit doivent primer sur la matérialisation et l'économisation du droit international privé »[2040]. Il craint que la matérialisation puisse freiner l'harmonisation internationale des décisions en ce qu'elle provoque le *forum shopping*[2041]. Cet argument ne semble toutefois pas jouer au sein de l'ordre juridique de l'Union européenne où la règle de conflit agit. Enfin, il est avancé que la neutralité est également un principe du droit international public, à l'appui du respect des droits de l'homme et du respect des identités culturelles différentes[2042].

619. Autonomisation européenne. Malgré ces critiques, l'évolution qui tend vers l' « autonomisation du droit international privé européen »[2043] s'accompagne nécessairement de l'absorption, par celui-ci de valeurs propres au droit de l'Union européenne. L'article 3, § 5 TUE, qui dispose que « l'Union affirme et promeut ses valeurs et ses intérêts […] dans les relations avec le reste du monde », y joue un rôle important. Il donne un fondement textuel à la matérialisation du droit international privé européen. Cette évolution est suivie par la Cour de justice. En effet, il est reconnu que « [l]e pouvoir créateur de [celle-ci] porte sur des situations pour lesquelles la finalité recherchée prend le pas sur la logique du droit international privé classique »[2044]. M. Meeusen qui favorise la matérialisation de la règle de rattachement, estime que « [c]ela revient essentiellement à reconnaître le droit international privé comme une discipline juridique avec ses propres buts et valeurs, et qui pour cette raison exprime certains choix »[2045]. Or, les principes de protection, en tant qu'expressions de ces buts et valeurs, restent à découvrir.

[2037] M.-P. WELLER, art. cité (note 1205) ; M. LEHMANN, art. cité (note 1419), spéc. p. 259 et s. *Contra,* U. MAGNUS, « Die Rom I-VO », *IPRax* 2010, p. 27, spéc. p. 33 et s., qui ne constate guère de différence entre la convention de Rome et le règlement Rome I.

[2038] J.-J. KUIPERS, art. cité (note 177).

[2039] M.-P. WELLER, art. cité (note 1205).

[2040] *Ibid.*

[2041] *Ibid.*

[2042] E. JAYME, cours cité (note 99), spéc. p. 89 et s.

[2043] J.-S. BERGÉ, D. PORCHERON, G. VIEIRA DA COSTA CERQUEIRA, art. cité (note 781), section 2.

[2044] *Ibid.*, n° 99.

[2045] J. MEEUSEN, cours cité (note 1298), spéc. p. 102.

620. Protection de parties faibles. La matérialisation de la règle de conflit de lois permet d'y introduire les mêmes principes que ceux qui déterminent l'harmonisation du droit matériel, à laquelle la règle de conflit de lois constitue une alternative. À cet égard, elle réserve une place aux intérêts protecteurs des parties faibles. M. Pocar résume que « la tâche du droit international privé […] s'exprime normalement dans le soin d'empêcher qu'une partie ne perde de protection à cause de cette pluralité des systèmes juridiques, en matière de contrats d'empêcher la partie la plus forte de se prévaloir de la même pluralité de règles en présence pour opprimer la faible »[2046]. Quelques travaux s'intéressent à la prise en compte d'intérêts protecteurs de la partie faible par la règle de conflit de lois européenne[2047]. À titre de comparaison, les travaux sur la protection du consommateur et le droit international privé reflètent cette même préoccupation[2048]. Il est reconnu que les règles de conflit de lois européennes peuvent prendre en compte des intérêts individuels des parties aux contrats[2049]. Les règles de conflit de lois européennes ne permettent pas de doute sur l'importance de la protection du travailleur[2050].

621. Fonction régulatrice et marché intérieur. Nous avons inscrit le fondement de la protection du travailleur dans le concept de marché intérieur. La fonction régulatrice d'une règle de conflit de lois spécifique, comme celle qui est protectrice du travailleur, suit les intérêts du marché intérieur[2051]. L'Union européenne visant à encourager ses citoyens à faire usage de leur libre circulation et d'exploiter les bénéfices du marché intérieur, le droit international privé régulateur contribue au fonctionnement de ce dernier, et plus particulièrement au marché du travail. En effet, nous avons constaté que la régulation du travail avait un impact immédiat sur les marchés du travail,

---

[2046] F. POCAR, cours cité (note 134), spéc. p. 357.

[2047] S. BADDOUR BOUKARAM, *La protection des 'parties faibles' dans le Règlement 'Rome I'*, préc., p. 15 et s., qui affirme que « [c]'est justement ce parallélisme entre le droit matériel et le droit international privé […] qui pourrait justifier 'l'élaboration des règles de conflit protectrices' en droit international privé communautaire ».

[2048] M. HO-DAC, « Du dialogue interprétatif entre droit (matériel) de la consommation et droit international privé de l'Union – L'exemple du 'for du consommateur », *RCDIP* 2022, p. 47.

[2049] A. MILLS, art. cité (note 97), spéc. p. 373 et s., dans la version originale : « [t]he content of private international law should equally be of significant wider concern – its regulatory impact, including the justness of the ordering of regulatory authority which it effects, and the impact of the rules on individuals ».

[2050] H. GAUDEMET-TALLON, art. cité (note 31), spéc. p. 126.

[2051] H. MUIR WATT, art. cité (note 1411), spéc. p. 1985 et s., dans la version originale : « such as employment relationships, consumer contracts or environmental torts, it is quite probable that the uniform Community choice-of-law rules are also designed to carry out a cross-border market-regulatory function ».

dont celui de l'Union européenne[2052]. Partant de la fonction régulatrice et européenne de la règle de conflit, nous affirmons qu'il incombe au droit international privé le rôle de déterminer la législation adéquate parmi celles des États membres, en véhiculant les intérêts du marché intérieur. Conformément à la libre circulation des travailleurs, l'Union donne la priorité aux intérêts individuels plutôt qu'aux intérêts des États qui revendiquent l'application de leur législation à certaines situations ou relations contractuelles[2053] ou tout simplement de leurs règles de conflit de lois[2054]. Ainsi, la règle de conflit de lois a pour objectif de trouver et de protéger le système législatif du pays auquel le travailleur appartient, c'est-à-dire au marché du travail auquel il participe[2055]. Cette lecture des règles de conflit de lois, sous l'angle du marché intérieur, nous permet de transposer nos développements sur le principe de protection du travailleur inhérent au concept de marché intérieur. Il semble acquis que le droit de l'Union européenne affirme un certain standard de protection du travailleur consubstantiel à la libre circulation des travailleurs. C'est cet esprit qu'il convient d'intégrer à la règle de conflit de lois. Compte tenu du cadre de cette étude, nous limitons nos observations à la relation de travail[2056]. Nous affirmons que la règle de conflit de lois doit incorporer une logique de protection du travailleur telle qu'elle résulte des libertés de circulation. Ceci n'exclut pas que la Cour de justice interdise à un État membre pris isolément d'afficher son intérêt législatif de protection au-delà de ses frontières[2057].

622. Principe de protection du travailleur. Nous découvrons la présence, dans le conflit de lois, d'un principe de protection du travailleur, s'alignant à celui inhérent aux libertés de circulation. Ce principe de protection

---

[2052] S. KREBBER, art. cité (note 249), spéc. p. 493.

[2053] J. MEEUSEN, « System Shopping in European Private International Law in Family Matters », J. MEEUSEN, M. PERTEGAS, G. STRAETMANS, F. SWENNEN (dir.), *International Family Law for the European Union,* Intersentia, 2007, p. 260.

[2054] C. I. NAGY, « What functions may party autonomy have in international family and succession law? An EU perspective », *NIPR* 2012, p. 580.

[2055] U. GRUSIC, *The European Private International Law of Employment*, préc., p. 34, dans la version originale : « [t]he protection of employees in private international law is not only about special rules giving protection to individual employees and being more favourable to their interests than the general rules. It is also about adequately allocating and safeguarding the adjudicatory and legislative authority of states in the fields of labour law. In other words, the protection of employees in private international law is primarily about finding and protecting the labour law system of the country or countries to which the employee 'belongs', in whose labour market(s) he or she participates ».

[2056] Pareilles observations pourraient également être menées sur d'autres contrats, mettant en présence notamment des parties réputées faibles.

[2057] J. FETSCH, art. cité (note 1028), spéc. p. 564.

du travailleur est affirmé à divers endroits, dans les textes européens régissant le conflit de lois. Le point de départ de notre analyse se situe dans l'objectif de protection du travailleur qui anime l'article 8 du règlement Rome I. Le considérant n° 23 du règlement Rome I fait référence à la protection des parties considérées comme plus faibles, d'une manière générale[2058]. Par ailleurs, toutes les décisions de la Cour de justice relatives aux règles de conflit de lois en matière de contrat individuel de travail font référence à l'objectif de protection adéquate du travailleur[2059]. La directive dite détachement, pour sa part, renvoie au « respect des droits des travailleurs »[2060], tout en l'articulant avec la libre prestation de services.

623. Directive dite détachement. Nous avons constaté que la directive dite détachement prenait appui sur la libre prestation de services, malgré la mobilité des travailleurs à laquelle elle donnait lieu. À cet égard, son articulation avec le règlement Rome I est parfois discutée. Le considérant n° 3 de la directive dite détachement indique que « la réalisation du marché intérieur offre un cadre dynamique à la prestation de services transnationale en invitant un nombre croissant d'entreprises à détacher des travailleurs en vue d'effectuer à titre temporaire un travail sur le territoire d'un État membre autre que l'État sur le territoire duquel ils accomplissent habituellement leur travail ». La fonction des règles de conflit de lois y afférant est amorcée au considérant n° 5, suivant lequel « une telle promotion de la prestation de services dans un cadre transnational nécessite une concurrence loyale et des mesures garantissant le respect des droits des travailleurs ». Non seulement l'on y découvre un lien entre les libertés de circulation et les règles de conflit de lois, mais l'on est également invité à s'interroger sur la place de la libre circulation des travailleurs dans ce contexte. En effet, la directive renvoie également au règlement Rome I qui contient la règle de conflit de lois spécifique en matière de contrat de travail. Ainsi, la directive dite détachement n'en est qu'une spécialisation. Les références, dans la directive détachement elle-même et dans le règlement Rome I, au cas spécifique du détachement ne devraient laisser douter de l'application du principe de protection du travailleur dans le contexte du détachement également. En conséquence, les règlements et directives contenant des règles de conflit de lois relatives à la relation de travail sont motivés par le principe de protection du travailleur.

[2058] Notons que les considérants n° 34 à 36 dudit règlement font certes référence au contrat individuel de travail mais se restreignent à l'articulation de ce dernier avec le détachement de travailleurs.

[2059] CJUE, 12 septembre 2013, C-64/12, *Schlecker*, pt. 33 et s. ; 15 décembre 2011, C-384/10, *Voogsgeerd*, pt. 35 ; 19 juillet 2012, C-154/11, *Mahamdia*, pts. 44, 46, 64 ; 15 mars 2011, C-29/10, *Koelzsch*, pt. 40 à 42, 46.

[2060] Considérant n° 5 de la directive 96/71/CE du Parlement européen et du Conseil du 16 décembre 1996 concernant le détachement de travailleurs effectué dans le cadre d'une prestation de services.

624. Principe régulateur. Le lien étroit avec les libertés de circulation, dans les instruments de conflit de lois, et plus spécifiquement dans la directive dite détachement, est l'expression du caractère régulateur des règles de conflit de lois concernées. Mme Muir Watt voit dans la directive dite détachement un exemple de la mobilisation du conflit de lois pour consacrer sa fonction régulatrice[2061]. Elle souligne plus précisément la fonction qui incombe à la règle de conflit de lois de corriger les effets indésirables de la concurrence normative[2062]. La directive détachement constitue une telle tentative d'adopter des règles de conflit de lois pour adresser les distorsions de concurrence, alors que les compétences de régulation sociale et économique restent au niveau étatique[2063]. Cette utilisation de la directive dite détachement à des fins régulatrices est également la preuve, selon M. Pataut, que « le conflit de lois peut sans se dénaturer, être mis au service des intérêts propres de la construction communautaire »[2064].

625. Contours du principe protecteur. S'agissant d'un principe issu du matériel, les contours du principe de protection du travailleur pourront être déterminés à partir du droit matériel qu'il vise. Ce constat permet à Mme Moreau de souligner l'incidence des spécificités de la matière du droit du travail sur la fonction substantielle des règles de conflit[2065]. Comme nous l'avons développé, au sujet de la composante sociale du marché intérieur, le principe de protection du travailleur vise à servir l'exercice des libertés de circulation. Conformément au contrôle des règles de conflit de lois au regard des libertés de circulation, les règles de conflit de lois ne sauraient freiner l'intégration du marché, ou l'accès au marché[2066]. Il convient ainsi de veiller à la prohibition d'un phénomène appelée sur-réglementation[2067]. L'expression du principe de protection du travailleur reste à découvrir, dans un pluralisme des méthodes plutôt que dans une diversification des solutions. Nous concluons ainsi avec M. Bucher qui critique la « souplesse [qui] réside dans

---

[2061] H. MUIR WATT, « European integration, legal diversity and the conflict of laws », *Edinburgh L. Rev.,* 2004-2005, p. 6.

[2062] *Ibid.*

[2063] *Ibid.*, dans la version originale : « appropriate conflict rules are being put into place in order to correct these distortions, while leaving each national system free to pursue its own economic or social policies through diverse substantive rules ».

[2064] É. PATAUT, « Lois de police et ordre juridique communautaire », A. FUCHS, H. MUIR WATT, É. PATAUT (dir.), *Les conflits de lois et le système juridique communautaire*, Dalloz, 2004, p. 144.

[2065] M.-A. MOREAU, « Continuité des règles de DIP en matière de contrat de travail international et communautarisation », G. KOHEN, D. BENTOLITA (dir.), *Mélanges en l'honneur du professeur Jean-Michel Jacquet,* Paris, 2013, p. 401, spéc. p. 403.

[2066] CJCE, 15 décembre 1995, C-415/93, *Bosman.*

[2067] H. MUIR WATT, art. cité (note 1942), dans la version originale : « over-regulation or multiple burdens restricting access to other European markets ».

la diversification des solutions et non, nécessairement, dans la méthode d'y aboutir et de concevoir la nature et la fonction des règles de conflit de lois. Dans la doctrine contemporaine, on constate en effet que cet apport en flexibilité n'est, en général, pas synonyme d'une ouverture tendant à intégrer dans la méthode conflictuelle la dimension sociale des lois et la considération des sphères d'efficacité, nécessaires à la réalisation des objectifs du droit matériel »[2068].

2068 A. BUCHER, cours cité (note 560), p. 64.

Conclusion de section

626. Alors que nous avons constaté que le principe de protection du travailleur était progressivement ancré dans le conflit de lois, il nous incombait ensuite de faire le lien entre la fonction régulatrice de la règle de conflit de lois et la possibilité, pour celle-ci, de véhiculer le principe de protection. Rappelons que la fonction régulatrice s'est imposée progressivement, en ce qu'elle contient une réponse, du point de vue du droit international privé, à l'affirmation de la fonction sociale et économique de la règle de droit en général. La règle de conflit de lois régulatrice prenant en compte les intérêts du marché, elle répond, dans le contexte précis de l'européanisation, aux intérêts régulateurs du marché intérieur. La composante sociale du marché intérieur étant fondée sur la compétence harmonisatrice de l'Union européenne pour le droit du travail, elle est également sous-jacente à la règle de conflit de lois. Il nous semble ainsi possible d'intégrer le principe de protection du travailleur, issu de la logique d'intégration du marché intérieur, dans la règle de conflit de lois régulatrice européenne. Cette règle de conflit de lois se caractérise par la matérialisation.

CONCLUSION DE CHAPITRE

627. La transmission de la composante sociale du marché intérieur au sein du droit européen interroge. Elle contribue à l'émergence d'un droit du travail régulateur, qui se développe à l'image du droit privé régulateur. La manière de décrire ce domaine du droit de l'Union européenne met l'accent sur le caractère régulateur du droit du travail, dans un contexte d'intégration du marché intérieur. Le droit du travail est ici conçu comme prévenant les heurts résultant de la diversité des réglementations du travail nationales, dans le contexte des libertés de circulation. Compte tenu du caractère limité du droit du travail harmonisé, la coordination des réglementations nationales prend le relais. Constituant une réponse régulatrice, celle-ci s'opère au moyen de la règle de conflit de lois. En raison du caractère incomplet du droit du travail de l'Union européenne, des difficultés demeurent en ce qui concerne la détermination des intérêts régulateurs. Nous proposons de nous servir du principe de protection du travailleur inscrit dans la composante sociale du marché intérieur. Ce principe innerve la règle de conflit de lois laquelle opère au service de la régulation du marché intérieur. Une telle description s'inscrit dans la continuité des développements sur la prise en compte des intérêts protecteurs de la partie faible par la règle de conflit de lois.

CONCLUSION DE TITRE

628. L'existence du droit du travail de l'Union européenne étant affirmée à partir des compétences de l'Union européenne en cette matière, l'exploitation de ces dernières reste limitée. Cette limitation tient, entre autres, au caractère minimal de ces compétences et à la diversité des réglementations laquelle empêche le consensus harmonisateur. Or, il convient de lire le principe de protection du travailleur dans son contexte, ce qui consiste à l'inscrire dans la composante sociale du marché intérieur. En conséquence, le droit dérivé qui fait référence aux principes du marché intérieur est possiblement vecteur du principe de protection du travailleur.

629. Alors que les auteurs observent le caractère incomplet de l'harmonisation qui aurait pour objet la création d'un droit du travail régulateur européen, ils constatent que le rôle de réguler appartient à la coordination des réglementations nationales. En conséquence, cette régulation s'opère également au moyen des règles de conflit de lois harmonisées. Cette argumentation repose sur la reconnaissance que le conflit de lois véhicule les intérêts matériels tels que celui de protection du travailleur. Pour l'heure, les mécanismes protecteurs de la règle de conflit de lois régulatrice européenne restent à découvrir. Il est toutefois acquis que la règle de conflit de lois intervient au service du droit du marché intérieur. La règle de conflit de lois exerce sa fonction régulatrice au moyen de rattachements matériels.

TITRE 2
LA PROTECTION DU TRAVAILLEUR PAR LA RÈGLE DE CONFLIT DE LOIS

[T]he private interest paradigm which constitutes the foundation of the conflict of laws can no longer cope with the increasing interference of state policies in the field of transnational litigation.
Horatia MUIR WATT[2069]

630. Droit du travail de l'Union européenne. Les libertés de circulation peuvent être comprises comme renforçant l'autonomie des acteurs dans l'espace du marché intérieur. Cette conséquence du développement du marché intérieur a nécessairement un impact sur le conflit de lois[2070]. Or, le renforcement de la liberté des acteurs doit être nuancé dès lors qu'on l'étudie sous l'angle des intérêts régulateurs résultant de la composante sociale du marché intérieur. À défaut de cette prise en compte, les libertés de circulation iraient dans le sens du renforcement de la loi d'autonomie en présence d'un contrat de travail[2071]. Nous faisons, plus précisément, référence au principe de protection du travailleur résultant de la composante sociale du marché intérieur[2072] qui intervient aussi au moyen de la règle de conflit de lois régulatrice de source européenne[2073]. Ce principe, qui est le fondement du droit du travail de l'Union européenne au sens large, permet d'illustrer l'existence de cette dernière branche du droit de l'Union européenne[2074].

[2069] H. MUIR WATT, art. cité (note 1942), traduit : « le paradigme de l'intérêt privé qui constitue le fondement du conflit de lois ne peut plus supporter d'être exposé à l'interférence croissante des politiques étatiques dans les litiges transnationaux ».

[2070] Sur l'effet direct horizontal des libertés de circulation et la loi d'autonomie, *supra*, n° 278 et s.

[2071] H. MUIR WATT, art. cité (note 268), spéc. p. 255, dans la version originale : « [i]n a similar vein, party autonomy also entertains a symbiotic relationship with free movement within the European Union, which in turn explains why [...] employment contracts are not immune from the indirect effects of party choice, notwithstanding the ostensibly different path 'visible European regulation' has taken in this field ».

[2072] *Supra,* n° 508 et s.

[2073] *Supra*, n° 630 et s.

[2074] En ce sens, les titres des manuels, *cf.* A. et G. LYON-CAEN, *Droit social international et européen*, préc., et P. RODIÈRE, *Droit social de l'Union européenne,* préc. ; R. BIRK, art. cité (note 1954), spéc. p. 388, qui évoque l'existence du droit du travail européen au sens large comme comprenant le droit de la Charte sociale européenne. Il définit le droit du travail de l'Union européenne, dans la version originale : « [u]nter Europäischem Arbeitsrecht möchte ich deshalb das supranationale Arbeitsrecht der EG bzw. der EU mehr in einem systematischen Sinne

Compte tenu de la diversification de ses modalités d'intervention, les contours de ce droit restent encore obscurs : l'harmonisation n'est pas achevée et la règle de conflit de lois prend le relais. Notre intérêt porte ici sur ce second volet du droit du travail de l'Union européenne qui est constitué de règles de droit international privé régissant la mobilité des travailleurs.

631. Fonctions régulatrice et protectrice. À l'instar de Birk, nous insistons sur l'importance des concepts émergents du droit du travail de l'Union européenne. Cette recherche a pour finalité de parvenir à l'identification des principes sous-jacents aux règles de conflit de lois européennes. En effet, les contours du droit international privé européen restent encore à développer. Plus précisément, nous nous concentrons sur la règle de conflit de lois du point de vue de sa fonction régulatrice. Il s'agit d'étudier l'influence du droit du marché intérieur sur le conflit de lois. Le droit du travail de l'Union européenne étant initialement fondé sur le marché intérieur, il adopte une logique similaire à celle qui a imprégné les règles de conflit de lois spécifiques aux relations de travail. Agissant au bénéfice de l'intégration du marché intérieur de l'Union européenne, la règle de conflit de lois contribue, elle aussi, à l'effectivité de la libre circulation de travailleurs, voire des autres libertés de circulation dans le cadre de l'Union européenne. En effet, la règle de conflit ne saura pas heurter le marché intérieur et devra donc respecter les libertés de circulation. En tant qu'elle contribue à la fonction régulatrice du marché intérieur, elle répond nécessairement à des caractéristiques propres. Cette particularité suscite l'intérêt pour une étude spécifique, parmi celles qui existent sur les règles de conflit de lois européennes, de la règle de conflit de lois protectrice du travailleur. Résumons seulement que ces règles de conflit de lois s'inscrivent dans le droit du travail de l'Union européenne : elles en véhiculent le principe de protection du travailleur.

632. Relation de travail. La protection du travailleur dépend nécessairement du champ d'application des règles de conflit de lois. Compte tenu des différentes manières d'appréhender les aspects de la relation de travail – dans un contexte de diversité des législations du travail et de leurs champs d'application à travers les États membres[2075] –, il apparaît important de recentrer le débat autour du travailleur. L'éclatement du conflit de lois ayant été constaté[2076], nous essayons de regrouper les différents aspects de la

---

verstehen. Auch erst im Entstehen befindliche Komplexe sollen nämlich damit wissenschaftlich erfasst werden. Es geht also nicht nur um existierendes Europäisches Arbeitsrecht. Europäisches Arbeitsrecht umfasst mithin ein weit verstandenes supranationales Arbeitsrecht sowie die nationalen auf EU-Arbeitsrecht basierenden arbeitsrechtlichen Regelungen. Insofern ist also Europäisches Arbeitsrecht mehr ein Projekt als eine Realität ».

[2075] *Supra*, n° 136 et s.

[2076] *Supra*, n° 104 et s.

relation de travail tombant sous l'empire de différentes règles de conflit de lois. Certaines situations peuvent être difficilement appréhendées par les règles de conflit de lois, en raison de leur nature particulière. En prenant l'exemple du détachement de travailleurs, il nous apparaît à ce stade difficilement concevable qu'une relation de travail qui donne lieu à un détachement puisse être scindée en deux relations contractuelles aux fins de déterminer le droit du travail applicable : la notion utilisée par la directive dite détachement d'une part, et la notion utilisée par le règlement Rome I, d'autre part[2077]. Ce traitement distinct de la relation, dans le pays d'origine et dans le pays d'accueil, semble toutefois voulu par la directive dite détachement. En effet, son article 2, § 2 renvoie au droit du pays d'accueil pour qualifier le travailleur, alors que le règlement Rome I semble toujours prévoir la qualification selon la loi du pays d'origine. La question qui se pose à partir de cet exemple est ainsi celle de la recherche d'une définition autonome du travailleur ou de la relation de travail, à laquelle devra s'adresser la règle de conflit de lois spécifique. Cette exigence semble d'autant plus pressante que nous constatons des définitions divergentes et fluctuantes au niveau de l'Union européenne. Une clarification s'impose au regard des champs d'application des libertés de circulation[2078]. Le lien d'intégration du travailleur devra constituer notre point de départ. Comme nous l'avons noté, il est consubstantiel au principe de protection du travailleur[2079].

633. Plan. Comment le principe de protection du travailleur qui anime la fonction de la règle de conflit de lois peut-il s'incorporer dans la règle de conflit de lois régulatrice (chapitre 1) ? Le travailleur étant visé dans diverses situations qui entrent dans le champ de plusieurs libertés de circulation, les règles de conflit de lois doivent voir leur champ d'application adapté à celles-ci (chapitre 2).

[2077] K. ZIEGLER, *Arbeitnehmerbegriffe im Europäischen Arbeitsrecht*, préc., p. 389.

[2078] *Supra*, n° 216 et s.

[2079] *Supra*, n° 514 et s.

CHAPITRE 1
LA RÈGLE DE CONFLIT DE LOIS RÉGULATRICE ET PROTECTRICE

634. Critique de la neutralité. Afin de pouvoir assurer la protection du travailleur par la règle de conflit de lois, il convient de se rappeler la rupture avec le présupposé de la neutralité de la règle de conflit. Le recul de la thèse de la neutralité des règles de conflit de lois a été soulignée[2080]. Rappelons que la justice conflictuelle, encore prônée par Kegel[2081], ancre la fonction localisatrice de la règle de conflit de lois multilatérale telle que développée par Savigny. Cette justice conflictuelle s'entend comme étant exclusive de la justice matérielle, laquelle n'intervient ainsi qu'au stade de l'application de la loi ou exceptionnellement par l'intermédiaire de l'exception d'ordre public. D'importantes critiques sont formulées à l'égard du caractère raide de ces rattachements. M. Audit observe que « [l]e reproche qui leur est fait, outre celui d'excessive généralité, est de retenir des critères de rattachement arbitraires, ou en tout cas ne tenant pas compte du but sous-jacent aux règles de fond. On essaiera de montrer au contraire que ces règles reposent sur des considérations finalistes, qui les rendent aptes à régir le plus grand nombre de cas et fournissent les éléments de discussion pour la solution des plus difficiles »[2082]. Plus tard, M. González Campos reproche encore au concept de justice conflictuelle d'être incohérent : « si le juge ne peut apprécier le contenu du droit matériel qu'au cours de la deuxième étape du raisonnement, il s'ensuit que le seul contenu qu'il puisse prendre en compte est celui de l'ordre juridique désigné par la règle de conflit et non celui des autres systèmes auxquels la situation peut être aussi rattachée »[2083]. Cette incohérence s'explique, dès lors que l'on admet que le droit privé matériel véhicule les intérêts du système juridique national. Il explique : « si la règle de conflit, par suite des codifications nationales du droit privé, s'est bâtie à l'aide non pas de la science juridique, mais des catégories tirées du droit positif d'un système donné, la situation change inévitablement »[2084]. Mme Muir Watt caractérise, pour s'en distancier, « les convictions qui sont les piliers doctrinaux sous-tendant [cette] méthodologie conflictuelle : l'abstraction apolitique de la norme de droit privé, garant de sa neutralité, loin des contingences et des appétits déchaînés dans le droit public »[2085]. Le passage à la règle de conflit matérielle semble s'imposer puisque « la question devient moins celle de la

---

[2080] *Supra*, n° 601 et s.

[2081] *Cf.* G. KEGEL, art. cité (note 1984).

[2082] B. AUDIT, cours cité (note 1422), spéc. p. 270.

[2083] J. D. GONZÁLEZ CAMPOS, cours cité (note 2013), n° 221.

[2084] *Ibid.*, n° 222.

[2085] H. MUIR WATT, cours cité (note 539), n° 158.

prise en compte des finalités du droit matériel par le droit international privé que celle de la conciliation de cette prise en compte avec les autres intérêts dont cette discipline a la charge »[2086].

635. Matérialisation et principe de protection. Situons le principe de protection du travailleur parmi les principes matériels du conflit de lois. Il intervient parmi d'autres principes pour mener la matérialisation des règles de conflit de lois : « quand l'ordre juridique étatique commence à poursuivre des objectifs sociaux concrets découlant de l'État social, il est clair que le système de droit international privé a reçu l'effet de cette 'matérialisation' du droit »[2087]. Pour les besoins de notre étude, nous avons identifié le principe de protection du travailleur comme étant inscrit dans le droit du marché intérieur[2088]. Le règlement Rome I y fait référence et la jurisprudence l'utilise – sous la dénomination de principe de protection adéquate – pour l'interprétation des règles de conflit de lois. À partir de là, nous pouvons réaffirmer que l'Union européenne conçoit le droit international privé comme étant au service d'objectifs régulateurs[2089]. Le principe de protection du travailleur fait partie de ces derniers en ce qu'il participe de la régulation du marché intérieur. Les principes régulateurs peuvent s'afficher tant à l'intérieur qu'à l'extérieur du marché intérieur pour y projeter certains objectifs politiques[2090].

636. Mécanismes. Alors qu'à l'époque de la justice conflictuelle, seule l'exception d'ordre public peut porter des intérêts matériels[2091], la matérialisation du conflit de lois commande une refonte des mécanismes. Notre démarche consiste à étudier les différents rattachements retenus par l'actuel article 8 du règlement Rome I pour en tirer une logique globale des règles de conflit de lois en matière de contrat de travail. Même si la qualification de partie faible semble avoir été reconnue pour le travailleur, la règle de conflit de lois ne s'avère pas particulièrement protectrice. C'est ainsi que l'évolution entre la convention de Rome et le règlement Rome I a été évaluée comme « [b]eaucoup de bruit pour presque rien »[2092].

[2086] M. MOHAMED SALAH, cours cité (note 1451), spéc. p. 177.

[2087] *Ibid.*, spéc. p. 165.

[2088] *Cf.* S. ROBIN-OLIVIER, art. cité (note 42), pour une étude générale de la protection du salarié dans le cadre de la mobilité.

[2089] A. MILLS, « Private International Law and EU External Relations: Think Local Act Global, or Think Global Act Local? », *ICLQ* 2016, p. 541, spec. p. 562, dans la version originale : « the EU has sought to adopt private international law rules which achieve certain policy objectives as part of the internal market ».

[2090] *Ibid.*, dans la version originale : « that EU private international law rules are adopted in order to serve external (as well as potentially internal) policy objectives ».

[2091] A. BUCHER, cours cité (note 560), p. 62 et s.

[2092] O. BOSKOVIC, art. cité (note 133).

637. Plan. Partant d'une présentation de l'articulation des principes régissant la règle de conflit de lois protectrice (section 1), nous parviendrons à identifier les mécanismes de cette règle de conflit de lois régulatrice qui véhiculent le principe de protection du travailleur (section 2).

Section 1
Les principes protecteurs régissant la règle de conflit de lois matérielle

638. Principes. La matérialisation du conflit de lois conduit à un changement des principes sous-jacents aux règles de conflit. À côté des principes classiques du conflit de lois qui sont la prévisibilité et la sécurité juridique, nous nous référons dans notre étude à la place qu'occupe le principe de protection adéquate du travailleur. La convention de Rome et le règlement Rome I visent ce principe que la jurisprudence devra forger. Il trouve sa consécration dans la règle de conflit de lois spécifique au contrat individuel de travail. Or, comme le souligne Mme van Hoek, cette règle de conflit de lois n'a pas pour objet de désigner la loi la plus protectrice au sens du principe de protection (« protection principle »), mais la loi la plus proche du contrat de travail[2093]. Se pose ainsi la question de la place accordée au principe de proximité parmi les principes matériels. Celui-ci n'est pas anodin, dans la mesure où le principe de protection du travailleur s'y réfère expressément. Alors que le principe de proximité se manifeste habituellement en tant qu'une exception, il semble s'exercer d'une manière – certes différente – dans les règles de conflit de lois protectrices du travailleur.

639. Plan. Dans un premier temps, il conviendra de situer le principe de protection du travailleur dans la conception de justice matérielle qu'exprime la règle de conflit de lois (sous-section 1). Dans un second temps, nous nous intéresserons aux interactions du principe de proximité avec les principes matériels régissant la règle de conflit de lois protectrice (sous-section 2).

Sous-section 1. Les principes matériels de la règle de conflit de lois protectrice

640. Principes matériels. Le principe de protection adéquate du travailleur s'inscrit parmi les principes matériels et est parfois généralement visé sous le terme de « Günstigkeitsprinzip »[2094]. Il émerge de la fonction régulatrice du conflit de lois laquelle commande que nous recherchions la loi la plus adaptée[2095]. Cette fonction est exercée par la règle de conflit de lois de source européenne, qui véhicule les intérêts matériels de cet espace. Alors que la règle de conflit de lois neutre, à rattachement unique, serait gouvernée par les principes de prévisibilité et de certitude absolue[2096], l'intervention des

---

[2093] A. VAN HOEK, « Private international law rules for transnational employment: Reflections from the European Union », A. BLACKETT (dir.), *Research Handbook on Transnational Labour Law*, Elgar, 2015, p. 438, spéc. p. 443.

[2094] J. D. GONZÁLEZ CAMPOS, cours cité (note 2013), n ° 224.

[2095] *Supra,* n° 612 et s.

[2096] En ce sens, B. AUDIT, cours cité (note 1422), spéc. p. 348.

intérêts matériels opère un changement de méthode. Il est ainsi indispensable de définir les principes de la règle de conflit de lois matérielle. Dans le cadre de cette évolution, il est progressivement exigé de prendre en compte les valeurs et objectifs importants exprimés par les droits substantiels des États membres lors de l'élaboration des règles de droit international privé[2097]. Les études démontrent cette prise en compte[2098]. En ce qui concerne spécifiquement le droit du travail, la nouvelle fonction substantielle des règles de conflit est affirmée par Mme Moreau[2099]. L'auteure se fonde, à cet effet, sur la prise en compte du principe de protection du travailleur en tant que partie faible, tant par les règles de conflit de juridiction que par les règles de conflit de lois[2100].

641. Plan. Nous décrirons le principe de protection adéquate du travailleur (paragraphe 2), que nous aurons situé parmi les principes régissant la règle de conflit de lois matérielle (paragraphe 1).

Paragraphe 1. Les principes consacrant la matérialisation

642. Justices matérielles. Le développement de la justice matérielle sous-jacente à la règle de conflit de lois a été envisagé à plusieurs degrés. La doctrine contemporaine du droit international privé tend à voir se réaliser, dans les règles de conflit de lois, la justice matérielle du droit substantiel[2101]. M. Symeonides argue que la résolution des litiges d'une manière juste et équitable sur le fond, est un objectif tant pour les règles de conflit de lois que pour les règles de droit interne[2102]. Cette conception matérielle de la règle de conflit de lois vise un résultat approprié. Ce résultat se caractérise non pas d'un point de vue spatial mais matériel[2103]. Alors que M. Symeonides transpose simplement la justice matérielle dans le contexte de la règle de

---

[2097] U. GRUSIC, *The European Private International Law of Employment*, préc., p. 26.

[2098] *Cf.* M. GIULIANO, P. LAGARDE, rapport cité (note 180).

[2099] M.-A. MOREAU, art. cité (note 2065), spéc. p. 403.

[2100] *Ibid.*, spéc. p. 403 ; F. JAULT-SESEKE, « L'adoption du règlement n° 593/2008 (Rome I) sur la loi applicable aux obligations contractuelles : le choix de la continuité pour le contrat de travail », *RDT* 2008, p. 620.

[2101] S. SYMEONIDES, « Material Justice and Conflicts Justice in Choice of Law », P. BORCHERS, J. ZEKOLL (dir.), *International Conflict of Laws for the Third Millennium: Essays in Honour of Friedrich K. Juenger*, Ardsley, 2001, p. 125 ; « Result-Selectivism in Private International Law », *Romanian Journal of PIL and Comparative Private Law,* 2008, n° 3, p. 1 ; « Private International Law : Idealism, Pragmatism, Eclecticism », *RCADI*, vol. 384, Brill, 2017, p. 9, spéc. p. 198.

[2102] S. SYMEONIDES, cours cité (note 2101), spéc. p. 198, dans la version originale : « [r]esolving disputes in a manner that is substantively fair and equitable to the litigants should be an objective of conflicts law as much as it is of internal law ».

[2103] *Ibid.*

conflit, d'autres auteurs semblent insister sur le caractère spécifique de cette matérialisation par rapport aux intérêts matériels du droit. La matérialisation émerge du débat sur la fonction de la règle de conflit de lois. Ce développement d'une fonction nouvelle de la règle de conflit conduit à « relativis[er] singulièrement la fameuse distinction entre la justice de droit international privé et la justice de droit matériel »[2104], nous rappelle M. Mohamed Salah. Ceci revient également à admettre que la justice que nous évoquons dans le contexte du droit international privé a une connotation différente par rapport à celle du droit interne. Cette vision semble aussi être sous-jacente aux écrits de M. Mills qui distingue les règles régulatrices des règles portant un objectif matériel[2105]. En effet, les règles de conflit de lois matérielles poursuivent des objectifs matériels parmi d'autres objectifs traditionnels de la règle de conflit[2106]. La matérialisation est à tout le moins favorisée par la fonction régulatrice.

643. Justice matérielle. Nous retenons que la règle de conflit de lois ne peut pas aller à l'encontre d'intérêts du système juridique dans lequel elle s'inscrit et dont elle véhicule les principes et valeurs. La justice matérielle qui s'applique est ainsi celle du système juridique. Or, la fonction régulatrice de la règle de conflit de lois peut venir apporter des limites au rayonnement de la règle de conflit de lois matérielle. Ce n'est pas tant la conception de la justice matérielle mais sa réalisation qui est limitée, dans la mesure où l'objet de la règle de conflit de lois consiste à réguler les relations privées internationales et à attribuer la loi la plus approprié au litige. En d'autres termes, l'objet de la règle de conflit de lois façonne l'intervention de la justice matérielle dans ce contexte. Dans l'Union européenne, la règle de conflit de lois vise ainsi à consacrer pleinement les intérêts qui caractérisent le système juridique. Ces intérêts correspondent à ce que nous avons désigné sous le terme d'intérêts régulateurs. En conséquence, il convient de se séparer du rattachement du point de vue territorial, lequel est remplacé par le rattachement le plus approprié, matériel. L'incidence de cette justice matérielle sur la règle de conflit de lois conduit à la naissance d'une règle de conflit de lois que nous appelons à coloration matérielle ou dont le rattachement est à caractère substantiel. Alors qu'en allemand, l'on a tendance à utiliser le terme de

---

[2104] M. MOHAMED SALAH, cours cité (note 1451), spéc. p. 165.

[2105] A. MILLS, art. cité (note 2089), spéc. p. 570, dans la version originale : « [t]his is the case whether those goals are traditional private international law goals (such as the appropriate allocation of regulatory authority) or substantive policy goals (such as promoting environmental protection) ».

[2106] A. BUCHER, « Sur les règles de rattachement à caractère substantiel », *Liber amicorum A. Schnitzer*, Genève, 1986, p. 39, faisant référence à L. RAAPE, F. STURM, *Internationales Privatrecht*, tome 1, Franz Vahlen, 1977, p. 9 et s. ; C. SCHRÖDER, *Das Günstigkeistprinzip im internationalen Privatrecht*, Peter Lang, 1996 ; J. D. GONZÁLEZ CAMPOS, cours cité (note 2013), n ° 224.

Materialisierung, ce dernier ne saurait pas être confondu avec la dénomination des règles matérielles ou substantielles. En anglais, les termes appropriés semblent être ceux de « result-oriented » ou « result-selective conflict rules »[2107].

644. Principes matériels. L'existence de règles de conflit de lois à coloration matérielle étant affirmée, il s'agit d'en désigner les principes. Les règles de conflit de lois matérielles semblent tendre vers « des solutions au cas par cas »[2108], avance M. Audit prudemment. Sans exclure complètement l'existence des principes de sécurité juridique et de prévisibilité parmi ceux qui régissent les règles de conflit de lois européennes, M. Mills observe que ces dernières tendraient vers d'autres objectifs politiques, ce à quoi contribuerait le principe de l'application universelle des règles de conflit[2109]. Nous en concluons que la matérialisation conduit au recul des premiers objectifs, au profit de la consécration d'objectifs matériels. L'application universelle des règles de conflit de lois contribue à prospecter ces objectifs politiques vers l'extérieur de l'Union européenne. Par ailleurs, la matérialisation des règles de conflit de lois contribue à la remise en cause d'autres objectifs qui gouvernent traditionnellement le conflit de lois, comme l'harmonie internationale des décisions réduisant le *forum shopping* ou la réduction des conflits de compétence entre États[2110]. Le règlement Rome I contient une référence aux principes de prévisibilité de l'issue des litiges et de sécurité relative au droit applicable[2111]. Il est néanmoins curieux d'observer qu'il les soumet – voire les subordonne – aux objectifs matériels sous-jacents au règlement, plus précisément, celui de bon fonctionnement du marché intérieur. Cet ordre est exprimé de la manière suivante : « [l]e bon fonctionnement du marché intérieur exige, afin de favoriser la prévisibilité de l'issue des litiges, la sécurité quant au droit applicable et la libre circulation des jugements, que les règles de conflit de lois en vigueur dans les États membres désignent la même loi nationale quel que soit le pays dans lequel l'action est introduite »[2112].

2107 *Cf.* S. SYMEONIDES, cours cité (note 2101).

2108 B. AUDIT, art. cité (note 1426), spéc. p. 423.

2109 A. MILLS, art. cité (note 2089), spéc. p. 565, dans la version originale : « [i]t is important to note that not all EU choice of law rules are primarily focused on certainty and predictability—other rules do have different policy objectives in mind, and the universal application of the rules also has the effect of projecting these policies internationally ».

2110 *Ibid.*, spéc. p. 570, dans la version originale : « [p]ursuing such goals through private international law is likely to make it more difficult to achieve other traditional private international law goals such as advancing decisional harmony (to reduce incentives for forum shopping), or minimizing the risk of regulatory conflict between States ».

2111 Règlement dit Rome I, considérant n° 6.

2112 *Ibid.*

645. Matérialisation européenne. La matérialisation véhiculant des objectifs régulateurs européens, il convient de mesurer son impact dans un contexte extra-européen, compte tenu du caractère universel des règles de conflit de lois. En d'autres termes, l'application des règles de conflit aux cas impliquant par hypothèse des pays tiers a pour effet de projeter les intérêts de justice matérielle au-delà du contexte intra-européen. M. Mills observe cet effet à propos de la règle de conflit de lois protectrice du consommateur[2113]. Un raisonnement pareil pourrait être mené en ce qui concerne l'article 8 du règlement Rome I. *In fine*, il nous apparaît légitime d'admettre qu'un lien quelconque d'une relation juridique avec l'Union européenne permet l'utilisation de la règle de conflit de lois visant la désignation de la loi appropriée, dès lors que l'intérêt régulateur – de protection du consommateur ou du travailleur – le veut.

646. Pluralisme des méthodes. La réalisation de la justice matérielle conduit également à un renouveau des méthodes du conflit de lois. Notons seulement qu'historiquement, l'ordre public est considéré comme l'unique mécanisme permettant la prise en compte de considérations matérielles dans le conflit de lois[2114]. Il est fait emploi d'impérativités au sens large, lesquelles se voient désormais condamnées par la Cour de justice[2115]. Parallèlement, nous sommes témoins d'un « pluralisme des méthodes »[2116] qui prête son nom à divers ouvrages de théorie du droit international privé. C'est ainsi que M. Bucher observe qu' « [u]ne prise en compte a lieu, en effet, favorisant un certain pluralisme des méthodes en droit international privé »[2117]. Il ajoute que : « [l]e pluralisme des méthodes tend ainsi à cristalliser l'observation de la volonté d'application des lois en marge ou en dehors de la conception traditionnelle du fonctionnement de la règle de conflit, en particulier dans le concept de l'ordre public, pris dans un sens large, comprenant les règles d'ordre public et d'application immédiate »[2118]. Néanmoins, M. Bucher met en garde contre la flexibilité renforcée par l'emploi de certaines nouvelles méthodes : « cet apport en flexibilité n'est, en général, pas synonyme d'une ouverture tendant à intégrer dans la méthode conflictuelle la dimension sociale des lois et la considération des sphères d'efficacité, nécessaires à la réalisation des objectifs du droit matériel »[2119], observe-t-il. L'évolution vers un pluralisme étant affirmée, nous étudierons les méthodes pertinentes[2120], après avoir démontré les principes du conflit de lois concernant le travailleur.

[2113] A. MILLS, art. cité (note 2089), spéc. p. 566.

[2114] A. BUCHER, cours cité (note 560), p. 62 et s.

[2115] *Supra*, n° 215 et s.

[2116] *Cf.* H. GAUDEMET-TALLON, cours cité (note 1371).

[2117] A. BUCHER, cours cité (note 560), p. 65.

[2118] *Ibid.*

[2119] *Ibid.*, p. 64.

[2120] *Infra,* n° 689 et s.

Paragraphe 2. Le principe de protection du travailleur parmi les principes de matérialisation

647. Affirmations. Le principe de protection du travailleur fait partie des principes de justice matérielle qui influencent le conflit de lois. Ainsi, il est reconnu que les règles de conflit de lois en matière de contrat de travail sont l'expression d'une incorporation de considérations de justice matérielle[2121]. Depuis longtemps, les auteurs citent les règles de conflit de lois spécifiques au contrat de travail parmi « les règles de conflit à finalité matérielle, par exemple les Conventions de La Haye sur les conflits de lois en matière de forme des dispositions testamentaires ou sur la loi applicable aux obligations alimentaires, ou encore certaines dispositions de la convention de Rome (art. 5, 6 et 9). C'est vrai, mais seulement parce que, sur ces points précis, existait entre les Etats contractants un accord sur les politiques législatives de droit matériel »[2122]. En citant notamment l'article 6 de la convention de Rome, M. Lagarde qualifie le principe de protection du travailleur comme un principe de justice matérielle. Nous retrouvons ici le principe du droit de l'Union européenne qui vise à protéger le travailleur en tant qu'une partie faible au contrat[2123]. Il s'agit désormais de s'interroger sur la place qu'occupe ce principe parmi les autres principes régissant les règles de conflit de lois matérielles. Comment ce principe intervient-il parmi les autres principes régissant le conflit de lois ?

648. Transmission. La transmission des principes du droit substantiel de l'ordre juridique est plus facilement admise à propos des règles de conflit de lois de source interne. Ce processus est décrit par M. Rodière qui note qu' « [e]n droit international privé du travail, ces données de droit interne ont d'importantes conséquences méthodologiques »[2124]. Or, il ne s'est pas arrêté avec l'européanisation des règles de conflit. L'incidence de principes matériels européens sur les règles de conflit de lois en matière de contrat de travail, contenues dans les règlements Rome I et Rome II, ne peut être niée. Les principes qui ont un impact ici proviennent du droit primaire : « [v]isant des personnes en situation de circulation internationale, [les règles de conflit de lois] doivent en particulier se marier avec les règles de droit primaire consacrant les libertés de circulation des personnes »[2125]. Alors que nous avons observé l'interaction entre le droit primaire et les règles de conflit de lois, nous constatons que le premier se reflète directement dans les secondes : « [l]es règles de conflits de lois et plus généralement de détermination de la loi

---

2121 M. MOHAMED SALAH, cours cité (note 1451), spéc. p. 165.

2122 P. LAGARDE, cours cité (note 151), spéc. p. 58 et s.

2123 *Supra,* n° 511 et s.

2124 P. RODIÈRE, « Conflits de lois en droit du travail », *JurisClasseur Droit international,* 30 avril 2017, n° 2.

2125 *Ibid.*, n° 7.

applicable ici étudiées sont placées sous l'emprise de considérations matérielles correspondant aux objectifs économiques fondamentalement poursuivis par l'Union européenne »[2126].

649. Un principe du concept de marché intérieur. Le principe de protection du travailleur est intrinsèquement lié au concept de marché intérieur[2127]. Il nous appartient, dès à présent, de mesurer l'effet de ce principe résultant du concept de marché intérieur sur les règles de conflit de lois européennes. À cette fin, nous insistons une nouvelle fois sur les sources du principe de protection du travailleur, afin d'en dessiner l'impact sur les règles de conflit de lois. D'une manière plus subtile, M. Rodière admet certes que les principes du droit primaire exercent une influence sur le conflit de lois. Il ne range pas pour autant le principe de protection du travailleur parmi les principes du droit primaire : « [l]'objectif de protection du travailleur salarié en tant que partie faible, qui émane du droit dérivé, devra se concilier avec l'exercice des libertés économiques que postule l'appartenance à l'Union européenne »[2128]. Dans la lignée de nos développements antérieurs sur la composante sociale du marché intérieur, nous concevons l'influence du droit primaire sur le principe de protection du travailleur[2129]. La jurisprudence de la Cour de justice nous conduit dans cette direction.

650. Interactions avec d'autres principes du conflit de lois. Les contours du principe de protection du travailleur en matière de conflit de lois résultent de la jurisprudence de la Cour de justice. Or, la tâche de déceler ce principe ne s'avère pas facile, en raison de son imbrication parmi les autres principes guidant le conflit de lois. Ainsi, il peut être observé que « [l]es juges européens combinent souvent, en effet, diverses exigences qui président au choix d'un rattachement (proximité, préoccupations substantielles, prévisibilité, intérêts étatiques), et ce au service d'objectifs visés par les instruments de l'espace judiciaire civil et commercial ou les traités institutifs. Les manifestations sont nombreuses »[2130]. Nous concluons *a priori* à une influence mutuelle entre le principe de protection du travailleur et celui de proximité[2131]. Celle-ci ne saurait pas nous empêcher de chercher à établir les contours du principe de protection adéquate du travailleur.

651. Principe de protection adéquate du travailleur. Il est acquis que le règlement Bruxelles I consacre le motif de protection du travailleur. Il ressort de la jurisprudence relative à la convention de Bruxelles qu'il faut tenir

---

[2126] P. RODIÈRE, « Conflits de lois en droit du travail », *JurisClasseur Droit international,* 30 avril 2017, n° 7.

[2127] *Supra,* n° 499 et s.

[2128] P. RODIÈRE, art. cité (note 2124), n° 7.

[2129] *Supra,* n° 484 et s.

[2130] J.-S. BERGÉ, D. PORCHERON, G. VIEIRA DA COSTA CERQUEIRA, art. cité (note 781), n° 92.

[2131] *Ibid.*

dûment compte du souci d'assurer une protection adéquate au travailleur en tant que partie contractante la plus faible[2132], dans une hypothèse où le travailleur exerce ses activités professionnelles dans plus d'un État contractant. La Cour de justice affirme expressément que les règles de conflit de juridictions « ont pour objectif de protéger la partie contractante la plus faible au moyen de règles de compétence plus favorables aux intérêts de cette partie »[2133]. Enfin, nous ajoutons que le rattachement qui reflète le principe de protection adéquate est « le lien de rattachement le plus significatif »[2134].

652. Conflit de lois. Dans le conflit de lois, ce dernier principe influence surtout l'interprétation du lien de rattachement au lieu d'exécution habituel du travail à laquelle il convient de procéder d'une manière large[2135]. Ainsi, l'incidence du principe de protection du travailleur sur le conflit de lois est résumée comme « produisant deux conséquences : la limitation de l'autonomie de la volonté et la marginalisation du lieu d'embauche »[2136]. Les auteurs observent tout de même une « combinaison originale réalisée par la Convention comme par le règlement entre loi choisie et loi objectivement applicable »[2137]. Ils s'interrogent, par ailleurs, si celle-ci « n'a pas tout simplement fait disparaître la notion de *lex contractus*, ou en a profondément modifié le sens usuel par l'effet de considérations de droit matériel »[2138]. Afin de mieux comprendre les mutations de la règle de conflit de lois spécifique au contrat de travail, nous ne saurons pas exclure du débat les considérations de proximité.

653. *Schlecker*. L'affaire *Schlecker* sus-évoquée constitue notre transition vers cette problématique[2139]. Du point de vue du principe de protection du travailleur, elle nous apprend que la disposition en cause « doit garantir qu'est appliquée, au contrat de travail, la loi du pays avec lequel ce contrat établit les

---

[2132] CJCE, 9 janvier 1997, C-383/95, *Rutten*, pt. 22 ; CJCE, 10 avril 2003, C-437/00, *Pugliese*, pt. 18.

[2133] CJCE, 10 avril 2003, C-437/00, *Pugliese*, pt. 49 ; règlement dit Bruxelles 1*bis*, considérant n° 18 ; d'autres arrêts récents, CJUE, 19 juillet 2012, C-154/11, *Mahamdia*, pt. 44 ; 10 septembre 2015, C-47/14, *Holterman*, pt. 43 ; 14 septembre 2017, C-168/16 et C-169/16, *Crewlink* et *Ryanair*, pt. 58.

[2134] CJUE, 14 septembre 2017, C-168/16 et C-169/16, *Crewlink* et *Ryanair*, pt. 58.

[2135] CJUE, 14 septembre 2017, C-168/16 et C-169/16, *Crewlink* et *Ryanair*, pt. 57 ; depuis CJUE, 12 septembre 2013, aff. C-64/12, *Schlecker*, pt. 31, par analogie.

[2136] J.-S. BERGE, D. PORCHERON, G. VIEIRA DA COSTA CERQUEIRA, art. cité (note 781), n° 93, renvoyant vers N. NORD, « La nécessaire refonte du système de conflit de lois en matière de contrat international », *RCDIP* 2016, p. 309 ; É. PATAUT, art. cité (note 331) ; F. JAULT-SESEKE, note sous CJUE 15 mars 2011, *RCDIP* 2011, p. 447.

[2137] P. RODIÈRE, art. cité (note 2124), n° 21.

[2138] *Ibid.*, n° 21, qui renvoie vers P. LAGARDE, art. cité (note 43), spéc. p. 95.

[2139] J.-S. BERGÉ, D. PORCHERON, G. VIEIRA DA COSTA CERQUEIRA, art. cité (note 781), n° 92 ; É. PATAUT, art. cité (note 331).

liens de rattachement les plus étroits. Or, cette interprétation ne doit pas nécessairement conduire […] à l'application, dans tous les cas de figure, de la loi la plus favorable pour le travailleur »[2140]. Le principe de protection du travailleur semble ainsi être à distinguer des principes existant dans les droits du travail matériels[2141]. Plus précisément, il s'agit d'un principe propre au droit international privé qui veut que le travailleur soit protégé (« protection principle »[2142]) : il ne signifie pas en tant que tel que soit désigné le lieu d'intégration économique et sociale du travailleur[2143]. Néanmoins, une telle intégration pourrait possiblement résulter de la prise en compte d'autres principes. Revenant sur le principe de protection, certains auteurs s'imprègnent possiblement des spécificités nationales du droit du travail français pour l'appeler « principe de faveur ». M. Rodière affirme que « [l]es impératifs de faveur ont conduit à l'élaboration de règles de conflit particulières, dites parfois à coloration matérielle, en ce sens que le choix entre les différentes lois en présence ne sera pas neutre mais orienté autour de l'idée de protection »[2144]. Néanmoins, il n'est pas certain que cet auteur affirme aussi la portée d'un principe de faveur qu'il discute dans le contexte de la règle de conflit de lois spécifique au contrat de travail. Ainsi, il développe : « [l]e principe de l'application de la loi plus favorable est constitutif d'une règle de droit matériel international que le juge français fera prévaloir. Les textes des articles 6 de la convention de Rome et 8 du règlement Rome I ne vont-ils pas eux aussi en ce sens, en visant la protection des dispositions de la loi applicable à défaut de choix ? L'idée de protection imprime celle d'un

---

[2140] CJUE, 12 septembre 2013, C-64/12, *Schlecker*, pt. 34 ; conclusions de l'avocat général Wahl du 16 avril 2013, C-64/12, *Schlecker*, pt. 36.

[2141] Notons tout de même que cette lecture du principe de protection du travailleur n'a pas nécessairement atteint les juridictions nationales. À titre d'exemple, la Cour de cassation française voulant faire écho à la décision *Schlecker* rendue en cours de procédure, estime que la loi protectrice du travailleur est caractérisée par un caractère plus favorable (Cass. soc. 13 janvier 2016, pourvoi n° 14-18.566). Pour des allusions spécifiques par la Cour de justice à cette spécificité nationale, CJUE, 18 juillet 2013, C-426/11, *Alemo-Herron,* pt. 23, *Europe* 2013, n° 10, p. 37, note L. DRIGUEZ ; *RJS* 2013, p. 651, chron. J.-P. LHERNOULD, A. GARDIN, E. LAFUMA, H. TISSANDIER ; *SSL* 2013, n° 1611, p. 10, note S. LAULOM ; *RTD Eur* 2015, p. 171 : « l'article 8 de la directive 2001/23 […] ne porte pas atteinte au droit des États membres d'appliquer ou d'introduire des dispositions législatives, réglementaires et administratives plus favorables aux travailleurs ou de favoriser ou de permettre des conventions collectives ou des accords conclus entre partenaires sociaux plus favorables aux travailleurs ».

[2142] A. A. H. VAN HOEK, « Private International Law: An Appropriate Means to Regulate Transnational Employment in the European Union? », *Erasmus LR* 2014, p. 157, spéc. p. 163.

[2143] *Ibid.*

[2144] P. RODIÈRE, art. cité (note 2124), n° 2.

minimum qu'il convient de satisfaire, mais qui ne peut s'opposer à l'application d'une norme plus protectrice »[2145]. Du point de vue de la portée, il est ainsi moins certain qu'il s'agisse d'un principe de faveur.

654. Effectivité. C'est à partir des objectifs du droit du travail que nous pourrons juger de l'effectivité du principe de protection du travailleur dans la règle de conflit de lois spécifique. Mme Moreau souligne l'incidence des spécificités de la matière du droit du travail sur la fonction substantielle des règles de conflit[2146]. Elle se fonde, à cet effet, sur la prise en compte du principe de protection du travailleur en tant que partie faible, tant par les règles de conflit de juridictions que par les règles de conflit de lois[2147]. Notons enfin qu'en raison de la lecture cohérente des règlements en matière de conflit de lois, ces observations peuvent valoir dans un sens large pour toutes les règles de conflit de lois touchant au travailleur, notamment celle inscrite dans le règlement Rome II.

Sous-section 2. Le rôle du principe de proximité dans la règle de conflit de lois matérielle

655. Liens entre deux principes. Une fois que nous avons énoncé les principes caractérisant la règle de conflit de lois matérielle protectrice, nous essayons de situer le principe de proximité parmi ceux-ci. Le principe de proximité dans le conflit de lois veut que soit désignée la loi la plus proche de la situation. Or, son articulation avec le principe de protection adéquate du travailleur a été peu étudiée. Dans l'application de la règle de conflit de lois spécifique au contrat de travail, nous rencontrons des allusions à la loi la plus proche du contrat. Cette référence nous incite à étudier l'expression du principe de proximité à travers le principe de protection adéquate du travailleur.

656. Renouveau. Le principe de proximité a connu un renouveau[2148]. La règle de conflit de lois régulatrice permet d'envisager le principe de proximité sous un autre regard. L'émergence de la fonction régulatrice de la règle de conflit de lois crée de la place pour le principe de proximité. En tant qu'un principe consubstantiel au conflit de lois, le principe de proximité est consacré dans la convention de Rome ainsi que dans le règlement Rome I. Or, M. Bucher souligne que « [c]es dispositions absorbent [...], à travers le rattachement selon le 'lien le plus étroit', les règles d'ordre public répondant

---

[2145] P. RODIÈRE, art. cité (note 2124), n° 20.

[2146] M.-A. MOREAU, art. cité (note 2065), spéc. p. 403.

[2147] *Ibid.*, spéc. p. 403 ; F. JAULT-SESEKE, art. cité (note 2100).

[2148] *Cf.* G. GOLDSTEIN, « L'exception de prévisibilité », *RCDIP* 2018, p. 3 ; P. LAGARDE, cours cité (note 151), spéc. p. 42.

au même objectif de protection »[2149]. Ceci laisse sous-entendre qu'il existe un lien entre le principe de protection et l'établissement des liens les plus étroits.

657. Plan. La question se pose ainsi de savoir comment articuler le principe de proximité avec les principes que nous avons identifiés comme guidant la matérialisation de la règle de conflit de lois (paragraphe 1). La règle de conflit de lois protectrice semble être le résultat d'une telle articulation, dès lors qu'elle commande la détermination de la loi la plus proche du travailleur (paragraphe 2).

Paragraphe 1. La résurgence du principe de proximité dans la règle de conflit régulatrice

658. Siège d'une situation. Le principe de proximité peut être conçu comme un principe classique du conflit de lois. En tant que tel, il s'inscrit d'abord dans une démarche conflictuelle dominée par des considérations de souveraineté[2150]. La doctrine savignienne défend que « si un conflit de lois doit être résolu par attribution de la situation à une loi donnée, cette attribution doit se faire autant que possible à la loi avec laquelle la situation présente les liens les plus étroits »[2151], nous rappelle M. Audit. Il s'agit de la référence au siège d'une situation qui transmet les liens les plus étroits. En conséquence, le principe de proximité caractérise la règle de conflit de lois localisatrice qui a pour objet de déterminer le droit applicable, en se fondant uniquement « sur des signes extérieurs aux rapports juridiques, tenant aux liens géographiques ou à la 'localisation' de la situation dans un ordre juridique étatique »[2152]. M. Bucher ajoute que « la règle de rattachement, bilatérale le plus souvent, est dépouillée de toute référence au contenu et à la nature du rapport juridique »[2153].

659. Lien de rattachement unique. Dès lors que le principe de proximité fonde la règle de conflit de lois, cette dernière se caractérise par un lien de rattachement souvent unique. Il n'y a pas de raison pour qu'il intervienne à titre d'exception. C'est ce qu'explique M. Lagarde à propos des règles de conflit de lois classiques : « [d]ans les droits qui, comme le droit anglais et le droit français, rattachent directement le contrat à la loi du pays avec lequel il présente les liens les plus étroits, sans privilégier a priori aucun indice de rattachement, la clause d'exception n'a pas sa place, car il n'y a pas lieu de corriger par le principe de proximité une règle de conflit qui se confond précisément avec ce principe »[2154].

[2149] A. BUCHER, cours cité (note 560), p. 58.

[2150] P. LAGARDE, cours cité (note 151), spéc. p. 42.

[2151] B. AUDIT, cours cité (note 1422), spéc. p. 235.

[2152] A. BUCHER, cours cité (note 560), p. 63.

[2153] *Ibid.*

[2154] P. LAGARDE, cours cité (note 151), spéc. p. 98.

660. Recul de la proximité. L'émergence de la matérialisation du conflit de lois pourrait être interprétée comme menant à l'abandon de la proximité. Rappelons que celle-ci conduit à ce que la règle de conflit de lois opère pour rechercher la loi la plus appropriée, en termes matériels. Ce n'est pas pour autant qu'il n'y ait plus de localisation. Cette localisation s'exerce simplement d'une manière fonctionnelle, nous rappelle M. Audit[2155]. En effet, lors de la détermination de l'élément de rattachement dans les règles de conflit de lois matérielles, le critère territorial cède la place au critère matériel. Le principe de proximité n'est plus ainsi pratiqué en tant qu'un principe régissant le conflit de lois.

661. Un principe sous-jacent à une méthode. Comme le soulignent Mme Muir Watt et M. Bureau, le principe de proximité pourrait toutefois valoir en tant qu'une méthode de règlement du conflit de lois[2156]. Dit autrement, il est sous-jacent à la méthode d'intervention de la règle de conflit de lois que nous désignons parfois sous l'appellation des « liens les plus étroits » ou, en anglais, « most significant relationship »[2157]. Cette manifestation du principe de proximité est, plus particulièrement, étudiée par M. Lagarde. À cet égard, il nuance l'effet de la matérialisation sur le conflit de lois : « [c]es règles de conflit à finalité matérielle constituent donc un pis-aller. Cependant, leur nature composite, faite d'un élément conflictuel et d'un élément matériel, peut laisser place, pour le premier, à l'intervention du principe de proximité »[2158]. En d'autres termes, « [l]'un des facteurs de rattachement retenus par la règle de conflit à finalité matérielle peut être déterminé ou corrigé par le principe de proximité »[2159].

662. Résurgence du principe. Le principe de proximité connaît une résurgence dans la seconde moitié du XXe siècle. Cette résurgence est celle en tant qu'un principe régissant le conflit de lois. M. Audit conçoit que la loi des liens les plus étroits peut entrer en jeu, par le biais des rattachements multiples, au détriment de la prévisibilité et de la certitude[2160]. Dit autrement, il s'agit de faire valoir la loi la plus proche, par le jeu de la matérialisation. Le principe de proximité que nous visons est celui resurgissant concomitamment à la matérialisation, qui intervient pour affiner l'adéquation de la désignation

---

[2155] B. AUDIT, cours cité (note 1422), spéc. p. 272.

[2156] D. BUREAU, H. MUIR WATT, *Droit international privé*, tome 1, préc., n° 357-10.

[2157] A. BUCHER, cours cité (note 560), p. 63.

[2158] P. LAGARDE, cours cité (note 151), spéc. p. 60.

[2159] *Ibid.*

[2160] B. AUDIT, cours cité (note 1422), spéc. p. 348, il explique à propos de l'exception d'ordre public que l' « [o]n s'expose ainsi à ne pas appliquer dans un certain nombre de cas la loi du pays avec lequel la situation présente en fait les liens les plus étroits ».

d'une loi[2161]. Il s'agit ainsi d'un principe qui commande son articulation avec les autres principes régissant le règlement du conflit de lois.

663. Méthodes. L'exemple illustratif de ce principe est la clause d'exception qui figure dans les règles de conflit de lois européennes, depuis la convention de Rome[2162]. Celle-ci est consacrée, d'une manière générale, à l'article 4, § 1 du même texte qui dispose : « [d]ans la mesure où la loi applicable au contrat n'a pas été choisie conformément aux dispositions de l'article 3, le contrat est régi par la loi du pays avec lequel il présente les liens les plus étroits ». Or, cette formulation « révèle d'ailleurs davantage un idéal vers lequel doit tendre le système mis en place que l'affirmation d'une méthode à proprement parler »[2163], observent Mme Muir Watt et M. Bureau. En tant qu'un principe sous-jacent à la rédaction des règles de conflit de lois, le principe de proximité connaît ainsi plusieurs manifestations. Nous retrouvons un besoin pour le principe de proximité, plus généralement, « à partir du moment où la règle de conflit tend à se cristalliser en certaines présomptions prédéterminées de façon abstraite »[2164].

664. Intervention. L'intervention du principe de proximité doit, par ailleurs, être conçue de façon intégrale. Alors que celui-ci conduit à établir les liens les plus étroits, l'on peut douter que « chaque question (issue) [doive être] rattachée à la loi de l'État avec lequel elle présente les liens les plus étroits, sans considération de la situation dans son ensemble »[2165]. Or, comme le démontre M. Lagarde, « [l]es règles de conflit qui utilisent directement la notion de liens les plus étroits en cas de défaillance du rattachement principal le font sans modifier l'objet de la règle de conflit »[2166]. En se référant à l'exemple de l'article 4, § 5 de la convention de Rome, il ajoute que « la plupart des textes qui édictent une clause d'exception le font sans modifier l'objet du rattachement »[2167]. Selon cet article, la proximité intervient « lorsqu'il résulte de l'ensemble des circonstances que le contrat présente des liens plus étroits avec un autre pays ». En conséquence, il s'agit d'éviter le dépeçage du contrat, et de corriger le rattachement du contrat en tant que tel, sans chercher à déterminer les liens les plus étroits de chaque « question ». Ceci pose toutefois aussi le défi de qualifier – en amont de l'application de la règle de conflit – clairement la catégorie, à partir des éléments caractéristiques.

2161 D. BUREAU, H. MUIR WATT, *Droit international privé*, tome 1, préc., n° 340.

2162 Pour une récente étude, *cf.* M. PAUKNEROVA, « Escape Clauses and Legal Certainty in Private International Law », *YPIL* 2017, p. 61.

2163 *Ibid.*

2164 P. LAGARDE, cours cité (note 151), spéc. p. 98.

2165 *Ibid.*, spéc. p. 118.

2166 *Ibid.*

2167 *Ibid.*

665. Consécration européenne. Nous avons noté que le principe de proximité trouvait sa consécration dans plusieurs règles de conflit de lois européennes[2168]. La résurgence du principe de proximité, concomitamment à la matérialisation des règles de conflit de lois, ne semble pas poser de difficulté particulière, au regard des spécificités du droit de l'Union européenne. Rappelons que l'objectif premier du droit international privé européen est celui de faciliter la libre circulation des jugements en Europe[2169]. S'y ajoutent les principes de confiance mutuelle et de sécurité juridique[2170]. Le principe de proximité contribue à la réalisation des objectifs du marché intérieur, en ce qu'il procède à la localisation fonctionnelle au sein de cet espace. Il est ainsi, comme les autres principes du conflit de lois, l'expression de la fonction régulatrice de la règle de conflit de lois. En tant que tel, le principe de proximité est sous-jacent aux règles de conflit de lois matérielles.

Paragraphe 2. La proximité dans la règle de conflit de lois protectrice du travailleur

666. L'articulation du principe de proximité avec le principe matériel de protection du travailleur peut résulter en une transformation de ce principe. Celle-ci opérerait pour les besoins du marché intérieur lesquels s'illustrent sous forme du lien d'intégration (a). Une fois affirmé qu'il s'agit de déterminer le rattachement du travailleur au marché de travail, nous recherchons les indices permettant de caractériser ce lien d'intégration (b).

a. Le lien d'intégration

667. Articulation de principes. En présence d'un contrat de travail, le principe de proximité doit s'articuler avec celui visant la protection du travailleur. Les règlements de droit international privé se référant au principe de protection adéquate du travailleur, ils laissent sous-entendre que ce dernier intervient nécessairement en conjonction avec les autres principes régissant le conflit de lois, dont le principe de proximité. Les interactions entre les principes du conflit de lois ne sauraient pas être ignorées : « [l]'association du principe de proximité à des préoccupations substantielles ou à des intérêts étatiques, d'une part, et celle de la prévisibilité à l'uniformité, d'autre part, permettront d'illustrer ce propos »[2171]. Plus précisément, « [l]a recherche de la

---

2168 *Cf.* sur cette question, A. S. SCHWEMMER, *Anknüpfungsprinzipien im Europäischen Kollisionsrecht*, Mohr Siebeck, 2018, p. 186 et s.

2169 *Cf.* M.-L. NIBOYET, G. DE GEOUFFRE DE LA PRADELLE, *Droit international privé*, préc., n° 475.

2170 S. FRANCQ, art. cité (note 178).

2171 J.-S. BERGÉ, D. PORCHERON, G. VIEIRA DA COSTA CERQUEIRA, art. cité (note 781), n° 92.

proximité juridictionnelle ou législative par une règle de conflit est souvent associée à une cause de justice matérielle, considérations dont la Cour s'empare, en certaines occasions, lorsqu'elle exerce sa fonction interprétative du facteur de rattachement »[2172]. En raison de l'influence du principe de protection du travailleur, le principe de proximité semble être modifié. La Cour de justice confirme ce besoin d'articulation et d'influence mutuelle des principes.

668. Conflit de juridictions. À commencer par les règles de conflit de juridictions protectrices du travailleur, il ressort clairement de la jurisprudence de la Cour de justice qu'elle interprète les rattachements au regard tant des principes généraux du conflit de lois que du principe de protection du travailleur. Dans les affaires *Crewlink* et *Ryanair*, la Cour de justice recherche le lien de rattachement, en expliquant qu'il s'agit « tant de déterminer le lieu avec lequel le litige présente le lien de rattachement le plus significatif aux fins de désigner le juge le mieux placé pour statuer que d'assurer une protection adéquate au travailleur en tant que partie contractante la plus faible et d'éviter la multiplication des tribunaux compétents, [pour] être interprété comme visant le lieu où, ou à partir duquel, le travailleur s'acquitte en fait de l'essentiel de ses obligations à l'égard de son employeur »[2173]. Elle admet ainsi que le principe de protection du travailleur ne saurait être ignoré au bénéfice d'un autre. Dans ses conclusions pour la même affaire, l'avocat général souligne même qu'il s'agit en premier lieu de tenir compte du principe de protection du travailleur : « [a]vant de procéder à la description de ces éléments de réponse, je rappelle que, selon une jurisprudence constante, l'interprétation des dispositions relatives aux contrats de travail, tant dans le cadre du règlement n° 44/2001 que dans celui des deux conventions précitées, doit tenir compte du souci d'assurer une protection adéquate à la partie contractante qui est la plus faible du point de vue social, en l'occurrence le travailleur »[2174]. Nous en déduisons que la Cour de justice reconnaît l'importance de la prise en compte de chaque principe régissant le conflit de juridictions, dont celui d'assurer une protection adéquate du travailleur, qui peut exercer une influence sur l'intervention des autres principes régissant le conflit de juridictions.

669. Conflit de lois. « En matière de loi applicable au contrat de travail, les juges européens associent également proximité et protection du travailleur, cette dernière étant érigée en objectif de la règle de conflit de lois »[2175], a-t-il

---

[2172] J.-S. BERGÉ, D. PORCHERON, G. VIEIRA DA COSTA CERQUEIRA, art. cité (note 781), n° 93.

[2173] CJUE, 14 septembre 2017, C-168/16 et C-169/16, *Crewlink* et *Ryanair*, pt. 58.

[2174] CJUE, 14 septembre 2017, C-168/16 et C-169/16, *Crewlink* et *Ryanair*, conclusions de l'avocat-général Saugmandsgaard Øe, pt. 56, du 27 avril 2017.

[2175] J.-S. BERGÉ, D. PORCHERON, G. VIEIRA DA COSTA CERQUEIRA, art. cité (note 781), n° 93.

été affirmé. Il est ainsi évident que les principes sous-jacents à la règle de conflit de lois doivent s'articuler avec le principe de protection adéquate du travailleur. Dans l'affaire *Schlecker*, il s'agit d'interpréter le lien de rattachement de la loi des liens les plus étroits avec un autre pays, en l'articulant avec les autres liens de rattachement. L'ordre des liens de rattachement de l'article 6, § 2 de la convention de Rome, bien défini depuis les arrêts *Koelzsch* et *Voogsgeerd*, y est expressément fondé sur le principe de protection adéquate du travailleur[2176]. L'apport de l'affaire *Schlecker* consiste à situer le rattachement à la loi des liens les plus étroits par rapport à ceux du lieu d'exécution habituel du travail et du lieu d'embauche. Il en ressort que l'affaire implique l'articulation du principe de protection du travailleur avec celui de proximité. Plus précisément, la Cour de justice retient : « [d]ans la mesure où l'objectif de l'article 6 de la convention de Rome est d'assurer une protection adéquate au travailleur, cette disposition doit garantir qu'est appliquée, au contrat de travail, la loi du pays avec lequel ce contrat établit les liens de rattachement les plus étroits »[2177]. Nous y découvrons l'influence d'autres principes du conflit de lois : « si l'interprétation de la clause d'exception repose a priori sur la seule proximité, la protection substantielle du salarié n'est pas totalement absente : elle est assurée par le lien étroit entre la loi applicable et le contrat de travail »[2178]. Non seulement la Cour de justice rappelle que la clause d'exception est gouvernée par le principe de protection, mais elle admet ici une influence de ce dernier principe sur la conception du principe de proximité. Il semble en émerger un principe de proximité façonné à la spécificité du contrat de travail.

670. Renforcement du principe de proximité. L'arrêt *Schlecker* accorde une importance accrue au rattachement des liens les plus étroits. Rappelons que la Cour de justice admet que la clause d'exception peut valoir, même en présence d'un lieu d'exécution habituel connu[2179]. C'est ainsi qu'il est soutenu, à la suite de l'affaire *Schlecker,* qu'il semble que ce soit la proximité qui prévale, par opposition au caractère le plus protecteur[2180]. Les conclusions de l'avocat général confirment une telle lecture : « le rattachement retenu en matière de contrat de travail est un rattachement de proximité, la convention de Rome essayant de déterminer le pays avec lequel le contrat de travail présente les liens les plus étroits. L'objectif est non pas de favoriser systématiquement le salarié, mais plutôt de le protéger en lui rendant applicable les dispositions impératives de la loi qui correspond au rattachement le plus significatif, à savoir celle de l'environnement social dans

---

[2176] CJUE, 12 septembre 2013, C-64/12, *Schlecker*, pt. 33.

[2177] CJUE, 12 septembre 2013, C-64/12, *Schlecker*, pt. 34, 1ère phrase.

[2178] J.-S. BERGÉ, D. PORCHERON, G. VIEIRA DA COSTA CERQUEIRA, art. cité (note 781), n° 93 ; d'un point de vue critique, N. NORD, art. cité (note 2175).

[2179] CJUE, 12 septembre 2013, C-64/12, *Schlecker*, pt. 42.

[2180] CJUE,12 septembre 2013, C-64/12, *Schlecker*.

lequel s'exprime sa relation de travail »[2181]. Cette interprétation est, par ailleurs, cohérente au regard de la jurisprudence antérieure sur les autres éléments de rattachement en matière de contrat de travail. Or, il ne convient pas de négliger que la Cour de justice fonde son appréciation sur l'articulation exercée, entre le principe de protection du travailleur et le principe de proximité. Nous observons ainsi l'application d'un principe de proximité, renforcé par l'intervention du principe de protection du travailleur.

671. Principe de proximité. À partir de là, il nous est possible de définir le principe de proximité dans le contexte de la règle de conflit de lois en matière de contrat de travail. Plus précisément, les considérations de proximité dépassent le cadre de la clause d'exception elle-même. La jurisprudence fait, à plusieurs reprises, référence à la proximité. Dans ses arrêts en matière de conflit de juridictions, il devient apparent que la Cour de justice donne la compétence aux tribunaux du lieu de l'activité professionnelle du travailleur dans tous ses aspects, tant contractuels qu'administratifs. En matière de conflit de lois, la Cour de justice vise spécifiquement l'objectif de protection du travailleur : elle estime que la loi du lieu d'exécution habituel est la plus proche et, partant, la plus familière pour le travailleur, à l'application de laquelle il pouvait légitimement s'attendre dans une logique de sécurité juridique en tant qu'objectif du conflit de lois. On peut en dégager une volonté de la Cour de justice à identifier, en matière de conflit de lois, le pays auquel le travailleur est lié.

672. Recherche de liens. Les liens qui rattachent le travailleur à un quelconque pays peuvent se déterminer de différentes manières. D'un point de vue contractuel, il est parfois souligné qu'il s'agit de désigner la loi de l'État auquel le contrat de travail est lié. M. Grusic résume que les règles de conflit de lois en matière de contrat de travail sont faites de telle manière qu'elles assurent l'application de la loi de l'État auquel le contrat de travail est suffisamment lié, laquelle est légitimement intéressée à réglementer la relation de travail et dont les parties peuvent raisonnablement attendre l'application[2182]. Il pourrait ainsi s'agir de rechercher le rattachement d'éléments contractuels, tels que le lieu de conclusion. À l'inverse, l'on pourrait affirmer qu'il s'agirait de rattacher le travail dans tous ses aspects, ce qui consisterait à rattacher l'activité professionnelle du travailleur dans ses aspects tant contractuels qu'administratifs. Pareille conclusion ressort curieusement des arrêts de la Cour de justice qui souligne que la détermination des obligations découlant du contrat apparaît comme un élément parmi d'autres. Ainsi, il s'agit de vérifier le lieu à partir duquel le travailleur effectue ses missions de transport, reçoit les instructions sur ses missions et organise

---

[2181] CJUE, conclusions de l'avocat général Wahl du 16 avril 2013, C-64/12, *Schlecker*, pt. 26.

[2182] U. GRUSIC, *The European Private International Law of Employment*, préc., p. 45.

son travail, ainsi que le lieu où se trouvent les outils de travail. Il faut déterminer en outre les lieux où le transport est principalement effectué, les lieux de déchargement de la marchandise ainsi que le lieu où le travailleur rentre après ses missions. Ce n'est pas l'exécution réelle d'une tâche dans un lieu donné qui compte mais le caractère permanent ou récurrent. Alors que l'on aurait pu conclure en se contentant d'un critère quantifiant le temps passé au travail dans un lieu donné, il faudrait plutôt se rappeler que la directive dite détachement, visée au considérant 34 du règlement Rome I, refuse une telle logique. Or, comment apprécier le caractère habituel ? Nous estimons que la vérification d'éléments subjectifs, tels que l'intention ou la volonté des parties, revient à vérifier ce qui a été imposé par l'employeur. Nous devrions y préférer une appréciation objective. Est ici recherché un lien d'intégration du travailleur.

673. Rattachement régulateur. Le rattachement du travailleur peut également être étudié à partir de considérations relatives au marché du travail. Comme souligné par M. Grusic, la protection du travailleur en droit international privé passe essentiellement par la recherche et la protection du système de droit du travail du pays auquel le travailleur appartient (« belongs »), du marché du travail auquel le travailleur participe[2183]. L'interprétation que la Cour de justice donne, dans l'affaire *Koelzsch,* peut être évoquée en faveur de cette analyse : il s'agit de désigner la loi du pays dans lequel le travailleur exerce ses activités professionnelles parce qu'il y exerce sa fonction économique et sociale, compte tenu de ce que l'environnement professionnel et politique influence l'activité de travail[2184]. En effet, les éléments utilisés pour apprécier les liens les plus forts sont ici utilisés pour apprécier le lien d'intégration du travailleur concernant le lieu d'exécution habituel. Il semble ainsi pertinent de pouvoir s'orienter en recherchant le pays auquel le salarié est rattaché par ses conditions de travail, son salaire ainsi que des charges sociales et fiscales.

674. Lien d'intégration. En écho au lien d'intégration qui caractérise l'application des libertés de circulation, nous proposons d'établir le lien du travailleur avec le marché du travail. Ceci renvoie à la recherche d'un lien d'intégration du travailleur aux fins de la solution du conflit de lois. Mme van Hoek souligne que les travailleurs sont intégrés à différents degrés dans le marché du travail local, selon leur durée de présence notamment[2185]. Nous retrouvons ici une référence à la durée, en tant qu'indice. L'exemple du morcellement de certaines activités de travail semble commander de revoir le rattachement : « le contrat d'un conducteur de poids lourd ne sera que peu ou pas réglementé par l'État qu'il ne fait que traverser pour se rendre sur le lieu

---

[2183] U. GRUSIC, *The European Private International Law of Employment*, préc., p. 54.

[2184] CJUE, 15 mars 2011, C-29/10, *Koelzsch*, pt. 42.

[2185] A. A. H. VAN HOEK, art. cité (note 1536), spéc. p. 215.

de livraison des biens depuis son État d'origine. Certaines relations de travail seront si morcelées qu'elles semblent n'être reliées à aucun État en particulier, comme par exemple, l'emploi par des agences de recrutement de marins provenant de pays à bas coût salarial pour travailler sur des bateaux battant pavillon de complaisance »[2186]. Mme van Hoek peut ainsi imaginer qu'un travailleur reste lié à son État d'origine en matière de sécurité sociale et de fiscalité, alors que la loi applicable à son contrat de travail est celle d'un autre État[2187]. Elle distingue : « [l]a coordination des systèmes légaux relève des dispositions du droit international privé, du droit fiscal international et du droit international de la sécurité sociale »[2188]. En effet, le droit international privé impose une logique propre – régulatrice – visant l'intégration économique du travailleur. Alors que régnait le soupçon que la loi applicable en matière de sécurité sociale déterminait aussi celle régissant le contrat de travail[2189], la jurisprudence applique désormais explicitement la règle de conflit de lois et vérifie le lien d'intégration du travailleur. C'est à cet endroit que l'on doit aussi évoquer l'arrêt *Bouygues travaux publics* de la Cour de justice suivant lequel les formulaires de détachement, dits certificats E101 et A1, s'imposent aux juridictions de l'État sur le territoire duquel les travailleurs exercent leurs activités, uniquement en matière de sécurité sociale[2190]. Selon notre

---

[2186] A. A. H. VAN HOEK, art. cité (note 1536), spéc. p. 215.

[2187] *Ibid.*

[2188] Comp. A. A. H. VAN HOEK, M. HOUWERZIJL, « Where do EU Mobile Workers Belong, According to Rome I and the (E)PWD? », H. VERSCHUEREN (dir.), *Residence, Employment and Social Rights of Mobile Persons: On how EU Law Defines Where They Belong*, Intersentia, 2016, p. 215.

[2189] *Supra*, n° 85 et s.

[2190] CJUE, 14 mai 2020, C-17/19, *Bouygues travaux publics, D.* 2020, p. 1523, note J. ICARD ; *JCP S* 2020, p. 2050, note R. SALOMON ; *JCP G* 2020, n° 22, p. 1014, note D. BERLIN ; *Lexbase Social* 2020, n° 826, note V. ROULET ; *Europe* 2020, n° 7, p. 28, note L. DRIGUEZ ; *BJT* 2020, n° 9, p. 44, D. ASQUINAZI-BAILLEUX ; *DSOC* 2021, p. 335, note F. MULLER ; *GP* 2021, n° 16, p. 38, note C. BERLAUD ; *JCP E* 2020, n° 46, p. 51, note J. COLONNA, V. RENAUX-PERSONNIC. La chambre criminelle de la Cour de cassation en a tiré les conséquences pour retenir que la production de certificats E101 ou A1 pour certains ou tous les salariés concernés n'était pas de nature à interdire à la juridiction de déclarer établis ces derniers faits, qui à eux seuls suffisaient à fonder les condamnations prononcées du chef de travail dissimulé, délit défini de façon unitaire par l'article L. 8221-1, 1°, du code du travail, et de recours au travail dissimulé (Cass. crim., 12 janvier 2021, pourvoi n° 17-82.553, *Dr. pénal* 2021, comm. 52, note J.-H. ROBERT ; *AJ Pénal* 2022, p. 236, note A. CERF-HOLLENDER ; *DSOC* 2021, p. 335, note F. MULLER, p. 726, chron. R. SALOMON ; *Lexbase Social* 2021, n° 854, note H. NASOM-TISSANDIER ; *AJDP* 2021, n° 4, p. 202, note J. ICARD ; *DSOC* 2021, p. 335, note F. MULLER ; *JCP G* 2021, n° 19,

interprétation, la Cour de justice laisse sous-entendre que lesdits certificats ne lient plus le juge pour la loi applicable à la relation de travail[2191]. En conséquence, celui-ci peut décider que le lieu d'exécution habituel d'un travailleur détaché – au sens du droit de la sécurité sociale – se trouve dans le pays d'accueil.

675. Lieu d'exécution habituel du travail. À l'appui de cet argument, l'on peut évoquer les récentes évolutions jurisprudentielles concernant les certificats A1 dont la Cour de justice remet progressivement en cause l'autorité en ce qui concerne la détermination de la loi applicable en matière de sécurité sociale. En dehors du contexte de l'obtention d'un certificat A1, les juges européens définissent désormais les critères du lien de rattachement au sens du droit de la sécurité sociale : les travailleurs affectés durablement dans un État membre autre que celui où la compagnie aérienne a son siège doivent être soumis à la législation de sécurité sociale de cet État[2192]. Ainsi, la jurisprudence en matière de sécurité sociale semble, elle aussi, tendre vers la vérification du lien d'intégration du travailleur[2193]. Plus précisément, la Cour de justice ouvre la porte à la remise en cause d'une présomption selon laquelle le lieu d'exécution habituel du travail se situerait nécessairement dans le pays d'origine. Nous concluons que l'influence du principe de proximité exige que l'on détermine le lien d'intégration du travailleur dans le marché du travail. À cette fin, il s'agit de rechercher des éléments caractérisant son intégration économique ; ces éléments peuvent être lus dans les contrats de travail.

676. Détachement. Comme annoncé, le morcellement des activités de travail est consubstantiel au détachement de travailleurs[2194]. Les hypothèses

---

p. 941, chron. J.-H. ROBERT, S. DETRAZ, J. LEROY, C. CLAVERIE-ROUSSET ; *D.* 2021, p. 923, chron. S. CLAVEL, F. JAULT-SESEKE, 2022, p. 244, chron. O. BOSKOVIC, S. CORNELOUP, F. JAULT-SESEKE, N. JOUBERT, K. PARROT ; *GP* 2021, n° 10, p. 79, note V. ROULET).

[2191] Pour une mise en œuvre, Cass. soc., 31 mars 2021, pourvoi n° 16-16.713, *Vueling Airlines*, *DSOC* 2021, p. 737, note S. ROBIN-OLIVIER, *JCP G* 2021, n° 16, p. 769, note N. DEDESSUS-LE-MOUSTIER, *Dr pénal* 2021, n° 6, p. 40, note J.-H. ROBERT ; *DO* 2021, p. 337, note C. PERCHER ; *JCP S* 2021, n° 22, p. 21, note J. ICARD ; *GP* 2021, n° 16, p. 38, note C. BERLAUD ; *RTD Eur* 2022, p. 207, note A. JEAUNEAU.

[2192] CJUE, 19 mai 2022, C-33/21, *INPS et INAIL c. Ryanair*, *RDT* 2022, p. 534, note K. CHATZILAOU ; *JCP S* 2022, n° 23, p. 30, J.-P. LHERNOULD ; *Europe* 2022, n° 7, p. 28, note P. BRUYAS ; *BMIS* 2022, n° 7, p. 25, note D. ASQUINAZI-BAILLEUX ; *SSL* 2022, n° NS2026-2027, p 45, note L. DRIGUEZ ; JCP E 2023, n° 14, p. 52, note V. COHEN-DONSIMONI.

[2193] Sur cette jurisprudence, *supra*, n° 90 et s.

[2194] *Cf.* E. BOCQUET, rapport cité (note 56), p. 20 : « plus la situation du travailleur détaché et de l'entreprise à laquelle il est rattaché est complexe, […] plus

sont principalement les suivantes : le travailleur est placé auprès d'une autre entreprise à l'étranger en vue d'y exercer une prestation de services, il bénéficie d'une mobilité au sein d'une autre entreprise du groupe à l'étranger ou le travailleur est détaché à l'étranger par une entreprise de travail temporaire. Si l'on s'arrêtait au lien contractuel et au contrat de travail conclu, on arriverait à déterminer le lieu d'exécution habituel auprès de l'entreprise d'origine. En revanche, l'on peut induire, de plusieurs faits, que le travailleur soit effectivement intégré dans le marché du travail de l'État d'accueil. Dans l'affaire *Vicoplus*, la Cour de justice analyse les liens du travailleur détaché à l'égard de l'entreprise utilisatrice, dans le cadre du travail intérimaire. Elle y reconnaît qu' « un travailleur détaché au sens de l'article 1er, paragraphe 3, sous c), de la directive 96/71 travaille sous le contrôle et la direction de l'entreprise utilisatrice. Ceci est le corollaire du fait qu'un tel travailleur n'effectue pas son travail dans le cadre d'une prestation de services accomplie par son employeur dans l'État membre d'accueil »[2195].

677. Lien contractuel en matière de détachement. Néanmoins, si l'on se concentre sur le texte de la directive dite détachement, il convient de considérer que la conclusion d'un contrat de travail local n'entraîne pas de changement du lieu d'exécution habituel du travail[2196]. Une partie de la doctrine s'est alors intéressée à l'identification des contrats de travail en matière de détachement. En droit allemand, une lecture révélant la présence de deux contrats de travail d'importances inégales est proposée. Plus précisément, il est soutenu que le contrat de travail originaire subsiste en tant qu'une colonne (« Rumpfarbeitsvertrag »)[2197]. Concomitamment, le détachement donne lieu à la conclusion d'un contrat de travail local (*Lokalarbeitsvertrag*). Afin de connaître la loi applicable à la relation de travail, le critère de rattachement est déterminé en se référant au contrat de travail « colonne »[2198]. Cette doctrine prend notamment en considération les hypothèses où le premier employeur a un intérêt propre à voir accomplie la

---

la possibilité de faire respecter le droit social du pays d'accueil est délicate à mettre en œuvre ».

[2195] CJUE, 10 février 2011, C-307/09, *Vicoplus*, pt. 47.

[2196] P. MANKOWSKI, « Der Vorschlag für die Rom-I-Verordnung », *IPRax* 2006, p. 101, spéc. p. 107 ; O. KNÖFEL, « Kommendes Internationales Arbeitsrecht : Der Vorschlag der Kommission der Europäischen Gemeinschaften vom 15.12.2005 für eine 'Rom I'-Verordnung », *RdA* 2006, p. 269, spéc. p. 276 ; A. JUNKER, « Arbeitsverträge », S. LEIBLE, F. FERRARI (dir.), *Ein neues Internationales Vertragsrecht für Europa,* Sellier, 2007, p. 111, spéc. p. 123.

[2197] A. JUNKER, « Internationalprivat- und -prozessrechtliche Fragen von Rumpfarbeitsverhältnissen », D. BAETGE, J. VON HEIN, M. VON HINDEN (dir.), *Die richtige Ordnung. Festschrift für Jan Kropholler zum 70. Geburtstag*, Mohr Siebeck, 2008, p. 481, spéc. p. 483 et s.

[2198] Plus explicitement pour le conflit de juridictions, CJCE, 10 avril 2003, C-437/00, *Pugliese.*

prestation de travail en faveur de l'employeur local, notamment au sein d'un groupe de sociétés[2199]. Se pose tout de même la question de savoir si la relation de travail d'origine est encore un contrat[2200]. Si l'on devait répondre par l'affirmative, il paraîtrait toutefois douteux de découvrir le lieu d'exécution habituel du travail dans le pays d'origine. En effet, les obligations principales (*Hauptleistungspflichten*), telles qu'elles sont désignées en droit allemand, naissent désormais du contrat local. En voulant suivre cette doctrine, il faut s'assurer que ce contrat « colonne » soit encore un contrat au sens propre. Les difficultés à déterminer les obligations principales du contrat au pays d'origine dont fait état cette doctrine ne font que rappeler la contradiction, lors de l'utilisation de la règle de conflit de lois spécifique au contrat individuel de travail, par la directive dite détachement.

678. Lien d'intégration en matière de détachement. Dans la continuité de nos observations antérieures où nous nous sommes appuyés sur la jurisprudence *Koelzsch*, l'influence du principe de proximité semble commander que l'on détermine le lien d'intégration du travailleur détaché. Supposons qu'il s'agisse de déterminer le pays auquel le travailleur est le plus lié. Dans cette hypothèse, nous devons également vérifier les mêmes critères de rattachement pour le travailleur détaché. Le critère de rattachement du lieu d'exécution habituel du travail de la convention de Rome ou du règlement Rome I ne peut pas être correctement vérifié sur le fondement de la directive dite détachement. Au moment où la directive fait présumer le rattachement du travailleur à la réglementation du travail de son pays d'origine, elle n'exige aucune vérification. En effet, la directive se contente de fixer le travailleur à un pays par l'intermédiaire du rattachement de l'employeur. La détermination du lien de rattachement au sens de la règle de conflit de lois spécifique au contrat de travail dépend d'une appréciation factuelle permettant de déterminer le lien d'intégration du travailleur. La spécificité du détachement qui consiste à rattacher le travailleur à la fois à un État d'origine et à un État d'accueil n'est pas sans difficulté en ce qui concerne l'identification du contrat de travail qui le régit, selon les spécificités des droits communs des contrats des États membres. Il n'en demeure pas moins que la directive dite détachement ainsi que la directive dite d'exécution prévoient une présomption du lieu d'exécution habituel pour les travailleurs détachés. La première part du constat « que la transnationalisation de la relation de travail soulève des problèmes quant au droit applicable à cette relation de travail et qu'il convient, dans l'intérêt des parties, de prévoir les conditions de travail et d'emploi applicables à la relation de travail envisagée »[2201]. On y découvre l'intention de fixer la loi régissant les conditions de travail. La directive

[2199] CJCE, 10 avril 2003, C-437/00, *Pugliese*.

[2200] A. JUNKER, art. cité (note 2197), spéc. p. 483 et s.

[2201] Directive dite détachement, considérant n° 6.

s'articule avec la convention de Rome[2202], qui prévoit à l'article 6, § 2 que le contrat de travail est régi « a) par la loi du pays où le travailleur, en exécution du contrat, accomplit habituellement son travail, même s'il est détaché à titre temporaire dans un autre pays ». Cet article contient une présomption fixant le lieu d'exécution habituel au pays d'origine dès lors qu'il s'agit d'un détachement. Or, la convention de Rome ayant été adoptée avant la directive dite détachement, la volonté du législateur n'était pas nécessairement celle d'exclure les cas de détachement expressément visés par cette dernière. Par ailleurs, la terminologie employée est imprécise et ne renvoie à aucun cas de détachement particulier : « même s'il est détaché à titre temporaire dans un autre pays ». Enfin, toute référence à la notion de détachement est abandonnée plus tard par le texte du règlement Rome I qui se borne à préciser que le lieu d'exécution habituel du travail « n'est pas réputé changer lorsque le travailleur accomplit son travail de façon temporaire dans un autre pays »[2203]. Malgré les textes de droit dérivé, nous concluons que la logique du lien d'intégration au marché du travail devrait s'inspirer de celle qui s'applique aux travailleurs au sens propre.

b. Les liens d'intégration du travailleur selon les droits du travail nationaux

679. Diverses notions du droit du travail national peuvent être citées pour affirmer que le droit du travail ne s'arrête pas uniquement au lien contractuel formellement établi. Elles doivent être évoquées à l'appui de notre démonstration qui veut que l'on s'intéresse au lien d'intégration du travailleur plutôt qu'au lien formellement établi par le contrat individuel de travail. Le lien d'intégration établi est celui à l'égard des parties et, plus particulièrement, du travailleur. À titre d'expérimentation, nous étudions deux exemples du droit du travail français susceptibles d'illustrer que le droit du travail doit parfois aller au-delà de la reconnaissance du lien formellement contractuel et tenir compte de l'intégration du travailleur à l'égard d'une autre entité. La jurisprudence tient compte de l'analyse des pouvoirs de l'employeur (i) et de l'intégration du travailleur dans une communauté de travail (ii).

i. Le coemploi

680. Genèse d'une solution jurisprudentielle. Nous nous référons, dans un premier temps, au contentieux en matière de coemploi. Réduit par certains à une « pure invention du juge »[2204], le coemploi continue de séparer les esprits. Il est vrai qu'en théorie, l'on lui a opposé le principe d'indépendance

---

[2202] Directive dite détachement, considérant n° 8.

[2203] Règlement dit Rome I, article 8, § 2.

[2204] G. DUCHANGE, « Le coemploi réduit à 'l'immixtion permanente' : explications prétoriennes et perspectives à venir », *BJT,* janvier 2021.

des personnes morales. Le coemploi vise à tenir compte du fait que le salarié développe des liens à l'égard du groupe de sociétés[2205], dès lors qu'il peut, par exemple, être muté ou reclassé entre les différentes sociétés qui composent le groupe. Ceci renvoie à une première interrogation sur le concept de groupe, qui n'est pas uniforme et est consacré différemment en fonction des dispositions du code du travail concernées[2206]. La jurisprudence tire progressivement les conséquences des liens du salarié à l'égard du groupe de sociétés et fonde, dans un premier temps, la théorie des employeurs conjoints selon laquelle plusieurs employeurs usent conjointement d'un lien de subordination à l'égard d'un même salarié et sont de ce fait solidairement débiteurs des sommes qui peuvent être dues à de ce dernier[2207]. D'un point de vue pratique, cette solution s'avère toutefois limitée. Alors que la Cour de cassation aurait pu s'appuyer sur la solidarité coutumière en droit commercial, l'on souligne qu'elle a voulu construire cette solution hors – ou au-delà – du droit commercial[2208]. Ce faisant, la Cour de cassation n'emploie que la seule conjonction et applique la solution, alors même que ces employeurs n'ont pas la qualité de commerçant[2209]. D'autres arrêts permettent de sanctionner la faute de gestion de la société mère à l'égard d'une filiale en vue d'engager la responsabilité délictuelle de la société mère à la suite d'une procédure de licenciement pour motif économique menée par la filiale[2210]. En effet, la société mère aurait commis des fautes de gestion à l'origine de difficultés de la filiale et, en conséquence, du licenciement des salariés[2211]. Cette solution viserait à concilier la liberté de la société mère de contrôler ses filiales et la nécessité de préserver l'intérêt légitime des salariés. Concernant les conditions, l'abus dans l'exercice du contrôle n'est pas constitué par le dépassement des limites du droit de contrôle mais par le mauvais usage d'une liberté, celle pour une société mère de créer et de gérer les affaires de sa filiale. En l'espèce, la Cour de cassation estime que la société mère n'aurait pas été

[2205] R. VATINET, « La pieuvre et l'Arlésienne », *DSOC* 2010, p. 801.

[2206] D. COHEN, « Groupes de sociétés et co-emploi », *Mélanges en l'honneur du Professeur Bernard Teyssié*, Lexis Nexis, 2019, Lexis Nexis, 2019, p. 93, selon lequel, dans le contexte du coemploi, le groupe de sociétés vise « des ensembles de sociétés juridiquement distinctes mais soumises à un pouvoir économique unique ».

[2207] Cass. soc., 6 février 1974, Bull. civ., V, n° 96 ; Cass. soc., 1er février 1961, Bull. civ. IV, n° 146 ; Cass. soc., 16 mars 1939, S. 1939, I, p. 261.

[2208] A. HONTEBEYRIE, *Le fondement de l'obligation solidaire en droit privé français*, thèse, Université Paris I, n° 423, p. 441.

[2209] *Ibid.*

[2210] Cass. soc., 3 avril 1990, *RJS* 5/90, n° 354.

[2211] C. HANNOUN, *Le droit et les groupes de sociétés*, LGDJ, 1991, n° 156, qui se réfère à G. VINEY, *La responsabilité, conditions*, LGDJ, 1980, n° 202 et s., expliquant que, sur le plan du droit commun, la responsabilité de la société mère à l'égard des salariés licenciés peut s'analyser comme celle d'un tiers dont la faute est à l'origine de l'inexécution du contrat.

fautive en mettant à la charge de sa filiale un service commercial onéreux si elle n'avait pas cherché à en tirer un bénéfice hors de proportion avec sa capacité de production[2212].

681. Coemploi. À la suite de ces évolutions, s'est construite une jurisprudence visant à consacrer la responsabilité de la société mère à l'égard des salariés de l'une de ses filiales, hors lien de subordination. Ainsi, la Cour de cassation retient qu'une société mère peut être condamnée *in solidum* à verser notamment les indemnités de licenciement d'un salarié. Dans la conception originaire, le coemploi repose sur la reconnaissance d'un double lien de subordination permettant au juge de constater l'existence de deux contrats de travail ; il s'agit de consacrer une conception individuelle du lien contractuel[2213]. La Cour de cassation est toutefois venue consacrer, au regard des restructurations, une nouvelle conception. On doit à cette évolution l'innovation du critère de la triple confusion d'intérêts, d'activités et de direction[2214]. Finalement, la jurisprudence est tellement revenue sur ses critères qu'en a été proclamée la mort imminente[2215]. Dans l'affaire *Molex*, la Cour de cassation a exigé la confusion d'intérêts, d'activités et de direction permettant de caractériser une immixtion dans la gestion économique et sociale de cette dernière[2216]. À la suite, plusieurs arrêts ont refusé de reconnaître le coemploi[2217]. Il n'en demeure pas moins que le coemploi

---

[2212] Cass. soc. 3 avril 1990, *RJS* 5/90, n° 354.

[2213] Cass. soc., 16 mars 2010, pourvoi n° 08-43.838.

[2214] Cass. soc., 19 juin 2007, *pourvoi* n° 05-42.551, *Aspocomp*, *RDT* 2007, p. 543, note F. JAULT-SESEKE; Cass. soc., 18 janvier 2011, pourvoi n° 09-69199, *Jungheinrich, D.* 2012, p. 901, chron. P. LOKIEC et J. PORTA ; *Rev. soc.* 2011, p. 154, note A. COURET ; *DSOC* 2011, p. 372, note G. COUTURIER ; 2012, p. 995, note B. GAURIAU ; *RDT* 2011, p. 168, note F. GÉA ; Cass. soc., 28 septembre 2011, pourvoi n° 10-12.278, *Métaleurop, D.* 2012, p. 901, chron. P. LOKIEC et J. PORTA.

[2215] G. LOISEAU, « Le coemploi est mort, vive la responsabilité délictuelle », *JCP S* 2014. P. 1311.

[2216] Cass. soc., 2 juillet 2014, pourvoi n° 13-15.208, *D.* 2014, p. 2147, chron. P.-M. LE CORRE et F.-X. LUCAS ; 2015, p. 829, chron. J. PORTA et P. LOKIEC ; *Rev. soc.* 2014, p. 709, note A. COURET et M.-P. SCHRAMM ; *RDT* 2014, p. 625, note M. KOCHER ; *RCDIP* 2015, p. 594, note F. JAULT-SESEKE.

[2217] Cass. soc., 10 décembre 2015, pourvoi n° 14-19.316, *D.* 2016, p. 807, chron. P. LOKIEC et J. PORTA ; p. 2025, chron. L. D'AVOUT et S. BOLLEE ; *RPC* 2016, n° 1, p. 9, note F. PETIT, n° 2, p. 59, note D. JACOTOT ; *Lexbase Social* 2016, n° 638, note G. AUZERO ; *BMIS* 2016, n° 2, p. 115, note B. GÉNIAUT ; *JSL* 2016, n° 403, p. 14, note H. NASOM-TISSANDIER ; *LPA* 2016, n° 110, p. 13, E. MOUIAL-BASSILANA ; *RLDA* 2016, n° 112, p. 33, note A. DONNETTE-BOISSIÈRE.

ressurgit temporairement[2218]. L'arrêt *AGC* le redéfinit comme « une immixtion permanente de la société mère dans la gestion économique et sociale de la société employeur, conduisant à la perte totale d'autonomie d'action de cette dernière »[2219]. Même si les définitions de ce concept fluctuent, il constitue d'être mobilisé. La Cour de cassation approuve ainsi les juges d'appel qui l'ont reconnu, dans un arrêt du 23 novembre 2022[2220]. Elle estime que, hors lien de subordination, une société faisant partie d'un groupe peut être qualifiée de co-employeur du personnel employé par une autre société du groupe s'il existe, au-delà de la nécessaire coordination des actions économiques entre les sociétés appartenant à un même groupe et de l'état de domination économique que cette appartenance peut naturellement engendrer, une immixtion permanente de cette société dans la gestion économique et sociale de la société employeur, conduisant à la perte totale d'autonomie d'action de cette dernière et de ses dirigeants. Cette qualité de co-employeur est utile dès lors qu'il n'existe pas de lien contractuel exprès résultant d'un contrat de travail à l'égard de la seconde société. Elle permet de faire valoir les liens entre les salariés et la seconde société ou, dit autrement, d'adjoindre un autre débiteur[2221] à la créance de dommages-intérêts pour licenciement nul ou sans cause réelle et sérieuse. Notons enfin que le coemploi semble trouver son appui dans le droit européen[2222].

[2218] Cass. soc., 6 juillet 2016, pourvoi n° 15-15.481, *Les 3 Suisses*, *D.* 2016, p. 2096, note R. DAMMANN et S. FRANÇOIS ; *Rev. soc.* 2017, p. 149, note E. SCHLUMBERGER ; *RDT* 2016, p. 560, note S. VERNAC.

[2219] Cass. soc., 6 juillet 2016, pourvoi n° 15-15.481, *Les 3 Suisses*, *D.* 2016, p. 2096, note R. DAMMANN et S. FRANÇOIS ; *Rev. soc.* 2017, p. 149, note E. SCHLUMBERGER ; *RDT* 2016, p. 560, note S. VERNAC ; *JCP G* 2016, n° 37, p. 1645, note Y. PAGNERRE ; *JSL* 2016, n° 416, p. 7, note H. TISSANDIER ; *JCP S* 2016, n° 38, p. 12, note G. LOISEAU ; *BMIS* 2016, n° 10, p. 597, note J.-P. LABORDE ; *SSL* 2016, n° 1738, p. 4, note G. AUZERO, P. BAILLY ; *JCP S* 2018, n° 29, p. 19, note M. LAFARGUE.

[2220] Cass. soc., 23 novembre 2022, pourvoi n° 20-23.206, *BJT* 2023, n° 1, p. 37, note S. RANC ; *BMIS* 2023, n° 2, p. 51, note G. AUZERO ; *JCP E* 2023, n° 17-18, p. 22, note T. LASSERRE, n° 7, p. 50, note J. BRUNIE.

[2221] Note explicative de l'arrêt Cass. soc., 25 novembre 2020, pourvoi n° 18-13.769.

[2222] *Cf.* sur la notion d' « entreprise qui contrôle l'employeur » dans la directive 98/59/CE du Conseil, du 20 juillet 1998, concernant le rapprochement des législations des États membres relatives aux licenciements collectifs, CJUE, 7 août 2018, C-61, 62 et 72/17 *Bichat, EuZA* 2019, p. 245, note MARKWORTH ; *RDT* 2018, p. 676, note G. AUZERO ; *Europe* 2018, n° 10, p. 51, note L. DRIGUEZ.

682. ***Knauf.*** L'affaire *Knauf*[2223] est illustrative de l'incidence du coemploi sur le droit international privé[2224]. En l'espèce, le salarié d'une société française a été muté dans une société du même groupe ayant son siège aux États-Unis. Le contrat de travail initial ayant été rompu lors de la mutation, se pose la difficulté de faire déclencher la responsabilité de la société française qui garde tout de même des liens institutionnels avec la société américaine. C'est ainsi que la Cour de cassation retient que la société française gère le contrat de travail, en exerçant « une autorité réelle sur toutes les sociétés du groupe, filiales ou non qui pouvaient s'y rattacher »[2225], dans le domaine notamment de la gestion du personnel. En conséquence, le co-employeur est tenu des obligations de l'autre co-employeur, telles qu'elles résultent de la loi applicable au contrat conclu avec celui-ci. Du point de vue du droit international privé, la Cour de cassation ne détermine pas la loi applicable, laquelle devrait théoriquement guider l'appréciation de la présence d'une situation de coemploi. Mme Jault-Seseke souligne que « [c]e schéma, qui suppose au demeurant que l'identification de l'employeur principal ne prête pas à discussion, est basique, peut-être à l'excès »[2226].

683. Qualification *lex causae*. La présence du coemploi devrait dépendre de la *lex causae*. Or, comme l'observe M. Pataut, la Cour de cassation simplifie « [s]ans considération théorique excessive et appliqu[e] sans hésiter les critères du for, et vérifi[e] au regard des seules exigences du droit français l'existence d'un lien de subordination entre le salarié et l'employeur »[2227]. Un récent arrêt de la Cour de cassation vient préciser la jurisprudence sus-évoquée[2228]. La juridiction retient ici que la définition de l'employeur s'effectue selon la loi applicable aux deux contrats de travail liés. Dès lors que les deux contrats sont régis respectivement par les lois espagnole et belge, il n'appartient pas à la cour d'appel de retenir le coemploi, sans vérifier dans les

---

[2223] Cass. soc., 21 mai 2014, pourvois n° 13-11.396 et 13-11.694, *Knauf, RCDIP* 2015, p. 594, note F. JAULT-SESEKE. Pour une critique de la vision institutionnelle de l'entreprise, *cf.* E. PESKINE, « À la recherche de l'organisation en droit du travail. Penser l'entreprise et son dépassement », *RDT* 2019, p. 19.

[2224] Cass. soc., 21 mai 2014, pourvois n° 13-11.396 et 13-11.694, *Knauf.*

[2225] Cass. soc., 21 mai 2014, pourvois n° 13-11.396 et 13-11.694, *Knauf.*

[2226] F. JAULT-SESEKE, « Co-emploi : précision des critères relatifs à la confusion d'intérêts, d'activités et de direction », *RCDIP* 2015, p. 594, *cf.* aussi F. JAULT-SESEKE, « L'appréhension de la responsabilité des groupes de sociétés par le droit international privé : l'exemple du droit du travail et du droit de l'insolvabilité », *TCFDIP,* 2012-2014, Pedone, 2015, p. 77, qui souligne qu'une loi unique est applicable à l'ensemble de la relation de travail (implicitement déjà, Cass. soc., 8 février 2012, pourvoi n° 10-28.537, *RCDIP* 2012, p. 576, note F. JAULT-SESEKE, *DSOC* 2012, p. 995, note B. GAURIAU, *RDAI* 2013, p. 217, chron. Y. LAHLOU, L. SINOPOLI, P. GUEZ).

[2227] É. PATAUT, art. cité (note 1900).

[2228] Cass. soc., 7 novembre 2018, pourvoi n° 16-27.692.

législations applicables si le coemploi y existe effectivement. En effet, ces législations sont « seules applicables à la demande de reconnaissance de la qualité de co-employeurs »[2229]. La Cour de cassation ne semble pas voir la qualification de l'employeur sous l'angle de la qualification au sens du droit international privé, ce qui est félicité[2230]. À l'inverse, elle traite cette question au moment de l'application de la loi finalement applicable. Certes, les critères de rattachement employés dans l'espèce peuvent apparaître inadaptés[2231]. Il n'en demeure pas moins que le coemploi démontre la prise en compte de liens non purement contractuels.

684. Dépassement. Nous notons avec Mme Jault-Seseke que le coemploi, dans le contexte du conflit de lois, a pour intérêt « de permettre la globalisation de la relation de travail, de permettre le dépassement des montages contractuels mis en œuvre au sein des groupes de sociétés »[2232]. L'utilisation du coemploi en tant qu'une notion du droit du travail français confirme l'importance donnée à la lecture du lien entre le salarié et l'employeur, au-delà du simple point de vue contractuel. Elle fait écho « au mouvement d'internationalisation ou transnationalisation des entreprises »[2233], en appréhendant la notion d'entreprise sous la forme de « la trilogie activité/organisation/pouvoir »[2234]. Inexistant dans d'autres systèmes juridiques, le coemploi n'en demeure pas moins une tentative nationale visant à mieux rendre compte des manifestations du pouvoir de l'employeur. La notion apparaît particulièrement utile dans la mesure où elle permet de tenir compte des liens les plus étroits entre le travailleur et son employeur, à travers la vérification d'un lien d'intégration à l'égard de l'entreprise. La notion de coemploi trouve son entrée dans le conflit de lois[2235].

[2229] Cass. soc., 7 novembre 2018, pourvoi n° 16-27.692.

[2230] É. PATAUT, art. cité (note 1900).

[2231] *Ibid.*

[2232] F. JAULT-SESEKE, art. cité (note 2226, art. n° 1).

[2233] L. D'AVOUT, cours cité (note 574), spéc. p. 31, qui émet des réserves à l'égard d'une étude « du concept d'entreprise, ou firme, 'multinationale' forgé par des sciences sociales voisines (économie, gestion, sciences politiques, sociologie ».

[2234] *Ibid.,* spéc. p. 91.

[2235] En matière de conflit de juridictions, nous notons que l'article 20, § 1 du règlement dit Bruxelles I*bis* fait référence au nouvel article 8 du même règlement, qui dispose qu' « [u]ne personne domiciliée sur le territoire d'un Etat membre peut aussi être attraite : 1) s'il y a plusieurs défendeurs, devant la juridiction du domicile de l'un d'eux, à conditions que les demandes soient liées entre elles par un rapport si étroit qu'il y a intérêt à les instruire et à les juger en même temps afin d'éviter des solutions qui pourraient être inconciliables si les causes étaient jugées séparément ». Cette disposition permet ainsi de désigner la juridiction de l'un des deux Etats.

ii. L'intégration dans une communauté

685. Représentation collective. Dans le contexte de l'établissement du lien d'intégration du travailleur, nous pouvons également évoquer la jurisprudence sur la représentation collective des travailleurs. Les relations de travail complexes donnent lieu au constat d'un lien d'intégration du salarié dans son entreprise d'accueil. Concernant spécifiquement le cas des travailleurs mis à disposition, l'étude du droit du travail français fait ressortir que ceux-ci sont intégrés d'une certaine manière dans leur entreprise d'accueil. La jurisprudence relative aux élections professionnelles peut apporter des enseignements. Rappelons que l'entreprise, qui met des salariés à disposition d'une autre entreprise pendant une période déterminée, reste employeur. La mise à disposition est seule régie par une convention entre l'entreprise prêteuse et l'entreprise utilisatrice : celle-ci précise la durée de la mise à disposition, l'identité et la qualification du salarié et le mode de détermination des salaires ainsi que les charges sociales facturées à l'entreprise utilisatrice par l'entreprise prêteuse. Concernant le calcul des effectifs de l'entreprise utilisatrice aux fins du déclenchement de certains seuils en amont des élections professionnelles, la Cour de cassation française rapproche les travailleurs mis à disposition de l'entreprise d'accueil. Se pose la question de savoir si les travailleurs mis à disposition peuvent être intégrés dans la collectivité de travail. La notion de communauté de travail livre des enseignements. Depuis 2001, la Cour de cassation inclut dans l'effectif au sens de l'article L. 1111-2 du code du travail, tous les salariés qui « participent au processus de travail de l'entreprise qui les occupe »[2236]. Plus précisément, elle considère qu'en font partie tous les travailleurs « qui participent aux activités nécessaires au fonctionnement de l'entreprise utilisatrice »[2237]. Le Conseil constitutionnel vise le critère de tous ceux « qui sont intégrés de façon étroite et permanente à la communauté de travail »[2238]. Cette notion est empruntée par la Cour de cassation pour intégrer à la communauté de travail, les salariés

---

[2236] Cass. soc., 27 novembre 2001, pourvoi n° 00-60.252, .

[2237] Cass. soc., 26 mai 2004, pourvois n° 03-60.125 et n° 03-60.358, arrêts dit *Renault, JCP G* 2004, n° 49, p. 2199, chron. B. TEYSSIÉ, J.-F. CESARO, S. DARMAISIN.

[2238] C. const., 28 décembre 2006, DC n° 2006-545 (sur la loi pour le développement de la participation et de l'actionnariat salarié et portant diverses dispositions d'ordre économique et social), *RDTr* 2007, p. 20, note C. PAULIN ; *LPA* 2007, n° 29, p. 37, note J.-É. SCHOETTL ; *RFD Const* 2007, p. 297, chron. V. BERTILE, A. LE QUINIO, X. MAGNON et p. 749, chron. É. BESSON, P. LUPPI, A. MANGIAVILLANO ; *D.* 2007, p. 1166, pan. V. BERNAUD, L. GAY, C. SEVERINO.

mis à disposition, en ce qui concerne les relations collectives[2239]. La loi de 2008 y ajoute l'exigence d'une présence d'une durée d'un an dans l'entreprise[2240].

686. Calcul des effectifs. Décidant du déclenchement du seuil requis concernant les élections des délégués du personnel et du comité d'entreprise, la Cour de cassation a récemment approuvé un jugement de première instance fixant les effectifs de l'entreprise, le nombre de sièges à pourvoir et le nombre de collèges électoraux, tout en tenant compte des salariés mis à disposition[2241]. Suivant l'attendu de principe, « sont intégrés de façon étroite et permanente à la communauté de travail les travailleurs mis à disposition par une entreprise extérieure qui, abstraction faite du lien de subordination qui subsiste avec leur employeur, sont présents, fût-ce à temps partiel, dans les locaux de l'entreprise utilisatrice depuis au moins un an, partageant ainsi des conditions de travail en partie communes susceptibles de générer des intérêts communs »[2242]. Nous notons toutefois que la notion d' « intégration dans la communauté de travail » se limite pour l'heure à l'établissement de l'effectif de l'entreprise en vue des élections professionnelles. À l'inverse, l'éligibilité dans le cadre des élections professionnelles exige un lien contractuel.

687. Diversité des législations. La difficulté dans l'utilisation de ce critère implique qu'il n'est pas exploité de la même manière dans toutes les législations nationales. En ce qui concerne le droit allemand, c'est le critère

---

[2239] Cass. soc., 15 février 2006, pourvoi n° 05-60.088, *Chronopost*, *JCP E* 2006, n° 22, p. 977, note S. BÉAL, M.-N. ROUSPIDE ; *RDT* 2006, p. 40, note E. PESKINE et explicitement Cass. soc., 7 novembre 2007, pourvoi n° 06-12.309, *RATP et SNCF*, *Lexbase Hebdo S* 2007, n° 285, note G. AUZERO et 2008, n° 305, note C. RADÉ, G. AUZERO, S. TOURNAUX ; *JCP E* 2007, n° 51, p. 29, note F. DUQUESNE ; *DSOC* 2008, p. 132, note M. COHEN ; *RDT* 2008 ; p. 116, note E. PESKINE ; *JCP S* 2008, n° 9, p. 23, note J.-Y. KERBOUC'H.

[2240] L'article L. 1111-2 du code du travail, tel qu'en vigueur depuis la loi n°2008-789 du 20 août 2008, dispose que les effectifs de l'entreprise sont calculés comme suit : « 2° Les salariés titulaires d'un contrat de travail à durée déterminée, les salariés titulaires d'un contrat de travail intermittent, les salariés mis à la disposition de l'entreprise par une entreprise extérieure qui sont présents dans les locaux de l'entreprise utilisatrice et y travaillent depuis au moins un an, ainsi que les salariés temporaires, sont pris en compte dans l'effectif de l'entreprise à due proportion de leur temps de présence au cours des douze mois précédents. Toutefois, les salariés titulaires d'un contrat de travail à durée déterminée et les salariés mis à disposition par une entreprise extérieure, y compris les salariés temporaires, sont exclus du décompte des effectifs lorsqu'ils remplacent un salarié absent ou dont le contrat de travail est suspendu, notamment du fait d'un congé de maternité, d'un congé d'adoption ou d'un congé parental d'éducation ».

[2241] Cass. soc., 23 septembre 2015, pourvoi n° 14-26.262, *Lexbase Hebdo S* 2015, n° 628, note G. AUZERO ; *CSBP* 2015, p. 586, note F. CANUT ; *JCP S* 2015, n° 45, p. 28, note Y. PAGNERRE.

[2242] Cass. soc., 23 septembre 2015, pourvoi n° 14-26.262.

de l'appartenance à l'entreprise (*Betriebszugehörigkeit*) qui déclenche la possibilité pour un travailleur d'être compté dans les effectifs de l'entreprise en vue de l'établissement du seuil obligeant l'élection du conseil d'établissement (*Betriebsrat*). Depuis une récente décision, les travailleurs mis à disposition comptent dans l'effectif de l'entreprise d'accueil aux fins de l'application du § 38 *BetrVG*[2243]. D'une manière plus large, M. Seifert envisage le rôle que peut jouer le *Betriebsrat* dans l'intégration des travailleurs d'origine étrangère[2244]. Partant de ces observations, il apparaît que les relations de travail complexes donnent lieu à un traitement spécifique selon le système auquel l'on se réfère. Ces réglementations spécifiques peuvent être le reflet d'un besoin d'ancrer la citoyenneté industrielle[2245] laquelle se démarque comme un enjeu spécifique dans certains cas : elle « s'exprime à travers l'appartenance à un syndicat ou à des organisations de travailleurs mais aussi par la participation démocratique sur le lieu de travail »[2246]. Ainsi, la prise en compte de l'intégration organisationnelle ou industrielle des travailleurs ne saurait être ignorée lors de la détermination du lien de rattachement du lieu d'exécution habituel du travail. Rappelons que la détermination d'un lien de proximité commande de recourir à une appréciation factuelle du lien d'intégration du travailleur.

[2243] BAG, 18 janvier 2017, 7 ABR 60/15.

[2244] A. SEIFERT, « Integration durch Arbeitsrecht », M. HAEDRICH (dir.), *Flucht, Asyl und Integration aus rechtlicher Perspektive*, Mohr Siebeck, 2017, p. 153.

[2245] Sur cette notion, *cf.* N. LILLIE, « The Right Not to Have Rights: Posted Worker Acquiescence and the European Union Labour Rights Framework », *Theoretical Enquiries in Law,* 2016, vol. 17, n° 1, p. 39.

[2246] A. A. H. VAN HOEK, art. cité (note 1536), spéc. p. 233.

Conclusion de section

688. L'évolution décrite illustre la matérialisation du conflit de lois qui est caractérisée par la prise en compte de différents principes par la règle de conflit de lois. En étudiant la règle de conflit de lois européenne, nous constatons que la matérialisation conduit à la prise en compte de principes matériels du droit de l'Union européenne. Le principe de protection adéquate du travailleur y joue un rôle essentiel : ce principe ancré dans les textes européens de conflit de lois est le reflet du principe de protection du travailleur issu du droit primaire. En application de ce principe, il convient d'appliquer la loi la plus protectrice. Or, la loi la plus protectrice ne saurait être confondue avec la loi du lieu d'intégration économique et sociale du travailleur. Cette dernière résulte de l'application combinée des principes de protection adéquate du travailleur et de proximité. De surcroît, nous observons que l'intervention combinée des deux principes conduit à la transformation du dernier. L'influence du principe de proximité veut que l'on établisse les liens les plus étroits du travailleur à l'égard du marché du travail. Une logique d'intégration du travailleur semble être sous-jacente aux règles de conflit de lois spécifiques à la relation de travail. À cette fin, il convient de s'inspirer d'exemples qui visent à consacrer l'intégration du travailleur – au-delà du lien contractuel formellement établi – dans les droits du travail internes des États membres.

Section 2
La spécialisation de la règle de conflit de lois

689. Intérêts matériels dans le conflit de lois. Partant des principes régissant la règle de conflit de lois matérielle, il convient de dessiner la spécialisation de la règle de conflit de lois protectrice. Le principe de protection du travailleur, que nous considérons désormais comme régissant la règle de conflit de lois à coloration matérielle, a initialement innervé l'exception d'ordre public, à l'heure des règles de conflit de lois classiques. Comme il est souligné par Gamillscheg, l'ordre public social peut se manifester de deux différentes manières : soit il joue en tant qu'exception par le mécanisme de l'ordre public international, soit il est intégré dans la règle de conflit de lois[2247]. Ces considérations trouvent ainsi également leur place parmi les impérativités. Voyant la règle de conflit de lois comme traduisant l'objectif de protection à coloration individualiste, la doctrine travailliste contemporaine admet que l'ordre public social est désormais intégré dans la règle de conflit de lois[2248]. Pour la méthode du conflit de lois, cela signifie que le principe de protection du travailleur est intégré dans la règle de rattachement. Le fonctionnalisme du conflit de lois voulant que soit désignée la loi appropriée au contrat, il implique que « [l]es intérêts individuels et collectifs auxquels pourvoit le droit des contrats seront assurés différemment sans doute, mais trouveront tout de même une protection »[2249].

690. Règle de conflit de lois matérielle. Admettre le fonctionnalisme du conflit de lois nous conduit à chercher la possibilité d'y incorporer des intérêts matériels. M. González Campos illustre l'évolution des manières dont les mécanismes du conflit de lois permettent de donner une force aux « règles du droit matériel interne »[2250]. Il explique que les articles 3, § 3 et 7 de la convention de Rome sont l'expression « des objectifs économiques et sociaux qui exigent, pour leur mise en œuvre, leur application tant aux situations internes qu'aux situations internationales rattachées à un État donné pour sauvegarder la cohérence interne de l'ordre étatique »[2251]. Partant de cette finalité matérielle, M. González Campos distingue deux objectifs des règles de conflit de lois : ceux « de 'corriger' des inégalités sociales parmi les parties contractantes ou de 'corriger' des circonstances qui sont extérieures aux parties du rapport contractuel »[2252]. Les deuxièmes correspondent aux

---

[2247] *Cf.* F. GAMILLSCHEG, cours cité (note 292), spéc. p. 305.

[2248] J.-F. CESARO, art. cité (note 264).

[2249] H. BATIFFOL, « Subjectivisme et Objectivisme dans le droit international privé des contrats », *Mélanges offerts à Jacques Maury*, Dalloz, 1960, p. 39, spéc. p. 51.

[2250] J. D. GONZÁLEZ CAMPOS, cours cité (note 2013), n° 274.

[2251] *Ibid.*

[2252] *Ibid.*

impérativités. En effet, elles correspondent aux « 'règles de direction' [qui] ont un caractère que l'on peut appeler 'ordopolitique', car elles imposent les principes ordonnateurs de la vie économique et sociale d'un État, en configurant ainsi son modèle social et économique »[2253]. Nous nuançons que les impérativités ont initialement véhiculé tant les intérêts de protection que les intérêts de direction. Dès lors que le droit international privé européen intervient pour pallier l'absence de droit substantiel harmonisé, le conflit de lois ne saurait pas conduire à favoriser l'intérêt national d'un État et devrait se faire selon les considérations de l'Union européenne[2254]. Les impérativités semblent désormais inadaptées dans un contexte d'européanisation, dans lequel l'intérêt régulateur est celui du marché intérieur[2255]. Parallèlement, nous observons une nécessité particulière dans un marché intégré, pour les premières règles visées par M. González Campos. Elles se manifestent dans l'article 6 de la convention de Rome ou l'article 8 du règlement Rome I. L'intérêt matériel se cristallise ici sous la forme de règles de protection. Or, il n'est pas contesté que ces règles poursuivent également des intérêts régulateurs du marché intérieur dans lequel elles s'inscrivent. Ce constat est corroboré par la similitude des lois de police qui sont remplacées par les règles de conflit de lois matérielles : « [l]e fait est que la similitude de certaines règles de police en droit comparé, concernant par exemple la protection du travailleur, a pu conduire à des rattachements spéciaux bilatéraux, tel celui de la relation de travail à la loi du lieu de son exécution »[2256].

691. Rattachements matériels. Les rattachements des règles de conflit de lois matérielles traduisent ainsi les intérêts matériels et régulateurs que l'on a initialement essayé de véhiculer par les impérativités. Les principes de protection du travailleur et de proximité doivent être intégrés dans la règle de conflit de lois. Alors que la règle de conflit de lois matérielle inscrite à l'article 4 de la convention de Rome et du règlement Rome I « privilégie un indice unique, le pays dans lequel le débiteur de la prestation caractéristique a son établissement »[2257], le caractère protecteur de la règle de conflit de lois concernant le travailleur nécessite des rattachements multiples. Nous observons avec M. Audit que « le pluralisme des méthodes constitue une tendance dominante de l'évolution du droit international privé français au cours du XXe siècle »[2258].

692. Plan. Partant du constat d'un recul des impérativités dans un contexte intra-européen (sous-section 1), nous nous apercevons que les intérêts

---

[2253] J. D. GONZÁLEZ CAMPOS, cours cité (note 2013), n° 274.
[2254] J. BASEDOW, art. cité (note 1110), spéc. p. 280.
[2255] *Supra*, n° 159 et s.
[2256] P. LAGARDE, cours cité (note 151), spéc. p. 51.
[2257] *Ibid.*, p. 42.
[2258] B. AUDIT, art. cité (note 1426), spéc. p. 438.

traditionnellement véhiculés par les règles impératives semblent désormais être incorporés dans les règles de conflit de lois matérielles (sous-section 2).

Sous-section 1. L'effacement des impérativités intra-européennes

693. Impérativités transformées. Les lois d'ordre public ou les impérativités, dans le langage adopté par cette étude[2259], « naissent dans tous les domaines du droit touchant à des intérêts, d'ordre social ou économique, sensibles pour l'État. Que ce soit en matière de famille, de contrats de consommation, de bail, de travail, d'actes illicites entravant le fonctionnement des marchés, ou dans tant d'autres matières, il est fait appel à l'ordre public pour sauvegarder les éléments essentiels de l'organisation politique, sociale et économique du pays »[2260]. Il s'agit de domaines où la règle de conflit de lois bilatérale classique s'avère insuffisante, en raison de son indifférence classiquement assumée aux intérêts régulateurs. À l'origine, la jurisprudence française relève le caractère d'ordre public du droit du travail français, imposant son application aux contrats de travail exécutés en France, pour combler l'absence d'une règle de conflit de lois spécifique[2261]. Compte tenu de vastes domaines d'intervention, « l'idée d'un ordre public opérant en tant qu'exception au jeu normal' des règles de conflit manque de réalisme »[2262], affirme M. Bucher. L'arrêt Thuillier réserve l'application de plein droit de la loi du pays d'exécution « en ce qui concern[e] ses dispositions, relevant de l'ordre public local, relatives à l'organisation ou à la réglementation administrative du travail, et plus favorables aux travailleurs »[2263]. On constate un affinement de l'affirmation simple du caractère d'ordre public. Plus globalement, nous pouvons observer que la règle de conflit de lois commence à se forger à partir du constat d'intérêts impératifs. En effet, ces domaines impératifs sont les témoins les plus évidents des intérêts régulateurs.

694. Européanisation. Au niveau de l'Union européenne, la formation des règles de conflit de lois spécifiques dépendrait ainsi du constat d'intérêts impératifs et convergents des États membres. Cette évolution est même souhaitée, dans un contexte de réduction du domaine d'intervention des lois de police, par la définition restrictive de la convention de Rome et du règlement Rome I[2264]. M. Basedow ajoute qu'il est plus souple de faire régir la relation de travail par la règle de conflit de lois bilatérale qui elle-même

---

[2259] *Supra*, n° 159.

[2260] A. BUCHER, cours cité (note 560), p. 66.

[2261] Cass. soc., 9 décembre 1960, *JCP* 1961, II, 12029, note M. SIMON-DEPITRE.

[2262] A. BUCHER, cours cité (note 560), p. 66.

[2263] Cass. soc., 31 mai 1972, *Thuillier*, *JCP* 1973, II. 17317, note G. LYON-CAEN, *RCDIP* 1973, p. 683, note P. LAGARDE.

[2264] Sur cette définition, *cf.* L. D'AVOUT, art. cité (note 199).

n'est pas le plus souvent sujette au contrôle *a posteriori* des entraves[2265]. Malgré les avantages, le maintien de la méthode des lois de police démontre que le législateur européen favorise particulièrement dans le contexte du détachement de travailleurs les lois impératives pour leur définition vague[2266].

695. Affichage d'un intérêt européen. En présence d'un droit substantiel propre à l'espace de l'Union européenne, la fonction du conflit de lois qui consiste à arbitrer entre les lois des États membres permet toujours l'affichage de l'intérêt européen vers l'extérieur. Il est démontré que l'impérativité s'exerce davantage comme un mécanisme défensif, permettant de promouvoir les standards européens en matière sociale.

696. Plan. Alors que l'impérativité semble s'effacer en raison de l'émergence d'un intérêt régulateur européen (paragraphe 1), elle semble ressusciter dans un contexte extra-européen, pour afficher l'intérêt de l'Union européenne (paragraphe 2).

Paragraphe 1. L'impérativité effacée : un véhicule historique de l'ordre public social national

697. Utilisation des lois de police en droit du travail. D'emblée, il convient de préciser que les lois de police françaises sont appliquées dans tous les cas dans lesquels il n'en va pas « seulement des intérêts particuliers, ni même de l'intérêt commun en tant que somme des intérêts particuliers, mais bien de l'ensemble de ces intérêts quand ils sont pris en charge par l'organisation étatique »[2267]. On accepte souvent leur intervention dans les situations dans lesquelles les règles de conflit de lois bilatérales ne trouvent pas d'application. C'est ainsi que M. Mayer définit les lois de police comme « des règles dont la teneur ou le but appellent leur application à des situations qui ne leur sont pas soumises par la règle de conflit »[2268]. Après avoir évoqué les lois de police et les règles de rattachement comme s'excluant mutuellement, nous tendons à considérer que la fonction régulatrice de la règle de conflit de lois commande une prise en compte différente du principe de protection du travailleur dans le conflit de lois. M. Bucher se pose la question de la justification de cette tâche pour l'exception d'ordre public : « au regard de la dimension sociale incontestable du droit de l'État moderne, est-ce vraiment convaincant, en bonne méthode, de confier le soin de tenir compte du but social des lois au seul concept de l'ordre public, celui-ci étant par ailleurs conçu en tant que dérogation ou exception au 'jeu normal' des règles

---

[2265] J. BASEDOW, « The Law of Open Societies – Private Ordering and Public Regulation of International Relations », *RCADI,* vol. 360, Brill, 2013, p. 9, spéc. p. 407.

[2266] *Ibid.,* spéc. p. 410.

[2267] P. FRANCESCAKIS, art. cité (note 578), spéc. p. 13.

[2268] P. MAYER, art. cité (note 576), spéc. p. 292.

de conflit de lois ? »[2269]. Nous y rapprochons les lois de police qui opèrent désormais le plus fréquemment comme véhicule de l'intérêt étatique.

698. Utilisation comblée. L'utilisation des impérativités, plus spécifiquement, reflète l'inadaptation d'autres mécanismes du conflit de lois pour tenir compte de l'intérêt régulateur et protecteur[2270]. Les lois de police n'interviennent plus que dans des cas dans lesquels le rattachement existant semble inadapté, en raison de la dérégulation qu'il permet. L'exemple du détachement en témoigne. M. Gardeñes Santiago justifie l'intervention des lois de police en droit du travail, dans la mesure où elles permettent de tenir compte de l'intérêt régulateur qu'il estime encore étranger au conflit de lois dans son acception générale[2271]. Or, la fonction régulatrice du conflit de lois conduit à étendre l'intervention de l'intérêt protecteur. Par ailleurs, il est parfois avancé que le caractère dérogatoire des impérativités se caractérise par la simple inadaptation du rattachement retenu. L'intervention des lois de police protectrices – par opposition aux lois de police administratives – semble impliquer un changement de méthode. Mme Gaudemet-Tallon observe que « ces lois de police de protection n'interviennent en général que si elles sont plus protectrices que la loi désignée par la règle de conflit »[2272], *a posteriori.* Ceci peut confirmer notre observation sur le caractère comblé des lois de police protectrices. De surcroît, il y a une difficulté de sécurité juridique dans l'intervention de ces dispositions, dont nous avons, par ailleurs, noté l'inadaptation dans un contexte intra-européen.

699. Brouillage des frontières. Plusieurs infléchissements peuvent être observés. Leur constat nous permet d'affirmer que l'intérêt régulateur est désormais également sous-jacent à la règle de conflit de lois de l'article 6 de la convention de Rome. D'une manière originale, Mme Moreau retrouve des lois de police dans cet article, aussi bien que dans l'article 7 de la convention de Rome. Son raisonnement tient à la nécessité d'affirmer l'intérêt régulateur du droit du travail lequel ne peut uniquement être véhiculé par les lois de police : « [l]'organisation des rapports de travail, collectifs ou individuels, est une des préoccupations majeures de l'État, et l'État seul peut intervenir de façon que chaque contrat passé entre un salarié et un employeur respecte ses

[2269] A. BUCHER, cours cité (note 560), p. 20.

[2270] F. LECLERC, *La protection de la partie faible dans les contrats internationaux (Étude de conflits de lois)*, préc., n° 377 : « si la voie reste ouverte à une règle de conflit de lois bilatérale afin de proposer un mode de protection plus adapté à l'objectif poursuivi, encore faut-il que puisse au préalable être surmontée l'obstacle des lois de police, que soit trouvée une parade à leur intervention perturbatrice ».

[2271] M. GARDEÑES SANTIAGO, art. cité (note 677).

[2272] H. GAUDEMET-TALLON, cours cité (note 1371), n° 258.

objectifs sociaux »[2273]. D'autres auteurs permettent de justifier que l'intérêt régulateur fonde désormais les règles de conflit de lois. M. Bucher conclut sur l' « objectif principal [de la règle de conflit de lois] d'assurer le respect des dispositions impératives du pays dont le marché est le plus étroitement concerné par la protection des consommateurs, respectivement des travailleurs. Ces dispositions absorbent ainsi, à travers le rattachement selon le 'lien le plus étroit', les règles d'ordre public répondant au même objectif de protection »[2274]. Nous affirmons avec M. González Campos « la voie de la conversion des règles de droit matériel exprimant ces valeurs en règles d'ordre public positif car, si les règles de droit international privé ne peuvent pas satisfaire la mise en œuvre d'une valeur importante pour l'ordre juridique, le principe d'unité et de cohérence de l'ensemble des valeurs de celui-ci exige d'éviter ce résultat »[2275]. Cette évolution a d'ores et déjà été signalée par MM. Lyon-Caen qui observaient que le lien de rattachement du lieu d'exécution habituel du travail correspondait aux lois de police[2276].

700. Recul de l'impérativité. Les récentes réglementations du conflit de lois tiennent compte du caractère étroit des lois de police. Ainsi, l'article 9 du règlement Rome I adopte une définition étroite qui favorise la prévisibilité du régime juridique[2277]. Celle-ci répond aux positions très fluctuantes des théories du conflit de lois. En droit français, la jurisprudence retient à plusieurs reprises la qualification des dispositions protectrices du travailleur en tant que lois de police[2278]. Alors qu'en droit espagnol, la protection du travailleur semble également relever des lois de police[2279], nous notons qu'en droit allemand, le recours aux lois de police est très restrictif, et ne saurait pas

---

[2273] E. MOREAU, *Lois de police et contrat international du travail,* préc., p. 35, n° 41.

[2274] A. BUCHER, cours cité (note 560), p. 58.

[2275] J. D. GONZALEZ CAMPOS, cours cité (note 2013), n° 225.

[2276] A. et G. LYON-CAEN, *Droit social international et européen*, préc., n° 31. Ils expliquent que « [c]e libre choix n'aura qu'un effet partiel : la loi du lieu d'exécution ne peut être écartée en tant qu'elle opère comme loi de police ». Ils ajoutent que « [s]elon l'article 6-2 cette loi locale est applicable à défaut de choix, parce que c'est la loi du pays avec lequel le contrat a des liens les plus étroits. On observera que cette loi locale intervient à la fois comme loi normalement compétente (à défaut de choix) et comme loi de police – ce qui est très différent – et malgré le choix d'une autre loi ».

[2277] L. D'AVOUT, art. cité (note 199), qui renvoie vers W. WENGLER, « L'évolution moderne du droit international privé et la prévisibilité du droit applicable », *RCDIP* 1990, p. 657.

[2278] P. ex., CE, 29 juin 1973, *Wagons-lits*, Cass. 1ère civ., 19 mars 1986, pourvoi n° 84-44279, *RCDIP* 1987, p. 554, note G. LÉGIER, à propos d'une disposition du Code du travail énonçant que « le contrat de travail constaté par écrit et à exécuter sur le territoire français est rédigé en français ».

[2279] M. GARDEÑES SANTIAGO, art. cité (note 590), spéc. p. 172.

donner lieu aux lois protectrices du travailleur[2280]. Cette dernière vision néglige l'incidence régulatrice de la matière. Il n'en demeure pas moins qu'elle suscite des réflexions sur le rôle qu'il convient de donner aux impérativités, particulièrement dans un contexte d'intégration européenne. En effet, l'impérativité est reconnue comme généralement contraire à l'intégration du marché intérieur[2281]. En recentrant le débat sur nos développements antérieurs à propos du *dumping social,* nous nous demandons quel serait l'intérêt de l'État à voir sa loi choisie[2282]. En dernier lieu, l'admission restrictive des lois de police dans l'affaire *Nikiforidis*[2283] témoigne de ce recul des lois de police, sans exclure l'éventuelle prise en compte des lois de police étrangères[2284].

701. Règle régulatrice. La fonction régulatrice du conflit de lois nous permet de justifier le recul de l'impérativité. Rappelons qu'aux États-Unis, le néo-statutisme s'est imposé « par réaction contre le territorialisme dogmatique qui s'y était développé à partir des idées importées de l'École hollandaise »[2285]. Ainsi, la fonction régulatrice du conflit de lois nous permet de nous séparer du territorialisme en matière de régulation économique. C'est ainsi que Mme Muir Watt argue que la règle de conflit de lois régulatrice peut justifier la non-application de la loi du for, à une action impliquant des parties étrangères, un marché étranger et, partant, « l'absence de tout rattachement significatif au marché américain »[2286].

2280 En ce sens, O. BOSKOVIC, art. cité (note 133).

2281 N. BOUZA VIDAL, « La salvaguarda del orden público en los contratos internacionales : enfoque de derecho internacional privado y su adaptación en el derecho europeo », *InDret* 2/2017, p. 71, spéc. p. 84 ; D. MARTINY, « Art. 9 Rom I-VO », Münchener Kommentar zum BGB, *Internationales Privatrecht I*, tome 11, Beck, 2018, n° 14 ; S. KREBBER, « Die Anwendung des eigenen Arbeitsrechts auf vorübergehend aus einem anderen Mitgliedstaat entsandte Arbeitnehmer. Europa- und kollisionsrechtliche Gedanken (Anmerkung zu EuGH v. 23.11.1999, verb. Rs. C-369/96 und C-376/96 – Arblade und Leloup) », *ZEuP* 2001, p. 358 ; P. LAGARDE, art. cité (note 787) ; H.-J. SONNENBERGER, « Eingriffsrecht – Das trojanische Pferd im IPR oder notwendige Ergänzung? », *IPRax* 2003, p. 104.

2282 P. MAYER, cours cité (note 1193), n° 180 : il élargit en disant qu'il convient de décourager toute prétention d'un Etat d'imposer l'application ses règles impératives, protectrices de la partie faible ou de l'intérêt général, en soumettant à la compétition législative, et ainsi au choix de lois, des secteurs tels que la protection de l'environnement, la régulation de la concurrence, la faillite ou l'émission de valeurs mobilières.

2283 CJUE, 18 octobre 2016, C-135/15, *Nikiforidis.*

2284 CJUE, 18 octobre 2016, C-135/15, *Nikiforidis*, pt. 52.

2285 D. BUREAU, H. MUIR WATT, *Droit international privé*, tome 1, préc., n° 346.

2286 D. BUREAU, H. MUIR WATT, *Droit international privé,* tome 2, préc., n° 923.

Paragraphe 2. L'impérativité ressuscitée comme véhicule de l'intérêt européen

702. L'intérêt régulateur. Alors que la règle de conflit de lois bilatérale intègre désormais l'intérêt régulateur, nous rappelons qu'historiquement ce dernier est conçu comme pouvant être véhiculé par les impérativités uniquement. Ces dernières ont ainsi pour vocation de mener un intérêt régulateur. La méthode unilatérale est ainsi vue comme constituant une brèche vers un « renouveau »[2287] de la méthode du conflit de lois, permettant de prendre en compte les intérêts régulateurs. Ceci vise les situations dans lesquelles existe un lien fort avec l'ordre juridique dont il s'agit de réaliser l'intérêt régulateur. Dans des situations impliquant différents Etats membres, nous avons noté l'effacement des impérativités. Néanmoins, ces dernières semblent occuper un rôle tout nouveau dès lors qu'il s'agit d'assurer l'intérêt régulateur européen vis-à-vis de celui d'un Etat tiers. Les impérativités interviennent ici aux fins d'assurer les intérêts régulateurs. L'appréhension des intérêts régulateurs s'impose pour décider de l'application d'une législation : « au regard de la méthodologie fonctionnaliste [...], il n'est pas utile de chercher à distinguer entre l'interne et l'international. Les politiques sociétales ne s'arrêtent pas brutalement à la frontière, se désintéressant subitement des situations qui dépassent. Il n'y a pas non plus un seuil magique séparant le monde interne, contraint et réglementé, du monde au-delà, fait du libre aménagement de l'espace. Il y a seulement des liens plus ou moins significatifs entre la politique à réaliser et les situations de fait dans lesquelles elle est invoquée »[2288].

703. Ordre public européen. Cette observation nous oblige à rechercher un intérêt régulateur européen qui puisse s'afficher dans des situations impliquant des États tiers. Rappelons que le contrôle négatif des réglementations nationales par rapport aux libertés de circulation a contribué à la création de l'ordre public européen, qui s'est développé à la place de celui des Etats membres[2289]. Or, le contrôle des violations des libertés de circulation n'intervient pas dans les relations qui ne comportent pas d'élément intra-européen[2290]. Le contrôle des entraves ne s'y pose pas. Il semble ainsi que l'ordre public peut agir plus librement dans ces situations. C'est dans ce

---

2287 P. GOTHOT, art. cité (note 607).

2288 H. MUIR WATT, art. cité (note 274), spéc. p. 347.

2289 N. BOUZA VIDAL, art. cité (note 2281), spéc. p. 83, dans la version originale : « [e]l Derecho primario europeo, en lugar de ampararse en el principio de primacía, ha preferido dejar un 'espacio para el dialogo' entre el orden público de los Estados miembros y el orden público europeo » ; S. POILLOT-PERUZZETTO, « Ordre public et lois de police dans l'ordre communautaire », *TCFDIP,* 2002-2004, Pedone, 2005, p. 65.

2290 P. LAGARDE, A. TENENBAUM, art. cité (note 128).

contexte que l'ordre public européen peut s'imposer. M. Lagarde présente les vertus de l'instrument de l'ordre public en tant qu'il assure la sécurité[2291]. La réserve de l'ordre public s'inspire traditionnellement des valeurs et principes de l'ordre juridique national du for. Or, il ne peut être nié que le droit de l'Union européenne est en train d'influencer l'émergence d'un ordre public européen. L'émergence d'un ordre public européen, forgé à partir des sources du droit de l'Union européen est ainsi jugé incontournable[2292]. Nous résumons l'apparition d'intérêts régulateurs européens sous l'appellation d'ordre public européen. Cet ordre public est influencé par le droit primaire.

704. Intérêts européens. Encore faut-il découvrir les intérêts européens qui contribuent à la création des impérativités européennes. L'émergence des lois de police européennes à partir des libertés de circulation a déjà été évoquée[2293]. C'est ainsi que des lois de police européennes ont été découvertes dans le droit de l'Union européenne, résultant du principe de non-discrimination, par exemple. L'ordre public européen peut également résulter du droit dérivé. Il est certain que les lois de police européennes résultant des libertés de circulation priment sur l'ordre public national[2294]. M. Fallon imagine l'intervention de l'ordre public européen dans le rapport entre États membres. Dans cette constellation, celui-ci peut accomplir deux fonctions : il peut s'opposer à l'application du droit d'un autre État membre désigné par une règle de conflit de lois d'une part, et faire échapper au droit d'un autre État membre qui affirme son impérativité, d'autre part[2295].

705. Domaine exclusif extra-européen. La fonction de l'ordre public européen consiste ainsi à afficher les valeurs et principes du droit européen dans les situations impliquant un État membre ainsi qu'un État tiers. À

[2291] *Cf.* P. LAGARDE, *Recherches sur l'ordre public en droit international privé*, LGDJ, 1959.

[2292] C. FRESNEDO DE AGUIRRE, « Public Policy: Common Principles in the American States », *RCADI,* vol. 379, 2016, p. 75, spéc. p. 93, dans la version originale : « [i]n Europe the public policy reservation, traditionally inspired in values and principles of the national legal order of the forum, is being nourished by other sources, which are, firstly, that of the communitarian and European law ». Il se réfère à J. BASEDOW, « Recherches sur la formation de l'ordre public européen dans la jurisprudence », *Mélanges en l'honneur de Paul Lagarde. Le droit international privé : esprit et méthodes*, Dalloz, 2005, p. 55 ; P. COURBE, « L'ordre public de proximité », *Mélanges en l'honneur de Paul Lagarde. Le droit international privé : esprit et méthodes*, Paris, Dalloz, 2005, p. 227, spéc. p. 238.

[2293] *Cf.* J. FETSCH, *Eingriffsnormen und EG-Vertrag. Die Pflicht zur Anwendung der Eingriffsnormen anderer EG-Staaten,* préc., p. 87 et s.

[2294] X. E. KRAMER, « The Interaction between Rome I and Mandatory EU Private Rules – EPIL and EPL: communicating vessels? », P. STONE, Y. FARAH (dir.), *Research Handbook on EU Private International Law*, Elgar, 2015, p. 248.

[2295] *Cf.* M. FALLON, cours cité (note 1309), n° 145.

l'inverse, dans des situations purement intra-européennes, il nous semble de plus en plus difficile d'imaginer qu'une loi de police européenne puisse intervenir à l'égard du droit national qui est censé répondre aux standards européens[2296]. Le contexte spécifique de l'harmonisation minimale qui gouverne l'affaire *Unamar* veut toutefois que la loi de transposition d'une directive européenne (« loi de police européenne ») soit écartée au bénéfice de la loi de transposition d'un État membre allant au-delà des standards européens. M. Jacquet observe que « la loi de police nationale remplit à la fois la fonction de bras séculier de la norme européenne et se fait l'instrument de l'application impérative de dispositions purement nationales dont la compatibilité avec le droit européen est normalement susceptible d'être contrôlée »[2297]. Cette solution intervient au service de la régulation européenne. La loi de police nationale qui prime apparaît, en même temps, comme le véhicule d'une régulation européenne[2298]

706. *Ingmar.* L'utilisation d'un ordre public européen à l'égard d'un droit extra-européen peut s'avérer utile quand il s'agit d'affirmer le poids d'un standard minimal faisant partie de l'acquis communautaire. Encore faut-il prouver un poids suffisant de la norme revendiquée. Ce mode d'intervention peut être illustré à partir de la directive 86/653/CEE du Conseil du 18 décembre 1986 relative à la coordination des dispositions juridiques des États membres sur les agents commerciaux. Ce texte fonde le droit à une indemnité après la cessation du contrat. Dans l'affaire *Ingmar,* une entreprise anglaise, agent commercial d'une société de droit californien intervenant au Royaume-Uni ainsi qu'en Irlande, sollicite le paiement d'une commission et d'une indemnisation sur la base de la législation britannique transposant la directive 86/653/CEE à la suite de la résiliation de son contrat. Or, les parties ont choisi la loi californienne qui ne prévoyait pas un tel droit. Se pose ainsi la question de savoir si le choix d'une loi d'un État hors de l'Union européenne peut conduire à l'exclusion de l'indemnité de cessation du contrat. Suivant la Cour de justice, l'indemnité résultant de l'article 19 de la directive est impérative, dès lors qu'une situation présente un lien étroit avec la Communauté européenne. Dit autrement, *« il est essentiel qu'un commettant établi dans* un pays tiers, dont l'agent commercial exerce son activité à l'intérieur de la Communauté, ne puisse éluder ces dispositions par le simple

---

2296 Comp. CJUE, 17 octobre 2013, C-174/12, *Unamar.*

2297 J.-M. JACQUET, commentaire de CJUE, 17 octobre 2013, C-174/12, *Unamar, JDI* 2014, note 7.

2298 *Cf.* aussi l'avis de l'avocat général dans l'affaire *Iraklis* qui fait ressortir, dans le contexte de l'harmonisation minimale, que la « surtransposition » par la loi nationale de la directive 98/59/CE ne relève pas du champ d'application de celle-ci, dès lors qu'elle « établit les conditions de fond relatives aux circonstances dans lesquelles des licenciements peuvent avoir lieu » (pt. 31).

jeu d'une clause de choix de loi »[2299]. Bien que la Cour n'utilise pas expressément la notion d'ordre public, la terminologie employée renvoie vers un ordre public communautaire[2300]. Cet ordre public européen doit s'imposer face aux normes matérielles des États tiers auxquelles renvoie le droit international privé des États membres. Or, la Cour de justice se borne à refuser l'exclusion totale du droit à indemnisation par le droit californien. Elle souligne l'effet négatif de l'ordre public. L'article 17 de la directive qui autorise les États membres à choisir entre deux formes d'indemnisation va en ce sens. Pour cela, la Cour de justice n'impose pas l'application du droit d'un État membre précis comme solution. M. Basedow n'y voit pas pour autant la référence à une loi de police, telle qu'elle a été plaidée par l'avocat général[2301]. Malgré l'imprécision des droits relevant d'un éventuel ordre public européen, nous pouvons souvent songer à la présence de ce dernier.

707. Extraterritorialité. Dès lors que ces intérêts s'imposent dans des situations extra-européennes, l'on évoque parfois l'extraterritorialité du droit de l'Union européenne. Cela désigne la possibilité de poursuivre des objectifs régulateurs matériels par le droit international privé européen. M. Mills examine les manières dont l'Union européenne peut instrumentaliser son droit international privé à l'international[2302]. Ainsi, l'Union européenne peut agir de son côté pour poursuivre des objectifs régulateurs matériels, en affichant ses valeurs et politiques à l'international[2303]. À titre d'exemple, ce même auteur étudie la possibilité de projeter la protection de la partie faible à l'international, en tant qu'une valeur que le droit international privé protège déjà au niveau de l'Union européenne[2304]. En résumé, cet affichage de l'intérêt régulateur européen vis-à-vis des États tiers semble résulter d'un nouvel unilatéralisme[2305].

[2299] CJCE, 9 novembre 2000, C-381/98, *Ingmar,* pt. 25.

[2300] J. BASEDOW, art. cité (note 2292), spéc. p. 60.

[2301] Conclusions de l'avocat général Léger en CJCE, arrêt du 9 novembre 2000, C-381/98, *Ingmar,* pt. 89.

[2302] A. MILLS, art. cité (note 2089), spéc. p. 548, dans la version originale : « the possible ways in which the EU might use private international law 'internationally' ».

[2303] *Ibid.*, spéc. p. 561, dans la version originale : « action which the EU might take domestically with private international law with a view to pursuing substantive regulatory goals through projecting EU values and policies internationally ».

[2304] *Ibid.*, spéc. p. 563, plus précisément, dans la version originale : « [j]urisdictional or choice of law rules may focus not on appropriateness, but (for example) on ensuring access to justice for claimants, or ensuring that weaker parties gain the protection of their home courts or laws. Again these are matters which the EU has largely pursued internally, as part of the existing range of private international law rules focused on the interests of the internal market, but as explored further below they could also be pursued externally ».

[2305] H. MUIR WATT art. cité (note 1411), spéc. p. 1998.

708. Mécanisme de l'exception d'ordre public européen. L'un des mécanismes est celui de l'exception d'ordre public. Le règlement Rome I l'affirme concernant le conflit de lois. À titre d'exemple, la proposition de la Commission de 2005 accentue la prééminence du droit communautaire, à son article 3, § 5 ainsi libellé : « [l]e choix par les parties de la loi d'un État non-membre ne peut pas porter atteinte aux dispositions impératives du droit communautaire lorsqu'elles seraient applicables au cas d'espèce ». Ce texte restreint fortement l'autonomie de la volonté des parties, même dans les relations extracommunautaires, en réservant la priorité de toute disposition impérative du droit communautaire, et non seulement des dispositions internationalement impératives comme les lois de police, chaque fois que le droit d'un État membre aurait été objectivement applicable. Or, « [l]e règlement a abandonné cette règle, qui nous avait paru très critiquable et a limité la priorité des dispositions impératives du droit communautaire aux contrats intracommunautaires »[2306]. L'actuel article 3, § 4 du règlement Rome I contient l'expression la plus marquante de cet ordre public européen. Ceci n'empêche pas M. Mills d'attirer l'attention sur les considérants n° 1 et 6 qui expriment des réserves quant à l'utilisation de cette possibilité de faire valoir un ordre public européen[2307].

709. Mécanisme de la loi de police. Une autre possibilité est d'avoir recours aux lois de police pour afficher l'intérêt régulateur européen. En raison des liens étroits avec le territoire, affirmés par les lois de police, il est parfois affirmé que l'utilisation des lois de police reflète un regain d'intérêt de la territorialité. Les lois de police seraient ainsi européennes. Les auteurs constatent que cette évolution repose sur la mise en avant des liens les plus étroits : « [c]ette considération s'applique d'ailleurs à l'expression même de 'lien le plus étroit', généralement réservée aux règles de conflit 'neutres' et indépendantes de la teneur des lois matérielles en conflit. On observe, en effet, que le terme 'lien étroit' est également employé dans le contexte d'autres méthodes et, notamment, à l'article 7, alinéa 1, de la convention de Rome, portant sur l'applicabilité de dispositions impératives ou de lois de police étrangères »[2308]. Cela permet d'assurer une certaine proximité du litige avec le marché intérieur.

2306 P. LAGARDE, A. TENENBAUM, art. cité (note 128).

2307 A. MILLS, art. cité (note 2089), spéc. p. 564 et s, dans la version originale : « [t]hese recitals reveal that the Regulation is focused on achieving objectives for the benefit of the internal market—leading to a focus on certainty and predictability for the parties, as well as decisional harmony between the courts of Member States (but perhaps with—regrettably—relatively little focus on what the appropriate allocation of authority should be). There are, however, no recitals which explain what the Regulation is supposed to achieve in relation to non-internal market questions [...] ».

2308 A. BUCHER, cours cité (note 560), p. 67.

710. Intérêts régulateurs européens. En imaginant l'émergence de règles impératives européennes, l'on se pose la question de l'identification des intérêts régulateurs en droit du travail de l'Union européenne. Les intérêts régulateurs sont certainement ceux que nous avons décrit comme caractérisant la désignation de la loi la plus appropriée, au moyen d'une règle de conflit de lois régulatrice. Pour leur désignation, l'on fait référence au droit matériel de l'Union européenne : nous devons évoquer ici les intérêts régulateurs du droit du travail de l'Union européenne. Le droit matériel européen, dont les directives sectorielles constituent le support, est souvent évoqué comme exprimant l'ordre public international européen[2309].

711. Comité d'entreprise européen. Nous constatons que l'Union européenne constitue un périmètre spécifique de représentation du personnel lequel doit rendre compte de la dimension européenne de certaines entreprises ou groupes d'entreprises. Ainsi, la directive 2009/38/CE[2310], modifiant substantiellement la directive 94/45/CE[2311], conçoit le comité d'entreprise européen, en tant qu'une instance d'information et de consultation des travailleurs. Un arrêt récent de la jurisprudence française peut illustrer l'importance attachée à la constitution d'un comité d'entreprise européen[2312]. En l'espèce, les représentants du personnel de la filiale française d'une société mère irlandaise s'interrogent sur une offre publique d'acquisition ; ils demandent leur consultation. Cette consultation semble être rendue possible grâce au détour du droit de l'Union européenne : en l'absence de comité d'entreprise européen, la Cour de cassation opère une combinaison des articles

---

[2309] P. DE VAREILLES-SOMMIÈRES, « La communautarisation du droit international privé des contrats : remarques en marge de l'uniformisation européenne du droit des contrats », M.-N. JOBARD-BACHELLIER, P. MAYER (dir.), *Mélanges P. Lagarde*, Paris, 2005, p. 781.

[2310] Directive 2009/38/CE du Parlement européen et du Conseil du 6 mai 2009 concernant l'institution d'un comité d'entreprise européen ou d'une procédure dans les entreprises de dimension communautaire et les groupes d'entreprises de dimension communautaire en vue d'informer et de consulter les travailleurs (refonte).

[2311] Directive 94/45/CE du Conseil du 22 septembre 1994 concernant l'institution d'un comité d'entreprise européen ou d'une procédure dans les entreprises de dimension communautaire et les groupes d'entreprises de dimension communautaire en vue d'informer et de consulter les travailleurs.

[2312] Cass. soc., 19 décembre 2018, pourvoi n° 18-14.520, *RTD Civ* 2019, p. 67, chron. P. DEUMIER ; *Lexbase Hebdo S* 2019, n° 769, note M. GADRAT ; *BJT* 2019, n° 2, p. 21, note G. AUZERO ; *JCP G* 2019, n° 7, p. 304, note G. DEDESSUS-LE-MOUSTIER ; *SSL* 2019, n° 1850, p. 7, note A. CHANU ; *JCP E* 2019, n° 9-10, p. 56, note C. MERLE, A. VIVANT ; *RDT* 2019, p. 202, note Y. FERKANE ; *JCP S* 2019, n° 9, p. 28, note A. TEISSIER ; *DO* 2019, p. 319, note M. BONNECHÈRE.

du code du travail français et des directives 2002/14/CE[2313], 2009/38/CE et 2004/25/CE[2314] pour affirmer le droit à la consultation. Or, cette même consultation aurait-elle été possible en présence d'une holding extra-européenne ? Il peut être imaginé que l'impérativité de l'intérêt régulateur visant la création d'un comité d'entreprise, dans un contexte de déplacement du siège d'une société en dehors de l'Union européenne, puisse se projeter dans un contexte extra-européen. Il semble désormais acquis que la protection adéquate du travailleur caractérise l'ordre public européen[2315].

712. Accords d'entreprise européens. Dans cette lignée, la consécration progressive du niveau européen en tant qu'un périmètre de négociation collective suscite des interrogations sur l'émergence de règles matérielles impératives de source européenne. Ainsi, les accords internationaux d'entreprise[2316] conclus à ce niveau sont parfois jugés comme instaurant des règles impératives européennes, « surmontant la territorialité des lois sociales »[2317]. Selon certains auteurs, l'accord d'entreprise transnational – ce qui inclut l'accord d'entreprise européen – est « une loi sociale transnationale, excluant tout rattachement aux normes en vigueur dans un État déterminé »[2318]. À tout le moins, l'on voit ici l'expression de l'objectif de faire rayonner les impérativités européennes au-delà de son territoire. Cette vision reflète les caractéristiques spécifiques de l'accord collectif transnational. Or, l'emploi du raisonnement conflictuel pour les conventions collectives transnationales reste douteux. N'est-ce pas à défaut de pouvoir utiliser la règle de conflit de lois classique que l'on cherche à créer une impérativité ? Il s'agit de se rappeler le raisonnement sur l'applicabilité et l'application des conventions collectives[2319]. *A priori*, il faudrait que ces dernières s'intègrent

---

[2313] Directive 2002/14/CE du Parlement européen et du Conseil du 11 mars 2002 établissant un cadre général relatif à l'information et la consultation des travailleurs dans la Communauté européenne.

[2314] Directive 2004/25/CE du Parlement Européen et du Conseil du 21 avril 2004 concernant les offres publiques d'acquisition (Texte présentant de l'intérêt pour l'EEE).

[2315] Pour une mention originale du principe de protection du travailleur dans le contexte du droit des sociétés de l'Union européenne, Directive (UE) 2019/2121 du Parlement européen et du Conseil du 27 novembre 2019 modifiant la directive (UE) 2017/1132 en ce qui concerne les transformations, fusions et scissions transfrontalières, considérants n° 4, 5, 6, 11, 12, 13, 16, 26, 27, 28, 29, 30, 31, 32, 36, 50, 52, 61, art. 86 *quinquies, sexies*.

[2316] A. LYON-CAEN, « La négociation collective dans ses dimensions internationales », *DSOC* 1997, p. 352.

[2317] L. D'AVOUT, cours cité (note 574), spéc. p. 93.

[2318] B. TEYSSIÉ, « La loi applicable aux accords transnationaux d'entreprise ou de groupe », *Vers de nouveaux équilibres entre ordres juridiques. Liber amicorum Hélène Gaudemet-Tallon*, Dalloz, 2008, p. 821, spéc. p. 827.

[2319] *Supra*, n° 114 et s.

dans le système juridique désigné par la règle de conflit de lois pour développer une autorité. Se pose ensuite la question de leur application, notamment territoriale. Nous avons vu précédemment que la convention collective devait s'appliquer dès lors que son champ d'application le permettait, conformément à la loi qui lui est applicable. Quelle est cette loi qui régit leur validité ? Ce raisonnement en deux étapes a-t-il, plus globalement, du sens concernant une convention collective transnationale ? Celle-ci est d'une nature *sui generis*. Il apparaît difficile de la rattacher à un système juridique en particulier. Afin de remédier à cette difficulté, d'autres auteurs se sont référés à la lecture contractualiste. Ainsi, M. Deinert considère qu'une convention collective doit s'appliquer au contrat de travail dès lors qu'elle est transnationale[2320].

713. D'autres exemples concrets, où il s'agit d'afficher les intérêts régulateurs européens dans les relations impliquant des États-tiers, pourraient être découverts dans la mise en œuvre des accords de libre-échange avec les État-tiers[2321].

Sous-section 2. La règle de conflit de lois consacrant l'intégration du travailleur

714. Récapitulatif des principes. Avant de conclure à l'effacement progressif de l'impérativité, il est indispensable que la règle de conflit de lois absorbe l'intérêt régulateur originairement contenu dans les règles impératives. La règle de conflit de lois régulatrice doit ainsi contenir des rattachements matériels qui transmettent suffisamment le principe de protection adéquate du travailleur mais également le principe de proximité. Rappelons avec Mme van Hoek que la règle de conflit de lois adaptée est aussi celle des liens les plus étroits, en raison de la fonction socio-économique et régulatrice de la règle de conflit de lois[2322]. L'exigence du lien d'intégration est, par ailleurs, appuyée sur la jurisprudence de la Cour de justice qui se réfère

---

[2320] O. DEINERT, *Internationales Arbeitsrecht*, préc., § 15, n° 50, dans la version originale : « [d]ie Tarifnorm bedarf einer Zuordnung zu einer bestimmten Rechtsordnung. Zu einem deutschen Arbeitsvertragsstatut können folglich nur deutsche Tarifnormen gerechnet werden. Eine Ausnahme gilt allerdings bei einem multinationalen Tarifvertrag, dessen Anwendungsbereich sich auf mehrere Länder erstreckt. Er muss durch jedes der in Betracht kommenden Vertragsstatute zur Anwendung berufen werden können ».

[2321] *Cf.* J. HARRISON, M. BARBU, L. CAMPLING, B. RICHARDSON, A. SMITH, « Governing Labour Standards through Free Trade Agreements : Limits of the European Union's Trade and Sustainable Development Chapters », *JCMS* 2019, p. 260 ; critique, J. FOURET, R. BEAUCHARD, « Le CETA offre-t-il des garanties suffisantes pour la préservation des législations soiales et environnementales », *RDT* 2019, p. 378.

[2322] A. A. H. VAN HOEK, art. cité (note 2142), spéc. p. 161.

à l'ensemble des éléments qui caractérisent l'activité du travailleur aux fins de déterminer le rattachement du travailleur[2323]. La prise en compte de ces principes par les règles de conflit de lois est évaluée : M. González Campos affirme que, dans la convention de Rome, la protection ne passe plus par des règles à caractère unilatéral, et que « l'article 7 de cette convention n'est pas applicable au service de la même finalité »[2324]. Or, la convention de Rome[2325] ne répond pas encore d'une manière exhaustive à cette exigence et le règlement Rome I n'y change pas beaucoup.

715. Rattachements multiples. Les règles de conflit de lois matérielles se caractérisent par l'utilisation de rattachements multiples, alternatifs, en cascade ou cumulatifs ou la désignation de la loi la plus favorable pour la partie faible, est-il observé[2326]. La matérialisation peut être utilisée pour consacrer la protection du travailleur en tant que partie faible au contrat[2327]. M. González Campos ajoute : « s'il existe des 'lacunes' de protection de la partie faible dans le contrat, leur solution doit être seulement recherchée dans le cadre du sous-système de protection des articles 5 et 6 de la Convention »[2328]. Il nous incombe ainsi d'adapter la règle de conflit de lois spécifique au travailleur à ces exigences.

716. Plan. Dans un premier temps, nous constaterons que la loi d'autonomie nécessite d'importants correctifs en raison du risque de contournement d'impératifs régulateurs (paragraphe 1). Dans un second temps, il conviendra de détailler la protection par les rattachements multiples, seuls à même de consacrer l'intégration du travailleur (paragraphe 2).

Paragraphe 1. La loi d'autonomie circonscrite

717. Loi d'autonomie. Notons d'emblée que la loi d'autonomie accorde aux contractants, dans un contexte international, « une liberté plus grande que celle reconnue aux contractants dans l'ordre interne »[2329]. Historiquement confondue avec la garantie de l'autonomie de la volonté en droit interne, elle en constitue le reflet en droit international privé, où elle permet aux parties le

---

[2323] CJUE, 15 mars 2011, C-29/10, *Koelzsch*, pt. 48, ainsi que les conclusions de l'avocat général, pts. 93 à 96.

[2324] J. D. GONZÁLEZ CAMPOS, cours cité (note 2013), n° 275.

[2325] *Cf. ibid.*, n° 275 et s., qui observe que l'article 6 de la convention de Rome fait partie « de règles qui essaient de corriger l'inégalité ou la position la plus faible d'une partie sur le marché » mais admet au même endroit qu' « il existe des 'lacunes' de protection de la partie faible dans le contrat ».

[2326] *Cf.* M. MOHAMED SALAH, cours cité (note 1451), spéc. p. 165.

[2327] O. CACHARD, *Droit international privé,* Bruylant, 2018, n° 307 et s. ; A. BUCHER, cours cité (note 560), p. 47 et s.

[2328] J. D. GONZÁLEZ CAMPOS, cours cité (note 2013), n° 275.

[2329] M. MOHAMED SALAH, cours cité (note 1451), spéc. p. 162.

choix de loi[2330]. En conséquence, elle apparaît comme un mythe[2331]. Ceci renvoie à des critiques, plus générales, qui laissent entendre que le droit international économique serait encore trop souvent étudié par référence aux sources de droit privé[2332]. De leur côté, les auteurs qui étudient le droit international privé comme s'inscrivant dans l'ELSJ, mettent en avant la référence implicite dans cet espace à la « liberté »[2333]. Dit autrement, ils prônent le renouveau de l'autonomie. Malgré les avantages du point de vue de la prévisibilité, les dangers qui sont liés à cette liberté de choix conduisent à éviter son emploi, dans un contexte impliquant des travailleurs en tant que parties faibles[2334]. À tout le moins, il doit être exigé que son intervention ne puisse se traduire par l'éviction des règles qui garantissent au travailleur la protection que sa situation requiert[2335].

718. Ordre public contourné. Il convient d'expliquer le risque inhérent à la loi d'autonomie. En admettant le recours à la loi d'autonomie, l'on permet le choix des dispositions d'un système juridique, y compris de ses dispositions impératives. Or, cela permet de contourner les dispositions impératives du système juridique évité. L'utilisation de l'ordre public en tant qu'un correctif, qui pallie les inconvénients de la loi d'autonomie, s'impose. Nous faisons référence à l'exception d'ordre public. Cette dernière intervient pour remplacer les dispositions moins protectrices par celles de la loi objectivement applicable ou de l'ordre juridique européen. Ainsi, il y a un besoin renforcé pour l'ordre public d'intervenir, en raison de l'intervention accrue de la loi d'autonomie.

719. Protection et faveur. Nous avons noté que l'article 8, § 1, phrase 2 du règlement Rome I permettait d'écarter la loi choisie par la loi objectivement applicable dès lors qu'elle s'avérait plus protectrice pour le travailleur. Ce mécanisme est, d'une manière fluctuante, interprété comme un principe de protection[2336] ou un principe de faveur[2337] par les juridictions nationales.

[2330] H. MUIR WATT, art. cité (note 274), spéc. p. 257 et s.

[2331] *Ibid.*

[2332] *Cf.* A. MILLS, *The Confluence of Public and Private International Law. Justice, Pluralism and Subsidiarity in the International Constitutional Ordering of Private Law*, préc.

[2333] J. MEEUSEN, art. cité (note 1211), spéc. p. 313.

[2334] M. MOHAMED SALAH, cours cité (note 1451), spéc. p. 163.

[2335] *Ibid.*, spéc. p. 178.

[2336] Cass. soc., 1er février 2017, pourvoi n° 15-23.723, *Droit maritime français* 2017, n° 789, p. 211, note F. THOMAS ; *JCP S* 2017, n° 17, p. 22, note P. COURSIER et n° 43, p. 8, note L. DAUXERRE ; *RCDIP* 2017, p. 409, note D. SINDRES ; *RDI Assas* 2018, p. 618, chron. E. ADELUS, K. ROKAS, N. PICARI et al.

[2337] Cass. soc., 19 janvier 2017, pourvoi n° 15-20.095, *JCP S* 2017, n° 11, p. 30, n° 43, p. 8, note L. DAUXERRE, et 2018, n° 1, p. 26, note L. DAUXERRE ; *RCDIP* 2017, p. 409, note D. SINDRES.

D'autres précisent que la loi d'autonomie est soumise au respect de l'ordre public social[2338]. Le schéma de solution, tel qu'il est fondé dans la convention de Rome ou le règlement Rome, est vu par certains auteurs comme le seul véritable mécanisme visant à assurer la protection du travailleur : « [i]l apparaît ainsi que la protection du travailleur est loin d'être effective. Elle n'existe qu'en présence d'un choix de loi, ce qui constitue, à bien des égards, un paradoxe qui limite l'efficacité des règles de conflit »[2339]. Or, son intervention véhicule les conceptions – possiblement du for – ce qui peut être contraire aux principes du conflit de lois, tels que ceux de l'harmonie internationale des décisions. Par ailleurs, l'intervention de l'exception est susceptible de conduire au morcellement des législations applicables dès lors que l'on ne compare pas les législations d'une manière globale. La pratique jurisprudentielle l'illustre. En rendant un arrêt sur le fondement surprenant de l'article 3, § 3 de la convention de Rome qui évoque le principe de faveur, la Cour de cassation décide que la loi française, en ses dispositions relatives à la rupture du contrat de travail, est plus favorable que la loi marocaine choisie par les parties[2340]. Encore faut-il s'assurer que le juge applique l'exception sans véhiculer les conceptions du for. Nous concluons que le principe sous-jacent à cette règle de rattachement n'est pas tant celui de proximité. En conséquence, nous serions obligés de nous éloigner de notre conception défendue antérieurement sur les principes qui doivent guider la règle de conflit de lois protectrice.

720. L'office du juge. La Cour de cassation rappelle qu'il appartient aux parties de démontrer tant le caractère impératif que le caractère plus favorable de la législation objectivement applicable. C'est ainsi que, dans un arrêt du 19 janvier 2017, elle n'accueille pas le moyen qui soulève « que les dispositions impératives de la loi française lui [sont] plus favorables, notamment s'agissant de l'organisation des visites médicales, de la durée du travail, de congés payés, de l'application de la convention collective, de rupture du contrat de travail, du régime de détachement et d'affiliation aux régimes sociaux obligatoires, et [doivent] lui être appliquées »[2341]. La Cour de cassation approuve la cour d'appel qui reproche au salarié de « se born[er] à demander l'application de la loi française sans prétendre qu'elle [est] plus favorable que la loi britannique ». Dans un arrêt proche, la même juridiction oppose au demandeur au pourvoi de ne pas « justifier en quoi les dispositions impératives de la loi française, dont font partie les dispositions du code du travail, celles relatives au contrat à durée déterminée et au licenciement, seraient plus

---

[2338] M. MOHAMED SALAH, cours cité (note 1451), spéc. p. 165.

[2339] N. NORD, art. cité (note 2175).

[2340] Cass. soc., 8 décembre 2021, pourvoi n° 20-11.738, *Lexbase Social* 2022, n° 892, note N. MIHMAN ; *JSL* 2022, n° 8-12, note J.-P. LHERNOULD ; *RDT* 2022, p. 321, note E. LAFUMA ; *JDI* 2022, p. 903, note F. JAULT-SESEKE.

[2341] Cass. soc., 19 janvier 2017, pourvoi n° 15-20.095.

protectrices »[2342]. La démonstration du caractère moins protecteur appartiendrait aux parties. Cette attention par la Cour de cassation aux exigences à l'égard de la loi plus protectrice est commentée : « la jurisprudence tend au surplus à la malmener, tantôt sciemment, aux fins de parachever un objectif de politique substantielle, tantôt en raison d'une insuffisante attention portée à la logique qui sous-tend cette règle de conflit de lois atypique »[2343].

721. Rappels. La question sur l'office du juge dans l'encadrement de la loi d'autonomie a interrogé. Plusieurs arrêts ont été rendus par la Cour de cassation française visant la question de l'application de la loi objectivement applicable à l'encontre de la loi choisie. Il y est rappelé qu'il incombe au juge d'analyser si la loi objectivement applicable est plus protectrice que la loi choisie[2344]. Par ailleurs, le juge doit s'assurer que la loi choisie n'aille pas à l'encontre des dispositions impératives, alors même que celles-ci résulteraient de la loi des liens les plus étroits[2345]. Malgré l'accent mis sur l'office du juge dans cette jurisprudence, l'on ne saurait pas y lire un revirement qui dicterait la mise en œuvre d'office de la règle de conflit de lois[2346]. Les décisions rendues sont plutôt des rappels sur l'utilisation de la règle de conflit de lois qui reste encore peu utilisée par les juges[2347]. Ce même rappel du « [m]ode d'emploi »[2348] de la clause de choix de loi peut être lu dans un récent arrêt de la Cour de justice[2349]. La Cour y rappelle que l'article 8 du règlement Rome I implique « dans un premier temps que la juridiction nationale identifie la loi qui aurait été applicable à défaut de choix et détermine, selon celle-ci, les règles auxquelles il ne peut être dérogé par accord et dans un second temps, que cette juridiction compare le niveau de protection dont bénéficie le travailleur en vertu de ces règles avec celui qui est prévu par la loi choisie par

---

[2342] Cass. soc., 1er février 2017, pourvoi n° 15-23.723.

[2343] D. SINDRES, art. cité (note 291).

[2344] Cass. soc., 29 mai 2019, pourvoi n° 18-10.602, *D.* 2020, p. 951, chron. S. CLAVEL, F. JAULT-SESEKE.

[2345] Cass. soc., 23 juin 2021, pourvoi n° 20-10.969 ; Cass. soc., 9 mai 2019, pourvoi n° 17-27.565, *D.* 2020, p. 951, chron. S. CLAVEL, F. JAULT-SESEKE ; *RCDIP* 2020, p. 159, note P. CORLAY.

[2346] F. JAULT-SESEKE, « Mode d'emploi de la règle de conflit de lois en matière de contrat de travail », *RDT* 2021, p. 667.

[2347] *Ibid.*

[2348] F. JAULT-SESEKE, art. cité (note 2350).

[2349] CJUE, 15 juillet 2021, C-152/20, *CG, EH c. SC Gruber Logistics SRL* et C-218/20, *Sindicatul Lucratorilor din Transporturi, TD c. SC Samidani Trans SRL*, *RCDIP* 2022, p. 137, note D. SINDRES ; *DSOC* 2021, p. 980, note V. LACOSTE-MARY ; *RDT* 2021, p. 667, note F. JAULT-SESEKE ; *Europe* 2021, p. 39, note L. IDOT ; *JDE* 2022, n° 286, p. 77, note A. NUYTS ; *JDI* 2022, p. 1403, note J.-S. QUÉGUINER ; *RCDIP* 2022, p. 137, note D. SINDRES.

les parties. Si le niveau prévu par lesdites règles assure une meilleure protection, il y a lieu d'appliquer ces mêmes règles »[2350].

722. Retour à la loi objectivement applicable. Malgré ces cas qui mettent en valeur la loi d'autonomie, la jurisprudence montre une préférence pour le rattachement à la loi objectivement applicable. Dans une récente affaire, une juridiction de fond conclut « tant des dispositions du contrat de travail que des circonstances de la cause que la relation contractuelle et le litige ont un lien très étroit avec le droit français puisque c'est à ce droit que font appel toutes les dispositions du contrat ». Cette interprétation tolérante à l'égard de la loi d'autonomie est reprochée à la cour d'appel. Dans un arrêt inédit, la Cour de cassation répond qu'il aurait appartenu à la cour d'appel d' « examiner les éléments significatifs de rattachement dont l'employeur se prév[aut] pour rattacher le contrat de travail à la loi vietnamienne »[2351]. On peut y voir l'affirmation d'une jurisprudence fluctuante[2352]. Nous préférons d'y voir l'expression par les juridictions d'une confiance en l'application de la loi objectivement applicable. Cette confiance s'exprime désormais en une méfiance progressive des juges à l'égard du choix de loi tacite, qui a connu un rôle important avant l'adoption de la convention de Rome[2353] mais a également perduré après dans la jurisprudence française[2354]. Le choix de loi tacite serait parfois absorbé par le rattachement des liens les plus étroits[2355].

723. Rattachement matériel. Ces observations sont cohérentes avec notre préférence pour la loi appropriée. Il n'en demeure pas moins que le rattachement matériel reste à développer. Alors qu'à l'origine, l'on se contentait de la loi de police pour corriger l'absence de protection dans la loi d'autonomie, la protection du travailleur doit désormais être intégrée dans les règles de rattachement. Nous rejoignons la conclusion de Mme Moreau qui estime qu' « [i]l suffirait […] d'identifier un critère de rattachement propre aux contrats de travail, qui ne soit plus la loi d'autonomie et corresponde en même temps au critère d'application des lois impératives »[2356]. La recherche

---

[2350] CJUE, 15 juillet 2021, *CG, EH c. SC Gruber Logistics SRL* (C-152/20) et *Sindicatul Lucratorilor din Transporturi, TD c. SC Samidani Trans SRL* (C-218/20), pt. 27.

[2351] Cass. soc., 1er février 2017, pourvoi n° 15-21.198, *RCDIP* 2017, p. 409, note D. SINDRES.

[2352] En ce sens, D. SINDRES, art. cité (note 291).

[2353] Sur cette évolution, *cf.* P. RODIÈRE, *La convention collective de travail en droit international privé*, préc., p. 21.

[2354] Pour une critique, F. JAULT-SESEKE, art. cité (note 321).

[2355] C. SQUIRE, *La notion de travailleur en droit de l'Union européenne,* thèse université Paris I, 2013, n° 761 : elle se réfère à Cass. soc., 23 mars 2005, pourvoi n° 03-42.609.

[2356] E. MOREAU, *Lois de police et contrat international du travail,* préc., p. 49, n° 55.

de rattachements adaptés consiste à partir des considérations matérielles sous-jacentes aux règles de conflit de lois.

Paragraphe 2. Les rattachements multiples exprimant l'intégration du travailleur

724. Règle de conflit matérielle. La nécessité d'intégrer les intérêts de droit matériel dans la règle de conflit de lois a été précisée. M. González Campos décrit l'évolution qui commande, en raison des principes d'unité et de cohérence de l'ordre juridique, que les valeurs de droit matériel soient converties en règles d'ordre public[2357]. Compte tenu de l'idée du siège dans la doctrine savignienne, l'on néglige que les règles de conflit de lois multilatérales délimitent le domaine d'application du droit matériel du for[2358]. Une fois abandonnée la doctrine de Savigny, « la nécessité de considérer les règles matérielles incorporant des valeurs et des objectifs concrets comme des règles impératives directement applicables aux situations privées internationales »[2359] est remplacée par la préférence des règles à rattachements multiples. On part ainsi de la prise en compte négative de la protection du travailleur aux règles de conflit de lois qui consacrent la protection d'une manière positive.

725. Réalisation d'intérêts de droit matériel. M. Pocar souligne que la réalisation d'intérêts du droit matériel nécessite leur prise en compte par la règle de conflit de lois. Il prend l'exemple de l'intérêt protecteur de la partie faible, en tant qu'un intérêt matériel. Partant du constat d'un « parallélisme de la fonction protectrice en droit matériel et en droit international privé »[2360], il critique que l'intérêt protecteur ne resterait qu'abstrait « s'il ne trouvait sa justification positive dans l'existence de règles de droit international privé »[2361]. M. Pocar souligne l'importance d' « un correctif apporté au contenu du droit étranger par la règle de conflit — différent du jeu de l'ordre public dans la mesure où c'est la règle même de conflit qui le prévoit —, en édictant en même temps des dispositions matérielles destinées à intégrer celui-ci au moment de son application »[2362]. Nous pouvons ainsi résumer que la règle de conflit de lois protectrice est celle qui « s'inspir[e] exclusivement, ou du moins essentiellement (sans exclure a priori la présence contextuelle d'autres buts), du but de protéger un sujet faible en tenant compte du contenu des lois matérielles pouvant venir en considération pour régler une situation

---

[2357] J. D. GONZÁLEZ CAMPOS, cours cité (note 2013), n° 225.
[2358] A. BUCHER, cours cité (note 560), p. 72.
[2359] J. D. GONZÁLEZ CAMPOS, cours cité (note 2013), n° 225.
[2360] F. POCAR, cours cité (note 134), spéc. p. 357.
[2361] *Ibid.*
[2362] *Ibid.*, spéc. p. 360.

donnée et non seulement du choix de la loi applicable considéré en lui-même »[2363].

726. Rattachements multiples. Le recours aux rattachements multiples pour intégrer l'intérêt matériel dans la règle de conflit de lois est théorisé par divers auteurs[2364]. Le mécanisme de la règle de conflit de lois matérielle se caractérise par la pluralité de critères de rattachement, alternatifs ou successifs, souligne M. Pocar[2365]. En tant que règle de conflit de lois matérielle, la règle protectrice utilise ainsi plusieurs rattachements. Plus spécifiquement, en ce qui concerne la relation de travail, M. Gamillscheg souligne qu'il s'agit de prévoir des liens de rattachement « alternatifs », pour le cas où il n'y aurait pas de lieu de travail permanent[2366]. Aux fins de la présente démonstration, il s'agit de s'intéresser à ces rattachements en tant qu'ils peuvent consacrer le principe de protection adéquate du travailleur. Ce principe commandant une attention particulière aux liens les plus étroits, le rattachement à la loi du lieu d'exécution habituel apparaît le plus adapté et doit ainsi être interprété d'une manière large (a), alors que celui au lieu d'embauche est écarté (b). En raison de ces mêmes considérations de proximité[2367], la clause d'exception oblige parfois à délaisser ces mêmes rattachements au profit de la loi avec laquelle le contrat a les liens les plus étroits (c).

a. Le lieu d'exécution habituel du travail

727. Principe de proximité. Le lien de rattachement du lieu d'exécution habituel du contrat est une des expressions du principe de proximité[2368]. Il est défini comme désignant la loi du pays dans lequel ou à partir duquel, compte tenu de l'ensemble des éléments qui caractérisent ladite activité, le travailleur s'acquitte de l'essentiel de ses obligations à l'égard de son employeur[2369]. Comme dans l'affaire *Koelzsch*, une difficulté se pose lorsque le travailleur exerce ses activités dans plus d'un État. Les arrêts *Crewlink* et *Ryanair* soulignent – dans le contexte du conflit de juridictions – que ce lieu ne correspond pas à celui de la base d'affectation de la compagnie aérienne.

[2363] F. POCAR, cours cité (note 134), spéc. p. 357.

[2364] M. MOHAMED SALAH, cours cité (note 1451), spéc. p. 177 ; P. MAYER, « Le mouvement des idées dans le droit des conflits des lois », revue *Droits*, 1985, p. 129, spéc. p. 134 et s.

[2365] F. POCAR, cours cité (note 134), spéc. p. 358.

[2366] F. GAMILLSCHEG, cours cité (note 292), spéc. p. 305.

[2367] P. LAGARDE, cours cité (note 151), p. 60.

[2368] En ce sens, *cf.* E. MOREAU, *Lois de police et contrat international du travail,* préc., p. 57, n° 64, qui explique que « le lieu d'exécution d'un contrat de travail atteste la proximité de celui-ci avec un ordre juridique ».

[2369] CJUE, 15 mars 2011, C-29/10, *Koelzsch*.

Raisonner d'une autre manière consisterait à faire valoir le lieu d'embauche et à ignorer le principe de proximité sous-jacent au principe de protection adéquate du travailleur. Par la suite, la Cour de cassation française utilise le lieu de situation de la base d'affectation comme un indice. Elle explicite « que le contrat de travail du salarié lui imposait de choisir un aéroport en tant que 'base d'affectation' à partir duquel il commençait ou terminait ses prestations de travail et à partir duquel il rejoignait le cas échéant les aéronefs gérés par l'employeur, que cette base d'affectation était [le lieu] où le salarié recevait ses instructions, que, selon les plannings communiqués par l'employeur, 21,30 % des vols étaient effectués à partir ou à destination de la France, peu important que les formations n'aient pas lieu en France et que les plannings de vols soient établis par la société à Lisbonne »[2370]. Elle y emploie la base d'affectation comme un indice parmi d'autres, en application du règlement Bruxelles I. De telle manière est rétablie la proximité par rapport au travailleur.

728. L'intégration du travailleur. Dès l'origine, il est observé que ce n'est pas l'exécution réelle d'une tâche dans un lieu donné qui compte mais son caractère permanent ou récurrent. Gamillscheg, qui mène des travaux de droit comparé au moment de l'adoption des règles de conflit de lois européennes, souligne les similitudes en la matière entre les règles de conflit de lois de différents pays[2371]. Selon le § 44 de la loi autrichienne sur le droit international privé, il s'agirait de se référer aux intentions des parties[2372]. Le cas anglais *Portec* aurait également été l'occasion de vérifier si le travailleur était occupé de façon ordinaire en Angleterre[2373]. Selon l'interprétation faite par Gamillscheg, il serait souhaitable de procéder en vérifiant le projet des parties plutôt que le temps réellement occupé[2374]. Cette lecture du rattachement du travailleur semble s'opposer à celle opérée par la Cour de justice. Cette dernière estime qu'il s'agit d'identifier le lieu de « sa fonction économique et sociale et [...] l'environnement professionnel et politique [qui] influence l'activité de travail »[2375]. En effet, la vérification de l'intention ou de la volonté des parties revient à relever ce qui est imposé par l'employeur. Il convient d'y préférer une appréciation objective. Nous interprétons le lieu d'exécution habituel comme consacrant une certaine intégration du travailleur.

[2370] Cass. soc., 28 février 2018, pourvoi n° 16-12.754, *JCP G* 2018, n° 18, p. 879, note P. DUPONT, G. POISSONNIER ; *JCP S* 2018, n° 17, p. 32, note S. CARRÉ ; *JSL* 2018, n° 452, p. 23, note V. NIVELLES.

[2371] *Cf.* F. GAMILLSCHEG, cours cité (note 292), spéc. p. 305 et s.

[2372] *Ibid.*, spéc. p. 317, qui cite M. SCHWIMANN, *Das Recht der Arbeit*, Vienne, 1981, p. 281.

[2373] *Ibid.*, qui cite Portec v. Mogensen [1976] I.C.R. 396.

[2374] *Ibid.*, spéc. p. 305.

[2375] CJUE, 15 mars 2011, C-29/10, *Koelzsch*, pt. 42.

729. Détachement et intégration. Cette conclusion est cruciale pour l'appréciation du lieu d'exécution habituel en matière de détachement de travailleurs. En s'arrêtant au texte de la directive dite détachement, l'on est forcé à considérer que la conclusion d'un contrat de travail local n'entraîne pas de changement du lieu d'exécution habituel du travail[2376]. Il est souvent insisté sur le lien contractuel du travailleur à l'égard de son entreprise d'origine en tant qu'indice déterminant du lieu d'exécution habituel. Or, l'on en est venu à reconnaître les liens de fait du travailleur à l'égard de son entreprise d'accueil. La jurisprudence française en est la preuve puisqu'elle reconnaît – malgré les stipulations contractuelles – également l'intégration du travailleur dans une autre société du groupe, par le biais de la théorie du coemploi. D'une manière générale, il s'agit de déterminer le lieu d'exécution habituel du travail à partir des liens du travailleur à l'égard de son entreprise d'accueil. En ce sens, il convient de rappeler que les travaux préparatoires du règlement Rome I font transparaître des efforts de clarification de l'intégration du travailleur détaché, soit dans l'entreprise d'origine, soit dans l'entreprise d'accueil. Il y est suggéré d'appliquer la loi du pays d'origine, en cas de détachement de courte durée[2377]. Cette proposition est tout de même réservée à la relation de travail au sein d'un groupe de sociétés. Hormis les cas relevant de cette précision, l'on peut déduire que les détachements de longue durée au sein du groupe ainsi que les autres cas de détachement doivent relever de la loi du pays d'accueil. Plusieurs auteurs se sont servis de l'indice de la durée pour décrire le rattachement : « [c]oncernant les salariés déplacés […], le facteur temporel est déterminant »[2378], explique Mme Moreau. Elle ajoute qu' « [a]fin d'évaluer l'importance des liens qui rattachent encore le travailleur au milieu juridique dont il est éloigné, ainsi que la progression de son intégration dans la collectivité à laquelle il est confronté à chaque déplacement, il faut mesurer les effets du temps »[2379]. D'une manière générale, nous rappelons que le lien de rattachement doit, également dans le contexte du détachement de travailleurs, être interprété en fonction de l'intégration du travailleur.

730. Détachement et lieu d'exécution habituel. La directive dite détachement semble partir d'une présomption du rattachement au lieu d'exécution habituel du travail pour le travailleur détaché dans son pays d'origine[2380]. Dès lors que la directive est visée au considérant n° 34 du

---

[2376] P. MANKOWSKI, art. cité (note 2196), spéc. p. 107 ; O. KNÖFEL, art. cité (note 2196), spéc. p. 276 ; A. JUNKER, art. cité (note 2196), spéc. p. 123.

[2377] Proposition du 15 décembre 2005, COM(2005) 650 final, article 6, § 2, lit. a, ph. 4.

[2378] E. MOREAU, *Lois de police et contrat international du travail,* préc., p. 154, n° 173.

[2379] *Ibid.*, p. 154, n° 174.

[2380] Implicitement, *cf.* S. HENNION, M. LE BARBIER, M. DEL SOL, J.-P. LHERNOULD, *Droit social européen et international,* PUF, 2021, n° 241 et s., qui

règlement Rome I, l'on s'est toujours référé à la directive dite détachement comme un texte spécial. Hormis les précisions sur les lois de police, celle-ci ne contient toutefois pas de précision sur les liens de rattachement. Il convient ainsi de continuer de se référer à ceux contenus dans le règlement Rome I. Pour définir l'opération spécifique du détachement, la directive dite détachement recourt à la définition à partir de l'activité de l'employeur[2381]. Le fait que la directive dite d'exécution cherche à expliciter les critères pouvant indiquer si une entreprise de détachement exerce réellement des activités substantielles dans l'État d'établissement est l'illustration de la définition négative[2382]. Néanmoins, pour pouvoir utiliser le lien de rattachement du règlement Rome I, il faut également préciser son champ d'application[2383]. Le rattachement du travailleur détaché au pays d'origine est présumé par la directive dite détachement, alors que cette présomption repose en pratique sur le lieu de situation de l'employeur. Dès lors que le travailleur est intégré d'une manière considérable dans son entreprise d'accueil, cette solution ne rend pas nécessairement compte du principe de proximité, lié au principe de protection adéquate du travailleur.

b. Un retour sur le lieu d'embauche

731. Interprétation très restrictive. Nous avons souligné que la détermination du lien de rattachement posait des problèmes lorsque le travailleur exerçait son activité depuis plusieurs pays. Une difficulté particulière surgit dans le secteur des transports. L'affaire *Koelzsch* concernant un chauffeur routier en est l'illustration. Alors que l'État du Grand-Duché de Luxembourg soulève que le lieu d'embauche est un rattachement adapté au secteur du transport qu'il ne faut pas vider de sens[2384], le principe de protection adéquate du travailleur conduit à une autre solution[2385]. Selon la Cour de justice, le lien de rattachement au lieu d'embauche doit uniquement s'appliquer lorsque le juge saisi n'est pas en mesure de déterminer le pays d'accomplissement habituel du travail[2386]. La place accordée au lien de rattachement du lieu d'embauche semble non seulement subsidiaire mais aussi très restrictive.

---

estiment que « le lieu d'exercice habituel du travail » fait partie des « deux éléments [qui] concourent à caractériser le salarié détaché au sens de la directive ».

2381 Article 2, § 1, de la directive dite détachement ; considérant n° 10 de la directive dite d'exécution.

2382 Article 4, § 2, de la directive dite d'exécution.

2383 *Infra*, n° 744 et s.

2384 CJUE, 15 mars 2011, C-29/10, *Koelzsch*, pt. 38.

2385 CJUE, 15 mars 2011, C-29/10, *Koelzsch*, pt. 40.

2386 CJUE, 15 mars 2011, C-29/10, *Koelzsch*, pt. 42.

732. ***Navimer.*** Dans sa décision *Navimer*[2387], la Cour de justice est interrogée si l'établissement d'embauche s'entend de l'établissement qui a conclu le contrat de travail ou de celui auquel le travailleur est lié dans son occupation effective. Dans la dernière hypothèse, il s'agirait de savoir si ce lien pourrait ressortir de la circonstance que le travailleur doit se présenter régulièrement et reçoit des instructions auprès de cette dernière entreprise. Suivant la Cour de justice, la détermination de l'établissement d'embauche s'effectue à partir de l'existence d'éléments réels caractérisant la situation, et en particulier, en considérant le transfert ou l'absence de transfert du pouvoir de direction de l'employeur. Selon la Cour de justice, aux fins de déterminer le lieu de l'établissement d'embauche, il s'agit de tenir compte uniquement d'éléments « relatifs à la procédure de conclusion du contrat, tels que l'établissement qui a publié l'avis de recrutement et celui qui a mené l'entretien d'embauche et elle doit s'attacher à déterminer la localisation réelle de cet établissement »[2388]. Arguant ainsi, la Cour de justice poursuit son interprétation restrictive du lieu d'embauche. Celle-ci est justifiée par le caractère subsidiaire du lien de lien de rattachement : « seule une interprétation stricte du critère résiduel peut assurer la pleine prévisibilité quant à la loi qui est applicable au contrat de travail »[2389]. Il n'en demeure pas moins que ce lien de rattachement ne consacre pas le principe de protection adéquate du travailleur.

733. Intégration organisationnelle. Une partie de la doctrine critique vivement cette interprétation du critère relatif au lieu qui a embauché le travailleur[2390]. « Avoir embauché », ou « was engaged » dans la version anglaise, peut faire référence soit au lieu de conclusion du contrat[2391] ou du moins au lieu de recrutement[2392], soit à l'intégration organisationnelle du travailleur se manifestant par les directives qu'il reçoit et par la structure interne[2393]. Tandis qu'un rattachement au lieu de conclusion du contrat crée

---

[2387] CJCE, 15 décembre 2011, C-384/10, *Navimer.*

[2388] CJCE, 15 décembre 2011, C-384/10, *Navimer,* pt. 50.

[2389] CJCE, 15 décembre 2011, C-384/10, *Navimer,* pt. 47.

[2390] P. MANKOWSKI, « Art. 19 Brüssel I-VO », T. RAUSCHER (dir.), *Europäisches Zivilprozessrecht*, München, 2006, n° 60.

[2391] J. HOPPE, *Die Entsendung von Arbeitnehmern ins Ausland*, Berlin, 1999, p. 187.

[2392] F. GARCIMARTIN ALFEREZ, « The Rome I Regulation: Much Ado About Nothing? », *EuLF,* 2008, I-61, I-76 [73].

[2393] F. GAMILLSCHEG, « Ein Gesetz über das internationale Arbeitsrecht », *ZfA* 1983, p. 307, spéc. p. 334 ; A. JUNKER, *Internationales Arbeitsrecht im Konzern,* Tübingen, 1992, p. 185 ; R. SERRANO OLIVARES, « Jurisdicción competente y ley applicable al teletrabajo transnacional », *Relaciones laborales,* 2001, n° 23, p. 131 ; C. MÜLLER, *Die internationale Zuständigkeit deutscher Arbeitsgerichte und das auf den Arbeitsvertag anwendbare Recht*, Hamburg, 2004, p. 81.

des rattachements plutôt faibles voire accidentels, contraires à l'esprit du règlement Bruxelles I[2394], il serait préférable de rechercher un lien d'intégration pour identifier le rattachement du travailleur[2395]. C'est ainsi que M. Mankowski propose un lien de rattachement fondé sur la relation vécue en tant que telle, sans qu'il se limite au moment du recrutement. Ce lien de rattachement peut correspondre au critère d'intégration organisationnelle. Cette dernière peut se manifester par des indices, tels que le paiement d'un salaire mensuel, la comptabilité, le paiement des charges fiscales ainsi que les directives et le contrôle de l'exécution du travail[2396]. Il observe que la vision qui sous-tend cette position s'appuie sur la durée de la relation de travail[2397]. Nous concluons que cette interprétation revient à répéter la logique générale de la règle de conflit de lois qui consiste à rechercher l'intégration du travailleur.

734. Lien de rattachement inadapté. Alors que nous avons évoqué que l'intégration se caractérisait par des indices, tels que la durée effective, le lien de rattachement du lieu d'embauche semble trop inflexible en raison de sa stabilité. En ce sens, Mme Moreau remarque que le rattachement au lieu d'embauche n'a pas de signification au regard de la relation de travail transnationale puisque le recrutement se fait au niveau européen et le lieu de celui-ci est choisi par l'employeur[2398]. D'autres auteurs font observer à propos de l'article 19, § 2, b) du règlement Bruxelles I qu'en donnant compétence aux tribunaux de l'État membre du lieu d'embauche, ce rattachement coïncide souvent avec le siège de l'entreprise[2399]. M. Junker rejoint cette critique qui cible la faveur accordée à l'employeur[2400]. Ceci nous conduit à rapprocher l'interprétation du lieu d'embauche de celle du lieu d'exécution habituel. Nous préférons rechercher en toute hypothèse l'intégration effective du travailleur. Compte tenu des risques d'éloignement par rapport au principe de proximité, et du possible contournement de ce rattachement, nous concluons avec M. Grusic que le lien de rattachement du lieu d'embauche est inadapté[2401].

735. Personnels navigants. Relevant la spécificité des modalités d'exercice de l'activité des personnels navigants, M. Mankowski illustre

---

2394 P. MANKOWSKI, art. cité (note 2390).

2395 *Ibid.*, n° 60.

2396 *Ibid.*

2397 P. MANKOWSKI, « note », *AR-Blattei*, Beck, novembre 1999, ES 920, n° 6, p. 6, spéc. p. 10 ; « note », *AR-Blattei,* Beck, mars 2001, ES 920, n° 7, p. 13, spéc. p. 19.

2398 M.-A. MOREAU, art. cité (note 2065), spéc. p. 406.

2399 J. H. C. MORRIS, D. McCLEAN, K. BEEVERS, *The Conflict of Laws*, London, 2005, n° 4-046.

2400 A. JUNKER, art. cité (note 2196), spéc. p. 121.

2401 U. GRUSIC, *The European Private International Law of Employment*, préc., p. 178.

l'utilisation de ce rattachement pour ceux-ci seulement. Plus spécifiquement, il considère que la solution relative aux personnels navigants constitue une sous-forme du lien de rattachement au lieu d'embauche. Différents liens de rattachement spécifiques pour les personnels navigants sont proposés : à côté du lieu d'enregistrement de l'engin[2402] est encore envisagée la base de stationnement[2403] ou le lieu d'embauche directement[2404]. Dans la continuité de nos développements, il serait envisageable de repenser le lien de rattachement du lieu d'embauche comme un lien de rattachement spécifique pour les personnels navigants. L'interprétation à retenir serait celle qui consacrerait l'intégration du travailleur, dans l'esprit du lien de proximité de la règle de conflit avec le contrat de travail.

c. La clause d'exception

736. Rattachement alternatif. Nous avons évoqué que la règle de conflit de lois protectrice contenait nécessairement des rattachements alternatifs. La clause d'exception constitue un rattachement alternatif à ceux que nous venons de mentionner. Elle est félicitée pour son adaptation aux spécificités de la relation de travail. Néanmoins, les auteurs qui reprochent au critère des liens les plus étroits d'être indéterminé, ajoutent que ce rattachement alternatif peut conduire à une multiplication des solutions. M. Bucher expose : « [s]'il est vrai que ces critères, comme celui du 'lien le plus étroit', ont permis de donner davantage de souplesse au système des règles de conflit, l'objectif propre à celle-ci reste, cependant, tout aussi indéterminé que le contenu de ces critères s'avère vide de substance. Cette souplesse réside dans la diversification des solutions et non, nécessairement, dans la méthode d'y aboutir et de concevoir la nature et la fonction des règles de conflit de lois. Dans la doctrine contemporaine, on constate en effet que flexibilité n'est, en

---

[2402] P. MANKOWSKI, « Arbeitsverhältnisse von Seeleuten im deutschen internationalen Privatrecht », *RabelsZ* 1989, p. 487, spéc. p. 508 ; s'y opposent BAG, 12 janvier 2001, BAGE 100, 130, M. TASCHNER, *Arbeitsvertragsstatut und zwingende Bestimmungen nach dem Europäischen Schuldvertragsübereinkommen*, Frankfurt, 2003, p. 156 ; G. THÜSING, « Rechtsfragen grenzüberschreitender Arbeitsverhältnisse », *NZA* 2003, p. 1303, spéc. p. 1305. Concernant le pavillon des bateaux, *cf.* P. MANKOWSKI, *Seerechtliche Vertragsverhältnisse im Internationalen Privatrecht*, Tübingen, 1995, p. 522.

[2403] F. GAMILLSCHEG, cours cité (note 292), spéc. p. 323 ; W. DÄUBLER, « Das neue Internationale Arbeitsrecht », *RIW* 1987, p. 249, spéc. p. 251 ; P. LAGARDE, art cité (note 43), spéc. p. 92 ; R. SACK, « Kollisions- und europarechtliche Probleme des Arbeitnehmererfindungsrechts », *Festschrift Steindorff*, Berlin/New York, 1990, p. 1333, spéc. p. 1341.

[2404] BAG, 12 décembre 2002, BAGE 100, p. 130, spéc. p. 137 ; P. LAGARDE, art. cité (note 157), spéc. p. 319 ; M. SCHLACHTER, « Art. 27, 30, 34 EGBGB », *Erfurter Kommentar zum Arbeitsrecht*, 2009, , note 8.

général, pas synonyme d'une ouverture tendant à intégrer dans la méthode conflictuelle la dimension sociale des lois et la considération des sphères d'efficacité, nécessaires à la réalisation des objectifs du droit matériel »[2405]. En conséquence, il est important de refléter dans ce lien de rattachement le principe sous-jacent aux règles de conflit de lois en matière de contrat de travail.

737. *Schlecker.* La jurisprudence de la Cour de justice démontre une faveur pour la clause d'exception qu'elle souhaite renforcer. Mettant en avant l'intégration du travailleur, la Cour vise à renforcer le troisième lien de rattachement, permettant de désigner la loi du lieu avec lequel le contrat présente les liens les plus étroits. Dans son arrêt *Schlecker*, elle rappelle : « lorsqu'il résulte de l'ensemble des circonstances que le contrat de travail présente des liens plus étroits avec un autre pays, il appartient au juge national d'écarter les critères de rattachement visés à l'article 6, § 2, sous a) et b), de la convention de Rome et d'appliquer la loi de cet autre pays »[2406]. Il s'agit ainsi de faire primer la loi des liens les plus étroits sur celle du lieu d'exécution habituel du travail. Cette solution s'inscrit dans la continuité de l'arrêt *ICF*[2407] concernant la règle de conflit générale de l'article 4 : il faut, quelles que soient les circonstances, rechercher la loi qui présente les liens les plus étroits.

738. Critique. En comparaison avec ce dernier arrêt, la jurisprudence *Schlecker* peut surprendre au regard de la logique particulière du système conflictuel en droit du travail. L'objectif de protection du travailleur commande l'application de la loi la plus proche du contrat de travail. Cette logique est sous-jacente à l'ensemble de l'article 6 de la convention de Rome, et de l'article 8 du règlement Rome I. Dans cette logique, la Commission a fait valoir, dans l'affaire *Schlecker,* que la clause d'exception ne devait jouer que lorsque le rattachement rigide se révélait fortuit et n'avait pas de valeur localisatrice réelle pour le contrat en cause. Joue également en faveur de cette interprétation l'argument structurel selon lequel l'article 6 de la convention de Rome « érige en principe l'application de la loi du lieu d'exécution habituel du travail. Le caractère exceptionnel du recours à la loi qui présente les liens les plus étroits est ainsi marqué »[2408]. Il s'ensuit que la Cour de justice aurait dû retenir une solution différente en matière de contrat de travail que celle de l'affaire *ICF*[2409]. Le lien de rattachement relatif au lieu d'exécution habituel comprend en quelque sorte le souci de proximité exprimé par le biais des « liens les plus étroits ». À l'inverse de la règle spéciale en droit du travail, la règle générale pose comme principe l'application de la loi qui présente les liens les plus étroits, tout en laissant présumer que cette loi est celle de l'État

---

[2405] A. BUCHER, cours cité (note 560), p. 64.
[2406] CJUE, 12 septembre 2013, C-64/12, *Schlecker,* pt. 36.
[2407] CJCE, 6 octobre 2009, C-133/08, *ICF.*
[2408] F. JAULT-SESEKE, P. REMY, art. cité (note 333)
[2409] CJCE, 6 octobre 2009, C-133/08, *ICF.*

dans lequel le débiteur de la prestation caractéristique a sa résidence. Il s'agit ainsi de faire valoir l'interprétation spécifique du lien de rattachement. Pour écarter le lieu d'exécution habituel du travail, il ne suffit pas que « par leur nombre, les autres circonstances pertinentes, en dehors du lieu de travail effectif, désignent un autre pays »[2410]. La Cour de justice donne une liste non exhaustive des éléments pertinents : il s'agit du lieu de paiement des impôts, du pays d'affiliation à la sécurité sociale et aux divers régimes de retraite, d'assurance maladie et d'invalidité, des paramètres liés à la fixation du salaire et des conditions de travail[2411]. Or, comme nous l'avons noté, ces indices du rattachement du point de vue de la sécurité sociale ne sauraient pas déterminer d'une manière exclusive ceux du droit du travail.

739. Rapprochement de l'ordre public substantiel. Une utilisation spécifique de la clause d'exception dans le cadre de la règle de conflit de lois spécifique au contrat de travail peut s'expliquer par les intérêts qu'elle véhicule. Mme Muir Watt et M. Bureau s'efforcent de rapprocher l'exception d'ordre public de la clause d'exception. En opposant les deux, ils expliquent que *« la loi évincée au* nom de l'ordre public l'est en raison de son contenu, tandis que c'est en raison de son éloignement qu'elle sera évincée par le jeu de la clause d'exception »[2412]. Les deux mécanismes peuvent tout de même se rapprocher et il est possible de réfléchir à la possibilité de remplacer l'exception d'ordre public par la clause d'exception. Mme Muir Watt et M. Bureau concèdent : « [c]'est la question que l'on pourrait se poser si la clause d'exception se montrait sensible à des considérations d'ordre substantiel »[2413]. Il semble être possible de répondre par l'affirmative, en mettant en avant « l'esprit même de la clause d'exception, destinée à permettre de revenir aux principes qui sous-tendent la règle de conflit normalement mise en œuvre lorsque l'application de cette dernière au cas d'espèce ne permet pas – de manière extraordinaire – de les atteindre »[2414]. Avec cette évolution des méthodes du conflit de lois, le mécanisme de la clause d'exception change également de nature[2415]. En imaginant que des considérations de droit matériel soient intégrées dans la clause d'exception, nous nous interrogeons sur la possible influence du principe de protection adéquate du travailleur.

740. Matérialisation. M. Symeonides envisage cette hypothèse lorsqu'il affirme la nouvelle vocation de la clause d'exception, pour sa raison matérielle[2416]. Dans le contexte de la règle de conflit de lois en matière de

---

[2410] CJCE, 6 octobre 2009, C-133/08, *ICF*, pt. 40.

[2411] CJCE, 6 octobre 2009, C-133/08, *ICF*, pt. 41.

[2412] D. BUREAU, H. MUIR WATT, *Droit international privé*, tome 1, préc., n° 538-1.

[2413] *Ibid.*

[2414] *Ibid.*

[2415] *Ibid.*

[2416] S. SYMEONIDES, cours cité (note 2101), spéc. p. 212.

contrat de travail, M. Pataut admet indirectement que celle-ci peut s'imprégner d'une logique de justice matérielle[2417]. Dans cette lignée, il favorise une utilisation différente de la clause d'exception dans le contexte de l'affaire *Schlecker* à celle de la clause d'exception générale de l'article 4 de la convention de Rome[2418]. Nous concluons que la clause d'exception, dans le contexte de la règle de conflit de lois spécifique au contrat de travail, doit s'entendre comme un lien de rattachement restrictif qui cherche à établir la loi la plus proche du travailleur, lorsque celle-ci n'est pas celle du lieu d'exécution habituel du travail. Ceci reflète, en pratique, les cas des travailleurs qui exercent leur activité à plusieurs endroits, avec une durée similaire.

[2417] *Cf.* É. PATAUT, art. cité (note 331).

[2418] *Ibid.*

Conclusion de section

741. Au départ, la doctrine considère que l'ordre public social, qui comprend le principe de protection du travailleur, trouve son expression dans les impérativités. Par la suite, les auteurs observent la formation d'un ordre public qui se transmet successivement sur les règles de conflit de lois[2419]. Dans ce contexte, le recours aux lois de police est considéré comme annonçant la transition vers une nouvelle règle de conflit de lois[2420]. En effet, avec l'évolution de la matérialisation, des considérations de justice matérielle et régulatrices sont transférées sur la règle de conflit de lois. Nous avons cherché à situer, parmi ces considérations, celles qui innervent la règle de conflit de lois protectrice du travailleur.

742. En adaptant la règle de conflit de lois aux exigences du principe de protection adéquate du travailleur, nous concluons que la loi d'autonomie s'avère moins appropriée. Cette conclusion résulte de la circonscription de la loi d'autonomie au moyen de l'exception d'ordre public. Pour parvenir à déterminer l'intégration du travailleur dans le marché du travail, la loi objectivement applicable propose des rattachements multiples. Nous constatons que le lien de rattachement du lieu d'exécution habituel du travail semble le plus adapté. Celui du lieu d'embauche devrait être réduit au cas des travailleurs du transport. Enfin, la clause d'exception constitue un échappement qui permet d'établir la loi des liens les plus étroits du travailleur, dans des circonstances exceptionnelles.

[2419] J. D. GONZÁLEZ CAMPOS, cours cité (note 2013), n° 226. Sur cet arrêt et ses influences, *cf.* P. FRANCESCAKIS, art. cité (note 578).

[2420] A. BUCHER, cours cité (note 560), p. 72.

CONCLUSION DE CHAPITRE

743. Au risque de repousser certains principes traditionnels du conflit de lois, tels que celui de sécurité juridique, la matérialisation de la règle de conflit de lois conduit à la création d'une règle de conflit de lois spécifique en matière de relation de travail. La matérialisation est caractérisée par la prise en compte du principe de protection adéquate du travailleur, mais également du principe de proximité. Alors que le principe de proximité se manifeste habituellement en tant qu'une exception, il semble intervenir d'une manière différente dès lors qu'il est combiné avec le principe de protection adéquate du travailleur. Ce dernier principe est l'expression, dans le conflit de lois, du principe de protection du travailleur inscrit dans la composante sociale du marché intérieur ; il transmet au conflit de lois sa fonction régulatrice. Or, la convention de Rome et le règlement Rome I consacrent timidement cette matérialisation. Nous avons ainsi cherché à établir la manière dont les règles de conflit de lois peuvent le mieux tenir compte de ces principes. La règle de conflit de lois spécifique au contrat de travail est une règle à rattachements multiples dont celui du lieu d'exécution habituel du travail nous semble le plus adapté et doit bénéficier d'une interprétation large. L'utilisation de ce critère reflète la volonté d'égaliser le travailleur mobile avec les travailleurs locaux, laquelle était sous-jacente, dès l'origine, au droit du travail international : « il serait socialement anormal que par application d'une loi étrangère le salarié 'international' ait un autre statut que le travailleur local, injuste qu'il ait des droits moindres ; les disparités de statut entre travailleurs appelés à se côtoyer sont toujours un ferment de trouble social »[2421]. Incorporant la logique d'intégration du travailleur dans le marché du travail, le rattachement au lieu d'exécution habituel du travail peut être complété par celui des liens les plus étroits. Nous suggérons l'utilisation d'une règle de conflit de lois qui mette l'accent sur la loi du lieu auquel le travailleur est lié par son intégration au marché du travail. Il convient de l'appréhender comme une intégration organisationnelle et sociale.

[2421] P. RODIÈRE, art. cité (note 138), spéc. p. 125

.

CHAPITRE 2
LE CHAMP D'APPLICATION DE LA RÈGLE DE CONFLIT DE LOIS INTÉGRATIVE : LA RELATION DE TRAVAIL

The need for flexibility in the criteria used for the determination of the proper law of the contract of employment arises from the generality of the concept of the contract of employment: it covers so many social phenomena that any formula of conflict of laws seeking to treat all cases alike would force an infinite variety of factual relations into too rigid a legal mould.

Otto KAHN-FREUND[2422]

744. Contrat individuel de travail. Kahn-Freund observait l'inconvénient d'une notion trop étroite du contrat de travail dans le contexte du conflit de lois. Ce constat a été fait au sujet d'autres systèmes juridiques. La protection du travailleur dans les relations de travail internationales dépend précisément du champ d'application des règles de conflit de lois qu'il importe d'identifier. Concernant la convention de Rome, son article 6 vise le « contrat individuel de travail ». Signalons que la version allemande du même texte s'intitule plus largement « Arbeitsverträge und Arbeitsverhältnisse von Einzelpersonen », à savoir les contrats individuels de travail ainsi que les relations individuelles de travail. Ce titre était formulé d'une manière large en vue d'y inclure expressément les contrats sanctionnés d'une nullité[2423]. Or, comme l'observent certains auteurs, il aurait d'ores et déjà été acquis que la disposition concernait aussi les contrats de travails nuls, conformément à l'esprit de la convention de Rome[2424]. Pour cette raison, l'abandon de la mention expresse de la relation de travail par le règlement Rome I ne visait pas à mettre fin à la latitude interprétative sur cette disposition. En d'autres termes, le changement de rédaction perceptible dans la version allemande du règlement Rome I ne devait pas signifier la limitation de l'interprétation au « contrat individuel de travail »[2425]. Par voie de conséquence, l'on sera

---

[2422] O. KAHN-FREUND, *Selected Writings,* Stevens & Sons, 1978, p. 259, spéc. p. 262, traduit : « le besoin de flexibilité du critère utilisé pour déterminer la loi applicable au contrat de travail s'affirme en raison de la généralité du concept de contrat de travail : ce dernier vise tant de phénomènes sociaux qu'une règle de conflit de lois qui aurait pour vocation de viser toutes les relations de fait devrait forcer dans une catégorie ».

[2423] M. GIULIANO, P. LAGARDE, rapport cité (note 180), p. 26.

[2424] C. REITHMANN, D. MARTINY, *Internationales Vertragsrecht*, Otto Schmidt, 1988, n° 4833, qui insistent sur l'interprétation de l'article 10 de la convention de Rome.

[2425] K. ZIEGLER, *Arbeitnehmerbegriffe im Europäischen Arbeitsrecht*, préc., p. 385.

conduit à réfléchir à l'étendue de la notion de contrat individuel de travail visée par l'article 8 du règlement Rome I. L'énoncé de ce dernier appellera notamment à s'interroger sur l'inclusion, dans son champ d'application, des aspects collectifs de la relation de travail.

745. Pluralité des questions. La question du champ d'application de la règle de conflit de lois est d'une importance majeure, dans la mesure où elle est liée aux divergences constatées entre les réglementations du travail des États membres. Sous l'angle du droit du marché intérieur qui renvoie, dans sa composante sociale, à la protection des travailleurs[2426], les différences entre les droits nationaux sont susceptibles de créer des obstacles à la mobilité des travailleurs. Le lien d'intégration du travailleur résultant du principe de protection peut nous guider dans cette direction[2427]. Comme nous l'avons évoqué[2428], de nombreux aspects de la relation de travail sont réglementés par une convention collective dans les pays scandinaves et en Allemagne, alors que les textes législatifs occupent une place importante en droit du travail français, par exemple. À cet égard, l'interprétation qui admet que la règle de conflit de lois désigne les conventions collectives ainsi que d'autres sources du droit du travail dans un système donné semble cohérente. Il s'agit d'une solution désormais acquise. En revanche, la détermination de la loi décidant de la validité d'une convention collective ou de la grève elle-même – distincte de la première interrogation – reste discutée.

746. Émiettement des règles de rattachement. De surcroît, les textes européens en matière de conflit de lois favorisent l'émiettement des règles de rattachement en soumettant, par exemple, la responsabilité du fait de grève ou de *lock out* à une règle de conflit distincte, ancrée dans l'article 9 du règlement dit Rome II[2429]. En conséquence, les réglementations du travail de différents États peuvent trouver à s'appliquer à une même relation de travail. Partant de ces divergences et des inconvénients qui en résultent du point de vue du conflit de lois, l'on est conduit à s'interroger sur l'utilité d'adopter une définition large du contrat de travail. Une telle position nous permettrait de nous détacher des différences d'application de la règle de conflit, en fonction des sources. Nous avons démontré la nécessité d'admettre qu'une même règle de conflit de lois puisse désigner, en fonction des systèmes juridiques et des sources du droit du travail y connues, les normes de différente nature réglementant la relation de travail[2430]. Cette démonstration renvoie, d'une manière générale, à celle du champ d'application de la règle de conflit de lois en matière de contrat

---

[2426] *Supra*, n° 508 et s.

[2427] *Supra*, n° 674 et s.

[2428] *Supra*, n° 142 et s.

[2429] Pour l'illustration de l'émiettement des éléments de rattachement, *supra*, n° 113.

[2430] *Supra*, n° 136 et s.

de travail. Elle doit désormais conduire à la cristallisation de la notion européenne de contrat de travail.

747. Notion autonome. Les bienfaits des notions autonomes pour l'effet utile du droit de l'Union européenne sont connus. Les notions autonomes sont particulièrement appréciées dès lors qu'il y a un impact de l'application des règles de conflit de lois sur les libertés de circulation. Nous avons démontré que la solution du conflit pouvait être sanctionnée au regard des libertés de circulation : le recours excessif à la loi du pays d'origine était à proscrire[2431]. Le fait de priver, par exemple, le travailleur détaché de l'application normale du raisonnement de la règle de conflit de lois spécifique au contrat individuel de travail peut s'avérer être désavantageux du point de vue de l'intégration du marché intérieur[2432]. Dans ce contexte, l'on a été conduit à approfondir le champ d'application personnel fluctuant de la libre circulation des travailleurs et son articulation difficile avec celui de la libre prestation de services[2433]. En effet, le fait de soumettre les travailleurs et les travailleurs détachés à deux libertés de circulation différentes a également une incidence sur le contrôle des entraves à l'égard de la réglementation applicable à ces relations de travail. On conclut que la Cour de justice reconnaît que le travailleur détaché doit bénéficier de la protection du travailleur[2434], prévue par les réglementations du travail des États membres. Partant du constat de l'intégration du travailleur détaché dans son pays d'accueil, l'on a souligné la possibilité de rapprocher sa définition de celle de la notion de travailleur. Cette vision est également favorisée du point de vue de l'émergence d'un marché du travail à l'échelle de l'Union européenne[2435]. À partir de cette démonstration, l'on conçoit l'unification[2436] de la règle de conflit de lois. Le champ d'application de la libre circulation des travailleurs constituera ainsi le point de départ de notre argumentation sur celui de la règle de conflit de lois européenne.

748. Unicité de la règle de conflit de lois. En ajustant la règle de conflit de lois à la libre circulation des travailleurs, l'on créerait une règle unique susceptible d'ancrer la justice sociale européenne telle qu'elle résulte de la composante sociale du marché intérieur. En effet, l'on a noté que la règle de conflit de lois européenne spécifique au contrat de travail était matérielle. En cela, elle transmet les principes et valeurs de l'ordre juridique de l'Union européenne. En l'occurrence, il s'agit spécifiquement du principe de

---

[2431] *Supra*, n° 376 et s., 545.

[2432] *Cf.* J. SNELL, art. cité (note 1607), spéc. p. 312.

[2433] *Supra,* n° 521 et s.

[2434] *Supra*, n° 219 et s.

[2435] CJUE, 10 février 2011, C-307/09 à C-309/09, *Vicoplus*.

[2436] Ajoutons le principe d'uniformité d'interprétation entre les règlements européens en matière de droit international privé qui exige la détermination de leur champ d'application, *cf.* O. KNÖFEL, « Ausländische Scheinselbständige, Grundfreiheiten und Qualifikation », *IPRax* 2006, p. 552, spéc. p. 555.

protection adéquate du travailleur, lequel est sous-jacent à la règle de conflit de lois et renvoie notamment au concept d'intégration du travailleur. Il semble ainsi cohérent d'adopter une vision unique de ce lien sous la forme d'une règle de conflit de lois unique.

749. Plan. Dans un premier temps, nous proposerons l'alignement du champ d'application de la règle de conflit de lois sur celui des libertés de circulation (section 1). Dans un second temps, nous nous interrogerons sur la notion autonome qui peut être utilisée dans ce contexte aux fins d'englober la relation de travail dans son ensemble (section 2).

Section 1
Le champ d'application de la règle de conflit de lois aligné sur les libertés de circulation

750. Champ d'application. Dès lors que la règle de conflit de lois vise le contrat individuel de travail, l'on a pu s'interroger sur les limites du champ d'application de ladite règle. Ce dernier apparaît *a priori* restrictif et ne vise pas toutes les formes d'exercice de la relation de travail. Or, aucune discussion sur le champ d'application de celle-ci ne transparaît ni dans le rapport Giuliano et Lagarde, ni dans les travaux préparatoires du règlement Rome I. On constate l'absence d'une notion autonome du contrat individuel de travail qui peut éventuellement être attribuée au caractère incomplet du droit dérivé dans ce domaine. Le droit du travail des différents États étant une branche de discipline caractérisée par la présence de nombreuses dispositions d'ordre public, ces dernières devraient progressivement être substituées en raison de la croissance du droit dérivé. Le droit matériel de l'Union est lui-même compris comme constituant le fondement à la construction d'un ordre public européen[2437]. Ce dernier est toutefois encore peu formé en droit du travail. Cette défaillance renvoie, en particulier, à l'exigence de préciser le champ d'application de la règle de conflit de lois. À l'inverse des efforts de précision entrepris concernant les notions de contrat ou de consommateur, une notion autonome du contrat de travail est toujours attendue. Cette revendication apparaît d'autant plus pressante dans un contexte de diversité des législations au niveau de l'Union européenne, dans lequel l'application ou non de la règle de conflit de lois a une incidence sur le droit du travail applicable et est susceptible de créer une entrave aux libertés de circulation.

751. Incidence des libertés de circulation. Les efforts de définition doivent se concentrer sur les notions de contrat individuel de travail et de travailleur. À l'heure actuelle, l'on peut déplorer qu' « il n'existe pas une notion du travailleur mais des notions du travailleur en fonction de la finalité des textes applicables »[2438]. On peut notamment se poser la question de l'opportunité d'utiliser, dans le conflit de lois, la notion de travailleur forgée dans le contexte des libertés de circulation. Certains y répondent négativement, en insistant sur la différence des objectifs entre les règles de conflit de lois et l'article 45 TFUE. Ils préconisent l'utilisation de la *lex*

[2437] P. DE VAREILLES-SOMMIÈRES, art. cité (note 2309).

[2438] S. HENNION, M. LE BARBIER, M. DEL SOL, J.-P. LHERNOULD, *Droit social européen et international,* préc., n° 114.

fori[2439], de la *lex causae*[2440] ou d'une qualification double[2441] pour décider de la règle de conflit de lois en matière de contrat de travail. Un argument contre l'utilisation d'une notion autonome pourrait résulter de l'imprécision des frontières entre les libertés de circulation en tant que telles. Rappelons qu'il demeure encore difficile de distinguer entre la libre prestation de services et la libre circulation des travailleurs. Cette distinction s'imposerait en vue de vérifier l'adaptation de la solution du droit applicable aux libertés de circulation[2442]. Certes, plusieurs auteurs continuent d'estimer que la qualification de contrat de travail dans le cadre des règles de conflit de lois ne serait pas en elle-même soumise au contrôle des entraves : la raison tiendrait aux finalités différentes du droit international privé, d'une part, du droit des libertés de circulation, d'autre part[2443]. En suivant ceux-ci, l'on pourrait considérer que la qualification de la catégorie de contrat de travail ne serait pas soumise au contrôle des entraves aux libertés de circulation et n'y aurait aucune incidence[2444]. Un peu moins tranchés à cet égard, les auteurs qui défendent un recours à la *lex causae* veulent s'assurer de l'absence de toute atteinte au droit applicable et à la règle de conflit de lois.

752. Alignement. À la suite de nos développements sur la diversité des réglementations du travail au niveau de l'Union européenne à l'aune de l'intégration du marché intérieur, l'incidence de la solution du conflit de lois sur les libertés de circulation ne peut être niée. La qualification des notions qui déterminent le champ d'application des règles de conflit de lois contribue à cet effet. Nous avons d'ores et déjà évoqué l'interprétation autonome des éléments de rattachement en vue de mieux assurer la réalisation des objectifs du conflit de lois. Il s'agit ici de démontrer que le souci de l'interprétation autonome se pose également au moment de la qualification de la relation juridique. D'éminents auteurs ont relevé les inconvénients de la qualification *lege fori* ou *lege causae* évoquée antérieurement. M. Gamillscheg cite l'exemple de la République démocratique allemande, dans laquelle la présence d'une relation de travail devait être qualifiée selon la loi qui était

---

2439 *Cf.* M. SCHLACHTER, « Grenzüberschreitende Arbeitsverhältnisse », *NZA* 2000, p. 57, spéc. p. 58.

2440 R. PLENDER, M. WILDERSPIN, *The European Private International Law of Obligations,* préc., n° 11-016 ; dans le résultat également, P. MANKOWSKI, « Ausländische Scheinselbständige und internationales Privatrecht », *BB* 1997, p. 465, spéc. p. 469, qui laisse le choix à l'Etat membre de décider de la présence ou non des critères du contrat de travail.

2441 R. BIRK, « Rechtswahl und Rechtsformzwang im Arbeitskollisionsrecht », S. ARKAN, A. YONGALIK (dir.), *Festschrift Liber Amicorum Tuğrul Ansay*, Kluwer Law International, 2006, p. 15, spéc. p. 21.

2442 O. KNÖFEL, art. cité (note 2196), spéc. p. 272.

2443 Pour une présentation de ces auteurs, *ibid.*

2444 *Ibid.*

propre au contrat et non pas selon la loi du for[2445]. Il renvoie vers d'autres propositions qui veulent simplement que la qualification s'opère selon la loi du lieu d'exécution[2446]. La qualification *lege causae* éviterait, d'une manière générale, des incompatibilités avec les libertés de circulation. Alors que la qualification *lege causae* impliquerait tout de même le risque que les parties contournent la protection du travailleur, la qualification *lege fori*, elle, pourrait conduire à une protection moindre que celle de la loi applicable. À cet égard, aucune des qualifications selon une loi nationale ne semble convaincre. Compte tenu de l'ancrage du principe de protection du travailleur dans le droit des libertés de circulation, nous proposons l'alignement du champ d'application des règles de conflit de lois sur les libertés de circulation. Encore faut-il trouver un consensus sur la notion, en prenant en compte les conceptions nationales et européenne qui se cristallisent en la matière. Dans l'ébauche de règlement en matière de conflit de lois de la Commission de 1972 apparaît précisément la notion de relation de travail, étant observé que la Commission entend laisser la prérogative de définir la dernière notion aux États membres[2447]. Curieusement, la Commission se place dans le contexte de l'article du traité relatif à la libre circulation des travailleurs[2448]. À la suite de ces réflexions, il nous semble indispensable de reconsidérer le champ d'application de la règle de conflit de lois à partir de la libre circulation des travailleurs.

753. Plan. La nécessité d'une notion autonome en matière de contrat de travail pouvant être affirmée (sous-section 1), nous recueillerons les repères d'un tel alignement sur les libertés de circulation (sous-section 2).

Sous-section 1. La nécessité d'une notion autonome en matière de contrat de travail

754. Plusieurs arguments ont été avancés en faveur de la revendication d'une qualification autonome du contrat de travail[2449]. Le débat s'inscrit dans

---

[2445] F. GAMILLSCHEG, cours cité (note 292), spéc. p. 302.

[2446] *Ibid.*

[2447] Proposition de règlement (CEE) du Conseil relatif aux dispositions concernant les conflits de loi en matière de relations de travail à l'intérieur de la Communauté, JOCE n° C 49 du 18 mai 1972.

[2448] K. ZIEGLER, *Arbeitnehmerbegriffe im Europäischen Arbeitsrecht*, préc., p. 387.

[2449] P. MANKOWSKI, art. cité (note 2420), spéc. p. 466 ; C. REITHMANN, D. MARTINY, *Internationales Vertragsrecht*, préc., n° 4832 ; O. DEINERT, « Neues Internationales Arbeitsvertragsrecht », *RdA* 2009, p. 144, spéc. p. 154 ; U. GRUSIC, *The European Private International Law of Employment*, préc., p. 62 et s. ; U. RINCK, « Der Arbeitnehmerbegriff im Wandel – Entwicklungen und Perspektiven », *RdA* 2019, p. 126, spéc. p. 127 ; L. MERRETT, *Employment Contracts in Private International Law,* OUP, 2011, n° 3.12, p. 50.

une évolution plus large qui a conduit à la consécration de la méthode de la qualification autonome (paragraphe 1). L'exigence d'une notion autonome en matière de contrat de travail s'appuie sur des exigences particulières en la matière qu'il conviendra de souligner (paragraphe 2).

Paragraphe 1. L'émergence de la méthode de qualification autonome

755. Qualification. Aux fins de déterminer la règle de rattachement adéquate, le juge détermine la catégorie par le biais de la qualification. S'apparentant à l'opération connue en droit interne qui consiste pour le juge à « déterminer la nature juridique de la cause de la demande pour définir le corps de droit applicable »[2450], la qualification en droit international privé suscite des interrogations. Ces dernières sont liées à la « divergence [...] entre la conception du for et celle que retient la loi désignée en fonction de celle-ci »[2451]. Il est avancé que la fonction régulatrice de la règle de conflit de lois commanderait la qualification *lege fori*[2452]. Les difficultés liées à la recherche de la catégorie ont pu être assouplies par la naissance du droit international privé européen, qui s'accompagne du rétablissement d' « une certaine uniformité de catégories »[2453]. Alors que la détermination des catégories implique une étude du point de vue du droit comparé, la méthode de qualification autonome européenne semble se servir de méthodes d'interprétation différentes.

756. Notion autonome. L'harmonisation des règles de conflit de lois au niveau de l'Union européenne commande une application similaire des règles de conflit dans les États membres[2454]. Il s'ensuit que l'interprétation autonome des règles de conflit de lois, dont notamment des éléments de rattachement, devient indispensable[2455]. Au départ, un bon nombre de dispositions de la convention de Bruxelles sont interprétées de façon autonome. Aux yeux de la Cour de justice, interpréter de manière autonome signifie « dans le sens que le contenu et la portée de cette règle de renvoi ne peuvent pas être déterminés sur la base du droit du juge saisi, mais doivent être établis selon des critères

---

2450 D. BUREAU, H. MUIR WATT, *Droit international privé,* tome 1, préc., n° 380.

2451 *Ibid.*

2452 *Ibid.*, n° 386.

2453 *Ibid.*, n° 380.

2454 Sur l'interprétation autonome en droit du travail, *cf.* A. FABRE, J.-G. HUGLO, « Regards croisés sur l'interprétation conforme du droit du social national », *DSOC* 2021, p. 964.

2455 *Cf.* M. AUDIT, art. cité (note 185).

uniformes et autonomes pour assurer à la convention de Rome sa pleine efficacité dans la perspective des objectifs qu'elle poursuit »[2456].

757. Méthode. Lors de la recherche de la nature de la méthode d'interprétation autonome, il est parfois souligné que « l'interprétation autonome ne constitue pas un mode particulier d'interprétation »[2457]. La méthode est celle de la qualification[2458], dans le cadre de laquelle il convient d'employer les méthodes classiques d'interprétation. L'obligation de recourir à une qualification spécifique et autonome résulte de « l'autorité de l'interprétation »[2459] des décisions de la Cour de justice. Elle veut que l'on uniformise l'application des textes au niveau de l'Union européenne[2460]. Ceci rompt avec la méthode de la qualification qui vise la recherche de solutions dans le droit comparé. En effet, « lorsqu'il s'agit de l'interprétation de la Convention/Règlement de Bruxelles, les définitions autonomes sont moins le fruit du droit comparé que celui d'une interprétation téléologique de l'instrument à appliquer »[2461]. Il s'agit de chercher la solution dans le système communautaire – ou de l'Union européenne – lui-même[2462]. Une telle manière de procéder conduit souvent à la création de notions, dans l'hypothèse où le droit matériel de l'Union serait incomplet. *A priori*, c'est cette absence de droit substantiel qui a précisément commandé l'intervention de la règle de conflit de lois, laquelle la méthode de la qualification autonome vise à faciliter. La boucle se ferme.

758. Uniformité. Partant du constat que l'harmonisation du droit de l'Union vise à combattre les divergences entre les réglementations des États membres, les règles de conflit de lois européennes se doivent d'être interprétées d'une manière uniforme. La méthode d'interprétation autonome reflète « une volonté […] d'éviter la naissance de divergences d'interprétations entre les différents ordres juridiques des États membres »[2463]. M. Haftel ajoute qu' « adopter comme concept préjudiciel de la règle de conflit le concept de droit interne, en effet, contredisait la nécessité impérieuse et évidente d'uniformité des solutions et attribuait aux concepts de la règle de conflit un

---

[2456] CJUE, 15 mars 2011, C-29/10, *Koelzsch*, pt. 32 ; dans le cadre du conflit de juridictions, CJCE, 13 juillet 1993, C-125/92, *Mulox*, pts. 10 et 16.

[2457] M. AUDIT, art. cité (note 185).

[2458] *Ibid.* ; J. VON HEIN, art. cité (note 195), n° 126. *Cf.* aussi les considérants n° 11 et 30 du règlement Rome II qui évoquent un *« concept autonome »*.

[2459] En ce sens, M. AUDIT, art. cité (note 185), qui renvoie vers CJCE, 27 mars 1963, aff. 28/62, *Da Costa, D.* 1963, jur. 642, note J. ROBERT ; *ICLQ* 1963, p. 1411, note N. S. MARSH.

[2460] M. AUDIT, art. cité (note 185).

[2461] D. BUREAU, H. MUIR WATT, *Droit international privé*, tome 1, préc., n° 398.

[2462] M. AUDIT, art. cité (note 185)

[2463] *Ibid.*

rôle excessif et indu au détriment du rôle de la *lex contractus* »[2464]. Cette uniformisation a également pour objectif d'éviter le *forum shopping*[2465]. En même temps, cette clarification n'empêche pas « l'utilisation dans certains textes européens de termes ou d'expressions correspondant à des concepts juridiques connus en droit interne »[2466]. La qualification autonome est encore remise en cause en raison du risque d'inadaptation aux systèmes de droit nationaux auxquels son application est liée. Or, la qualification autonome semble indispensable dès lors que l'on souhaite affirmer l'existence d'une fonction régulatrice propre aux règles de conflit de lois européennes. L'annonce de l'interprétation autonome emporte simplement l'interdiction aux juridictions d'interpréter par référence au propre système. Sa nécessité apparaît dès les premiers recours ayant pour objet l'interprétation des textes européens. La méthode est ancrée dans l'arrêt *Unger*[2467], dans lequel la Cour de justice fonde la notion de travailleur salarié ou assimilé.

759. *Eurocontrol.* En droit international privé, l'utilisation effective de l'interprétation autonome doit attendre le moment où les juridictions des États membres sont autorisées à former un recours préjudiciel en interprétation de la convention de Bruxelles[2468]. Pour la première fois, les notions autonomes sont créées, par la Cour de justice, dans l'affaire *Eurocontrol*[2469]. Il s'agit de poser la notion autonome de la matière civile et commerciale[2470]. Or, au-delà de la définition, l'arrêt en cause contient surtout des éclaircissements sur la méthode qu'opère la Cour de justice : « il faut interpréter en se référant, d'une part, aux objectifs et au système de la Convention, et, d'autre part, aux

---

[2464] B. HAFTEL, *La notion de matière contractuelle en droit international privé : étude dans le domaine de conflit de lois*, préc., n° 1352.

[2465] M. AUDIT, art. cité (note 185).

[2466] *Ibid.*

[2467] CJCE, 19 mars 1964, aff. 75/63, *Unger, DSOC* 1964, p. 658, note G. LYON-CAEN, à propos de l'interprétation du règlement n° 3 du Conseil de la CEE concernant la sécurité sociale des travailleurs migrants. La définition du travailleur n'est intervenue qu'en 1986 dans l'arrêt CJCE, 3 juillet 1986, aff. 66/85, *Lawrie-Blum.*

[2468] Protocole concernant l'interprétation par la Cour de justice de la convention du 27 septembre 1968 concernant la compétence judiciaire et l'exécution des décisions en matière civile et commerciale, Luxembourg, 3 juin 1971.

[2469] CJCE, 14 octobre 1976, *LTU c. Eurocontrol,* aff. 29/76.

[2470] Sur l'utilisation de notions autonomes dans le cadre de la convention de Bruxelles *cf.* H. GAUDEMET-TALLON, *Compétence et exécution des jugements en Europe,* préc., n° 8 ; P.-E. PARTSCH, *Le droit international privé européen. De Rome à Nice,* préc., p. 108 et s. ; F. VIANGALLI, *La théorie des conflits de lois et le droit communautaire,* PUAM, 2004, p. 325 et s. ; A.-C. VAN GYSEL, « Le concept de 'notion autonome' dans la Convention du 27 sept. 1968 et le droit international conventionnel en général », P. LAMBERT (dir.), *Mélanges offerts à Raymond Vander Elst*, tome II, Nemesis, 1986, p. 801.

principes généraux qui se dégagent de l'ensemble des systèmes de droit nationaux »[2471]. On y découvre l'affirmation de « l'autonomie des concepts du droit de l'Union européenne, concepts qui ne se déduisent pas nécessairement des concepts du droit national »[2472]. Dès lors, nombre de notions autonomes du droit de l'Union européenne ont été posées par la Cour de justice, parmi lesquelles les plus fameuses ont trait à la matière contractuelle, délictuelle ou quasi-délictuelle et à la « succursale, agence ou filiale »[2473].

760. Effet utile. Alors que le mécanisme employé est celui de la qualification, l'interprétation autonome fonctionne selon les méthodes d'interprétation connues. M. Audit affirme, à ce sujet, que « [l]a Cour de Luxembourg a recours à différentes méthodes d'interprétation, allant en particulier de la méthode systématique à la méthode téléologique, en passant par la règle de l'effet utile »[2474]. Nous nous intéressons en particulier à l'effet utile. Plus communément, il est évoqué que le principe de l'effet utile exerce une influence sur l'interprétation autonome. Le recours à la méthode de l'interprétation autonome ne saurait avoir pour effet d'enfermer le juge dans des interprétations trop restrictives. Le principe de l'effet utile veut qu'entre deux notions, le juge européen choisisse la plus large, qui ait pour vocation d'assurer au droit de l'Union européenne la plus grande application[2475]. C'est ainsi que la Cour de justice fonde, à plusieurs reprises, son interprétation sur le principe de l'effet utile, sans nécessairement l'évoquer d'une manière expresse[2476].

761. Réception par les juridictions internes. En raison de la primauté du droit de l'Union européenne, les juridictions nationales sont tenues de suivre les indications par la Cour de justice, également en ce qui concerne la notion autonome. La Cour de cassation contrôle, sous peine de manque de base légale, l'utilisation de la qualification autonome par les juridictions de fond[2477]. Dans un arrêt exemplaire est en cause la qualification autonome du

---

[2471] CJCE, 14 octobre 1976, *LTU c. Eurocontrol,* aff. 29/76, pt. 3.

[2472] O. CACHARD, *Droit international privé,* préc., n° 71.

[2473] CJCE, 22 novembre 1978, aff. 33/78, *Somafer c. Saarferngas, D.* 1979, p. 458, note B. AUDIT, *JDI* 1979, p. 672, note A. HUET ; CJCE, 18 mars 1981, aff. 139/80, *Blanckaert et Willems,* p. 819, *JDI* 1982, p. 479, note J.-M. BISCHOFF ; CJCE, 9 décembre 1987, aff. 218/86, *Schotte c. Parfums Rothschild, JDI* 1988, p. 544, note J.-M. BISCHOFF ; CJCE, 6 avril 1995, *Lloyd's Register of Shipping c. Société Campenon Bernard,* aff. C-439/93, *JDI* 1996, p. 564, note J.-M. BISCHOFF, *RCDIP* 1995, p. 774, note L. DROZ.

[2474] M. AUDIT, art. cité (note 185), qui renvoie à la lecture de G. ISAAC, M. BLANQUET, *Droit communautaire général,* Armand COLIN, 2001, p. 172 et s.

[2475] M. SZPUNAR, « La jurisprudence de la Cour de justice en matière de droit international privé – le rôle de l'effet utile », *communication au Comité français de droit international privé,* Paris, 17 mai 2019.

[2476] *Ibid.*

[2477] M. AUDIT, art. cité (note 185).

contrat : la Cour de cassation censure l'arrêt d'appel qui affirme la présence d'un contrat[2478], sans vérifier « l'existence d'un lien contractuel librement assumé entre la société anglaise défenderesse et la société française demanderesse »[2479]. Malgré l'utilisation des termes posés par la Cour de justice, il ne peut être exclu que les juridictions déforment involontairement les notions autonomes pour les rapprocher des notions de la loi du for. M. Audit observe : « [n]e disposant pas de référence commune, les juges internes sont en dernière analyse contraints peu ou prou d'interpréter les termes retenus par la Cour de justice pour définir une notion autonome au regard de leur propre système juridique, c'est-à-dire de leur *lex fori* »[2480].

762. Cohérence entre les règlements. S'ajoute l'exigence de l' « unité de qualification »[2481] entre les catégories des différents règlements comportant des règles de conflit de lois européennes. Celle-ci semble s'imposer en raison du rôle supplémentaire – nouvellement affirmé – de la règle de conflit de lois européenne, qui est celui « de procéder à la répartition des questions de droit entre différents textes que le risque de chevauchement n'épargne pas toujours »[2482]. Étant donné que les règles de conflit de lois sont éparpillées entre différents textes, une lecture cohérente s'impose. Les règlements Rome I et Rome II l'affirment expressément : « [l]e champ d'application matériel et les dispositions du présent règlement devraient être cohérents par rapport au règlement (CE) no 44/2001 du Conseil du 22 décembre 2000 concernant la compétence judiciaire, la reconnaissance et l'exécution des décisions en matière civile et commerciale (Bruxelles I) et au règlement (CE) no 864/2007 du Parlement et du Conseil du 11 juillet 2007 sur la loi applicable aux obligations non contractuelles (Rome II) »[2483]. Au-delà, cette cohérence opère également à l'égard des interprétations en matière de conflit de juridictions.

763. Consommateur. Dans cette lignée, les champs d'application des autres règles de conflit de lois ont été précisés. L'exemple de la règle de conflit de lois spécifique au consommateur permet d'illustrer que cette évolution y est plus avancée qu'en matière de relation de travail. Ainsi, les rédacteurs du règlement Rome I intègrent, à son article 6, une définition autonome du contrat

---

[2478] Pour la définition autonome du contrat, CJCE, 17 juin 1992, C-26/91, *Jakob Handte*.

[2479] Cass. 1ère civ., 6 juillet 1999, pourvoi n° 97-18.722, *Soc. Donovan Data Systems Europe c. Soc. Dragon Rouge Holding, Droit et Patrimoine* 1999, n° 86, p. 115, note D. MAINGUY, P. MOUSSERON ; *GP* 2000, n° 201, p. 43, note A. STUTZMANN ; *RCDIP* 2000, p. 67, note É. PATAUT.

[2480] M. AUDIT, art. cité (note 185).

[2481] T. AZZI, « Bruxelles I, Rome I, Rome II : regard sur la qualification en droit international privé communautaire », *D.* 2009, p. 1621.

[2482] D. BUREAU, H. MUIR WATT, *Droit international privé*, tome 1, préc., n° 398.

[2483] Considérant n° 7 du règlement Rome I, considérant n° 7 du règlement Rome II.

de consommation. Nous constatons que cette notion est personnalisée en axant sur le consommateur. La notion de consommateur s'entend par opposition à celle d'opérateur économique[2484]. En dernier lieu, la notion a été précisée dans la décision *Schrems* qui explicite que le consommateur n'est pas nécessairement un « amateur »[2485]. En effet, il ressort de l'arrêt que la règle de conflit de lois protectrice est « inspiré[e] par le souci de protéger le consommateur en tant que partie au contrat réputée économiquement plus faible et juridiquement moins expérimentée que son cocontractant »[2486]. Il s'agit de réflexions sur le caractère personnel de la définition qui pourrait également alimenter la recherche d'une notion autonome en matière de contrat de travail.

Paragraphe 2. L'affirmation de la nécessité d'une notion autonome en matière de contrat de travail

764. La nécessité particulière d'une notion autonome en matière de contrat de travail peut être justifiée par les inconvénients de la règle de conflit de lois en tant que telle (a). Elle fait écho à une tendance des directives et de la jurisprudence qui s'efforcent à définir des notions liées à la matière dans le cadre de l'application des autres instruments européens (b).

[2484] CJCE, 3 juillet 1997, C-269/95, *Benincasa*, pt. 16 ; 20 janvier 2005, C-464/01, *Gruber*, pt. 36, *Europe* 2005, n° 3, p. 27, note L. IDOT ; *RJC* 2005, p. 179, note A. RAYNOUARD et p. 256, note A. MARMISSE-D'ABBADIE D'ARRAST ; *RTD Civ* 2005, p. 350, P. REMY-CORLAY ; *RCDIP* 2005, p. 493, note J.-M. JUDE ; *Procédures* 2005, n° 8, p. 16, note C. NOURISSAT ; *JCP G* 2005, n° 38, p. 1684, chron. S. POILLOT-PERUZZETTO, M. LUBY, C. CASTETS-RENARD et al. ; *D.* 2006, p. 1495, chron. P. COURBE, F. JAULT-SESEKE ; CJUE, 25 janvier 2018, C-498/16, *Schrems, RJC* 2018, p. 63, note G. DEHARO ; *RLDI* 2018, n° 145, p. 45, note L. COSTES ; *AJ CCD* 2018, n° 3, p. 124, note V. PIRONON ; *CCC* 2018, n° 3, p. 37, note S. BERNHEIM-DESVAUX ; *Europe* 2018, n° 3, p. 31, note L. IDOT ; *CCE* 2018, n° 3, p. 35, note G. LOISEAU et 2019, n° 1, p. 16, chron. M.-É. ANCEL ; *Procédures* 2018, n° 3, p. 21, note C. NOURISSAT ; *RLDA* 2018, n° 136, p. 15, note M. DARY, V. LICHET ; *JCP G* 2018, n° 18, p. 897, chron. E. JEULAND, R. LIBCHABER, L. MAYER, L. VEYRE ; *RLDC* 2018, n° 159, p. 37, note F. BOUGUETTAYA ; *D.* 2018, p. 966, pan. S. CLAVEL, F. JAULT-SESEKE, p. 1033, pan. B. FAUVERQUE-COSSON, W. MAXWELL, p. 1934, pan. L. D'AVOUT, S. BOLLÉE, p. 2000, note F. JAULT-SESEKE ; *RDC* 2018, p. 458, chron. A. TENENBAUM ; *D. IP/IT* 2018, p. 371, note M. COMBET ; *RCDIP* 2018, p. 595, note H. MUIR WATT.

[2485] H. MUIR WATT, « Facebook face au consommateur 'professionnel' », *RCDIP* 2018, p. 595.

[2486] CJUE, 25 janvier 2018, C-498/16, *Schrems c. Facebook Ireland Ltd.*, pt. 44.

a. Les inconvénients de la règle de conflit de lois

765. Inconvénients. L'inadaptation de la règle de conflit de lois en matière de contrat de travail a été observée[2487]. Mise à part l'imprécision des liens de rattachement, c'est l'indétermination du champ d'application de la règle de conflit de lois qui conduit à l'emploi fluctuant des règles de conflit de lois. L'inconvénient de l'absence de protection pour les « travailleurs parasubordonnés »[2488] qui en résulte, est particulièrement souligné[2489]. Au détriment de la sécurité juridique, l'utilisation hasardeuse d'une règle de conflit de lois plutôt qu'une autre porte également atteinte à la cohérence dans l'application des règlements de conflit de lois. Dans la mesure où les relations de travail peuvent potentiellement relever de plusieurs règles de conflit de lois émiettées à travers les règlements, le risque d'incohérence est accru[2490].

766. Contrat individuel de travail. L'imprécision dans l'application de la règle de conflit de lois est surtout liée à l'absence de notion autonome de contrat individuel de travail, lequel désigne le champ d'application de l'article 8 du règlement dit Rome I. Or, la notion même de contrat individuel de travail n'est pas définie d'une manière autonome. La qualification par le juge peut s'avérer hasardeuse, compte tenu des divergences entre les réglementations nationales. La question s'est posée à propos de la prime de licenciement en droit allemand[2491]. D'autres qualifications litigieuses concernent les méthodes de lutte contre le « dumping salarial » et les plans de retraite[2492], étant noté que la promesse d'une retraite tombe sous la qualification de relation de travail[2493]. En l'absence d'une disposition spécifique à la question de qualification en droit du travail, il convient de se référer à l'article 12 du règlement Rome I relatif au domaine de la loi du contrat. Cet article contient les aspects qui

---

[2487] *Supra*, n° 101 et s.

[2488] C. SQUIRE, *La notion de travailleur en droit de l'Union européenne,* préc., n° 851.

[2489] *Cf.* F. JAULT-SESEKE, art. cité (note 2100).

[2490] P. ex., en matière de télétravail, *cf.* P. MANKOWSKI, art. cité (note 619) ; à propos d'un marin, Cass. soc., 31 mars 2009, pourvoi n° 08-40.367, *DSOC* 2009, p. 733, note P. CHAUMETTE ; *DO* 2009, p. 365, note V. LACOSTE-MARY ; *Droit maritime français* 2009, p. 835, note G. PROUTIÈRE-MAULION ; *RDC* 2009, p. 1543, chron. P. DEUMIER ; *Europe* 2009, n° 12, p. 4, chron. L. AZOULAI, F. CALVEZ, F. BARON et al.

[2491] R. BIRK, « Die Abfindung im Internationalen Arbeitsrecht », *EuZA* 2008, p. 297.

[2492] A. JUNKER, « ‚Lohndumping' und Internationales Privatrecht », *IPRax* 2007, p. 469, qui y commente une décision autrichienne (OGH, 12 juillet 2006).

[2493] BAG, 20 avril 2004, AP n° 21 ; *cf.* aussi, C. BITTNER, *Europäisches und Internationales Betriebsrentenrecht*, Mohr Siebeck, 2000, p. 261 ; A. BOHNE, *Kollisions- und Sachnormen der betrieblichen Altersversorgung bei internationalen Personaleinsätzen*, Shaker Verlag, 2004, p. 53 et s.

relèvent de la loi du contrat : il s'agit de « a) son interprétation; b) l'exécution des obligations qu'il engendre; c) dans les limites des pouvoirs attribués à la juridiction saisie par son droit procédural, les conséquences de l'inexécution totale ou partielle de ces obligations, y compris l'évaluation du dommage dans la mesure où des règles de droit la gouvernent; d) les divers modes d'extinction des obligations, ainsi que les prescriptions et déchéances fondées sur l'expiration d'un délai; e) les conséquences de la nullité du contrat ».

767. Convention de Bruxelles. Cependant, l'ébauche préliminaire de la convention de Bruxelles contient une référence au contrat de travail au sens large[2494]. Les règles de conflit de juridictions en cette matière ne sont pas incorporées dans la version finale, en attendant l'harmonisation des règles de conflit de lois[2495]. Cela ne suffit pas à affirmer l'absence de nécessité d'une définition autonome. L'adoption de la convention de Lugano, dont l'article 5, § 1 institue une compétence spéciale en matière de contrat individuel de travail, ravive la question[2496]. Cette dernière fait référence, tout comme la règle de conflit de lois spécifique incluse dans la convention de Rome, au contrat individuel de travail au sens étroit, à l'exclusion des conventions collectives[2497]. Le contrat de travail y est visé par opposition à la relation de travail[2498]. Ceci provoque notre curiosité pour une éventuelle notion autonome de contrat individuel de travail[2499].

768. *Shenavai*. La notion de contrat de travail est d'emblée définie dans le contexte du conflit de juridictions. La décision *Ivenel*[2500] sème le doute sur la présence d'une notion autonome[2501]. Ce n'est qu'avec l'affaire *Shenavai*[2502] que la Cour de justice se prononce sur la question de la détermination de l'objet de la règle de conflit de juridictions, en précisant que « les contrats de travail, ainsi que d'autres contrats concernant le travail dépendant, présentent par rapport aux autres contrats, même lorsque ces derniers sont relatifs à des prestations de services, certaines particularités en ce qu'ils créent un lien

---

[2494] P. JENARD, « Report on the Convention on Jurisdiction and the Enforcement of Judgments in Civil and Commercial Matters (Signed at Brussels, 27 September 1968) », [1979] OJ C59/1, p 24.

[2495] *Ibid.*

[2496] P. JENARD, G. MÖLLER, « Report on the Convention on Jurisdiction and the Enforcement of Judgments in Civil and Commercial Matters Done at Lugano on 16 September 1988 », 1990, OJ C189/57, p. 41.

[2497] M. GIULIANO, P. LAGARDE, rapport cité (note 180), p. 26.

[2498] *Ibid.*

[2499] U. GRUSIC, *The European Private International Law of Employment*, préc., p. 60.

[2500] CJCE, 26 mai 1982, aff. 133/81, *Ivenel.*

[2501] U. GRUSIC, *The European Private International Law of Employment*, préc., p. 60.

[2502] CJCE, 15 janvier 1987, C-266/85, *Shenavai.*

durable qui insère le travailleur dans le cadre d'une certaine organisation des affaires de l'entreprise ou de l'employeur »[2503]. Dans les développements relatifs au lien de rattachement, l'arrêt contient une référence aux relations collectives de travail : « les contrats de travail [...] se localisent au lieu de l'exercice des activités, lequel détermine l'application de dispositions de droit impératif et de conventions collectives »[2504]. On peut y lire une volonté d'englober la relation de travail au sens large. En revanche, la jurisprudence subséquente ne s'avancera plus[2505].

769. Spécificité. Cette jurisprudence peut également être lue comme exprimant la spécificité de la règle de conflit en matière de contrat de travail. D'une manière plus explicite, la Cour de justice affirme, dans l'affaire *Holterman*[2506], que la spécificité de la règle de conflit de juridictions en matière de contrat de travail exclut l'application de l'option de compétence de l'article 7 du règlement Bruxelles I. Dans cette affaire, opposant un groupe de sociétés néerlandais à leur gérant salarié résidant en Allemagne, il a été rappelé que, quel que soit le fondement de la demande, l'applicabilité des règles protectrices du salarié excluait que fussent appliqués les chefs de compétence optionnelle en matière contractuelle ou délictuelle[2507]. Plutôt que de nous arrêter à l'affirmation selon laquelle l'article 19, § 2 du règlement Bruxelles I serait s'inspiré de l'article 5, § 5[2508] de la convention de Bruxelles, nous insistons sur la spécificité de la première disposition[2509]. Nous faisons valoir cette spécificité des règles de conflit pour fonder le besoin d'un champ d'application clairement défini de ces règles.

770. Inadaptation des règles de conflit de lois. Compte tenu de la multiplication des formes d'exercice du travail dans le cadre de réseaux contractuels, il est difficile de saisir celles-ci sous la notion étroite de contrat

---

[2503] CJCE, 15 janvier 1987, C-266/85, *Shenavai,* pt. 16.

[2504] CJCE, 15 janvier 1987, C-266/85, *Shenavai,* pt. 16.

[2505] Comp. les références dans la jurisprudence ultérieure, U. GRUSIC, *The European Private International Law of Employment*, préc., p. 60.

[2506] CJUE, 10 septembre 2015, C-47/14, *Holterman* ; voir cependant Cass. soc., 10 janvier 2017, pourvoi n° 15-12.284, *Nortel,* considérant que l'action d'un salarié était annexe à la procédure collective, *BMIS* 2017, n° 3, p. 187, note J.-L. VALLENS ; *RPC* 2017, n° 2, p. 11, chron. F. PETIT ; *JCP S* 2017, n° 9, p. 34, note J.-P. TRICOIT ; *D.* 2017, p. 1287, note F. JAULT-SESEKE, D. ROBINE ; *Rev. soc.* 2017, p. 50, note T. MASTRULLO ; *DSOC* 2017, p. 843, chron. S. TOURNAUX.

[2507] O. CACHARD, *Droit international privé,* préc., n° 114.

[2508] Ce dernier texte énonce que le défendeur peut être attrait, « s'il s'agit d'une contestation relative à l'exploitation d'une succursale, d'une agence ou de tout autre établissement, devant le tribunal du lieu de leur situation ».

[2509] En ce sens, P. MANKOWSKI, art. cité (note 619), qui souligne que la définition de l'établissement, au sens de cet article, a été développée pour des relations commerciales externes et non pas pour des relations contractuelles internes à l'entreprise, telles que les contrats de travail.

individuel de travail[2510]. Insistant sur ce phénomène, M. Grusic cherche à développer une réponse juridique à l'incidence pratique de la distinction entre réseaux volontaires et imposés[2511]. La problématique de soumettre lesdits réseaux contractuels à une règle de conflit de lois ne semble pas moins se poser en France, où nous avons souligné l'importance du concept de coemploi[2512]. Le concept des réseaux contractuels peut également renvoyer à la question de saisir la relation de travail établie par l'intermédiaire d'une agence de travail temporaire, par exemple[2513]. La règle de conflit de lois spécifique au contrat de travail semble s'adresser à la relation entre le travailleur, d'un côté, et l'agence ou l'entreprise prestataire, de l'autre. En revanche, les aspects contractuels entre les entreprises ne sont pas visés par cette règle de conflit de lois, ce qui interroge les auteurs, qui voient le danger que la loi d'autonomie soit librement admise[2514]. Ainsi, dans le résultat, l'application de la règle de conflit de lois pourrait mener à une faveur pour le réseau contractuel.

771. Détachement. L'exemple du détachement peut illustrer cette inadaptation de la règle de conflit de lois. La notion de détachement n'est pas spécialement visée par une règle de conflit de lois particulière, si ce n'est l'article 3 de la directive dite détachement qui impose l'application des lois de police de l'État dit d'accueil. L'absence d'harmonie entre les règles de conflit de lois touchant la matière est regrettée : « la directive du 16 décembre 1996 sur le détachement temporaire des travailleurs dans le cadre d'une prestation de services prévoit que certaines dispositions de la loi du lieu où s'effectue le détachement doivent s'appliquer si elles sont plus favorables au travailleur que les dispositions correspondantes de la loi du lieu d'exécution habituel du travail : ce texte n'est pas en harmonie avec l'art. 6 de la convention de Rome qu'il faudra donc sans doute modifier »[2515]. Nous menons ce débat sur le terrain de la qualification. La problématique soulevée nous conduit à nous intéresser à la spécificité de la directive dite détachement. En tant qu'elle ne pose aucune définition précise de son champ d'application, celle-ci semble s'appuyer sur la notion de travailleur du règlement dit Rome I. Or, en matière de détachement, la difficulté constatée consiste à caractériser la relation de travail concernée : s'agit-il de s'arrêter au contrat de travail formellement conclu ?

[2510] *Cf.* U. GRUSIC, « Contractual Networks in European Private International Law », *ICLQ* 2016, p. 581.

[2511] *Ibid.*, qui soutient que les réseaux contractuels opèrent comme un phénomène sociologique et économique.

[2512] *Supra*, n° 680 et s.

[2513] U. GRUSIC, art. cité (note 2510). p. 602.

[2514] *Ibid.*, spéc. p. 602.

[2515] H. GAUDEMET-TALLON, art. cité (note 31), spéc. p. 129.

772. Binarité. Cette observation n'en conduit pas moins au constat d'une binarité du traitement conflictuel des relations de travail, malgré la présence d'un travailleur. Cela résulte du recours à deux textes différents instaurant des règles de conflit de lois. Plus largement, cette binarité est liée à la soumission de ceux-ci à deux libertés de circulation différentes. Du fait des différentes libertés de circulation qui régissent la mobilité des travailleurs, nous assistons à un risque de fragmentation des travailleurs d'une même entreprise. Les différences des régimes juridiques applicables aux travailleurs d'une même entreprise ou du même marché sont soulignées par Mme van Hoek[2516]. Elle constate notamment une inégalité des droits administratif et collectif[2517]. Partant de ce constat, il conviendrait de ne plus s'arrêter à la considération individuelle de la relation de travail. De cette manière, l'on pourrait également combattre le risque de fragmentation de la communauté de travail par l'application de deux libertés de circulation différentes. Il convient d'envisager la relation de travail ainsi que la loi qui y est applicable dans son ensemble et de vérifier la conformité de la situation du travailleur à la libre circulation des travailleurs. Nous avançons qu'une prise en compte du principe de protection du travailleur nécessite une règle de conflit de lois unique pour tout travailleur, adaptée aux diverses situations, dont celle du travailleur détaché. En effet, la difficulté de déterminer le rattachement, en présence de contrats tant dans le pays d'origine que dans le pays d'accueil, a été relevée.

b. Les tendances transversales à la consécration d'une notion autonome

773. Droit matériel. L'imprécision du champ d'application de la règle de conflit de lois spécifique au contrat de travail a été signalée. La recherche d'une notion autonome s'impose. Cette nécessité est renforcée par la fonction régulatrice de la règle de conflit de lois européenne qui doit être au service du marché intérieur. Plus largement, la règle de conflit de lois doit refléter les principes et les valeurs du droit matériel de l'Union européenne. Ces derniers peuvent être identifiés à partir du droit matériel qui s'enrichit progressivement en ce qui concerne la protection du travailleur. Le texte initial – la libre circulation des travailleurs – a donné l'occasion de préciser des notions cardinales telles que celle de travailleur[2518]. Dès lors, le droit dérivé adopté sur le fondement de la compétence régulatrice en matière sociale doit, lui aussi, s'efforcer de poser des notions autonomes qui peuvent apporter des enseignements.

2516 A. VAN HOEK, art. cité (note 2093), spéc. p. 446.

2517 *Ibid.*

2518 CJCE, 3 juillet 1986, aff. 66/85, *Lawrie Blum* ; 31 mai 1989, aff. 344/87, *Bettray* ; 8 juin 1999, C-337/97, *Meeusen* ; 6 novembre 2003, C-413/01, *Ninni-Orasche* ; 23 mars 2004, C-138/02, *Collins*.

774. Fonction régulatrice. Or, les notions employées dans le contexte du droit matériel ne sauraient pas être transposées aveuglement dans le contexte des règles de conflit de lois. Au titre des difficultés, il convient de se rappeler que les notions dans le cadre des autres textes de droit dérivé sont posées pour la seule matière en cause. À l'inverse, les notions contenues dans les règlements en matière de conflit de lois sont cohérentes entre elles. En revanche, il ne fait aucun doute que les notions qui se cristallisent dans le contexte de l'application des directives de droit matériel peuvent influencer les notions posées dans le cadre de la règle de conflit de lois. Plus précisément, la fonction régulatrice de la règle de conflit de lois impose que celle-ci soit déterminée en fonction des intérêts qui irriguent la matière dans le système juridique auquel l'on se réfère. En l'occurrence, le système juridique concerné est être celui de l'Union européenne.

775. Relation de travail. Lors de l'étude des notions autonomes connues en droit matériel de l'Union européenne, l'on relève plusieurs arrêts récents qui démontrent la volonté de la Cour de justice de développer la notion de relation de travail. Nous nous référons au domaine du contrat de travail à durée déterminée. Un arrêt vient préciser la notion de conditions de travail, dans le cadre de l'application de l'accord-cadre sur les contrats de travail à durée déterminée[2519]. Une autre décision porte sur la qualification du contrat de travail à durée déterminée au regard de la directive 1999/70/CE, en précisant qu'elle s'applique notamment aux travailleurs tels que le personnel employé dans le cadre de contrats « pré-doctoraux »[2520]. D'autres affaires portent sur la qualification du contrat à durée déterminée[2521]. D'une manière proche, quelques avancées de la jurisprudence concernent la notion de contrat elle-même. Rappelons à cet endroit les débats vifs sur la compétence de l'Union européenne pour harmoniser la matière contractuelle alors que les sous-catégories du contrat ont longtemps fait l'objet de dispositions du droit dérivé. Cette incompétence de l'Union en matière contractuelle qui est parfois soulevée ne concernerait pas, en toute hypothèse, le droit international privé[2522]. La Cour de justice insiste sur le principe d'autonomie de la volonté

[2519] CJUE, 25 juillet 2018, C-96/17, *Gardenia Vernaza Ayovi*, *JCP S* 2018, n° 38, p. 39, note P. COURSIER ; *Europe* 2018, n° 10, p. 50, note L. DRIGUEZ.

[2520] CJUE, ordonnance, 19 mars 2019, C-293/18, *Sindicato Nacional de COOO.*

[2521] CJUE, 11 avril 2019, C-29/18, C-30/18 et C-44/18, *Cobra Servicios Auxiliares SA* ; 25 octobre 2018, C-331/17, *Sciotto, Europe* 2019, n° 1, p. 42, note L. DRIGUEZ ; *RJS* 2019, n° 2, p. 80, chron. A. GARDIN, E. LAFUMA, J.-P. LHERNOULD, R. MARIÉ, H. NASOM-TISSANDIER ; 20 septembre 2018, C-466/17, *Motter, Europe* 2018, n° 11, p. 33, note L. DRIGUEZ.

[2522] En ce sens, E. MAZUYER, art. cité (note 470) ; F. JAULT-SESEKE, art. cité (note 2100).

selon lequel les parties sont libres de s'engager l'une envers l'autre[2523]. Avançons que ce principe ne saurait tout de même pas être utilisé sans réserve en droit du travail, matière dans laquelle le principe de protection de la partie faible est ancré.

776. Travailleur. En présence d'un travailleur, les textes ont tendance à insister davantage sur les parties au contrat dans la définition. La Cour justice procède ainsi en revenant sur la notion de travailleur dans le cadre de la directive dite temps de travail. Dans ce contexte, elle précise la qualité de partie faible du travailleur[2524]. Nous constatons à partir des affaires précitées que la Cour de justice précise davantage la notion de travailleur que celle de contrat de travail. Elle justifie sa lecture personnelle par les divergences entre les États membres en ce qui concerne les conceptions du contrat de travail. Vraisemblablement, cette lecture diffère de celle constatée à propos des règlements de droit international privé.

777. Directive. Des textes de droit dérivé insistent expressément sur la notion de relation de travail. Il en est ainsi de la directive modificatrice de la directive 91/533/CEE. Au considérant n° 15, la directive énonce une liste d'éléments essentiels du contrat ou de la relation de travail sur lesquels les travailleurs doivent être informés par écrit. Non seulement l'on peut y voir des prescriptions relatives aux mentions du contrat mais l'on y rencontre encore un début de formation d'une définition européenne du contrat de travail ou de la relation de travail. En évitant de se positionner, du côté du contrat de travail ou de celui de la relation de travail, le législateur européen reconnaît l'ambiguïté de la définition purement contractuelle. L'article 1, § 2 du même texte admet une lecture large de la relation de travail qui est susceptible d'inclure les relations collectives de travail : « [l]a présente directive établit des droits minimaux qui s'appliquent à tous les travailleurs dans l'Union qui sont liés par un contrat de travail ou une relation de travail au sens du droit, des conventions collectives ou de la pratique en vigueur dans chaque État membre, en tenant compte de la jurisprudence de la Cour de justice ». À cet endroit, il convient de se rappeler que la tendance actuelle semble consister à aligner la notion de travailleur à celle employée dans le droit des libertés de circulation[2525].

[2523] CJCE, 9 mars 2006, C-499/04, *Werhof,* pt. 23, *RDT* 2006, p. 112, note H. TISSANDIER ; 27 avril 2017, C-680/15 et C-681/15, *Asklepios,* pt. 19, *Europe* 2017, n° 6, p. 34, note L. DRIGUEZ ; *DO* 2017, p. 576, note E. LAFUMA.

[2524] CJUE, 6 novembre 2018, C-619/16, *Kreuziger c. Land Berlin, JCP G* 2018, n° 50, p. 2257, note J.-P. TRICOIT ; *Europe* 2019, n° 1, p. 40, note L. DRIGUEZ ; *RJS* 2019, n° 2, p. 80, chron. A. GARDIN, E. LAFUMA, J.-P. LHERNOULD, R. MARIÉ, H. NASOM-TISSANDIER.

[2525] S. KREBBER, « Die arbeitsrechtliche Bedeutung der Arbeitnehmerfreizügigkeit des Unionsrechts », *EuZA* 2019, p. 62.

778. *Nikiforidis.* Dans le contexte du conflit de lois, des avancées timides peuvent être observées. Elles reviennent sur la notion de contrat. Par sa décision *Nikiforidis,* la Cour de justice définit la notion de conclusion du contrat de travail. Alors qu'il s'agit jusque-là de qualifier le contrat de travail *lege fori*, la Cour de justice semble infléchir sa position et donner quelques indices vers la définition autonome du contrat de travail. Dans l'arrêt discuté, il s'agit de savoir si le règlement Rome I est applicable *ratione temporis*. La réponse suppose la détermination de la date de conclusion du contrat de travail. Or, le contrat de travail est un contrat à exécution successive dont la modification est soumise à des spécificités dans les différents systèmes juridiques nationaux. Il s'agit ainsi de savoir ce que l'on doit entendre par « conclusion du contrat de travail » au sens du critère d'application temporelle. Pour affirmer la conclusion d'un contrat, il suffit de constater une modification, convenue entre les parties contractantes, d'une telle ampleur que celle-ci se traduirait, non pas par une simple actualisation ou adaptation dudit contrat, mais par la création d'un nouveau rapport juridique entre les parties contractantes, de sorte que le contrat initial devrait être considéré comme ayant été remplacé par un nouveau contrat[2526]. Par opposition, selon la Cour de justice, ne relèvent pas de la notion de conclusion du contrat les modifications minimes[2527]. Notons seulement que cette notion a une incidence particulière sur le droit du travail, où nous faisons face à la divergence des législations concernant la naissance des relations de travail. Cette définition s'attache toujours à la nature individuelle du contrat de travail. Elle peut tout de même être interprétée comme manifestant la volonté de l'Union à définir autonomement le contrat de travail. Pour le reste, les arrêts ne s'attachent pas davantage à la définition du contrat de travail.

779. Conflit de juridictions. Quelques avancées peuvent être observées en ce qui concerne la définition du contrat individuel de travail en matière de conflit de juridictions. En interprétant la convention de Lugano, la Cour de justice est tenue d'examiner la notion, laquelle en détermine le champ d'application matériel[2528]. En l'espèce, elle décide « qu'un contrat liant une société à une personne physique exerçant les fonctions de dirigeant de celle-ci ne crée pas un lien de subordination entre ceux-ci et ne peut, dès lors, être qualifié de 'contrat individuel de travail', au sens de ces dispositions, lorsque, même si l'actionnaire ou les actionnaires de cette société ont le pouvoir de mettre fin à ce contrat, cette personne est en mesure de décider ou décide effectivement des termes dudit contrat et dispose d'un pouvoir de contrôle

---

[2526] CJUE, *Nikiforidis*, C-135/15, arrêt du 31 octobre 2016, pt. 37.

[2527] CJUE, *Nikiforidis*, C-135/15, arrêt du 31 octobre 2016, pt. 35.

[2528] CJUE, 11 avril 2019, C-603/17, *Bosworth et al., D.* 2020, p. 951, chron. S. CLAVEL, F. JAULT-SESEKE ; *RTD Com* 2019, p. 792, note A. MARMISSE-D'ABADDIE D'ARRAST ; *JDE* 2020, n° 265, p. 30, note A. NUYTS ; *RDAI* 2020, n° 2, p. 255, note P. GUEZ.

autonome sur la gestion quotidienne des affaires de ladite société ainsi que sur l'exercice de ses propres fonctions »[2529]. Outre l'exclusion du contrat du dirigeant de la société du champ d'application du règlement, la Cour de justice vérifie la présence d'un contrat individuel de travail au sens de l'article 18, § 2 de la même convention[2530]. Elle précise qu' « une relation de travail suppose l'existence d'un lien de subordination entre le travailleur et son employeur et que l'existence d'un tel lien doit être appréciée dans chaque cas particulier, en fonction de tous les éléments et de toutes les circonstances caractérisant les relations entre les parties »[2531].

780. Efficacité. Bien qu'elle ne reconnaisse pas, d'une manière générale, la nécessité d'une notion autonome de travailleur ou de contrat de travail, la Cour de justice s'efforce ici de forger la notion. Elle reconnaît qu' « il convient de rappeler qu'une telle qualification ne saurait être établie sur le fondement du droit national et que, pour assurer la pleine efficacité de la convention de Lugano II, notamment de son article 18, les notions juridiques que celui-ci contient doivent être interprétées d'une manière autonome qui soit commune à l'ensemble des parties contractantes »[2532]. L'argument mis en avant semble être celui de l'efficacité du droit de l'Union européenne. Rappelons que la Cour de justice s'appuie usuellement sur cet argument pour justifier la nécessité de critères de rattachement uniformes et autonomes dans le cadre du règlement Rome I[2533]. Ainsi, les développements sur le règlement Bruxelles I*bis* concernent également le règlement Rome I. Mme Ziegler utilise les exigences de sécurité juridique de ce même texte pour fonder son argumentation en faveur de la nécessité d'une notion autonome de travailleur. Cela contribuerait à assurer l'application effective du droit du travail. C'est ainsi qu'elle se montre favorable à une notion large puisque l'application effective du droit du travail par une qualification excessive n'irait pas à l'encontre de l'esprit du règlement qui viserait à éviter la détérioration de la situation juridique du travailleur[2534]. En revanche, une qualification trop restrictive au moyen de la loi du for, souligne-t-elle, pourrait conduire à ce

---

2529 CJUE, 11 avril 2019, C-603/17, *Bosworth et al.,* pt. 35.

2530 CJUE, 11 avril 2019, C-603/17, *Bosworth et al.,* pt. 23 ; en ce sens, déjà, CJUE, 10 septembre 2015, C-47/14, *Holterman,* pt. 34.

2531 CJUE, 11 avril 2019, C-603/17, *Bosworth et al.,* pt. 26 ; en ce sens, déjà, CJUE, 10 septembre 2015, C-47/14, *Holterman,* pt. 46 et 20 novembre 2018, C-147/17, *Sindicatul Familia Constanţa e.a.*, pt. 42, *Europe* 2019, n° 1, p. 42, note L. DRIGUEZ ; *RJS* 2019, p. 251, chron. A. GARDIN, E. LAFUMA, J.-P. LHERNOULD, R. MARIÉ, H. NASOM-TISSANDIER.

2532 CJUE, 11 avril 2019, C-603/17, *Bosworth et al.,* pt. 24 ; en ce sens, déjà, CJUE, 19 juillet 2012, C-154/11, *Mahamdia,* pt. 42 et CJUE, 10 septembre 2015, C-47/14, *Holterman,* pt. 37.

2533 CJUE, 15 mars 2011, C-29/10, *Koelzsch*, pt. 32.

2534 K. ZIEGLER, *Arbeitnehmerbegriffe im Europäischen Arbeitsrecht*, préc., p. 390.

que le travailleur ne bénéficie ni de la protection résultant de la règle de conflit spécifique au travailleur ni de l'application des lois de police en la matière du droit du travail[2535]. Par ailleurs, Mme Ziegler se montre hostile à la *lex causae* : cette option n'éviterait pas que les parties contournent la loi applicable par la manipulation des liens de rattachement[2536]. En suivant les différents arguments développés, y compris l'analyse des objectifs du règlement Rome I, nous tendons à favoriser le recours à une interprétation autonome du contrat de travail.

781. *ROI Land Investments Ltd.* Un récent arrêt qui concerne le conflit de juridictions vient se rajouter. Il est rendu dans le cadre d'une question préjudicielle et porte sur un litige opposant la société *ROI Land Investments Ltd*[2537] à une personne physique, à l'égard de laquelle la première est responsable, en vertu d'un accord de garantie, d'obligations découlant d'un contrat de travail. La particularité de l'espèce est que ce contrat de travail a été conclu par la filiale de ladite société. Or, la Cour de justice retient la possibilité pour le travailleur de s'appuyer sur les règles de conflit de juridictions en vue d'attraire en justice cette société avec laquelle il n'est pas lié par un contrat de travail formel, mais laquelle est, en vertu d'un accord de garantie dont dépendait la conclusion du contrat de travail avec un tiers, directement responsable envers lui de l'exécution des obligations de ce tiers. La condition est qu'il existe un lien de subordination entre cette personne et le travailleur. Cet exemple ne fait que s'inscrire dans la suite de ceux qui permettent de retenir le lien d'intégration d'un travailleur à l'égard d'une entité autre que celle avec laquelle il est formellement lié. L'arrêt a été interprété en ce sens qu'il établit une notion large : « la CJUE confirme son interprétation souple de la notion de relation de travail, caractérisée par l'existence d'un lien de subordination, ce qui corrélativement lui permet d'appréhender la notion d'employeur sans s'enfermer dans des catégories rigides »[2538].

782. Exclusion du détachement. La tendance semble aller dans le sens de la reconnaissance de la nécessité d'une notion autonome en matière de contrat de travail. Il n'en demeure pas moins que la matière du détachement ne suit pas la même évolution. Plus précisément, il est précisé dans la directive dite détachement, que la définition du détachement s'effectue selon les termes de

---

2535 K. ZIEGLER, *Arbeitnehmerbegriffe im Europäischen Arbeitsrecht*, préc., p. 390.

2536 *Ibid.*, p. 391.

2537 CJUE, 20 octobre 2022, C-604/20, *ROI Land Investments Ltd.*, *Procédures* 2022, n° 12, p. 23, note C. NOURISSAT ; *Europe* 2022, n° 12, p. 39, note L. IDOT ; *D.* 2023, p. 925, chron. S. CLAVEL, F. JAULT-SESEKE.

2538 F. JAULT-SESEKE, « Extranéité de l'employeur et compétence juridictionnelle : CJUE et Cour de cassation au diapason », *RDT* 2022, p. 667.

la directive[2539], tandis que la notion de travailleur doit être celle de la *lex fori*. Nous constatons une contradiction par rapport à l'évolution démontrée dans le cadre de l'application du règlement Rome I. Cette contrariété est d'autant plus frappante que la directive dite détachement – en tant qu'un texte spécial – ne fait que le préciser. Néanmoins, l'évolution des directives en matière de détachement semble aller dans le sens de la précision de l'opération du détachement. La Cour de justice semble récemment opérer un rapprochement des textes contenant des règles générales de droit international privé et de la directive dite détachement. Une récente décision peut être citée en ce sens, dans laquelle la Cour de justice définit la notion de créances relatives à l'indemnité de congés payés comme relevant du champ d'application du règlement Bruxelles I*bis*[2540].

783. Employeur. Concernant le détachement de travailleurs, l'on observe que les efforts de clarification visent particulièrement la notion d'employeur. Au sujet des règlements de coordination en matière de sécurité sociale, qui ne peuvent être lus séparément des règles de conflit de lois, la Cour de justice est venue préciser ce que signifie le critère d'exercice normal des activités. L'arrêt *Team Power Europe EOOD*[2541] est rendu au sujet d'une entreprise de travail temporaire. Afin d'appliquer l'article 14, paragraphe 2, du règlement (CE) n° 987/2009 du Parlement européen et du Conseil, du 16 septembre 2009, fixant les modalités d'application du règlement (CE) n° 883/2004 portant sur la coordination des systèmes de sécurité sociale, à la relation de travail, il faut que l'entreprise exerce normalement ses activités dans cet État membre. Cela signifie qu'elle doit effectuer une partie significative de ses activités de mise

---

[2539] Notons toutefois que l'article 4 de la directive dite d'exécution, qui fixe des critères en vue de la détermination du caractère véritable du détachement, commande également la définition selon des conceptions nationales.

[2540] CJUE, 28 février 2019, C-579/17, *BUAK, Europe* 2019, n° 4, p. 35, note L. IDOT ; *JDE* 2020, n° 265, p. 30, note A. NUYTS ; *D.* 2020, p. 951, chron. S. CLAVEL, F. JAULT-SESEKE ; *RDAI* 2020, n° 2, p. 249, note R. M. SOTOMAYOR : « une action visant à obtenir le paiement d'une créance constituée de suppléments pour l'indemnité de congés payés, détenue par un organisme collectif de droit public contre un employeur, au titre du détachement, dans un État membre, de travailleurs qui n'y ont pas leur lieu de travail habituel, ou dans le cadre de la mise à disposition, dans cet État membre, de main-d'œuvre, ou contre un employeur dont le siège se situe hors du territoire dudit État membre au titre de l'emploi de travailleurs ayant leur lieu de travail habituel dans le même État membre, relève du champ d'application de ce règlement », *Europe* 2019, n° 4, p. 35, note L. IDOT.

[2541] CJUE, 3 juin 2021, C-784/19, *Team Power Europe EOOD*, *RDT* 2021, p. 468, note F. JAULT-SESEKE, S. ROBIN-OLIVIER ; *Europe* 2021, n° 8, p. 29, note L. DRIGUEZ ; *AJDA* 2021, p. 1679, chron. P. BONNEVILLE, C. GÄNSER et A. ILJIC ; *RDT* 2021, p. 468, note F. JAULT-SESEKE et S. ROBIN-OLIVIER.

à disposition de travailleurs intérimaires au profit d'entreprises utilisatrices établies et exerçant leurs activités sur le territoire dudit État membre. Cette clarification est aussi l'expression de la nécessité de définir la notion de contrat individuel de travail.

784. Unicité. Au terme de cette démonstration, l'on observe que l'absence de qualification autonome conduit aux solutions parfois arbitraires sur l'application ou non des règles de conflit protectrices du travailleur. Partant du constat de la répartition du pouvoir régulateur qui demeure chez les États membres, l'adoption d'une notion autonome large aux fins de la qualification des catégories relevant des dispositions protectrices du règlement permettrait au droit international privé d'accomplir de nouveau sa fonction régulatrice[2542]. Il appartient au droit international privé européen de garantir une interprétation autonome et large de la notion de contrat du travail. Cette notion devrait valoir dans tous les contextes, y compris celui du détachement de travailleurs.

Sous-section 2. Les repères d'un alignement de la notion autonome sur les libertés de circulation

785. Alors que la nécessité d'un alignement de la notion autonome sur les libertés de circulation a été signalée, les incohérences entre les champs d'application de la libre circulation des travailleurs et la libre prestation de services peuvent constituer un obstacle à celui-ci. Comme nous l'avons évoqué, les textes européens distinguent progressivement le détachement de la libre circulation de travailleurs, en instaurant une définition dont il convient de vérifier la solidité. La *« fragmentation »*[2543] de la notion de travailleur a été reprochée. Plus en avant, il conviendra de s'interroger sur une notion autonome susceptible d'englober toutes les relations de travail. Or, cette recherche pourra s'avérer compliquée, en raison du détour de la libre prestation de services en matière de détachement (paragraphe 1). Il conviendra de préférer l'alignement de la notion autonome à celle de la libre circulation des travailleurs (paragraphe 2).

[2542] *Cf.* U. GRUSIC, *The European Private International Law of Employment*, préc., p. 89.

[2543] S. BARBOU DES PLACES, « Où en est l'esprit de système ? À propos de la fragmentation du droit de la libre circulation des travailleurs », *Liber Amicorum en hommage à Pierre Rodière*, LGDJ, 2019, p. 27.

Paragraphe 1. Le détour de la libre prestation de services en matière de détachement

786. Origine du détachement. La notion de détachement est consacrée en droit européen dès l'année 1959. Le règlement n° 24/64/CEE[2544] maintient la possibilité pour les travailleurs détachés de rester soumis à la législation de l'État d'emploi habituel. Outre l'apparition du terme de travailleur « détaché » et la précision qu'il s'agit d'un travailleur au service d'une entreprise, le texte introduit la notion de durée prévisible de cette occupation. Ainsi, la notion de détachement est consacrée en droit de la sécurité sociale et y évolue de façon indépendante par rapport à la notion qui sera plus tard employée par la directive dite détachement[2545]. C'est ainsi que les auteurs rejettent toute influence de la notion introduite en 1996 sur celle en vigueur[2546]. Il n'en demeure pas moins que la directive dite détachement fait référence au règlement (CE) n° 1408/71 en précisant que ce dernier fixe les dispositions applicables en matière de prestations et de cotisations de sécurité sociale. Aux fins de notre démonstration, il est intéressant de souligner que le principe de l'application de la loi du pays d'origine dépend bien de la condition d'occupation temporaire[2547]. Il semble ainsi circonscrit aux règles de coordination en matière de sécurité sociale et ne prend point appui sur les libertés de circulation lesquelles ne prévoient pas, à cette époque, de distinction entre les catégories de travailleur et de travailleur détaché. Il convient d'ajouter que la disposition relative à la coordination des règles en matière de sécurité sociale ne semble pas poser de difficultés particulières dans l'Europe des six États fondateurs, les divergences des réglementations nationales du travail n'étant pas significatives.

787. *Rush Portuguesa.* Le contexte des premiers élargissements de l'Union européenne et des écarts entre les réglementations du travail conduit à l'étude du détachement sous l'angle de l'atteinte aux libertés de circulation. Les États membres prévoyant des règlements spécifiques concernant les travailleurs détachés, un fossé semble se créer entre les travailleurs et les travailleurs détachés en ce qui concerne le droit du travail qui leur est applicable. Après les arrêts *Webb* et *Seco & Desquenne*, c'est l'arrêt *Rush*

[2544] Règlement n° 24/64/CEE du Conseil du 10 mars 1964 portant modification de l'article 13 du règlement n° 3 et l'article 11 du règlement n° 4, JOCE n° 47 du 18 mars 1964.

[2545] J. GROSSET, B. CIEUTAT, « Les travailleurs détachés », *CESE*, 22 septembre 2015, p. 30.

[2546] J.-C. FILLON, « Le détachement de travailleurs salariés version sécurité sociale », *DSOC* 2016, p. 609.

[2547] Article 14, § 1, a), i) du règlement (CE) n° 1408/71 dit de coordination des systèmes de sécurité sociale.

Portuguesa[2548] qui confirme l'inscription du détachement dans la libre prestation de services. Cette jurisprudence donne également lieu à une définition spécifique du détachement en France, à l'article 36 de la loi n° 93-1313 du 21 décembre 1993 qui lui consacre un article dans le code du travail[2549]. Cet article, abrogé à compter du 1er janvier 2007[2550], dispose : « sous réserve des traités et accords internationaux, lorsqu'une entreprise non établie en France effectue sur le territoire national une prestation de services, les salariés qu'elle détache temporairement pour l'accomplissement de cette prestation sont soumis aux dispositions législatives, réglementaires et conventionnelles applicables aux salariés employés par les entreprises de la même branche, établies en France, en matière de sécurité sociale, de régimes complémentaires interprofessionnels ou professionnels relevant du titre III du livre VII du code de la sécurité sociale, de rémunération, de durée du travail et de conditions de travail, dans les limites et selon des modalités déterminées par décret ». Ainsi, il prévoit la soumission de certains aspects de la relation de travail à la législation du pays d'accueil. Le déficit du texte consiste à ne pas distinguer suffisamment le travailleur détaché du salarié au sens du droit du travail. La définition n'est pas assez précise, comme cela est également le cas de plusieurs autres législations[2551].

788. Directive dite détachement. Dans ce contexte, l'adoption de la directive dite détachement trouve un terrain fertile. Sans définir le travailleur détaché d'une manière exhaustive, à l'inverse des règlements en matière de sécurité sociale, la directive donne la possibilité aux États membres d'accueil d'appliquer certains aspects de leur législation à ces travailleurs. Son adoption est interprétée par Mme Schlachter comme une reprise de contrôle par les anciens États membres, face à la possibilité des travailleurs des nouveaux États membres sur le fondement de la libre prestation de services[2552]. Le point de vue exprimé dans la directive est principalement celui des États membres d'accueil[2553]. Cela n'empêcherait pas les législateurs nationaux d'opérer une

---

2548 CJCE, 27 mars 1990, C-113/89, *Rush Portuguesa.*

2549 L'ancien article L. 341-5 du code du travail français.

2550 L'actuel article L. 1262-1 du même code codifie la directive dite détachement.

2551 A. VAN HOEK et M. HOUWERZIJL, rapport cité (note 744), p. 66 et s.

2552 M. SCHLACHTER « The Posting of Workers Directive – German Reactions and Perceptions », S. EVJU (dir.), *Cross-Border Services, Posting of Workers, and Multilevel Governance*, Institutt for privatrett, Universitetet I Oslo, 2013, p. 137, spéc. p. 139 et s., dans la version originale : « [s]ince the ruling of the ECJ annulled the intended effects of restricting the applicability of some fundamental freedoms of the EC Treaty for workers from the new Member States, the 'old Member States' tried to regain control by implementing a directive about posting of workers ».

2553 Sur les différences de transposition entre Etats membres, *cf.* A. VAN HOEK et M. HOUWERZIJL, rapport cité (note 744) ; C.-É. CLESSE, M. MORSA, *Travailleurs détachés et mis à disposition: droits belge, européen et international,* préc.

transposition plus extensive, qui prendrait en compte leur situation particulière en tant qu'État d'envoi[2554]. À titre d'exemple, la Bulgarie admet que les travailleurs, détachés depuis son territoire, sont protégés par la législation de l'État d'accueil au-delà d'une durée de 30 jours[2555]. En d'autres termes, le code du travail bulgare prévoit trois différentes dimensions du détachement : il peut opérer à l'intérieur du pays, depuis la Bulgarie ou à destination de la Bulgarie. Par ailleurs, certaines législations nationales vont au-delà du champ de la directive en réglementant le détachement non seulement depuis un État membre mais aussi depuis un État tiers à l'Union européenne[2556]. La loi de transposition espagnole n° 45/1999 du 29 novembre 1999 prévoit qu'elle s'applique aux entreprises établies au sein de l'Union européenne, ou plus largement l'Espace économique européen, ainsi que dans les États visés par une convention internationale[2557]. La directive dite détachement ainsi que ses différentes transpositions reflètent les intérêts divergents des États membres, dans le marché intérieur. Le marché intérieur semble créer un besoin pour une directive dite détachement accordant une mobilité facile des travailleurs des nouveaux États membres, et les anciens États membres imposent les conditions de travail. Adoptée dans un contexte de divergences des réglementations nationales, la directive dite détachement reste muette en ce qui concerne la définition des opérations, et les législations nationales fournissent certains éléments de définition.

789. Définitions plus ou moins complètes. Les définitions du détachement sont plus ou moins complètes dans les lois de transposition nationales. Certaines législations définissent clairement le travailleur détaché. Pour relever du détachement au sens de la législation irlandaise, il suffit de s'être engagé dans le cadre d'un contrat de travail qui dispose d'un engagement en Irlande ou de travailler en Irlande sous un contrat de travail[2558]. En Slovénie, la condition est que le contrat de travail contient une stipulation relative à l'engagement dans un pays étranger, à défaut de quoi le travail temporaire à l'étranger donne lieu à un nouveau contrat de travail[2559]. Il n'y a pas de mention expresse du contrat en Bulgarie où le terme de détachement semble équivaloir au terme d'exécution de services. Par ailleurs, la définition slovène exige que le travailleur exécute des services ou d'autres travaux. À l'inverse, cette définition ne peut pas s'appliquer si un travailleur est détaché

[2554] A. VAN HOEK et M. HOUWERZIJL, rapport cité (note 744), p. 51 et s. Ceci est le cas de la Bulgarie, de l'Espagne, de la Hongrie, de la Lettonie, de la Lituanie, du Portugal ainsi que de la Slovaquie. Enfin, la République tchèque disposait jusqu'à récemment d'une telle législation.

[2555] *Ibid.*

[2556] Il en est ainsi, par exemple, de la France et de la Bulgarie.

[2557] A. VAN HOEK et M. HOUWERZIJL, rapport cité (note 744), p. 65.

[2558] *Ibid.*, p. 65.

[2559] *Ibid.*, p. 64.

en Slovénie pour recevoir des services, par exemple, dans le cadre d'une formation. En conclusion, l'on perçoit des différences dans la définition selon que l'État est censé recevoir ou envoyer un travailleur détaché. D'une manière générale, Mmes van Hoek et Houwerzijl signalent une cohérence entre les définitions nationales de détachement préexistantes et les lois de transposition en matière de détachement transnational. Ainsi, plusieurs pays qui ont une législation exhaustive en matière de détachement l'étendent au détachement transnational[2560]. Nous relevons parmi ces pays ceux qui sont réputés être des pays d'envoi. D'autres pays prévoient des définitions expressément pour le détachement transnational. La législation relative au détachement s'y applique à la réception de main-d'œuvre étrangère. Il s'agit des pays d'accueil.

790. Champ d'application étendu de la libre prestation de services. Alors qu'elle est parfois plus précise que les définitions nationales, la directive ne parvient pas à remédier aux imprécisions de la notion de détachement. Plus encore, elle ancre l'extension de la notion de service au sens de l'actuel article 56 TFUE. Consacrant la jurisprudence, la directive inscrit la directive 96/71 dans le développement du marché intérieur en promouvant la prestation de services transnationale ; le marché intérieur vise à inviter « un nombre croissant d'entreprises à détacher des travailleurs en vue d'effectuer à titre temporaire un travail sur le territoire d'un État membre autre que l'État sur le territoire duquel ils accomplissent habituellement leur travail »[2561]. L'identification d'une prestation de services par opposition à l'exécution d'un travail est d'un grand intérêt. D'emblée, il apparaît dans l'étude comparative des lois nationales de transposition de la directive dite détachement que les États membres donnent une importance plus ou moins grande à la notion de services dans la définition du détachement. Par ailleurs, il est intéressant de noter que la directive 2006/123/CE du 12 décembre 2006 sur les services dans le marché intérieur ne s'applique pas à l'ensemble du domaine social et tout particulièrement aux travailleurs détachés[2562]. Plus précisément, ce n'est que si la directive est incompatible avec d'autres normes telles que la directive 96/71/CE que la norme spéciale l'emporte[2563]. Il n'en demeure pas moins que nous pouvons affirmer une extension de la notion de services avec l'inscription de la notion de détachement dans l'article 56 TFUE.

[2560] Ceci a été observé en Bulgarie, en Hongrie, au Portugal, en Slovaquie et en Slovénie.

[2561] Directive dite détachement, considérant n° 3.

[2562] Directive 2006/123/CE du Parlement européen et du Conseil du 12 décembre 2006 relative aux services dans le marché intérieur, article 17 ; L. DRIGUEZ, « Le détachement des travailleurs après la directive sur les services », *Europe* 2007, dossier 14.

[2563] N. MOIZARD, F. GAZIN, « Le détachement des travailleurs intérimaires dans l'Union européenne », *RDT* 2012, p. 240.

791. Chevauchements entre différentes libertés. En raison des définitions imprécises et fluctuantes des champs d'application, il apparaît que les frontières entre les différentes libertés sont devenues ténues. En ce sens, Mme O'Leary souligne remarquablement que l'interdépendance entre la libre circulation des travailleurs, la libre prestation de services et la liberté d'établissement a toujours été évidente, alors que leurs champs d'application devraient être exclusifs[2564]. L'évolution fluctuante des fondements de la réglementation en matière de détachement est soulignée par Mme Novitz et M. Evju[2565]. Analysant les propositions de règles de conflit de lois de 1972[2566], ils expliquent que ce règlement devait avoir pour fondement les articles 48 et 49 du traité CEE, correspondant aux articles 45 et 46 TFUE[2567]. Par ailleurs, cette proposition n'excluait pas le détachement de travailleurs de son champ d'application. Alors que ce texte visait d'une manière large la mobilité intra-groupe, une deuxième proposition de 1976 entendait même d'en étendre le champ d'application[2568].

792. Vérification du lien avec le prestataire de services. Une prise en compte des paramètres interdisant l'exercice de certaines formes d'activité par les employeurs semble s'imposer. Une illustration peut être faite à partir du droit français qui encadre l'exercice de la prestation de services. En France, la sous-traitance est consacrée par l'article 1er de la loi n° 75-1334 du 31 décembre 1975 relative à la sous-traitance qui la définit comme une « opération par laquelle un entrepreneur confie par un sous-traité, et sous sa responsabilité, à une autre personne appelée sous-traitant l'exécution de tout ou partie du contrat d'entreprise ou d'une partie du marché public conclu avec le maître de l'ouvrage ». Les critères dégagés visent à distinguer la prestation de services et la sous-traitance du prêt illicite de main-d'œuvre. Il est ainsi important qu'une société ne puisse faire appel à une prestation extérieure que si elle n'a pas en interne les compétences pour réaliser l'opération[2569]. Par ailleurs, un prix forfaitaire de la prestation doit être fixé au préalable, en tenant compte de la spécificité et de la complexité de la tâche à accomplir, et non du

---

[2564] S. O'LEARY, « Free Movement of Persons and Services », G. DE BÚRCA, P. CRAIG (dir.), *The Evolution of EU Law*, OUP, 2011, p. 499.

[2565] S. EVJU, T. NOVITZ, art. cité (note 722), spéc. p. 10 et s.

[2566] Proposition de règlement (CEE) du Conseil relatif aux dispositions concernant les conflits de loi en matière de relations de travail à l'intérieur de la Communauté, JOCE n° C 49 du 18 mai 1972.

[2567] S. EVJU, T. NOVITZ, art. cité (note 722), spéc. p. 13, 36 et s.

[2568] *Ibid.*, p. 36 ; COM(75) 653 final, Amended proposal for a Regulation of the Council on the provisions of conflict of laws on employment relationships within the Community, 28 April 1976, Article 4.

[2569] Cass. soc., 20 février 2013, pourvoi n° 11-24.342 ; CA Lyon, 24 septembre 2013, n° 12/07589 ; Cass. com., 10 septembre 2013, pourvoi n° 12-18.050.

nombre d'heures de travail réalisées[2570]. L'exécution de la prestation s'effectue sous la responsabilité du prestataire de services. Ce dernier est ainsi l'unique employeur des salariés mis à disposition et conserve l'autorité sur son personnel[2571]. En outre, les matériels nécessaires à l'exécution des travaux doivent en principe être fournis par l'entreprise prestataire à ses salariés[2572]. Enfin, il est relevé qu'un prêt de main-d'œuvre illicite se caractérise par une situation de dépendance économique du fournisseur envers l'entreprise utilisatrice[2573]. Nous répertorions une définition stricte du prestataire de services. On doit ainsi pouvoir vérifier que le travailleur est effectivement soumis à l'employeur d'origine. Une observation similaire peut être faite en ce qui concerne la mobilité intra-groupe, entre deux établissements d'une même entreprise ou entre deux entreprises d'un même groupe. Le droit français insiste sur l'opposition de ce cas de recours au prêt illicite de main-d'œuvre, qui se caractérise par la mise à disposition du personnel, à but lucratif et à titre exclusif, ainsi que par la mise à disposition du personnel qui cause un préjudice au salarié ou élude une disposition légale ou conventionnelle, dit autrement, le marchandage[2574]. Le cas de recours de la mobilité intra-groupe fait l'objet de débats en raison du caractère douteux de la notion de services. Pour cette raison, la Confédération européenne des syndicats propose de supprimer le détachement intra-groupe[2575]. Le droit du détachement doit se conformer à la détermination des liens entre le travailleur et le prestataire de services.

793. Notion de travailleur. Ce constat nous mène à l'analyse d'une autre notion qui est celle de travailleur. *A priori*, il ne fait aucun doute que la notion européenne de travailleur est caractérisée par l'existence d'un lien de subordination. Ceci reflète une position largement partagée par les États membres. En droit français, la notion de salarié qui détermine le champ d'application du droit du travail, est précisée par la jurisprudence. Sans vouloir

---

[2570] Cass. 2e civ., 28 février 2013, pourvoi n° 12-40.099, *Lexbase Hebdo S* 2013, n° 520, note C. WILLMANN ; *JCP S* 2013, n° 14, p. 39, note X. PRÉTOT ; *DSOC* 2013, p. 626, chron. R. SALOMON ; CA Paris, 20 novembre 2012, n° 11/09170.

[2571] CA Lyon, 11 septembre 2013, n° RG 12/03277 ; CA Fort de France, ch. corr., 3 juin 1999, n° RG 98/00217 ; D. BOULMIER, « Dissimulation d'emploi salarié : retour sur le 'lien de subordination permanente – à propos de Crim., 14 février 2006 », *JCP E* 2006, n° 26, p. 2039.

[2572] CA Amiens, 13 mai 2014, n° RG 13/00802.

[2573] F. PELLETIER, K. BEZILLE, *Mise à disposition, prestation de service et sous-traitance*, préc., p. 102 ; CA Riom, ch. corr., 3 avril 1991, n° 91-69.

[2574] Article L. 1262-1-1, 2° du code du travail français.

[2575] ETUC, « A Revision of the Posting of Workers Directive: Eight proposals for improvement. Final report », Bruxelles, 31 mai 2010, p. 24 et s., dans la version originale : « the automatic inclusion of such workers in the scope of the [directive] is not justified since there may not be an actual provision of a service at stake ».

revenir sur des conclusions faites en amont, l'on est ici conduit à se rappeler la définition jurisprudentielle de la prestation de services laquelle est bien distinguée du prêt de salarié. Cette opposition est construite à partir de l'intégration des salariés. En matière de sous-traitance, la jurisprudence retient qu'en présence d'une intégration totale des salariés mis à disposition dans les équipes du bénéficiaire et en l'absence d'une technicité propre du sous-traitant, les juges doivent requalifier le contrat de prestation de services en prêt de main-d'œuvre illicite[2576]. Les critères dégagés mettent en exergue l'intégration du salarié dans son entreprise d'origine. En faisant ce parallèle, l'on peut en tirer des conclusions sur la notion de travailleur détaché. Or, comme nous l'avons souligné, les travailleurs détachés ne sont pas considérés comme des travailleurs, ils sont vus comme des objets de la libre prestation de services[2577]. À cet égard, le cas du détachement semble reposer sur l'exclusion – parfois supposée – de l'intégration des travailleurs dans le marché du travail du pays d'accueil.

794. Lien d'intégration dans le marché du travail. Dans ce contexte, l'on évoque le troisième cas de recours au détachement, au titre du travail temporaire[2578]. Ce cas vise le détachement par une entreprise de travail temporaire établie en dehors du territoire, pour l'exécution d'une mission auprès d'une entreprise utilisatrice établie ou exerçant dans le pays, dont l'objet et la durée sont définis préalablement[2579]. La directive dite détachement semble avoir créé un cas d'intérim spécifique et large, propre au détachement transnational. Il n'en demeure pas moins que la directive ne donne pas de définition uniforme de la relation de travail intérimaire. Le considérant n° 19 permet aux États membres d'appliquer leur législation relative à la mise à disposition de travailleurs et d'entreprises de travail temporaire auprès d'entreprises non établies sur leur territoire, mais y exerçant des activités dans le cadre d'une prestation de services. Néanmoins, l'article 3, § 9 de la directive dite détachement permet aux États membres de prévoir que les travailleurs temporaires au sens de la directive bénéficient des conditions qui sont applicables aux travailleurs intérimaires dans l'État membre sur le territoire duquel le travail est exécuté. Ainsi, la directive « prend en compte une situation nationale préconstituée, dont elle admet la légalité, en dessine certains critères, tout en laissant quelques zones d'ombres relevant de la compétence des droits nationaux »[2580]. Non seulement la directive dite détachement ne conduit pas à une vérification spécifique de l'existence de

---

[2576] Cass. crim., 9 novembre 2010, pourvoi n° 09-88.759.

[2577] *Supra,* n° 220 et s.

[2578] Pour une présentation des cas de recours au détachement, *supra*, n° 676.

[2579] Art. L. 1262-2 du code du travail français.

[2580] N. MOIZARD, F. GAZIN, art. cité (note 2563).

l'employeur d'origine[2581], mais elle institue un cas particulier de détachement[2582]. D'un point de vue structurel, il s'avère que plusieurs États membres distinguent entre le cas de l'intérim et les deux autres cas de recours au détachement. Il en est ainsi de la France où le détachement dans le cadre de l'intérim relève d'un article séparé (L. 1262-2 du code du travail). En Autriche, les deux premiers cas de recours relèvent de la loi dite *ArbeitsvertragsrechtsAnpassungsgesetz (AVRAG)*, tandis que le cas de l'intérim est réglementé par la loi dite *Arbeitskräfteüberlassungsgesetz (AÜG)*[2583]. De la même façon, la Hongrie distingue trois cas de recours qu'elle fait figurer dans des chapitres séparés, « posting » et « assignment », d'une part, « hiring out » d'autre part[2584]. La particularité du cas du détachement par l'intérim est reconnue dans la jurisprudence *Vicoplus*[2585]. Reprenant les conclusions de l'avocat général dans cette affaire, l'arrêt affirme qu' « opérer une distinction entre l'afflux de travailleurs sur le marché du travail d'un État membre selon qu'ils accèdent au moyen de la mise à disposition de main-d'œuvre ou directement et de manière autonome apparaît artificiel, car, dans ces deux hypothèses, ce mouvement de travailleurs potentiellement important est susceptible de perturber ce marché du travail »[2586]. La Cour de justice admet implicitement l'intégration des travailleurs détachés dans le marché du travail du pays d'accueil pour permettre à l'État d'accueil de restreindre – durant la période transitoire – l'accès des travailleurs détachés intérimaires sur son territoire. En cela, elle semble nuancer sa position relative au lien d'intégration des travailleurs. La jurisprudence a traditionnellement tendance à distinguer les travailleurs détachés des travailleurs relevant de l'article 45 TFUE en niant leur accès au marché du travail[2587], ce qui permet de justifier l'utilisation de la libre circulation des travailleurs. Dans ce contexte, la supposition que le travailleur reste exclu du marché du travail du pays d'accueil pour les deux autres cas de détachement dans le cadre d'une prestation de services semble désormais moins convaincante.

795. Intégration dans le marché du travail. Il s'agit ainsi de mettre en lumière la notion de détachement, à partir du constat sur l'intégration du travailleur dans le marché du travail du pays d'accueil. La proposition de la directive modificatrice de la directive détachement semble l'affirmer : elle

---

2581 Pour une avancée, directive dite d'exécution de la directive détachement, article 4, § 2.

2582 Cependant, il y a eu une extension des protections de la directive 2008/104/CE, par la directive dite modificatrice de la directive détachement, article 1 *ter*.

2583 A. VAN HOEK et M. HOUWERZIJL, rapport cité (note 744), p. 51.

2584 *Ibid.*, p. 51 et s.

2585 CJUE, 10 février 2011, C-307/09, *Vicoplus*.

2586 CJUE, 10 février 2011, C-307/09, *Vicoplus*, pt. 35.

2587 CJCE, 9 août 1994, C-43/93, *Vander Elst* ; 27 mars 1990, C-113/89, *Rush Portuguesa*.

dispose que les travailleurs détachés de longue durée sont intégrés dans le marché du travail du pays d'accueil, tout en les excluant paradoxalement du bénéficie de la libre circulation des travailleurs[2588]. La directive dite modificatrice de la directive détachement reprend cette affirmation pour les détachements d'une durée supérieure à douze mois, en énonçant que le principe d'égalité s'applique « compte tenu du lien entre le marché du travail de l'État membre d'accueil et les travailleurs détachés pour ces longues périodes »[2589]. Partant de la distinction difficile de l'intégration dans le marché du travail soit du pays d'origine soit du pays d'accueil, il convient de se demander s'il ne faut pas plutôt rechercher l'intégration dans le marché du travail européen. De ce point de vue, la distinction entre les travailleurs détachés et ceux qui opèrent leur mobilité dans le cadre de la libre circulation de travailleurs peut sembler désuète. Une telle conclusion peut nous conduire à l'interrogation sur la raison d'être du lien d'intégration par rapport au marché du travail d'origine[2590]. Avec Mme Muir, nous pouvons affirmer que ce qui est en cause est l'accès à la relation de travail au sens du droit[2591].

796. Travailleur. Partant de ces observations, il convient de s'interroger sur l'intégration du travailleur dans le marché du travail européen. Si une telle intégration devait être affirmée, elle obligerait à envisager la mobilité du travailleur sous l'angle de la libre circulation des travailleurs. Plusieurs arguments du point de vue du droit du travail peuvent être évoqués en faveur d'une vérification de la notion de travailleur qui tiennent notamment à la durée de cette opération. M. Gardeñes Santiago suggère la détermination du seuil de déclenchement de la libre circulation des travailleurs[2592]. Reprochant à la notion de détachement d'être insuffisamment claire[2593], M. Lagarde évoque le principe de sécurité juridique pour souligner la raison d'être de la catégorie : il explique qu'il convient de préciser le caractère temporaire du détachement

---

[2588] Commission européenne, *Commission Staff Working Document Impact Assessment Accompanying the document Proposal for a Directive of the European Parliament and the Council amending Directive 96/71/EC concerning the posting of workers in the framework of the provision of services*, SWD(2016) 52 final, Strasbourg, 8 mars 2016, p. 17, dans la version originale : « [i]n turn, workers posted for long periods are de facto integrated in the labour market of the host Member State, but they do not benefit from the principle of equal treatment with nationals as EU mobile workers (within the meaning of Article 45 TFEU) do, as far as working conditions are concerned. Workers in long-term postings are more exposed to abuses of their working conditions ».

[2589] Directive dite modificatrice de la directive détachement, considérant n° 9.

[2590] Pour le cas de recours à l'intérim, *cf.* F. MULLER, art. cité (note 768).

[2591] E. MUIR, *EU Regulation of Access to Labour Markets: A Case Study of EU Constraints on Member State Competences*, préc., p. 6 et s.

[2592] M. GARDEÑES SANTIAGO, art. cité (note 1915), p. 255.

[2593] P. LAGARDE, art. cité (note 150), spéc. p. 584.

qui y est inhérent[2594]. La détermination du caractère temporaire permettrait également de tirer des conclusions pertinentes sur le maintien du lien de subordination. L'exigence de précision est visée dans plusieurs écrits. Les auteurs du Précis en droit social international et européen soulignent pertinemment la nécessité en matière de détachement de vérifier la durée et le maintien du lien de subordination[2595]. En s'intéressant au cas de la mobilité intra-groupe, ils *observent* que « [d]eux facteurs sont ici décisifs au regard du droit international : la durée du séjour à l'étranger ; le maintien ou la disparition du lien de subordination avec l'employeur d'origine »[2596].

797. Infléchissements. Compte tenu de ces discussions, un auteur se prononce en faveur de l'adoption des textes en matière de détachement de travailleurs sous le visa de la compétence en matière de sécurité sociale[2597]. Dans ce contexte, la jurisprudence témoigne d'un brouillage des lignes entre les différentes libertés de circulation. À titre d'exemple, le récent arrêt *Alpenrind*[2598] concernant les incidences du détachement en matière de sécurité sociale a été rendu sous le visa de la libre circulation de travailleurs. Évoquant le cas *Schlecker,* M. Fornasier suggère d'examiner l'inégalité entre les travailleurs détachés et les travailleurs de l'État d'accueil sous l'angle de la libre circulation des travailleurs : il convient de se demander si le fait de soumettre les travailleurs détachés à quelques dispositions seulement de l'État membre d'accueil ne viole pas la libre circulation des travailleurs[2599]. D'autres auteurs proposent une prise en compte de la libre circulation des travailleurs, ensemble l'article 7, alinéa premier, du règlement 492/2011, pour s'assurer que les conditions de travail des travailleurs détachés soient équivalentes à

[2594] P. LAGARDE, art. cité (note 150), spéc. p. 584 et s. Il développe que ce besoin de clarification s'impose en raison des différentes possibilités d'interprétation du caractère temporaire du détachement : « [l]a pratique a révélé que la notion de détachement temporaire était assez ambiguë, car le caractère temporaire peut s'apprécier ex ante (détachement prévu pour une certaine durée ou une certaine mission) ou ex post (détachement dont il sera constaté après coup qu'il aura eu une certaine durée) ». Ainsi, il suggère soit de déterminer le mode d'appréciation du caractère temporaire soit d'imposer une durée du détachement.

[2595] A. et G. LYON-CAEN, *Droit social international et européen*, préc., n° 22.

[2596] *Ibid.*, avant n° 22.

[2597] S. WEATHERILL, *The Internal Market as a Legal Concept*, préc., p. 198.

[2598] CJUE, 6 septembre 2018, C-527/16, *Alpenrind*.

[2599] M. FORNASIER, « Die Ausweichklausel im europäischen Arbeitskollisionsrecht », *IPRax* 2015, p. 517, qui explique que l'affaire *Schlecker* traite d'un détachement permanent à l'étranger. Toutefois, la Cour de justice admet le lien de rattachement des liens les plus étroits pour justifier l'application d'une loi autre que celle de l'Etat où le travailleur a habituellement exécuté son travail depuis une dizaine d'années. Il apparaît ainsi problématique de refuser à ce travailleur l'application des dispositions plus protectrices de la loi de ce pays d'accueil.

celles des travailleurs locaux[2600]. Selon notre point de vue, c'est le fondement même de la liberté de circulation des travailleurs qui est en cause : la précision de la notion de travailleur est exigée pour que l'on comprenne qui n'en relève pas. Le recours en annulation de la Hongrie contre la directive modificatrice de la directive dite détachement soulève l'argument que le fait de mettre en avant l'objectif de protection du travailleur oblige l'Union européenne à se servir du fondement de l'article 153 TFUE[2601]. Or, la Cour de justice maintient sa position que l'article 153, § 5 TFUE prévoit une exception aux compétences de l'Union européenne en matière de rémunération et que les fondements du texte sont les articles 53, § 1 (liberté d'établissement) et 62 (libre prestation de services) du même traité[2602]. En d'autres termes, c'est l'utilisation d'une directive de coordination en la matière qui commande des règles relatives à l'égalité des rémunérations. On peut déduire de ce rapprochement des règles de la libre circulation des travailleurs que la différenciation entre les libertés de circulation n'est plus suffisamment précise pour pouvoir fonder deux régimes différents, ce qui semble devoir se refléter dans l'abolition progressive des différences entre travailleurs détachés et travailleurs.

Paragraphe 2. L'alignement à la notion de la libre circulation de travailleurs

798. Lecture unitaire des libertés de circulation. La concrétisation de la notion de travailleur pourra également permettre un alignement de la notion autonome en matière de conflit de lois sur la libre circulation des travailleurs. Pour y parvenir, il faut opérer une relecture des libertés de circulation en situant le travailleur détaché dans le champ d'application de la liberté de circulation concernée. Il est observé que les sociétés pouvaient choisir le siège dans un pays donné et ainsi favoriser la loi d'un pays plutôt que celle d'un autre. Ainsi, la libre prestation de services favorise l'employeur qui peut déplacer son siège[2603]. À l'inverse, le travailleur suit souvent son entreprise et est moins mobile[2604]. Cette lecture asymétrique des libertés de circulation peut notamment être observée à propos des mesures transitoires restreignant le bénéfice de la libre circulation de travailleurs, dans le cadre de l'élargissement de l'Union européenne, alors que la libre prestation de services n'est pas

---

[2600] N. BRUUN, J. MALMBERG, « *Lex Laval:* Collective Action and Posted Work in Sweden », R. BLANPAIN, F. HENDRICKX (dir.), *Labour Law between Change and Tradition. Liber Amicorum Antoine Jacobs,* Kluwer Law International, 2011, p. 21, spéc. p. 27.

[2601] CJUE, 8 décembre 2020, C-620/18, *Hongrie c. Parlement européen, Conseil de l'Union européenne*.

[2602] CJUE, 8 décembre 2020, C-620/18, *Hongrie c. Parlement européen, Conseil de l'Union européenne,* pt. 80.

[2603] S. KREBBER, art. cité (note 2525).

[2604] *Ibid.*

limitée[2605]. Dans ce contexte, la définition du champ d'application de la libre circulation des travailleurs est soumise à certaines tensions.

799. Notion autonome. Partant du contexte historique, il ressort du rapport Giuliano et Lagarde que la convention de Rome est développée à partir de l'ébauche de la Commission de 1972 : ce dernier texte fait référence à la libre circulation des travailleurs[2606] et contient un article 8 selon lequel tant la qualification que l'application des termes du texte doivent être guidées par la *lex causae*[2607]. Plus tard, il s'avère que les notions du règlement Rome I devront être définies autonomement[2608]. La Cour de justice est conduite à se prononcer sur plusieurs autres notions du texte. La nécessité d'une définition autonome du moment de conclusion du contrat est récemment révélée dans l'affaire *Nikiforidis*[2609]. Il n'en demeure pas moins que le règlement se réfère également à la *lex causae* : elle est visée à l'article 10 de la convention et à l'article 12 du règlement. Celle-ci doit notamment régir l'interprétation du contrat. Mme Ziegler évoque l'importance du processus de qualification au regard de l'application du règlement Rome I pour conclure que la qualification ne sera certainement pas régie par la *lex causae*, à défaut d'être mentionnée à l'article en question[2610]. Suivant une interprétation téléologique, il serait absurde de recourir au droit national aux fins de définir le contrat de travail.

800. Article 45 TFUE. Au terme de nos développements, il convient d'inscrire la notion autonome de travailleur dans la libre circulation de travailleurs. Cette proposition prend appui sur les solutions évoquées qui se réfèrent principalement à l'article 45 TFUE[2611]. La définition autonome du contrat de travail devrait ainsi s'inspirer de la notion large de travailleur au sens de l'article 45 TFUE. Cet alignement est souhaitable afin de favoriser la protection du travailleur au sens de l'article 8, § 2, phrase 2, du règlement Rome I. Mme Ziegler note les différences d'étendue entre la protection du travailleur accordée par l'article 45 TFUE, d'une part, et celle assurée par la règle de conflit de lois en droit du travail, d'autre part[2612]. En revanche, ces différences constatées n'excluraient pas l'utilisation de la notion autonome

---

[2605] P. SYRPIS, T. NOVITZ, art. cité (note 1445).

[2606] O. KNÖFEL, art. cité (note 2436), spéc. p. 555.

[2607] K. ZIEGLER, *Arbeitnehmerbegriffe im Europäischen Arbeitsrecht*, préc., p. 387.

[2608] Ces définitions sont contenues dans le texte du règlement, aux considérants n° 17, 22, 24, 30 et 39 ainsi qu'aux articles 1er, § 4, 6, § 1, 9, § 1, 14, § 1 et § 3 du règlement Rome I.

[2609] CJUE, 18 octobre 2016, C-135/15, *Nikiforidis*.

[2610] K. ZIEGLER, *Arbeitnehmerbegriffe im Europäischen Arbeitsrecht*, préc., p. 388.

[2611] P. MANKOWSKI, art. cité (note 2420), spéc. p. 457.

[2612] K. ZIEGLER, *Arbeitnehmerbegriffe im Europäischen Arbeitsrecht*, préc., p. 391.

découlant de l'article 45 TFUE[2613]. Pourquoi ne faudrait-il pas exploiter cette notion connue ? Une définition autonome étant connue dans le droit de l'Union européenne, M. Pataut remarque que « les habituelles difficultés résultant d'une interprétation autonome qui ne s'appuierait pas sur un droit substantiel ne se retrouvent pas pour le contrat de travail »[2614]. Il n'en demeure pas moins qu'il est parfois renvoyé au droit comparé pour dégager une définition du contrat de travail, si ce n'est qu'en attendant qu'une définition autonome se cristallise. Sur le principe de l'exigence d'une interprétation uniforme, l'article 18 de la convention de Rome n'en laisse pas douter, même si la disposition n'a pas été expressément reprise par le règlement Rome I. Compte tenu de la fonction cardinale de l'article 45 TFUE qui fonde la libre circulation des travailleurs, l'interprétation dégagée sous cet article devra également s'appliquer dans le contexte de la convention de Rome et du règlement Rome I[2615]. En l'absence d'obstacle, un alignement entre les champs d'application matériels semble devoir être favorisé.

801. Fonction régulatrice. La détermination du champ d'application des règles de conflit de lois s'impose encore dans un contexte de diversité des législations. Comme le souligne M. Bucher, « [c]e n'est plus une simple fatalité de constater que, dans certains cas internationaux, la personne ou l'opérateur commercial ne jouit pas du même statut (quant à son existence en droit, son nom ou sa raison sociale, son statut personnel ou familial, par exemple) dans les différents États membres »[2616]. Or, l'entente sur la définition des fonctions s'impose en raison de la fonction européenne régulatrice de la règle de conflit de lois. Celle-ci impose que la règle de conflit de lois puisse poursuivre un but, ce pourquoi il est important de définir le champ d'application des règles de conflit de lois. Cet argument est développé par M. Grusic[2617]. En ce contexte, il s'agit de conclure sur la fonction de la règle de conflit de lois qui vise à protéger la partie faible au contrat. Compte tenu des développements qui précèdent[2618], le fondement textuel aux raisons de protection de la partie faible en droit international privé sont établis[2619].

[2613] K. ZIEGLER, *Arbeitnehmerbegriffe im Europäischen Arbeitsrecht*, préc., p. 391.

[2614] É. PATAUT, art. cité (note 334).

[2615] P. MANKOWSKI, art. cité (note 2420), spéc. p. 467.

[2616] A. BUCHER, cours cité (note 1140), n° 34.

[2617] U. GRUSIC, *The European Private International Law of Employment*, préc., p. 89.

[2618] *Supra,* n° 640 et s.

[2619] Sur la nécessité de fonder de tels choix protecteurs, H. BATIFFOL, *Aspects philosophiques du droit international privé,* préc., n° 149 ; F. POCAR, cours cité (note 134), spéc. p. 372 et s. ; M. MOHAMED SALAH, cours cité (note 1451), spéc. p. 164 et s.

802. Étendue large. Au sujet de l'interprétation de l'article 45 TFUE, les auteurs favorisent une lecture large du champ d'application de la règle de conflit de lois. M. Grusic, dans le cadre de son étude de la fonction régulatrice du droit international privé, favorise une notion large du contrat de travail[2620]. Une interprétation large de la notion, qui serait susceptible d'inclure certaines figures contractuelles, même en dehors du droit du travail, telles que l'agent commercial, est évoquée par d'autres auteurs. Elle est évoquée, d'une manière générale, dans le cadre de l'étude des raisons de la vulnérabilité de la partie faible au contrat[2621]. De surcroît, une telle interprétation large serait aussi le reflet des notions développées par la Cour de justice, à l'occasion de l'interprétation des autres textes de droit dérivé[2622]

803. *Lawrie-Blum.* L'objectif consistant à aligner les champs d'application, il s'agit d'unifier les notions retenues par la Cour de justice au fil des arrêts[2623]. La jurisprudence incontournable est l'arrêt *Lawrie-Blum* qui fournit une définition autonome de la notion de travailleur au sens de l'ex-article 48 du traité CEE, devenu l'article 45 TFUE : il s'agit d' « une personne [qui] accomplit, pendant un certain temps, en faveur d'une autre et sous la direction de celle-ci, des prestations en contrepartie desquelles elle touche une rémunération »[2624]. Quelques décisions, dans le contexte du conflit de lois, pratiquent d'ores et déjà une telle interprétation[2625]. La notion de travailleur est d'une interprétation fluctuante, mais à tendance large. C'est ainsi que Mme Benlolo Carabot explique : « la catégorie juridique du travailleur a dès 1957 fait l'objet d'une définition extensive de la Cour de justice. Nul besoin d'insister sur la conception singulièrement souple retenue, fondée sur la relation de travail, aux termes de laquelle le travailleur est celui qui exerce une activité économique, en faveur et sous la direction d'une tierce personne, et en échange d'une rémunération »[2626]. En résumé, la Cour de justice semble apporter moins d'importance à chacun des critères et privilégier une appréciation globale de la relation de travail[2627].

2620 M. MOHAMED SALAH, cours cité (note 1451), spéc. p. 164 et s.

2621 G. RÜHL, « The Protection of Weaker Parties in the Private International Law of the European Union: A Portrait of Inconsistency and Conceptual Truancy », *JPIL* 2014, p. 335, spéc. p. 356.

2622 P. SYRPIS, T. NOVITZ, art. cite (note 1447), dans la version originale : « [h]owever, the legality of the Directives we refer to below has not been called into question […] the Court is, as we contend it should be, prepared to take the interventions of the legislature into account when interpreting the EC Treaty ».

2623 A. C. L. DAVIES, *Employment Law,* Longman Law Series, 2015, note n° 161.

2624 CJCE, 3 juillet 1986, aff. 66/85, *Lawrie-Blum.*

2625 *Cf.* p.ex. les arrêts anglais, *WPP Holdings Italy Srl v Benatti* [2007] EWCA Civ 263, [2007] 1 WLR 2316, pts. 45 à 51.

2626 M. BENLOLO CARABOT, art. cité (note 1767).

2627 *Ibid.*

804. Unité de notion. Alors que certaines directives excluent l'application de la définition autonome de travailleur[2628], d'autres préfèrent une solution unitaire[2629]. Dans le cadre de ces derniers textes, il convient d'appliquer la notion retenue concernant la libre circulation des travailleurs. Or, même lorsque les textes ne prévoient pas l'utilisation de la notion connue dans le contexte des libertés de circulation, la Cour de justice exporte cette notion. Dans l'ensemble, l'évolution décrite[2630] peut tendre vers le développement d'une notion unique de travailleur fondée sur la libre circulation de travailleurs, qui peut également être inspirée d'autres textes internationaux[2631]. Enfin, la qualification selon les conceptions du for impose notamment le respect des principes de l'effet utile, d'équivalence et des droits fondamentaux, dont le principe d'égalité[2632]. L'adoption d'une notion européenne uniforme consiste à affirmer l'autonomie du droit du travail. L'autonomie du droit du travail décrivant le fait que cette matière se démarque des autres domaines du droit par sa fonction protectrice du travailleur[2633], elle peut également être invoquée dans le contexte du conflit de lois, souligne

---

[2628] P. ex. les directives dite détachement (article 2, § 2) ainsi que les directives subséquentes ; 2001/23/CE du Conseil du 12 mars 2001 concernant le rapprochement des législations des Etats membres relatives au maintien des droits des travailleurs en cas de transfert d'entreprises, d'établissements ou de parties d'entreprises ou d'établissements (article 2, § 1) ; 96/34/CE du Conseil du 3 juin 1996 concernant l'accord-cadre sur le congé parental conclu par l'Unice, le CEEP et la CES (clause 1, § 2).

[2629] P.ex. les directives 2006/54/CE du Parlement européen et du Conseil du 5 juillet 2006 relative à la mise en œuvre du principe de l'égalité des chances et de l'égalité de traitement entre hommes et femmes en matière d'emploi et de travail (refonte) ; 2000/43/CE du Conseil du 29 juin 2000 relative à la mise en œuvre du principe de l'égalité de traitement entre les personnes sans distinction de race ou d'origine ethnique ; 2000/78/CE du Conseil du 27 novembre 2000 portant création d'un cadre général en faveur de l'égalité de traitement en matière d'emploi et de travail ; 98/59/CE du Conseil du 20 juillet 1998 concernant le rapprochement des législations des Etats membres relatives aux licenciements collectifs ; 2008/94/CE du Parlement européen et du Conseil du 22 octobre 2008 relative à la protection des travailleurs salariés en cas d'insolvabilité de l'employeur ainsi que la directive dite temps de travail.

[2630] *Supra,* n° 754 et s.

[2631] En ce sens, N. KOUNTOURIS, « The Concept of 'Worker' in European Labour Law : Fragmentation, Autonomy and Scope », *ILJ* 2018, p. 192, spéc. p. 193.

[2632] E. KOCHER, § 1, n° 148.

[2633] P. LOKIEC, *Droit du travail,* PUF, 2022, n° 77 (« la branche peut se donner des règles propres qui, soit s'ajoutent au droit commun, soit se substituent à lui lorsque ses dispositions sont incompatibles avec la finalité de la branche » de discipline) ; C. COSTELLO, J. PRASSL, A. BOGG (dir.), *The Autonomy of Labour Law*, Hart Publishing, 2015.

Mme Moreau[2634]. Nous rappelons, à tout le moins pour le droit international privé, que son rôle est de garantir l'application de la loi et la désignation de la compétence de la juridiction qui sont les plus accessibles pour le travailleur. En conséquence, la règle de conflit de lois régulatrice européenne nécessite la précision de son champ d'application.

[2634] M.-A. MOREAU, art. cité (note 2065).

Conclusion de section

805. La qualification autonome des notions déterminant le champ d'application de la règle de conflit de lois européenne s'impose. Cette notion doit s'appliquer d'une manière cohérente entre les règlements. Une étude de différents arrêts, relatifs à la matière du droit international privé ou à l'application des directives en droit du travail, nous a permis de relever la construction d'une notion autonome. Concernant spécifiquement le champ d'application de la règle de conflit de lois, il convient de favoriser l'unicité de notion dans le conflit de lois, dès lors qu'est concerné le travailleur. Cette notion est à préférer à celle qui se limite au contrat de travail individuel formellement conclu. S'agissant d'une règle de conflit de lois régulatrice, l'on vise à aligner cette notion sur le droit du marché intérieur. À cette fin, il convient également d'outrepasser les différences entre les notions employées au regard de la libre circulation des travailleurs et de la libre prestation de services. Face aux incohérences des champs d'application des deux libertés de circulation, il s'agit favoriser une notion unitaire pourra assurer l'autonomie du droit du travail laquelle distingue le droit du travail des autres domaines du droit par sa fonction protectrice du travailleur.

Section 2
L'étendue de la notion autonome : la relation de travail

806. Unicité. La recherche d'une notion autonome dans le contexte de l'application de la règle de conflit de lois répond à l'objectif de promouvoir une notion unique du contrat de travail à l'horizon de l'Union européenne. Cette volonté est animée par des considérations liées à la composante sociale du marché intérieur. Dans l'attente d'un droit du travail de l'Union européenne qui soit complet, le fait de consacrer une notion autonome contribue à assurer la cohérence de l'interprétation et l'autonomie du droit du travail. L'unicité de la qualification favoriserait un traitement conflictuel unique[2635]. Il reviendrait précisément au droit international privé, en tant qu'une branche de discipline qui viserait à arbitrer entre différentes lois, d'éviter spécifiquement l'émiettement des règles de conflit de lois observé[2636]. En droit du travail, plus particulièrement, nous observons un morcellement, c'est-à-dire « l'application de plusieurs lois à une relation entre particuliers »[2637], en raison de l'application de différentes règles de rattachement aux aspects individuels ou collectifs. Or, il est nécessaire de rattacher le contrat de travail aux normes d'un seul ordre juridique. Ce débat se situe dans celui sur le système juridique[2638]. Batiffol a rappelé « que l'application de plusieurs lois à une relation entre particuliers révélait le caractère systématique du droit privé : les distinctions dans une situation juridique entre le fond et la forme, la substance et la procédure, le contrat et la propriété, imposées par les liens de la situation avec différents pays aboutissent à l'application partielle de lois conçues pour régir l'ensemble des relations privées »[2639]. Cette observation, qui est motivée par la conviction « que les conflits de lois concernent d'abord les relations entre particuliers »[2640], n'empêche pas que l'auteur se montre méfiant à l'égard du morcellement des lois applicables : « on s'aperçoit alors que certaines dispositions séparées des autres perdent leur signification et leur efficacité »[2641]. En effet, « à des degrés divers les règles composant ce que l'usage a instinctivement appelé un système sont liées les unes aux

---

[2635] T. AZZI, art. cité (note 2481).

[2636] Pour l'illustration de l'émiettement, *supra*, n° 113 et s.

[2637] H. BATIFFOL, *Aspects philosophiques du droit international privé,* préc., n° 21 (sur les inconvénients de l'application partielle de lois conçues pour régir l'ensemble des relations privées).

[2638] *Supra*, n° 14 et s.

[2639] H. BATIFFOL, *Aspects philosophiques du droit international privé,* préc., n° 21.

[2640] Y. LEQUETTE, « L'influence de l'œuvre d'Henri Batiffol sur la jurisprudence française », *TCFDIP,* 1991-1993, Pedone, 1994, p. 32, spéc. p. 40.

[2641] H. BATIFFOL, *Aspects philosophiques du droit international privé,* préc., n° 21.

autres »[2642]. Nous en concluons que le principe d'unicité de la règle de conflit de lois s'oppose au morcellement des lois applicables à la relation de travail.

807. Relation de travail. Le principe d'unicité nous conduit à envisager la relation de travail dans tous ses aspects, sans égard à la dichotomie entre les natures individuelle et collective notamment. L'utilisation de la notion de travailleur de l'arrêt *Lawrie-Blum* constitue notre point de départ. Celle-ci a été recommandée dans la littérature, grâce à son « double critère organisationnel et économique »[2643]. Partant de cette notion construite dans le contexte des libertés de circulation, où elle doit s'entendre d'une manière large, il s'agit de développer la notion de relation de travail[2644]. Cette dernière permet de comprendre le travailleur comme étant intégré dans une entreprise et une communauté de travail[2645]. Ainsi, le régime juridique auquel est soumis le travailleur ne se réfère pas uniquement au contrat individuel de travail. À cet égard, nous rappelons les propos de M. Laborde qui signale que « [l]a distinction des rapports collectifs et des relations individuelles [...] ne doit pas abuser »[2646]. Une lecture large du champ d'application de la règle de conflit de lois semble s'imposer, en vue de désigner la réglementation applicable à l'ensemble de la relation de travail.

808. Normes. Dans un contexte d'hétérogénéité des normes en droit du travail, selon les systèmes juridiques que l'on vise, l'on doit encore s'interroger sur la possibilité de désigner, par la règle de conflit de lois, des normes de différentes natures. Il est admis que « la qualification de contrat de travail [entraîne] avec elle, [l'application de] toutes les règles impératives prévues par le Code du travail ainsi que, fort naturellement, la possibilité d'obtenir la sanction de ces règles par la voie de l'action en justice »[2647]. Encore s'agit-il de justifier que la règle de conflit de lois désigne non seulement une loi mais éventuellement aussi une convention collective ou un usage d'entreprise. Compte tenu de la multiplicité des normes en droit du travail, l'on ne devrait pas donner une attention trop rigide à la nature légale de la disposition désignée. Il conviendrait plutôt de prendre en compte les spécificités du droit du travail.

2642 H. BATIFFOL, *Aspects philosophiques du droit international privé,* préc., n° 21.

2643 C. SQUIRE, *La notion de travailleur en droit de l'Union européenne,* préc., n° 851.

2644 En ce sens aussi, *cf.* P. RODIÈRE, *Droit social de l'Union européenne*, préc., n° 446 et s.

2645 *Cf.* M. FREEDLAND, N. KOUNTOURIS, *The Legal Construction of Personal Work Relations*, préc.

2646 J.-P. LABORDE, art. cité (note 376), spéc. p. 154.

2647 B. HAFTEL, *La notion de matière contractuelle en droit international privé : étude dans le domaine de conflit de lois*, préc., n° 325.

809. Plan. Dans un premier temps, nous évoquerons le champ d'application de la règle de conflit de lois qui devrait viser une notion large pour s'intéresser à toutes les situations de travail (sous-section 1). Dans un second temps, il conviendra de s'intéresser à l'objet de la désignation, à savoir toutes les normes régissant une relation de travail (sous-section 2).

Sous-section 1. Le champ d'application de la règle de conflit de lois : la relation de travail

810. Séparation des aspects collectifs. La règle de conflit de lois de l'article 8 du règlement Rome I vise à désigner la loi applicable au seul contrat individuel de travail. D'une manière littérale, cet énoncé laisse la question ouverte de la convention collective applicable à la relation de travail. Arguant que l'application de la convention collective résulte du contrat de travail qui l'incorpore ou que celle-ci s'impose aux côtés des normes de source législative, les auteurs et les juges sont capables d'admettre l'application de la convention collective de l'ordre juridique dont la loi est désignée. Il n'en demeure pas moins qu'une telle réponse exige des explications plus fondamentales sur le champ d'application de la règle de conflit de lois. Partant d'une interprétation littérale de la règle de conflit de lois, l'exclusion anticipée par celle-ci des aspects collectifs, y compris du conflit collectif, peut être regrettée.

811. Droit comparé. Une telle interprétation commanderait l'extension du champ d'application de la règle de conflit de lois à la relation de travail dans son ensemble, comprenant des aspects tant individuels que collectifs. En droit du travail français, par exemple, il est difficilement imaginable d'isoler les aspects collectifs de la relation de travail. Compte tenu de l'autonomie collective en droit allemand, la relation de travail ne se limite pas non plus aux aspects contractuels[2648]. La flexibilisation des définitions est toutefois envisageable, dans la mesure où les droits nationaux révèlent des notions susceptibles d'évoluer. Tout comme en droit français, la notion de salarié est d'origine jurisprudentielle. Dans le contexte d'européanisation où cette notion occupe une place grandissante[2649], les auteurs allemands critiquent spécifiquement l'absence d'une définition légale de la notion de contrat de travail[2650]. À cette fin, les juges allemands soulèvent notamment le critère commun entre les définitions nationale et européenne, qui est celui du lien de

---

[2648] *Supra*, n° 143 et s.

[2649] U. PREIS, « § 611 a BGB – Potenziale des Arbeitnehmerbegriffes », *NZA* 2018, p. 817, spéc. p. 824 ; R. WANK, art. cité (note 2650), spéc. p. 153.

[2650] R. RICHARDI, « Der Arbeitsvertrag im Licht des neuen § 611 a BGB », *NZA* 2017, p. 36 ; R. WANK, « Der Arbeitnehmer-Begriff im neuen § 611a BGB », *AuR* 2017, p. 140.

subordination[2651]. En droit suédois, M. Sinander insiste également sur l'importance de tenir compte des aspects collectifs aux fins de l'application de la règle de conflit de lois[2652]. Enfin, MM. Freedland et Kountouris critiquent, dans une étude du droit anglais, le caractère restrictif de l'analyse contractuelle de la relation de travail, et la dichotomie qui en résulte entre la relation de travail et le statut d'indépendant[2653]. Ainsi, en droit interne, beaucoup de systèmes juridiques adoptent une lecture plus large, ne se limitant pas nécessairement aux seuls aspects individuels de la relation de travail.

812. Réseaux d'entreprises. De surcroît, le caractère complexe d'une relation de travail devrait justifier la prise en compte de la relation de travail, à l'inverse du simple contrat de travail. En droit français, la théorie institutionnelle[2654] et ses adaptations au droit du travail ont constitué un fondement à la prise en compte des liens allant au-delà du contrat de travail[2655]. Cette évolution théorique s'est toutefois heurtée aux critiques[2656]. En l'état actuel, la référence aux liens contractuels au-delà du contrat individuel de travail est utile en tant qu'elle vise les liens multiples que peut avoir un travailleur à l'égard de plusieurs entreprises, qui entretiennent entre elles des liens. Une analyse de ces liens est faite par Mme Peskine : « [s]i la relation qui se noue entre l'entreprise principale et un sous-traitant ne se rapporte pas à une relation de subordination, elle ne peut être réduite à une quelconque relation contractuelle, en raison du pouvoir que la première exerce sur la seconde. A l'autonomie de l'entreprise s'adjoint un certain contrôle qui, pourtant, n'autorise pas à qualifier le rapport de relation de subordination »[2657]. Elle note l'éclatement de la communauté de travail qui résulte pour les salariés de leur appartenance à un réseau : « [l]es cadres de la représentation collective, de la négociation collective, mais aussi de l'action collective sont brisés »[2658]. Se concentrant sur l'analyse des relations collectives, Mme Peskine observe la pluralité de liens juridiques du travailleur

---

[2651] U. RINCK, art. cité (note 2449), dans la version originale : « [d]as gemeinsame Kriterium der nationalen und der unionsrechtlichen Definition ist das Weisungsrecht, welches regelmässig Ausdruck eines Über-/Unterordnungsverhältnisses ist ».

[2652] E. SINANDER, *Internationell kollektivavtalsreglering*, préc., 2017.

[2653] M. FREEDLAND, N. KOUNTOURIS, *The Legal Construction of Personal Work Relations*, préc., p. 310 et s.

[2654] *Cf.* M. HAURIOU, « L'institution et le droit statutaire », *Recueil de législation,* 1906, p. 134.

[2655] *Cf.* P. DURAND, « Aux frontières du contrat et de l'institution. La relation de travail », *JCP G* 1944, n° 387 ; M. DESPAX, *L'entreprise et le droit*, LGDJ, 1957.

[2656] E. DOCKÈS, « Notion de contrat de travail », *DSOC* 2011, p. 546.

[2657] E. PESKINE, *Réseaux d'entreprises et droit du travail,* préc., n° 14.

[2658] *Ibid.*, n° 16.

mis à disposition, par exemple[2659]. Partant de ce constat, elle propose de redéfinir le collectif de travail, à partir du lien d'établissement et de l'intégration dans un processus de travail[2660]. Ces observations précises nous rappellent le constat de M. Laborde lequel souligne l'effet révélateur des relations collectives de travail en ce qui concerne les liens du salarié au-delà de celui qui résulte du seul contrat individuel : « [c]e qui caractérise […] le droit des rapports collectifs, c'est […] la reconnaissance […] indéniable des relations professionnelles modernes qu'est l'agrégation des travailleurs en groupes ou collectivités »[2661].

813. Mise à disposition. La prise en compte de l'intégration du salarié dans l'entreprise peut, par exemple, être démontrée à partir de la jurisprudence concernant la désignation d'un représentant de section syndicale. Dans un arrêt, la Cour de cassation admet qu'un salarié mis à disposition auprès d'une entreprise peut y être désigné en tant que tel[2662]. En effet, il compte dans l'effectif de l'entreprise d'accueil, alors qu'il reste lié par contrat de travail à son entreprise d'origine. Suivant les auteurs du Précis de Droit du travail, qui poussent le raisonnement plus loin, « [c]ette solution devrait valoir pour le salarié mis à disposition, dès lors qu'il est intégré de façon étroite et permanente à la communauté de travail »[2663]. Ils proposent ainsi l'extension de la solution concernant le représentant de la section syndicale qui souhaite être désigné dans l'entreprise d'accueil, au délégué syndical[2664]. L'intégration dans la communauté de travail devrait se déduire de la légitimité électorale dans l'entreprise d'accueil.

814. Unité économique et sociale. L'intégration du travailleur dans une entreprise est en elle-même un critère de la reconnaissance de liens entre plusieurs sociétés. Ceci peut être démontré dans le contexte de la mise en place d'institutions représentatives du personnel communes. Afin de rendre compte des liens étroits qui peuvent exister entre les sociétés, la jurisprudence française introduit la notion d'unité économique et sociale. Les domaines de prise en compte de l'unité économique et sociale s'élargissent au fil du temps et concernent notamment l'appréciation de la validité d'un plan de sauvegarde de l'emploi. Dans le contexte de la mise en place d'un comité d'entreprise commun, la Cour de cassation rend un arrêt important en 2018. Y est reconnue l'existence d'une unité économique et sociale, laquelle est fondée sur la

---

[2659] E. PESKINE, *Réseaux d'entreprises et droit du travail,* préc., n° 545.

[2660] *Ibid.*, n° 570.

[2661] J.-P. LABORDE, art. cité (note 376), spéc. p. 154 et s.

[2662] Cass. soc., 29 février 2012, pourvoi n° 11-10.904, *JCP G* 2012, n° 13, p. 605, note C. LEFRANC-HAMONIAUX ; *JCP S* 2012, n° 16, p. 28, note L. DAUXERRE ; *JSL* 2012, n° 320, p. 19, note H. GUYADER ; *DSOC* 2012, p. 534, note F. PETIT.

[2663] G. AUZERO, D. BAUGARD, E. DOCKÈS, *Droit du travail,* Dalloz, 2019, p. 1387, note n° 3.

[2664] *Ibid.*

communauté entre travailleurs d'une société et ceux de l'établissement d'une autre société du même groupe[2665]. L'originalité de l'affaire consiste en une reconnaissance des liens à travers les frontières, dans une constellation factuelle qui concerne la succursale française d'une société italienne en charge des infrastructures du groupe, d'une part, et une société française membre du groupe, d'autre part. Pour pouvoir déterminer s'il existe une unité économique et sociale entre plusieurs sociétés, la cour d'appel aurait dû rechercher si les salariés de la succursale n'étaient pas intégrés à la communauté de travail formée entre les salariés des différentes entités.

815. Coemploi. Même du point de vue des relations individuelles de travail, il apparaît aisé de tenir compte des liens du travailleur à l'égard de plusieurs employeurs. D'ores et déjà en 1974, Lyon-Caen exigeait de « donner un statut à la relation de travail à l'intérieur du groupe international de sociétés »[2666]. La théorie du coemploi en est la consécration la plus avancée. Elle démontre la nécessité de pouvoir attacher des conséquences juridiques à l'exercice d'un pouvoir de fait par l'employeur. À titre d'exemple, le co-employeur peut être tenu d'indemniser le licenciement injustifié. Cela démontre la manière dont le droit du travail vise à consacrer l'ancrage d'un travailleur dans un réseau d'entreprises davantage qu'une intégration dans une seule entreprise laquelle aurait édité le contrat individuel de travail. Ces évolutions que nous observons au niveau du droit national ne méritent pas moins d'être prises en compte lorsque nous déterminons la relation de travail du point de vue de la loi qui lui serait applicable.

816. Intégration des travailleurs dans un collectif. Les mutations récentes du droit du travail français démontrent le souci de la prise en compte les liens du travailleur à l'égard d'un collectif, lequel est constitué par « le personnel d'une entreprise, ou de l'ensemble des salariés dans une même branche, ou de tous les travailleurs d'un pays »[2667]. Une telle reconstitution de la « collectivité de travail » s'impose dans un contexte où l'on ne peut plus « appréhender l'entreprise comme une collectivité économique et sociale sous une autorité unique [ce qui] n'est pas sans lien avec son éclatement géographique qui lui permet de déplacer ses centres de pouvoir »[2668]. M. Laborde souligne que « [l]es groupes n'ont […] de sens et d'existence

---

[2665] Cass. soc., 21 novembre 2018, pourvoi n° 16-27.690, *Lexbase Hebdo S* 2018, n° 764, note C. RADÉ ; *SSL* 2018, n° 1842 et 1843, p. 18, note G. AUZERO ; *RDT* 2019, p. 51, note H. NASOM-TISSANDIER et p. 133, note B. JOLY ; *BJT* 2019, p. 27, note F. CANUT ; *BMIS* 2019, n° 2, p. 23, note A. BUGADA ; *DSOC* 2019, p. 141, note C. RADÉ ; *Rev. soc.* 2019, p. 349, note N. DE SEVIN, A. COURET.

[2666] G. LYON-CAEN, « Observations sur le licenciement dans les groupes internationaux de sociétés », *RCDIP* 1974, p. 439, spéc. p. 440.

[2667] J.-P. LABORDE, art. cité (note 376), spéc. p. 154.

[2668] M. LAFARGUE, *Les relations de travail dans l'entreprise transnationale*, LGDJ, 2017, n° 125.

qu'au regard d'employeurs, prix eux-mêmes à titre individuel ou collectif, et qui entretiennent avec chacun des salariés isolément considérés une relation de direction et de subordination. Le groupe a alors précisément pour mission de rééquilibrer les termes d'un échange inégal en superposant à la négociation entre individus des accords collectifs »[2669]. En conséquence, nous observons qu'en droit français, les liens du travailleur ne reposent pas uniquement sur le contrat individuel de travail qui est conclu avec l'entreprise d'origine. De la même manière, il serait limitatif de déterminer le champ d'application de la règle de conflit de lois à partir du seul contrat individuel de travail[2670].

817. Collectivisation. Le droit international privé de l'Union européenne permet d'affirmer cette collectivisation, laquelle se produit par les « forces centripètes du droit de l'Union européenne tendant à la reconstitution de la collectivité de travail »[2671]. L'effet décrit est celui qui fait atterrir les travailleurs dans de différentes collectivités, désincorporées par le droit de l'Union européenne. Il serait ainsi important de souligner que la collectivité de travail devrait être caractérisée par un lien d'appartenance du travailleur à une entreprise : les contrats de travail « créent un lien durable qui insère le travailleur dans le cadre d'une certaine organisation des affaires de l'entreprise ou de l'employeur »[2672]. Une telle lecture, du point de vue du droit international privé européen, permet d'appuyer le propos selon lequel notre discipline doit – en vue de la formation d'une notion autonome – prendre en compte le collectif.

818. Évolutions européennes. Les récentes discussions européennes concernent également les liens du travailleur à l'égard de plusieurs entreprises.

[2669] J.-P. LABORDE, art. cité (note 376), spéc. p. 154 et s.

[2670] En sens contraire, *Ibid.*, spéc. p. 156, qui s'interroge : « faudrait-il au contraire décidément admettre que la représentation du personnel restera en quelque sorte toujours comme un corps étranger ? ». Après avoir développé le recours aux lois de police en matière de représentation collective, il penche pour une règle de rattachement particulier, en s'appuyant sur la jurisprudence qui reconnaît à l'expert-comptable du comité de groupe (et au commissaire aux comptes) la possibilité de se faire communiquer, les documents des sociétés consolidées, indépendamment de leur présence sur le territoire français (Cass. soc., 6 décembre 1994, *Compagnie générale des établissements Michelin*, *RJS* 1995, n° 1, p. 37. La Cour y observe que l'article L. 439-2 du Code du travail prescrit de remettre à l 'expert-comptable les mêmes documents qu'au commissaire aux comptes. Or, aux termes de l'article 228 de la loi du 24 juillet 1996, la compétence de ce dernier s'étend à toutes les entreprises comprises dans la consolidation.)

[2671] L. AZOULAI, P.-Y. VERKINDT, « Sur les tendances de la 'décollectivisation' et à la 'désaffiliation' du travail », *communication dans le cadre du séminaire La territorialité du droit social,* université Paris I, 20 novembre 2018, étant observé que ces auteurs évoquent également l'effet inverse lorsque le droit de l'Union européenne détache le travailleur du pays de travail (décollectivisation).

[2672] CJCE, 15 janvier 1987, aff. 266/85, *Shenavai*, pt. 16.

Plus précisément, elles visent la vocation du travailleur à bénéficier du régime de la codétermination du pays d'origine, alors qu'il a été muté dans l'entreprise d'un autre État membre. Rappelons que la Cour de justice ne favorise pas la possibilité d'exporter la codétermination dans une filiale du groupe qui serait sise à l'étranger, dans un pays dans lequel la codétermination n'existe pas[2673]. Du point de vue de la relation de travail, il convient de rechercher les liens du travailleur de la filiale à l'égard de la société d'origine dans laquelle il prétend pouvoir bénéficier de la codétermination. Une appréhension de la relation de travail permettrait de déterminer le lien de rattachement exact du travailleur à l'égard de l'entreprise dans laquelle il est intégré. L'affaire *Polbud* et les débats sur la modification de la directive (UE) 2017/1132 en ce qui concerne les transformations, fusions et scissions transfrontalières[2674], rouvrent le débat[2675].

819. Détachement. L'évolution de la réglementation européenne en matière de détachement de travailleurs montre la volonté initiale du législateur européen de prendre en compte la relation de travail dans son ensemble. Dans le contexte du détachement de travailleurs, nous pouvons jeter un regard sur la genèse des règles de conflit de lois en matière de contrat de travail. Celles-ci isolent ainsi progressivement les aspects collectifs de la relation de travail de leur champ d'application. La proposition de règlement de conflit de lois de 1976 abandonne ainsi toute référence aux dispositions régissant l'exercice de droits collectifs et maintient seulement la représentation collective dans la liste des lois de police[2676]. Le résultat final – la directive dite détachement – exclut toute référence aux relations collectives ; les lois dites de police doivent uniquement concerner certains aspects des rapports individuels. Or, en pratique, les travailleurs détachés ne bénéficieraient pas de la protection juridique ni de l'action des syndicats de leur pays d'origine lorsqu'ils seraient en déplacement à l'étranger, souligne Mme Novitz[2677]. En même temps, la construction juridique les empêcherait de se faire représenter par les syndicats

---

[2673] CJUE, 18 juillet 2017, C-566/16, *Erzberger c. TUI AG.*

[2674] Position du Parlement européen arrêtée en première lecture le 18 avril 2019 en vue de l'adoption de la directive (UE) 2019/.... du Parlement européen et du Conseil modifiant la directive (UE) 2017/1132 en ce qui concerne les transformations, fusions et scissions transfrontalières.

[2675] A. JUNKER, « Sicherung der Unternehmensmitbestimmung in der Europäischen Union: Die Europäische Kommission auf dem Holzweg », *EuZA* 2019, p. 141.

[2676] S. EVJU, T. NOVITZ, art. cité (note 669), spéc. p. 13 et s., qui insistent sur le fait que les deux instruments n'ont pas été adoptés d'une manière harmonieuse ; M. ROCCA, *Posting of Workers and Collective Labour Law in the EU: There and Back Again – Between Internal Market and Fundamental Rights,* préc., p. 117.

[2677] T. NOVITZ, « Trading in Services: Commodities and Beneficiaries », A. BLACKETT, A. TREBILCOCK (dir.), *Research Handbook on Transnational Labour Law,* Edward Elgar Publishing, 2015, p. 497, spéc. p. 507 et s.

du pays d'accueil, ajoute-t-elle[2678]. Pour résumer, la directive dite détachement a fortement contribué à l'exclusion des aspects collectifs des relations de travail, en sélectionnant les aspects des relations individuelles de travail dont les travailleurs doivent bénéficier dans leur pays d'accueil. Ceci correspond à une lecture restrictive du contrat individuel de travail, contrairement à la logique du droit du travail décrite ici. À cet égard, l'évolution critiquée ne semble refléter ni la volonté des législateurs au moment de la construction européenne, ni la jurisprudence récente[2679].

820. Autonomie collective. L'autonomie collective, en tant qu'elle caractérise le droit du travail dans plusieurs systèmes juridiques européens, peut venir appuyer notre raisonnement en faveur d'une lecture large du champ d'application de la règle de conflit de lois. Nous entendons par « autonomie collective »[2680], la possibilité pour les partenaires sociaux représentant les travailleurs d'imposer une réglementation pour la collectivité de travail[2681]. Compte tenu de l'autonomie consensuelle qu'elle semble instaurer dans le droit du travail, l'autonomie collective est également décrite comme « faisant appel à la seule négociation de compromis entre des acteurs légitimés par le recours à des élections »[2682]. L'autonomie collective se distingue en fonction des degrés auxquels elle donne lieu à la réglementation des relations de travail au sein d'un système juridique. Le système juridique anglais semble accorder une large part de la réglementation aux partenaires sociaux et instaurer ainsi une autonomie collective forte[2683]. La récente loi dite travail du 8 août 2016 semble également renforcer la place de l'autonomie collective dans la réglementation des rapports de travail en France[2684]. Le système juridique

---

[2678] T. NOVITZ, « Trading in Services: Commodities and Beneficiaries », A. BLACKETT, A. TREBILCOCK (dir.), *Research Handbook on Transnational Labour Law,* Edward Elgar Publishing, 2015, p. 497, spéc. p. 507 et s., dans la version originale : « lack of access to any legal protections or union intervention from the home State due to geographical isolation and legally constructed isolation from access to host State trade union representation (alongside only the most minimal coverage and protection under national labour laws in France) ».

[2679] Sur les aspects collectifs, 12 février 2015, C-396/13, *Sähköalojen ammattiliitto,*

[2680] *Cf.* H. SINZHEIMER, *Ein Arbeitstarifgesetz. Die Idee der sozialen Selbstbestimmung im Recht,* préc. ; récemment, pour un résumé plus récent, *cf.* C. FOURCADE, *L'autonomie collective des partenaires sociaux : essai sur les rapports entre démocratie politique et démocratie,* préc.

[2681] *Cf.* P. LOKIEC, Droit du travail. *Relations collectives,* tome 2, PUF, 2011, n° 247.

[2682] F. GUIOMARD, « L'autonomie collective face aux juges », *RDT* 2016, p. 838.

[2683] P. DAVIES, M. FREEDLAND, *Kahn-Freund's, Labour and the Law*, Stevens & Sons, 1983, p. 34.

[2684] F. GUIOMARD, art. cité (note 2682).

allemand, caractérisé par la « kollektive Privatautonomie », accorde également une large part aux partenaires sociaux dans la négociation des conditions de travail[2685]. Même en comparant les degrés de consécration de l'autonomie collective à l'horizon européen[2686], les précédentes observations nous aident, du point de vue du droit comparé, à fonder notre constat selon lequel le droit du travail comprend une large part d'aspects collectifs.

821. Relecture du champ d'application. Le champ d'application de la règle de conflit de lois mérite d'être revu à la lumière de ces observations. Il convient de calibrer cette relecture sur l'interprétation qui est nécessaire aux fins du fonctionnement du marché intérieur. Plus précisément, il s'agit de l'adapter à la libre circulation des travailleurs inscrite à l'article 45 TFUE. Cet article concerne les travailleurs au sens large. Par ailleurs, il suggère une lecture personnelle, à partir de la personne du travailleur. De prime abord, il ne semble pas ainsi incompatible avec sa logique de regarder tous les aspects de la relation de travail, ce qui serait également favorable à la protection du travailleur[2687].

822. Lien d'intégration dans le marché du travail. Cette relecture est encore favorisée par la finalité de l'article 45 TFUE qui vise à intégrer le travailleur dans le marché du travail. Comme souligné par Mme Barbou des Places, la notion d'intégration est conçue comme un objectif dans le contexte de la libre circulation des travailleurs[2688]. On constate la naissance d'autres agents mobiles qui ne sont pas des travailleurs et qui peuvent bénéficier des libertés de circulation, avec la naissance de la citoyenneté européenne[2689]. Cette évolution n'exclut pas que le droit à la libre circulation soit accordé dès le moment de l'intégration du travailleur dans le marché intérieur[2690]. Nous en concluons que la liberté de circulation des travailleurs commande la

---

[2685] *Cf.* R. KRAUSE, art. cité (note 516).

[2686] Comp. G. LYON-CAEN, « Négociation et convention collective au niveau européen », *RTD Eur* 1973, p. 583, spéc. p. 588, affirmant d'ores et déjà l'émergence d'une autonomie collective européenne ; *cf.* aussi M. SCHMITT, *Autonomie collective des partenaires sociaux et principe de subsidiarité dans l'ordre juridique communautaire,* préc.

[2687] N. KOUNTOURIS, art. cité (note 2631).

[2688] S. BARBOU DES PLACES, art. cité (note 1751), spéc. p. 181, dans la version originale : « rights are conferred upon individuals in order to achieve a certain degree of integration of the person in the host society. This is the original meaning of the workers' integration that we find in Regulation 1612/68 ».

[2689] *Ibid.*, spéc. p. 185.

[2690] *Ibid.*, dans la version originale : « more significantly, the rise of integration departs from the functional definition of the person whose rights depend on her participation in the market. The market is about action and the market categories are built upon the criterion of economic exchange. The individual matters mostly insofar as she is capable of offering her labour, services of goods to the other Member States' operators ».

possibilité d'accès aux marchés du travail d'un autre État européen. Selon la logique du droit des libertés de circulation, qui permet une acquisition souple du lien d'intégration, le franchissement des frontières ne devrait pas empêcher la prise en compte des liens collectifs du travailleur à l'égard d'une entreprise. Il convient de favoriser la notion de relation de travail pour en tenir compte.

823. Fonction régulatrice. Cette prise en compte du lien d'intégration dans le marché du travail est commandée par la fonction régulatrice de la règle de conflit de lois. Comme nous l'avons annoncé, les règles de conflit de lois devraient suivre la logique des libertés de circulation. D'une manière générale, M. von Hein souligne la fonction intégrationniste du droit international privé européen qui consiste à favoriser la mobilité des personnes au sein du marché intérieur. On en arrive à la définition large de la relation de travail en tant qu'elle définit le champ d'application de la règle de conflit de lois[2691].

824. Relation de travail. À la recherche d'une notion européenne, certains auteurs étudient la construction juridique de la relation de travail[2692]. M. Supiot met en avant le concept d'appartenance à l'effectif[2693]. D'autres auteurs viennent souligner le caractère limitatif de l'analyse qui serait fondée purement sur les liens contractuels dans la relation de travail[2694]. À cette fin, ils mettent en avant que celle-ci ne permette pas de saisir, d'une manière intégrale, les manières dont les relations de travail sont juridiquement construites et réglementées[2695]. Les débats doctrinaux en cours proposent de redéfinir le droit du travail autour de concepts plus larges[2696]. Ainsi, M. Freedland développe les concepts de « personal employment contract », « personal work contract », « personal work nexus » et « personal work relation »[2697]. Du point de vue du droit de l'Union européenne, il s'agit de se

---

[2691] J. VON HEIN, art. cité (note 195), n° 41, dans la version originale : « [f]erner wird eine Neuerung des EU-IPR im Vergleich zum nationalen Kollisionsrecht darin gesehen, dass dem erstgenannten Recht eine ‚spezifische Integrationsfunktion' zukomme, die u.a. zur Förderung der Mobilität von Personen im Binnenmarkt beitragen solle », avec d'autres références.

[2692] *Cf.* P. RODIÈRE, *Droit social de l'Union européenne*, préc.

[2693] *Cf.* A. SUPIOT, *Beyond Employment : Changes in Work and the Future of Labour Law in Europe,* OUP, 2001, dans la version originale : « membership of the labour force ».

[2694] M. FREEDLAND, N. KOUNTOURIS, *The Legal Construction of Personal Work Relations*, préc., p. 309.

[2695] *Ibid.,* p. 310 et s

[2696] U. GRUSIC, *The European Private International Law of Employment*, préc., p. 89,

[2697] *Cf.* M. FREEDLAND, *The Personal Employment Contract*, OUP, 2003 ; « From the Contract of Employment to the Personal Work Nexus », *ILJ* 2006, p. 1 ; « Application of Labour and Employment Law beyond the Contract of Employment », *ILJ* 2007, p. 3 ; M. FREEDLAND, N. KOUNTOURIS, « Towards a

rappeler que la règle de conflit de lois intervient d'une manière « palliative », en ce qu'elle opère la coordination des réglementations des États membres. Pour cette raison, la qualification autonome du travailleur en vue de l'application de la règle de conflit de lois mérite des développements.

825. Droit international privé. Les règlements européens en droit international privé semblent être réceptifs à la notion de relation de travail. Notons, à cet endroit, que l'ébauche du règlement de conflit de lois de 1976 insiste que le texte doive s'appliquer à la relation de travail[2698]. En revanche, ce texte n'impose pas de notion autonome et renvoie à la compétence de chaque État membre pour déterminer ce qu'est une relation de travail[2699]. Même si les textes finalement adoptés s'en éloignent, leur interprétation par la Cour de justice décrite ci-dessus semble pouvoir favoriser l'ancrage de la notion de relation de travail dans le conflit de lois.

826. Conventions collectives. Dans ce contexte, nous pouvons évoquer l'importance d'intégrer, dans le champ d'application de la règle de conflit de lois, la notion de convention collective. Ce besoin est manifeste, dans la mesure où la notion autonome de convention collective fait défaut dans le droit dérivé[2700]. En ce sens, M. Fornasier invoque la compétence de l'article 153, § 5 TFUE qui n'exclurait pas expressément la consécration d'une nouvelle notion qui serait celui de la convention collective européenne[2701]. En tant que les articles 151, 152 et 155 TFUE ainsi que l'article 28 CDFUE se réfèrent expressément à la négociation collective au niveau national, l'on peut en déduire qu'ils instaurent, à la fois, une distinction entre celle-ci et celle qui s'exercerait au niveau de l'Union européenne[2702]. Cette interprétation favorise l'émergence d'une notion européenne de convention collective, laquelle est susceptible d'être incluse dans le champ d'application de la règle de conflit de lois relative à la relation de travail.

827. Directive dite conditions de travail. La récente directive dite conditions de travail admet également un élargissement de la notion autonome à la relation de travail[2703]. D'emblée, notons que cette directive consacre une

---

Comparative Theory of the Contractual Construction of Personal Work Relations in Europe », *ILJ* 2008, p. 49.

[2698] Commission européenne, Amended Proposal for a Regulation of the Council on the Provisions of Conflict of Laws on Employment Relationships within the Community, COM(75) 653 final, article 1.

[2699] *Ibid.*, p. 5.

[2700] M. FORNASIER, *Kollektivvereinbarungen im grenzüberschreitenden Unternehmen. Studien für ein europäisches Kollektivvertragsrecht,* thèse d'habilitation, université d'Hambourg, 2016, p. 136.

[2701] *Ibid.*

[2702] *Ibid.*, spéc. p. 137.

[2703] Directive (UE) 2019/1152 du Parlement européen et du Conseil du 20 juin 2019 relatives à des conditions de travail transparentes et prévisibles dans l'Union européenne, article 1, § 2.

notion large de travailleur, en y incluant « les travailleurs domestiques, les travailleurs à la demande, les travailleurs intermittents, les travailleurs effectuant un travail basé sur des 'chèques', les travailleurs des plateformes, les stagiaires et les apprentis »[2704]. Elle inclut également dans son champ d'application, « [l]es travailleurs qui ne bénéficient pas d'une durée de travail garantie, y compris les travailleurs 'zéro heure' ou titulaires de certains contrats à la demande »[2705]. Concernant la notion prônée, la directive contribue au maintien de la binarité entre travailleurs et indépendants et affirme que « [l]es travailleurs réellement indépendants ne devraient pas relever du champ d'application »[2706]. En d'autres termes, la directive renvoie au droit national pour constater l'abus du statut d'indépendant. Elle ne propose pas de définition européenne du travailleur. Néanmoins, elle pose les critères de la relation de travail : « [l]a détermination de l'existence d'une relation de travail devrait être guidée par les faits relatifs à l'exécution effective du travail et non par la manière dont les parties décrivent la relation »[2707]. Plus encore, la directive continue de forger, dans la continuité de la directive 91/533/CEE, les termes de contrat de travail et de relation de travail[2708]. Même si elle n'impose pas l'harmonisation de la notion de travailleur, elle estime qu'il s'agit pour les États membres de tenir « compte de la jurisprudence de la Cour de justice »[2709], ce qui s'entend comme une référence aux arrêts en matière de libertés de circulation. L'évolution semble ainsi favorable à la création d'une notion autonome de relation de travail. Pour finir, certaines décisions soulignent l'effet bénéfique de l'analyse de la relation de travail pour les besoins du droit international au sens large[2710].

Sous-section 2. Les normes régissant la relation de travail

828. Applicabilité des conventions collectives. Dans la continuité de ces développements, il ne convient pas de distinguer en fonction des sources du droit du travail lors de la désignation de la réglementation applicable. Cette indifférence revendiquée apparaît parfois difficilement imaginable, compte tenu des doutes qui subsistent sur la nature réglementaire ou normative des

---

[2704] Directive (UE) 2019/1152 du Parlement européen et du Conseil du 20 juin 2019 relatives à des conditions de travail transparentes et prévisibles dans l'Union européenne, considérant n° 8.

[2705] *Ibid.*, considérant n° 12.

[2706] *Ibid.*, considérant n° 8.

[2707] *Ibid.*, considérant n° 8.

[2708] *Ibid.*, considérant n° 15

[2709] *Ibid.*, article 1, § 2.

[2710] Sur l'influence des droits de l'homme, CEDH, 8 novembre 2016, *Naku c. Lituanie et Suède*.

conventions collectives[2711]. Parmi les auteurs qui invoquent leur caractère normatif, rares sont désormais ceux qui estiment que les conventions collectives bénéficient de la territorialité et s'appliquent aux personnes travaillant sur le territoire national[2712].

829. M. Rodière admet la possibilité que la loi applicable provienne d'un ordre juridique qui ne soit pas celui de la convention collective également applicable. Dit autrement, il conçoit que la convention collective constitue un élément de la loi applicable[2713]. Cela rappelle le débat traditionnel sur la désignation de la convention collective à titre de norme applicable (*Tarifnormenstatut* en allemand). Les conventions collectives ou « Tarifnormen »[2714] peuvent être désignées au moyen de la règle de conflit de lois, tout comme une loi. Rappelons qu'en droit français, la jurisprudence applique, pendant longtemps, la convention collective au moyen de la règle de conflit de lois, tout en mettant en avant que celle-ci s'impose par le biais des normes nationales d'applicabilité de la convention collective[2715]. Cette solution trouve, en effet, son explication dans le principe de territorialité. Or, les conditions y relatives sont désormais reléguées au stade de l'application de la convention collective. D'une manière générale, la territorialité est en recul, compte tenu de l'hostilité du droit de l'Union européenne vis-à-vis des impérativités[2716]. M. Rodière conçoit, d'ores et déjà au moment de sa thèse, que la règle de rattachement vise tant la loi que la convention collective[2717]. M. Fornasier qui examine la règle de conflit de lois du règlement Rome I exclut, lui, fermement le principe de territorialité[2718].

830. Vision contractuelle. Ce n'est pas seulement la territorialité de la convention collective qui peut soustraire la convention collective au jeu habituel de la règle de conflit de lois. Certains auteurs arguent de la nature contractuelle de la convention collective pour expliquer que son application peut être décidée au moyen de la loi applicable au contrat de travail. Il convient

---

[2711] *Supra,* n° 114 et s.

[2712] Cass. soc., 29 mai 1963, *Jacquin c. SARL « Verrerie et Cristallerie d'Arques »*.

[2713] P. RODIÈRE, art. cité (note 138), spéc. p. 130.

[2714] O. DEINERT, *Internationales Arbeitsrecht*, préc., § 15, n° 50.

[2715] Comp. R. CALLSEN, « Verdrängung fremden Arbeitsrechts bei Auslandsarbeit durch das Ortsrecht am Beispiel Frankreichs – Mit Ausblicken nach Spanien und Italien », *EuZA* 2012, p. 154, spéc. p. 157.

[2716] En ce sens déjà, F. JAULT-SESEKE, art. cité (note 378), spéc. p. 461.

[2717] P. RODIÈRE, *La convention collective de travail en droit international privé,* préc., n° 280, qui explique : « [l]e droit du lieu d'occupation régit normalement la relation de travail internationale ; telle est donc la règle de base, plus vigoureusement et plus tôt affirmée avec les conventions collectives, mais dont l'avènement s'est fait peu à peu pour les conflits de lois et l'ensemble de la matière ».

[2718] M. FORNASIER, *Kollektivvereinbarungen im grenzüberschreitenden Unternehmen. Studien für ein europäisches Kollektivvertragsrecht,* préc., p. 331.

toutefois de reprocher à cette vision que l'article 8 du règlement Rome I permet aussi de désigner la loi subjectivement applicable[2719].

831. Vision normative. *In fine*, il convient de partir de l'effet de la convention collective. Admettre son caractère réglementaire, dans une approche conforme à l'autonomie collective, revient à considérer que la convention collective est une norme comme toute autre qui peut être désignée au moyen de la règle de conflit de lois. C'est la solution posée en 1963[2720]. Nous ajoutons l'arrêt *Masson*[2721], selon lequel l'application du droit français emporte celle des conventions collectives françaises. Cette décision est lue en combinaison avec l'arrêt de 1987, lequel explique qu'au cas inverse – celui de la désignation du droit étranger – l'on désignerait les conventions collectives étrangères[2722]. La vision européenne semble prendre en compte la lecture normative de la convention collective. Il ressort désormais nettement de la jurisprudence de la Cour de justice que celle-ci conçoit la possibilité de désigner la convention collective au titre des normes applicables au contrat de travail[2723].

832. Détachement. La convention de Rome[2724] et le règlement Rome I suggèrent une telle solution laquelle repose sur la conception normative de la convention collective. Or, la directive dite détachement a introduit une distinction entre les conventions collectives qui sont désignées au moyen de la règle de conflit de lois. Son article 3, § 1 dispose que les conditions de travail impératives de l'État d'accueil ne sauraient s'appliquer que lorsqu'elles seraient prévues par des conventions collectives ou sentences arbitrales déclarées d'application générale. Sont visées, au sens du § 8 du même article, « les conventions collectives ou les sentences arbitrales qui doivent être respectées par toutes les entreprises appartenant au secteur ou à la profession concernés et relevant du champ d'application territoriale de celles-ci ». Le même article précise qu'en l'absence d'un système de déclaration d'application générale, « les États membres peuvent, s'ils décident ainsi, prendre pour base: — les conventions collectives ou sentences arbitrales qui ont un effet général sur toutes les entreprises similaires appartenant au secteur ou à la profession concernés et relevant du champ d'application territoriale de celles-ci et/ou — les conventions collectives qui sont conclues par les organisations des partenaires sociaux les plus représentatives au plan national et qui sont appliquées sur l'ensemble du territoire national ». On s'aperçoit que le droit de l'Union européenne introduit une distinction en fonction de

---

[2719] O. DEINERT, *Internationales Arbeitsrecht*, préc., § 15, n° 50.

[2720] Cass. soc., 29 mai 1963, *Jacquin c. SARL « Verrerie et Cristallerie d'Arques »*.

[2721] Cass. 1ère civ., 5 novembre 1991, pourvoi n° 90-40.163, *Masson*.

[2722] Cass. soc., 7 mai 1987, *RCDIP* 1988, p. 78, note H. GAUDEMET-TALLON.

[2723] CJUE, 15 juillet 2021, *CG, EH c. SC Gruber Logistics SRL* (C-152/20) et *Sindicatul Lucratorilor din Transporturi, TD c. SC Samidani Trans SRL* (C-218/20).

[2724] M. GIULIANO, P. LAGARDE, rapport cité (note 180).

l'effet produit par les conventions collectives. Il est nécessaire que la convention collective soit applicable *erga omnes*. Or, en accentuant sur l'effet d'applicabilité générale, le droit de l'Union européenne attache une importance générale à la représentativité des partenaires sociaux. Ceci reflète l'effet d'application générale dont est visée la réglementation du travail au Danemark et en Suède, alors qu'il y résulté principalement de normes collectives[2725]. Nous résumons que le droit de l'Union européenne semble s'attacher à l'effet normatif.

833. Effet normatif. Toutes les normes régissant la relation de travail dans un ordre juridique sont désignées dans leur ensemble par la règle de conflit de lois. Le droit applicable, que la règle de conflit de lois vise à déterminer, comprend ainsi la loi, les règlements, la convention collective et éventuellement d'autres sources du droit du travail. Importe ainsi qu'il s'agisse d'une « loi »[2726] ou de normes. L'effet normatif est déterminant. Cette lecture qui émane du règlement Rome I veut que l'on attribue la convention collective à un ordre juridique[2727]. En conséquence, il convient de regarder la convention collective comme une réglementation ou norme régissant le contrat de travail. La règle de conflit de lois vise ainsi à désigner la convention collective parmi d'autres normes du système juridique qui réglementent la relation de travail. Cette question n'a pas à être confondu avec celle de la détermination de l'application d'une convention collective, relevant du droit national. L'effet réglementaire mérite toutefois d'être relativisé, dès lors que l'accord collectif est européen. Il s'agit de conventions collectives *sui generis,* qui s'inscrivent dans le système juridique propre de l'Union européenne. Nous nous référons ici auxdits accords collectifs européens[2728]. Il serait certes possible d'imaginer le rattachement de ces accords collectifs au système juridique de l'Union européenne. À cette fin, il faudrait toutefois élaborer « une règle commune consacrant l'existence d'effets réglementaires des conventions collectives adoptées au niveau [européen] »[2729]. Une telle réglementation internationale serait nécessaire pour donner à ces accords une autorité.

[2725] U. GRUSIC, *The European Private International Law of Employment*, préc., p. 267.

[2726] En ce sens, P. RODIÈRE, *Droit social de l'Union européenne*, préc., n° 552 et s.

[2727] O. DEINERT, *Internationales Arbeitsrecht*, préc., § 15, n° 50.

[2728] Sur ce point, *cf.* P. RODIÈRE, *Droit social de l'Union européenne*, préc., n° 101 et s. ; M. FRAPARD, *La protection négociée des droits sociaux fondamentaux des travailleurs : contribution à l'étude des accords d'entreprise transnationaux,* thèse université Strasbourg, 2016.

[2729] P. RODIÈRE, *Droit social de l'Union européenne*, préc., n° 102.

Conclusion de section

834. Aux fins de préciser le champ d'application de la règle de conflit de lois, il convient de partir de la notion large de « relation de travail ». Dans un contexte de diversité des réglementations du travail à l'horizon de l'Union européenne, cette dernière permet d'englober les aspects tant individuels que collectifs. Cette relecture du champ d'application de la règle de conflit de lois nous a apparu nécessaire, dans un contexte d'éclatement des entreprises et des groupes de sociétés qui commande une reconstitution des collectivités de travail. La notion de relation de travail s'impose encore, eu égard à la diversité des sources du droit du travail. Nous englobons désormais parmi les normes désignées comme applicables à la relation de travail celles de nature législative, réglementaire ou collective. Cette conclusion repose, entre autres, sur la prise en considération de l'effet normatif de la convention collective. En dernier lieu, s'agit-il éventuellement de souligner la question – distincte – de l'application de la convention collective. En songeant, par exemple, aux accords collectifs européens, la vérification doit être menée au regard du droit applicable qui, en l'occurrence, est celui du droit national, reflétant le droit de l'Union européenne. En conclusion, le recours à la notion de relation de travail nous permet d'affirmer l'autonomie du droit du travail.

CONCLUSION DE CHAPITRE

835. En recherchant un alignement de la règle de conflit de lois sur la libre circulation des travailleurs et, partant, le marché intérieur, nous devrons confronter celle-ci au lien d'intégration dans le marché du travail. L'arrêt *Koelzsch* reflète une telle analyse en précisant les principes déterminant la solution du conflit de lois : il s'agit de désigner la loi de l'État dans lequel le travailleur exerce ses activités professionnelles parce qu'il y accomplit sa fonction économique et sociale. Admettant que l'environnement professionnel et politique influence l'activité de travail, nous concluons que l'interprétation de la règle de conflit de lois vise à rendre compte du lien d'intégration du travailleur. La règle de conflit de lois est intégrative.

836. C'est le caractère fonctionnel de la règle de conflit de lois protectrice du travailleur qui commande l'alignement de son champ d'application aux exigences du marché intérieur. Pour y satisfaire, il s'agit d'interpréter son champ d'application d'une manière large comme comprenant tous les aspects de la relation de travail. Dans un souci de garantir la cohérence et l'effet utile du droit de l'Union européenne, la précision de la notion de relation de travail, en tant qu'elle détermine le champ d'application de la règle de conflit de lois, est recommandée. Elle est d'autant plus nécessaire dans un contexte de diversité des réglementations du travail au niveau de l'Union européenne, qui commande encore l'articulation des réglementations du travail des États membres. Il s'agit de considérer qu'elle permet de désigner l'ensemble des normes constituant le droit du travail du système juridique désigné. La fonction protectrice de la règle de conflit de lois ayant été soulignée au départ, l'on affirme que celle-ci est assurée au moyen de l'extension du champ d'application de la règle de conflit de lois qui doit viser la relation de travail.

CONCLUSION DE TITRE

837. La règle de conflit de lois européenne relative à la relation de travail fait partie du droit du travail de l'Union européenne. Ainsi, elle contribue à la réalisation des objectifs de ce droit. La composante sociale du marché intérieur qui caractérise le droit du travail harmonisé s'exprime également dans la règle de conflit de lois. Cette dernière agit au service du marché intérieur et répond à une fonction régulatrice. Nous avons été conduits à rechercher le but de la règle de conflit de lois européenne relative à la relation de travail. Le champ de notre analyse visait l'adaptation du conflit de lois à la finalité protectrice du travailleur laquelle nous avions identifiée. Plus précisément, nous considérons, au terme de cette étude, que le principe de protection du travailleur, inscrit dans le concept de marché intérieur, caractérise la fonction régulatrice de la règle de conflit de lois.

838. L'adaptation de la règle de conflit de lois aux exigences régulatrices européennes permet de consacrer une règle de conflit de lois protectrice du travailleur. Ceci commande la spécialisation des éléments de rattachement. Une règle de rattachement satisfaisante contribue également à éviter les impérativités dans le contexte interne à l'Union européenne. De surcroît, le caractère régulateur semble également imposer certains standards du droit du travail européen dans des contextes impliquant des législations d'États tiers. Au-delà de la spécialisation de la règle de conflit de lois, l'européanisation commande la précision de son champ d'application autour de la notion de relation de travail. Seule cette uniformisation des mécanismes et du champ d'application de la règle de conflit de lois permet de rendre la protection du travailleur effective et, partant, d'assurer l'autonomie du droit du travail.

CONCLUSION DE PARTIE

839. Le principe de protection du travailleur est le fondement du droit du travail de l'Union européenne et caractérise ainsi les règles de droit matériel mais également les règles de conflit de lois propres à cet espace. Après avoir constaté que le principe de protection du travailleur résultait de la composante sociale du marché intérieur, nous devions développer sa prise en compte en tant qu'un principe influençant la règle de conflit de lois régulatrice européenne. Une telle influence s'imposait, dès lors qu'était recherchée une règle de conflit de lois qui visait à désigner la réglementation du travail la plus adaptée, en délaissant les considérations purement localisatrices, à la faveur d'une prise en compte des intérêts du marché intérieur. En ce sens, la règle de conflit de lois étudiée est régulatrice.

840. La composante sociale du marché intérieur constituait notre point de départ dans la mesure où elle est le fondement du principe de protection du travailleur. Dans l'attente de la construction d'un marché du travail européen, ce principe impose la prise en compte, par la règle de conflit de lois, du lien d'intégration du travailleur dans son marché du travail local, national. En tant qu'un principe issu du droit primaire, il trouve une consécration dans le conflit de lois sous l'appellation de principe de protection adéquate, par le biais de la matérialisation. Alors que la règle de conflit de lois matérielle existe dans certains systèmes de droit international privé nationaux, notre objectif était celui de démontrer l'évolution de la matérialisation, à partir de la règle de conflit de lois européenne. La règle de conflit de lois présentée se distingue par sa caractéristique protectrice, dans la mesure où elle est spécifique à la relation de travail, et permet de s'adresser à l'ensemble des aspects. Le lien de rattachement approprié est celui du lieu d'exécution habituel du travail en tant qu'il reflète l'intégration du travailleur dans le marché du travail, laquelle se manifeste sous la forme d'une intégration organisationnelle et sociale. S'exprime ici la fonction régulatrice de la règle de conflit de lois laquelle répond également à sa caractéristique intégrative.

CONCLUSION GÉNÉRALE

Scholars of European law have also noted that many of the challenges facing the European Union were not particular to Europe. Instead they were embedded in the way modern law developed in a globalized world.
Tamar HERZOG[2730]

841. L'Union européenne dispose d'une compétence en droit international privé dont la présente étude cherche à saisir l'étendue et à démontrer les potentialités. Alors que les fondements de l'article 81 TFUE permettent de créer une règle de conflit de lois adaptée au marché intérieur, en tant qu'un espace intégré au niveau régional des plus avancés, les différentes règles de conflit de lois concernant la relation de travail ne tiennent pas encore suffisamment compte de la diversité des réglementations du travail au niveau de l'Union européenne. Ce constat *a priori* du défaut des règles de conflit de lois est appuyé sur la logique des libertés de circulation et peut, par exemple, être observé sur le terrain de la libre circulation des travailleurs. À l'appui de ce constat, nous ajoutons que les décisions de la CJUE qui portent précisément sur l'interprétation des règles de conflit de lois européennes ne font apparaître ni le fondement sur le marché intérieur, ni celui sur l'espace de liberté, de sécurité et de justice. La nécessité des règles de conflit de lois pour l'intégration européenne a pourtant été soulignée.

842. D'abord insignifiante, la mobilité transfrontière s'est accrue grâce à la mise en place du marché intérieur. Cette évolution ouvre le débat sur une compétence de l'Union européenne en matière sociale. Initialement limitée au principe d'égalité de traitement entre les travailleurs féminins et masculins, cette compétence vise, dès le début, à répondre au constat des différences entre les réglementations du travail des États membres, susceptibles de causer un *dumping social*. Il ne saurait être remis en question que cette compétence contribue à l'intégration du marché intérieur et se fonde, plus précisément, sur les libertés de circulation. Au fil du temps sont ajoutées des compétences dites de politique sociale qui obscurcissent le lien avec le marché intérieur. Or, ces compétences visent également à accompagner l'intégration du marché intérieur en ce qu'elles empêchent la course vers le bas. La composante sociale sous-jacente aux libertés de circulation se cristallise progressivement en un

---

[2730] T. HERZOG, *A Short History of European Law : The Last Two and a Half Millennia*, préc., p. 236, traduit : « les chercheurs de droit européen ont noté que la plupart des défis auxquels était exposée l'Union européenne n'étaient pas spécifiques à l'Europe. Au contraire, ils sont inhérents à la manière dont se développe le droit moderne dans un monde globalisé ».

principe de protection du travailleur, de plus en plus apparent dans la jurisprudence.

843. Bien que nous ayons affirmé la compétence en matière sociale, il s'avère que l'Union européenne n'y recourt que partiellement en raison des différences entre les réglementations nationales du travail, illustrées par le rôle de l'autonomie collective dans les États membres respectifs. S'y ajoute un autre facteur qui est le caractère minimal de la compétence. Pour ces raisons, l'intégration du marché intérieur en matière sociale continue de s'opérer, dans plusieurs domaines, par la voie de la coordination : cette coordination renvoie à la règle de conflit de lois. La composante sociale s'y exprime en ce qu'elle commande la prise en compte du lien d'intégration du travailleur à l'égard du marché du travail national, dans l'attente de l'achèvement du marché du travail européen.

844. À l'instar des études qui visent à asseoir les règles de conflit de lois proprement européennes – dans les différentes branches – sur le droit qui est commun à cette organisation internationale, la présente étude cherche à établir le caractère proprement européen des règles de conflit de lois en tant que règles de coordination au service du marché intérieur. Ce dernier a favorisé une intégration plus forte, comprenant tant un espace de liberté, de sécurité et de justice que des garanties de droits fondamentaux. La coordination intervenant au service du fonctionnement du marché intérieur, elle prend également en compte sa composante sociale. Dès lors que l'harmonisation est minimale ou fait défaut, c'est la règle de conflit de lois qui agit seule au service des objectifs matériels du droit de l'espace intégré. Dit autrement, la composante sociale imprègne la règle de conflit de lois sous la forme d'un intérêt régulateur. La règle de conflit de lois régulatrice s'entend, dans le contexte européen, d'une règle qui véhicule les intérêts du marché intérieur tel que défini dans les présents travaux. Héritée des réglementations nationales du conflit de lois, la règle de conflit de lois européenne développe une nature propre. Elle est régulatrice par sa fonction ce qui change également ses mécanismes.

845. La règle de conflit de lois reflétant la composante sociale du marché intérieur, elle se voit influencée par les principes de cet espace, plus précisément le principe de protection adéquate du travailleur. Ce dernier caractérise la règle de conflit de lois matérielle à rattachements multiples. Parmi les liens de rattachement, il donne la faveur au lieu d'exécution habituel du travail qui exprime au mieux l'intégration du travailleur d'un point de vue économique, organisationnel et social. On constate ici le reflet d'une interaction entre deux principes : le principe de protection adéquate du travailleur et le principe de proximité. Le lien de rattachement du lieu d'embauche nous semble contraire à cette logique, en raison de son caractère statique, et est obsolète. Le lien de rattachement des liens les plus étroits semble assurer que soit pris en compte le principe de proximité dans des hypothèses spécifiques. Ajoutons à cet endroit que les impérativités (lois de police, ordre public international) se sont développées pour combler les défauts de la règle de conflit de lois existante à l'aune du marché intérieur. Intervenant en raison des dysfonctionnements de la règle de conflit de lois multilatérale qui ne tiendrait pas suffisamment compte des intérêts régulateurs, ces dernières sont à proscrire, à la faveur d'une règle de conflit de lois plus adaptée. Néanmoins, l'intervention des lois de police semble moins encadrée dans des situations impliquant un État tiers à l'Union européenne dans lesquelles celles-ci peuvent faire rayonner les intérêts régulateurs de cet espace intégré.

846. Partant du constat du morcellement des lois applicables à la relation de travail, du fait des différentes règles de rattachement qui concernent ses divers aspects, nous concluons à l'ineffectivité de la règle de conflit de lois actuelle du point de vue de la libre circulation des travailleurs. Son inadaptation est particulièrement remarquée dans le contexte du détachement de travailleurs, dans lequel une directive spécifique est appelée à s'articuler avec l'article 8 du règlement Rome I, sans poser de règle de rattachement spécifique. Par ailleurs, la relation de travail doit s'entendre d'une manière large. Nous notons qu'il conviendrait d'adopter une règle de conflit de lois unique pour tous les aspects de la relation de travail, dont les aspects collectifs. Pour parvenir à une application unitaire de la règle de conflit de lois, il ne s'agit pas de différencier entre la source de la norme désignée ce qui permet de tenir compte des spécificités du droit du travail.

847. Malgré les doutes exprimés, l'Union européenne sert d'exemple pour l'intégration régionale en droit du travail. Le caractère incomplet du droit du travail de l'Union européenne ainsi que l'absence de consensus sur son application, compte tenu du rapprochement ralenti des réglementations étatiques, créent des défis. La coordination entre les réglementations étatiques subsiste et elle intervient au moyen du droit international privé[2731]. Ces évolutions, dont plus précisément celle de la règle de conflit de lois, contiennent certainement des leçons pour l'avenir du droit international privé de l'Union européenne, d'un point de vue général, et le droit international privé du travail, plus spécifiquement.

[2731] Il serait curieux de comparer nos observations sur le droit international privé de l'Union européenne à celui adopté dans le cadre d'autres organisations internationales au niveau régional. *Cf.* D. P. Fernández Arroyo, *La codificación del Derecho internacional privado en América Latina. (Ámbitos de producción jurídica y orientaciones metodológicas)*, thèse, Université Complutense de Madrid, 1993.

BIBLIOGRAPHIE

TRAITÉS, OUVRAGES GÉNÉRAUX ET MANUELS

ALLAND (D.), RIALS (S.) (dir.), *Dictionnaire de la culture juridique*, PUF, 2003

ANCEL (B.), LEQUETTE (Y.), *Les grands arrêts de la jurisprudence française de droit international privé*, Dalloz, 2006

AUDIT (B.), D'AVOUT (L.), *Droit international privé,* LGDJ, 2018

Droit international privé, LGDJ, 2022

AUZERO (G.), BAUGARD (D.), DOCKÈS (E.), *Droit du travail,* Dalloz, 2019

Droit du travail, Dalloz, 2022

BARNARD (C.), *EU Employment Law*, OUP, 2012

The Substantive Law of the EU. The Four Freedoms, OUP, 2019

BATIFFOL (H.), *Traité de droit international privé*, LGDJ, 1959

BATIFFOL (H.), LAGARDE (P.), *Traité de droit international privé,* tome 1, LGDJ, 1993

BERGÉ (J.-S.), ROBIN-OLIVIER (S.), *Droit européen,* PUF, 2011

BLANQUET (M.), *Droit général de l'Union européenne*, Sirey, 2018

BLUMANN (C.), DUBOUIS (L.), *Droit matériel de l'Union européenne,* LGDJ, 2019

BOUREL (P.), LOUSSOUARN (Y.), DE VAREILLES-SOMMIÈRES (P.), *Droit international privé*, Dalloz, 2013

BOUTAYEB (C.), *Droit matériel de l'Union européenne,* LGDJ, 2021

BUREAU (D.), MUIR WATT (H.), *Droit international privé,* tome 1, PUF, 2021

Droit international privé, tome 2, PUF, 2021

CABRILLAC (R.), *Droit européen comparé des contrats,* LGDJ, 2016

CACHARD (O.), *Droit du commerce international,* LGDJ, 2018

CACHARD (O.), *Droit international privé,* Bruylant, 2018

CHALMERS (D.), DAVIES (G.), MONTI (G.), *European Union Law*, CUP, 2014

DAVIES (A. C. L.), *Employment Law,* Longman Law Series, 2015

EU Labour Law, Elgar Publishing, 2012

DEINERT (O.), *Internationales Arbeitsrecht*, Mohr Siebeck, 2013

DESPAX (M.), *Négociations, conventions et accords collectifs*, tome VII, Dalloz, 1989

FALLON (M.), *Droit matériel général de l'Union européenne*, Academia, 2003

GAUDEMET-TALLON (H.), ANCEL (M.-É.), *Compétence et exécution des jugements en Europe*, LGDJ, 2018

DE GEOUFFRE DE LA PRADELLE (G.), NIBOYET (M.-L.), *Droit international privé,* LGDJ, 2017
Droit international privé, LGDJ, 2020
GUINCHARD (S.), DEBARD (T.) (dir.), *Lexique des termes juridiques 2018-2019*, Dalloz, 2018
HENNION (S.), LE BARBIER (M.), DEL SOL (M.), LHERNOULD (J.-P.), *Droit social européen et international,* PUF, 2021
HEUZÉ (V.), MAYER (P.), *Droit international privé*, LGDJ, 2019
ISAAC (G.), BLANQUET (M.), *Droit communautaire général,* Armand Colin, 2001
JACQUET (J.-M.), DELEBECQUE (P.), USUNIER (L.), *Droit du commerce international,* Dalloz, 2021
KEGEL (G.), SCHURIG, (K.) *Internationales Privatrecht,* Beck, 2004
KÖTZ (H.), FAUVARQUE-COSSON (B.), SIGNAT (C.), GALBOIS-LEHALLE (D.), *Droit européen des contrats,* Sirey, 2019
LHUILLIER (G.), *Le droit transnational,* LGDJ, 2016
LOKIEC (P.), *Droit du travail. Relations individuelles,* tome 1, PUF, 2011
Droit du travail. Relations collectives, tome 2, PUF, 2011
Droit du travail, PUF, 2022
LYON-CAEN (A. et G.), *Droit social international et européen*, Dalloz, 1993
MORRIS (J. H. C.), MCCLEAN (D.), BEEVERS (K.), *The Conflict of Laws*, London, 2005
NIBOYET (J.-P.), *Cours de droit international privé,* Sirey, 1946
OLLIER (P.-D.), *Le droit du travail*, Armand Colin, 1972
OMARJEE (I.), *Droit européen de la protection sociale,* Bruylant, 2021
PLENDER (R.), WILDERSPIN (M.), *The European Private International Law of Obligations,* Sweet & Maxwell, 2009
RAAPE (L.), STURM (F.), *Internationales Privatrecht*, tome 1, Franz Vahlen, 1977
RAYNAUD (B.), *Droit international ouvrier*, Paris, 1933
REITHMANN (C.), MARTINY (D.), *Internationales Vertragsrecht*, Otto Schmidt, 1988
ROBIN-OLIVIER (S.), *Manuel de droit européen du travail*, Bruylant, 2022
RODIÈRE (P.), *Droit social de l'Union européenne,* LGDJ, 2021
VON SAVIGNY (F. C.), *System des heutigen römischen Rechts,* VIII, Berlin, 1849
SILEM (A.), GENTIER (A.), ALBERTINI (J.-M.) (dir.), *Lexique d'économie*, Dalloz, 2018
TEYSSIÉ (B.), *Droit européen du travail,* Lexis Nexis, 2019
VALTICOS (N.), *Droit international du travail,* tome VIII, Dalloz, 1983
DE VAREILLES-SOMMIÈRES (P.), LAVAL (S.), *Droit international privé*, Dalloz, 2023

MONOGRAPHIES ET THÈSES

ALIPRANTIS (N.), *La place de la convention collective dans la hiérarchie des normes*, LGDJ, 1980

BADDOUR BOUKARAM (S.), *La protection des 'parties faibles' dans le Règlement 'Rome I'*, thèse Aix Marseille Université, 2015

BARTIN (E. A.), *Principes de droit international privé selon la loi et la jurisprudence*, tome 1, Domat-Montchrestien, 1935

BASEDOW (J.), *EU Private Law. Anatomy of a Growing Legal Order*, Intersentia, 2021

BATIFFOL (H.), *Aspects philosophiques du droit international privé,* Dalloz, 2002

Problèmes de base de philosophie du droit, LGDJ, 1979

BITTNER (C.), *Europäisches und Internationales Betriebsrentenrecht*, Mohr Siebeck, 2000

BODEN (D.), *L'ordre public : limite et condition de la tolérance : recherches sur le pluralisme juridique*, thèse université Paris I, 2002

BOHNE (A.), *Kollisions- und Sachnormen der betrieblichen Altersversorgung bei internationalen Personaleinsätzen*, Shaker Verlag, 2004

BRUINIER (S.), *Der Einfluss der Grundfreiheiten auf das International Privatrecht,* Peter Lang, 2003

CALLSEN (R.), *Eingriffsnormen und Ordre-public-Vorbehalt im Internationalen Arbeitsrecht: Ein deutsch-französischer Vergleich,* Nomos, 2015

CAMUS (C.), *La distinction du droit public et du droit privé et le conflit de lois*, LGDJ, 2015

CAVERS (D.), *The Choice of Law Process,* UMP, 1965

CLESSE (C.-É), MORSA (M.), *Travailleurs détachés et mis à disposition. Droit belge, européen et international*, Larcier, 2015

COLLINS (H.), *Regulating Contracts*, OUP, 2003

COMBET (M.), *L'établissement des sociétés en droit de l'Union européenne,* LGDJ, 2017

COURSIER (P.), *Le conflit de lois en matière de contrat de travail,* LGDJ, 1993

CROUCH (C.), *Industrial Relations and European Trade Traditions*, Clarendon Press, 1994

CURRIE (B.), *Selected Essays on Conflict of Laws,* Duke University Press, 1963

DAVIES (A. C. L.), *Perspectives on Labour Law*, CUP, 2009

DAVIES (P.), FREEDLAND (M.), *Kahn-Freund's Labour and the Law*, Stevens & Sons, 1983

DEFOSSEZ (A.), *Le dumping social dans l'Union européenne. Étude à l'aune du droit primaire et de la directive détachement,* Larcier, 2014

DELMAS (B.), *La compétence universelle du juge en droit du travail,* Bruylant, 2022
DELMAS-MARTY (M.), *Le travail à l'heure de la mondialisation,* Bayard, 2013
DESPAX (M.), *L'entreprise et le droit*, LGDJ, 1957
DEUMIER (P.), *Le droit spontané,* Economica, 2002
DICKINSON (A.), *The Rome II Regulation, The Law Applicable to Non-Contractual Obligations,* OUP, 2008
DUBIN (L.), *La protection des normes sociales dans les échanges internationaux*, PUAM, 2003
FABRIES-LECEA (E.), *Le règlement « insolvabilité ». Apport à la construction de l'ordre juridique de l'Union européenne*, Bruylant, 2012
FERNÁNDEZ ARROYO (D. P.), *La codificación del Derecho internacional privado en América Latina. (Ámbitos de producción jurídica y orientaciones metodológicas)*, thèse, Université Complutense de Madrid, 1993
FETSCH (J.), *Eingriffsnormen und EG-Vertrag. Die Pflicht zur Anwendung der Eingriffsnormen anderer EG-Staaten*, Mohr Siebeck, 2002
FLETCHER (I. F.), *Conflict of Laws and European Community Law: With Special Reference to the Community Conventions on Private International Law (Problems in private international law)*, Elsevier Science Ltd, 1982
FREEDLAND (M.), KOUNTOURIS (N.), *The Legal Construction of Personal Work Relations*, OUP, 2012
FORNASIER (M.), *Kollektivvereinbarungen im grenzüberschreitenden Unternehmen. Studien für ein europäisches Kollektivvertragsrecht,* thèse d'habilitation, université d'Hambourg, 2016
FOURCADE (C.), *L'autonomie collective des partenaires sociaux : essai sur les rapports entre démocratie politique et démocratie,* LGDJ, 2006
FRANCESCAKIS (P.), *La théorie du renvoi et les conflits de systèmes en droit international privé,* Sirey, 1958
FRANCQ (S.), *L'applicabilité du droit communautaire dérivé au regard des méthodes du droit international privé,* LGDJ, 2005
FRAPARD (M.), *La protection négociée des droits sociaux fondamentaux des travailleurs : contribution à l'étude des accords d'entreprise transnationaux,* thèse université Strasbourg, 2016
Les accords d'entreprise transnationaux, La Fabrique de l'industrie, 2018
FREEDLAND (M.), *The Personal Employment Contract*, OUP, 2003
GARDEÑES Santiago (M.), *La aplicación de la regla de reconocimiento mutuo y su incidencia en el comercio de mercancías y servicios en el ámbito comunitario e internacional*, Eurolex, 1999
GRUSIC (U.), *The European Private International Law of Employment*, CUP, 2015
HABLOT (C.), *De la norme privée à la norme publique en droit du travail,* thèse université Paris II, 2012

HAFTEL (B.), *La notion de matière contractuelle en droit international privé : étude dans le domaine de conflit de lois*, thèse université Paris II, 2008
HANNOUN (C.), *Le droit et les groupes de sociétés*, LGDJ, 1991
HART (H. L. A.), *Le concept de droit*, Publications des Facultés universitaires Saint-Louis, 1976, trad. M. van de Kerchove
HARTKAMP (A.), *European Law and National Private law. Effect of EU Law and European Human Rights Law on Legal Relationships between Individuals,* Intersentia, 2016
HENRY (A.), *Qualifications et conflits de juridictions*, thèse université de Reims, 2005
HEPPLE (B.), *Labour Laws and Global Trade,* Hart Publishing, 2005
HERZOG (T.), *A Short History of European Law: The Last Two and a Half Millennia*, HUP, 2018
HEUKENKAMP (E.), *Gesetzlicher Mindestlohn in Deutschland und Frankreich*, Nomos, 2017
HEYMANN (J.), *Le droit international privé à l'épreuve du fédéralisme européen*, Economica, 2010
HO-DAC (M.), *La loi du pays d'origine en droit de l'Union européenne : analyse sous l'angle du droit international privé*, LGDJ, 2012
HONTEBEYRIE (A.), *Le fondement de l'obligation solidaire en droit privé français*, thèse, Université Paris I, 2002
JUDT (T.), *Postwar,* Heinemann, 2005
KAHN-FREUND (O.), *Selected Writings,* Stevens & Sons, 1978, p. 259
KANT (E.), *Critique de la raison pratique*, PUF, 2012, trad. F. Picavet
KENNER (J.), *EU Employment Law: From Rome to Amsterdam and Beyond*, Hart Publishing, 2003
KOCHER (M.), *La notion de groupe d'entreprises en droit du travail,* LGDJ, 2013
KOLEHMAINEN, *The Posted Workers Directive: European Reinforcement of National Labour Protection*, EUI, 2002
KREBBER (S.), *Internationales Privatrecht des Kündigungsschutzes bei Arbeitsverhältnissen,* Nomos, 1997
KUIPERS (J.-J.), *EU Law and Private International Law: The Interrelationship in Contractual Obligations*, Brill, 2012
LAFARGUE (M.), *Les relations de travail dans l'entreprise transnationale*, LGDJ, 2017
LAGARDE (P.), *Recherches sur l'ordre public en droit international privé*, LGDJ, 1959
LARONZE (F.), *Les conflits de normes dans les relations de travail. Contribution à l'études des organisations*, PUAM, 2012
LASOK (D.), STONE (P.), *Conflict of Laws in the European Community,* Professional Books Ltd., 1987
LAURICHESSE (C.), *La grève en droit international privé,* thèse université de Dijon, 2014

LE BOS (Y.-E.), *Renouvellement de la théorie du conflit de lois dans un contexte fédéral*, Dalloz, 2010

LEBON (L.), *La territorialité et l'Union européenne. Approches de droit public*, Bruylant, 2015

LECLERC (F.), *La protection de la partie faible dans les contrats internationaux*, Bruylant, 1995

VAN LEUKEN (R.), *Private Law and the Internal Market. Direct Horizontal Effect of the Treaty Provisions on Free Movement,* Intersentia, 2018

LLOBERA VILA (M.), *El desplazamiento transnacional de trabajadores,* Tirant lo Blanch, 2014

LÜTTRINGHAUS (J.-D.), *Grenzüberschreitender Diskriminierungsschutz - Das internationale Privatrecht der Antidiskriminierung*, Mohr Siebeck, 2010

LYON-CAEN (A.), *Le statut social du travailleur migrant et le droit international privé*, Faculté de droit et de science politique de Clermont-Ferrand, 1978

MAJONE (G.), *La Communauté européenne : un Etat régulateur*, Montchrestien, 1996

MANKOWSKI (P.), *Seerechtliche Vertragsverhältnisse im Internationalen Privatrecht*, thèse université de Tübingen, 1995

MARZAL YETANO (A.), *La dynamique du principe de proportionnalité. Essai dans le contexte des libertés de circulation du droit de l'Union européenne,* LGDJ, 2014

MATHIEU (B.), *Directives européennes et conflit de lois*, thèse université Paris II, 2012

MAZUYER (E.), *L'harmonisation sociale européenne,* Bruylant, 2007

MERRETT (L.), *Employment Contracts in Private International Law,* OUP, 2011

MIHMAN (N.), *Les rapports de travail mobiles,* LGDJ, 2022

MILLS (A.), *Party Autonomy in Private International Law,* CUP, 2018

The Confluence of Public and Private International Law. Justice, Pluralism and Subsidiarity in the International Constitutional Ordering of Private Law, CUP, 2009

MOREAU (É.), *Lois de police et contrat international du travail,* thèse université Paris X, 1993

MOREAU (M.-A.), *Normes sociales, droit du travail et mondialisation*, Dalloz, 2006

MORIN (M.-L.), *Le droit des salariés à la négociation collective. Principe général du droit*, LGDJ, 1994

MUIR (E.), *EU Regulation of Access to Labour Markets: A Case Study of EU Constraints on Member State Competences*, Wolters Kluwer, 2012

MUIR WATT (H.), *La fonction de la règle de conflit*, thèse université Paris II, 1985

MULDER (J.), *Social Legitimacy in the Internal Market. A Dialogue of Mutual Responsiveness,* Hart Publishing, 2018

MÜLLER-GRAFF (P.), *Privatrecht und Europäisches Gemeinschaftsrecht*, Nomos, 1991
MURRAY (J.), *Transnational Labour Regulation: The ILO and EC compared*, Kluwer, 2002
NEUHAUS (P.), *Die Grundbegriffe des Internationalen Privatrechts*, Tübingen, 1976
NIETNER (S.), *Internationaler Entscheidungseinklang im europäischen Kollisionsrecht*, Mohr Siebeck, 2016
NORD (N.), *Ordre public et lois de police en droit international privé*, thèse université Strasbourg III, 2003
NYGH (P.), *Autonomy in International Contracts*, Clarendon Press, 1999
ODERMATT (J.), *International Law and the European Union*, CUP, 2021
OJEDA AVILES (A.), *Derecho transnacional del trabajo*, Tirant Lo Blanch, 2013
PAILLER (L.), *Le respect de la Charte des droits fondamentaux de l'Union européenne dans l'espace judiciaire européen en matière civile et commerciale*, Pedone, 2017
PARTSCH (P.-E.), *Le droit international privé européen. De Rome à Nice*, Larcier, 2003
PELLETIER (F.), BEZILLE (K.), *Mise à disposition, prestation de service et sous-traitance*, Éditions Liaisons, 2014
PESKINE (E.), *Réseaux d'entreprises et droit du travail,* LGDJ, 2008
RABEL (E.), *The Conflict of Laws. A Comparative Study*, vol. 1, The University of Michigan Press, 1945
RASS-MASSON (L.), *Les fondements du droit international privé européen de la famille*, thèse, Université Paris-Panthéon-Assas, 2015
REICH (N.), *General Principles of EU Civil Law*, *Intersentia*, 2013
REMY (B.), *Exception d'ordre public et mécanisme des lois de police en droit international privé*, LGDJ, 2008
REMY (P.), *Effet normatif des accords collectifs et représentation des salariés : à la lumière d'une comparaison des droits français et allemand,* thèse université Paris X, 1998
RIGAUX (M.), *Droit du travail ou droit de la concurrence sociale ?*, Bruylant, 2009
RIVOLLIER (V.), *La doctrine et la (re)construction d'un droit privé européen*, Institut universitaire Varenne, 2016
ROBIN-OLIVIER (S.), *Le principe d'égalité en droit communautaire. Étude à partir des libertés économiques,* PUAM, 1999
ROCCA (M.), *Posting of Workers and Collective Labour Law in the EU: There and Back Again – Between Internal Market and Fundamental Rights,* Intersentia, 2015
RODIÈRE (P.), *La convention collective de travail en droit international. Contribution à l'étude des normes juridiques de source professionnelle,* Litec, 1987

ROMANO (S.), *L'ordre juridique,* Dalloz, 2002
SAARLOOS (K. J.)*, European private international law on legal parentage? Thoughts on a European instrument implementing the principle of mutual recognition in legal parentage*, thèse université de Maastricht, 2010
SÁNCHEZ LORENZO (S.), *Derecho privado europeo*, Comares, 2002
SCHARPF (F. W.), *Regieren in Europa. Effektiv und demokratisch ?*, Campus, 1999
SCHMITT (M.), *Autonomie collective des partenaires sociaux et principe de subsidiarité dans l'ordre juridique communautaire,* LGDJ, 2009
SCHRÖDER (C.), *Das Günstigkeitsprinzip im internationalen Privatrecht*, Peter Lang, 1996
SCHWEMER (R.-O.), *Die Bindung des Gemeinschaftsgesetzgebers an die Grundfreiheiten*, Peter Lang, 1995
SCHWEMMER (A. S.), *Anknüpfungsprinzipien im Europäischen Kollisionsrecht*, Mohr Siebeck, 2018
SINANDER (E.), *Internationell kollektivavtalsreglering*, thèse université de Stockholm, 2017
SINZHEIMER (H.), *Ein Arbeitstarifgesetz. Die Idee der sozialen Selbstbestimmung im Recht,* Duncker & Humblot, 1917
SKELDON (R.), *Migration and Development: A Global Perspective*, Addison Wesley Longman, 1997
SQUIRE (C.), *La notion de travailleur en droit de l'Union européenne,* thèse université Paris I, 2013
STONE (P.), *EU Private International Law,* Elgar Publishing, 2016
SUPIOT (A.), *Beyond Employment : Changes in Work and the Future of Labour Law in Europe,* OUP, 2001
Critique du droit du travail, PUF, 2015
L'Esprit de Philadelphie. La justice sociale face au marché total, Seuil, 2010
SYRPIS (P.), *EU Intervention in Domestic Law,* OUP, 2007
TASCHNER (M.), *Arbeitsvertragsstatut und zwingende Bestimmungen nach dem Europäischen Schuldvertragsübereinkommen*, Frankfurt, 2003
VERGE (P.), VALLÉE (G.), *Un Droit du travail ? Essai sur la spécificité du droit du travail*, Yvon Blais, 1997
VIANGALLI (F.), *La théorie des conflits de lois et le droit communautaire,* PUAM, 2004
VINEY (G.), *La responsabilité, conditions*, LGDJ, 1980
WEATHERILL (S.), *Contract Law of the Internal Market*, Intersentia, 2016
Law and integration in the European Union, Clarendon Press, 1995
Law and Values in the European Union, Clarendon, 2016
The Internal Market as A Legal Concept, OUP, 2017
WILKE (F.), *A Conceptual Analysis of European Private International Law. The General Issues in the EU and its Member States*, Intersentia, 2019

YANNAKOUROU (S.), *L'Etat, l'autonomie collective et le travailleur. Etude comparée du droit italien et du droit français de la représentativité syndicale*, LGDJ, 1995

ZIEGLER (K.), *Arbeitnehmerbegriffe im Europäischen Arbeitsrecht*, Nomos, 2011

ACTES DE COLLOQUES ET OUVRAGES COLLECTIFS

VON BAR (C.) (dir.), *Europäisches Gemeinschaftsrecht und Internationales Privatrecht*, BSB, 1991

BARBOU DES PLACES (S.), PATAUT (É.), RODIÈRE (P.) (dir.), *Les frontières de l'Europe sociale*, Pedone, 2017

BRUUN (N.), LÖRCHER (K.), SCHÖMANN (I.) (dir.), *The Lisbon Treaty and Social Europe,* Hart Publishing, 2012

DAVIES (G.), AVBELJ (M.) (dir.), *Research Handbook on Legal Pluralism and EU Law*, Elgar Publishing, 2018

DOCKÈS (E.) et al., *Proposition de code du travail,* Dalloz, 2017

FUCHS (A.), MUIR WATT (H.), PATAUT (É.) (dir.), *Les conflits de lois et le système juridique communautaire*, Dalloz, 2004

GHENIM (A.), HANNOUN (C.), HENRIOT (P.), PESKINE (E.), RILOV (F.), VERNAC (S.) (dir.), *Groupes de sociétés et droit du travail*, Dalloz, 2019

GRUNDMANN (S.) (dir.), *Systembildung und Systemlücken in Kerngebieten des Europäischen Privatrechts*, Mohr Siebeck, 2000

VON HEIN (J.), KIENINGER (E. M.), RÜHL (G.) (dir.), *How European is European Private International Law ?,* Intersentia, 2019

VON HOFFMANN (B.) (dir), *European Private International Law*, Ars Aequi Libri, 1998

Institut suisse de droit comparé (dir.), *Le rôle du droit comparé dans l'avènement du droit européen*, Schulthess, 2000

KADNER GRAZIANO (T.), *Le contrat en droit privé européen : exercices de comparaison*, Bruylant/LGDJ, 2010

NOURISSAT (C.), PAILLER (L.) (dir.), *Un système de droit international privé de l'Union européenne ? Bilan et perspective des 20 ans de coopération judiciaire en matière civile,* Bruylant, 2023

POILLOT (E.), RUEDA (I.), PRÜM (A.) (dir.), *Les frontières du droit privé européen*, Larcier, 2012

DE QUADROS PESSOA CAVALCANTE (J.), CÉSAR VILLATORE (M. A.), TAYANO AFONSO (T. A.) (coord.), *Direito Internacional do Trabalho e a Organização Internacional do Trabalho*, LTr, 2018

TEUBNER (G.) (dir.), *Global Law without a State*, Dartmouth Publishing, 1997

TEYSSIÉ (B.) (dir.), *Le groupe en droit du travail,* Lexis Nexis, 2021

DE VAREILLES-SOMMIERES (P.) (dir.), *Le droit privé européen*, Economica, 1997
WAAS (B.), VAN VOSS (G. H.) (dir.), *Restatement of Labour Law in Europe. Vol 1: The Concept of Employee*, Hart Publishing, 2017

ARTICLES, CONTRIBUTIONS AUX OUVRAGES COLLECTIFS OU AUX ENCYCLOPÉDIES

ALSTON (P.), « 'Core Labour Standards' and the Transformation of the International Labour Rights Regime », *The European Journal of International Law*, 2004, vol. 15, n° 3, p. 457
ANCEL (M.-É.), « De la loi applicable à l'action en paiement du sous-traitant contre le maître de l'ouvrage », *RCDIP* 2009, p. 736
AUDIT (B.), « Le droit international privé à la fin du XXe siècle : progrès ou recul », *RIDC* 1998, p. 421
AUDIT (M.), « L'interprétation autonome du droit international privé communautaire », *JDI* 2004, p. 789
D'AVOUT (L.), « Les lois de police », AZZI (T.), BOSKOVIC (O.) (dir.), *Quel avenir pour la théorie générale des conflits de lois ?*, Bruylant, 2015, p. 91
  « Le sort des règles impératives dans le règlement Rome I », *D.* 2008, p. 2165
  « Vers l'itinérance inconditionnelle (ou nomadisme) des sociétés en Europe ? », *D.* 2017, p. 2512
AZOULAI (L.), « Le rôle constitutionnel de la Cour de justice des Communautés européennes tel qu'il se dégage de sa jurisprudence », *RTD Eur* 2008, p. 29
  « Le sens du social dans le droit de l'Union européenne », BARBOU DES PLACES (S.), PATAUT (É.), RODIÈRE (P.) (dir.), *Les frontières de l'Europe sociale*, Pedone, 2017, p. 265
  « The European Individual as Part of Collective Entities (Market, Family, Society) », AZOULAI (L.), BARBOU DES PLACES (S.), PATAUT (É.) (dir.), *Constructing the Person in EU Law : Rights, Roles, Identities,* Hart Publishing, 2016, p. 203
AZZI (T.), « Bruxelles I, Rome I, Rome II : regard sur la qualification en droit international privé communautaire », *D.* 2009, p. 1621
VON BAR (C.), « Le groupe d'études sur un code civil européen », *RIDC* 2001, p. 127
BARBER (N.), « The Limited Modesty of Subsidiarity », *ELJ* 2005, p. 308
BARBOU DES PLACES (S.), « The integrated person in EU Law », AZOULAI (L.), BARBOU DES PLACES (S.), PATAUT (É.) (dir.), *Constructing the Person in EU Law : Rights, Roles, Identities,* Hart Publishing, 2016, p. 179

« Où en est l'esprit de système ? À propos de la fragmentation du droit de la libre circulation des travailleurs », *Liber Amicorum en hommage à Pierre Rodière*, LGDJ, 2019, p. 27

BARIATTI (S.), « Restrictions resulting from the EC Treaty provisions for Brussels I and Rome I », MEEUSEN (J.), PERTEGAS (M.), STRAETMANS (G.) (dir.), *Enforcement of International Contracts in the European Union*, p. 77

BARIATTI (S.), PATAUT (É.), « Codification et théorie générale du droit international privé », FALLON (M.), LAGARDE (P.), POILLOT-PERUZZETTO (S.) (dir.), *Quelle architecture pour un code européen de droit international privé ?,* Peter Lang, 2012, p. 337

BARNARD (C.), « EU 'Social' Policy: From Employment Law to Labour Market Reform' », CRAIG (P.), DE BÚRCA (G.) (dir.), *The Evolution of EU Law*, OUP, 2011, p. 641

« Internal Market v. Labour Market: A Brief History », DE VOS (M.) (dir.), *European Union Internal Market and Labour Law: Friends or Foes ?*, Intersentia, 2009, p. 19

« The Economic Objectives of Article 119 », HERVEY (T. K.), O'KEEFFE (D.) (dir.), *Sex Equality Law in the European Union*, Wiley, 1996, p. 321

« The UK and Posted Workers: The Effect of Commission v Luxembourg on the Territorial Application of British Labour Law », *ILJ* 2009, p. 122

« The Worker Protection Justification: Lessons from Consumer Law », KOUTRAKOS (P.), SHUIBHNE (N. N.), SYRPIS (P.) (dir.), *Exceptions from EU Free Movement Law: Derogation, Justification and Proportionality*, Hart Publishing, 2016, p. 106

BARNARD (C.), DEAKIN (S.), « Market Access and Regulatory Competition », BARNARD (C.), SCOTT (J.) (dir.), *The Law of the European Single Market*, Hart Publishing, 2002, p. 197

« Social Policy and Labour Market Regulation », MENON, (A.) JONES (E.), WEATHERILL (S.) (dir.), The Oxford Handbook of the European Union, *OUP,* 2015, p. 542

BARRIÈRE BROUSSE (I.), « Le Traité de Lisbonne et le droit international privé », *JDI* 2010, doctr. 1

BASEDOW (J.), « Der kollisionsrechtliche Gehalt der Produktfreiheiten im europäischen Binnenmarkt: favor offerentis », *RabelsZ* 1995, p. 1

« European Conflict of Laws under the Treaty of Amsterdam », BORCHERS (P. J.), ZEKOLL (J.) (dir.), *International Conflict of Laws for the Third Millennium. Essays in Honor of Friedrich K. Juenger*, Transnational Publishers, 2001, p. 175

« Materielle Rechtsangleichung und Kollisionsrecht », SCHNYDER (A. K.) et al. (dir.), *Internationales Verbraucherschutzrecht*, Mohr Siebeck, 1995, p. 15

« Rapport de synthèse : Quel droit privé pour l'Europe ? », BERGÉ (J.-S.), NIBOYET (M.-L.) (dir.), *La réception du droit communautaire en droit privé des états membres*, *Bruylant,* 2003, p. 234

« Recherches sur la formation de l'ordre public européen dans la jurisprudence », *Mélanges en l'honneur de Paul Lagarde. Le droit international privé : esprit et méthodes*, Dalloz, 2005, p. 55

« Spécificité et coordination du droit international privé communautaire », *TCFDIP*, 2002-2004, Pedone, 2005, p. 275

« The Communitarization of the Conflict of Laws under the Treaty of Amsterdam », *CMLR* 2000, p. 687

BATIFFOL (H.), « Les intérêts de droit international privé », LÜDERITZ (A.), KEGEL (G.) et al. (dir.), *Internationales Privatrecht und Rechtsvergleichung im Ausgang des 20. Jahrhunderts. Bewahrung oder Wende? Festschrift für Gerhard Kegel*, Metzner, 1977, p. 11

« Subjectivisme et Objectivisme dans le droit international privé des contrats », *Mélanges offerts à Jacques Maury*, Dalloz, 1960, p. 39

BAUGARD (D.), « De la réintégration du salarié détaché auprès d'une filiale à l'étranger », *RDT* 2020, p. 745

BEAUMONT (P.), « European Court of Justice and Jurisdiction and Enforcement of Judgments in Civil and Commercial Matters », *ICLQ* 1999, p. 223

« Private International Law of the European Union: Competence Questions Arising from the Proposed Rome II Regulation on Choice of Law in Non-Contractual Obligations », BRAND (R.) (dir.), *Private Law, Private International Law & Judicial Cooperation in the EU-US Relationship*, Qatar, CILE Studies, 2, 2005, p. 15

BEAUMONT (P.), DANOV (M.), TRIMMINGS (K.), YÜKSEL (B.), « Cross-border Litigation in Europe: Some Theoretical Issues and Some Practical Challenges », BEAUMONT (P.), DANOV (M.), TRIMMINGS (K.), YÜKSEL (B.) (dir.), *Cross-Border Litigation in Europe,* Hart Publishing, 2017, p. 819

BENLOLO CARABOT (M.), « Le travailleur, indétrônable catégorie reine du droit de la libre circulation des personnes dans l'Union européenne ? », *RTD Eur* 2018, p. 59

BÉRAUDO (J.-P.), « Le règlement (CE) du Conseil du 22 déc. 2000 concernant la compétence judiciaire, la reconnaissance et l'exécution des décisions en matière civile et commerciale », *JDI* 2001, p. 1033

BERGÉ (J.-S.) « Book review. Hans-Wolfgang MICKLITZ, Carla SIEBURGH (eds.), Primary EU Law and Private Law Concepts; Private Law and the Internal Market », *ERPL* 2018, p. 579

« Droit international privé et approche contextualisée des cas de pluralisme juridique mondial », D'AVOUT (L.), BUREAU (D.), MUIR WATT (H.) (dir.), *Mélanges en l'honneur du Professeur Bernard Audit. Les relations privées internationales*, LGDJ, 2014, p. 59

« Le droit européen face à la fragmentation du droit applicable aux relations internationales », THOUVENIN (J.-M.) et al. (dir.), *La fragmentation du droit applicable aux relations internationales. Regards croisés d'internationalistes privatistes et publicistes*, Pedone 2011, p. 111

BERGÉ (J.-S.), PORCHERON (D.), VIEIRA DA COSTA CERQUEIRA (G.), « Droit international privé et droit de l'Union européenne », LAGARDE (P.), CARREAU (D.), SYNVET (H.) (dir.), *Répertoire de droit international,* Dalloz, avril 2017, n° 95

VAN DEN BERGHE (F.), « The European Union and the protection of minorities: how real it the alleged double standard? », *YEL* 2003, p. 175

BERMANN (G. A.), « Le droit comparé et le droit international : alliés ou ennemis », *RIDC* 2003, p. 519

« Rome I: A Comparative View », FERRARI (F.), LEIBLE (S.) (dir.), *Rome I Regulation: The Law Applicable to Contractual Obligations in Europe,* Sellier, 2009, p. 349

BERNARD (N.), « La libre circulation des marchandises, des personnes et des services dans le Traité CE sous l'angle de la compétence », *CDEur* 1998, p. 33.

BIRK (R.), « Die Abfindung im Internationalen Arbeitsrecht », *EuZA* 2008, p. 297

« Die Harmonisierung des Arbeitsrechts im europäischen Binnenmarkt – Gemeinschaftscharta und Aktionsprogramm der EG-Kommission », BIRK (R.) et al. (dir.), *Die soziale Dimension des europäischen Binnenmarktes*, Bibliographisches Institut & F.A. Brockhaus AG, 1990, p. 11

« Europäisches kollektives Arbeitsrecht – insbesondere der Europäische Betriebsrat », GRUNDMANN (S.) (dir.), *Systembildung und Systemlücken in Kerngebieten des Europäischen Privatrechts*, Mohr Siebeck, 2000, p. 387

« Rechtswahl und Rechtsformzwang im Arbeitskollisionsrecht », ARKAN (S.), YONGALIK (A.) (dir.), *Festschrift Liber Amicorum Tuğrul Ansay*, Kluwer Law International, 2006, p. 15

BLACKETT (A.), « Transnational labour law and collective autonomy for marginalized workers: Reflections on decent work for domestic workers », BLACKETT (A.), TREBILCOCK (A.) (dir.), *Research Handbook on Transnational Labour Law*, 2015, p. 230

BLANC-JOUVAN (X.), « L'internationalisation des rapports de travail », *Les transformations du droit du travail, Études offertes à G. Lyon-Caen*, Dalloz, 1989, p. 67

BLUMANN (C.), « L'autorité européenne du travail ou l'émergence d'un nouvel acteur dans le paysage social européen », *Mélanges en l'honneur du Professeur Bernard Teyssié*, Lexis Nexis, 2019, p. 625

BOGG (A.), NOVITZ (T.), « Links between Individual Employment Law and Collective Labour Law. Their Implications for Migrant Workers »,

COSTELLO (C.), FREEDLAND (M.) (dir.), *Migrants at Work*, OUP, 2014, p. 361

BONNECHÈRE (M.), « Mondialisation, multinationales et droit du travail : éléments de réflexion », *DO* 2019, p. 58

BONOMI (A.), « Overriding Mandatory Provisions in the Rome I Regulation on the Law Applicable to Contracts », *YPIL* 2008, p. 285

BOSKOVIC (O.), « La protection de la partie faible dans le règlement Rome I », *D.* 2008, p. 2175

« Les aspects de droit international privé du devoir de diligence et de la responsabilité des entreprises : bilan d'étape », *D.* 2022, p. 185

BÖTTCHER (M.), « Der Employment Status im englischen Recht », *EuZA* 2017, p. 370

BOULMIER (D.), « Dissimulation d'emploi salarié : retour sur le 'lien de subordination permanente – à propos de Crim., 14 février 2006 », *JCP E* 2006, n° 26, p. 2039

BOUZA VIDAL (N.), « La salvaguarda del orden público en los contratos internacionales: enfoque de derecho internacional privado y su adaptación en el derecho europeo », *InDret* 2/2017, p. 71

BROWNSWORD (R.), VAN GESTEL (R. A. J.), MICKLITZ (H.-W.), « Introduction – contract and regulation: changing paradigms », BROWNSWORD (R.), VAN GESTEL (R. A. J.), MICKLITZ (H.-W.) (dir.), *Contract and Regulation. A Handbook on New Methods of Law Making in Private Law,* Elgar Publishing, 2017, p. 1

BRUUN (N.), JONSSON (C.-M.), « Nordic countries », BÜCKER (A.), WARNECK (W.) (dir.), *Viking – Laval – Rüffert: Consequences and policy perspectives*, ETUI, 2010, p. 13

BRUUN (N.), MALMBERG (J.), « *Lex Laval:* Collective Action and Posted Work in Sweden », BLANPAIN (R.), HENDRICKX (F.) (dir.), *Labour Law between Change and Tradition. Liber Amicorum Antoine Jacobs,* Kluwer Law International, 2011, p. 21

BUCHER (A.), « Sur les règles de rattachement à caractère substantiel », *Liber amicorum A. Schnitzer*, Librairie de l'université de Genève, 1986, p. 39

BULL (W.), GE (J.), GOANTA (C.), KAWAKAMI (M.), SMITS (J.), « Who does what in consumer Law: a search for criteria for centralized lawmaking », AKKERMANS (B.), HAGE (J.), KORNET (N.), SMITS (J.) (dir.), *Who Does What? On the allocation of regulatory competences in European Private Law,* Intersentia, 2015, p. 97

CALLSEN (R.), « Verdrängung fremden Arbeitsrechts bei Auslandsarbeit durch das Ortsrecht am Beispiel Frankreichs – Mit Ausblicken nach Spanien und Italien », *EuZA* 2012, p. 154

CARRUTHERS (J. M.), CRAWFORD (E. B.), « Variations on a Theme of Rome II – Part I », *Edinburgh L. Rev.*, 2005, p. 65

CEREXHE (E.), « L'égalité de traitement dans l'ordre juridique communautaire », MANIN (P.), NAFILYAN (G.), MEGRET (C.) (dir.),

Études de Droit des Communautés Européennes : Mélanges offerts à Pierre-Henri Teitgen, Pedone, 1984, p. 33

CESARO (J.-F.), « Les ordres publics en droit du travail : de l'international au supranational », *JCP S*, 2017, n° 16, p. 1129

CHAVRIER (N.), « Fraude au détachement, la France en fait-elle trop ? », *JSL* 2015, n° 390

CHENEVIÈRE (C.), « L'art. 68 TCE. Rapide survol d'un renvoi préjudiciel mal compris », *CDEur* 2004, p. 567

CHOLEWINSKI (R.), « Migration internationale de main-d'œuvre », OPESKIN (B.), PERRUCHOUD (R.), REDPATH-CROSS (J.) (dir.), *Le droit international de la migration*, Schulthess, 2014, p. 339

CLAVEL (S.), « The regulatory function of choice of law rules applying to contracts for services in the European Union », CAFAGGI (F.), MUIR WATT (H.) (dir.), *The Regulatory Function of European Private Law*, Elgar Publishing, 2009, p. 62

COLLINS (H.), « Against Abstentionism in Labour Law », EEKELAAR (J.), BELL (J.) (dir.), *Oxford Essays in Jurisprudence*, OUP, 1987, p. 79

« Contractual Autonomy », COSTELLO (C.), PRASSL (J.), BOGG (A.) (dir.), *The Autonomy of Labour Law*, Hart Publishing, 2015, p. 45

« Is There a Third Way in Labour Law? », CONAGHAN (J.), MICHAEL FISCHL (R.), KLARE (K.) (dir.), *Labour Law in an Era of Globalization,* OUP, 2000, p. 449

« Social Dumping, Multi-level Governance and Private Law in Employment Relationships », LECZYKIEWICZ (D.), WEATHERILL (S.) (dir.), *The Involvement of EU Law in Private Law Relationships,* Hart Publishing, 2013, p. 223

COHEN (D.), « Groupes de sociétés et co-emploi », *Mélanges en l'honneur du Professeur Bernard Teyssié*, Lexis Nexis, 2019, Lexis Nexis, 2019, p. 93

COURBE (P.), « L'ordre public de proximité », *Mélanges en l'honneur de Paul Lagarde. Le droit international privé : esprit et méthodes*, Paris, Dalloz, 2005, p. 227

COUTU (M.), « Autonomie collective et pluralisme juridique : Georges GURVITCH, Hugo SINZHEIMER et le droit du travail », ROUX (D.) (dir.), *Autonomie collective et droit du travail*, p. 73

CUNIBERTI (G.), « Some Remarks on the Efficiency of Exequatur », KRONKE (H.), THORN (K.) et al. (dir.), *Grenzen überwinden – Prinzipien bewahren: Festschrift für Bernd von Hoffmann zum 70. Geburtstag*, Gieseking Verlag, 2011, p. 568

DABOSVILLE (B.), « Le salaire minimum légal, la convention collective et le juge. Comparaison franco-allemande », *RDT* 2018, p. 77

DÄUBLER (W.), « Das neue Internationale Arbeitsrecht », *RIW* 1987, p. 249

DAVIES (A. C. L.) « The 'Constitutionalisation' of Labour Law: Possibilities and Problems », ZIEGLER (K. S.), HUBER (P. M.) (dir.), *Current Problems in the Protection of Human Rights in Germany and the UK*, Hart Publishing, 2012, p. 45

DAVIES (G.), « Freedom of Contract and the Horizontal Effect of Free Movement Law », LECZYKIEWICZ (D.), WEATHERILL (S.) (dir.), *The Involvement of EU Law in Private Law Relationships*, Hart Publishing, 2013, p. 53

« Freedom of Movement, Horizontal Effect, and Freedom of Contract », *ERPL* 2012, p. 805

DEAKIN (S.), « Labour Law as Market Regulation : the Economic Foundations of European Social Policy », DAVIES (P.), LYON-CAEN (A.), SCIARRA (S.), SIMITIS (S.) (dir.), *European Community Labour Law : Principles and Perspectives. Liber Amicorum Lord Wedderburn of Charlton*, Clarendon Press, 1996, p. 62

« Legal Diversity and Regulatory Competition: Which Model for Europe? », *ELJ* 2006, p. 440

« Regulatory Competition in Europe after Laval », *CYELS* 2008, p. 581

DEFOSSEZ (A.), « Chronique Libre circulation des marchandises, liberté d'établissement et libre prestation de services - Prise en compte de la reconnaissance mutuelle : à quel stade du raisonnement ? », *RTD Eur* 2013, p. 174

DEINERT (O.), « Neues Internationales Arbeitsvertragsrecht », *RdA* 2009, p. 144

« Neuregelung des Fremdpersonaleinsatzes im Betrieb », *RdA* 2017, p. 65

« Territoriale Betriebsverfassung in einer international verflochtenen Wirtschaft », *AuR* 2021, n° 3, p. 100

DEL MAR LÓPEZ INSUA (B.), « Chapter Eight. Fronteras entre el trabajo asalariado y en autónomo: el trabajdor económicamente dependiente », CEREJEIRA NAMORA (N.) et al. (dir.), *The Balance between Worker Protection and Employer Powers: Insights from around the World*, Cambridge Scholars Publishing, 2018, p. 251

DEPREZ (J.), « Evolutions récentes des solutions de conflits de lois en matière de contrat de travail international », *Mélanges en l'honneur d'Henri Blaise,* Economica, 1995, p. 165

DESBARATS (I.), « Quel statut social pour les travailleurs des plateformes numériques ? La RSE en renfort de la loi », *DSOC* 2017, p. 971

DICKINSON (A.), « European Private International Law : Embracing New Horizons or Mourning the Past », *JPIL* 2005, p. 197

« Rome II Regulation (non-contractual obligations) », BASEDOW (J.), RÜHL (G.), FERRARI (F.), DE MIGUEL ASENSIO (P.) (dir.), *Encyclopedia of Private International Law,* Elgar Publishing, 2017, p. 1562

DOCKÈS (E.), « Notion de contrat de travail », *DSOC* 2011, p. 546

DRIGUEZ (L.), « Le détachement des travailleurs après la directive sur les services », *Europe* 2007, dossier 14

DROBNIG (U.), « Conflict of Laws and the European Economic Community », *Am. J. Comp. L.* 1967, p. 204

DROZ (G. A.-L.) « La Convention de Lugano parallèle à la Convention de Bruxelles », *RCDIP* 1989, p. 1

« La Convention de San Sebastian alignant la Convention de Bruxelles sur la Convention de Lugano », *RCDIP* 1990, p. 1

DROZ (G. A-L.), GAUDEMET-TALLON (H.), « *La transformation de la Convention de Bruxelles du 27 sept. 1968 en règlement du Conseil concernant la compétence judiciaire, la reconnaissance et l'exécution des décisions en matière civile et commerciale* », *RCDIP* 2001, p. 601

DUCHANGE (G.), « Le coemploi réduit à 'l'immixtion permanente' : explications prétoriennes et perspectives à venir », *BJT,* janvier 2021

DUPRAT (P.), « Contrats de travail », Transeurope Experts (dir.), *Règlement (UE) n° 2015/848,* Paris, 2015, p. 121

DURAND (P.), « Aux frontières du contrat et de l'institution. La relation de travail », *JCP G 1*944, n° 387

« Le dualisme de la convention collective de travail », RTD civ. 1939, p. 353

VAN DEN EECKHOUT (V.), « Promoting Human Rights within the Union: The Role of European Private International Law », *ELJ* 2008, p. 105

EHLERMANN (C. D.), « Compétition entre systèmes réglementaires », *RMU*, 1995, n° 387, p. 220

EVJU (S.), « Grenzüberschreitender Arbeitskampf auf Schiffen und Rechtswahl », *RIW* 2007, p. 898

« Imperative law, derogation and collective agreements », KONZEN (H.), KREBBER (S.), RAAB (T.), VEIT (B.), WAAS (B.) (dir.), *Festschrift für Rolf Birk zum siebzigsten Geburtstag,* Mohr Siebeck, 2008, p. 61

« Norway », R. BLANPAIN, A. M. SWIATKOWSKI (dir.), *The Laval and Viking Cases*, Kluwer Law International, 2009, p. 123

« Revisiting the Posted Workers Directive: Conflict of Laws and Laws in Contrast », *CYELS* 2011, p. 168

EVJU (S.), NOVITZ (T.), « The Evolving Regulation: dynamics and consequences », *FORMULA Working Paper* 2012, n° 33, p. 1

FABRE (A.), « La 'fondamentalisation' des droits sociaux en droit de l'Union européenne », TINIÈRE (R.), VIAL (C.) (dir.), *La protection des droits fondamentaux dans l'Union européenne. Entre évolution et permanence*, Bruylant, 2015, p. 165

« Les travailleurs des plateformes sont-ils des salariés ? », *RDT* 2018, p. 547

FABRE (A.), HUGLO (J.-G.), « Regards croisés sur l'interprétation conforme du droit du social national », *DSOC* 2021, p. 964

FALLON (M.), « Approche systémique de l'applicabilité dans l'espace de Bruxelles I et de Rome I », MEEUSEN (J.), PERTEGAS (M.), STRAETMANS (G.) (dir.), *Enforcement of International Contracts in the*

European Union. Convergence and divergence between Brussels I and Rome I, Anvers, 2004, p. 147

« Le détachement européen des travailleurs, à la croisée de deux logiques conflictualistes », *RCDIP* 2008, p. 781

« Le domaine spatial d'un code européen de droit international privé. Emergence et modalités de règles de caractère universel », FALLON (M.), LAGARDE (P.), POILLOT-PERUZZETTO (S.) (dir.), *Quelle architecture pour un code européen de droit international privé ?*, Peter Lang, 2011, p. 59

« Le principe de proximité dans le droit de l'Union européenne », *Mélanges en l'honneur de Paul Lagarde. Le droit international privé : esprit et méthodes*, Dalloz, 2005, p. 241

« Libertés communautaires et règles de conflit de lois », FUCHS (A.), MUIR WATT (H.), PATAUT (É.) (dir.), *Les conflits de lois et le système juridique communautaire*, Dalloz, 2004, p. 31

« Lois de police et droit communautaire », *RCDIP* 2000, p. 710

FALLON (M.), MEEUSEN (J.), « Le commerce électronique, la directive 2000/31/CE et le droit international privé », *RCDIP* 2002, p. 435

« Private international law in the European Union and the exception of mutual recognition », *YPIL* 2002, p. 37.

FALLON (M.), FRANCQ (S.), *« La coopération judiciaire civile et le droit international privé. Vers un droit proprement communautaire des conflits de lois ou de juridictions »,* DE SCHUTTER (O), NIHOUL (P.) (dir.), *Une constitution pour l'Europe, Réflexions sur les transformations du droit de l'Union européenne,* Larcier, 2004, p. 239

« Towards Internationally Mandatory Directives for Consumer Contracts », BASEDOW (J.) et al. (dir.), *Private Law in the International Arena, Liber Amicorum Kurt Siehr,* Asser, 2000, p. 155

FAUVARQUE-COSSON (B.), « Droit international privé et droit comparé : brève histoire d'un couple à l'heure de l'Europe », *Vers de nouveaux équilibres entre ordres juridiques. Liber amicorum Hélène Gaudemet-Tallon*, Dalloz, 2008, p. 43

FAVENNEC-HERY (F.), « L'extinction de la relation de travail dans les groupes », *DSOC* 2010, p. 762

FENTIMAN (R.), « Choice of Law in Europe: Uniformity and Integration », *Tul. L. Rev.* 2008, p. 2021

FAUVARQUE-COSSON (B.), « Faut-il un code civil européen ? », *RTD Civ* 2002, p. 463

FERNÁNDEZ-MACÍAS (E.), VACAS-SORIANO (C.), « A coordinated European Union minimum wage policy? », *EJIR* 2015, p. 1

FETSCH (J.), « Freiberufliche Gebührenordnungen und die Grundfreiheiten des EG-Vertrages », *ZEuP* 2005, p. 541

FILLON (J.-C.), « Le détachement de travailleurs salariés version sécurité sociale », *DSOC* 2016, p. 609

FIORINI (A.), « The Evolution of European Private International Law », *ICLQ* 2008, p. 969

FONTAINE (M.), « Rapport de synthèse », GHESTIN (J.), FONTAINE (M.) (dir.), *La protection de la partie faible dans les rapports contractuels. Comparaisons franco-belges*, LGDJ, 1996, p. 616

FORNASIER (M.), « Collective Bargaining in Germany and its Interaction with State Legislation and Individual Employment Contracts », BASEDOW (J.), SU (C.), FORNASIER (M.), LIUKKUNEN (U.) (dir.), *Employee Participation and Collective Bargaining in Europe and China,* Mohr Siebeck, 2016, p. 29

« Die Ausweichklausel im europäischen Arbeitskollisionsrecht », *IPRax* 2015, p. 517

« Employment contracts, applicable law », BASEDOW (J.), RÜHL (G.), FERRARI (F.), DE MIGUEL ASENSIO (P.) (dir.), *Encyclopedia of Private International Law,* Elgar Publishing, 2017, p. 616

FOURET (J.), BEAUCHARD (R.), « Le CETA offre-t-il des garanties suffisantes pour la préservation des législations soiales et environnementales », *RDT* 2019, p. 378

FRANCESKAKIS (P.), « Compte rendu de l'article de 1953 », *RCDIP* 1954, p. 230

« Introduction », ROMANO (S.), *L'ordre juridique,* Dalloz, 2002, p. I

« Quelques précisions sur les lois d'application immédiate et sur leurs rapports avec les règles des conflits de lois », *RCDIP* 1966, p. 1

FRANCQ (S.), « Le droit international privé européen, entre confiance mutuelle et sécurité juridique. Les limites de l'imaginaire européen », *TCFDIP,* 2016-2018, Pedone, 2019, p. 153

« Loi applicable aux obligations contractuelles : matières civile et commerciale », SIMON (D.), POILLOT-PERUZZETTO (S.) (dir.), *Répertoire de droit européen*, mars 2013, actualisation juin 2016

« Règlement Rome I : obligations contractuelles », LAGARDE (P.), CARREAU (D.), SYNVET (H.) (dir.), *Répertoire de droit international,* Dalloz, mars 2013, actualisation juin 2016

FREDMAN (S.), « Discrimination Law in the EU : Labour Market Regulation or Fundamental Rights? », COLLINS (H.), DAVIES (P.), RIDEOUT (R.) (dir.), *Legal Regulation of the Employment Relation*, Kluwer, 2002, p. 189

FREEDLAND (M.), « Application of Labour and Employment Law beyond the Contract of Employment », *ILJ* 2007, p. 3

« From the Contract of Employment to the Personal Work Nexus », *ILJ* 2006, p. 1

« The Involvement of EU Law in Personal Work Relations: A Defining Issue for European Private Law », LECZYKIEWICZ (D.), WEATHERILL (S.) (dir.), *The Involvement of EU Law in Private Law Relationships,* Hart Publishing, 2013, p. 279

FREEDLAND (M.), COSTELLO (C.), « Migrants at Work and the Division of Labour Law », COSTELLO (C.), FREEDLAND (M.) (dir.), *Migrants at Work and the Division of Labour Law*, OUP, 2014, p. 1

FREEDLAND (M.), KOUNTOURIS (N.), « Towards a Comparative Theory of the Contractual Construction of Personal Work Relations in Europe », *ILJ* 2008, p. 49

« Some reflections on the 'personal scope' of collective labour law », *ILJ* 2017, n° 46 (1), p. 52

FRISON-ROCHE, « Définition du droit de la régulation économique », *D.* 2004, p. 126

GAMILLSCHEG (F.), « Dimskal Shipping Co. S. A. vs. International Transport Workers Federation », *Arbeit und Recht, Festschrift für Albert Gnade*, Bund-Verlag, 1997, p. 755

« Les principes du droit du travail international », *RCDIP* 1961, p. 265

GANGSTED (J.), VAN CALSTER (G.), « Protected Parties in European and American Conflict of Laws: A Comparative Analysis of Individual Employment Contracts », *YPIL* 2017, p. 83

GARCIMARTÍN ALFÉREZ (F.), « Hermeneutic Dialogue between Rome I and Rome II: General Principles and Argumentative Rules », *A Commitment to Private International Law. Essays in Honour of Hans Van Loon*, Intersentia, 2013, p. 169

« Rome Convention ; Rome I Regulation (Contractual Obligations) », BASEDOW (J.), RÜHL (G.), FERRARI (F.), DE MIGUEL ASENSIO (P.) (dir.), *Encyclopedia of Private International Law,* Elgar, 2017, p. 1553

GARDEÑES SANTIAGO (M.), « Derecho imperativo y derecho internacional de trabajo », *RMESS* 2017, p. 163

« Le détachement transnational de travailleurs dans le cadre des prestations de services : un sujet spécialement difficile pour le marché intérieur », *Mélanges en l'honneur du Professeur Joël Molinier,* LGDJ, 2012, p. 255

« Normas materiales imperativas o leyes de policía en materia de trabajo : sus problemas de aplicación en el espacio intracomunitario de relaciones laborales », *Estudos em Memória do Professor António Marques dos Santos,* Almedina, 2005, p. 680

GAUDEMET-TALLON (H.), « La cohérence des sources communautaires et internationales », LEROYER (A.-M.), JEULAND (E.) (dir.), *Quelle cohérence pour l'espace judiciaire européen ?*, Dalloz, 2004, p. 67

« Le droit international privé des contrats dans un ensemble regional : l'exemple du droit communautaire, EINHORN (T.), SIEHR (K.) (dir.), *International Cooperation Through Private International Law : Essays in Honour of Peter E. Nygh,* T. M. C. Asser, 2004, p. 117

« L'utilité d'une unification du droit international privé de la famille dans l'Union européenne », *Estudos em Homanagem à Professora Doutora Isabel de Magalhaes Collaço*, p. 159

« Quel droit international privé pour l'Union européenne ? », BORCHERS (J.), ZEKOLL (J.) (dir.), *International Conflict of Laws for the Third Millennium. Essays in Honor of Friedrich K. Juenger*, Transnational Publishers, 2001, p. 317

GAUDU (F.), « Le retour du salarié », *DSOC* 1991, p. 906

GIRERD (P.), « Un renvoi préjudiciel d'interprétation et d'application incertaine », *RTD Eur* 1999, p. 139

GLENN (P.), « Harmonization of law, foreign law and private international law », *ERPL* 1993, p. 47

GOLDSTEIN (G.), « L'exception de prévisibilité », *RCDIP* 2018, p. 3

GÓMEZ (F.), ARTIGOT (M.), « Private Autonomy, Weak Parties and Private Law: Views from Law and Economics », VOGENAUER (S.), WEATHERILL (S.) (dir.), *General Principles of Law*, Bloomsbury, 2017, p. 307

GOTHOT (P.), « Le renouveau de la tendance unilatéraliste en droit international privé », *RCDIP* 1971, p. 1.

GROUX (J.), « 'Territorialité' et droit communautaire », *RTD Eur* 1987, p. 25

GRUNDMANN (S.), « Binnenmarktkollisionsrecht – vom klassischen IPR zur Integrationsordnung », *RabelsZ* 2000, p. 457

« Information, Party Autonomy and Economic Agents », *CMLR* 2002, p. 269

« Internal Market Conflict of Laws - From Traditional Conflict of Laws to an Integrated Two Level Order », FUCHS (A.), MUIR WATT (H.), PATAUT (É) (dir.), *Les conflits de lois et le système juridique communautaire,* Paris, 2004, p. 5

GRUSIC (U.), « Contractual Networks in European Private International Law », *ICLQ* 2016, p. 581

« European Labour Market: Posted Workers Directive and the Social Implications of the Movement of Labour », MUIR WATT (H.), BIZIKOVÁ (L.), BRANDÃO DE OLIVEIRA (A.), FERNANDEZ ARROYO (D. P.) (dir.), *Global Private International Law: Adjudication without Frontiers,* Elgar Publishing, 2019, p. 473

« Recognition and enforcement of judgments in employment matters in EU private international law », *JPIL* 2016, p. 521

« The Principle of Effectiveness in European Law », BERGÉ (J.-S.), FRANCQ (S.), GARDEÑES SANTIAGO (M.) (dir.), *Boundaries of European Private International Law,* Bruylant, 2015, p. 427

« The Territorial Scope of Employment Legislation and Choice of Law », *MLR* 2012, p. 722

GUIBBONI (S.), « Social Rights and Market Freedoms in the European Constitution: A Re-Appraisal », *ELLJ* 2010, p. 174

GUILLAUMÉ (J.), « Ordre public international - Notion d'ordre public », *Jurisclasseur Droit international*, n° 534-10, 2 mai 2018

GUIOMARD (F.), « L'autonomie collective face aux juges », *RDT* 2016, p. 838

GUZMAN (A. T.), « Choice of Law: New Foundations », *Georgetown Law Journal* 2002, p. 883

HAMMJE (P.), « Nom-Prénom », LAGARDE (P.), CARREAU (D.), SYNVET (H.) (dir.), *Répertoire de droit international,* mai 2018

HARRISON (J.), BARBU (M.), CAMPLING (L.), RICHARDSON (B.), SMITH, (A.) « Governing Labour Standards through Free Trade Agreements : Limits of the European Union's Trade and Sustainable Development Chapters », *JCMS* 2019, p. 260

HATZOPOULOS (V.), « Legal Aspects in Establishing the Internal Market for Services », *College of Europe Research Papers in Law,* 2007

« Que reste-t-il de la directive sur les services ? », *CDEur* 2007, vol. 43, n° 3-4, p. 313

HAURIOU (M.), « L'institution et le droit statutaire », *Recueil de législation,* 1906, p. 134

VON HEIN (J.), « Artikel 8 Rom I-VO », RAUSCHER (dir.) *Europäisches Zivilprozess- und Kollisionsrecht. Band III : Rom I-VO, Rom II-VO*, Otto-Schmidt-Verlag, 2016

« Einleitung zum Internationalen Privatrecht », VON HEIN (J.) (dir.), *Münchener Kommentar zum BGB, Internationales Privatrecht I*, tome 11, Beck, 2018

« EU Competence to Legislate in the Area of Private International Law and Law Reforms at the EU Level », BEAUMONT (P.), DANOV (M.), TRIMMINGS (K.), YÜKSEL (B.) (dir.), *Cross-Border Litigation in Europe,* Hart Publishing 2017, p. 19

« Something Old and Something Borrowed, but Nothing New? Rome II and the European Choice-of-Law Evolution », *Tul. L. Rev.* 2008, p. 1663

HENRY (L. C.), « La réforme oubliée, la protection des salariés face à l'insolvabilité de l'employeur », *D.* 2013, p. 2410

HENSSLER (M.), « Fremdpersonaleinsatz durch On-Site-Werkverträge und Arbeitnehmerüberlassung – offene Fragen und Anwendungsprobleme des neuen Rechts », *RdA* 2017, p. 83

« Mindestlohn und Tarifrecht », *RdA* 2015, p. 43

HEPPLE (B.), « Equality and Discrimination », DAVIES (P.), LYON-CAEN (A.), SCIARRA (S.), SIMITIS (S.) (dir.), *European Community Labour Law: Principles and Perspectives. Liber Amicorum Lord Wedderburn of Charlton*, Clarendon, 1996, p. 237

« Social Values and European Law », *Current Legal Problems* 1995, p. 39

HERGENRÖDER (C. W.), « Internationales Arbeitskampfrecht », KONZEN (H.), KREBBER (S.), RAAB (T.), VEIT (B.), WAAS (B.) (dir.), *Festschrift für Rolf Birk zum siebzigsten Geburtstag,* Mohr Siebeck, 2008, p. 197

HEUZÉ (V.), « D'Amsterdam à Lisbonne, l'Etat de droit à l'épreuve des compétences communautaires en matière de conflit de lois », *JCP G*, 2008, I, n° 166

« De la compétence de la loi du pays d'origine en matière contractuelle ou l'anti-droit européen », JOBARD-BACHELLIER (M.-N.), MAYER (P.) (dir.), *Mélanges P. Lagarde*, Paris, 2005, p. 393

« Le droit des assurances », FUCHS (A.), MUIR WATT (H.), PATAUT (É.) (dir.), *Les conflits de lois et le système juridique communautaire*, Dalloz, 2004, p. 243

« Un avatar du pragmatisme juridique : la théorie des lois de police », *RCDIP* 2020, p. 31

HO-DAC (M.), « Du dialogue interprétatif entre droit (matériel) de la consommation et droit international privé de l'Union – L'exemple du 'for du consommateur', RCDIP 2022, p. 47

VAN HOEK (A. A. H.), « Collective labour law in the Brussels Ibis Regulation », MANKOWSKI (P.) (dir.), *Research Handbook on the Brussels Ibis Regulation*, Elgar Publishing, 2020, p. 172

« La ré-intégration de la relation transfrontalière de travail. Les propositions de révision de la directive détachement peuvent-elles tenir leurs promesses ? », BARBOU DES PLACES (S.), PATAUT (É.), RODIÈRE (P.) (dir.), *Les frontières de l'Europe sociale*, Pedone, 2017, p. 211

« Private International Law : An Appropriate Means to Regulate Transnational Employment in the European Union ? », *Erasmus LR* 2014, p. 157

« Private international law rules for transnational employment: Reflections from the European Union », BLACKETT (A.) (dir.), *Research Handbook on Transnational Labour Law*, Elgar, 2015, p. 438

VAN HOEK (A. A. H.), HOUWERZIJL (M.), « Where do EU Mobile Workers Belong, According to Rome I and the (E)PWD? », VERSCHUEREN (H.) (dir.), *Residence, Employment and Social Rights of Mobile Persons: On how EU Law Defines Where They Belong*, Intersentia, 2016, p. 215

VON HOFFMANN (B.), « The Relevance of European Community Law », VON HOFFMANN (B.) (dir.), *European Private International Law*, 1998, p. 19

HOUWERZIJL (M.), « 'Regime shopping' across (blurring) boundaries », EVJU (S.) (dir.), *Regulating Transnational Labour in Europe: The Quandaries of Multilevel Governance*, Institutt for privatrett, Universitetet I Oslo, 2014, p. 95.

« Towards a more effective Posting Directive », BLANPAIN (R.) (dir.), *Freedom of Services in the European Union*, Deventer 2006, p. 181

ICARD (J.), « La notion de détachement après la directive n° 2014/67/UE », *Revue UE* 2016, p. 81

« L'application de la Charte des droits fondamentaux de l'Union européenne en droit du travail », TINIÈRE (R.), VIAL (C.) (dir.), *Les 10 ans de la Charte des droits fondamentaux*, Bruylant, 2020, p. 103

« Le détachement des travailleurs, symbole des débats sur l'avenir de l'Union européenne », *D.* 2019, p. 546

JACOBS (A.), « Decentralisation of Labour Law Standard Setting and the Financial Crisis », BRUUN (N.) (dir.), *The Economic and Financial Crisis and Collective Labour Law in Europe*, p. 171

JAULT-SESEKE (F.), « Application dans l'espace des accords d'intéressement et de participation », *RDT* 2018, p. 871

« Application de la loi française à un contrat de travail international », *RCDIP* 2003, p. 446

« Co-emploi : précision des critères relatifs à la confusion d'intérêts, d'activités et de direction », *RCDIP* 2015, p. 594

« Contrat de travail », LAGARDE (P.), CARREAU (D.), SYNVET (H.) (dir.), *Répertoire de droit international,* Dalloz, janvier 2017, actualisation février 2019, n° 111

« Extranéité de l'employeur et compétence juridictionnelle : CJUE et Cour de cassation au diapason », *RDT* 2022, p. 667

« La détermination des accords collectifs applicables aux relations de travail internationales », *Mélanges en l'honneur de Paul Lagarde. Le droit international privé : esprit et méthodes*, Dalloz, 2005, p. 455

« L'adoption du règlement n° 593/2008 (Rome I) sur la loi applicable aux obligations contractuelles : le choix de la continuité pour le contrat de travail », *RDT* 2008, p. 620

« L'appréhension de la responsabilité des groupes de sociétés par le droit international privé : l'exemple du droit du travail et du droit de l'insolvabilité », *TCFDIP,* 2012-2014, Pedone, 2015, p. 77

« Le règlement insolvabilité évincé par Bruxelles I sur les suites du contrat de travail », *RCDIP* 2016, p. 534

« Les droits des salariés », JAULT-SESEKE (F.), ROBINE (D.) (dir.), *Le nouveau règlement insolvabilité : quelles évolutions ?,* Lextenso, 2015, p. 163

« L'office du juge dans l'application de la règle de conflit de lois en matière de contrat de travail », *RCDIP* 2005, p. 253

« Mode d'emploi de la règle de conflit de lois en matière de contrat de travail », *RDT* 2021, p. 667

JAULT-SESEKE (F.), REMY (P.), « A propos », *RDT* 2013, p. 785

JAYME (E.), KOHLER (C.), « L'interaction des règles de conflit contenues dans le droit dérivé de la Communauté européenne et des conventions de Bruxelles et de Rome », *RCDIP* 1995, p. 1

JEAMMAUD (A.), « Le principe de faveur : enquête sur une règle émergente », *DSOC* 1999, p. 115

JOBARD-BACHELLIER (M.-N.), « La portée du test de compatibilité communautaire en droit international privé contractuel », *Mélanges en l'honneur de Paul Lagarde*, Dalloz, 2005, p. 475

JOERGES (C.), « The Challenges of Europeanization in the Realm of Private Law: A Plea for a New Legal Discipline », *Duke J. Comp. & Int. L* 2004, p. 149

« What is Left of the European Economic Constitution? A Melancholic Eulogy », *ELR* 2005, p. 461

JOHNSTON (A.), SYRPIS (P.), « Regulatory competition in European company law after Cartesio », *ELR* 2009, p. 378

JUNKER (A.), « Arbeitsverträge », LEIBLE (S.), FERRARI (F.) (dir.), *Ein neues Internationales Vertragsrecht für Europa,* Sellier, 2007, p. 111

« Internationalprivat- und -prozessrechtliche Fragen von Rumpfarbeitsverhältnissen », BAETGE (D.), VON HEIN (J.), VON HINDEN (M.) (dir.), *Die richtige Ordnung. Festschrift für Jan Kropholler zum 70. Geburtstag*, Mohr Siebeck, 2008, p. 481

« Kollektives Arbeitsrecht in Europa – Überblick über das Arbeitskampfrecht und das Tarifsystem der Mitgliedstaaten », *RdA Beilage* 2009, p. 4

« ‚Lohndumping' und Internationales Privatrecht », *IPRax* 2007, p. 469

« Sicherung der Unternehmensmitbestimmung in der Europäischen Union: Die Europäische Kommission auf dem Holzweg », *EuZA* 2019, p. 141

KAHN-FREUND (O.), « On Uses and Misuses of Comparative Law », *MLR* 1974, p. 27

KEGEL (G.), « Begriffs- und Interessenjurisprudenz im Internationalen Privatrecht », GERWIG (M.), SIMONIUS (A.), SPIRO (K.), WOLFF (E.) (dir.), *Festschrift Hans Lewald*, Bâle, 1953, p. 259

KENNER (J.), « A distinctive legal basis for social policy? The Court of Justice answers a Delicate Question », *ELR* 1997, p. 585

KESSEDJIAN (C.), « Le droit international privé : archétype de coordination des systèmes juridiques », BONNET (B.) (dir.), *Traité des rapports entre ordres juridiques*, LGDJ, 2016, p. 1183

« Le droit international privé et l'intégration juridique européenne », EINHORN (T.), SIEHR (K.) (dir.), *International Cooperation Through Private International Law. Essays in Memory of Peter E. Nygh, Springer,* 2004, p. 187

« Un code européen au regard des objectifs du droit international privé », FALLON (M.), LAGARDE (P.), POILLOT-PERUZZETTO (S.) (dir.), *Quelle architecture pour un code européen de droit international privé ?,* Peter Lang, 2012, p. 107

KIENINGER (E.-M.), « Der grenzüberschreitende Verbrauchervertrag zwischen Richtlinienkollisionsrecht und Rom I-Verordnung. Nach der Reform ist vor der Reform », BAETGE (D.), J. VON HEIN (J.), V.

HINDEN (M.) (dir.), *Festschrift für Jan Kropholler*, Mohr Siebeck, 2008, p. 499

KINSCH (P.), « Principe d'égalité et conflits de lois », *TCFDIP*, 2002-04, Pedone, 2005, p. 117

KNAPP (C.), « Essai sur la sauvegarde de l'ordre public et la protection des faibles en droit international privé », *Mélanges François Guisan,* Genève, 1950, p. 191

« Versuch ein internationalprivatrechtliches Interesse am ‚Schutz des Schwächeren' zu begründen », *Mélanges Sauser-Hall*, Faculté de droit de Genève, 1952, p. 170

KNÖFEL (O.), « Ausländische Scheinselbständige, Grundfreiheiten und Qualifikation », *IPRax* 2006, p. 552

« Internationales Arbeitskampfrecht nach der Rom II-Verordnung », *EuZA* 2008, p. 228

« Kommendes Internationales Arbeitsrecht: Der Vorschlag der Kommission der Europäischen Gemeinschaften vom 15.12.2005 für eine 'Rom I'-Verordnung », *RdA* 2006, p. 269

KOCH (H.), « Private International Law: a 'Soft' Alternative to the Harmonisation of Private Law? », *ERPL* 1995, p. 329

KOHLER (C.), « Interrogations sur les sources du droit international privé européen après le traité d'Amsterdam », *RCDIP* 1999, p. 1

KOUNTOURIS (N.), « The Concept of 'Worker' in European Labour Law: Fragmentation, Autonomy and Scope », *ILJ* 2018, p. 192

KRAMER (X. E.), « The Interaction between Rome I and Mandatory EU Private Rules – EPIL and EPL: communicating vessels? », STONE (P.), FARAH (Y.) (dir.), *Research Handbook on EU Private International Law*, Elgar, 2015, p. 248

KRAUSE (R.), « § 1 Grundlagen des Tarifvertragsrechts », JACOBS (M.), KRAUSE (R.), OETKER (H.), SCHUBERT (C.) (dir.), *Tarifvertragsrecht,* Beck, 2013, p. 1

« International Framework Agreements as Instrument for the Legal Enforcement of Freedom of Association and Collective Bargaining? The German Case », *CLLPJ* 2012, p. 749

KREBBER (S.), « Die Anwendung des eigenen Arbeitsrechts auf vorübergehend aus einem anderen Mitgliedstaat entsandte Arbeitnehmer. Europa- und kollisionsrechtliche Gedanken (Anmerkung zu EuGH v. 23.11.1999, verb. Rs. C-369/96 und C-376/96 – Arblade und Leloup) », *ZEuP* 2001, p. 358

« Die arbeitsrechtliche Bedeutung der Arbeitnehmerfreizügigkeit des Unionsrechts », *EuZA* 2019, p. 62

« Individualarbeitsrecht als Arbeitsmarktrecht und Anknüpfung des Arbeitsverhältnisstatuts », KONZEN (H.), KREBBER (S.), RAAB (T.), VEIT (B.), WAAS (B.) (dir.), *Festschrift für Rolf Birk zum siebzigsten Geburtstag,* Mohr Siebeck, 2008, p. 481

« Status and Potential of the Regulation of Labor and Employment Law at the European Level », *CLLPJ* 2008-9, p. 875

KUIPERS (J.-J.), « Bridging the gap. The impact of the EU on the law applicable to contractual obligations », *RabelsZ* 2012, p. 562

« Cartesio and Grunkin-Paul: Mutual recognition as a vested rights theory based on party autonomy in private law », *Eur J Leg Stud* 2009, p. 66

LABORDE (J.-P.), « Les rapports collectifs de travail en droit international privé », *TCFDIP,* 1995-1998, Pedone, 2000, p. 153

LAGARDE (P.), « Développements futurs du droit international privé dans une Europe en voie d'unification : quelques conjectures », *RabelsZ* 2004, p. 225

« Le nouveau droit international privé des contrats après l'entrée en vigueur de la convention de Rome du 19 juin 1980 », *RCDIP* 1991, p. 287

« Les lois de police devant la Cour de justice des Communautés Européennes », SCHULZE (R.), SEIF (U.) (dir.), *Richterrecht und Rechtsfortbildung in der Europäischen Rechtsgemeinschaft*, Mohr Siebeck, 2003, p. 89

« Liberté d'établissement et reconnaissance mutuelle des sociétés », *RCDIP* 2003, p. 508

« Sur le contrat de travail international – Analyse rétrospective d'une évolution mal maîtrisée », *Les transformations du droit du travail : études offertes à Gérard Lyon-Caen*, Dalloz, 1989, p. 83

« Vers une révision de la convention de Rome sur la loi applicable aux obligations contractuelles ? », *Aspects actuels du droit des affaires. Mélanges en l'honneur de Yves Guyon*, Dalloz, 2003, p. 571

LAGARDE (P.), TENENBAUM (A.), « De la convention de Rome au règlement Rome I », *RCDIP* 2008, p. 727

LANGLOIS (P.), « La négociation collective d'entreprise : la politique communautaire », *DSOC* 1990, p. 673

LEHMANN (M.), « Auf der Suche nach dem Sitz des Rechtsverhältnisses: Savigny und die Rom I-Verordnung », BERNREUTHER (J.) et al. (dir.), *Festschrift für Ulrich Spellenberg zum 70. Geburtstag*, Otto Schmidt Verlag, 2010, p. 245

« La distinction entre États membres de l'Union européenne et États tiers en droit international privé des affaires », SANA-CHAILLÉ DE NÉRÉ (S.) (dir.), *Droit international privé, États membres de l'Union européenne et États tiers,* Litec, 2009, p. 7

LEIBLE (S.), « Brauchen wir noch Art 46b EGBGB? », KRONKE (H.), THORN (K.) et al. (dir.), *Grenzen überwinden – Prinzipien bewahren: Festschrift für Bernd von Hoffmann zum 70. Geburtstag*, Gieseking Verlag, 2011, p. 230

LEIBLE (S.), LEHMANN (M.), « Die Rom I-Verordnung », *RIW* 2008, p. 528

LEMAIRE (S.), « Interrogations sur la portée juridique du préambule du règlement Rome I », *D.* 2008, p. 2157

LENAERTS (K.), « La Cour de justice de l'Union européenne et la méthode comparative », FAUVARQUE-COSSON (B.) (dir.), *Le droit comparé au XXIe siècle*, Société de législation comparée, 2015, p. 35

LEQUETTE (Y.), « De Bruxelles à La Haye : réflexions critiques sur la compétence communautaire en matière de droit international privé », AZZI (T.) (dir.), *Liber Amicorum Gaudemet-Tallon,* Dalloz, 2008, p. 503

« L'influence de l'œuvre d'Henri Batiffol sur la jurisprudence française », *TCFDIP,* 1991-1993, Pedone, 1994, p. 32

« Vers un code civil européen ? », *Pouvoirs* 2003/4, n° 107, p. 97

LHERNOULD (J.-P.), PALLI (B.), « La rémunération du salarié détaché dans un Etat membre de l'Union », *DSOC* 2016, p. 460

LHOEST (O.), « Case C-214/94 Boukhalfa v. Bundesrepublik Deutschland, Judgment of 30 April 1996, [1996] ECR I-2253 », *CMLR* 1998, p. 247

LINGEMANN (S.), SCHWEITZER (E. M.), « Anwendbares Recht bei Betriebsübergang mit Ortswechsel ins Ausland », *Global Wisdom on Business Transactions, International Law and Dispute Resolution. Festschrift für Gerhard Wegen zum 65. Geburtstag,* Beck, 2015, p. 463

LIUKKUNEN (U.), « The Right to Strike in the International and European Context – *Viking, Laval* and Beyond », BASEDOW (J.), SU (C.), FORNASIER (M.), LIUKKUNEN (U.) (dir.), *Employee Participation and Collective Bargaining in Europe and China,* Mohr Siebeck, 2016, p. 129

LOISEAU (G.), « Le coemploi est mort, vive la responsabilité délictuelle », *JCP S* 2014, p. 1311

LOUIS-LUCAS (P.), « Les conventions collectives de travail », *RTD Civ* 1919, p. 65

LYON-CAEN (A.), « La grève en droit international privé », *RCDIP* 1977, p. 271

« La négociation collective dans ses dimensions internationales », *DSOC* 1997, p. 352

LYON-CAEN (G.), « Anomie, autonomie et hétéronomie en droit du travail », *En hommage à Paul Horion*, Faculté de Droit de Liège, 1972, p. 178

« La convention collective de travail en droit international privé », *JDI* 1964, p. 247

« Négociation et convention collective au niveau européen », *RTD Eur* 1973, p. 583 ; 1974, p. 1

« Observations sur le licenciement dans les groupes internationaux de sociétés », *RCDIP* 1974, p. 439

LYON-CAEN (G.), KELLER (M.), « Sources du droit du travail », LYON-CAEN (A.) (dir.), *Répertoire de droit du travail,* Dalloz, janvier 1996, actualisation janvier 2016

MAGNUS (U.), « Die Rom I-VO », *IPRax* 2010, p. 27

« Rom I und der EuGH – für die Auslegung der Rom I-VO bereits relevante Rechtsprechung », HILBIG-LUGABI (K.) et al. (éd), *Zwischenbilanz – Festschrift für Dagmar Coester-Waltjen*, Gieseking Verlag, 2015, p. 555

MAK (V.), « Pluralism in European Private Law », *CYELS* 2018, p. 202

MANKOWSKI (P.), « Arbeitsverhältnisse von Seeleuten im deutschen internationalen Privatrecht », *RabelsZ* 1989, p. 487

« Art. 19 Brüssel I-VO », RAUSCHER (T.) (dir.), *Europäisches Zivilprozessrecht*, Sellier, 2006

« Ausländische Scheinselbständige und internationales Privatrecht », *BB* 1997, p. 465

« Der Vorschlag für die Rom-I-Verordnung », *IPRax* 2006, p. 101

« Employment Contracts under Article 8 of the Rome I Regulation », FERRARI (F.), LEIBLE (S.) (dir.), *Rome I Regulation*, Sellier, 2009, p. 202

« note », *AR-Blattei*, Beck, novembre 1999, ES 920, n° 6, p. 6

« note », *AR-Blattei,* Beck, mars 2001, ES 920, n° 7, p. 13

MANSEL (H. P.), THORN (K.), WAGNER (R.), « Europäisches Kollisionsrecht 2009: Hoffnungen durch den Vertrag von Lissabon », *IPRax* 2010, p. 1

MANTOUVALOU (V.), « Legal Construction of Structures of Exploitation », COLLINS (H.), LESTER (G.), MANTOUVALOU (V.) (dir.), *Philosophical Foundations of Labour Law,* OUP, 2019, p. 188

MARKOVSKA (V.), « Zwingende Bestimmungen als Schranken der Rechtswahl im Arbeitskollisionsrecht », *RdA* 2007, p. 352

MARTIN (P.), « L'harmonisation sociale en débat », *DSOC* 1997, p. 307

MARTINY (D.), « Art. 9 Rom I-VO », *Münchener Kommentar zum BGB, Internationales Privatrecht I*, tome 11, Beck, 2018

« Europäisches Internationales Schuldrecht – Feinarbeit an Rom I- und Rom II-Verordnungen », *ZEuP* 2018, p. 218

« VO (EG) Nr. 593/2008, Art. 9 », VON HEIN (J.) (dir.), *Münchener Kommentar zum BGB*, *Internationales Privatrecht I,* tome 11, Beck, 2015

MATTERA (A.), « La reconnaissance mutuelle : une valeur historique ancienne, un principe juridique intégrationniste, l'assise politique d'un modèle de société humaniste », *RDUE* 2009, p. 385

MAUER (R.), SADTLER (S.), « Die Vereinheitlichung des internationalen Arbeitsrechts durch die EG-Verordnung Rom I », *RIW* 2008, p. 544

MAURY (J.), « Observations sur les idées du Professeur H. Kelsen », *RCLJ* 1929, p. 537

MAVRIDIS (P.), « Détachement des travailleurs : du nouveau sur le feuilleton du principe du pays d'origine ou du pays d'accueil – Commentaires sur l'arrêt Kiere de la Cour de justice », *J.T.T.* 2006, p. 225

MAYER (P.), « La protection de la partie faible en droit international privé », GHESTIN (J.), FONTAINE (M.) (dir.), *La protection de la partie faible dans les rapports contractuels. Comparaisons franco-belges*, LGDJ, 1996, p. 513

« Le mouvement des idées dans le droit des conflits des lois », *Droits*, 1985, p. 129

« Les lois de police étrangères », *JDI* 1981, p. 277

« Préface », S. Romano, *L'ordre juridique,* Dalloz, 2002

MAZEAUD (A.), « Sur l'autonomie collective des partenaires sociaux, depuis la Position commune du 16 juillet 2001 », *DSOC* 2003, p. 361

MAZUYER (E.), « Les compétences-frontières de l'Union européenne en matière sociale : quels moyens d'action pour les Etats-membres et les partenaires sociaux européens ? », BARBOU DES PLACES (S.), PATAUT (É.), RODIÈRE (P.) (dir.), *Les frontières de l'Europe sociale*, Pedone, 2017, p. 51

« Les mutations de la figure du 'travailleur' dans le droit de l'Union européenne », *SSL* 2011, n° 1494

MEEUSEN (J.), « Conflict of Laws and the Area of Freedom, Security and Justice after the Treaty of Lisbon », LINDSKOUG (P.), SAMUELSSON (P.), MAUNSBACH (U.), MILLQVIST (G.), VOGEL (H. H.) (dir.), *Essays in honour of Michael Bogdan*, Lund, 2013, p. 307

« Instrumentalisation of Private International Law in the European Union: Towards a European Conflicts Revolution? », *Eur J Migr L* 2007, p. 287

« La priorité de l'Espace de Liberté, de Sécurité et de Justice et l'élaboration d'un code européen de droit international privé. Réponse à la contribution du professeur Sylvaine POILLOT-PERUZZETTO », FALLON (M.), LAGARDE (P.), POILLOT-PERUZZETTO (S.) (dir.), *Quelle architecture pour un code européen de droit international privé ?,* Peter Lang, 2012, p. 69

« System Shopping in European Private International Law in Family Matters », MEEUSEN (J.), PERTEGAS, STRAETMANS (G.), SWENNEN (F.) (dir.), *International Family Law for the European Union,* Intersentia, 2007, p. 260

MEHDI (R.), « L'efficacité de la norme en droit de l'Union européenne », VIDAL-NAQUET (A.), FATIN-ROUGE STEFANINI (M.), GAY (L.) (dir.), *L'Efficacité de la norme juridique : Nouveau vecteur de légitimité ?, Bruylant,* 2012, p. 298

MERRETT (L.), « Posted Workers in Europe from a Private International Law Perspective », *CYELS* 2011, p. 219

MICHAELS (R.), « Die europäische IPR-Revolution », BAETGE (D.), VON HEIN (J.), V. HINDEN (M.) (dir.), *Die richtige Ordnung. Festschrift für Jan Kropholler zum 70. Geburtstag*, Mohr Siebeck, 2008, p. 151

« EU Law as Private International Law? Reconceptualising the Country-of-Origin Principle as Vested-Rights Theory », *JPIL* 2006, p. 195

« The New European Choice-of-Law Revolution: Lessons for the United States? », *Tul. L. Rev.* 2008, p. 1607

« Two Paradigms of Jurisdiction », *MJIL* 2006, n° 27, p. 1017

MICKLITZ (H.-W.), « A Self-Sufficient European Private Law – A Viable Concept? », MICKLITZ (H.-W.), SVETIEV (Y.) (dir.), « A Self-Sufficient European Private Law – A Viable Concept? », *EUI Working Papers* Law, 2012, n° 31, p. 6

« Introduction », MICKLITZ (H.-W.) (dir.), *The Many Concepts of Social Justice in European Private Law*, Elgar Publishing, 2011, p. 3

« La transformation du droit privé par la concurrence », *RIDE* 2018, p. 181

« The EU as a Federal Order of Competences and the Private Law », AZOULAI (L.) (dir.), *The Question of Competence in the European Union*, OUP, 2014, p. 125

« The Transformation of Private Law », POIARES MADURO (M.), WIND (M.) (dir.), *The Transformation of Europe*, CUP, 2017, p. 289

DE MIGUEL ASENSIO (P.), « La evolución del derecho internacional privado comunitario en el Tratado de Amsterdam », *Revista Española de Derecho Internacional*, 1998, p. 373

MILLS (A.), « Federalism in the European Union and the United States: Subsidiarity, Private Law, and the Conflict of Laws », *U. Pa. J. Int. L.* 2010, p. 369

« Private International Law and EU External Relations: Think Local Act Global, or Think Global Act Local? », *ICLQ* 2016, p. 541

MOIZARD (N.), GAZIN (F.), « Le détachement des travailleurs intérimaires dans l'Union européenne », *RDT* 2012, p. 240

MONAR (J.), « La mise en œuvre de l'Espace de Liberté, de Sécurité et de Justice : un défi pour l'Union européenne et pour les Etats-membres », *RFAP* 2009, p. 15

MONGIN (B.), « Langues », POILLOT-PERUZZETTO (S.), SIMON (D.) (dir.), *Répertoire de droit européen*, Dalloz, janvier 2005, actualisation mai 2017

MOREAU (M.-A.), « Continuité des règles de DIP en matière de contrat de travail international et communautarisation », KOHEN (G.), BENTOLITA (D.) (dir.), *Mélanges en l'honneur du professeur Jean-Michel Jacquet,* Paris, 2013, p. 401

« Le détachement des travailleurs effectuant une prestation de services dans l'Union européenne », *JDI* 1996, p. 889

« L'évolution récente de la jurisprudence dans le domaine de l'expatriation des salariés », *DSOC* 1986, p. 23

« Regards croisés sur l'exercice des compétences sociales dans l'Union européenne », BARBOU DES PLACES (S), PATAUT (É.), RODIÈRE (P.) (dir.), *Les frontières de l'Europe sociale*, Pedone, 2017, p. 39

MORRIS (J. H. C.), « The proper law of a tort », *Harv Law Rev* 1951, p. 882

MORSE (R.), « Industrial Action in the Conflict of Laws », VENTURINI (G.), BARIATTI (S.) (dir.), *Diritti individuali e giustizia internazionale. Liber Amicorum Fausto Pocar,* Giuffrè Editore, 2009, p. 723

MOULY (J.), « Quand l'autoentreprise sert de masque au salariat », *DSOC* 2016, p. 859,

MOURA RAMOS (R. M.), « Le droit international privé communautaire des obligations contractuelles », *RAE* 2002, p. 415

MUIR WATT (H.), « Choice of Law in Integrated and Interconnected Markets: A Matter of Political Economy », *Columbia Journal of European Law,* 2003, p. 383

« De la liberté d'établissement des succursales, note sous CJCE 30 sept. 2003, Inspire Art Ltd », *RCDIP* 2004, p. 151

« European Federalism and the New Unilateralism », *Tul. L. Rev.* 2008, p. 1983

« European integration, legal diversity and the conflict of laws », *Edinburgh L. Rev.* 2004-2005, p. 6

« Facebook face au consommateur 'professionnel' », *RCDIP* 2018, p. 595

« Integration and Diversity: The Conflict of Laws as a Regulatory Tool », CAFAGGI (F.) (dir.), *The Institutional Framework of European Private Law,* OUP, 2006, p. 107

« La fonction économique du droit international privé », *RIDE* 2010, p. 103

« La portée territoriale du droit au déréférencement : un exercice de proportionnalité dans l'espace », *RCDIP* 2020, p. 334

« Law and Economics : quel apport pour le droit international privé ? », GOUBAUX (G.), GUYON (Y.), JAMIN (C.) (dir.), *Etudes offertes à J. Ghestin*, Paris, 2001, p. 685

« L'entrave à la libre prestation de services : réflexions sur l'impact des libertés économiques sur le droit international privé des Etats-membres », *Etudes offertes à J. Béguin*, Litec, 2005, p. 545

« Les limites du choix : dispositions impératives et internationalité du contrat », CORNELOUP (S.), JOUBERT (N.) (dir.), *Le règlement communautaire « Rome I » et le choix de loi dans les contrats internationaux*, Lexis Nexis Litec, 2011, p. 341

« Les principes généraux en droit international privé français », *JDI* 1997, p. 403

« Lorsque les libertés d'établissement et de prestation de services favorisent le dumping social », *RCDIP* 2008, p. 356

« 'Party Autonomy' in international contracts: from the makings of a myth to the requirements of a global governance », *ERCL* 2010, p. 250

« The Challenge of Market Integration for European Conflicts Theory », HARTKAMP (A.) et al. (dir.), *Towards a European Civil Code,* Kluwer, 2004, p. 191

MUIR WATT (H.), RADICATI DI BROZOLO (L.), « Party Autonomy and Mandatory Rules in a Global World », *Global Jurist Advances* 2004, article 2

MULLER (F.), « La révision des règles en matière de détachement : l'heure des choix en droit du travail et droit de la sécurité sociale », *RTD Eur* 2018, p. 6

MÜLLER-GRAFF (P.), « Basis Freedoms – Extending Party Autonomy across Borders » GRUNDMANN (S.), KERBER (W.), WEATHERILL (S.) (dir.), *Party Autonomy and the Role of Information in the Internal Market*, de Gruyter, 2001, p. 133

NAGY (C. I.), « What functions may party autonomy have in international family and succession law? An EU perspective », *NIPR* 2012, p. 580

NEUHAUS (P.), « Savigny und die Rechtsfindung aus der Natur der Sache », *RabelsZ* 1949-1950, p. 364

NIBOYET (J.-P.), « L'universalité des règles de solution des conflits est-elle réalisable sur la base de la territorialité ? », *RCDIP* 1950, p. 509

NORD (N.), « La nécessaire refonte du système de conflit de lois en matière de contrat international », *RCDIP* 2016, p. 309

« Refonte du règlement 'Bruxelles I' et protection du travailleur », *JCP S* 2014, n° 1488

NOURISSAT (C.), « Le droit commun du marché », MAGNIER (V.) (dir.), *L'entreprise et le droit communautaire : quel bilan pour un cinquantenaire ?*, PUF, 2007, p. 9

NOVITZ (T.), « Trading in Services: Commodities and Beneficiaries », BLACKETT (A.), TREBILCOCK (A.) (dir.), *Research Handbook on Transnational Labour Law,* Edward Elgar Publishing, 2015, p. 497

OGUS (A.), « The Regulation of Services and the Public-Private Divide », CAFAGGI (F.), MUIR WATT (H.) (dir.), *The Regulatory Function of European Private Law*, Elgar Publishing, 2009, p. 8

O'LEARY (S.), « Free Movement of Persons and Services », DE BÚRCA (G.), CRAIG (P.) (dir.), *The Evolution of EU Law*, OUP, 2011, p. 499

PAILLER (L.), « Le règlement 'Rome I' et l'effet à donner aux lois de police étrangères », *DSOC* 2017, p. 196

PALAO MORENO (G.), « The Law Applicable to a Non-Contractual Obligation with respect of an Industrial Action », *YPIL* 2007, n° 9, p. 117

PARLEANI (G.), « La mise en concurrence des législations nationales des États membres de l'Union européenne pour constituer dans l'un d'eux une société inactive, qui agira dans un autre pays de l'Union par une succursale concentrant toute l'activité, n'est pas une fraude au droit de l'État de la succursale », *Rev. soc.* 1999, p. 386

« L'arrêt *Cartesio,* ou l'ingénieuse incitation à la migration intra communautaire des sociétés », *Rev. soc.* 2009, p. 147

PATAUT (É.), « Assistance sociale », *RTD Eur* 2016, p. 640

« Citoyenneté de l'Union européenne et nationalité étatique », *RTD EUR* 2010, p. 617

« De Bruxelles à La Haye, Droit international privé communautaire et droit international privé conventionnel », *Mélanges en l'honneur de Paul Lagarde*, Dalloz, 2005, p. 661

« De la loi applicable au licenciement d'un marin », *RCDIP* 2012, p. 648

« French Private International Law Report », DORSSEMONT (F.), JASPERS (T.), VAN HOEK (A. A. H.) (dir.), *Cross-border Collective Actions in Europe a legal challenge (a Study of the Legal Aspects of Transnational Collective Actions from a Labour Law and Private International Law Perspective)*, Intersentia, 2007, p. 289

« La clause d'exception dans la convention de Rome du 19 juin 1980 », *RCDIP* 2014, p. 159

« La grève dans les rapports internationaux de travail : questions de qualification », *DSOC* 2005, p. 303

« L'art difficile du conflit de lois en matière de contrat de travail », *RDT* 2019, p. 127

« Le licenciement dans les groupes internationaux de sociétés. Aspects de droit international privé et de droit de l'Union européenne », *RDT* 2011, p. 14

« Lois de police et ordre juridique communautaire », FUCHS (A.), MUIR WATT (H.), PATAUT (É.) (dir.), *Les conflits de lois et le système juridique communautaire*, Dalloz, 2004, p. 144

« Quelle solidarité pour quels citoyens ? », *RTD Eur* 2015, p. 637

« Régulation des rapports de travail en Europe et conflit de lois », AUDIT (M.), MUIR WATT (H.) et PATAUT (É) (dir.), *Conflits de lois et régulation économique : l'expérience du marché intérieur*, LGDJ, 2008, p. 135

« Relire 'Compagnie des Wagons-lits'. La représentation collective des salariés dans l'espace international », *Liber amicorum en hommage à Pierre Rodière,* LGDJ, 2019, p. 387

« Territorialité et coordination en droit international privé. L'exemple de la sécurité sociale », HEUZÉ (V.), LIBCHABER (R.), DE VAREILLES-SOMMIÈRES (P.) (dir.), *Mélanges en l'honneur du Professeur Pierre Mayer,* LGDJ, 2015, p. 663

« Territorialité des relations collectives de travail : à propos de l'unité économique et sociale », *RCDIP* 2019, p. 1012

« The Aftermath of the Laval Affair : Swedish Lex Laval Before the European Committee of Social Rights », MUIR WATT (H.), BIZIKOVÁ (L.), BRANDÃO DE OLIVEIRA (A.), FERNANDEZ ARROYO (D. P.) (dir.), *Global Private International Law: Adjudication without Frontiers,* Elgar Publishing, 2019, p. 484

« Tours et détours de l'Europe sociale », *RTD Eur* 2018, p. 9

PAUKNEROVA (M.), « Escape Clauses and Legal Certainty in Private International Law », *YPIL* 2017, p. 61
PINATEL (F.), « Les espoirs déçus de la négociation collective européenne », *Liber amicorum en hommage à Pierre Rodière,* LGDJ, 2019.
POCAR (F), « Remarques sur la coopération judiciaire en matière civile dans la Communauté européenne », *Mélanges en l'honneur de B. Dutoit,* Dalloz, 2002, p. 221
POILLOT-PERUZZETTO (S.), « La priorité de l'Espace de Liberté, de Sécurité et de Justice et l'élaboration d'un code européen de droit international privé », FALLON (M.), LAGARDE (P.), POILLOT-PERUZZETTO (S.) (dir.), *Quelle architecture pour un code européen de droit international privé ?,* Peter Lang, 2012, p. 51
 « Le défi de la construction de l'espace de liberté, de sécurité et de justice », *Vers de nouveaux équilibres entre ordres juridiques. Mélanges en l'honneur de Hélène Gaudemet-Tallon*, Dalloz, 2008, p. 581
 « Ordre public et lois de police dans l'ordre communautaire », *TCFDIP,* 2002-2004, Pedone, 2005, p. 65.
PORTA (J.), « La branche professionnelle : déconstruction et restructuration », *DO* 2018, n° 842, p. 1
PREIS (U.), « § 611 a BGB – Potenziale des Arbeitnehmerbegriffes », *NZA* 2018, p. 817
DE QUENAUDON (R.), « Responsabilité sociale des entreprises », LYON-CAEN (A.) (dir.), *Répertoire de droit du travail,* Dalloz, octobre 2017
RADICATI DI BROZOLO (L. G.), « L'influence sur les conflits de lois des principes du droit communautaire en matière de libertés de circulation », *RCDIP* 1993, p. 401
RAIMBAULT (P.), SOULAS DE RUSSEL (J. M.), « Nature et Racines du principe de sécurité juridique : une mise au point », *RIDC* 2003, n° 1, p. 85
RAYNOUARD (A.), « La concurrence normative dans l'Union européenne », ROBIN-OLIVIER (S.), FASQUELLE (D.) (dir.), *Les échanges entre les droits, l'expérience communautaire. Une lecture des phénomènes de régionalisation et de mondialisation du droit, Bruylant*, 2008, p. 87
REICH (N.), « Competition Between Legal Orders: A New Paradigm of EC Law? », *CMLR* 1992, p. 459.
REIMANN (M.), « Choice-of-Law Codification in Modern Europe: The Costs of Multi-Level Law-Making », *Creighton Law Review* 2016, p. 507
REINECKE (G.), « Neues zum Arbeitnehmerbegriff? », *AuR* 2019, p. 56
REMIEN (O.), « European Private International Law, the European Community and Its Emerging Area of Freedom, Security and Justice », *CMLR* 2001, p. 53
REMY (B.), « Des notions de prévisibilité en matière de conflit de lois. Qui de l'oeuf ? Qui de la poule ? », HEUZÉ (V.), LIBCHABER (R.), DE VAREILLES-SOMMIERES (P.) (dir.), *Mélanges en l'honneur du Professeur Pierre Mayer,* LGDJ, 2015, p. 791

REMY (P.), « 'Le droit à la participation' en droit allemand : codécision, codétermination, cogestion, autonomie collective… ? », *DSOC* 2015, p. 974

« Quelles convergences dans le champ du droit du travail (observations sur les droits français et allemand dans le contexte communautaire) ? », ROBIN-OLIVIER (S.), FASQUELLE (D.) (dir.), *Les échanges entre les droits, l'expérience communautaire*, Bruylant, 2008, p. 343

REYNÈS (B.), « Information du salarié : l'apport inattendu de la directive du 14 octobre 1991 », *LPA* 1999, n° 142

RICHARDI (R.), « Der Arbeitsvertrag im Licht des neuen § 611 a BGB », *NZA* 2017, p. 36

RIGAUX (F.), « Droit international privé et droit communautaire », *Mélanges en l'honneur de Yvon Loussouarn. L'internationalisation du droit*, Dalloz, 1994, p. 341

RINCK (U.), « Der Arbeitnehmerbegriff im Wandel – Entwicklungen und Perspektiven », *RdA* 2019, p. 126

ROBIN-OLIVIER (S.), « Chronique Politique sociale de l'UE - La pauvreté au travail : nouveau sujet et nouvelle méthode de la politique sociale de l'Union », *RTD Eur* 2021, p. 497

« Droit de l'Union et droit du travail : les rapports compliqués d'un vieux couple », *RevUE* 2018, p. 650

« La mobilité internationale des salariés », *DSOC* 2011, p. 897

ROCCA (M.), « Détachement 2022 : la longue marche de la quasi-égalité », *RTD Eur* 2022, p. 103

« Le droit de grève et l'Union Européenne en période d'austérité : la proposition 'Monti II' et ses cartons jaunes », *Revue Interventions économiques,* 2015, p. 1

ROCHFELD (J.), « La méthode de l'harmonisation par directive », MAZEAUD (D.), SCHULZE (R.) et WICKER (G.) (dir.), *L'amorce d'un droit européen du contrat*, Société de législation comparée, 2010, p. 153

RODIÈRE (P.), « Compétences et incompétences législatives de l'Union : un jeu de dupes ? », BARBOU DES PLACES (S.), PATAUT (É.), RODIÈRE (P.) (dir.), *Les frontières de l'Europe sociale*, Pedone, 2017, p. 15

« Conflits de lois en droit du travail : étude comparative », *DSOC* 1986, p. 118

« Conflits de lois en droit du travail », *JurisClasseur Droit international,* 30 avril 2017

« Le projet européen de règlement uniforme des conflits de lois en matière de relations de travail », *RTD Eur* 1973, p. 3

ROMAN (D.), « Les droits sociaux, 'droits des pauvres' ou droits de l'Homme », ROMAN (D.) (dir.), *Les droits sociaux, entre droits de l'Homme et politiques sociales. Quels titulaires pour quels droits ?*, LGDJ, 2012, p. 1

ROMANO (G. P.), « Le droit international privé à l'épreuve de la théorie kantienne de la justice », *JDI* 2012, p. 61

ROTH (W.-H.), « Der Einfluß des Europäischen Gemeinschaftsrechts auf das Internationale Privatrecht », *RabelsZ* 1991, p. 623

« Der Einfluss der Grundfreiheiten auf das internationale Privat- und Verfahrensrecht », BAUR (J. F), MANSEL (H.-P.) (dir.), *Systemwechsel im europäischen Kollisionsrecht*, Munich, Beck, 2002, p. 53

« Europäische Kollisionsrechtsvereinheitlichung: Überblick – Kompetenzen – Grundfragen », *Europäisches Wirtschafts- und Steuerrecht*, 2011, p. 314

ROUAST (A.), « La loi sur les comités d'entreprise et les sociétés étrangères », *DSOC* 1947, p. 67

RÜHL (G.), « Regulatory competition », BASEDOW (J.), RÜHL (G.), FERRARI (F.), DE MIGUEL ASENSIO (P.) (dir.), *Encyclopedia of Private International Law,* Elgar, 2017, p. 1515

« The Protection of Weaker Parties in the Private International Law of the European Union: A Portrait of Inconsistency and Conceptual Truancy », *JPIL* 2014, p. 335

SACK (R.), « Kollisions- und europarechtliche Probleme des Arbeitnehmererfindungsrechts », *Festschrift Steindorff*, Berlin/New York, 1990, p. 1333

SAVATIER (R.), « Le Marché commun au regard du droit international privé », *RCDIP*, 1959, p. 237

SCHACK (H.), « Die EG-Kommission auf dem Holzweg von Amsterdam », *ZEuP* 1999, p. 805

SCHARPF (F. W.), « The European Social Model: Coping with the Challenge of Diversity », *JCMS* 2002, p. 645

SCHLACHTER (M.), « Art. 8 Rom I-VO », *Erfurter Kommentar zum Arbeitsrecht*, Beck, 2012, n° 3

« Art. 27, 30, 34 EGBGB », *Erfurter Kommentar zum Arbeitsrecht*, 2009

« Grenzüberschreitende Arbeitsverhältnisse », *NZA* 2000, p. 57

« The Posting of Workers Directive – German Reactions and Perceptions », EVJU (S.) (dir.), *Cross-Border Services, Posting of Workers, and Multilevel Governance*, Institutt for privatrett, Universitetet I Oslo, 2013, p. 137

SCHMITT (M.), « Droit du travail de l'Union européenne », LYON-CAEN (A.) (dir.), *Répertoire de droit du travail,* Dalloz, avril 2017

SCHURIG (K.), « Das Fundament trägt noch », MANSEL (H.-P.) (dir.), *Internationales Privatrecht im 20. Jahrhundert. Der Einfluss von Gerhard Kegel und Alexander Lüderitz auf das Kollisionsrecht*, Mohr Siebeck, 2014, p. 5

DE SCHUTTER (O.), FRANCQ (S.), « La proposition de directive relative aux services dans le marché intérieur : reconnaissance mutuelle, harmonisation et conflits de lois dans l'Europe élargie », *CDEur* 2005, vol. 41, n° 5-6, p. 606

SCHWIMANN (M.), « Neues Arbeitskollisionsrecht in Österreich », *DRdA* 1981, p. 281

SEIFERT (A.), « Das europäische Arbeitsrecht im Gesamtgefüge des europäischen Privatrechts », *ZEuP* 2015, p. 241

« Integration durch Arbeitsrecht », HAEDRICH (M.) (dir.), *Flucht, Asyl und Integration aus rechtlicher Perspektive*, Mohr Siebeck, 2017, p. 153

SEMMELMANN (C.), « The European Union's Economic Constitution under the Lisbon Treaty: Soul-searching among Lawyers Shifts the Focus to Procedure », *ELR* 2010, p. 516

SHUIBHME (E. et N.), « Continuity and Change in the Law Relating to Services », EECKHOUT (A.) (dir.), *Continuity and Change in EU Law. Essays in Honour of Sir Francis Jacobs,* OUP, 2008

SIBONY (A. L.), « Libre prestation de services et droit d'établissement : les stratégies des entreprises, dans l'unité des libertés de circulation », DUBOUT (E.), MAITROT DE LA MOTTE (A.) (dir.), *L'unité des libertés de circulation : In varietate concordia ?*, Bruxelles, 2013, p. 251

SINAY-CYTERMANN (A.), « La protection de la partie faible en droit international privé », *Mélanges en l'honneur de Paul Lagarde. Le droit international privé : esprit et méthodes*, Dalloz, 2005, p. 737

SINDRES (D.), « Choix de la loi applicable au contrat de travail et dispositions impératives protectrices du salarié », *RCDIP* 2017, p. 409

SNELL (J.), « The internal market and the philosophies of market integration », BARNARD (C.), PEERS (S.) (dir.), *European Union Law,* OUP, 2017, p. 310.

« Varieties of Capitalism and the Limits of European Economic Integration », *CYELS* 2011, p. 415

SOLOMON (D.), « The Private International Law of Contracts in Europe: Advances and Retreats », *Tul. L. Rev.* 2008, p. 1709

SONNENBERGER (H.-J.), « Eingriffsrecht – Das trojanische Pferd im IPR oder notwendige Ergänzung? », *IPRax* 2003, p. 104.

SPAVENTA (E.), « The Free Movement of Workers in the Twenty-First Century », ARNULL (A.), CHALMERS (D.) (dir.), *The Oxford Handbook of European Union Law,* OUP, 2015, p. 457

STERIO (M.), « The Globalization Era and the Conflict of Laws: What Europe Could Learn from the United States and Vice Versa », *Cardozo J. Int. & Comp. L.* 2005, p. 161

STRUYCKEN (A. V. M.), « Le droit international privé d'origine communautaire et les Etats tiers », *RAE* 2001-2002, p. 469

SUPIOT (A.), « Justice sociale et libéralisation du commerce international », *DSOC* 2009, p. 131

« Las tres dimensiones de la justicia social », CAPARROS (F.) et al. (coord.*), El derecho del trabajo en tiempo de cambios. En honor de Adrián Gold*in, EDIAR, 2017, p. 157

« Lectures étrangères sur le devenir du droit social », *DSOC* 2005, p. 1001

SVETIEV (Y.), « W(h)ither Private Law in the Face of the Regulatory Deluge », MICKLITZ (H.-W.), SVETIEV (Y.) (dir.), *A Self-Sufficient European Private Law – A Viable Concept ?*, EUI Working Papers Law, 2012, n° 31, p. 26

SYMEONIDES (S.), « Material Justice and Conflicts Justice in Choice of Law », BORCHERS (P.), ZEKOLL (J.) (dir.), *International Conflict of Laws for the Third Millennium: Essays in Honour of Friedrich K. Juenger*, Ardsley, 2001, p. 125

« Result-Selectivism in Private International Law », *Romanian Journal of PIL and Comparative Private Law,* 2008, n° 3, p. 1

SYRPIS (P.), « EU Secondary Legislation and its Impact on Derogations from Free Movement », KOUTRAKOS (P.), SHUIBHNE (N. N.), SYRPIS (P.) (dir.), *Exceptions from EU Free Movement Law: Derogation, Justification and Proportionality*, Hart Publishing, 2016, p. 278

« The EU and National Systems of Labour Law », A. ARNULL (A.), CHALMERS (D.) (dir.), *The Oxford Handbook of European Union Law,* OUP, 2015, p. 943

« The Lisbon Treaty: Much Ado … But About What? », *ILJ* 2008, p. 239

SYRPIS (P.), NOVITZ (T.), « Economic and Social Rights in Conflict: Political and Judicial Approaches to their Reconciliation », *ELR* 2008, p. 411

TEUBNER (G.), « Auf Umwegen : Zum Privatrecht als Gesellschaftsverfassung », *ZEuP* 2022, p. 648

TEYSSIÉ (B.), « La loi applicable aux accords transnationaux d'entreprise ou de groupe », *Vers de nouveaux équilibres entre ordres juridiques. Liber amicorum Hélène Gaudemet-Tallon*, Dalloz, 2008, p. 821

The Adoptive parents, « The Life of a Death Foretold: The Proposal for a Monti II Regulation », FREEDLAND (M.), PRASSL (J.) (dir.), *Viking, Laval and Beyond,* Hart Publishing, 2014, p. 95

THIERIET-DUQUESNE (A.), « Approche critique du vocabulaire juridique européen : l'harmonisation totale », *LPA*, n° 83, 27 avril 2009, p. 9

THÜSING (G.), « Rechtsfragen grenzüberschreitender Arbeitsverhältnisse », *NZA* 2003, p. 1303

TISSANDIER (H.), « Une convention collective s'applique-t-elle à un contrat de travail exécuté à l'étranger ? », *RDT* 2007, p. 398

TOTH (A.), « The Principle of Subsidiarity in the Maastricht Treaty », *CMRL* 1992, p. 1079

USUNIER (L.), « La concurrence normative, un mode de représentation des rapports entre les systèmes juridiques en vogue », SEFTON-GREEN (R.), USUNIER (L.) (dir.), *La concurrence normative. Mythes et réalités*, Société de législation comparée, 2013, p. 15

VANBRABANT (B.), WAUTELET (P.), « Territorialité et droit international privé », CABAY (J.), DELFORGE (V.), FOSSOUL (V.), LAMBRECHT (M.) (dir.), *20 ans de nouveau droit d'auteur*, Anthemis, 2015, p. 327

VAN GYSEL (A.-C.), « Le concept de 'notion autonome' dans la Convention du 27 sept. 1968 et le droit international conventionnel en général », LAMBERT (P.) (dir.), *Mélanges offerts à Raymond Vander Elst,* tome II, Nemesis, 1986, p. 801

DE VAREILLES-SOMMIERES (P.), « La communautarisation du droit international privé des contrats : remarques en marge de l'uniformisation européenne du droit des contrats », JOBARD-BACHELLIER (M.-N.), MAYER (P.) (dir.), *Mélanges P. Lagarde*, Paris, 2005, p. 781

« Lois de police et politiques législatives », *RCDIP* 2011, p. 207

VATINET (R.), « La mise à disposition de salariés », *DSOC* 2011, p. 656

« La pieuvre et l'Arlésienne », *DSOC* 2010, p. 801

VERHAGEN (H. L. E.), « The Tension between Party Autonomy and European Union Law: Some Observations on *Ingmar GB Ltd* v *Eaton LeonardTechnologies Inc* », *ICLQ* 2002, p. 135

VERSCHUEREN (H.), « The European Internal Market and the Competition between Workers », *ELLJ* 2015, p. 128

« The Territorial Application of Labour Law in the EU Internal Market », BUELENS (J.), RIGAUX (M.) (dir.), *From Social Competition to Social Dumping,* Intersentia, 2016, p. 74

VIGNEAU (C.), « Etude sur l'autonomie collective au niveau communautaire », *RTD Eur* 2002, p. 653

VOGEL-POLSKY (E.), « L'Acte unique ouvre-t-il l'espace social européen ? », *DSOC* 1989, p. 177

WAAS (B.), « Chapter 1. The Right to Strike: A Comparative View », WAAS (B.) (dir.), *The Right to Strike: A Comparative View*, Wolters Kluwer, 2014, p. 4

WAI (R.), « Transnational Liftoff and Juridical Touchdown: The Regulatory Function of Private International Law in an Era of Globalisation », *Columbia Journal of Transnational Law* 2002, p. 209

WALTERMANN (R.), « Die betriebliche Übung », *RdA* 2006, p. 257

WANK (R.), « Der Arbeitnehmer-Begriff im neuen § 611a BGB », *AuR* 2017, p. 140

WEATHERILL (S.), « From Myth to Reality: The EU's 'New Legal Order' and the Place of General Principles Within It », VOGENAUER (S.), WEATHERILL (S.) (dir.), *General Principles of Law. European and Comparative Perspectives,* Hart Publishing, 2017, p. 21

« Maximum or minimum harmonization: What kind of 'Europe' do we want », BOELE-WOELKI (K.), GROSHEIDE (W.) (dir.), *The Future of European Contract Law: Essays in honour of Ewoud Hondius*, Kluwer, 2007, p. 133

« Pre-emption, Harmonisation and Distribution of Competence to Regulate the Internal Market », BARNARD (C.) et SCOTT (J.) (dir.), *The law of the single European market: unpacking the premises,* Hart Publishing, 2002

« The Constitutional Context of (Ever-Wider) Policy-Making », JONES (E.), MENON (A.), WEATHERILL (S.) (dir.), *The Oxford Handbook of the European Union*, OUP, 2012, p. 570

« The Court's Case Law on the Internal Market: 'A Circumloquacious Statement of the Result, Rather than a Reason for Arriving at it'? », ADAMS (M.), MEEUSEN (J.), STRAETMANS (G.), DE WAELE (H.) (dir.), *Judging Europe's Judges: The Legitimacy of the Case Law of the European Court of Justice*, Hart Publishing, 2013, p. 87

« Viking and Laval: The EU Internal Market Perspective », FREEDLAND (M.), PRASSL (J.) (dir.), *Viking, Laval and Beyond,* Hart Publishing, 2014, p. 23

WEATHERILL (S.), VOGENAUER (S.), WEINGERL (P.), « Private Autonomy and Protection of the Weaker Party », VOGENAUER (S.), WEATHERILL (S.) (dir.), *General Principles of Law. European and Comparative Perspectives,* Hart, 2017, p. 255

WEISS (M.), « Convergence and/or Divergence in Labor Law Systems: A European Perspective », *CLLPJ* 2006-7, p. 469

« The Future of Comparative Labor Law as an Academic Discipline and as a Practical Tool », *CLLPJ* 2003, p. 169

WELLER (M.-P.), « Anknüpfungsprinzipien im Europäischen Kollisionsrecht: Abschied von der „klassischen" IPR-Dogmatik? », *IPRax* 2011, p. 427

« Les rattachements dans les conflits de lois », FALLON (M.), LAGARDE (P.), POILLOT-PERUZZETTO (S.) (dir.), *Quelle architecture pour un code européen de droit international privé ?,* Peter Lang, 2012, p. 327

WELLER (M.-P.), THOMALE (C.), « Der internationale Anwendungsbereich der Geschlechterquote für Großunternehmen », *ZGR* 2015, p. 361

WENGLER (W.), « L'évolution moderne du droit international privé et la prévisibilité du droit applicable », *RCDIP* 1990, p. 657

WILDERSPIN (M.), « Overriding mandatory provisions », BASEDOW (J.), RÜHL (G.), FERRARI (F.), DE MIGUEL ASENSIO (P.) (dir.), *Encyclopedia of Private International Law,* Elgar Publishing, 2017, p. 1331

WILDERSPIN (M.), LEWIS (X.), « Les relations entre le droit communautaire et les règles de conflit de lois des Etats membres », *RCDIP* 2002, p. 1

WILHELMSSON (T.), « Varieties of Welfarism in European Contract Law », *ELJ* 2004, p. 712

ZWEIGERT (K.), « Einige Auswirkungen des Gemeinsamen Marktes auf das IPR der Mitgliedstaaten », CAEMMERER (E.), SCHLOCHAUER (H. J.), STEINDORFF (E.) (dir.), *Probleme des Europäischen Rechts. Festschrift Walter Hallstein*, 1966, p. 555

« Zur Armut des internationalen Privatrechts an sozialen Werten », *RabelsZ* 1973, p. 443

COURS DE L'ACADÉMIE DE LA HAYE EN DROIT INTERNATIONAL

AUDIT (B.), « Le caractère fonctionnel de la règle de conflit (Sur la "crise" des conflits de lois) », *RCADI*, vol. 186, Brill, 1984, p. 219

D'AVOUT (L.), « L'entreprise et les conflits internationaux de lois », *RCADI,* vol. 397, Brill, 2019, p. 9

E. BALOGH, « Le rôle du droit comparé dans le droit international privé », *RCADI*, vol. 57, Brill, 1936, p. 571

BASEDOW (J.), « The Law of Open Societies – Private Ordering and Public Regulation of International Relations », *RCADI,* vol. 360, Brill, 2013, p. 9

BORRAS (A.), « Le droit international privé communautaire : réalités, problèmes et perspectives d'avenir », *RCADI,* vol. 317, Brill, 2005, p. 323

BUCHER (A.), « L'ordre public et le but social des lois en droit international privé », *RCADI*, vol. 239, Brill, 1993, p. 65

« La dimension sociale du droit international privé », *RCADI*, vol. 341, Brill, 2009, p. 39

FALLON (M.), « Les conflits de lois et de juridictions dans un espace économique intégré – L'expérience de la Communauté européenne », *RCADI,* vol. 251, Brill, 1995, p. 9

FRESNEDO DE AGUIRRE (C.), « Public Policy: Common Principles in the American States », *RCADI,* vol. 379, 2016, p. 75

GAMILLSCHEG (F.), « Rules of Public Order in Private International Labour Law », *RCADI,* vol. 181, Brill, 1983, p. 285

GAUDEMET-TALLON (H.), « Le pluralisme en droit international privé : richesses et faiblesses (le funambule et l'arc-en-ciel) », *RCADI,* vol. 312, Brill, 2005, p. 9

GONZALEZ CAMPOS (J. D.), « Diversification, spécialisation, flexibilisation et matérialisation des règles de droit international privé », *RCADI*, vol. 287, Brill, 2000, p. 9

JACQUET (J.-M.), « La fonction supranationale de la règle de conflit de lois », *RCADI*, vol. 292, Brill, 2001, p. 147

JAYME (E.), « Identité culturelle et intégration : le droit international privé postmoderne », *RCADI,* vol. 251, Brill, 1995, p. 9

KAHN-FREUND (O.), « General Problems of Private International Law », *RCADI,* vol. 143, Brill, 1974, p. 139

KELSEN (H.), « Théorie générale du droit international public », *RCADI,* vol. 42, Brill, 1932, p. 117

LAGARDE (P.), « Le principe de proximité dans le droit international privé contemporain », *RCADI*, vol. 196, Brill, 1986, p. 9

MAYER (P.), « Le phénomène de la coordination des ordres juridiques étatiques en droit privé », *RCADI*, vol. 327, Brill, 2007, p. 9

MEEUSEN (J.), « Le droit international privé et le principe de non-discrimination », *RCADI*, vol. 353, Brill, 2012, p. 9

VON MEHREN (A. T.), « Theory and practice of adjudicatory authority in private international law: a comparative study of the doctrine, policies and practices of common- and civil-law systems », *RCADI,* vol. 295, Brill, 2002, p. 1
MOHAMED SALAH (M.), « Loi d'autonomie et méthodes de protection de la partie faible en droit international privé », *RCADI*, vol. 315, Brill, 2005, p. 141
MUIR WATT (H.), « Aspects économiques du droit international privé (réflexions sur l'impact de la globalisation économique sur les fondements des conflits de lois et de juridictions) », *RCADI*, vol. 307, Brill, 2004, p. 25
« Discours sur les méthodes du droit international privé (Des formes juridiques de l'inter-altérité) », *RCADI,* vol. 389, Brill, 2018, p. 9
NIBOYET (J.-P.), « La théorie de l'autonomie de la volonté », *RCADI,* vol. 16, Brill, 1927, p. 1
POCAR (F.), « La protection de la partie faible en droit international privé », *RCADI,* vol. 188, Brill, 1984, p. 341
STRUYCKEN (A. V. M.), « Les conséquences de l'intégration européenne sur le développement du droit international privé », *RCADI,* vol. 232, Brill, 1992, p. 256
SYMEONIDES (S.), « Private International Law: Idealism, Pragmatism, Eclecticism », *RCADI*, vol. 384, Brill, 2017, p. 9

COMMUNICATIONS ORALES

AZOULAI (L.), VERKINDT (P.-Y.), « Sur les tendances de la 'décollectivisation' et à la 'désaffiliation' du travail », *communication dans le cadre du séminaire La territorialité du droit social,* université Paris I, 20 novembre 2018
BENLOLO CARABOT (M.), « L'intégration, de la libre circulation des travailleurs à la citoyenneté. Et retour », *communication au séminaire MoveS L'intégration comme condition des droits des travailleurs migrants*, université Paris I, 15 juin 2018
MEEUSEN (J.), « Interaction between EU regulations and Member State codification of private international law: the long road from patchwork to network », *communication à la conférence Europeanness of European Private International Law*, Berlin, 1er mars 2018
SZPUNAR (M.), « La jurisprudence de la Cour de justice en matière de droit international privé – le rôle de l'effet utile », *communication au Comité français de droit international privé,* Paris, 17 mai 2019
WEATHERILL (S.), « entretien », *Somerville College*, Oxford, 13 février 2019

ARTICLES DES AUTRES SCIENCES SOCIALES ET HUMAINES

BEDFORD (R.), « Tendances contemporaines de la migration internationale », OPESKIN (B.), PERRUCHOUD (R.), REDPATH-CROSS (J.) (dir.), *Le droit international de la migration*, Schulthess, 2014, p. 21

FAVEREAU (O.), « D'un droit du travail qui devient un droit du marché du travail », JEAMMAUD (A.), LE FRIANT (M.), LOKIEC (P.), WOLMARK (C.) (coord.), *À droit ouvert. Mélanges en l'honneur d'Antoine Lyon-Caen*, Dalloz, 2018, p. 327

GLASSNER (V.), POCHET (P.), « Why trade unions seek to coordinate wages and collective bargaining in the Eurozone: past developments and future prospects », *ETUI*, Working Paper 2011.03

HAAS (E. B.), « The Study of Regional Integration: Reflections on the Joy and Anguish of Pretheorizing », *International Organisation*, 1970, n° 24, p. 607

KRAUS (E. F.), « The systemic effects of economic trade zones on labor migration: the Northern American Free Trade Agreement and the lessons of the European Community », *Georgetown Immigration Law Journal*, 1993, p. 344

LILLIE (N.), « The Right Not to Have Rights: Posted Worker Acquiescence and the European Union Labour Rights Framework », *Theoretical Enquiries in Law,* 2016, vol. 17, n° 1, p. 39

MENZ (G.), « Liberalization of Service Provisions, Transnational Posting, and the Bifurcation of the European Labour Market », FREEDLAND (M.), COSTELLO (C.) (dir.), *Migrants at Work*, OUP, 2014, p. 44

ROUSSEAU (Y.), « Un marché communautaire de l'emploi ? », BONNECHÈRE (M.) (coord.), *Trente ans de libre circulation des travailleurs,* La Documentation française, 1998, p. 43

SELZNICK (P.), « Focusing Organizational Research on Regulation », NOLL (R. G.) (dir.), *Regulatory Policy and the Social Sciences,* University of California Press, p. 363

ZELINSKY (W.), « The Hypothesis of the Mobility Transition », *Geographical Review* 1971, vol. 61, n° 2, p. 219

RAPPORTS, COMMUNICATIONS OFFICIELLES ET SITES INTERNET

AMAR (N.) et VIOSSAT (L.-C.), « Les plateformes collaboratives, l'emploi et la protection sociale », *IGAS*, mai 2016, p. 52

ANTONMATTÉI (P.-H.), SCIBERRAS (J.-C.), « Le travailleur économiquement dépendant, quelle protection ? », *rapport au Ministre du travail*, novembre 2008

BOCQUET (E.), « Le travailleur détaché : un salarié low cost ? Les normes européennes en matière de détachement des travailleurs », *Rapport d'information,* n° 527 (2012-2013), 18 avril 2013

COLLINS (H.), « A Missed Opportunity of a Unified test for Employment Status », uklabourlawblog.com (consulté le 9 mai 2023)

Comité intergouvernemental créé par la conférence de Messine, *Rapport des chefs de délégation aux Ministres des affaires étrangères*, Bruxelles, 21 avril 1956

Commission des Communautés européennes, *Amended proposal for a Regulation of the Council on the provisions of conflict of laws on employment relationships within the Community*, COM(75) 653 final, 28 avril 1976

Commission européenne, *Commission Staff Working Document Impact Assessment Accompanying the document Proposal for a Directive of the European Parliament and the Council amending Directive 96/71/EC concerning the posting of workers in the framework of the provision of services*, SWD(2016) 52 final, Strasbourg, 8 mars 2016

Communication au Parlement européen, au Conseil et aux Parlements nationaux relative à la proposition de directive modifiant la directive concernant le détachement de travailleurs, en ce qui concerne le principe de subsidiarité, conformément au protocole n° 2, COM(2016) 505 final, Bruxelles, 20 juillet 2016

Communication de la Commission au Parlement européen, au Conseil, au Comité économique et social et au Comité des régions. Stratégie pour la politique des consommateurs 2002-2006, COM(2002) 208 final, C 137/02, Bruxelles, 8 juin 2002

Europe 2020. Une stratégie pour une croissance intelligente, durable et inclusive, COM(2010) 2020, Bruxelles, 3 mars 2010

Labour Market and Wage Developments in Europe. Annual Review 2018, Office des publications de l'Union européenne, 2018

Livre vert sur la transformation de la convention de Rome de 1980 sur la loi applicable aux obligations contractuelles en instrument communautaire ainsi que sur sa modernisation, COM(2002) 654 final, Bruxelles, 14 janvier 2003

Regard sur la mobilité de la main-d'œuvre au sein de l'Union européenne Principales conclusions du rapport annuel 2020 sur la mobilité de la main-d'œuvre au sein de l'Union européenne, Office des publications de l'Union européenne, 2020, https://ec.europa.eu/social/BlobServlet?docId=23294&langId=fr (consulté le 2 septembre 2023).

Report from the Commission to the Council, the European Parliament and the Economic and Social Committee. Second biennial Report on the Application of the Principle of Mutual Recognition in the Single Market, COM(2002) 419 final, Bruxelles, 23 juillet 2002

Vers un socle européen des droits sociaux- Questions et réponses, Strasbourg, 8 mars 2016, https://europa.eu/rapid/press-release_MEMO-16-545_fr.htm (consulté le 9 mai 2023)
Confédération européenne des syndicats, « Réponse de la CES aux arrêts de la CEJ dans les affaires Viking et Laval. Résolution adoptée par le Comité exécutif de la CES lors de sa réunion du 4 mars à Bruxelles CE.179 », www.eurodetachement-travail.eu (consulté le 9 mai 2023)
Conseil d'Etat, « Puissance publique et plateformes numériques : accompagner l''ubérisation' », étude annuelle, juillet 2017
Conseil européen, « Le programme de Stockholm – Une Europe ouverte et sûre qui sert et protège les citoyens », *JOUE*, C 115/1, 4 mai 2010
Proposition de règlement (CEE) du Conseil relatif aux dispositions concernant les conflits de loi en matière de relations de travail à l'intérieur de la Communauté, *JOCE*, C 49, 18 mai 1972.
ETUC, « A Revision of the Posting of Workers Directive : Eight proposals for improvement. Final report », Bruxelles, 31 mai 2010
FORDE (C.), STUART (M.), JOYCE (S.), OLIVER (L.), VALIZADE (D.), ALBERTI (G.), HARDY (K.), TRAPPMANN (V.), UMNEY (C.), CARSON (C.), « The Social Protection of Workers in the Platform Economy », Study for the European Parliament EMPL Committee, IP/A/EMPL/2016-11, 2017, http://www.europarl.europa.eu/RegData/etudes/STUD/2017/614184/IPOL_STU(2017)614184_EN.pdf (consulté le 9 mai 2023)
GEDIP, « Protection des consommateurs. Rome, 15-17 septembre 2000 », *RCDIP* 2000, p. 929
« Troisième commentaire consolidé des propositions de modification des articles 1er, 3, 4, 5, 6, 7, 9, 10bis, 12 et 13 de la convention de Rome du 19 juin 1980 sur la loi applicable aux obligations contractuelles (Rome I), et de l'article 15 du règlement 44/2001/CE (Bruxelles I). Dixième, onzième, douzième et treizième réunions, Rome, 2000, Lund, 2001, Paris, 2002, Vienne, 2003 », https://www/gedip-egpil.eu/documents/gedip-documents-13cc.html (consulté le 9 mai 2023).
GIULIANO (M.), LAGARDE (P.), « Rapport concernant la convention sur la loi applicable aux obligations contractuelles », *JOCE*, C-282/1, 1980
GOMES (B.), « Le statut juridique des travailleurs économiquement dépendants. Etude comparée en droit allemand, espagnol, français, italien et anglais », *Rapport remis à l'OIT*, décembre 2017
GROSSET (J.), CIEUTAT (B.), « Les travailleurs détachés », *CESE*, 22 septembre 2015
VAN HOEK (A.) et HOUWERZIJL (M.), « Complementary study on the legal aspects of the posting of workers in the framework of the provision of services in the European Union », rapport à la Commission européenne, VC/2011/0096, université d'Amsterdam, novembre 2011

JENARD (P.), « Report on the Convention on Jurisdiction and the Enforcement of Judgments in Civil and Commercial Matters (Signed at Brussels, 27 September 1968) », *JOCE*, C 59, 5 mars 1979

JENARD (P.), MÖLLER (G.), « Report on the Convention on Jurisdiction and the Enforcement of Judgments in Civil and Commercial Matters Done at Lugano on 16 September 1988 », *JOCE*, C 189/57, 1990

MCCORMACK-GEORGE (D.), « Labour Migration, Skills and Discrimination », *UK Labour Law Blog*, 10 juillet 2019, https://wordpress.com/view/uklabourlawblog.com (consulté le 9 mai 2023)

« Position du Parlement européen arrêtée en première lecture le 18 avril 2019 en vue de l'adoption de la directive (UE) 2019/.... du Parlement européen et du Conseil modifiant la directive (UE) 2017/1132 en ce qui concerne les transformations, fusions et scissions transfrontalières »

ROBIN-OLIVIER (S.), « Redéfinir le périmètre du droit social européen ? », *TransEuropeExperts*, mars 2010, https://www.transeuropexperts.eu/documents/InterventionSRobinOlivier.pdf (consulté le 9 mai 2023)

SCHLOSSER (P.), « Rapport sur la convention du 9 octobre 1978 relative à l'adhésion du royaume de Danemark, de l'Irlande et du Royaume-Uni de Grande-Bretagne et d'Irlande du Nord à la convention concernant la compétence judiciaire et l'exécution des décisions en matière civile et commerciale », *JOCE*, C 59/71, 5 mars 1979

TAYLOR (M.), « Good work : The Taylor review of modern working practices », rapport indépendant au Gouvernement du Royaume-Uni, 11 juillet 2017

SÉLECTION DES DÉCISIONS AVEC NOTES

Cour de cassation

Cass. civ. 6 juillet 1931, *D.* 1931, p. 121, note P. PIC

Cass. com., 9 novembre 1959, *Sté Lautier c. Carton*, *RCDIP* 1960, p. 566, note M. SIMON-DEPITRE, *JDI* 1960, p. 1064, note G. LYON-CAEN

Cass. soc., 29 mai 1963, *Jacquin c. SARL « Verrerie et Cristallerie d'Arques »*, *JCP* 1964, II, 13523, note M. SIMON-DEPITRE ; *JDI* 1964, p. 258 et p. 301, note G. LYON-CAEN

Cass. soc., 31 mai 1972, pourvoi n° 71-40.424, *RCDIP* 1973, p. 683, note P. LAGARDE, *JCP G* 1973, II, 17316, note G. LYON-CAEN

Cass. 1ère civ., 29 janvier 1975, pourvoi n° 73-14.294, *RCDIP* 1976, p. 338, note H. BATIFFOL

Cass. soc., 6 novembre 1985, pourvoi n° 83-42.317, *RCDIP* 1986, p. 501, note P. LAGARDE

Cass. soc., 3 mars 1988, pourvoi n° 86-60.507, *Thoresen, RCDIP* 1989, p. 63, note G. LYON-CAEN ; *JDI* 1989, p. 78, note M.-A. MOREAU-BOURLÈS

Cass. soc., 29 mai 1991, pourvoi n° 88-42.335, *RCDIP* 1992, p. 468, note H. MUIR WATT

Cass. 1ère civ., 5 novembre 1991, pourvoi n° 90-40.163, *Masson*, *JDI* 1992, p. 357, note M.-A. MOREAU ; *RCDIP* 1992, p. 314, note H. MUIR WATT ; B. ANCEL, Y. LEQUETTE, *Les grands arrêts...*, préc., n° 82-83, § 4

Cass. soc., 17 juillet 1996, pourvoi n° 95-41.313, *CJEG* 1997, n° 530, p. 97, note D. POUYAUD

Cass. soc., 13 novembre 1996, pourvoi n° 94-13.187, *Société générale*, *D.* 1996, p. 268 ; *DSOC* 1996, p. 1067, note J.-J. DUPEYROUX ; *RDSS* 1997, p. 847, note J.-C. DOSDAT, *JCP E* 1997, n° 5, p. 21, note J. BARTHÉLÉMY

Cass. soc., 3 décembre 1996, pourvoi n° 94-19.466, *DSOC* 1997, p. 102, note P. WAQUET.

Cass. soc., 12 novembre 2002, pourvois n° 99-45.821 et n° 99-45.888, *Briant*, *RCDIP* 2003, p. 446, note F. JAULT ; *DSOC* 2003, p. 339, note M.-A. MOREAU ; *JDI* 2004, p. 131, note S. DION ; *D.* 2004, p. 661, note J.-G. MAHINGA

Cass. soc., 15 février 2006, pourvoi n° 05-60.088, *Chronopost*, *JCP E* 2006, n° 22, p. 977, note S. BÉAL, M.-N. ROUSPIDE ; *RDT* 2006, p. 40, note E. PESKINE

Cass. soc., 31 janvier 2007, pourvoi n° 05-44.203, *Le Parisien Libéré, RDC* 2007, p. 879, chron. P. DEUMIER ; *RDT* 2007, p. 398, note H. TISSANDIER ; *JCP S* 2007, n° 15, p. 21, note T. LAHALLE ; *JSL* 2007, n° 206, p. 17, note J.-E. TOURREIL

Cass. soc., 19 juin 2007, *pourvoi* n° 05-42.551, *Aspocomp*, *RDT* 2007, p. 543, note F. JAULT-SESEKE

Cass. soc., 7 novembre 2007, pourvoi n° 06-12.309, *RATP et SNCF, Lexbase Hebdo S* 2007, n° 285, note G. AUZERO et 2008, n° 305, note C. RADÉ, G. AUZERO, S. TOURNAUX ; *JCP E* 2007, n° 51, p. 29, note F. DUQUESNE ; *DSOC* 2008, p. 132, note M. COHEN ; *RDT* 2008 ; p. 116, note E. PESKINE ; *JCP S* 2008, n° 9, p. 23, note J.-Y. KERBOUC'H

Cass. soc., 13 novembre 2008, pourvoi n° 07-41.700, *D.* 2009, p. 590, chron. O. LECLERC, C. WOLMARK, E. PESKINE, J. PORTA ; *RDT* 2009, p. 29, note M.-C. AMAUGER-LATTES ; *DSOC* 2009, p. 69, note J.-P. LHERNOULD ; *RJS* 2009, n° 1, p. 19, note H. GOSSELIN ; *JCP S* 2009, n° 3, p. 31, note P. COURSIER

Cass. soc., 12 juillet 2010, pourvoi n° 07-44.655, *JCP S* 2010, n° 41, p. 24, note S. BRISSY ; DSOC 2011, p. 102, note M. KELLER ; RCDIP 2011, p. 72, note F. JAULT-SESEKE ; D. 2011, p. 1374, pan. F. JAULT-SESEKE ; JDI 2011, p. 600, note V. PARISOT

Cass. soc., 18 janvier 2011, pourvoi n° 09-69199, *Jungheinrich, D.* 2012, p. 901, chron. P. LOKIEC et J. PORTA ; *Rev. soc.* 2011, p. 154, note A. COURET ; *DSOC* 2011, p. 372, note G. COUTURIER ; 2012, p. 995, note B. GAURIAU ; *RDT* 2011, p. 168, note F. GÉA

Cass. soc., 28 septembre 2011, pourvoi n° 10-12.278, *Métaleurop, D.* 2012, p. 901, chron. P. LOKIEC et J. PORTA

Cass. soc., 11 avril 2012, n°11-17.096, *RDT* 2012, p. 388, note F. JAULT-SESEKE ; *GP* 2012, n° 165-166, p. 5, jurisp. S. PRIEUR ; *JSP S* 2012, n° 31, p. 42, note J.-P. TRICOIT ; *D.* 2013, p. 1503, pan. F. JAULT-SESEKE

Cass. soc., 11 avril 2012, pourvoi n° 09-68.553, *RDT* 2012, p. 422, note L. DRIGUEZ ; *JCP S* 2012, n° 28, p. 31, note G. VACHET ; *RPC* 2012, n° 6, p. 51, note M. MENJUCQ ; *RCDIP* 2013, p. 210, note J.-M. JUDE

Cass. soc., 8 février 2012, pourvoi n° 10-28.537, *RCDIP* 2012, p. 576, note F. JAULT-SESEKE, *DSOC* 2012, p. 995, note B. GAURIAU, *RDAI* 2013, p. 217, chron. Y. LAHLOU, L. SINOPOLI, P. GUEZ

Cass. com., 22 janvier 2013, pourvoi n° 11-17.968, *NOB*, *Rev. soc.* 2013, n° 3, p. 183, note L. C. HENRY, p. 573, note N. MORELLI et p. 2293, pan. L. D'AVOUT, S. BOLLEE ; *RPC* 2013, n° 2, p. 26, note T. MASTRULLO ; *D.* 2013, p. 755, note R. DAMMANN, A. RAPP ; *BMIS* 2013, p. 263, note J.-L. VALLENS ; *D. sociétés* 2013, n° 4, p. 37, note J.-P. LEGROS ; *JCP E* 2013, n° 16, p. 25, note P. LEMAY et n° 42, p. 41, note M. MENJUCQ ; *JCP G* 2013, n° 23, p. 1134, note P. PETEL et n° 38, p. 1710, chron. J. BEGUIN, G. BOURDEAUX, M. MENJUCQ, C. NOURISSAT ; *D.* 2013, p. 1503, pan. F. JAULT-SESEKE ; *RCDIP* 2014, p. 404, note F. JAULT-SESEKE, D. ROBINE

Cass. soc., 27 novembre 2013, pourvoi n° 12-20.426, *RPC* 2014, n° 1, p. 8, note F. PETIT ; *JSL* 2014, n° 359, p. 18, note J.-E. TOURREIL ; *JCP S* 2014, n° 15, p. 37, note A. PIACITELLI-GUEDJ ; *RCDIP* 2014, p. 858, note J.-M. JUDE

Cass. soc., 21 mai 2014, pourvois n° 13-11.396 et 13-11.694, *Knauf, RCDIP* 2015, p. 594, note F. JAULT-SESEKE

Cass. soc., 2 juillet 2014, pourvoi n° 13-15.208, *D.* 2014, p. 2147, chron. P.-M. LE CORRE et F.-X. LUCAS ; 2015, p. 829, chron. J. PORTA et P. LOKIEC ; *Rev. soc.* 2014, p. 709, note A. COURET et M.-P. SCHRAMM ; *RDT* 2014, p. 625, note M. KOCHER ; *RCDIP* 2015, p. 594, note F. JAULT-SESEKE

Cass. soc., 9 juillet 2015, pourvoi n° 14-13.497, *JDI* 2016, p. 912, note J. HEYMANN

Cass. soc., 23 septembre 2015, pourvoi n° 14-26.262, *Lexbase Hebdo S* 2015, n° 628, note G. AUZERO ; *CSBP* 2015, p. 586, note F. CANUT ; *JCP S* 2015, n° 45, p. 28, note Y. PAGNERRE

Cass. soc., 14 octobre 2015, pourvoi n° 14-17.622, *JCP S* 2015, n° 49, p. 23, note L. FIN-LANGER ; *RPC* 2016, n° 2, p. 48, note L. FIN-LANGER et n° 6, p. 45, note T. MASTRULLO ; *D.* 2016, p. 1045, pan. H. GAUDEMET-TALLON et p. 2025, pan. L. D'AVOUT, S. BOLLÉE

Cass. soc., 28 octobre 2015, pourvoi n° 14-16.269, *JDI* 2016, p. 919, note S. SANA-CHAILLÉ DE NÉRÉ

Cass. soc., 28 octobre 2015, pourvoi n° 14-21.319, *JCP S* 2015, n° 52, p. 41, note L. FIN-LANGER ; *RPC* 2016, n° 2, p. 47, note L. FIN-LANGER ; *RCDIP* 2016, p. 534, note F. JAULT-SESEKE ; *D.* 2016, p. 1045, pan. H. GAUDEMET-TALLON et p. 2025, pan. L. D'AVOUT, S. BOLLÉE ; *RPC* 2016, n° 6, p. 42, note M. MENJUCQ

Cass. soc., 10 décembre 2015, pourvoi n° 14-19.316, *D.* 2016, p. 807, chron. P. LOKIEC et J. PORTA ; p. 2025, chron. L. D'AVOUT et S. BOLLEE ; *RPC* 2016, n° 1, p. 9, note F. PETIT, n° 2, p. 59, note D. JACOTOT ; *Lexbase Social* 2016, n° 638, note G. AUZERO ; *BMIS* 2016, n° 2, p. 115, note B. GÉNIAUT ; *JSL* 2016, n° 403, p. 14, note H. NASOM-TISSANDIER ; *LPA* 2016, n° 110, p. 13, E. MOUIAL-BASSILANA ; *RLDA* 2016, n° 112, p. 33, note A. DONNETTE-BOISSIÈRE

Cass. soc., 6 juillet 2016, pourvoi n° 15-15.481, *Les 3 Suisses*, *D.* 2016, p. 2096, note R. DAMMANN et S. FRANÇOIS ; *Rev. soc.* 2017, p. 149, note E. SCHLUMBERGER ; *RDT* 2016, p. 560, note S. VERNAC ; *JCP G* 2016, n° 37, p. 1645, note Y. PAGNERRE ; *JSL* 2016, n° 416, p. 7, note H. TISSANDIER ; *JCP S* 2016, n° 38, p. 12, note G. LOISEAU ; *BMIS* 2016, n° 10, p. 597, note J.-P. LABORDE ; *SSL* 2016, n° 1738, p. 4, note G. AUZERO, P. BAILLY ; *JCP S* 2018, n° 29, p. 19, note M. LAFARGUE

Cass. soc., 28 septembre 2016, pourvoi n° 15-10.736, *RJC* 2017, p. 199, note A. RECLUS ; *JCP S* 2017, n° 16, p. 25, note J.-F. CESARO

Cass. soc., 10 janvier 2017, pourvoi n° 15-12.284, *Nortel*, *BMIS* 2017, n° 3, p. 187, note J.-L. VALLENS ; *RPC* 2017, n° 2, p. 11, chron. F. PETIT ; *JCP S* 2017, n° 9, p. 34, note J.-P. TRICOIT ; *D.* 2017, p. 1287, note F. JAULT-SESEKE, D. ROBINE ; *Rev. soc.* 2017, p. 50, note T. MASTRULLO ; *DSOC* 2017, p. 843, chron. S. TOURNAUX

Cass. soc., 19 janvier 2017, pourvoi n° 15-20.095, *JCP S* 2017, n° 11, p. 30, n° 43, p. 8, note L. DAUXERRE, et 2018, n° 1, p. 26, note L. DAUXERRE ; *RCDIP* 2017, p. 409, note D. SINDRES

Cass. soc., 1er février 2017, pourvoi n° 15-23.723, *Droit maritime français* 2017, n° 789, p. 211, note F. THOMAS ; *JCP S* 2017, n° 17, p. 22, note P. COURSIER et n° 43, p. 8, note L. DAUXERRE ; *RCDIP* 2017, p. 409, note D. SINDRES ; *RDI Assas* 2018, p. 618, chron. E. ADELUS, K. ROKAS, N. PICARI et al.

Cass. soc., 14 septembre 2017, pourvois n° 15-26.737 et 15-26.738, *D.* 2018, 966, chron. S. CLAVEL et F. JAULT-SESEKE ; *RCDIP* 2018, p. 267, note É. PATAUT ; *Procédures* 2017, n° 11, p. 25, note A. BUGADA ; *JCP S* 2017, n° 46, p. 37, note L. D'AVOUT ; *Rev. soc.* 2018, n° 7, p. 467, note O. BOSKOVIC

Cass. soc., 21 mars 2018, pourvoi n° 17-10.220, *D.* 2019, p. 1016, chron. S. CLAVEL, F. JAULT-SESEKE

Cass. soc., 28 février 2018, pourvoi n° 16-12.754, *JCP G* 2018, n° 18, p. 879, note P. DUPONT, G. POISSONNIER ; *JCP S* 2018, n° 17, p. 32, note S. CARRÉ ; *JSL* 2018, n° 452, p. 23, note V. NIVELLES

Cass. soc., 6 juin 2018, pourvoi n° 17-14.372 à 17-14.375, *JSL* 2018, n° 457, p. 8, note J. JACOTOT, Q. FRISONI ; *GP* 2018, n° 31, p. 50, chron. V. ROCHE ; *RDT* 2018, p. 871, note F. JAULT-SESEKE ; *LPA* 2018, n° 257, p. 12, note V. ROULET
Cass. soc., 7 novembre 2018, pourvoi n° 16-27.692, *BJT* 2018, n° 4, p. 251, note J. ICARD ; *GP* 2018, n° 42, p. 40, note C. BERLAUD ; *JCP S* 2019, n° 1, p. 46, note S. LAVAL ; *RDT* 2019, p. 127, note É. PATAUT ; *D.* 2019, p. 1016, pan. S. CLAVEL, F. JAULT-SESEKE
Cass. soc., 21 novembre 2018, pourvoi n° 16-27.690, *Lexbase Hebdo S* 2018, n° 764, note C. RADÉ ; *SSL* 2018, n° 1842 et 1843, p. 18, note G. AUZERO ; *RDT* 2019, p. 51, note H. NASOM-TISSANDIER et p. 133, note B. JOLY ; *BJT* 2019, p. 27, note F. CANUT ; *BMIS* 2019, n° 2, p. 23, note A. BUGADA ; *DSOC* 2019, p. 141, note C. RADÉ ; *Rev. soc.* 2019, p. 349, note N. DE SEVIN, A. COURET
Cass. soc., 28 novembre 2018, pourvoi n° 17-20.079, *Take Eat Easy*, *RDT* 2018, p. 812, note C. COURCOL-BOUCHARD ; *JCP S* 2018, n° 49, p. 25, note G. LOISEAU, C. COURCOL-BOUCHARD ; *SSL* 2018, n° 1841, p. 6, note B. GOMES, n° 1841, p. 10, note P. LOKIEC et n° 1842, p. 3, entretien J.-G. HUGLO ; *Lexbase Hebdo S* 2018, n° 766, note P. ADAM ; *D.* 2019, p. 177, note M.-C. ESCANDE-VARNIOL ; *BJT* 2019, p. 15, note J. ICARD ; *DO* 2019, p. 31, note C. COURCOL-BOUCHARD ; *D. IP/IT* 2019, p. 186, note J. SÉNÉCHAL
Cass. soc., 19 décembre 2018, pourvoi n° 18-14.520, *RTD Civ* 2019, p. 67, chron. P. DEUMIER ; *Lexbase Hebdo S* 2019, n° 769, note M. GADRAT ; *BJT* 2019, n° 2, p. 21, note G. AUZERO ; *JCP G* 2019, n° 7, p. 304, note G. DEDESSUS-LE-MOUSTIER ; *SSL* 2019, n° 1850, p. 7, note A. CHANU ; *JCP E* 2019, n° 9-10, p. 56, note C. MERLE, A. VIVANT ; *RDT* 2019, p. 202, note Y. FERKANE ; *JCP S* 2019, n° 9, p. 28, note A. TEISSIER ; *DO* 2019, p. 319, note M. BONNECHÈRE
Cass. soc., 9 mai 2019, pourvoi n° 17-27.565, *D.* 2020, p. 951, chron. S. CLAVEL, F. JAULT-SESEKE ; *RCDIP* 2020, p. 159, note P. CORLAY
Cass. soc., 29 mai 2019, pourvoi n° 18-10.602, *D.* 2020, p. 951, chron. S. CLAVEL, F. JAULT-SESEKE
Cass. soc., 27 novembre 2019, pourvoi n° 18-19.221, *D.* 2020, p. 951, chron. S. CLAVEL, F. JAULT-SESEKE
Cass. soc., 4 mars 2020, pourvoi n° 19-13.316, *Lexbase Social* 2020, n° 817, note C. RADÉ ; *JCP S* 2020, n° 12, p. 18, note G. LOISEAU ; *DSOC* 2020, p. 374, note P.-H. ANTONMATTÉI ; *DO* 2020, p. 181, note A. JEAMMAUD ; *BJT* 2020, n° 4, p. 16, note J. ICARD, G. DUCHANGE ; *RDT* 2020, p. 328, note L. WILLOCX ; *AJ CCD* 2020, n° 5, p. 227, note T. PASQUIER ; *DSOC* 2020, p. 550, note R. SALOMON, p. 736, chron. S. TOURNAUX, L. BENTO DE CARVALHO, 2021, p. 964, note A. FABRE, J.-G. HUGLO ; *D.* 2020, p. 1136, chron. Y. FERKANE,

S. VERNAC ; *JSL* 2020, n° 500, p. 13, note C. RADÉ ; *JCP G* 2020, n° 29, p. 1373, note B. BOSSU ; *GP* 2020, n° 18, p. 20, note G. DUCHANGE ; *JCP E* 2020, n° 28, p. 45, note D. MAINGUY, B. SIAU, M. DEPINCÉ, n° 40, p. 39, note J.-F. CESARO ; *RDLF* 2020, n° 62, note P. PRÉPIN

Cass. soc., 14 octobre 2020, n° 19-12.275, *RDT* 2020, p. 745, note D. BAUGARD ; *JCP S* 2020, n° 48, p. 24, note Y. PAGNERRE ; *BJS* 11/20, note G. DUCHANGE ; *BJT* 2020, n° 11, p. 17, note G. DUCHANGE ; *RDT* 2020, p. 745, note D. BAUGARD ; *Rev. soc.* 2021, p. 130, note R. VATINET

Cass. soc., 25 novembre 2020, pourvoi n° 18-13.769, *D.* 2021, p. 1152, chron. S. VERNAC et Y. FERKANE ; *DSOC* 2021, p. 367, note D. BAUGARD ; *RDT* 2020, p. 749, note M. KOCHER et S. VERNAC ; *BJT* 2021, n° 1, p. 21, note G. DUCHANGE ; *SSL* 2021, n° 1936, p. 9, note G. AUZERO ; *JSL* 2021, n° 511, p. 10, note J.-P. LHERNOULD ; *JCP S* 2021, n° 4, p. 26, note Y. PAGNERRE ; *Lexbase Social* 2021, n° 852, note S. OLIVENNES ; *DSOC* 2021, p. 367, note D. BAUGARD ; *DO* 2021, p. 215, note B. GOMES

Cass. crim., 12 janvier 2021, pourvoi n° 17-82.553, *Dr. pénal* 2021, comm. 52, note J.-H. ROBERT ; *AJ Pénal* 2022, p. 236, note A. CERF-HOLLENDER ; *DSOC* 2021, p. 335, note F. MULLER, p. 726, chron. R. SALOMON ; *Lexbase Social* 2021, n° 854, note H. NASOM-TISSANDIER ; *AJDP* 2021, n° 4, p. 202, note J. ICARD ; *DSOC* 2021, p. 335, note F. MULLER ; *JCP G* 2021, n° 19, p. 941, chron. J.-H. ROBERT, S. DETRAZ, J. LEROY, C. CLAVERIE-ROUSSET ; *D.* 2021, p. 923, chron. S. CLAVEL, F. JAULT-SESEKE, 2022, p. 244, chron. O. BOSKOVIC, S. CORNELOUP, F. JAULT-SESEKE, N. JOUBERT, K. PARROT ; *GP* 2021, n° 10, p. 79, note V. ROULET

Cass. soc., 31 mars 2021, pourvoi n° 16-16.713, *Vueling Airlines*, *DSOC* 2021, p. 737, note S. ROBIN-OLIVIER, *JCP G* 2021, n° 16, p. 769, note N. DEDESSUS-LE-MOUSTIER, *Dr pénal* 2021, n° 6, p. 40, note J.-H. ROBERT ; *DO* 2021, p. 337, note C. PERCHER ; *JCP S* 2021, n° 22, p. 21, note J. ICARD ; *GP* 2021, n° 16, p. 38, note C. BERLAUD ; *RTD Eur* 2022, p. 207, note A. JEAUNEAU

Cass. avis, 8 juillet 2021, pourvoi n° 21-70.012, *DSOC* 2021, p. 984, note S. RANC

Cass. soc., 8 décembre 2021, pourvoi n° 20-13.905, *D.* 2022, p. 1773, chron. L. d'AVOUT, S. BOLLÉE, É. FARNOUX, A. GRIDEL ; *DSOC* 2022, p. 347, note D. BONDAT ; *BJT* 2022, n° 1, p. 25, note S. RANC ; *Lexbase Social* 2022, n° 892, note N. MIHMAN ; *BMIS* 2022, n° 2, p. 41, note F. JAULT-SESEKE, D. ROBINE ; *RPC* 2022, n° 2, p. 46, note D. JACOTOT, n° 5, p. 14, note T. MASTRULLO ; *JCP E* 2022, n° 16, p. 19, note A. TEHRANI ; *RJDA* 2022, n° 5, p. 351, note J.-L. VALLENS ; *RCDIP* 2023, p. 103, note É. FARNOUX ; *GP* 2022, n° 13, p. 47, note G. C. GIORGINI

Cass. soc., 8 décembre 2021, pourvoi n° 20-11.738, *Lexbase Hebdo Social* 2022, n° 892, note N. MIHMAN ; *JSL* 2022, n° 8-12, note J.-P. LHERNOULD ; *RDT* 2022, p. 321, note E. LAFUMA ; *JDI* 2022, p. 903, note F. JAULT-SESEKE

Cass. soc., 8 décembre 2021, pourvoi n° 20-14.178, *DSOC* 2022, p. 162, note V. LACOSTE-MARY ; *Lexbase Social* 2022, n° 892, note N. MIHMAN

Cass. 1ère civ., 29 juin 2022, pourvois n° 21-11.722 et 21-10.106, *D.* 2022, p. 1773, chron. L. D'AVOUT, S. BOLLEE, É. FARNOUX ET A. GRIDEL ; *RCDIP* 2023, p. 168, note H. GAUDEMET-TALLON ; *JDI* 2023, p. 136, note C. BRIÈRE ; *JCP G* 2022, n° 28, p. 1402, note C. GUILLARD, n° 36, p. 1642, note G. BOURDEAUX, M. MENJUCQ, C. NOURISSAT

Cass. soc., 23 novembre 2022, pourvoi n° 20-23.206, *BJT* 2023, n° 1, p. 37, note S. RANC ; *BMIS* 2023, n° 2, p. 51, note G. AUZERO ; *JCP E* 2023, n° 17-18, p. 22, note T. LASSERRE, n° 7, p. 50, note J. BRUNIE

Conseil d'État

CE, 29 juin 1973, *Compagnie internationale des wagons - lits, RCDIP* 1974, p. 344, concl. QUESTIAUX et p. 273, chron. P. FRANCESCAKIS ; *Clunet* 1975, p. 538, note M. SIMON-DEPITRE ; *DSOC* 1976, p. 50, note J. SAVATIER ; *Rev. soc.* 1976, p. 663, note J.-L. BISMUTH

CE, 17 juin 2019, n° 417837, *D.* 2019, p. 1956, chron. L. d'AVOUT, S. BOLLÉE, É. FARNOUX, 2020, p. 298, chron. N. JOUBERT, 2020, p. 951, chron. S. CLAVEL, F. JAULT-SESEKE et 2020, p. 378, note H. MUIR WATT ; *AJDA* 2019, p. 2031, note F. JAULT-SESEKE ; *Revue des Contrats* 2019, n° 4, p. 65, note B. HAFTEL ; *JCP S* 2019, n° 46, p. 26, note S. RIANCHO

Conseil constitutionnel

C. const., 28 décembre 2006, DC n° 2006-545, *RDTr* 2007, p. 20, note C. PAULIN ; *LPA* 2007, n° 29, p. 37, note J.-É. SCHOETTL ; *RFD Const* 2007, p. 297, chron. V. BERTILE, A. LE QUINIO, X. MAGNON et p. 749, chron. É. BESSON, P. LUPPI, A. MANGIAVILLANO ; *D.* 2007, p. 1166, pan. V. BERNAUD, L. GAY, C. SEVERINO

CJCE et CJUE

CJCE, 5 février 1963, aff. 26/62, *Van Gend & Loos, JCP* 1963, II, 13177, note F.-C. JEANTET ; *ICLQ* 1963, p. 1411, note. N. S. MARSH ; Jour. Trib. 1963, p. 190, note F. RIGAUX ; *RGDP* 1963, p. 421, note J. ROBERT et 1964, p. 110, note J. AMPHOUX

CJCE, 15 juillet 1964, aff. 6/64, *Costa c. E.N.E.L, LDA* 1964, n° 49, doc. LXXXVI, note N. CATALANO ; *JDI* 1965, p. 697, note R. KOVAR ; *YaleLJ* 1965-66, n° 5, p. 695, note C. SASSE ; *MichiganLR* 1965, p. 491, note E. STEIN ; *RTD Eur* 1965, p. 369, note J. VIROLE

CJCE, 19 décembre 1968, aff. 13/68, *Salgoil*, *JDI* 1973, p. 279, note R. KOVAR ; *AFDI* 1974, p. 905, note J.-C. GAUTRON
CJCE, 25 mai 1971, aff. 80/70, *Gabrielle Defrenne c. État belge, RTD Eur* 1971, p. 103 et 1972, p. 110, note G. LYON-CAEN
CJCE, 21 juin 1974, aff. 2/74, *Reyners*, *JDI* 1976, p. 221, note V. CONSTANTINESCO ; *RMC* 1974, p. 473, note F.-X. DE DORLODOT ; *ELR* 1975, p. 67, note G. MORSE
CJCE, 3 décembre 1974, aff. 33/74, *van Binsbergen*, *RTD Eur* 1975, p. 518, note Y. LOUSSOUARN ; *ELR* 1975, p. 67, note G. MORSE
CJCE 4 décembre 1974, aff. 41/74, *Van Duyn, JTDE* 1975, p. 154, note R. C. GOFFIN ; *RTD Eur* 1976, p. 141, note G. LYON-CAEN ; *ICLQ* 1975, p. 419, note K. R. SIMMONDS ; *ELR* 1975, p. 51, note D. WYATT
CJCE, 6 octobre 1976, aff. 12/76, *Tessili, JDI* 1977, p. 705, note J. M. BISCHOFF, A. HUET ; *RCDIP* 1977, p. 751, note P. GOTHOT, D. HOLLEAUX ; *D.* 1977, p. 616, note L. DROZ
CJCE, 14 octobre 1976, aff. 29/76, *Eurocontrol, RCDIP* 1977, p. 772, note G. A. L. DROZ ; *JDI* 1977, p. 707, note A. HUET ; B. ANCEL, Y. LEQUETTE, *Les grands arrêts de la jurisprudence française de droit international privé*, Dalloz, 2006, n° 79, § 11
CJCE, 15 juin 1978, aff. C-149/77, *Gabrielle Defrenne c. Sabena*, *ELRes* 1978, p. 6, note D. WYATT ; *EuR* 1979, p. 4, note I. PERNICE ; *RTD Eur* 1986, p. 231, étude L. IMBRECHTS ; *MLR* 1984, p. 6, note N. BROWN
CJCE, 20 février 1979, aff. 120/78, *Rewe-Zentral, JDI* 1981, p. 106, note R. KOVAR ; *RTD Eur* 1980, p. 611, note J. C. MASCLET ; *RMC* 1980, p. 505, note A. MATTERA ; *EurR* 1979, p. 420, note E. MILLARG ; *ELR* 1980, p. 213 et 1981, p. 185, note D. WYATT
CJCE, 17 décembre 1981, aff. 279/80, *Webb, RTD Eur* 1982, p. 75 et 192, chron. G. DRUESNE
CJCE 3 février 1982, aff. 62 et 63/81, *Seco, Desquenne et Giral*, *RTD Eur* 1982, p. 296, chron. G. DRUESNE
CJCE, 26 mai 1982, aff. 133/81, *Ivenel, RCDIP* 1983, p. 120, note H. GAUDEMET-TALLON ; *JDI* 1982, p. 948, note J.-M. BISCHOFF et A. HUET
CJCE, 3 juillet 1986, aff. 66/85, *Lawrie-Blum*, *JDI* 1987, p. 433, note M.-C. BOUTARD-LABARDE ; *D.* 1986, somm. p. 452, note L. CARTOU ; *ELR* 1987, p. 147, note R. WHITE et 1988, p. 223, note J. HANDOLL
CJCE, 27 mars 1990, C-113/89, *Rush Portuguesa, RTD Eur* 1990, p. 632, note P. RODIÈRE ; *JDI* 1991, p. 471, note M.-C. BOUTARD-LABARDE
CJCE, 30 avril 1996, C-214/94, *Boukhalfa, DSOC* 1997, p. 397, chron. S. VAN RAEPENBUSCH ; *CMLR* 1998, p. 247, note O. LHOEST
CJCE, 25 juillet 1991, C-76/90, *Säger, CDEur* 1998, p. 561, note D. MARTIN ; *Revue du marché unique* 1999, n° 2, p. 73, note J. TIEDJE
CJCE, 17 juin 1992, C-26/91, *Jakob Handte*, *JCP* 1992, II, 21927, note LARROUNET ; *RTD Eur* 1992, p. 709, note P. DE VAREILLES-

SOMMIÈRES ; *RCDIP* 1992, p. 726, note H. GAUDEMET-TALLON ; *JDI* 1993, p. 469, note J.M. BISCHOFF ; *RTD Civ* 1993, p. 131, note P. JOURDAIN ; *D.* 1993, somm. 214, note KULLMANN

CJCE, 31 mars 1993, C-19/92, *Kraus, JCP G* 1993, n° 38, p. 373, note M.-C. BOUTARD-LABARDE ; *CDEur* 1994, note C. DENYS ; *CMLR* 1996, p. 885 et p. 991, note S. WEATHERILL ; *Revue du marché unique* 1996, p. 89, note J. PERTEK

CJCE, 13 juillet 1993, C-125/92, *Mulox, RCDIP* 1994, p. 569, note P. LAGARDE, *JDI* 1994, p. 539, note A. HUET

CJCE, 9 août 1994, C-43/93, *Raymond Vander Elst, CDEur* 1998, n° 5-6, p. 561, note D. MARTIN, *Revue du marché unique* 1999, n° 2, p. 73, note J. TIEDJE

CJCE, 10 mai 1995, C-384/93, *Alpine Investments, CMLR* 1996, p. 885, note S. WEATHERILL et p. 991, chron. S. WEATHERILL ; JDI 1997, p. 564, note M. LUBY ; *CDEur* 1998, p. 11, note N. BERNARD

CJCE, 15 décembre 1995, C-415/93, *Bosman, RMU* 1996, n° 1, p. 5, note K. VAN MIERT, p. 11, note P. DEMARET, p. 17, note D. O'KEEFFE, P. OSBORNE, p. 45, note G. CAMPOGRANDE, p. 57, note A. PAPPALARDO, N. PARISIS, p. 65, note J.-L. DUPONT, p. 79, note S. KÉSENNE, p. 89, note M. THILL, p. 119, note L. NYSSEN, X. DENOËL, p. 135, note N. PARISIS, M. F. SALAS, p. 155, note M. F. SALAS ; *ECLR* 1996, n° 1, p. 51, note M. PULLEN ; *JDI* 1996, p. 488, note D. SIMON et 1997, p. 550, note M. LUBY ; *CMLR* 1996, p. 885, note S. WEATHERILL

CJCE, 28 mars 1996, C-272/94, *Guiot*, *JDI* 1997, p. 563, note M. LUBY ; *CDEur* 1998, p. 561, note D. MARTIN ; *CMLR* 2000, p. 43, note V. HATZOPOULOS

CJCE, 12 novembre 1996, C-84/94, *Royaume-Uni c. Conseil, CMLR* 1997, p. 1049, note E. ELLIS ; *CDEur* 1998, n° 3-4, p. 389, chron. C.-F. DURAND, S. VAN RAEPENBUSCH ; *RMCUE* 1998, n° 423, p. 645, note J.-L. SAURON

CJCE, 9 janvier 1997, C-383/95, *Rutten, RCDIP* 1997, p. 336, note H. GAUDEMET-TALLON ; *JDI* 1997, p. 635, note J.-M. BISCHOFF

CJCE, 23 novembre 1999, C-369/96 et C-376/96, *Arblade et Leloup, RCDIP* 2000, p. 710, note M. FALLON ; *RDAI* 2001, p. 615, chron. A. MOURRE

CJCE, 9 mars 1999, C-212/97, *Centros, Rev. soc.* 1999, p. 386, note G. PARLÉANI ; *RLDA* 1999, n° 19, p. 20, note C. BLANCHARD-SÉBASTIEN ; *CMLR* 2000, p. 43, note V. HATZOPOULOS, p. 147, note W.-H. ROTH ; *Rev. soc.* 2001, p. 210, note M. MENJUCQ et p. 302, note K. J. HOPT

CJCE, 21 septembre 1999, aff. C-67/96, *Albany International, JSL* 1999, n° 47, p. 4, note F. DUPRAT ; *RMU* 1999, n° 4, p. 197, chron. J. BOURGEOIS ; *DSOC* 2000, p. 106, étude X. PRÉTOT ; *CMLR* 2000, p. 439, note L. GYSELEN ; *JDI* 2001, p. 671, note C. PRIETO ; *JCP E* 2001, n° 25, p. 1032, note C. VIGNEAU

CJCE, 16 décembre 1999, C-198/98, *Everson, Droit et Patrimoine* 2000, n° 81, p. 120, note N. FONTAINE, C. FONTAINE ; *LPA* 2000, n° 99, p. 13, chron. O. LESOBRE, X. LATOUR, H. HÉLIO ; *DSOC* 2002, p. 1004, note C. RADÉ

CJCE, 27 janvier 2000, C-190/98, *Volker Graf, Europe* 2000, n° 3, p. 17, note L. IDOT ; *RTD Com* 2001, p. 814, chron. G. JAZOTTES, M. LUBY, A. MARMISSE et al.

CJCE, 10 février 2000, C-50/96, *Deutsche Telekom AG c. Lilli Schröder, Europe* 2000, n° 4, p. 8, chron. D. SIMON ; *CMLR* 2001, p. 437, note L. BASSELINK ; *JDI* 2001, p. 585, chron. Y. GAUTIER, R. MEHDI, C. J. BERR, M. LUBY, C. PRIETO, J.-M. BISCHOFF et p. 603, chron. R. MEHDI

CJCE, 6 juin 2000, C-281/98, *Angonese*, *CMLR* 2000, p. 1237, note R. LANE, N. NIC SHUIBHNE ; *RTDH* 2001, p. 797, chron. F. SUDRE ; *JDEur* 2004, n° 109, p. 129, chron. S. VAN DER JEUGHT

CJCE, 9 novembre 2000, C-381/98, *Ingmar, RCDIP* 2001, p. 107, note L. IDOT ; *JDI* 2001, p. 328, note L. BERNARDEAU et p. 511, note J.-M. JACQUET

CJCE, 15 mars 2001, C-165/98, *Mazzoleni, RTD Eur* 2001, p. 743, chron. J.-G. HUGLO ; *RAE* 2002, p. 630, note F. PICOD ; *RTD Eur* 2003, p. 529, chron. P. RODIÈRE ; *RTD Com* 2003, p. 595, chron. G. JAZOTTES ; *RCDIP* 2001, p. 495, note É. PATAUT

CJCE, 24 janvier 2002, C-164/99, *Portugaia Construções, Lexbase Hebdo éd. S* 2002, n° 10, note D. BAUGARD ; *JCP E* 2002, p. 1332, note P. COURSIER ; *D.* 2002, p. 3303, note C. MINET ; *RTD Eur* 2003, p. 529, chron. P. RODIÈRE

CJCE, 19 février 2002, C-309/99, *Wouters, RTD Com* 2002, p. 389, note S. POILLOT-PERUZZETTO ; *CCC* 2002, p. 35, note S. POILLOT-PERUZZETTO ; *LPA* 2002, n° 71, p. 9, chron. P. ARHEL ; *Europe* 2002, n° 5, p. 5, note L. IDOT*;* *RTD Eur* 2003, p. 287, chron. J.-B. BLAISE, L. IDOT ; *JCP E* 2003, n° 31, p. 1283, note G. PARLÉANI, *GP* 2003, n° 334, p. 2, note É. DE LAMAZE

CJCE, 27 février 2002, C-37/00, *Weber, RTD Eur* 2003, p. 533, chron. P. RODIÈRE

CJCE, 5 novembre 2002, C-208/00, *Überseering, RAE* 2002, p. 1109, note B. ESPESSON-VERGEAT ; *Europe* 2003, n° 1, p. 20, note L. IDOT ; *JDE* 2003, p. 33, note J.-M. JONET et p. 204, chron. L. DEFALQUE ; *JCP G* 2003, n° 9, p. 359, note M. MENJUCQ et n° 40, p. 1723, chron. S. POILLOT-PERUZZETTO, I. RUEDA, M. NADAUD et al. ; *JCP E* 2003, n° 12, p. 520, note M. MENJUCQ et n° 30, p. 1242, note G. PARLÉANI ; *RTD Eur* 2003, p. 489, chron. C. PRIETO ; *RCDIP* 2003, p. 373, note T. BALLARINO

CJCE, 2 octobre 2003, C-148/02, *Garcia Avello*, *Europe* 2003, n° 12, p. 5, note Y. GAUTIER ; *JCP G* 2004, n° 7, p. 280, chron. S. POILLOT-PERUZZETTO, I. RUEDA, C. DELPY et al. ; *AJDA* 2004, p. 315, chron. J.-M. BELORGEY, S. GERVASONI, C. LAMBERT ; *JDE* 2004, p. 74, chron.

J.-Y. CARLIER ; *JDI* 2004, p. 582, note M. LUBY et p. 1219, note S. POILLOT-PERUZZETTO ; *D.* 2004, p. 1476, note M. AUDIT ; *RTD Eur* 2004, p. 559, note A. ILIOPOULOU ; *RTDH* 2004, p. 721, chron. C. PICHERAL, H. SURREL ; *Droit et Patrimoine* 2004, p. 121, note F. MONÉGER

CJCE, 30 décembre 2003, C-167/01, *Inspire Art, RAE* 2003, p. 304, note C. MAUBERNARD ; *Europe* 2003, n° 11, p. 27, note L. IDOT ; *BMIS* 2003, p. 1296, note M. MENJUCQ ; *Rev. soc.* 2004, p. 135, note J.-P. DOM ; *JCP G* 2004, n° 1, p. 30, note M. LUBY et n° 7, p. 280, chron. S. POILLOT-PERUZZETTO, I. RUEDA, C. DELPY et al. ; *JCP E* 2004, n° 7, p. 277, note V. MAGNIER ; *D.* 2004, p. 491, note É. PATAUT ; *RTD Eur* 2004, p. 533, chron. C. PRIETO, *JDI* 2004, p. 917, note M. MENJUCQ ; *JDE* 2005, p. 201, chron. L. DEFALQUE

CJCE, 7 septembre 2004, C-456/02, *Trojani, AFDI* 2004, n° 50, p. 510, chron. D. SIMON ; *RDUE* 2004, p. 327, note B. KOTSCHY ; *Lexbase Hebdo éd. S* 2004, n° 138, note C. WILLMANN ; *Europe* 2004, n° 11, p. 10, note D. SIMON ; *DO* 2004, p. 575, note M. BONNECHÈRE ; *RJS* 2005, p. 3, chron. J.-P. LHERNOULD, F. KESSLER, N. MOIZARD et al.; *JCP G* 2005, n° 5, p. 208, chron. S. POILLOT-PERUZZETTO, I. RUEDA, C. DELPY

CJCE, 5 octobre 2004, C-397/01 à C-403/01, *Pfeiffer et al. c. DRK*, *DO* 2004, p. 575, note M. BONNECHÈRE ; *RJS* 2004, p. 871, note J.-P. LHERNOULD

CJCE, 12 octobre 2004, *Wolff & Müller,* C-60/03, *RDI* 2005, p. 45, note B. BOUBLI ; *RJS* 2005, p. 184, chron. J.-P. LHERNOULD, H. TISSANDIER ; *RCDIP* 2005, p. 336, note É. PATAUT

CJUE, 20 janvier 2005, C-464/01, *Gruber*, pt. 36, *Europe* 2005, n° 3, p. 27, note L. IDOT ; *RJC* 2005, p. 179, note A. RAYNOUARD et p. 256, note A. MARMISSE-D'ABBADIE D'ARRAST ; *RTD Civ* 2005, p. 350, P. REMY-CORLAY ; *RCDIP* 2005, p. 493, note J.-M. JUDE ; *Procédures* 2005, n° 8, p. 16, note C. NOURISSAT ; *JCP G* 2005, n° 38, p. 1684, chron. S. POILLOT-PERUZZETTO, M. LUBY, C. CASTETS-RENARD et al. ; *D.* 2006, p. 1495, chron. P. COURBE, F. JAULT-SESEKE

CJCE, 17 mars 2005, C-109/04, *Kranemann, RDUE* 2005, p. 198, note É. DIRRIG ; *Europe* 2005, n° 5, p. 19, note L. IDOT ; *RTD Eur* 2006, p. 389, note S. PINA

CJCE, 14 avril 2005, C-341/02, *Commission c. Allemagne*, *RTD Com* 2005, p. 436, note G. JAZOTTES ; *Europe* 2005, n° 6, p. 21, note L. IDOT ; *RJS* 2005, p. 503, chron. J.-P. LHERNOULD, F. KESSLER, N. MOIZARD; *DO* 2005, p. 416, note M. BONNECHÈRE ; *JDI* 2006, p. 690, note M. LUBY

CJCE, 19 janvier 2006, C-244/04, *Commission c. Allemagne*, *RDUE* 2006, p. 188, note O. LINKSEY, *JCP S* 2006, n° 10, p. 20, note J. CAVALLINI ; JCP A 2006, n° 24, p. 784, chron. O. DUBOIS ; *JDEur* 2007, n° 141, p. 206, chron. L. DEFALQUE

CJCE, 15 juin 2006, *Commission c. France,* C-255/04, *RDC* 2006, p. 1273, note J.-S. BERGÉ

CJCE, 18 juillet 2006, aff. C-406/04, *De Cuyper*, *Lexbase Hebdo S* 2006, n° 227, note C. WILLMANN ; *JCP S* 2006, n° 41, p. 36, note C. WILLMANN ; *Europe* 2006, n° 10, p. 8, note F. KAUFF-GAZIN ; *JDE* 2007, n° 137, p. 80, chron. J.-Y. CARLIER ; *D.* 2007, p. 3097, chron. C. WILLMANN, Y. ROUSSEAU, J.-M. LABOUZ et al.
CJCE, 9 novembre 2006, *Commission c. Belgique,* C-433/04, *Europe* 2007, n° 1, p. 16, note L. IDOT
CJCE, 11 janvier 2007, C-208/05, *ITC, Lexbase Hebdo S* 2006, n° 232, et 2007, n° 246, note C. WILLMANN ; *Europe* 2007, n° 3, p. 15 et n° 5, p. 13, note F. KAUFF-GAZIN ; *JCP S* 2007, n° 13, p. 37, note J. CAVALLINI ; *D.* 2007, p. 3097, pan. C. WILLMANN, Y. ROUSSEAU, J.-M. LABOUZ et al. ; *SSL supplément* 2008, n° 1338, p. 49, note S. LAULOM ; *JDE* 2008, n° 147, p. 82, chron. J.-Y. CARLIER
CJCE, 18 janvier 2007, C-385/05, *CGT, Europe* 2006, n° 1, p. 9, note P. CASSIA ; *Lexbase Hebdo S* 2006, n° 229, note C. WILLMANN ; *SSL* 2007, n° 1292, p. 5, note S. LAULOM ; *JCP S* 2007, n° 6, p. 27, note B. GAURIAU ; *D.* 2007, p. 435, note É. PAHLAWAN-SENTILHES et p. 776, note V. BONNIN ; *JSL* 2007, n° 206, p. 11, note J.- E. TOURREIL ; *Europe* 2007, n° 3, p. 19, note L. IDOT ; *RJS* 2007, p. 297, chron. J.-P. LHERNOULD, V. BONNIN, F. KESSLER et al.
CJCE, 18 juillet 2007, C-490/04, *Commission c. Allemagne*, *JCP S* 2007, n° 38 p. 24, note P. COURSIER ; *Europe* 2007, n° 10, p. 24, note L. IDOT ; *DO* 2008, p. 90, note M. BONNECHÈRE
CJCE, 18 juillet 2007, C-503/04, *Commission c. Allemagne*, *RFDA* 2007, p. 958, concl. V. TRSTENJAK et note P. DELVOLVÉ ; *Europe* 2007, n° 10, p. 17, note D. SIMON ; *Contrats et Marchés publics* 2007, n° 10, p. 30, note W. ZIMMER ; *RDC* 2007, p. 1247, chron. P. BRUNET
CJCE, 18 juillet 2007, C-212/05, *Hartmann*, *Lexbase Hebdo S* 2007, n° 273, note C. WILLMANN ; *Europe* 2007, n° 10, p. 21, note F. KAUFF-GAZIN ; *JCP S* 2007, n° 40, p. 32, note J. CAVALLINI ; *RDUE* 2008, p. 117, note B. KOTSCHY ; *JDI* 2008, p. 612, chron. F. CHALTIEL, J. C. BERR, S. FRANCQ, C. PRIETO ; *SSL supplément* 2008, n° 1338, p. 53, chron. S. LAULOM ; *JDEur* 2008, n° 150, p. 186, chron. C. SACHS-DURAND, M. SCHMITT
CJCE, 11 décembre 2007, C-438/05, *Viking Line, RAE* 2007, n° 2, p. 341, note A. DONETTE ; *RDUE* 2008, p. 181, note S. THOMAS et 2009, p. 55, note M. COLUCCI ; *RTD Eur* 2008, p. 47, note P. RODIÈRE, 2009, p. 137, chron. L. GRARD, 2009, p. 511, chron. A.-L. SIBONY, A. DEFOSSEZ et 2010, p. 823, note S. ROBIN-OLIVIER ; *JDI* 2008, p. 590, chron. F. CHALTIEL, C. J. BERR, S. FRANCQ, C. PRIETO ; *SSL* 2008, n° 1335, p. 8, note S. LAULOM et *SSL supplément*, n° 1338, p. 37, note S. LAULOM ; *JDE* 2008, n° 148, p. 126, chron. O. DE SCHUTTER et n° 152, p. 246, chron. L. DEFALQUE ; *Europe* 2008, n° 2, p. 18, note D. SIMON ; *JCP S* 2008, n° 6, p. 35, note J. CAVALLINI ; *AJDA* 2008, n° 5, p. 242, chron. E.

BROUSSY, F. DONNAT, C. LAMBERT ; *RJC* 2008, p. 125, note A. RAYNOUARD ; *RJS* 2008, n° 3, p. 179, chron. J.-P. LHERNOULD, C. KOUCHNER, E. LAFUMA et al. ; *RDTr* 2008, n° 3, p. 11, note L. GRARD ; *JCP G* 2008, n° 13, p. 31, note C. VIGNEAU ; *RTD Com* 2008, p. 445, chron. G. JAZOTTES ; *RCDIP* 2008, p. 356, note H. MUIR WATT ; *RTDH* 2008, p. 1191, note C. NIVARD ; *D.* 2008, p. 2560, chron. L. D'AVOUT, S. BOLLÉE, p. 3038, pan. F. MULLER, M. SCHMITT et 2009, p. 1547, pan. B. EDELMAN ; *DSOC* 2010, p. 1216, note N. MOIZARD

CJCE, 18 décembre 2007, C-341/05, *Laval, ADMO* 2007, n° 25, p. 103, note M. BJÖRKHOLM ; *RAE* 2007, n° 2, p. 341, note A. DONETTE ; *RDUE* 2008, p. 181, note S. THOMAS et 2009, p. 55, note M. COLUCCI ; *RTD Eur* 2008, p. 47, note P. RODIÈRE, 2009, p. 511, chron. A.-L. SIBONY, A. DEFOSSEZ et 2010, p. 823, note S. ROBIN-OLIVIER ; *JDI* 2008, p. 590, chron. F. CHALTIEL, C. J. BERR, S. FRANCQ, C. PRIETO ; *SSL* 2008, n° 1335, p. 8, note S. LAULOM et *SSL supplément*, n° 1338, p. 37, note S. LAULOM ; *DSOC* 2008, p. 210, note P. CHAUMETTE et 2010, p. 1216, note N. MOIZARD ; *Europe* 2008, n° 2, p. 18, note D. SIMON ; *DO* 2008, p. 90, note M. BONNECHÈRE ; *JCP S* 2008, n° 6, p. 38, note J. CAVALLINI ; *AJDA* 2008, n° 5, p. 242, chron. E. BROUSSY, F. DONNAT, C. LAMBERT ; *JSL* 2008, n° 228, p. 4, note J.-P. LHERNOULD ; *RJS* 2008, n° 3, p. 179, chron. J.-P. LHERNOULD, C. KOUCHNER, E. LAFUMA et al. ; *JDE* 2008, n° 148, p. 126, chron. O. DE SCHUTTER et n° 152, p. 246, chron. L. DEFALQUE ; *RCDIP* 2008, p. 356, note H. MUIR WATT ; *RTD Com* 2008, p. 445, chron. G. JAZOTTES ; *RTDH* 2008, p. 1191, note C. NIVARD ; *D.* 2008, p. 3038, pan. F. MULLER, M. SCHMITT et 2009, p. 1547, pan. B. EDELMAN

CJCE, 3 avril 2008, C-346/06, *Rüffert, RAE* 2007, p. 341, note A. DONETTE et p. 657, note T. MILLETT ; *SSL* 2008, n° 1350, p. 12, note S. LAULOM ; *Contrats et Marchés publics* 2008, p. 18, note G. ECKERT ; *Europe* 2008, p. 13, note L. DRIGUEZ ; *RDT* 2008, p. 412, note F. JAULT-SESEKE ; *JCP S* 2008, n° 25, p. 23, note J. CAVALLINI ; *DSOC* 2008, p. 866, note N. MOIZARD ; *RJS* 2008, p. 601, chron. J.-P. LHERNOULD ; *RTD Eur* 2008, p. 485, note S. ROBIN-OLIVIER ; *RDUE* 2008, p. 612, note C. FREITAS DA COSTA ; *SSL supplément* 2008, n° 1369, p. 59, note S. LAULOM ; *JDI* 2009, p. 665, note F. CHALTIEL, C. J. BERR, S. FRANCQ, C. PRIETO

CJCE, 22 mai 2008, C-462/06, *Glaxosmithkline, RDT* 2008, p. 767, note É. PATAUT ; *RCDIP* 2008, p. 847, note F. JAULT-SESEKE

CJCE, 22 mai 2008, C-499/06, *Nerkowska, Europe* 2008, n° 7, p. 4, note F. KAUFF-GAZIN ; *JCP S* 2008, n° 29, p. 36, note P. COURSIER

CJCE, 14 octobre 2008, C-353/06, *Grunkin et Paul, Europe* 2008, n° 12, p. 9, note F. KAUFF-GAZIN et p. 28, note L. IDOT ; *AJDA* 2008, p. 2331, chron. E. BROUSSY, F. DONNAT, C. LAMBERT ; *JDI* 2009, p. 203, note

L. D'AVOUT et p. 645, chron. F. CHALTIEL, C. J. BERR, S. FRANCQ, C. PRIETO ; *RCDIP* 2009, p. 80, note P. LAGARDE ; *JCP G* 2009, n° 4, p. 23, chron. M. LUBY, S. POILLOT-PERUZZETTO, A. MARMISSE D'ABBADIE D'ARRAST et al., n° 16, p. 35, note A. DEVERS ; *JDE* 2009, n° 157, p. 79, chron. J.-Y. CARLIER et n° 158, p. 115, chron. O. DE SCHUTTER ; *D.* 2009, p. 845, note F. BOULANGER ; *DFam* 2009, n° 4, p. 46, note F. VIANGALLI

CJCE, 16 décembre 2008, C-210/06, *Cartesio, RAE* 2007, p. 805, note J.-C. BARBATO ; *Rev. soc.* 2009, p. 147, note G. PARLÉANI ; *RTD Com* 2009, p. 227, note G. JAZOTTES ; *JDI* 2009, p. 890, note T. VIGNAL ; *Europe* 2009, n° 2, p. 21, note A.-L. MOSBRUCKER et p. 33, note L. IDOT ; *JCP G* 2009, n° 7, p. 37, note M. MENJUCQ et n° 31, p. 44, chron. M. LUBY, S. POILLOT-PERUZZETTO, I. RUEDA et al. ; *RDUE* 2009, p. 127, note C. FREITAS DA COSTA ; *AJDA* 2009, p. 247, chron. E. BROUSSY, F. DONNAT, C. LAMBERT ; *D.* 2009, p. 465, note R. KOVAR ; *JCP E* 2009, n° 8-9, p. 42, note F. MÉLIN, n° 12, p. 24, note A.-S. CORNETTE DE SAINT-CYR ; *JDE* 2009, p. 77, note G. GODDIN, B. GODDIN et p. 84, chron. Y. DE CORDT, P. COLARD ; *RLDA* 2009, n° 36, p. 10, note V. KOROM ; *Procédures* 2009, n° 3, p. 18, note C. NOURISSAT ; *JDI* 2009, p. 685, chron. F. CHALTIEL, C. J. BERR, S. FRANCQ, C. PRIETO ; *RCDIP* 2009, p. 548, note J. HEYMANN ; *RTD Eur* 2009, p. 511, chron. A.-L. SIBONY, A. DEFOSSEZ ; *BMIS* 2009, p. 593, note R. DAMMANN

CJCE, 6 octobre 2009, C-133/08, *ICF*, *RDTr* 2009, n° 11, p. 15, note L. GRARD ; *Europe* 2009, n° 12, p. 36, note L. IDOT ; *Droit et Patrimoine* 2009, n° 187, p. 109, chron. M.- É. ANCEL ; *JCP G* 2009, n° 50, p. 36, note L. D'AVOUT, L. PERREAU-SAUSSINE ; *JDI* 2010, p. 183, note C. LEGROS ; *D.* 2010, p. 236, note F. JAULT-SESEKE, p. 1585, chron. P. COURBE, F. JAULT-SESEKE et p. 2323, chron. L. D'AVOUT, S. BOLLÉE ; *RTD Com* 2010, p. 453, chron. A. MARMISSE D'ABBADIE D'ARRAST et p. 455, note P. DELEBECQUE ; *RTD Eur* 2010, p. 421, chron. M. DOUCHY-OUDOT, E. GUINCHARD ; *GP* 2010, n° 188-189, p. 24, chron. M. NICOLELLA

CJUE, 16 mars 2010, C-325/08, *OL. c. Olivier Bernard*, *JCP G* 2009, n° 31, p. 39, chron. F. PICOD et 2010, n° 14, p. 719, note F. PICOD ; *Europe* 2010, n° 5, p. 25, note D. SIMON ; *AJDA* 2010, n° 17, p. 941, chron. M. AUBERT, E. BROUSSY, F. DONNAT ; *D.* 2010, p. 1189 et p. 1917, note F. BUY ; *JCP S* 2010, n° 22, p. 27, note F. MANDIN ; *RLDA* 2010, n° 50, p. 34, note M. WHATELET, J. WILDEMEERSCH ; *RDUE* 2010, p. 569, note M. COLUCCI ; *JDI* 2011, p. 314, doctr. J. GUILLAUMÉ ; *SSL supplément* 2011, n° 1489, p. 62, note S. LAULOM ; *RTD Eur* 2011, p. 610, note S. ROBIN-OLIVIER

CJUE, 7 octobre 2010, C-515/08, *dos Santos Palhota e.a., Europe* 2010, n° 12, p. 24, note A. BOUVERESSE

CJUE, 25 novembre 2010, C-429/09, *Günter Fuß c. Stadt Halle*, *RAE* 2009, p. 919, note H. CALLENS ; *Europe* 2011, n° 1, p. 13, note D. SIMON et p. 34, note L. DRIGUEZ ; *RJS* 2011, p. 97, chron. J.-P. LHERNOULD, F. KESSLER, M. SCHMITT et al. ; *RTD Eur* 2012, p. 476, chron. S. ROBIN-OLIVIER

CJUE, 10 février 2011, C-307/09 à C-309/09, *Vicoplus, Europe* 2011, n° 4, p. 16, note V. MICHEL ; *RJS* 2011, p. 355, chron. J.-P. LHERNOULD, E. LAFUMA, F. MEYER et al. ; *JCP S* 2011, n° 26, p. 31, note P. COURSIER

CJUE, 10 mars 2011, C-477/09, *Defossez, GP* 2011, n° 91-92, p. 41, chron. C. GAILHBAUD ; *Europe* 2011, n° 5, p. 41, note L. DRIGUEZ ; *JCP S* 2011, n° 22, p. 37, note E. JEANSEN ; *RJS* 2011, p. 441, chron. J.-P. LHERNOULD, F. KESSLER, D. JONIN et al. ; *RPC* 2011, n° 6, p. 40, note M. MENJUCQ ; *SSL supplément* 2012, n° 1531, p. 18, note S. LAULOM

CJUE, 15 mars 2011, C-29/10, *Koelzsch*, *RTD Eur* 2011, p. 465, chron. M. DOUCHY-OUDOT, E. GUINCHARD ; *JCP S* 2011, n° 20, p. 27, note E. JEANSEN ; *RJS* 2011, p. 441, chron. J.-P. LHERNOULD, F. KESSLER, D. JONIN et al.; *RLDA* 2011, n° 61, p. 56, note C. NOURISSAT ; *DSOC* 2011, p. 849, note É. GRASS ; *JCP G* 2011, n° 40, p. 1774, chron. J. BÉGUIN, M. MENJUCQ, C. NOURISSAT ; *D.* 2011, p. 2434, pan. L. D'AVOUT, S. BOLLÉE et 2012, p. 1228, pan. H. GAUDEMET-TALLON, F. JAULT-SESEKE ; *SSL supplément* 2012, n° 1531, p. 51, note S. LAULOM ; *JDI* 2012, p. 597, doctr. V. PARISOT ; *RCDIP* 2011, p. 447, note F. JAULT-SESEKE

CJUE, 12 mai 2011, C-391/09, *Runevič-Vardyn et Wardyn Europe* 2011, n° 7, p. 13, note D. SIMON ; *RTD Civ* 2011, p. 507, chron. J. HAUSER ; *RTD Eur* 2011, p. 571, chron. É. PATAUT et 2012, p. 396, chron. F. BENOIT-ROHMER

CJUE, 25 octobre 2011, C-509/09 et C-161/10, *eDate Advertising*, *RTD Eur* 2011, p. 847, chron. É. TREPPOZ ; *RAE* 2011, p. 815, note M. HO-DAC ; RLDI 2011, n° 76, p. 64, note L. COSTES, 2012, n° 78, p. 38, note L. PECH et n° 79, p. 37, note C. MANARA ; *Europe* 2011, n° 12, p. 45, note L. IDOT ; *JDI* 2012, p. 197, note G. GUIZIOU ; *JCP G* 2012, n° 1, p. 35, note S. FRANCQ et n° 9, p. 443, chron. J. BÉGUIN, M. MENJUCQ, C. NOURISSAT ; *JCP E* 2012, n° 12, p. 42, note C. NOURISSAT ; *RCDIP* 2012, p. 389, note H. MUIR WATT ; *RTD Com* 2012, p. 423, chron. G. JAZOTTES, A. MARMISSE D'ABBADIE D'ARRAST ; *RJC* 2012, n° 3, p. 29, note M.-É. ANCEL ; *D.* 2012, p. 1228, pan. G. GAUDEMET-TALLON, F. JAULT-SESEKE, p. 1279, note T. AZZI, p. 1285, note S. BOLLÉE, B. HAFTEL et p. 2331, chron. L. D'AVOUT, S. BOLLÉE

CJUE, 15 décembre 2011, C-384/10, *Navimer*, *D.* 2012, p. 1228, note H. GAUDEMET-TALLON et F. JAULT-SESEKE, p. 1439, note H. KENFACK ; *DSOC* 2012, p. 315, note P. CHAUMETTE ; *RDT* 2012, p. 115, note F. JAULT-SESEKE ; *RCDIP* 2012, p. 648, note É. PATAUT ;

RevUE 2012, p. 336, chron. A. CUDENNEC et al., *Europe* 2012, n° 114, note L. IDOT

CJUE, 12 juillet 2012, C-378/10, *VALE, RAE* 2012, p. 653, note M. HO-DAC ; *JCP E* 2012, n° 38, p. 23, note T. MASTRULLO et n° 42, p. 28, note C. NOURISSAT ; *JCP G* 2012, n° 40, p. 1789, chron. J. BÉGUIN, M. MENJUCQ, C. NOURISSAT et n° 41, p. 1834, note M. MENJUCQ ; *BMIS* 2012, n° 10, p. 735, note R. DAMMANN, L. WYNAENDTS, L. MARION ; *Europe* 2012, n° 10 ; p. 33, note M. LARCHÉ ; *D.* 2012, p. 2331, chron. L. D'AVOUT, S. BOLLÉE et p. 3009, note P.-H. CONAC ; *Rev. soc.* 2012, p. 645, note G. PARLÉANI et n° 12, p. 6, étude T. ALAIN ; *JDE* 2012, p. 276, note J. VERMEYLEN ; *RCDIP* 2013, p. 236, note J. HEYMANN ; *RTD Eur* 2013, p. 181, chron. A.-L. SIBONY ; *JDI* 2013, p. 622, note S. FRANCQ

CJUE, 19 juillet 2012, C-154/11, *Mahamdia, JCP G* 2012, n° 40, p. 1789, chron. J. BÉGUIN, M. MENJUCQ, C. NOURISSAT ; *RDT* 2012, p. 588, note F. JAULT-SESEKE ; *Procédures* 2012, n° 10, p. 17, note C. NOURISSAT ; *JDI* 2013, p. 487, note F. DOPAGNE ; *D.* 2013, p. 1503, pan. F. JAULT-SESEKE

CJUE, 13 décembre 2012, C-379/11, *Caves Krier Frères*, *JCP G* 2012, n° 52, p. 2369, note D. BERLIN ; *Europe* 2013, n° 2, p. 30, note A. BOUVERESSE ; *RJS* 2013, p. 161, chron. J.- P. LHERNOULD, A. GARDIN, F. KESSLER, E. LAFUMA ; *JDE* 2013, n° 197, p. 103, chron. J.-Y. CARLIER ; *SSL supplement* 2013, n° 1582, p. 72, note S. LAULOM ; *RTD Eur* 2013, p. 859, chron. S. ROBIN-OLIVIER ; *JCP S* 2013, n° 50, p. 30, note C. WILLMANN ; *D. 2014,* p. 445, pan. O. BOSKOVIC, S. CORNELOUP, F. JAULT-SESEKE, N. JOUBERT, K. PARROT

CJUE, 19 décembre 2012, *Commission c. Belgique,* C-577/10, *Europe* 2013, n° 2, p. 30, note V. MICHEL ; *RJS* 2013, p. 161, chron. J.-P. LHERNOULD, A. GARDIN, F. KESSLER, E. LAFUMA ; *JDEur* 2013, n° 197, p. 99, note V. HATZOPOULOS

CJUE, 16 avril 2013, C-202/11, *Anton Las, JDE* 2013, n° 199, p. 186, note A. DEFOSSEZ ; *RAE* 2013, p. 375, note L. POTVIN-SOLIS ; *JSL* 2013, n° 344, p. 8, note J.- E. TOURREIL ; *Europe* 2013, n° 6, p. 23, note M. MEISTER ; *RDUE* 2013, p. 353, note L. VAN MULLEN ; *AJDA* 2013, n° 20, p. 1156, chron. M. AUBERT, E. BROUSSY, H. CASSAGNABÈRE ; *RJS* 2013, p. 439, chron. J.-P. LHERNOULD, A. GARDIN, E. LAFUMA, D. MARTIN, H. TISSANDIER ; *JCP S* 2013, n° 27, p. 33, note J. CAVALLINI

CJUE, 18 juillet 2013, C-426/11, *Alemo-Herron, Europe* 2013, n° 10, p. 37, note L. DRIGUEZ ; *RJS* 2013, p. 651, chron. J.-P. LHERNOULD, A. GARDIN, E. LAFUMA, H. TISSANDIER ; *SSL* 2013, n° 1611, p. 10, note S. LAULOM ; *RTD Eur* 2015, p. 171

CJUE, 12 septembre 2013, C-64/12, *Schlecker, D.* 2013, p. 2225 ; *RDT* 2013, p. 785, note F. JAULT-SESEKE et P. RÉMY ; *Europe* 2013, note 495, note

L. IDOT ; *ADUE* 2013, p. 459, note L. D'AVOUT ; *RJS* 2013, p. 705, chron. J.-P. LHERNOULD, J.-C. FILLON, N. JEAN-MARIE, M. SCHMITT ; *JCP S* 2014, n° 5, p. 22, note P.-P. TRICOIT ; *JDI* 2014, note 4, note C. BRIÈRE ; *D.* 2014, p. 1059, H. GAUDEMET-TALLON, F. JAULT-SESEKE ; *RCDIP* 2014, p. 159, note É. PATAUT

CJUE, 17 octobre 2013, C-184/12, *Unamar*, *RLDA* 2013, n° 86, p. 56, note C. NOURISSAT et 2014, n° 92, p. 56, note P. DALMAZIR ; *RJC* 2013, p. 498, chron. P. BERLIOZ ; *Droit et Patrimoine* 2013, n° 231, p. 77, note M.-É. ANCEL ; *Europe* 2013, n° 12, p. 54, note L. IDOT ; *JCP G* 2013, n° 49, p. 2222, note C. NOURISSAT et 2014, n° 8, p. 399, chron. G. BOURDEAUX, M. MENJUCQ, C. NOURISSAT ; *D.* 2014, p. 60, note L. D'AVOUT et p. 1059, pan. H. GAUDEMET-TALLON, F. JAULT-SESEKE ; *Droit maritime français* 2014, p. 183, note M. MORIN et p. 299, note O. CACHARD ; *RDC* 2014, p. 80, note P. DEUMIER ; *JDI* 2014, p. 625, note J.-M. JACQUET ; *RTD Com* 2014, p. 457, note P. DELEBECQUE ; *JCP E* 2014, n° 16-17, p. 33, note C. NOURISSAT

CJUE, 7 novembre 2013, C-522/12, *Isbir*, *RJS* 2014, n° 2, p. 73, chron. J.- P. LHERNOULD, A. GARDIN, E. LAFUMA, H. TISSANDIER ; *SSL supplément* 2014, n° 1640, p. 57, note S. LAULOM

CJUE, 15 janvier 2014, C-176/12, *AMS*, *AJDA* 2014, p. 336, chron. M. AUBERT, E. BROUSSY, H. CASSAGNABERE ; *D.* 2014, p. 705, note S. DE LA ROSA, p. 2374, note P. LOKIEC, J. PORTA ; *DSOC* 2014, p. 408, note J. ICARD ; *RDT* 2014, p. 312, note É. CARPANO, E. MAZUYER ; *RTD Civ* 2014, p. 843, note L. USUNIER ; *RTD Eur* 2014, p. 409, note É. DUBOUT, p. 523, note S. ROBIN-OLIVIER, p. 904, note L. COUTRON, 2015, p. 160, note F. BENOIT-ROHMER ; *Rev UE* 2015, p. 33, note S. PLATON

CJUE, 18 septembre 2014, C-549/13, *Bundesdruckerei, Europe* 2014, p. 29, note S. CAZET ; *RLDA* 2014, n° 98, p. 66, note E. MAZUYER ; *Contrats et Marchés publics* 2014, p. 13, note W. ZIMMER ; *JCP E supplément,* n° 51-52, p. 28, note L. PAGET, T. POSITIF ; *RTD Eur* 2015, p. 358, chron. A. DEFOSSEZ et p. 394, chron. A. L. DURVIAUX ; *JCP A* 2015, n° 5, p. 20, chron. C. FROGER ; *DO* 2015, p. 316, note J. PORTA

CJUE, 3 décembre 2014, C-315/13, *De Clercq*, *Europe* 2015, n° 2, p. 29, note A. BOUVERESSE

CJUE, 5 février 2015, C-317/14, *Commission c. Belgique, JCP A* 2015, n° 22, p. 20, chron. C. FORGER

CJUE, 12 février 2015, C-396/13, *Sähköalojen ammattiliitto, DSOC* 2015, p. 234, note J.-P. LHERNOULD ; *RDT* 2015, p. 154, chron. A. CRÉPLET ; *Europe* 2015, p. 29, note L. DRIGUEZ ; *DO* 2015, p. 316, note J. PORTA ; *RJS* 2015, p. 361, chron. A. GARDIN, E. LAFUMA, H. TISSANDIER, J.-P. LHERNOULD, J.-C. FILLON ; *RCDIP* 2015, p. 680, note S. CORNELOUP ; *D.* 2016, p. 1045, pan. H. GAUDEMET-TALLON

CJUE, 10 septembre 2015, C-47/14, *Holterman, Procédures* 2015, n° 11, p. 23, note C. NOURISSAT ; *Europe* 2015, n° 11, p. 45, note L. IDOT ; *RJC* 2015, p. 568, note P. BERLIOZ ; *BMIS* 2016, p. 132, note S. MESSAÏ-BAHRI ; *D.* 2016, p. 1045, pan. H. GAUDEMET-TALLON ; *JDI* 2016, p. 1451, note L. D'AVOUT

CJUE, 15 septembre 2015, C-67/14, *Alimanovic, RTD Eur* 2016, p. 640, note É. PATAUT ; *JCP G* 2015, n° 40, p. 1744, note D. BERLIN ; *RLDA* 2015, n° 109, p. 39, note E. MAZUYER ; *Europe* 2015, n° 11, p. 13, note D. SIMON ; *JCP S* 2015, n° 47, p. 33, note J. CAVALLINI ; *JCP A* 2016, n° 1, p. 41, chron. C. MAZILLE ; *JCP E* 2016, n° 10, p. 57, chron. D. RONET-YAGUE ; *CDEur* 2016, p. 449, note J.-V. LOUIS

CJUE, 17 novembre 2015, C-115/14, *RegioPost, Contrats et Marchés publics* 2016, p. 13, note G. ECKERT ; *Europe* 2016, p. 21, note S. CAZET ; *RTD Eur* 2016, p. 197, note A. DEFOSSEZ ; *AJDA* 2016, p. 307, chron. E. BROUSSY et al. ; *RJS* 2016, p. 201, chron. J.- P. LHERNOULD et al. ; *RTD Eur* 2016, p. 447, chron. A. L. DURVIAUX ; *JCP A* 2016, n° 15, p. 22, chron. C. BENELBAZ ; *Contrats et Marchés publics* 2016, n° 7, p. 15, chron. W. ZIMMER

CJUE, 25 février 2016, C-292/14, *Stroumpoulis, SSL supplément* 2016, n° 1750, p. 29, note S. LAULOM ; *Droit maritime français* 2016, n° 786, p. 1049, note M. MORIN ; *RTD Eur* 2016, p. 842, note S. ROBIN-OLIVIER ; Europe 2016, n° 4, p. 30, note A. RIGAUX ; *DO* 2016, p. 532, note A. CHARBONNEAU

CJUE, 2 juin 2016, C-38/14, *Bogendorff von Wolffersdorff, Europe* 2016, n° 8, p. 14, note D. SIMON ; *RTD Eur* 2016, p. 648, note É. PATAUT ; *JDE* 2016, p. 317, note É. CUSAS ; *ADUE* 2016, p. 1019, chron. S. CORNELOUP, F. MAILHÉ, M. MANTOVANI, L. STARK ; *RCDIP* 2017, p. 278, note L. RASS-MASSON

CJUE, 18 octobre 2016, C-135/15, *Nikiforidis*, *EuZA* 2016, p. 1, note A. JUNKER et p. 116, note C. THOMALE ; *EuZW* 2016, p. 940, note K. DUDEN ; *LMK* 2016, 382315, note T. PFEIFFER ; Europe, 2016, n° 12, note 492, note L. IDOT ; *JDI* 2017, p. 5, note E. FOHRER-DEDEURWAERDER et p. 1483, note P. KINSCH ; *RCDIP* 2017, p. 238, note H. MUIR WATT, D. BUREAU ; *DSOC* 2017, p. 196, note L. PAILLER ; *JCP G* 2017, n° 5, 124, note S. LEMAIRE, L. PERREAU-SAUSSINE ; *ZEuP* 2018, p. 214, chron. C. KOHLER, S. SEYR, J.-C. PUFFER-MARIETTE

CJUE, 21 décembre 2016, C-201/15, *AGET Iraklis, ADUE* 2016, n° 1, p. 45, chron. É. CARPANO ; *Lexbase Hebdo S* 2017, n° 684, note M. GADRAT ; *SSL* 2017, n° 1753, p. 8, chron. S. LAULOM; *RDT* 2017, p. 127, note A. FABRE ; *Europe* 2017, n° 2, p. 36, note L. DIRGUEZ ; *JDI* 2017, p. 665, chron. C. NOURISSAT ; *JCP S* 2017, n° 23, p. 22, note J. CAVALLINI ; *DO* 2017, p. 579, note J. PORTA ; *RTD Eur* 2018, p. 465, chron. F. BENOIT-ROHMER

CJUE, 27 avril 2017, C-620/15, *A-Rosa*, *Lexbase Hebdo S* 2017, n° 698, note C. WILLMANN ; *DSOC* 2017, p. 579, note J.-P. LHERNOULD, p. 866, note M.-C. AMAUGER-Lattes et 2018, p. 389, note F. KESSLER, Y.-É. LOGEAIS ; *Europe* 2017, n° 6, p. 25, note L. DRIGUEZ ; *DO* 2017, p. 329, note H. GUICHAOUA ; *JSL* 2017, n° 434, p. 10, note H. TISSANDIER ; *RDT* 2017, p. 462, note N. MIHMAN et p. 562, étude F. JAULT-SESEKE, S. ROBIN-OLIVIER ; *JCP E* 2017, n° 30-34, p. 56, n° 43-44, p. 55, note J. COLONNA, V. RENAUX-PERSONNIC et *JCP S* 2017, n° 38, p. 45, note É. BRUNNER ; *AJDA* 2017, p. 1714, chron. P. BONNEVILLE, E. BROUSSY, H. CASSAGNABÈRE, C. GÄNSE

CJUE, 8 juin 2017, C-541/15, *Freitag*, *RTD Eur* 2017, p. 589, note É. PATAUT ; *RJPF* 2017, n° 10, p. 28, note S. GODECHOT-PATRIS ; *RCDIP* 2017, p. 549, note M. F. FREITAG ; JEDH 2017, p. 456, chron. H. FULCHIRON ; *D.* 2018, p. 966, pan. S. CLAVEL, F. JAULT-SESEKE ; JDI 2018, p. 1380, note P. KINSCH

CJUE, 18 juillet 2017, C-566/15, *Erzberger c. TUI AG, JCP G* 2017, n° 36, p. 1532, note D. BERLIN ; *JCP S* 2017, n° 38, p. 40, note J. CAVALLINI ; *Europe* 2017, n° 10, p. 38, note L. DRIGUEZ ; *AJDA* 2017, p. 2302, chron. P. BONNEVILLE, E. BROUSSY, H. CASSAGNABÈRE, C. GÄNSER ; *Rev. soc.* 2017, p. 720, note A. SEIFERT ; *EuZA* 2018, p. 88, note F. RÖDL

CJUE, 14 septembre 2017, C-168/16 et C-169/16, *Ryanair*, *JCP S* 2017, n° 43, p. 22, note J.-P. TRICOIT ; *Procédures* 2017, n° 11, p. 17, note C. NOURISSAT ; *Europe* 2017, n° 11, p. 53, note L. IDOT ; *RJC* 2017, n° 6, p. 573, note G. DEHARO ; *DSOC* 2017, p. 1085, note V. LACOSTE-MARY ; *RTD Eur* 2018, p. 163, chron. L. GRARD ; *D.* 2018, p. 107, note P. DUPONT ; *RDC* 2018, p. 114, chron. A. TENENBAUM ; *RTD Com* 2018, n° 2, p. 515, chron. A. MARMISSE D'ABBADIE D'ARRAST ; *RCDIP* 2018, p. 279, note F. JAULT-SESEKE ; *JDI* 2018, p. 585, note L. PAILLER et p. 1398, chron. S. SÁNCHEZ LORENZO ; *RDT* 2017, p. 816, note N. MIHMAN

CJUE, 20 décembre 2017, C-434/15, *Elite Taxi c. Uber Systems Spain*, *D.* 2018, p. 934, note N. BALAT et p. 1412, note H. KENFACK ; *AJDA* 2018, p. 329, chron. P. BONNEVILLE, E. BROUSSY, H. CASSAGNABÈRE and C. GÄNSER ; *RTD Eur* 2018, p. 147, note L. GRARD, et p. 273, étude V. HATZOPOULOS

CJUE, 25 janvier 2018, C-498/16, *Schrems, RJC* 2018, p. 63, note G. DEHARO ; *RLDI* 2018, n° 145, p. 45, note L. COSTES ; *AJ CCD* 2018, n° 3, p. 124, note V. PIRONON ; *CCC* 2018, n° 3, p. 37, note S. BERNHEIM-DESVAUX ; *Europe* 2018, n° 3, p. 31, note L. IDOT ; *CCE* 2018, n° 3, p. 35, note G. LOISEAU et 2019, n° 1, p. 16, chron. M.-É. ANCEL ; *Procédures* 2018, n° 3, p. 21, note C. NOURISSAT ; *RLDA* 2018, n° 136, p. 15, note M. DARY, V. LICHET ; *JCP G* 2018, n° 18, p. 897, chron. E. JEULAND, R. LIBCHABER, L. MAYER, L. VEYRE ; *RLDC* 2018, n° 159, p. 37, note F. BOUGUETTAYA ; *D.* 2018, p. 966, pan. S. CLAVEL, F. JAULT-

SESEKE, p. 1033, pan. B. FAUVERQUE-COSSON, W. MAXWELL, p. 1934, pan. L. D'AVOUT, S. BOLLÉE, p. 2000, note F. JAULT-SESEKE ; *RDC* 2018, p. 458, chron. A. TENENBAUM ; *D. IP/IT* 2018, p. 371, note M. COMBET ; *RCDIP* 2018, p. 595, note H. MUIR WATT

CJUE, 6 février 2018, C-359/16, *Altun, RAE* 2018, p. 139, note I. OMARJEE ; *Lexbase Hebdo S* 2018, n° 731, note C. WILLMANN ; *JCP G* 2018, n° 8, p. 369, note D. BERLIN ; *SSL* 2018, n° 1804, chron. J.-P. LHERNOULD ; *CSBP* 2018, p. 127, note F. KESSLER ; *RDT* 2018, p. 219, note M. CASTEL ; *JCP S* 2018, n°10, p. 34, note H. NASOM-TISSANDIER ; *Europe* 2018, n°4, P. 25, note L. DRIGUEZ ; *DO* 2018, p. 197; note H. GUICHAOUA ; *D.* 2019, p. 347, pan. O. BOSKOVIC, S. CORNELOUP, F. JAULT-SESEKE, N. JOUBERT, K. PARROT; *JDE* 2019, p. 166, chron. J.-Y. CARLIER, G. RENAUDIÈRE

CJUE, 28 juin 2018, C-57/17, *Eva Soraya, Europe* 2018, n° 8, p. 40, note L. DRIGUEZ

CJUE, 6 septembre 2018, C-527/16, *Alpenrind, DSOC* 2018, p. 851, note J.-P. LHERNOULD, *JCP S* 2018, n° 40, p. 29, note P. COURSIER ; *Europe* 2018, n° 11, p. 24, note L. DRIGUEZ ; *JDE* 2019, p. 166, chron. J.-Y. CARLIER, G. RENAUDIÈRE

CJUE, 13 novembre 2018, C-33/17, *Cepelnik, Europe* 2019, n° 1, p. 29, note L. DRIGUEZ ; *RJS* 2019, p. 80, chron. A. GARDIN, E. LAFUMA, J.-P. LHERNOULD, R. MARIÉ, H. NASOM-TISSANDIER ; *JDI* 2019, p. 577, chron. C. NOURISSAT ; *JDEur* 2019, p. 166, chron. J.-Y. CARLIER, G. RENAUDIÉRE ; *JCP G* 2019, n° 48, p. 2154, note D. BERLIN

CJUE, 28 février 2019, C-579/17, *BUAK, Europe* 2019, n° 4, p. 35, note L. IDOT ; *JDE* 2020, n° 265, p. 30, note A. NUYTS ; *D.* 2020, p. 951, chron. S. CLAVEL, F. JAULT-SESEKE ; *RDAI* 2020, n° 2, p. 249, note R. M. SOTOMAYOR

CJUE, 11 avril 2019, C-603/17, *Bosworth et al., D.* 2020, p. 951, chron. S. CLAVEL, F. JAULT-SESEKE ; *RTD Com* 2019, p. 792, note A. MARMISSE-D'ABADDIE D'ARRAST ; *JDE* 2020, n° 265, p. 30, note A. NUYTS ; *RDAI* 2020, n° 2, p. 255, note P. GUEZ

CJUE, 2 avril 2020, C-370/17 et C-37/18, *Vueling Airlines, RDT* 2020, p. 380, note K. CHATZILAOU ; *Europe* 2020, comm. n° 191, note L. DRIGUEZ ; *Lexbase Hebdo S* 2018, n° 731, note C. WILLMANN ; *SSL* 2018, n° 1804, chron. J.-P. LHERNOULD ; *Europe* 2018, n° 4, p. 25, et 2020, n° 6, p. 32, note L. DRIGUEZ ; *BJT* 2020, n° 5, p. 121, note F. KESSLER, n° 9, p. 43, note D. ASQUINAZI-BAILLEUX *;* *JSL* 2020, n° 498, p. 16, note H. NASOM-TISSANDIER ; *RJS* 2020, p. 483, chron. J.-P. LHERNOULD, A. GARDIN, J.-C. FILLON, H. NASOM-TISSANDIER ; *JDE* 2020, n° 273, p. 399, note P. HARDY, M. ROCCA ; *DSOC* 2021, p. 335, note F. MULLER

CJUE, 14 mai 2020, C-17/19, *Bouygues travaux publics, D.* 2020, p. 1523, note J. ICARD ; *JCP S* 2020, p. 2050, note R. SALOMON ; *JCP G* 2020, n° 22, p. 1014, note D. BERLIN ; *Lexbase Social* 2020, n° 826, note

V. ROULET ; *Europe* 2020, n° 7, p. 28, note L. DRIGUEZ ; *BJT* 2020, n° 9, p. 44, D. ASQUINAZI-BAILLEUX ; *DSOC* 2021, p. 335, note F. MULLER ; *GP* 2021, n° 16, p. 38, note C. BERLAUD ; *JCP E* 2020, n° 46, p. 51, note J. COLONNA, V. RENAUX-PERSONNIC

CJUE, 1er décembre 2020, C-815/18, *Van den Bosch Transporten, Federatie Nederlandse Vakbeweging*, *RDT* 2021, p. 204, note K. CHATZILAOU ; *RTD Eur* 2021, p. 440, note L. GRARD ; *JCP S* 2021, n° 4, p. 38, note F. DUQUESNE ; *Europe* 2021, n° 2, p. 37 ; *RJS* 2021, p. 285, chron. J.-P. LHERNOULD, J.-C. FILLON, A. GARDIN

CJUE, 8 décembre 2020, C-620/18, *Hongrie c. Parlement européen, Conseil de l'Union européenne*, *Europe* 2021, n° 2, p. 36, note L. DRIGUEZ ; *JDE* 2021, n° 278, p. 183, note J.-Y. CARLIER, P.-A. VAN MALLEGHEM ; *RJS* 2021, p. 285, note J.-P. LHERNOULD, J.-C. FILLON, A. GARDIN

CJUE, 8 décembre 2020, C-626/18, *République de Pologne c. Parlement européen et Conseil de l'Union européenne*, *JCP G* 2020, n° 52, p. 2242, note D. BERLIN ; *Europe* 2021, n° 2, p. 36, note L. DRIGUEZ

CJUE, 3 juin 2021, C-784/19, *Team Power Europe EOOD*, *RDT* 2021, p. 468, note F. JAULT-SESEKE, S. ROBIN-OLIVIER ; *Europe* 2021, n° 8, p. 29, note L. DRIGUEZ ; *AJDA* 2021, p. 1679, chron. P. BONNEVILLE, C. GÄNSER ET A. ILJIC ; *RDT* 2021, p. 468, note F. JAULT-SESEKE et S. ROBIN-OLIVIER

CJUE, 15 juillet 2021, C-152/20, *CG, EH c. SC Gruber Logistics SRL* et C-218/20, *Sindicatul Lucratorilor din Transporturi, TD c. SC Samidani Trans SRL*, *RCDIP* 2022, p. 137, note D. SINDRES ; *DSOC* 2021, p. 980, note V. LACOSTE-MARY ; *RDT* 2021, p. 667, note F. JAULT-SESEKE ; *Europe* 2021, p. 39, note L. IDOT ; *JDE* 2022, n° 286, p. 77, note A. NUYTS ; *JDI* 2022, p. 1403, note J.-S. QUÉGUINER ; *RCDIP* 2022, p. 137, note D. SINDRES

CJUE, 2 septembre 2021, C-928/19, *EPSU, RAE* 2021, n° 707, note É. PATAUT ; *Europe* 2021, n° 11, p. 46, note L. DRIGUEZ ; *SSL* 2023, n° *2037, p. 8, note J.-P. LHERNOULD

CJUE, 19 mai 2022, C-33/21, INPS et INAIL c. Ryanair, RDT 2022, p. 534, note K. CHATZILAOU ; *JCP S* 2022, n° 23, p. 30, J.-P. LHERNOULD ; *Europe* 2022, n° 7, p. 28, note P. BRUYAS ; *BMIS* 2022, n° 7, p. 25, note D. ASQUINAZI-BAILLEUX ; *SSL* 2022, n° NS2026-2027, p 45, note L. DRIGUEZ ; *JCP E* 2023, n° 14, p. 52, note V. COHEN-DONSIMONI

CJUE, 20 octobre 2022, C-604/20, *ROI Land Investments Ltd.*, *Procédures* 2022, n° 12, p. 23, note C. NOURISSAT ; *Europe* 2022, n° 12, p. 39, note L. IDOT ; *D.* 2023, p. 925, chron. S. CLAVEL, F. JAULT-SESEKE

CJUE, 2 mars 2023, C-410/21 et C-661/21, *Intertrans BV & Verbraeken, JCP S* 2023, n° 11, p. 31, note J.-P. LHERNOULD.

TABLE DES MATIÈRES

INDEX ALPHABÉTIQUE

Les chiffres font référence aux numéros de paragraphes.

H

I

J

L

RÉSUMÉ EN ANGLAIS (*SUMMARY*)

Conflict of Laws confronted with the Internal Market. A Study of the Private International Law of Employment of the European Union

Mobility of workers within the internal market of the European Union is growing constantly, whereas the European integration in social matters remains incomplete. The absence of an exhaustively harmonised European labour law is not only related to the minimum character of harmonisation but also to the lack of an overall competence in social matters. Setting itself the goal to consider the diversity between labour legislations of the Member States, conflict of laws is susceptible of being mobilised in order to guarantee effective freedom of movement. More precisely, private international law has the function of promoting the worker protection principle enshrined in free movement law. Our purpose is to analyse possible impacts of the law of the internal market on conflict of laws.

The subject of the present study is on European conflict of laws. Inspired by national conflict of law mechanisms, European conflict of law rules should nowadays fit into the context of European Union law and therefore adopt its principles. Among those, the worker protection principle – as part of the concept of the internal market – is of high interest. While discovering the content of this principle, we underline different manners in which it can influence conflict of law rules.

Our starting point consists in admitting the competence of the European Union for private international law matters. While demonstrating failures of the actual European conflict of law rules regarding their adaptability to legislative diversity, we discover that Member States tend to make increasingly use of unilateral mechanisms: Imperativeness is intended to assure Member States' regulatory interests by designating the law of the forum state. For the purpose of this demonstration, we suggest to analyse the example of posted workers, among others.

Territoriality has been emerging in conflict of laws. This is problematic from the perspective of integration of the internal market, more precisely, in our context, the European labour market. Therefore, we suggest that conflict of law rules should be adapted to the requirements of European regulatory interests. Lessons can be drawn from the concept of the internal market which leads us to examine a protective conflict of law rule aiming at integrating the worker into the labour market.

Structures éditoriales du groupe L'Harmattan

L'Harmattan Italie
Via degli Artisti, 15
10124 Torino
harmattan.italia@gmail.com

L'Harmattan Hongrie
Kossuth l. u. 14-16.
1053 Budapest
harmattan@harmattan.hu

L'Harmattan Sénégal
10 VDN en face Mermoz
BP 45034 Dakar-Fann
senharmattan@gmail.com

L'Harmattan Cameroun
TSINGA/FECAFOOT
BP 11486 Yaoundé
inkoukam@gmail.com

L'Harmattan Burkina Faso
Achille Somé – tengnule@hotmail.fr

L'Harmattan Guinée
Almamya, rue KA 028 OKB Agency
BP 3470 Conakry
harmattanguinee@yahoo.fr

L'Harmattan RDC
185, avenue Nyangwe
Commune de Lingwala – Kinshasa
matangilamusadila@yahoo.fr

L'Harmattan Congo
219, avenue Nelson Mandela
BP 2874 Brazzaville
harmattan.congo@yahoo.fr

L'Harmattan Mali
ACI 2000 - Immeuble Mgr Jean Marie Cisse
Bureau 10
BP 145 Bamako-Mali
mali@harmattan.fr

L'Harmattan Togo
Djidjole – Lomé
Maison Amela
face EPP BATOME
ddamela@aol com

L'Harmattan Côte d'Ivoire
Résidence Karl – Cité des Arts
Abidjan-Cocody
03 BP 1588 Abidjan
espace_harmattan.ci@hotmail.fr

Nos librairies en France

Librairie internationale
16, rue des Écoles
75005 Paris
librairie.internationale@harmattan.fr
01 40 46 79 11
www.librairieharmattan.com

Librairie des savoirs
21, rue des Écoles
75005 Paris
librairie.sh@harmattan.fr
01 46 34 13 71
www.librairieharmattansh.com

Librairie Le Lucernaire
53, rue Notre-Dame-des-Champs
75006 Paris
librairie@lucernaire.fr
01 42 22 67 13

www.ingramcontent.com/pod-product-compliance
Lightning Source LLC
LaVergne TN
LVHW011217061026
849535LV00001BA/72
* 9 7 8 2 3 3 6 4 2 8 7 2 7 *